V. S. Naipaul

Jenseits des Glaubens

V. S. Naipaul

Jenseits des Glaubens

Eine Reise in den anderen Islam

Aus dem Englischen von
Monika Noll und Ulrich Enderwitz

Claassen

Die Originalausgabe erschien unter dem Titel
Beyond Belief. Islamic Excursions Among the Converted Peoples
1998 bei Little, Brown and Company; London

Der Claassen Verlag ist ein Unternehmen
der Econ Ullstein List Verlag GmbH & Co. KG, München

ISBN 3-546-00319-5

Gesetzt aus der Caslon bei Franzis print & media, München
Druck und Bindung: Friedr. Pustet, Regensburg

Für Nadira Khannum Alvi

Inhalt

Vorbemerkung

Dieses Buch handelt von Menschen. In ihm geht es nicht um Meinungen, sondern um Geschichten, und zwar um Geschichten, die ich 1995 während einer fünfmonatigen Reise durch vier nichtarabische muslimische Länder – Indonesien, Iran, Pakistan und Malaysia – zusammengetragen habe. Daraus ergibt sich ein räumlicher und thematischer Zusammenhang.

Im Ursprung ist der Islam eine arabische Religion. Jeder Nichtaraber, der sich als Muslim fühlt, ist folglich ein Bekehrter. Der Islam ist nicht einfach eine Gewissensfrage oder eine Angelegenheit des persönlichen Glaubens, vielmehr stellt er gebieterische Forderungen. Die Weltsicht des Bekehrten erfährt eine tief greifende Veränderung. Seine heiligen Stätten befinden sich auf arabischem Boden, die gottgefällige Sprache ist für ihn das Arabische. Auch sein Geschichtsbild verändert sich. Von der eigenen Geschichte kehrt er sich ab; er wird, ob er will oder nicht, Teil der arabischen Geschichte. Der Bekehrte hat allem zu entsagen, was zu ihm gehört. Dies stürzt eine Gesellschaft in ein immenses Durcheinander, das unter Umständen auch nach tausend Jahren noch kein Ende findet. Denn die Abkehr muss der Bekehrte immer erneut vollziehen. Bei der Frage, wer oder was sie sind, entwickeln die Menschen zwangsläufig Phantasievorstellungen; damit birgt der Islam in den bekehrten Ländern ein Moment von Neurose und Nihilismus. Solche Länder können leicht zum Kochen gebracht werden.

Das vorliegende Buch ist die Fortführung eines anderen, 1981 veröffentlichten Buchs mit dem Titel *Among the Believers. An Islamic Journey* (dt. *Eine islamische Reise. Unter den Gläubigen*), des Berichts über eine Reise in die nämlichen vier Länder. Als ich diese Reise 1979 antrat, wusste ich so gut wie nichts vom Islam – die beste Voraussetzung für ein solches Unternehmen; dementsprechend ist das Buch eine Erkundung des Glaubens und seiner Besonderheiten, zumal seines Revolutionspotenzials. Zwar klang das Thema der Bekehrung bereits an, aber ich hatte davon noch keine so klare Vorstellung wie während dieser zweiten Reise.

Das neue Buch ist eine Ergänzung des früheren und setzt die Geschichte fort. Zugleich ist es anders in Anlage und Durchführung. Es ist eigentlich kein Reisebericht. Der Verfasser ist weniger präsent und begibt sich auch weniger auf Erkundungsfahrt. Er hält sich im Hintergrund, vertraut seinem Gespür, entdeckt Menschen und macht Geschichten ausfindig. Diese Geschichten, von denen die eine zur anderen überleitet, bilden ein Muster eigener Art und charakterisieren jedes Land und dessen Eigenart. Die vier Abschnitte des Buches bilden überdies ein Ganzes.

Meine Laufbahn als Schriftsteller begann ich mit dem Verfassen von Romanen, als Organisator von Geschichten; damals dachte ich, das sei das Höchste für jemanden, der schreibt. Als ich, vor ungefähr vierzig Jahren, aufgefordert wurde, einige Kolonialgebiete in Südamerika und in der Karibik zu bereisen und ein Buch darüber zu schreiben, war ich hocherfreut über die Aussicht auf das Reisen – in kleinen Flugzeugen zu merkwürdigen Orten oder im Boot flussaufwärts –, aber mir war ganz und gar nicht klar, wie ich das Buch schreiben und welcher Ordnung ich dabei folgen sollte. Damals konnte ich mich mit Autobiographischem und Landschaftsschilderung aus der Affäre ziehen. Erst sehr viel später sah ich ein, dass für einen Autor das Wichtigste am Reisen die Menschen sind, unter denen er sich bewegt.

Folglich zieht sich in meinen Reiseberichten oder kulturellen Erkundungsfahrten der Autor als Reisender zunehmend zurück, und die Menschen des jeweiligen Landes rücken in den Vordergrund. Auf diese Weise werde ich wieder zu dem, der ich anfangs war: ein Organisator von Geschichten. Im 19. Jahrhundert wurde die erdachte Geschichte für Dinge benutzt, die andere literarische Formen – Gedicht oder Essay – nicht ohne Mühe leisten konnten: Neues über eine Gesellschaft im Wandel mitzuteilen, geistige Zustände zu beschreiben. Es berührt mich merkwürdig, wenn ich sehe, wie der Reisebericht – der anfangs meinen eigenen Neigungen so entgegenstand – mich letztlich dorthin zurückgebracht hat, dass ich nach Geschichten suche; freilich ginge, was das Buch im Kern ausmacht, verloren, wenn sich herausstellte, dass die Geschichten gefälscht oder übertrieben sind. Die Vielschichtigkeit der Geschichten ist aufschlussreich genug, und sie ist das Entscheidende an diesem Buch. Keinesfalls sollte der Leser nach »Kernaussagen« Ausschau halten.

Man mag fragen, ob nicht andere Menschen und andere Geschichten in jedem der Abschnitte des Buches ein ganz anderes Bild jener Länder hätten erstehen oder erahnen lassen. Ich glaube nicht: Der Zug hat viele Waggons mit unterschiedlichen Klassen, aber sie alle rollen durch die gleiche Landschaft. Die Menschen reagieren auf die gleichen politischen, religiösen und kulturellen Zwänge. Der Autor hat nichts weiter zu tun, als sehr sorgsam und aufgeschlossen auf das zu hören, was seine Gesprächspartner ihm sagen, und dann die nächste Frage zu stellen und wieder eine und so fort.

Man kann das Thema der Bekehrung auch in einer anderen Perspektive sehen, als eine Art Übergang von uralten Glaubensüberzeugungen, Naturreligionen und Kulten, in deren Mittelpunkt Herrscher und lokale Gottheiten stehen, zu Offenbarungsreligionen – vor allem dem Christentum und dem Islam – mit ihren umfassenderen philosophischen, humanistischen und sozialen Anliegen. Die Hindus sagen, am Hinduismus sei weniger Zwingendes, er sei »geistiger«, und damit haben sie Recht. Gandhi allerdings hat seine sozialen Ideen aus dem Christentum übernommen.

Der Übergang von der klassischen Antike zum Christentum ist längst Geschichte. Liest man die entsprechenden Texte, dann fällt es einem schwer, die lang anhaltenden Kontroversen und Ängste, die jenen Übergang begleitet haben, in Gedanken nachzuvollziehen. Ein solcher Übergang zum Islam – und hier und da auch zum Christentum – ist nun allerdings in einigen der in diesem Buch dargestellten Gesellschaften ein nach wie vor ablaufender Prozess. Das besondere Drama dieses Vorgangs spielt sich im Hintergrund ab, es gleicht einem kulturellen Urknall, einem beständigen Zermahlen der alten Welt.

I

INDONESIEN

Der Flug der N-250

I

Der Mann des Augenblicks

Imaduddin war Dozent für Elektrotechnik am Institute of Technology in Bandung, außerdem islamischer Prediger. In den sechziger und siebziger Jahren des letzten Jahrhunderts war er also etwas Ungewöhnliches: ein Mann der Wissenschaft, einer der wenigen im unabhängigen Indonesien, und zugleich ein engagierter Mann des Glaubens. Scharenweise lockte er die Studenten in die Salman-Moschee auf dem Gelände der Technischen Hochschule.

Dem Staat war er ein Dorn im Auge. Und als ich am letzten Tag des Jahres 1979 von der Küstenstadt Jakarta über die verkehrsreiche, von Abgasen verqualmte Landstraße zur kühleren Hochebene hinauffuhr, um ihn im dort gelegenen Bandung zu besuchen, musste ich entdecken, dass er eigentlich ein Verfolgter war. Erst kurze Zeit zuvor war seine vierzehnmonatige Haft als politischer Gefangener zu Ende gegangen. Noch hatte er sein kleines Dozentenhaus an der Hochschule, aber er durfte nicht mehr lehren. Zwar gab er sich nicht geschlagen und setzte sein islamisches Mental-Training mit kleinen – eigentlich als Ferienkurse organisierten – Gruppen von Jugendlichen aus der Mittelschicht fort, aber der damals Achtundvierzigjährige bereitete seine Ausreise vor.

Er verbrachte viele Jahre im Ausland. Dann nahm sein Schicksal eine andere Wendung. Und als ich mehr als fünfzehn Jahre nach dieser ersten Begegnung wieder in Indonesien war, stellte ich fest, dass Imaduddin reich und berühmt geworden war. Am Sonntagvormittag sprach er in einem eigenen islamischen Fernsehprogramm. Er hatte einen Mercedes samt Fahrer, außerdem ein passables Haus in einem passablen Stadtteil Jakartas, und er sprach davon, dass er bald in etwas Besseres umziehen werde. Dieselbe Mischung aus Wissenschaft und Islam, die Ende der siebziger Jahre den Verdacht des Staates auf ihn gelenkt hatte, machte ihn jetzt zum begehrten Mann, zum Vorbild des neuen Indonesiers, und hatte ihn weit an die Spitze gebracht, ganz nahe ans Machtzentrum heran.

Er war jetzt ein enger Vertrauter Habibies, des Ministers für Forschung und Technologie; und dieser wiederum war – mehr als jedes andere Regierungsmitglied – ein enger Vertrauter des Präsidenten Suharto, der das Land seit dreißig Jahren regierte und als Vater der Nation auftrat.

Habibie war im Flugzeugbau tätig, und seine Bewunderer hielten ihn für ein Genie. Er galt als Mann mit einer großen Vision. Sie bestand darin, dass Indonesien unter seiner Anleitung eigene Flugzeuge bauen – oder mindestens konstruieren – sollte. Dahinter, so hatte ich in der Presse gelesen, steckte der andere Gedanke, ein solches Unternehmen werde nicht nur Flugzeuge liefern, sondern vielen tausend Menschen eine hoch qualifizierte und breit gefächerte technische Ausbildung verschaffen und Indonesien damit zu einer industriellen Revolution verhelfen. Im Laufe von gut neunzehn Jahren hatte Habibies Luftfahrtunternehmen – laut *Wall Street Journal* – fast anderthalb Milliarden Dollar erhalten. Ein erstes Flugzeug, die CN235, wurde in Zusammenarbeit mit einer spanischen Firma gebaut; wirtschaftlich war es ein Misserfolg geblieben. Jetzt aber stand etwas viel Aufregenderes bevor: der Flug der N-250, einer Turbopropmaschine mit fünfzig Sitzen für den Pendlerverkehr, die Habibies Unternehmen ganz allein konstruiert hatte.

Der erste Flug der Maschine sollte pünktlich am 17. August, dem fünfzigsten Jahrestag der indonesischen Unabhängigkeit, stattfinden; für ihn waren die Straßen Jakartas und anderer Städte schon Wochen vorher mit den immer gleichen Lichterketten sowie Fahnen und Spruchbändern dekoriert worden. Vor dem Hintergrund dieser – wie ein Geschenk des Staates an das Volk präsentierten – Feierlichkeiten erschien ein Artikel in der *Jakarta Post*, der die Leser, nach Art eines Dozenten im Anfängerkurs, Schritt für Schritt mit den Probeläufen der N-250 bekannt machte: Da war zunächst der Rolltest bei niedriger Geschwindigkeit, um die Manövrierfähigkeit am Boden zu prüfen; dann bei mittlerer Geschwindigkeit, um Flügel, Heckflosse und Bremssysteme zu testen; und dann bei hoher Geschwindigkeit, um sicherzugehen, dass die N-250 fünf oder sechs Minuten lang knapp über dem Boden fliegen konnte.

Vier Tage vor dem ersten Flug brach – während des Tests bei mittlerer Geschwindigkeit – eine Generatorenwelle (was immer das war). Doch fand sich schnell Ersatz; und am vorgesehenen Tag flog die N-250 eine Stunde lang in einer Höhe von etwa 3000 Metern. Auf der Titelseite der *Jakarta Post* sah man einen applaudierenden Präsidenten Suharto sowie Habibie, der die lächelnde Frau Suharto umarmte. Gleichzeitig wurde bekannt gemacht, dass ein Mittelstreckenflugzeug in Planung war: die N-2130, die im März 2004 fertig gestellt sein sollte, Kostenpunkt zwei Milliarden Dollar. Da dieses Programm weit in die Zukunft hineinreichte, sollte Habibies zweiunddreißigjähriger Sohn Ilham, der bei Boeing gelernt hatte, mit seiner Durchführung betraut werden.

Drei Wochen später, nach dem Höhepunkt der Feierlichkeiten zum fünfzigsten Jahrestag der Unabhängigkeit, fand ein riesiges, von Franzosen veranstaltetes Feuerwerk statt, und in der allgemeinen nationalen Ruhmesstimmung schlug Habibie vor, den 10. August, also den Tag, an dem die N-250 zum ersten Mal geflogen war, zum »Nationaltag des Technologischen Wiedererwachens« zu erklären. Diesen Vorschlag machte er auf dem zwölften Kongress für die Einheit des Islam. Denn Habibie hatte noch eine andere Seite: Er war gläubiger Muslim und leidenschaftlicher Vertreter seines Glaubens. Er führte den Vorsitz in einer neuen Vereinigung mit dem offensiven Namen »Verband der muslimischen Intellektuellen«. Und als er in seiner Rede vor dem Kongress sagte, es gelte, die Beherrschung von Wissenschaft und Technik mit einem festeren Glauben an Allah zu untermauern, konnte es keinen Zweifel geben, dass er zugleich als religiöse wie auch als weltliche Autorität gesprochen hatte.

In welcher Weise die Konstruktion von Flugzeugen und ihr Bau mit Hilfe importierter Bauteile zu einem allgemeinen technologischen oder wissenschaftlichen Durchbruch führen sollten, war nicht ganz klar; und kaum klarer war, wieso der Islam durch den Erfolg der N-250 und die Hunderte von Millionen Dollar, die für das spezielle Talent oder Interesse eines einzigen Mannes geflossen waren, besonders geadelt wurde.

Aber genau in diesem Punkt hatte sich der Glaube des Wissenschaftlers und Muslims Imaduddin mit dem Glauben Habibies getroffen, hier hatten sich die Lebenswege beider Männer gekreuzt, und nun war Imaduddin von seinem neuen Gönner in den Himmel der Präsidentengunst erhoben worden.

Nicht allzu lange nach seiner Rückkehr aus dem Exil gehörte Imaduddin bereits zu den Hauptinitiatoren des muslimischen Intellektuellenverbandes. Und mittlerweile hatte er eine ganz besondere Arbeit für Habibie übernommen. Dieser – oder sein Ministerium – schickte viele junge Leute zum Studium ins Ausland. Imaduddin erhielt, als Wissenschaftler und Prediger, den Auftrag, die Studenten regelmäßig an ihren ausländischen Universitäten zu besuchen und ebenso an den islamischen Glauben wie an ihre Treuepflichten zu gemahnen. Im Jahr 1979, als er noch ein Verfolgter war, hatte sein islamisches Mental-Training in Bandung keineswegs die Billigung des Staates gefunden, denn dieser fürchtete die Entstehung einer populistischen Bewegung, die sich seinem Zugriff entzog. In einer erstaunlichen Kehrtwendung setzte er nunmehr Imaduddins Mental-Training (oder etwas Ähnliches) ein, um die Unterstützung der so wichtigen, von Habibie geförderten Intellektuellen- oder Technokratenschicht zu gewinnen.

Von der Warte seiner neuen Freiheit und Sicherheit, seiner neuen Nähe zur Macht, die für ihn nur der Beweis war, dass er immer schon dem richtigen Glauben angehangen hatte, erzählte Imaduddin mir nun, wie ihn die Polizei in den schlechten alten Zeiten der Verfolgung eines Nachts aus seinem Häuschen am Institute of Technology geholt und für vierzehn Monate ins Gefängnis gesteckt hatte.

Er wolle, so Imaduddin, nicht im Nachhinein übertreiben, aber er habe damals provoziert und sich selbst in Schwierigkeiten gebracht. Denn er habe sich öffentlich gegen Präsident Suharto, den Vater der Nation, gewandt, der ein Familienmausoleum errichten lassen wollte. An bestimmten Teilen des Mausoleums sollte Gold verarbeitet werden, und mir gegenüber stellte Imaduddin es jetzt so dar, als sei dieses Gold der Stein des Anstoßes für seinen islamischen Puritanismus gewesen.

Er musste daher mit Schwierigkeiten rechnen, und sie blieben nicht aus. Am 23. März 1978, eine Viertelstunde vor Mitternacht, klingelte es an der Tür seines Häuschens. Er ging öffnen und sah drei Geheimdienstleute in Zivil. Bei einem entdeckte er eine Pistole. Damals wurden viele Menschen verhaftet.

Einer der Männer sagte: »Wir kommen aus Jakarta. Wir möchten Sie mitnehmen, weil wir Auskünfte von Ihnen brauchen.«

»Was für Auskünfte?«

»Das können wir Ihnen nicht sagen. Sie müssen sofort mitkommen.«

»Geben Sie mir ein paar Minuten«, sagte Imaduddin.

Und wie Imaduddin nun einmal war, verrichtete er erst ein kurzes Gebet und wusch sich, während seine Frau eine kleine Reisetasche mit Sachen für das Gefängnis packte. Auch den Koran vergaß sie nicht.

Mit einem Mal wurde Imaduddin klar, dass er nicht mit den Männern mitgehen wollte. Als Muslim konnte er ihnen nicht trauen. Er war überzeugt, dass der indonesische Geheimdienst sich in der Hand der Katholiken befand. Er rief den Rektor der Hochschule an. »Lassen Sie mich mit ihnen sprechen«, sagte dieser. Er verhandelte mit den Männern, aber sie bestanden darauf, Imaduddin müsse mitkommen. Darauf eilte der Rektor zu dessen Häuschen hinüber, aber als er ankam, hatten sie ihn schon in ein Taxi gesetzt und mitgenommen.

Die Geheimdienstler verließen das Haus um etwa 0 Uhr 30, eine Dreiviertelstunde nachdem sie geklingelt hatten. Imaduddin saß zwischen zwei Männern auf dem Rücksitz; der dritte saß vorn. Frühmorgens um halb fünf erreichten sie die Geheimdienstzentrale in Jakarta. Mit der heiteren Ruhe des Gläubigen hatte Imaduddin während eines Teils der Fahrt geschlafen. Als sie ankamen, war es Zeit für das Morgengebet, und man erlaubte ihm zu beten. Dann wurde er aufgefordert, in einer Art Wartezimmer zu warten. Er erhielt etwas zum Frühstück.

Um acht Uhr wurde er in ein Büro gebracht, und ein Oberstleutnant in Uniform begann mit dem Verhör. Weder beschimpfte oder misshandelte man ihn, noch drohte man ihm damit. Als Dozenten des Institute of Technology betrachtete man ihn wohl als höherrangigen Amtsträger, den man korrekt zu behandeln hatte.

Nach dem Oberstleutnant kam ein Mann in Zivil an die Reihe. Dieser Mann sagte ihm seinen Namen. Imaduddin erkannte darin einen der Staatsanwälte wieder.

»Sind Sie Muslim?«, fragte er Imaduddin.

»Ja, ich bin Muslim.«

»Glauben Sie deshalb, dieses Land sei ein islamischer Staat? Ist das Ihre Ansicht?«

Er war ein gebildeter Mann, Jurist, vielleicht fünf Jahre jünger als Imaduddin.

»Ich weiß nicht«, antwortete Imaduddin, »was ich Ihnen sagen soll. Ich habe nicht Jura studiert. Ich bin Ingenieur. Sie sind der Jurist.«

»Die Regierung hat so viel Geld aufgewendet«, sagte der Staatsanwalt, »um Moscheen errichten zu lassen und andere Dinge für die Muslime zu tun. Sie hat die Nationale Moschee gebaut. Trotzdem gibt es noch Muslime, die aus diesem Land einen islamischen Staat machen wollen. Gehören Sie zu ihnen?«

»Sagen Sie mir bitte, was Sie über dieses Land denken.«

»Es ist ein laizistischer Staat, kein religiöser.«

»Sie irren sich«, sagte Imaduddin, »Sie irren sich gewaltig.«

»Warum? Sie sagten doch, als Ingenieur hätten Sie keine Ahnung von Rechtsfragen.«

»Ein paar Dinge weiß ich. Weil ich in den Staaten studiert habe. Die USA kann man als laizistischen Staat bezeichnen. Aber Sie sagen selbst, die hiesige Regierung habe mit viel Geld Gebäude wie etwa die Nationale Moschee bauen lassen. Was für eine Regierung ist das?«

Zwei Stunden lang debattierten sie miteinander und wiederholten immer dieselben Dinge. Dann wurde Imaduddin zum Hauptquartier der Militärpolizei gefahren. Dort holte man seine Akte hervor und brachte ihn mitsamt der Akte ins Gefängnis.

Das Gefängnis hatte Sukarno, der erste Präsident des unabhängigen Indonesien, für seine politischen Gegner bauen lassen; vor Imaduddin waren viele berühmte Leute dort gewesen. Es war ein etwa sechzigtausend Quadratmeter großer Gebäudekomplex mit doppeltem Mauerring und Stacheldraht und anderen für ein Gefängnis typischen Sicherheitsvorrichtungen. Die Gebäude selbst waren aus Beton.

Imaduddin erhielt eine große Zelle, sechs Quadratmeter, mit einem speziellen muslimischen Bad. Im ganzen Gefängnis gab es acht solcher Räume. Sie waren den ranghöheren Insassen vorbehalten, und als solcher galt Imaduddin. Er wusste, dass er lange Zeit dort würde bleiben müssen. Mit der ganzen Zuversicht und Beherztheit des unbeirrt Glaubenden – und seiner eigenartigen Einfachheit: Er hätte ebenso leicht Inquisitor wie Märtyrer sein können – bat er um einen Besen, um die Zelle sauber zu halten. Er fand sie schmutzig, denn als religiöser Mann hatte er ganz bestimmte Vorstellungen von Reinlichkeit. Den Baderaum scheuerte er sogar. Ganz besonders wichtig war dieser für seine rituellen Waschungen vor den Gebeten, die er fünfmal täglich zu verrichten hatte.

Er lebte sich in den Gefängnisalltag ein. In der Mitte des

Gefängniskomplexes stand eine kleine Moschee. Als er sich zum Freitagsgebet dorthin begab, begegnete er Dr. Subandrio, dem berühmtesten der Häftlinge: Er gehörte zur alten Garde Indonesiens, war von Beruf Arzt, wurde dann zum politischen Weggefährten Sukarnos und fungierte mal als dessen Vizepremier, mal als sein Außenminister.

Im Gefängnis saß Subandrio seit 1965, weil ihm vorgeworfen wurde, er sei an der folgenschweren kommunistischen Verschwörung beteiligt gewesen, die die Ermordung der Generäle und die politische Machtübernahme zum Ziel hatte. Der Schlag gegen diese Verschwörung veränderte das ganze innenpolitische Kräftegleichgewicht. Er brachte die Armee und mit ihr den jungen Suharto an die Macht; und er führte zu einem so gewaltigen Blutvergießen, dass die Kommunistische Partei Indonesiens, 1965 noch eine der größten politischen Gruppierungen des Landes, praktisch ausgelöscht wurde. Hunderttausende Menschen wurden in Arbeitslager geschickt und später nicht wieder mit den vollen Bürgerrechten ausgestattet. Mit aller Macht hielt man die Erinnerung an die Verschwörung von 1965 am Leben und erhob den merkwürdigen Paternalismus des Militärregimes unter Präsident Suharto – immer vor dem Hintergrund einer latenten kommunistischen Gefahr – zur festen Institution.

Subandrio wurde zunächst zum Tode verurteilt. Aber am Tag seiner Hinrichtung setzte sich, wie er Imaduddin erzählte, Königin Elisabeth mit einem Gnadengesuch für ihn ein – er war der erste indonesische Botschafter in Großbritannien gewesen –, und daraufhin wandelte Präsident Suharto das Todesurteil in lebenslängliche Haft um.

Seitdem, also seit dreizehn Jahren, saß Subandrio in dem Gefängnis, das Sukarno für ganz andere politische Gegner hatte errichten lassen; dort lebte er einfach weiter, während die Welt draußen sich änderte und er samt seinem großen Abenteuer Teil der Vergangenheit wurde; und auch er entfernte sich immer mehr von dem Mann, der er gewesen war. Derselbe Subandrio, der einst im Mittelpunkt so vieler Ereignisse gestanden hatte, war nun, wenn er soziale Stimuli brauchte, angewiesen auf die neu eintreffenden Gefangenen, Leute wie Imaduddin, Menschen, die von jenseits der hohen Doppelmauern gleichsam hereingeweht wurden.

Die beiden Männer sahen sich täglich. Sie besuchten sich gegenseitig in der Zelle. (Für die Gefangenen gab es morgens vor acht Uhr und noch einmal nachmittags, wenn die Wärter sich in ihre Aufenthaltsräume begaben, eine Art Umschluss.) Imaduddin und Subandrio waren sehr verschieden. Der Letztere mag damals – jedenfalls nach Imaduddins Schätzung – etwa fünfundsechzig Jahre alt gewesen sein. Imaduddin erzählte von der körperlichen Spannkraft des Älteren, von seinem kleinen Wuchs, seiner Ausbildung als Arzt, seiner javanischen Herkunft. Diese Herkunft spielte eine große Rolle. Die Javaner gelten als altmodische Menschen mit würdevollen Umgangsformen und einer bestimmten Art, heikle Dinge auszusprechen. Imaduddin dagegen kam aus dem Norden Sumatras; er war in jeder Hinsicht unverblümter und in puncto Islam puritanischer und militanter als die Javaner.

Imaduddin wird für die von Subandrio vor 1965 vertretene Politik wohl nichts übrig gehabt haben. Ende 1979 erzählte er mir, als junger Mann habe er kein Sozialist sein können (obgleich die Sozialisten ihn generös behandelt hätten), denn er war ja »bereits« Muslim. Damit wollte er vermutlich sagen, dass es alles, was am Sozialismus human und sympathisch ist, auch im Islam gibt und er deshalb darauf verzichten konnte, den weltlichen Weg zu gehen und seinen Glauben aufs Spiel zu setzen.

Dreizehn Jahre zuvor hätten Imaduddin und Subandrio auf verschiedenen Seiten gestanden. Aber das Gefängnis glich die Gegensätze aus. Außerdem hatte Subandrio sich verändert: Er war religiös geworden. Bei ihrer ersten Begegnung sagte er Imaduddin, er würde den Koran gern besser kennen lernen, und bat ihn, ihm dabei behilflich zu sein. Das war mehr als javanische Höflichkeit oder Resultat der dem Gefängnisleben geschuldeten sozialen Entbehrung. Subandrio war ein wahrhaft Suchender. Imaduddin wurde sein Lehrer.

Sie sprachen auch täglich über Politik, besonders über Politik im Rahmen javanischer Kultur.

»Ich lehrte ihn«, sagte Imaduddin, »wie man den Koran liest. Er lehrte mich die javanische Kultur.«

»Was haben Sie dabei gelernt?«

»Wie wichtig Paternalismus ist. Nicht wie man ihn im Westen versteht, sondern als eine Mischung aus Feudalismus, Paternalismus und Nepotismus. Man muss wissen, was man sagen und was man nicht sagen darf. Man muss wissen, wo man in der Gesellschaft steht. Mit diesem Standort haben die eigenen Fähigkeiten mitunter gar nichts zu tun.«

Subandrio wiederum hörte Imaduddins Lebensgeschichte und sah schnell, was dieser falsch machte. Als Imaduddin versuchte, mir in Kurzform zu sagen, was er in vierzehn Monaten von Subandrio gelernt hatte, legte er ihm folgenden politischen Ratschlag in den Mund: »In der Politik darf man nicht die geringste Redlichkeit und Moral erwarten. Scharfsinn und Tüchtigkeit spielen keine Rolle. Wer in der Politik gewinnt, das entscheidet das Endergebnis. Sieger wird sein, wer dem Gegner die eigenen Gedanken in den Kopf pflanzen kann. Vor allem: Denken Sie daran, sich nie direkt mit einem Javaner anzulegen.«

Sich anlegen: Imaduddin räumte ein, genau dies sei seine politische Methode gewesen. Die im Gefängnis vergeudete Zeit gehörte zu dem Preis, den er dafür zahlte; desgleichen die vielen darauf folgenden Jahre im Exil. Während dieser Jahre ging ihm Subandrios Ratschlag nicht aus dem Kopf; und als seine Sühnezeit vorüber war und er nach Indonesien zurückkehrte, lernte er nach und nach, wie man sich als Javaner in einer nach Rängen geordneten Gesellschaft bewegte und wie man auf javanische Art heikle Dinge aussprach. Er lernte, dass er nicht versuchen durfte, auf eigene Faust zu handeln. Er fand einen Gönner in Habibie; dann folgte ein rasanter Aufstieg; und wie durch Zauberhand wurden Leute, die er für unnahbar und feindselig gehalten hatte, zu einem Born der Freigebigkeit und des Wohlwollens.

Einen Tag vor dem fünfzigsten Jahrestag der Unabhängigkeit und sechs Tage nachdem die N-250 ihren ersten Flug um Bandung absolvierte, wurde der nunmehr zweiundachtzigjährige Dr. Subandrio – nach einer unvorstellbaren Haftzeit von dreißig Jahren und ganze sechzehn Jahre nach Imaduddins Freilassung – endlich aus dem Gefängnis entlassen.

Die Ankündigung kam drei Wochen zuvor von Präsident Suharto. Ein Reporter der *Jakarta Post* begab sich ins Gefängnis. Er fand Subandrio krank, mit einem Leistenbruch und Bluthochdruck. Der alte Mann hatte nur noch den einen Wunsch, nicht im Gefängnis zu sterben, und hielt sich – ein schwacher Rest der Spannkraft, die Imaduddin sechzehn Jahre zuvor an ihm bemerkt hatte – mit Yoga und langen Spaziergängen im Gefängniskomplex bei Kräften: für das bisschen Freiheit, das ihm vielleicht gewährt würde, und für das bisschen Leben.

Der Reporter fragte Subandrio, ob er vorhabe, nach seiner Freilassung wieder Politik zu machen.

»Das wäre nutzlos«, antwortete Subandrio. Seine Gedanken seien nur auf das Nachher gerichtet.

Der Reporter fragte, ob er etwas zu seiner Entlassung sagen wolle.

Nein. Er wollte überhaupt nichts sagen, solange er noch im Gefängnis war. »Ich fürchte, ich könnte mich versprechen, und das würde dann gegen mich ausschlagen.«

Auch jetzt noch, kurz vor dem Ende, befolgte Subandrio also jenen javanischen Rat, den er Imaduddin sechzehn Jahre zuvor gegeben hatte, und hütete sich, von anderem zu sprechen als von Gottes Güte und Präsident Suhartos Milde.

Imaduddin gab seinen islamischen Projekten ganz unislamische und neumodisch klingende Namen. In Bandung veranstaltete er 1979 Mental-Training-Kurse für Jugendliche aus der Mittelschicht. In einem der neuen Spiele, die er sie spielen ließ, mussten sie in Fünfergruppen versuchen, verschieden geformte und in getrennten Umschlägen ausgeteilte Papierstücke zu Quadraten zusammenzulegen. Das funktionierte nur, wenn die

Gruppen sich untereinander absprachen und Papierstücke austauschten. In dieser reizvollen Form lernten seine Schüler, wie notwendig Kooperation, Ausdauer, gegenseitiges Kennenlernen und Zugehörigkeitsgefühl sind. Und da Imaduddin hier Konvertiten ansprach – andernfalls hätten die Jugendlichen, die zum Teil aus Jakarta kamen, von ihren Eltern nicht die Erlaubnis erhalten, zu diesen spätabendlichen gemischten Gruppensitzungen nach Bandung zu fahren –, war allen klar, dass es sich dabei um islamische Tugenden handelte; einige Schüler steuerten sogar Belegzitate aus dem Koran bei.

Da derlei schon 1979 zum Mental-Training dazugehörte, konnte ich mir – da ich von Imaduddins jetzigem Erfolg und Ruhm wusste – nun auch vorstellen, was sich hinter dem eleganten indonesischen Akronym YAASIN verbarg, das er für seine neue Stiftung Yayasan Pembina Sari Insan, also Stiftung für Entwicklung und Management von Humanressourcen, gewählt hatte. Humanressourcen, das waren Menschen; ihre Entwicklung, das hieß ihre Erziehung zu frommen Muslimen; und mit dem Management dieser frommen Menschen meinte er die Aufgabe, sie von ihren (wie immer gearteten) alten Bindungen abzubringen und auf die technologisch-politische Linie von Imaduddin und Habibie einzuschwören.

Das Büro der Stiftung befand sich im Erdgeschoss eines kleinen Mietshauses in einiger Entfernung vom Stadtzentrum Jakartas. Für den Besucher war es nicht ganz leicht zu finden. Aber Imaduddin hatte viel zu tun – da er außerdem noch für sein wöchentliches Fernsehprogramm und für den muslimischen Intellektuellenverband arbeiten musste und wenige Tage später in die Vereinigten Staaten und nach Kanada fliegen wollte, wo er zwei Monate lang von Universität zu Universität reisen und Mental-Training-Kurse für indonesische Studenten anbieten würde –, und deshalb fand er, sein Büro sei am besten für unser Treffen geeignet.

Als er in die Eingangshalle kam, um mich zu begrüßen, erkannte ich ihn nur mit Mühe wieder. Das lag nicht nur am höheren Alter. Sein ganzes Auftreten hatte sich verändert. In

Bandung besaß er, wie mir schien, das nicht unsympathische Verhalten eines Universitätsdozenten, das halb zwanglose, halb arglose Benehmen eines Mannes, der gewohnt war, mit Strenge oder Widerständigkeit eines Faches fertig zu werden, um das Interesse von Menschen zu gewinnen, die noch nicht seinen Wissensstand hatten. Jetzt wirkte er eher wie ein Geschäftsmann und machte auch ohne Jackett einen gesetzten Eindruck: grün gestreiftes Hemd, Krawatte, Füllfederhalter in die Brusttasche geklemmt, die beigefarbene Hose mit einem Gürtel gehalten, um den ersten unbestreitbaren Speck der mittleren Jahre in die Schranken zu weisen.

Im Büro befand sich, gleich zur Rechten des Eintretenden, ein offenes Areal mit einem niedrigen Podest, auf dem billige zerknautschte Teppichvorleger herumlagen; am Boden standen Hausschuhe und Schuhe. Hier verneigten sich Imaduddins Besucher und seine Angestellten oder Nachbarn gen Mekka und beteten. Zwei oder drei Personen waren schon da, sie saßen schweigend und warteten bis zur korrekten Gebetsstunde. In dieser Umgebung hatten sie etwas von einer besonderen Auszeichnung oder einem Diplom: Sie waren der öffentlich ausgestellte Tüchtigkeitsbeweis.

Als wir auf Zehenspitzen an diesen schweigenden Menschen vorbeischlichen, fragte die Diplomatin, die mich begleitete (und die das Auto für die schwierige Reise besorgt hatte), ob wir unsere Schuhe ausziehen sollten, bevor wir weitergingen. Imaduddin antwortete mit einer Art priesterlicher Jovialität, es sei nicht notwendig. Er sprach, als wisse er aus seinen Erfahrungen in der nichtislamischen Welt, dass uns das Ausziehen der Schuhe lästig sein würde, und als fühle er ein wenig mit uns; aber er sprach auch, als sei das, was wir lästig fanden, für ihn ein reines Vergnügen.

Als Nächstes kam das Büro der Sekretärin mit flimmerndem Bildschirm und Regalen und Aktenordnern, dann am Ende des Korridors Imaduddins Büro, das an der Frontseite des Gebäudes lag – direkt vor dem Fenster die Straße in praller Sonne und die Abgase der Autos. Es wirkte wie ein Büro, in dem viel passiert.

Auf dem mit einer Glasplatte bedeckten Schreibtisch stand ein recht abgenutzt wirkender Laptop. Auf der einen Seite des Laptops lag ein ordentlich gebundener Koran, auf der anderen Seite ein etwa dreißig Zentimeter hoher Stapel billig hergestellter Taschenbücher (alle gleich groß und mit stahlblauem Einband), die in Ägypten erschienen waren und vielleicht einen umfangreichen Kommentar zum Koran enthielten: für Imaduddin bestimmt so wichtig wie Essen und Trinken.

Und hier, in dieser aus Moschee und Büro gemischten Atmosphäre, erzählte mir Imaduddin von seinen Abenteuern nach 1979 und von dem Prozess des Umdenkens, der ihn von der Verfolgung in Bandung, wo er nicht mehr Elektrotechnik lehren durfte, bis zum Erfolg in Jakarta – zu seiner Stiftung und seiner Idee der Humanressourcen – geführt hatte.

Obwohl 1979 schon ein Endvierziger, hielt er doch weiter Kontakt mit zwei internationalen muslimischen Studentenverbänden, in denen er wichtige Posten bekleidet hatte. Die beiden Verbände, in beeindruckend moderner Weise durch Abkürzungen vertreten, waren: die IFSO (International Islamic Federation of Student Organisations) aus Kuwait und die saudiarabische WAMY (World Association of Muslim Youth). Durch Vermittlung der Letzteren erhielt er ein Stipendium der Faisal-Stiftung. Damit aber ging er nicht in ein muslimisches Land, wo er als Vorkämpfer des Glaubens vielleicht so etwas wie Trost gefunden hätte, sondern begab sich ins Zentrum der Vereinigten Staaten, an die Staatliche Universität von Iowa. Sie waren nicht wegzudenken, die Vereinigten Staaten, uneingestandener Bestandteil im Weltbild eines jeden modernen Revolutionärs: das Land des Gesetzes und der Ruhe, mit dem ein Mann, der doch politisch, kulturell oder religiös erklärtermaßen auf der anderen Seite stand, zu guter Letzt seinen Frieden machen und auf dessen Wohlwollen er vertrauen konnte.

In Iowa vollzog Imaduddin den Bruch mit seiner Vergangenheit. Er entdeckte ein neues Studienfach, die Betriebstechnik, und gab die Elektrotechnik, die er siebzehn Jahre lang gelehrt hatte, ganz auf. Elektrotechnik habe er, so Imaduddin, als junger Mann gewählt; sie war Teil der Unsicherheit der damaligen Zeit; er hatte nur verschwommene Vorstellungen davon, wie die Entwicklung seines Landes am besten voranzutreiben war. Aber in Iowa begann er klarer zu sehen.

»Damals entdeckte ich«, so erklärte mir Imaduddin, »dass dieses Land die Humanressourcen dringender braucht als die Hochtechnologie. Ich begriff, dass sein Problem gar nicht die Technik ist. Technologie kann man kaufen, wenn man Geld hat. Aber Menschen, die darauf brennen, etwas für ihr Land zu tun, kann man nicht kaufen. Von Amerikanern ist nicht zu erwarten, dass sie herkommen und etwas für das Land tun. Als Generalsekretär der IFSO bin ich viel gereist. Irgendwann im Jahr 1978 sah ich in Saudi-Arabien eine neu errichtete hochmoderne Klinik, das König-Faisal-Krankenhaus, aber alle Ärzte und Krankenschwestern waren Nichtaraber. Die Ärzte waren Amerikaner, die Krankenschwestern Filipinas, Inderinnen und Pakistanerinnen. Saudi-Arabien kann sich Awacs kaufen, aber die Piloten sind Amerikaner.«

»Hatten Sie vorher nicht daran gedacht?«

»Nicht ernsthaft. Aber ich war schon nahe dran.«

Obgleich ich irgendwie wusste, dass die wissenschaftlich klingenden Worte, deren Imaduddin sich bediente, früher oder später einen religiösen Dreh bekommen würden, deutete ich sie als quasi-wissenschaftliche Äußerung. Ich nahm an, er spreche als Wissenschaftler und wolle nur ganz generell sagen, dass Technik ohne die Unterstützung der Wissenschaft nutzlos sei, und als führe er Saudi-Arabien als Beispiel für technologische Abhängigkeit an. Aber was dann folgte, machte mir klar, dass ich seinen wirklichen Gedankengang verfehlt hatte.

Er sagte nämlich: »Schon als ich mich für das saudische Stipendium bewarb, dachte ich an einen Abschied von der Elektrotechnik. Ich fand, dass es etwas Wichtigeres geben müsse als Technologie.«

Ich war nicht mehr ganz mitgekommen. Er schien zu meinen, dass man die Technologie nur entwickeln kann, wenn man sie aufgibt. Ich wandte mich in Gedanken noch einmal dem zu, was er gesagt hatte. Er aber sprach weiter, und erst nach einer Weile merkte ich, dass er sich nicht mehr bloß sachlich über die Grundsätze des technologischen Fortschritts in Indonesien äußerte, sondern einen persönlicheren Ton anschlug und von seinem Werdegang erzählte, von den intuitiven Erkenntnisschritten, die ihn zur Aufgabe der Elektrotechnik, der nackten Technologie, gebracht und in den hauptberuflichen Prediger und Missionar verwandelt hatten, und davon, dass er durch diese scheinbare berufliche Kapitulation schließlich ganz nach oben befördert wurde: zum Verband der muslimischen Intellektuellen, zu Habibie, zur herrlichen N-250 und, wenigstens indirekt, zum Präsidenten. In seinem Denken, so Imaduddin, gebe es keinen Bruch, keinen Mangel an Logik, sondern nichts als Klarheit. Ein Land entwickelt sich nur, wenn seine Humanressourcen entwickelt werden, und das heißt: wenn seine Menschen fromm und gut werden.

Meine Fragen werden die Sache nicht immer getroffen haben. Er behandelte sie höflich, aber als Unterbrechungen; und wie ein erfahrener Politiker oder Prediger kam er immer wieder auf seine Erzählung zurück, ohne sich abbringen zu lassen.

»Mit Hilfe des saudischen Stipendiums wechselte ich zum Fach Betriebstechnik. In der Elektrotechnik studiert man schiere Technik. Menschen spielen keine Rolle. Außer man lernt Hochspannungstechnik, da geht es natürlich um Sicherheitsprobleme. In der Betriebstechnik studiert man industrielles System und menschliches System, plus Management. Genau das habe ich in Iowa gemacht. Ich lernte dort einen sehr netten Professor kennen, einen Verhaltensforscher. Ich fragte ihn, ob ich bei ihm im Hauptfach studieren könnte, und er war sehr einverstanden. Deshalb habe ich mich ganz auf den verhaltenstheoretischen Ansatz konzentriert.«

Der Verzicht auf sein altes Fach sei ihm nicht schwer gefallen. »Mich interessiert etwas nur, solange ich es studiere. Wenn ich alles weiß, habe ich nichts mehr dafür übrig. Das gehört zu meinen Schwächen, zu meinen Unarten. Nur ein Beispiel. Zeigen Sie mir einen Motor oder eine Elektromaschine. Ich kann

Ihnen alles über das Verhalten der Maschine sagen. Ein Einspritzmotor ist ein Einspritzmotor. Es spielt keine Rolle, woher er kommt. Ich kann Ihnen grundsätzlich alles darüber erzählen. Nehme ich aber meine beiden kleinen Kinder, so hat jedes von ihnen ein eigenes Verhalten. Man kann sie nicht wie Maschinen behandeln. Menschen sind immer wieder ein Rätsel für mich, immer wieder interessant.«

Draußen vor dem Bürofenster wurde das grelle Licht gelblicher und verwandelte Staub und Qualm in Gold: der heiße Nachmittag am Umschlagspunkt, auf dem Weg zur Dämmerung, der Verkehr hektisch wie immer, voller kleiner Ereignisse und dennoch (wie ein aus der Ferne gesehener Springbrunnen) stetig fließend. Vor diesem Hintergrund ertönten – nun allerdings aus dem Innern des Büros und zwar ohne Zweifel aus dem offenen Areal mit seinen zerknautschten Teppichen am Ende des Korridors – leicht scharrende Geräusche, die in einen zaghaften Sprechgesang übergingen.

Imaduddin lauschte: Man sah es an seinen Augen. Aber mit derselben Höflichkeit, mit der er uns zuvor gesagt hatte, es sei nicht nötig, im Korridor die Schuhe auszuziehen, tat er, als achtete er nicht darauf. Er unterbrach seine Erzählung nicht.

Nach vier Jahren schloss er in Iowa sein Betriebstechnikstudium ab. Von Freunden in Indonesien erhielt er einen Brief, in dem sie ihm rieten, noch nicht zurückzukommen. Diesen Brief legte er bei der Einwanderungsbehörde vor – er hätte das Land sonst unmittelbar nach dem Examen verlassen müssen –, und man verlängerte seine Aufenthaltserlaubnis. Er zeigte ihn auch seinem Professor. Dieser wusste, dass mit dem Studienabschluss auch Imaduddins Stipendium ablief, und so bot er ihm eine Stelle in der Lehre an. In Iowa lehrte Imaduddin zwei Jahre lang.

»Man hat Ihnen viel Freundlichkeit entgegengebracht.«

Mein Satz galt eigentlich den Menschen in Iowa, also Ungläubigen. Und Imaduddin hatte mich bestimmt verstanden. Mit schelmischem Lächeln sagte er: »Gott liebt mich sehr.«

Der Sprechgesang aus dem Korridor gewann an Festigkeit.

Jetzt war er nicht mehr zu überhören. Ich sah deutlich, dass Imaduddin gern dort sein wollte, bei denen, die da rezitierten und beteten. Doch er blieb noch ein Weilchen, wo er war, und fuhr in seinem Bericht fort.

Ein indonesischer Freund in guter Stellung, genauer: ein Staatsminister, setzte sich 1986 mit einem Gesuch an die Regierung für Imaduddin ein. Er verbürgte sich persönlich dafür, dass Imaduddin dem Staat keinen Schaden zufügen werde. Dank dieser Hilfe durfte Imaduddin nach sechs Jahren Exil in sein Heimatland zurückkehren. Er ging nach Bandung, in der Annahme, er hätte noch immer seine Dozentenstelle am Institute of Technology; aber als er mit dem Dekan sprach, teilte dieser ihm mit, er sei entlassen worden. Es war also – obgleich Imaduddin nicht eigens darauf hinwies – ein Segen, dass er die Elektrotechnik aufgegeben hatte.

Der Sprechchor füllte jetzt den ganzen Korridor und klang gebieterisch. Er rief Imaduddin aus seinen Erzählungen über vergangene Zeiten in die Gegenwart zurück. Und nun war er nicht mehr zu halten. Abrupt stand er von seinem Bürostuhl auf, sagte in geschäftsmäßigem Ton, er werde in wenigen Minuten zurück sein, und ging hinaus, dem monotonen Singsang entgegen.

Der Raum war wie entleert. Ohne den Mann selbst – seine sonderbare Einfachheit und Offenheit, seine Lust am Reden, seinen Humor – wirkten all seine missionarischen Utensilien bedrückend: wie Dinge, die aus nichts gemacht waren. Nur jemand wie Imaduddin konnte den stahlblauen ägyptischen Taschenbüchern auf der Glasplatte des Schreibtischs Sinn verleihen und Leben einhauchen.

Als er zurückkam, war seine Unruhe gewichen. Dass er gebetet und der religiösen Gewohnheit Genüge getan hatte, stärkte ihn für den glücklichsten Teil seines Berichts. Dieser Teil handelte von dem – noch andauernden – Erfolg, der sich nach zehn Jahren Gefängnis, Exil und Flucht einstellte.

Der Erfolg kam nach seiner Übersiedlung in die Hauptstadt Jakarta, mit der er auf die Demütigung von Bandung reagiert hatte. In Jakarta war er den Zentren der Macht näher als je zuvor. Zum ersten Mal konnte er nach den Grundsätzen javanischer Staatskunst handeln, die ihm Dr. Subandrio acht oder neun Jahre zuvor im Gefängnis erklärt hatte. Sie waren einfach, aber lebenswichtig: Du musst wissen, wo dein Platz in der Gesellschaft ist und wie dein Verhältnis zur Obrigkeit aussieht; du musst wissen, was du sagen und nicht sagen darfst; du musst die Kunst der Ehrerbietung beherrschen.

»Seit 1987«, sagte er, »nahm ich aktiv am Leben Jakartas teil. Ich lernte schnell.«

»Was haben Sie gelernt?«

»Die Geopolitik Indonesiens. Die Regeln des Spiels, das Suharto spielt.«

Doch trotz seines neuen Feingefühls geriet er noch einmal böse ins Straucheln. Es geschah im zweiten Jahr in Jakarta. Er war gerade dabei, sich vorsichtig an sein Humanressourcen-Projekt heranzuarbeiten.

»Ich suchte mir Freunde zusammen, um eine neue Organisation zu gründen, die ich ›Verband der muslimischen Intellektuellen‹ oder so ähnlich nennen wollte. Wir trafen uns in einem kleinen Hotel in Yogyakarta. Das war im Januar 1989. Plötzlich erschienen vier Polizisten und lösten unsere Versammlung auf. Mein Name schien immer noch verdächtig. Suharto stand noch unter dem Einfluss der Geheimdienstler.«

Der Geheimdienst, so erzählte er mir später, sei in der Hand der Katholiken, denen die muslimische Bewegung Angst machte. Bei dem Vorfall erkannte er, dass die Gesellschaft trotz der lückenlosen Kontrolle nicht immer leicht zu durchschauen war. Sie würde noch viele derartige Angriffe aus dem Hinterhalt in petto haben. Er sah ein, dass es falsch war zu meinen – wie seine für Sumatra typische Erziehung und seine amerikanische Ausbildung ihm nahe gelegt hatten –, er könne auf eigene Faust handeln. Er brauchte einen Gönner.

»Ich erfuhr mehr über die politische Situation. Ich las etwas über Professor Habibie. Ich las die Titelgeschichten in zwei Zeitschriften und versuchte, mehr über ihn zu erfahren. Ich bat meinen Freund« – vielleicht den Minister, der Imaduddins Rückkehr nach Indonesien ermöglicht hatte – »uns miteinander bekannt zu machen. 1990 wurde ich von Habibie akzeptiert.«

»Wie war das genau?«

»Ich schickte Professor Habibie den Brief eines Studenten. Dann begab ich mich in sein Büro, in Begleitung der Studenten, von denen ich mir drei als ›Lotsen‹ ausgesucht hatte. Ich traf ihn am 23. August 1990.«

Mehr als ein Jahr also nachdem die Polizei die Versammlung der Intellektuellen in dem Hotel von Yogyakarta aufgelöst hatte, fand Habibie sich bereit, den Vorsitz der neuen Vereinigung zu übernehmen.

»Warum wählten Sie Habibie?«

»Weil er ein enger Vertrauter Suhartos ist, und ohne Zustimmung des ersten Mannes geschieht in diesem Land überhaupt nichts. Habibie riet mir, eine Eingabe mit den Unterschriften von mindestens zwanzig Akademikern aus dem ganzen Land zu schreiben. Ich ging also nach Hause und saß vierzehn Tage lang am Computer. Ich bekam neunundvierzig Unterschriften. Die meisten Unterzeichner waren Universitätsangehörige. Am 2. September 1990 legte Habibie Suharto unseren Brief vor, und der gab sofort sein Plazet. Zu Habibie sagte er: ›Es ist das erste Mal, dass muslimische Intellektuelle sich zusammengetan haben. Zeigen Sie ihnen bitte, wie sie das Land mit aufbauen können.‹ Dieser Brief wird bestimmt einmal ein Dokument der Landesgeschichte werden.«

Von nun an ging es mit Imaduddins Karriere steil bergauf. »Nach der Begegnung mit Suharto rief Habibie einen Ausschuss ins Leben, der einen Kongress vorbereiten sollte. Anfang Dezember 1990 wurde der Verband der muslimischen Intellektuellen gegründet. Suharto erklärte sich bereit, den Kongress persönlich zu eröffnen.« Es gab noch ein weiteres Anzeichen dafür, dass der Präsident Imaduddin verziehen hatte. »Als Suharto, vertreten durch Habibie, nach einem Namen für die Verbandszeitschrift suchte, bat mich Letzterer um Mithilfe. Ich schlug ihm drei Namen zur Auswahl vor: *Res Publica*, *Republik* und *Republika*. Suharto entschied sich für *Republika*. Von da an bekam ich immer mehr Bewegungsfreiheit. Heute kann ich überall sprechen, wo ich will. Als ich 1986 zurückkam, durfte ich keine öffentlichen Vorträge halten. Die Lage in Indonesien hat sich also völlig verändert. Natürlich gab es Opposition: Nichtmuslime, Katholiken.«

»Warum hat Suharto sich anders besonnen?«

»Ich weiß nicht. Es ist mir ein Rätsel. Vielleicht hat Gott ihn umgestimmt. Im Jahr 1991 nahm er am Hadsch teil, der Pilgerfahrt nach Mekka. Heute nennt er sich Hadschi Mohamad Suharto. Früher hatte er gar keinen Vornamen. Er hieß nur Suharto.« Und Imaduddin wurde ein viel beschäftigter Mann. »Seit 1991 arbeite ich im Auftrag von Habibie. Eines Tages rief er mich an und sagte: ›Ich möchte Sie um eines bitten. Schulen Sie diese Menschen. Helfen Sie ihnen, fromme Muslime zu werden.‹«

»Die Technik haben Sie also ganz aufgegeben?«

»Vollständig. Seit 1991 war ich jedes Jahr in Europa, den Vereinigten Staaten und Australien bei unseren Studenten, zumal bei denen, die von Habibie ein Stipendium erhalten haben. Ich helfe ihnen, gute Muslime, gute Indonesier zu werden. In der nächsten Woche fliege ich, wie schon gesagt, nach Kanada und in die Vereinigten Staaten. Ich bleibe zwei Monate und werde zwölf Universitäten besuchen.«

Der politische – oder »geopolitische« – Zweck seiner Arbeit war leicht zu sehen. Bereits jetzt waren die Studenten auf Habibie und die Regierung angewiesen. Das Mental-Training, das Imaduddin mit ihnen machen wollte, würde die Bindung noch verstärken.

Über die Studenten im Ausland sagte er: »Wenn sie gute Muslime und gute indonesische Führungskräfte geworden sind, werden sie nicht auf Revolution, sondern auf immer schnellere Evolution sinnen.« Es klang wie ein Slogan, etwas Abgedroschenes, wie Worte, die als Teil des Programms heruntergeleiert werden: Entwicklung, aber mit Menschen, deren Denken gewissermaßen an die Leine genommen wird. »Wir müssen unsere Rückständigkeit überwinden und bis 2020 zu einer der neuen Industrienationen werden.«

So waren wir, ausgehend von der Feststellung, dass es in Indonesien Wichtigeres gibt als Technologie, im Zickzack – auf dem Weg über die Idee der Humanressourcen, die eigentlich religiös gemeint war – zur Notwendigkeit technologischen Fortschritts zurückgekehrt. Eines Fortschritts besonderer Art, bei dem das Denken religiös gesteuert wird.

Das Zickzack imitierte nur Imaduddins Werdegang, der ihn von den Schwierigkeiten in Bandung bis zu seiner einflussreichen Stellung in Habibies Programm geführt hatte. Für ihn selbst hat es da wohl keinerlei Bruch gegeben. Denn das Wichtigste auf der Welt war der Glaube, und seine Hauptpflicht bestand darin, ihm zu dienen. Damals, 1979, musste er seine Opposition gegen die Regierung bekunden. Jetzt aber war alles anders. Der Staat diente dem Glauben; also konnte er dem Staat dienen. Der Glaube hatte Platz für viele Dinge; also konnte er ihn den Bedürfnissen des Staates anpassen. Nicht er hatte sich auf den Staat zubewegt, vielmehr hatte sich der Staat auf ihn zubewegt.

»1979 sah ich die Religion bedroht. Der Geheimdienst war damals in der Hand der Katholiken, die sich vor dem hiesigen Aufstieg des Islam fürchteten. Sie reagierten mit dem, was die Psychologie eine Projektion nennt. Sie meinten, weil sie eine Minderheit sind, würden sie behandelt, wie sie selbst die Muslime in anderen Ländern behandelt haben. Jetzt habe ich im Kabinett meine Freunde. Es ist Gottes Wille.«

Javanische Ehrerbietung, das fiel ihm nun leicht. Über seinen Gönner Habibie sagte er: »Er ist ein Genie. In Aachen hat er sein Diplom mit sehr gut und seinen Doktor mit summa cum laude gemacht. Seinen zweiten und dritten akademischen Abschluss erhielt er in der Luftfahrttechnik. Er ist ein aufrechter Mensch. Nie hat er ein Gebet verpasst. Fünfmal täglich, und außerdem fastet er zweimal pro Woche, am Montag und Donnerstag. Sein Sohn ist schlauer als der Vater. Er ging nach München.« Auch Suhartos Stellung als Vater der Nation nahm Imaduddin inzwischen mit Ehrfurcht wahr. Als Habibie dem Präsidenten seinen ersten Brief gezeigt hatte, in dem es um den Verband der muslimischen Intellektuellen ging, überflog Suharto die neunundvierzig Unterschriften, hielt bei Imaduddins Namen inne und sagte in sachlichem Ton: »Er war im Gefängnis.« Habibie erzählte ihm davon, und Imaduddin war außer sich vor Staunen.

»Ein einziger Name«, sagte er zu mir, »wenn man bedenkt, dass Hunderttausende hier im Gefängnis gesessen haben …« Er sprach den Satz nicht zu Ende.

Nun aber entwarf er ein verblüffendes Bild von der Zukunft der Religion in diesem Land.

»Ich glaube an das, was mir Fazel-ur-Rehman gesagt hat. Er starb 1980. Er war Mitglied der Nationalen Islamischen Akademie in Pakistan, außerdem Professor für Islamforschung an der Universität Chicago. Ich lud ihn damals zu einem Vortrag nach Iowa ein.« Nicht uninteressant, dieser flüchtige Blick auf das staatlich protegierte Kommen und Gehen islamischer Missionare im fremden Land. »Ich holte ihn am Flughafen ab. Er umarmte mich und sagte: ›Ich habe viele Ihrer Artikel und Bücher gelesen und freue mich, Sie nun persönlich zu sehen. Sie sind Indonesier. Ich glaube fest daran, dass die malaiischsprachigen Muslime an der Spitze der Erneuerung des Islam im einundzwanzigsten Jahrhundert stehen werden.‹ Ich nahm seine Reisetasche, brachte ihn zum Auto und fragte, warum er das glaube. ›Ich meine das ganz ernst‹, antwortete er, ›ihr werdet an der Spitze der Erneuerung stehen. Es gibt drei Gründe dafür. Erstens sind die malaiischsprachigen Muslime in der islamischen Welt die Mehrheit geworden, und ihr habt euch als einziges muslimisches Volk eure Einheit bewahrt. Wir Pakistani haben das nicht geschafft. Und die arabische Welt ist in fünfzehn Staaten aufgeteilt. Ihr seid ausschließlich Sunniten, Schiiten gibt es nicht. Zweitens habt ihr eine muslimische Bewegung, die Muhammadiyah, mit der Losung: Koran und Sunna.‹ Denn Fazel-ur-Rehman war überzeugt, dass nur der Koran Antwort auf die Fragen der modernen Welt geben kann.

›Drittens entspricht die Stellung der indonesischen Frauen genau derjenigen in der Zeit des Propheten und damit der wahren Lehre des Islam.‹«

»Welche Fragen der modernen Welt kann der Koran beantworten?«, wollte ich wissen.

»Zwischenmenschliche Beziehungen. Bewusstsein der Gleichheit. Befreiung von Not, Befreiung von Angst. Beides brauchen die Menschen, und dies ist der eigentliche Auftrag des Propheten Mohammed.«

Im Jahr 1979 hatte er gesagt, als junger Mann habe er nicht Sozialist sein können, weil er »bereits« Muslim war. Damals hätte man einwenden können, das gottesfürchtige Leben allein schaffe noch nicht die notwendigen Institutionen. In der jetzigen Situation hingegen ließ sich das nicht mehr sagen; der Einwand, dass der Glaube allein nicht von Not und Angst befreien könne, zählte nicht mehr, denn der von Imaduddin angepriesene Glaube war nun fest verankert in Habibies Technologie-Programm, und dessen glänzender Erfolg zeigte sich im Flug der N-250.

»Die Wissenschaft ist der islamischen Lehre inhärent. Wenn wir ein rückständiges Land sind, so deshalb, weil die Spanier, Briten und Holländer uns kolonisiert haben. Warum hat Gott den Menschen erschaffen? Damit er der Welt Glück und Wohlstand bringt. Und wenn wir das wollen, müssen wir die Wissenschaft beherrschen. Die erste an den Propheten gerichtete Offenbarung lautete: ›Lies!‹«

Es schien, als gehörte dies noch zu dem, was früher verloren gegangen war. Doch als ich ein wenig mehr über die indonesische Politik erfuhr, stellte ich fest, dass Imaduddin hier eher zum Gegenangriff überging und Machtpolitik im Interesse der Regierung betrieb.

Indonesien lag fast an der Außengrenze der islamischen Welt. Etwa tausend Jahre lang, bis 1400, gehörte das Land – mit Animismus, Buddhismus und Hinduismus – kulturell und religiös zu Großindien. Der Islam kam erst kurz vor der Ankunft der Europäer. Er wurde hier nicht zu der überragenden Kraft wie in anderen bekehrten Ländern. Während des Kolonialismus der letzten zweihundert Jahre geriet er sogar in die Defensive und war zur Religion eines unterworfenen Volkes geworden. Es gelang ihm nicht, die Herzen der Menschen restlos zu erobern. Immer noch musste er missionieren. Während der ganzen Kolonialzeit wurde er ohne jede offizielle Institution am Leben gehalten: in jenen einfachen Dorfinternaten, deren Konzept womöglich den buddhistischen Klöstern abgeschaut war.

Besitz oder Leitung dieser Schulen war gleichbedeutend mit dem Besitz von Macht. Mir ging auf, dass Imaduddin und der Verband der muslimischen Intellektuellen – mit ihrer Betonung von Wissenschaft und Technik und ihrem Abschied vom alten Ritual – es genau darauf abgesehen hatten. Ihr ehrgeiziges Ziel konnte einem die Sprache verschlagen: Sie wollten dem Islam zur endgültigen Machtübernahme in diesem Teil der Welt verhelfen und den Inselstaat, seinem Schicksal entsprechend, an die Spitze der islamischen Erneuerung im einundzwanzigsten Jahrhundert setzen.

»Früher«, so Imaduddin, »lasen sie den Koran, ohne zu verstehen, was er bedeutet. Ihr Interesse galt ausschließlich der korrekten Aussprache und einer verzückt-melodiösen Intonation. Das ändern wir jetzt. Heute habe ich die Möglichkeit, im Fernsehen Vorträge zu halten.«

Als wir später aufbrachen, kamen wir an dem nun menschenleeren offenen Areal mit den zerknautschten Teppichen vorbei. Dort wartete Imaduddins Frau, eine gütig lächelnde javanische Schönheit. Dass er die Liebe einer solchen Gattin erringen konnte, sprach für ihn. Sie war es, die ihm siebzehn Jahre zuvor die Reisetasche für das Gefängnis gepackt hatte, und jetzt erinnerte sie mich daran, dass ich sie am letzten Tag des Jahres 1979 in ihrem Haus in Bandung besucht hatte.

Ich ging ins Bad. Die rituellen Waschungen an einem kleinen Betonbecken hatten eine unglaubliche Schweinerei hinterlassen, jedenfalls für Leute, die nicht die Schuhe auszogen und die Hosenbeine hochkrempelten.

Als ich wieder herauskam, stand neben Imaduddins Frau ein

großer Mann mittleren Alters in grauem Anzug. Sobald er Imaduddin erblickte, ging er auf ihn zu und versuchte, seine rechte Hand zu küssen. Imaduddin machte eine abwehrende Gebärde.

Der Mann im grauen Anzug arbeitete im diplomatischen Dienst Indonesiens. Er hatte Imaduddin kennen gelernt, als dieser nach Deutschland kam und dort Mental-Training-Kurse für Studenten anbot. Er blickte Imaduddin lächelnd an und sagte auf Englisch zu mir: »Er ist er selbst. Er fürchtet nur Gott.«

Ich wusste, was er meinte. Eine Weile standen wir da, und alle lächelten: Imaduddin, seine Frau und der Mann im grauen Anzug.

Später erzählte mir Imaduddin, bei orthodoxen Muslimen sei es üblich, einem Lehrer die Hand zu küssen. Der Diplomat betrachtete Imaduddin als seinen Lehrer. Wann immer er ihm begegnete, versuchte er, ihm die Hand zu küssen. »Aber ich lasse ihn nicht.«

2

Geschichte

Der Mann, den Imaduddin und der Verband der muslimischen Intellektuellen mehr als jeden anderen im Visier hatten, war Wahid.

Wahid hatte keinerlei Interesse an Habibies Ideen zu Religion und Politik, und er gehörte zu den wenigen Männern in Indonesien, die das aussprechen konnten. Er war Vorsitzender der Nahdlatul Ulama, der NU. Diese Vereinigung hatte ihre Basis in den islamischen Dorfinternaten, und es hieß, sie habe dreißig Millionen Mitglieder. Dreißig Millionen Menschen, die sich dem Mental-Training und dem Verband der muslimischen Intellektuellen widersetzten: Das machte Wahid zu einer echten Bedrohung. Und in der Tat war er kein gewöhnlicher Mann. Er blickte auf eine lange Ahnenreihe zurück. In Indonesien und zumal auf Java spielte das eine große Rolle. Seit mehr als einem Jahrhundert hing seine Familie mit den javanischen Dorfschulen zusammen: seit den finsteren Kolonialzeiten, als die Holländer aus Java eine riesige Plantage machten und diese Internatsschulen zu den wenigen Orten gehörten, an denen man Privatheit und Selbstachtung finden konnte. Außerdem hatte Wahids Vater nach der Unabhängigkeit eine wichtige Rolle im politischen und religiösen Leben gespielt.

In einem Artikel der *Jakarta Post* hieß es in behutsam gewählten Worten, Wahid sei umstritten und rätselhaft. Hinter diesen Worten verbarg sich eine ganze Geschichte. Imaduddin war überzeugt, kein Geringerer als Gott selbst müsse Präsident Suharto in den vergangenen Jahren in einen gläubigen Muslim verwandelt, ihn auf Wallfahrt nach Mekka geschickt und dazu gebracht haben, Habibies technologisch-politisch-religiöse Ideen zu unterstützen. Wahid dachte anders darüber. Er war der Ansicht, Politik und Religion sollten auseinander gehalten werden, und irgendwann hatte er sich das Undenkbare erlaubt: Im Gespräch mit einem ausländischen Journalisten kritisierte er Präsident Suharto. Nur jemand, der so stark und unabhängig war wie Wahid, konnte so etwas überleben. Erstaunlicherweise war er als Vorsitzender der NU wiedergewählt worden. Aber in den seither verstrichenen acht Monaten wurde er nicht ein einziges Mal von Suharto empfangen, und jeder wusste, dass er in die Schusslinie geraten war.

Unzweifelhaft wegen dieses Blutgeruchs empfahl man mir, mit Wahid zu sprechen. Ein ausländischer Journalist beschrieb ihn in einer Notiz als »blinden alten Geistlichen mit dreißig Millionen Anhängern«. Diese Beschreibung machte ihn zur Figur eines Bilderromans und verwechselte ihn mit jemandem aus einem anderen Land. Wahid hatte schlechte Augen, aber er war nicht blind; er war nicht älter als zwei- oder dreiundfünfzig; und er war kein Geistlicher.

Schon sechzehn Jahre zuvor hatte man mich gedrängt, Wahid zu besuchen, damals freilich aus einem anderen Grund.

Im Jahr 1979 galten Wahid und seine »Pesantren«, die islamischen Internatsschulen, als Avantgarde des modernen Islam. Zudem konnten die Pesantren sich rühmen, dass der Erziehungswissenschaftler Ivan Illich sie besucht und als anschauliches Beispiel für die von ihm favorisierte »Entschulung« bezeichnet hatte. Vielleicht war Entschulung nicht gerade der beste Einfall für Dorfbewohner, die noch kaum recht »beschult« worden waren. Aber dank Illichs Bewunderung erschienen die indonesischen Pesantren wie ein weiterer Beleg dafür, dass nach der Finsternis des Kolonialismus aus Asien wieder unerwartetes Licht kam. Ein junger Geschäftsmann aus Jakarta und Anhänger Wahids sorgte dafür, dass ich mehrere in der Umgebung von Yogyakarta gelegene Pesantren besichtigen konnte. Eines davon gehörte Wahid persönlich; seine Familie hatte es gegründet.

Es folgten zwei qualvolle Tage, angefüllt mit der Suche nach dem angegebenen Ort und der Fahrt auf überfüllten kleinen Landstraßen zwischen überfüllten Schulkomplexen, die bei der Ankunft meist still und ruhig dalagen, sich dann aber plötzlich – vor allem abends – mit wildem, wetteiferndem Leben füllten, wie ein randvoller Forellenteich zur Zeit der Fütterung: johlende Kinder und Jugendliche, manche ganz locker, bloß im Sarong, die ihre Hausarbeiten unterbrachen und mir in Massen nachliefen, wobei einige aus der Horde »Illich, Illich!« schrien.

Bei dieser Art von Zerstreuung wusste ich nicht recht, was ich eigentlich sah, und ich war sicher, dass mir vieles entging. Aber für das, was ich sah, schien »Entschulung« kein unpassendes Wort zu sein. Ich verstand nicht, was für einen Wert es haben sollte, wenn die Dorfjugend sich in Camps zusammenfand, wo sie das Bauern- und Dorfhandwerk lernte, das sie ohnehin mitbekommen hätte. Und beunruhigend fand ich die religiöse Seite: die extrem einfachen Texte, die extrem großen Klassen, das Auswendiglernen und im Anschluss die vorgetäuschte Einzelarbeit. Abends sah ich, wie Jungen auf den belebten Schulhöfen im Dunkeln vor ihren Büchern saßen und so taten, als läsen sie.

Ich selbst wäre nicht gern an einem solchen Ort gewesen. Ich sagte das dem jungen Indonesier, der als Führer und Dolmetscher aus Jakarta mitgekommen war. Er war ein kluger, gebildeter und freundlicher Mann und bei jedem neuen Abenteuer immer ein wenig auf meiner Seite. Jetzt aber ließ er alle Höflichkeit fallen und wurde richtig gereizt. Auch andere, die hörten, was ich über die Pesantren gesagt hatte, reagierten gereizt.

Am Ende des zweiten Tages besuchte ich Wahid in seinem eigenen Pesantren. Über unsere Begegnung habe ich mir Notizen gemacht, aber seltsamerweise konnte ich mich, bis ich das Geschriebene dann noch einmal durchlas, weder an den Mann noch an das Ereignis erinnern. Vielleicht lag es an der Erschöpfung nach den zwei Tagen oder an der Kürze unserer Begegnung, denn Wahid, der den Kopf voll von Pesantren-Angelegenheiten hatte und noch am selben Abend nach Jakarta fahren musste, konnte mir nicht viel Zeit widmen. Oder vielleicht – und dies ist am wahrscheinlichsten – lag es an dem gedämpften Licht in Wahids Wohnzimmer: Es war sehr anstrengend, ihn durch das Dunkel überhaupt wahrzunehmen, und irgendwann muss ich aufgegeben, mich mit seiner Stimme begnügt und auf ein Bild der Person verzichtet haben.

Was er sagte, erklärte vieles von dem, was ich mir über die Pesantren gedacht hatte. Vor der Ankunft des Islam waren sie wohl buddhistische Klöster gewesen; deren Lebensunterhalt sicherten die Dorfbewohner, und als Gegenleistung wurden sie an die ewigen Wahrheiten gemahnt. In den Anfängen des hiesigen Islam waren sie rein religiöse Stätten, Sufi-Zentren. Während der holländischen Herrschaft wurden sie in religiöse Schulen umgewandelt. Später unternahmen sie auch den Versuch, Schulen im moderneren Sinn zu werden. Hier wie anderswo in Indonesien, wo es den Islam erst seit relativ kurzer Zeit gab, waren die einzelnen historischen Schichten noch mühelos zu erkennen. Die Pesantren aber – so mein eigener, nicht Wahids Gedanke – brachten all die getrennten Vorstellungswelten zusammen und schufen jenen Mischmasch, den ich gesehen hatte.

Während unseres Gesprächs war draußen ein monotoner Sprechchor zu hören: eine Arabischklasse. Schließlich trat ich mit Wahid aus dem Haus, um sie in Augenschein zu nehmen. Das Leiern kam von der Veranda eines winzigen Häuschens am Ende des Gartens. Im dämmrigen Licht konnte ich den Lehrer und seine Klasse nur ahnen. Er war, wie Wahid erklärte, einer der gebildetsten Männer der ganzen Gegend. Das Häuschen hatte ihm das Pesantren gebaut; die Dorfbewohner brachten ihm zu essen; und zusätzlich erhielt er ein Monatsgehalt in Höhe von fünfhundert Rupiah – das waren damals etwa achtzig Cent. Obgleich er dem Islam anhing, obgleich er in seinem Unterricht pausenlos arabisches Recht herunterleierte, war er eigentlich – als weiser Mann und religiöser Blitzableiter, angewiesen auf die Mildtätigkeit der Menschen, denen er diente – ein direkter Nachfahre der buddhistischen Mönche.

Sein Achtzig-Cent-Monatsgehalt brachte mich innerlich auf; und als Wahid ihn herbeirief und er dann in der Dunkelheit demütig vor uns stand, so winzig und fromm und gebeugt, mit seinen dicken Brillengläsern, konnte ich gar nicht von dem Gedanken an die achtzig Cent loskommen und fragte mich, wie und in welchen Abständen er sie wohl erhielt.

Während er vor uns stand, stimmte Wahid ein Loblied auf ihn an und erklärte, obgleich er erst dreißig sei, kenne er schon einen Großteil des Korans auswendig. Ich sagte, es sei erstaunlich, wenn jemand den Koran auswendig wisse. »Den halben«, antwortete Wahid, »den halben.« Ich schaute den gebeugt vor uns stehenden Mann an, der doch eigentlich nichts anderes zu tun hatte, und sagte ein wenig streng, das sei aber nicht genug. Da zog er, der Achtzig-Cent-Mann, seine Schultern noch etwas mehr zusammen, nahm jeden nur denkbaren Tadel demütig hin und setzte ihn in religiöse Verdienste um. Ich bin sicher, er hätte die Schultern bereitwillig weiter und weiter zusammengezogen, bis er zu guter Letzt vielleicht so ausgesehen hätte, als wüchse sein Kopf direkt zwischen ihnen hervor.

Von diesem Abend blieb mir nicht Wahid, sondern er im Gedächtnis.

Der Geschäftsmann aus Jakarta, der mich 1979 zu den Pesantren geschickt hatte, hieß Adi Sasono. Damals war er Wahid-Anhänger. Mittlerweile hatte er sich von ihm getrennt und war auf die andere Seite gewechselt, zum Verband der muslimischen Intellektuellen. Hier bekleidete er eine wichtige Position und hatte ein geräumiges, ganz oben in einem großen Mietshaus mitten in Jakarta gelegenes Büro mit allen Extras, die zu einer modernen Firma gehörten.

Als ich ihn besuchte, legte er Wert auf die Feststellung, dass er entgegen dem Anschein seinen alten Vorstellungen vom Aufschwung der Dörfer treu geblieben war; Wahid dagegen sei irgendwo stehen geblieben. Früher seien die Pesantren das Richtige gewesen, jetzt nicht mehr.

Im neunzehnten Jahrhundert, zur Zeit der Holländer, hätten die Pesantren den Landbewohnern eine Art von Selbstachtung verschafft, und die Pesantren-Leiter, die so genannten *kiyai*, waren so etwas wie inoffizielle Dorfvorsteher, die den Bewohnern ein wenig Schutz gewähren konnten. Aber die Zeiten hätten sich geändert; in der heutigen Welt könne das alte System seinen Zweck nicht mehr erfüllen. Die Pesantren waren im Besitz der *kiyai*; Leitungs- und Eigentumsrechte vererbten sich vom Vater auf den Sohn; wie qualifiziert manche *kiyai* auch gewesen sein mögen, stets bestand die Gefahr der »Elitebildung«, des »religiösen Feudalismus«.

»Diese traditionelle Form der Mobilisierung«, erklärte Adi, »lässt sich auf lange Sicht kaum halten. Wir brauchen mehr Verantwortlichkeit und kollektive Entscheidungsprozesse auf nationaler Ebene.« Im Jahr 1979 hatte er sich der Pesantren-Bewegung angeschlossen, weil er moderne Bildung – zusätzlich zum traditionellen religiösen Unterricht – und ländliche Entwicklung vorantreiben wollte. Heute fand er dieses Ziel besser aufgehoben beim Verband der muslimischen Intellektuellen: beim ICMI, wie sein indonesisches Akronym lautete (gesprochen: Itschmi). »Wir helfen den Menschen, ihre Entscheidungen selbständiger zu treffen, zumal da, wo sie sich gegen das in die Landwirtschaft eindringende große Kapital behaupten müssen. Der *kiyai* – also ein Einzelner und Privilegierter – kann das Leben der Menschen nicht allein absichern. Der ICMI kümmert sich daher mehr um die Entwicklung der Humanressourcen und der wirtschaftlichen Möglichkeiten der Leute.«

Adi hatte sich zielstrebig darauf zu bewegt, und jetzt war es endlich ausgesprochen: Imaduddins missionarische Vorstellung von Entwicklung und Management der Humanressourcen.

Über Entschulung und Ivan Illich sagte Adi nichts; das waren Moden und akademische Trends von gestern. In Adis aktueller Analyse wirkten die Baracken und von Geschrei erfüllten Höfe der Pesantren genauso kleinbäuerlich beschränkt, wie sie auch einem neutralen Besucher vorkommen mochten. Seine neu eingeführten Wörter oder Ideen – Elitebildung, religiöser Feudalismus, Verantwortlichkeit, kollektive Entscheidungsprozesse, Mobilisierung und natürlich Humanressourcen – benutzte er nur, um sie Wahid um die Ohren zu schlagen.

Und um, jedenfalls nach meinem Eindruck, auch jene Gestalt zu treffen, die mir nun wieder in Erinnerung kam: die kleine, gekrümmte Gestalt, die damals mit weißer Kappe und Kleidung im undurchdringlichen Dämmerlicht von Wahids Hinterhof oder Garten gestanden hatte; jenen Achtzig-Cent-Mann (beim heutigen Wechselkurs eher ein Fünfundzwanzig-Cent-Mann), der auf Wahids Rufen von seiner schwach erleuchteten Veranda und der eintönig islamisches Recht rezitierenden Klasse herübergeeilt war und dann vor uns stand und mit gebeugtem Haupt unterwürfig hinnahm, dass ich ihn tadelte, weil er mit dreißig Jahren erst den halben Koran auswendig wusste, wo er doch so wenig zu tun hatte und das Dorf ihm sein schmales Häuschen gebaut und ihn, nach seinen bescheidenen Bedürfnissen, mit Nahrung versorgt hatte: im halb bekehrten Indonesien ein unvorstellbarer Nachfahre der frühen islamischen Sufis sowie der Mönche aus noch früheren, buddhistischen Zeiten.

Als konkurrierende Imperialismen waren der Islam und Europa fast zur selben Zeit ins Land gekommen und hatten die weit zurückreichende buddhistisch-hinduistische Vergangenheit zwischen sich zermalmt. Nach der Verwüstung des indischen Kernlandes zog der Islam auch in diesen Teil Großindiens und verwandelte das religiös-kulturelle Licht des Subkontinents, wenigstens soweit es diese Region betraf, in das Licht eines erloschenen Sterns. Doch dann gewann Europa so schnell die Oberhand, dass auch der Islam anfing, sich als kolonisierte Kultur zu sehen. Die Familiengeschichte, die ein gebildeter und reflektierter Mann wie Wahid im Gedächtnis bewahrte – und in der die echte Familienerinnerung nur etwa hundertfünfundzwanzig Jahre zurückreichte –, war zugleich die Geschichte des europäischen Kolonialismus und der Erneuerung des Islam.

Bei unserer ersten Begegnung im Laufe dieser zweiten Reise nach Indonesien erwähnte Wahid seine Familiengeschichte zwar, aber nur sehr beiläufig. Was er sagte, interessierte mich, und mir war klar, dass ich mehr darüber hören wollte. Ich besuchte ihn ein zweites Mal.

Wir trafen uns im Hauptbüro der NU. Es lag im Erdgeschoss eines einfachen, altmodischen Gebäudes an einer Hauptverkehrsstraße, und der Hof an der Vorderseite diente als Parkplatz. Die Räume sahen ganz anders aus als Adi Sasonos Büro und ähnelten mit ihren schweren, dunklen Möbeln und ihrem verblichenen Glanz eher den Warteräumen, wie man sie in Bahnhöfen findet.

Ich äußerte den Wunsch, auf einem hohen Stuhl mit gerader Lehne zu sitzen, damit ich schreiben konnte. In Wahids Büro standen nur niedrige Stühle. Ein Angestellter erklärte, in einem anderen Raum seien geeignete Stühle, aber dort unterhielten sich Leute. Wie jemand, der bereits viel zu lange unter diesen Leuten gelitten hatte, sagte Wahid, man solle sie hinauswerfen. Und das geschah so plötzlich, dass bei unserem Eintreten direkt über dem mittleren Ventilator noch warme Schwaden von Zigarettenrauch hingen. Der Rauch stammte von indonesischen Nelkenzigaretten und war so stark von Nelkenöl durchtränkt, dass der Geruch noch Tage nach meinem Nachmittag mit Wahid, allen Bädern zum Trotz, an Händen und Haar haftete, wie ein Betäubungsmittel nach der Operation; in meinem Jackett hing er sogar während meines ganzen Aufenthalts in Indonesien.

Aus dem Jahr 1979 war mir keine Erinnerung an Wahid geblieben, so dass ich jetzt mit Staunen einen erst 51- oder 52-jährigen Mann vor mir sah; damals hatte er also, obgleich schon berühmt und in herausragender Stellung, noch nicht einmal die vierzig erreicht. Er war ein kleiner, untersetzter Mann von vielleicht knapp ein Meter sechzig. Wie jeder wusste, hatte er schlechte Augen, aber seine körperliche und sonstige Erscheinung ließ vermuten, dass er noch andere, nämlich Herz- und Atmungsprobleme hatte. Er war lässig gekleidet und trug den Hemdkragen offen. In einer indonesischen Menschenmenge wäre er überhaupt nicht aufgefallen. Sobald er aber zu sprechen begann – er sprach fließendes, korrektes und differenziertes Englisch –, war sein vornehmer Stand nicht zu übersehen. Von mehreren Generationen hatte er Selbstvertrauen und gefälliges Wesen geerbt.

»Mein Großvater«, erzählte Wahid, »wurde 1869 in Ost-Java auf einer Zuckerplantage namens Jombang geboren. Er stammte aus einer kleinbäuerlichen Familie, die dem Sufismus anhing. Seit Jahrhunderten betrieben die javanischen Sufis Pesantren-Schulen. Meine Vorfahren hatten ihre Pesantren schon seit gut zweihundert Jahren, sechs oder sieben Generationen vor meinem Großvater.

Mein Urgroßvater stammte aus Zentral-Java. Er lernte am Pesantren in Jombang und wurde Schwiegersohn seines Lehrers. Das muss etwa 1830 gewesen sein, als man in der dortigen Region mit dem Zuckeranbau begann. Zur selben Zeit fuhren die ersten Dampfschiffe in den Vorderen Orient, und das hatte Folgen für den Hadsch, die Pilgerfahrt nach Mekka. Sie wurde einfacher. Zugleich führte es zur Entstehung reicher Muslimfamilien, die Feldfrüchte für den Markt anbauten. Diese neureiche Klasse konnte ihre Kinder mit dem Dampfschiff zum Studium nach Mekka schicken. Es kam also zweierlei zusammen; aber Geschichte entsteht ja häufig aus mehreren selbständigen Entwicklungssträngen.

Im letzten Viertel des neunzehnten Jahrhunderts konnte mein Urgroßvater meinen Großvater nach Mekka schicken. Etwa 1890 ging er dorthin, im Alter von einundzwanzig Jahren. In Mekka blieb er fünf oder sechs Jahre, denn mit dem Dampfschiff konnte man den Studenten Geld zukommen lassen. Dann kam er zurück und gründete später sein eigenes Pesantren. Das war 1898.

Man erzählt, er habe zunächst nur zehn Schüler gehabt. Damals galt die Gründung eines Gebetshauses als Angriff auf die herrschende Wertordnung. In der Umgebung der Zuckerplantage gab es keinerlei religiöses Leben. Die Zuckerfabrik machte die Menschen abhängig von sich, weil sie ihnen bares Geld für Glücksspiele, Alkohol und Prostituierte verschaffte, alles Dinge, die vom Islam missbilligt werden. Während der ersten Monate mussten die Schüler nachts in der Mitte des Gebetshauses schlafen, denn dessen Wände bestanden aus Bambusmatten, und durch sie stieß man von außen mit Speeren und anderen scharfen Waffen.

Vielleicht hat mein Großvater die Menschen allzu sehr kritisiert. Die Region mit den Zuckerplantagen wählte er ganz bewusst, vielleicht mit einem scharfen Blick für die religiöse Zukunft. Er hatte eindeutig den Wunsch, die dortigen Menschen zu verändern, sie zu einem Leben im Geist des Islam zu bekehren. Als mein Großvater 1947 starb, besaß er ein Pesantren mit viertausend Schülern und etwa acht Hektar Land. Zu Beginn hatte er nur 1,6 Hektar besessen. Heute hat sich die Gemeinde völlig verändert. Die Zuckerfabrik gibt es noch immer, aber die Menschen haben ihre alte Lebensweise aufgegeben und leben nach den Vorschriften des Islam.

Mein Großvater heiratete mehrmals, auch vor seiner Abreise nach Mekka. Alle Ehen endeten mit der Scheidung oder dem Tod der Ehefrau. Seine neue Frau aus dem Adel fand er wahrscheinlich zu Beginn des Jahrhunderts. Adel, das bedeutet hier die Abstammung von den in Solo residierenden Königen von Java. Wir haben dieselbe Ahnenreihe wie Präsident Suhartos Frau. Der Adel war bereits ein wenig säkularisiert, verwestlicht. Die neue Frau meines Großvaters war so stolz auf ihre adlige Herkunft, dass sie nach dem Bericht meiner Mutter oft sagte: ›Ich möchte, dass meine Kinder eine andere Erziehung bekommen. Ich will nicht, dass sie bei der bäuerlichen Lebensweise meines Mannes bleiben.‹

Deshalb bestimmte sie den weiteren Weg meines Vaters und seiner jüngeren Brüder – insgesamt elf. Sie erhielten Privatlehrer, die von außerhalb kamen und Dinge unterrichteten, die es im Pesantren nicht gab: Mathematik und Niederländisch, Allgemeinwissen. Mein Vater absolvierte sogar einen Schreibmaschinenkurs. Die Leute wunderten sich darüber, denn die hiesigen Muslime benutzten für die Regionalsprache noch immer die arabische Schrift. Später, als er ins öffentliche Leben gegangen war, saß er immer auf dem Rücksitz des Wagens, der ihn fuhr, und tippte. Neben all diesen neuen Fächern lernte er außerdem noch im Pesantren unter Anleitung seines Vaters und seiner Schwäger. Überdies holte meine Großmutter einen hohen Geistlichen aus Al Azhar in Kairo, der sieben Jahre lang als Erzieher meines Vaters und seiner jüngeren Brüder im Haus blieb. In Java kannte man das nicht. Während die Kurden einen ganz traditionellen Islam lehrten, reformierten die Ägypter, unter Führung von Al Afghani, in Al Azhar die gesamte Tradition der religiösen Erziehung. So kam mein Vater in den Genuss zweier unterschiedlicher Bildungstraditionen. Er wurde erzogen wie ein Mitglied der königlichen Familie. Deshalb sprach er tadelloses Arabisch und war ein vorzüglicher Kenner der arabischen Literatur. Er abonnierte all die berühmten Zeitschriften des Vorderen Orients.«

Auch Wahids Vater ging nach Mekka, und zwar 1931, als er fünfzehn war, und er blieb zwei Jahre dort. Nach seiner Rückkehr – die formelle Ausbildung war damit abgeschlossen, obgleich Wahid das nicht eigens erwähnte – erweiterte er den Lehrplan seines Pesantren und näherte ihn dem gemischten Unterricht an, den er selbst erhalten hatte. Hinzu kamen jetzt Geographie und neuere Geschichte; außerdem, so erklärte Wahid, brachte er den Gedanken der *Schule* mit: das heißt die Idee, dass die Schüler vom Lehrer »gedrillt« werden.

»Vorher gab es nichts dergleichen. Es ging sehr höflich zu. Keine Fragen. Alle hörten sich an, was der Lehrer sagte. Mit der Einführung des Schulsystems ins Pesantren schuf mein Vater eine Reihe kumulativer Veränderungen. Schon vorher hatte es solche kleineren, aber nicht minder folgenschweren Veränderungen gegeben. 1923 gründete mein Großvater mütterlicherseits ein neues Pesantren für Mädchen. Heute gibt es sie überall.«

Die Pesantren waren vor allem religiöse Internatsschulen. Dementsprechend kamen sie nur wenig über das Niveau der einfachen Leute hinaus. Die Verbesserungen, von denen Wahid sprach, schienen gering zu sein: Schreibmaschine, Geographie, neuere Geschichte. Vielleicht aber waren sie damals gar nicht so gering. Vielleicht hatten sie, wie Wahid sagte, kumulative Wirkung.

Ich fragte ihn nach der traditionellen Seite des Pesantren-Unterrichts. Er berichtete mir von den Erfahrungen, die er lange nach seines Vaters Reformen, in den späten vierziger Jahren, gemacht hatte.

»Als ich acht Jahre alt war und die Koranlektüre abgeschlossen hatte, musste ich so ein Grammatikbuch mit dem Titel *Al Ajrumiyah* auswendig lernen. Es hatte etwa fünfzehn Seiten. Jeden Morgen forderte mein Lehrer mich auf, eine oder zwei Zeilen auswendig zu lernen. Es wurde mir eingepaukt. Abends musste ich mir dann dieses Buch vornehmen, einen Grundlagentext zu den religiösen Geboten: Wie man die Waschung vollzieht und die richtigen Gebete verrichtet.«

Genau das hatte ich 1979, also dreißig Jahre danach, am späten Abend im Pesantren gesehen: Jungen, die herumsaßen und sich mit einem Lehrbuch über religiöse Gebote, die sie vermutlich längst auswendig wussten, selbst etwas vormachten; einige hockten sogar ganz im Dunkeln, mit aufgeschlagenen Büchern, als läsen sie.

Vielleicht ging die religiöse Erziehung zwangsläufig mit dieser ewigen Wiederholung, mit dieser Isolation und Unterdrückung und Überwältigung des Denkens, dieser Form von Mühsal einher. Vielleicht schuf sie damit so etwas wie Selbstachtung und sogar eine Vorstellung vom Lernen, das es – in dieser totalen Krise der Kultur – sonst womöglich gar nicht gegeben hätte. Denn am Ende führte die religiöse Erziehung, wie immer ihre vorgetäuschte Gelehrsamkeit und Frömmigkeit und ihre wirkliche Mühsal beschaffen waren, zu einem politischen Erwachen.

Dies war die Rückseite von Wahids Familiengeschichte. Sie

war aufs Engste verquickt mit der Geschichte von Erfolg und Reform der Pesantren.

»Im Jahr 1908 gründete ein Kaufmann nach seiner Rückkehr aus Mekka in Solo die (zunächst lokale) Bewegung Sarekat Dagung Islam. Vier Jahre später wurde sie in eine landesweite Organisation namens Sarekat Islam umgewandelt. Ihr Zweck war nicht nur der Handel.

Mein Großvater hatte einen zehn Jahre jüngeren Vetter, Wahab Hasbullah. Wahab war zur Erziehung ins Haus meines Großvaters geschickt worden. Später ging er nach Mekka, zusammen mit seinem Freund Bisri. Nach vierjährigem Aufenthalt in Mekka hörten sie von Sarekat Islam. Wahab schlug vor, in Mekka eine Ortsgruppe der Bewegung zu gründen. Das war 1913, ein Jahr nach der Gründung von Sarekat. Bisri beteiligte sich nicht daran, weil mein Großvater, der zugleich sein Lehrer war, ihm nicht die Erlaubnis dazu gab. Später wurde er mein Großvater mütterlicherseits; Wahab war mein Großonkel mütterlicherseits. Als er 1917 aus Mekka zurückkehrte, ging er nach Surabaya. Im Jahr 1919 spaltete sich Sarekat Islam. Ein Holländer überredete zwei Mitglieder, die Rote Sarekat Islam zu gründen. Als 1924 in Saudi-Arabien eine Konferenz über das neue Kalifat für die Muslime stattfand, gehörte Wahab dem Surabaya-Komitee an.«

Im Jahr 1926 trat Sukarno auf den Plan, und die politische Landschaft Indonesiens veränderte sich. Dennoch blieben Wahids Vater und Großvater bedeutende Männer in der religiösen Bewegung.

»1935 riefen die Holländer zur Bildung lokaler Milizen auf, um Indonesien oder das Kolonialreich gegen die drohende japanische Gefahr zu verteidigen. Auf einer von meinem Großvater einberufenen Versammlung wurde die Frage debattiert: Haben wahre Muslime die Pflicht, ein von Nichtmuslimen regiertes Land zu verteidigen? Wie aus einem Munde kam die Antwort: Ja. Denn unter den Holländern in Indonesien genossen die Muslime 1935 die Freiheit, gemäß ihrer Lehre zu leben.

Das heißt, so meine ich, dass mein Großvater den Islam für eine moralische Kraft hielt – und nicht für eine politische Kraft, die vom Staat ausgeht.«

Das Ganze war sozusagen eine Debatte über Kolonialmoral, geführt von Leuten, die keinerlei Macht ausübten, nicht unähnlich der Diskussion, die in Indien vor Ausbruch des Krieges stattfand. Und so kam es dann, dass die Miliz, in der Wahids Vater schließlich diente, ausgerechnet von den Japanern gebildet wurde, die 1942 Indonesien überrannten.

»Die Japaner bildeten zwei verschiedene Milizen, die muslimischen und die nationalistischen. Mein Vater gründete 1944 die Hisbollah-Miliz. Die Japaner rekrutierten junge Männer aus den Pesantren und den Koranschulen. Der jüngere Bruder meines Vaters bekam eine militärische Ausbildung und wurde zum Bataillonskommandanten ernannt. Da er sein Hauptquartier im Pesantren aufschlug, war die ganze Familie von der nationalen Politik mit betroffen. Es gab viele Diskussionen über den japanischen Krieg, die Lage in Deutschland, die Unabhängigkeitsbewegung.

1944/45 gestatteten die Japaner die Bildung eines Gremiums, das die Unabhängigkeit Indonesiens vorbereiten sollte. Den Vorsitz führte Sukarno. Mein Vater war eines der Mitglieder. Zusammen mit acht anderen bildete er den Kern jener Gruppe, die die fünf Grundprinzipien des neuen Staates, die so genannten Pancasila, ausarbeitete. So wurde er zu einem der Gründungsväter dieses Staates. Deshalb war er, als der Unabhängigkeitskrieg ausbrach, direkt beteiligt. Zuerst wurde er Minister, später politischer Berater von General Sudirman, des Oberkommandierenden der Streitkräfte.

Als die Holländer angriffen, musste mein Vater sich verstecken. Ich selbst wurde im Haus meines Großvaters mütterlicherseits in Sicherheit gebracht. Dort tauchte mein Vater mehrmals pro Woche auf, verkroch sich im Haus, das er nicht verließ, und behandelte seine Wunden, die vom Diabetes herrührten, nicht von Kugeln. Ich musste Frösche holen, die wir brieten, um mit dem Öl die Wunden zu bestreichen. Nach der Behandlung der Wunden ging er zurück in eines der umliegenden Dörfer, wo er sich versteckt hielt.

Als die Holländer unseren Staat in die Unabhängigkeit entließen, wurde mein Vater zum Minister für religiöse Angelegenheiten ernannt. Das Amt bekleidete er drei Jahre. Schon zur Zeit der Japaner gab es ein Amt für religiöse Angelegenheiten; zwar lag es in der Hand meines Großvaters, aber mein Vater hatte die Leitung inne. Dieses Amt bildete den Keim zum späteren Ministerium für religiöse Angelegenheiten.«

Und wie es so oft in Berichten über diese Zeit heißt: Wenn man die Grausamkeiten der Besatzung beiseite lässt, muss man anerkennen, mit welcher Klugheit und Schnelligkeit – und mit welch dauerhaften Folgen – die Japaner ein riesiges und ganz uneinheitliches Gebiet neu organisiert haben.

Wahid, obgleich damals noch ein Kind, begann schon im Dunstkreis der Landespolitik zu leben.

»Als ich neun Jahre alt war, nahm mich mein Vater mit zu der großen Kundgebung im Ikada-Stadion. Dort sollte Sukarno sprechen.« Das war vermutlich 1950. »Dieses Stadion hatten die Japaner gebaut, als Beruhigungspille. Heute steht dort dies Nationaldenkmal.« Und in den Parkanlagen veranstalteten die Franzosen am fünfzigsten Jahrestag der indonesischen Unabhängigkeit vor einem Millionenpublikum ihr großes Feuerwerksspektakel. »Im Stadion waren an die sechzigtausend Menschen, die Sukarno hören wollten. Auf mich wirkte er wie ein Riese. Er hielt eine flammende Rede gegen die Imperialisten. Er forderte das Publikum auf, sich diesem Kampf anzuschließen. Und die Menschen reagierten mit überschwänglicher Begeisterung. Ich fühlte mich so stolz und glücklich, ich spürte die Bewegung aller an dieser Ekstase Beteiligten. Auch ich schrie. Dann sprang ich in die Höhe. Mein Vater brachte mich zur Ruhe. ›Setz dich‹, sagte er, ›hüpf nicht so rum.‹ Vielleicht wollte er nur nicht, dass ich müde wurde. Dann hätte er mich nämlich zum Auto tragen müssen.«

Ich wollte Genaueres über Sukarnos körperliche Erscheinung wissen.

»Er konnte gut auftreten«, erklärte Wahid, »sein Gesicht war nicht schön, aber es zeigte eisernen Willen, Stärke. Offen gesagt, er hatte grobe Gesichtszüge. Sie zeugten von Autorität und Willenskraft. Daher sein Charisma. Besonders wenn er die Hände hob und brüllte. Dann konnte man seine Augen sehen, seinen eindringlichen Blick, als wolle er die Imperialisten durch Anstarren aus der Fassung bringen. Da mein Vater Minister war, saßen wir nicht weit weg von ihm, in der ersten Reihe. Sukarno stand da, das Gesicht genau auf uns gerichtet.

Mein Vater starb 1953, mit neununddreißig Jahren. 1952 hatte er den Ministerposten aufgegeben, weil unsere Organisation aus der damals einzigen islamischen Partei ausgeschlossen wurde. Er verließ das Kabinett und gründete 1952 eine neue Partei, die Nahdlatul Ulama (NU). Er sorgte tatkräftig für die Gründung von Ortsgruppen. Bei einer dieser Fahrten saß ich auf dem Vordersitz und er hinten, und dann hatten wir den Unfall, bei dem mein Vater schwer verletzt wurde und einen Tag später starb. Er fiel aus dem Auto und wurde vom Drall des Wagens erwischt, als dieser ins Schleudern geriet.

Nachts kam meine Mutter nach Bandung, und dann begleiteten mehrere Würdenträger seine Leiche in einem Sargwagen nach Jakarta. Was ich damals sah, beeindruckte mich zutiefst. An der ganzen, 180 Kilometer langen Route warteten Menschen, um ihm Lebewohl zu sagen. Tausende kamen nachts ins Haus, am nächsten Morgen auch Sukarno. Dann wurde seine Leiche zum Flughafen gebracht und nach Surabaya geflogen. Dort empfing uns eine riesige Menschenmenge, es waren Zehntausende, die weinten und ihm Lebewohl sagen wollten. Mein Onkel, ein Generalmajor, saß auf einem Motorrad vor dem Leichenwagen, und so fuhren wir durch die Menge, die über die ganze achtzig Kilometer lange Strecke in Dreier- oder Viererreihen zu beiden Seiten der Landstraße stand, bis zum Familienfriedhof in Jombang.

Beim Anblick all dieser Leute, die weinten und ihm das letzte Geleit gaben, ging mir der Gedanke durch den Kopf: Gibt es etwas Größeres im Leben, als von so vielen Menschen geliebt zu werden? Als Gandhi starb, war ich noch ein Kind. Später sah ich Bilder von seinem Begräbnis. Sie erinnerten mich an das Begräbnis meines Vaters. Das schärft meinen Orientierungssinn.«

Diese Familiengeschichte erzählte Wahid mir fast einen ganzen warmen Nachmittag lang in einem Raum im Erdgeschoss seiner NU-Zentrale in Jakarta, wo wir eingehüllt in den ekelerregenden Geruch der Nelkenzigaretten saßen, während draußen, unmittelbar vor dem freigeräumten Vorplatz, der zweispurige Autoverkehr dröhnte und qualmte. Die Familiengeschichte, die auf meinen Wunsch mehrfach stark komprimiert wurde, an anderen Stellen dagegen wild hin- und her sprang, enthielt Schicht für Schicht die historische Entwicklung des Landes in den letzten hundertfünfundzwanzig Jahren. Diese Geschichte gab Wahids Leben die Richtung vor. Und noch heute diente sie ihm als Bezugspunkt seines Handelns und Verhaltens.

Den Vorsitz in der Partei seines Vaters, der NU, hatte er von diesem geerbt. Im Jahr 1984 zog er sich mit ihr aus der Politik zurück.

»Wir haben erkannt, dass sich die direkte Verbindung zwischen Islam und Politik – wie in Pakistan, Iran, Sudan, Saudi-Arabien – als schädlich erwiesen hat, weil der Islam nun überall als eine gewalttätige Religion gilt, was er in unseren Augen gar nicht ist. Nach unserer Überzeugung ist der Islam eine moralische Kraft, die allein durch ethische Grundsätze und sittliches Verhalten wirken kann. Und so denke nicht nur ich, sondern so haben es die von meinem Großvater erzogenen *ulama* gemeinsam beschlossen. 1983 hatten wir deswegen eine erbitterte Auseinandersetzung mit einem promovierten Verfassungsrechtler.

1991 haben wir das ›Forum für Demokratie‹ gegründet. Dieses Forum lehnt islamische Politik – den politischen Islam, wie ihn Suharto und Professor Habibie verstehen – entschieden ab. Der in den neunziger Jahren geführte Konkurrenzkampf zwischen den verschiedenen Machtzentren unseres Landes zeigt, dass der Präsident eine möglichst breite Unterstützung aus der

Gesellschaft braucht. Also auch von islamischen Organisationen. Um deren Unterstützung zu erhalten, muss man nationale Politik mit Islam gleichsetzen. Im Beschluss von 1935« – der es für richtig befand, wenn Muslime das von Holländern regierte Indonesien gegen Japaner verteidigten – »erkannte mein Großvater an, dass zwischen den Aufgaben der Religion und denen der Politik unterschieden werden muss. Wenn Habibie als Minister den Weg der Islamisierung einschlagen will, so bedeutet das, dass er Politik als integralen Bestandteil des Islam betrachtet. Mich betrifft das ganz persönlich, da mein Vater an der Ausarbeitung der Verfassung beteiligt war, die allen Bürgern gleiche Rechte zuspricht. Den Islam sollten die Menschen ausüben, weil ihr Gewissen es will, und nicht weil die Furcht es diktiert. Bei allen Nichtmuslimen und nicht praktizierenden Muslimen wecken Habibie und seine Freunde nur die Angst, ihre Identität offen zu zeigen. Das ist der erste Schritt zur Diktatur.«

Über diesen Punkt geriet Wahid in heftige Erregung. Immer wieder kam er darauf zurück, und immer schien er abzuwarten, damit ich seine Worte notieren konnte. Ich versuchte, ihn zu direkteren Äußerungen über Habibie zu bewegen. Ich wollte so gern von ihm ein Bild der Person, eine Unterhaltung oder eine Begebenheit. Es war nicht leicht.

»Habibie besuchte mich im Krankenhaus und bat mich, dem ICMI, seinem Verband der muslimischen Intellektuellen, beizutreten.«

Der Hinweis auf das Krankenhaus gefiel mir, er schien zu bestätigen, was ich über Wahids Gesundheit dachte. Aber mehr als das kam nicht.

»Meine Antwort war: ›Statt Ihrer ehrenwerten Gruppierung beizutreten, will ich mich lieber von den Straßenecken-Intellektuellen fern halten.‹«

Diesen Satz notierte ich. Ich war nicht sicher, was er bedeuten sollte, aber später entdeckte ich, dass Wahid hier vom Klinikbett aus mit äußerster Ironie feststellte, Habibies ehrenwerte Gruppierung und die Straßenecken-Intellektuellen seien im Grunde ein und dasselbe. Einer dieser Intellektuellen war wohl auch Imaduddin – der Prediger, der Mann im Fernsehen, der den ICMI per Kopfgeburt in die Welt gesetzt hatte –, obgleich Wahid seinen Namen an dem ganzen Nachmittag nicht ein einziges Mal in den Mund nahm.

Auch Adi Sasono, ehemaliger Wahid-Anhänger, ist vermutlich in der Schusslinie gewesen. Aber das wurde mir erst später klar, als ich mich mit allen getroffen hatte und noch einmal meine Notizen durchging.

Kurz vor dem Ende unseres Gesprächs in seinem schönen Büro sagte Adi: »Herr Wahid reist zu viel herum. Er ist Dozent und Intellektueller, aber kein richtiger *kiyai.*« *Kiyai*, Leiter eines Dorf-Pesantren: Dies war wohl Adis Art, Wahids Ansehen ins Lächerliche zu ziehen und ihn ein oder zwei Nummern kleiner zu machen. »Der *kiyai* sitzt in seinem festen Dorf im Pesantren, und die Dorfbewohner können ihn dies und jenes fragen. Er bleibt bei ihnen.«

Adi führte den Vorsitz im leitenden Gremium des CIDES; dies war die Abkürzung für eine wichtige Denkfabrik des ICMI, die mit vollem Namen »Centre for Information and Development Studies« (Zentrum für Informations- und Entwicklungsforschung) hieß. Das erklärte auch sein prachtvolles Büro. In der eleganten, großformatigen CIDES-Broschüre, die er mir gab, hatte er ein Vorwort geschrieben. Dort hieß es im ersten Absatz:

> Die Gründung des Indonesischen Verbandes der muslimischen Intellektuellen vor drei Jahren hat unserem ganzen Land zunehmend bewusst gemacht, dass die Humanressourcen den wichtigsten erneuerbaren Aktivposten der gesellschaftlichen Entwicklung darstellen. Zum Ausdruck kommen muss dieses Bewusstsein in großen Arbeitsanstrengungen auf der Grundlage einer Entwicklungsethik, die die zentrale Bedeutung der menschlichen Dimension in den Vorstellungen ebenso wie im Entwicklungshandeln herausarbeitet. Das heißt zugleich, dass die bewusste und aktive Mitwirkung der ganzen Nation einen fundamentalen Wert darstellt …

Hier war sie wieder: Imaduddins missionarische Idee der Humanressourcen, nur erheblich aufgebläht, mehrfach verpackt in modern klingende, bei Unternehmern und Akademikern geliehene Wörter. Wörter, die so benutzt wurden, dienten nur als Verpackung. Der eigentliche Inhalt war Imaduddins hochfliegender Gedanke vom Schicksal der malaiischsprachigen Muslime, sein Wunsch, einen Bekehrungsprozess, den Europa zwei- oder dreihundert Jahre lang blockiert hatte, zu vollenden und an der äußersten Ostgrenze des Glaubens endlich die Flagge des Islam zu hissen.

3

Ein Konvertit

Er wohnte in der Nähe des Heldenfriedhofs, in der Jalan Masjid Baru, der Straße der Neuen Moschee. Dort sollte ich ihn zwei Tage nach unserer ersten Begegnung besuchen, morgens um zehn Uhr. Ich wollte ein wenig mehr über seine Vergangenheit – seine Vorfahren, seine Herkunft aus Sumatra – hören, und nur zu diesem Zeitpunkt konnte er sich freimachen, da er jeden Tag mit dem Abflug in die Vereinigten Staaten und nach Kanada rechnen musste, wo er sein Mental-Training anbieten wollte.

Als er mir im Büro seiner Stiftung den Weg erklärte, wusste ich schon, dass ich die Straße der Neuen Moschee nur mit Schwierigkeiten finden würde. Er schrieb etwas auf seine Visitenkarte und meinte, das werde dem Taxifahrer behilflich sein. Aber im entscheidenden Moment half es nichts. Der Taxifahrer des Hotels fuhr mich meilenweit eine falsche Straße entlang, immer dem in die Innenstadt fließenden Vormittagsverkehr entgegen: Teils weil er dachte, es genüge, die grobe Richtung Heldenfriedhof anzusteuern, teils weil es ihm Spaß machte, in der am Verkehr erstickenden Stadt Jakarta einmal längere Zeit zügig auf einer leeren Spur fahren zu können.

Quasi zur Strafe mussten wir mit dem dahinkriechenden Verkehr, über den wir auf der Auswärtsfahrt hinwegsehen durften, wieder zurückkriechen und uns dann – während wir alle naselang nach dem Weg fragten und die verabredete Zeit, zehn Uhr, näher rückte und verstrich – irgendwo zwischen Schnellstraßen hindurchlavieren. Wir fuhren schmale, nur halb gepflasterte, kurvenreiche Sträßchen entlang, in einem ständigen raschen Wechsel von Morgenlicht und Schatten: kleine neue Häuser auf kleinen Grundstücken, hier und da blühende Sträucher, in den breiteren, schattigeren Kurven Gemüseverkäufer mit ihren Karren, gelegentlich feuchte, verstaubte Laubhaufen, Kinder; kurz, der Wolkenkratzerreichtum Jakartas mit seiner angedeuteten Globalität, hier reduziert auf die einheimische kleine Münze.

Endlich erreichten wir die Straße der Neuen Moschee. Wir drehten und wendeten, bis wir vor der auf Imaduddins Visitenkarte angegebenen Hausnummer standen. Ich zahlte die astronomische Summe, die das Taxameter anzeigte, und der Fahrer fuhr sofort los, als fürchtete er, ich könnte mir das mit dem Geld noch anders überlegen. Es war ungefähr zehn Uhr dreißig.

Niemand trat aus dem Haus. Es war klein und auffällig gut gepflegt. Links führte eine breite Einfahrt zur großen, eingebauten Garage mit einer Schiebetür: So knapp war der Raum auf dem engen Grundstück. Rechts war ein schmaler Rasenstreifen und gleich dahinter, zu ebener Erde, der glänzend rote Fliesenbelag einer offenen Veranda. Von dort rief ich: »Guten Morgen.« Noch immer erschien niemand. Durch die geöffnete Tür trat ich in das Wohnzimmer. Es war ein niedriger, kühler und – nach dem Sonnenlicht der Veranda – dunkler Raum. Noch einmal rief ich. Ein Dienstmädchen im braunen Kittel schaute aus der links hinter der Essecke gelegenen Küche heraus, ließ irgendwie verschreckt die Augen auf mir ruhen und zog sich dann wortlos wieder zurück.

»Herr Imaduddin! Herr Imaduddin!«, sagte ich in den leeren Raum hinein.

Aus der Küche kam ängstlich ein zweites Dienstmädchen. Als wollte sie lediglich sehen, was die andere schon gesehen hatte, warf auch sie mir einen verschreckten Blick zu und verschwand in einem hinter der Küche gelegenen Versteck.

»Herr Imaduddin!«, rief ich. »Guten Morgen, Herr Imaduddin!«

Das Haus blieb still. Er hatte mich um zehn Uhr hergebeten. Ich war eine halbe Stunde zu spät, aber er müsste eigentlich noch im Hause sein. An einer Wand hing ein großes, eingerahmtes Bild mit arabischer Kalligraphie, das sehr nach Imaduddin aussah – Auslandsreise zu den Gläubigen: vielleicht ein Geschenk oder ein Andenken . Dennoch fragte ich mich, ob ich am richtigen Ort war. Und dann fragte ich mich, wie ich wohl ohne Sprachkenntnis und Stadtplan zu einer Hauptstraße zurückfinden sollte, auf der Taxis verkehrten.

Weil alles still blieb, mochte ich nicht noch einmal rufen, und ich scheute mich auch, einfach so durch den Raum zu laufen. Ich blieb also stehen, wo ich war, und wartete und schaute.

Der Fußboden war gefliest und mit schönen Riedmatten belegt. An der niedrigen Decke aus Bagasse-ähnlichen Spanplatten sah man Flecken vom durchgelaufenen Regen. Im Essraum stand neben mehreren Gruppenfotos ein Mikrowellengerät. Die Pfeiler des Wohnzimmers waren mit zwei oder drei dekorativen kleinen Blumenstillleben und zu meiner Überraschung mit dem Bild eines Segelschiffes verziert. Überall im Raum standen kleine Erinnerungsstücke an Auslandsreisen, Touristenandenken, in denen sich Imaduddin (oder seine Frau) von einer sanfteren Seite zeigte, die nichts mit dem Mental-Training zu tun hatte – vorausgesetzt, das Haus gehörte ihnen überhaupt und die Souvenirs lagen ihnen wirklich am Herzen (und bewahrten nicht nur das Andenken an einen frommen Geber): ein paar Dinge aus Japan; ein Eiffelturm; über dem in einer Ecke stehenden Wasserkühler eine Delfter Kachel mit dem einfach gemalten, undeutlichen, romantischen Bild einer gewundenen holländischen Landstraße mitsamt Bauernhaus und Kirche; vor einem Pfeiler ein roter Zwergahorn in einer weißen Schale, die Schale auf einem Zierdeckchen mit Silberfransen und das Ganze wie zufällig auf einem umgekippten Zeitungsständer. Durch das hintere Fenster des dunklen Zimmers sah man ein sonnenbeschienenes, von einer Natursteinmauer gesäumtes Gärtchen, das schon beim roten Ziegeldach des Nachbarhauses endete: Raum war hier wirklich knapp.

All dies schaute ich mir der Reihe nach an, als ob ich es im Gedächtnis ablegen wollte, und gleichzeitig fragte ich mich mit einem gesonderten Teil meines Bewusstseins, wie lange ich da noch stehen bleiben sollte und wie ich zu gegebener Zeit aus dieser seltsamen Falle, in die ich geraten zu sein schien, wieder herauskommen würde.

Plötzlich, zehn oder vielleicht fünfzehn Minuten später, öffnete sich zur Linken eine Tür, und Imaduddin erschien, ganz zwanglos und überraschend in einem knöchellangen Sarong und einem dunkelgrünen Hemd.

Etwas geistesabwesend sagte er: »Es tut mir Leid. Ich habe Probleme.«

Ich dachte an intime gesundheitliche Probleme, aber dann kam hinter ihm ein braunhäutiger Mann durch die Tür. Er war hoch gewachsen, hatte funkelnde Augen und glänzende Haut und war gleichfalls mit einem Sarong bekleidet, verhielt sich aber nicht so zwanglos wie Imaduddin. Der untere Saum seines Sarongs bewegte sich elegant im Takt seiner langsamen, gemessenen Schritte. Er trug eine flache, schwarze Muslimkappe und eine blaugrüne ärmellose Weste, in deren Brusttasche ein Federhalter geklemmt war.

»Ich bekomme Massage«, sagte Imaduddin.

Das erklärte, warum der Mann mit der schwarzen Kappe so glänzende Haut hatte.

Das Zimmer, aus dem sie kamen, lag vermutlich gleich neben der Garage, mit Blick auf die kleine Rasenfläche und die Straße. Sie werden gehört haben, wie ich kam, und dann auch, wie ich rief.

»Man wird alt, wissen Sie«, sagte Imaduddin.

Als wäre dies mitsamt seinen Rückenproblemen, deretwegen der Masseur alle paar Tage kam, Erklärung genug. Und tatsächlich hatte der Besuch des Masseurs etwas Förmliches. Seine Verabschiedung wenige Minuten später war – sowohl durch Imaduddin als auch durch seine Frau – hochzeremoniell.

Als er angezogen war und wieder fest in Gürtel, Hose und Hemd steckte, so wie ich ihn kannte, setzten wir uns zum Unterhalten an den Esstisch, zwischen Mikrowelle und Gruppenfotos auf der einen, Wasserkühler und Delfter Kachel auf der anderen Seite. Die Dienstmädchen im roten, respektive braunen Kittel hatten sich von ihrem Schrecken erholt und machten sich in Haus und Küche zu schaffen.

Angesichts der nunmehr so entgegengesetzten Positionen überraschte es mich, wie viel Ähnlichkeit zwischen Imaduddins Herkunft und derjenigen von Wahid bestand. Aber Imaduddin stammte aus Sumatra. Geboren war er im Sultanat Landkat, einem Gebiet, das ihm zufolge größer war als Holland und an Aceh angrenzte, jenen Nordteil Sumatras, den die Niederländer erst 1908, ein ganzes Jahrhundert nach der Einnahme von Java, erobern konnten. Dieser Umstand war vermutlich von großer Bedeutung und der Grund für Imaduddins offenherzige Art, in der er sich als Bewohner Sumatras wiedererkannte.

Rekonstruiert habe ich die folgende Geschichte. In Landkat – vielleicht in der zweiten Hälfte des neunzehnten Jahrhunderts, Imaduddin nannte kein Datum – gab es einen Muezzin, einen Mann, der die Gläubigen zum Gebet rief. Er starb noch vor der Geburt seines Sohnes. Die Witwe heiratete erneut, und als ihr Sohn aus erster Ehe sechs Jahre alt war, schickte sein Stiefvater ihn zum Mufti des Sultans von Landkat. Der Mufti war muslimischer Gottesgelehrter, und der Sechsjährige arbeitete, wie es Tradition war, in seinem Haus als Diener, während er zugleich dort lernte. Der Junge war sehr klug, und der Mufti hatte ihn gern.

Zehn Jahre vergingen. Der Sekretär des Sultans, eine Art Wesir und der zweithöchste Mann des Landes, suchte einen Koranlehrer für seine Enkelin. Er sprach darüber mit dem Sultan, dieser mit dem Mufti, und der Mufti schickte seinen Diener und Schüler, den mittlerweile siebzehn- oder achtzehnjährigen Sohn des alten Muezzin, der die Enkelin des Sekretärs unterrichten sollte. Natürlich arbeitete der junge Mann nicht mit ihr allein, das wäre unschicklich gewesen; er unterrichtete sie zusammen mit Freunden der Familie. Er war ein sehr guter Lehrer, und die Enkelin des Sekretärs verliebte sich in ihn. Zu gegebener Zeit – ein Datum fiel nicht, und ich vergaß zu fragen – heirateten sie. Ihr Sohn war Imaduddin; geboren wurde er 1931.

Mittlerweile war sein Vater, der Sohn des alten Muezzin, in Landkat schon auf dem Weg zum Erfolg. Im Jahr 1918, als man nach dem Weltkrieg wieder sicherer reisen konnte, überredete der Mufti den Sultan, den jungen Mann für zwei Jahre zum Arabischstudium nach Mekka zu schicken. Danach ging er noch vier Jahre nach Kairo an die islamische Universität von Al Azhar. Bis dahin war seine Ausbildung genauso verlaufen wie bei Wahids Großvater und Vater. Und selbst danach blieb alles ganz ähnlich: Als der Sohn des alten Muezzin 1924 von Al Azhar nach Sumatra zurückkam, wurde er Leiter einer vom Sultan gegründeten berühmten Schule.

Erst bei der Erziehung seines Sohnes Imaduddin änderte sich das Ausbildungsmuster. Als dieser sechs Jahre alt war, nahm ihn der Vater von der malaiischsprachigen Schule, die er ein Jahr lang besucht hatte, und schickte ihn – was angesichts seiner späteren religiösen Entwicklung ganz befremdlich wirkt – für fünf Jahre an eine »holländische Schule«. Normalerweise, so erklärte Imaduddin, waren diese Schulen den Kindern aus religiösen Familien verschlossen, weil die Niederländer Angst hatten, die Muslime könnten sich zu viel Bildung aneignen. Er selbst durfte die holländische Schule in Landkat nur besuchen, weil sie dem Sultan gehörte.

Im Jahr 1942 kamen die Japaner. Sie regierten mit harter Hand. Die im Land angebauten Nahrungsmittel wurden requiriert. Die Schule war praktisch geschlossen. Um zu überleben, musste Imaduddin mit seinem Vater Fische fangen und Land bebauen und selbst Reis anpflanzen. Obgleich Japan die Indonesier gewissermaßen für den späteren Unabhängigkeitskrieg gegen die Holländer rüstete, hat sich Imaduddin seit der damaligen Zeit ein Gefühl des Hasses und der Angst gegenüber den Japanern bewahrt.

Von diesem Hass und dieser Angst kam in Wahids Darstellung der japanischen Besatzungszeit wenig zum Vorschein. Seine Familie hatte mit den Japanern offenbar auf einer höheren, fast politischen Ebene zu tun. Sein Vater gründete 1944 die Hisbollah-Miliz; sein jüngerer Bruder erhielt bei den Japanern eine militärische Ausbildung und wurde zum Bataillonskommandanten ernannt; im Pesantren von Jombang lag das Hauptquartier der Hisbollah. Weit weg auf Sumatra diente Imaduddin damals mit seinen nur vierzehn Jahren in derselben Miliz als Infanterist.

Irgendwann im Jahr 1946 ließ er seine kleine Milizeinheit die Straße entlangmarschieren, als sein alter Lehrer aus der holländischen Schule ihn anhielt. (Auch jetzt noch sieht man, vielleicht als Teil der Vorbereitungen zum fünfzigsten Jahrestag der Unabhängigkeit, am Sonntagmorgen solche kleinen halbmilitärischen Trupps in unterschiedlichen bunten Uniformen auf den Straßen Jakartas marschieren: Gruppen von vielleicht zehn jungen Männern, die mit seitwärts schwingenden Armen in Formation laufen, während ihr Anführer in einigem Abstand, aber gleichfalls mit seitwärts schwingenden Armen vor ihnen herläuft und den Marschierenden auf seiner Trillerpfeife den Takt angibt.) Bei einem dieser Märsche mit seinem Trupp wurde Imaduddin 1946 von seinem alten Lehrer angehalten.

»Warum machst du das?«, fragte dieser ihn.

»Weil wir unabhängig sein wollen.«

»Und was machst du nach der Unabhängigkeit? Weißt du das schon?«

»Nein.«

»Wie wollt ihr ohne Ärzte oder Ingenieure dieses Land aufbauen? Du musst wieder zur Schule gehen und lernen. Ich weiß, dass in einer nahe gelegenen Stadt demnächst eine neue Oberschule eröffnet wird. Ich möchte, dass du dorthin gehst.«

Imaduddin tat, was sein alter Lehrer ihm sagte. Er erhielt Urlaub und meldete sich an der neuen Schule an. Es war eine entscheidende Wende in seinem Leben. Die Oberschule absolvierte er mit derselben Intelligenz und demselben Fleiß wie sein Vater das religiöse Studium. Er war Klassenbester, Bester der Schule und schließlich, unter den besonderen Bedingungen des Unabhängigkeitskrieges, sogar bester Schüler des Landes.

Im Jahr 1948 wurde Landkat von den Holländern besetzt. Da sie hinter Imaduddins Vater her waren (ebenso wie hinter Wahids zuckerkrankem Vater in Jombang), floh die Familie in fünf Paddelbooten über die Malakkastraße nach Aceh. Irgendwie muss sie dann durch die Großfamilie oder die Gemeinde Unterstützung erhalten haben, denn Imaduddin konnte die Schule fortsetzen, zunächst in Aceh bis zum Ende des Unabhängigkeitskrieges, dann in der größeren Stadt Medan. Mit zweiundzwanzig Jahren wurde er 1953 am Institute of Technology in Bandung angenommen. Er war also ein so guter Schüler, dass er trotz der gewaltigen Umwälzungen in der Zeit der japanischen Okkupation und des Unabhängigkeitskrieges nur vier Jahre verloren hatte. Mit dreißig wurde er Assistenzprofessor in Bandung; im Jahr darauf ging er in die Vereinigten Staaten, um dort einen höheren akademischen Abschluss zu machen.

Für einen 1931 in einem Städtchen in Holländisch-Ostindien geborenen Mann war dies eine beeindruckende Karriere; und sicherlich hatte der Vierzehnjährige, der 1946 in Landkat mit seiner kleinen Miliz die Straße entlangmarschierte, so gut wie nichts davon im Kopf. Doch was der Knabe und dann der junge Mann an Neuem lernte, wurde in Schranken gehalten. Nie scheint es in Imaduddins Denken so etwas wie eine kulturelle oder religiöse Verschiebung gegeben zu haben. Er blieb der Enkel des alten, für den Sultan tätigen Muezzin, der im neunzehnten Jahrhundert fünfmal täglich die Gläubigen zum Gebet rief; und der Sohn jenes Mannes, der Lieblingsschüler des Muftis war und in Mekka und Al Azhar studiert hatte.

Wahid wurde – mit seiner Pesantren-Ausbildung und der Bindung seiner Familie an die Pesantren – internationalistischer und liberaler. Imaduddin blieb dem Heiligen Krieg verpflichtet.

Während wir noch am Esstisch saßen und die beiden Dienstmädchen in ihren Kitteln zwischen dem Wohnzimmer und der kleinen Küche hin und her huschten, wurde er unruhig. Nach dem Bericht von der Flucht seiner Familie in fünf Paddelbooten über die Malakkastraße hatte er seine Erzählung immer mehr verkürzt und Einzelheiten ausgelassen. Sein Gesicht verdüsterte sich; er sah so abwesend aus wie zuvor, als er aus dem Massageraum gekommen war.

»Wie lange möchten Sie noch hören?«, fragte er.

Ich sagte, eine halbe, vielleicht eine Stunde.

»Da ist jemand aus Oklahoma«, erklärte er, »der möchte zum Islam übertreten. Und zwar heute. Er ist Elektroingenieur. Ich habe ihn ein- oder zweimal gesehen. Er will ein indonesisches Mädchen heiraten. Ich habe ihn nicht selbst bestellt, aber ich habe mich mit der Familie des Mädchens abgesprochen. Er wartet in der Moschee auf mich. Ich hätte um halb zwölf dort sein sollen.«

Es war Viertel vor zwölf, also mehr als Zeit zur Abfahrt. Während der jetzigen Verabschiedung erfuhr ich von Imaduddin – oder von seiner wie stets heiteren und hübschen Frau –, dass sie in ein neues Haus umziehen wollten.

Wir fuhren im Mercedes los. Der Fahrer Mohammad Ali saß schon auf seinem Posten im Auto, und die beiden bestens eingeübten Dienstmädchen (eine im unscheinbar braunen, die andere im roten Kittel) flitzten, ohne dass viel gesagt werden musste, aus dem niedrigen dunklen Haus hinaus ins Sonnenlicht des winzigen Gartens, schoben die schwere Garagentür beiseite, öffneten das Tor der Auffahrt und warteten, bis Mohammad Ali den großen Wagen hinausmanövriert hatte. Das Auto samt dem durch seine Größe erforderten Zeremoniell war eigentlich zu viel für das Haus und die kleine Straße. Imaduddin war über die Umgebung hinausgewachsen.

Im Nu waren wir in eine Hauptverkehrsstraße eingebogen und fuhren am Heldenfriedhof vorbei. Imaduddin hatte Recht: Sein Haus wäre ganz leicht zu finden gewesen, wenn der Taxifahrer die richtige Straße genommen hätte. Freilich hätte mir das nichts genützt, sobald ich am Haus war, denn dort war ja der Masseur.

Wir fuhren an einer Reihe von Geschäften vorbei, die ihre Waren fast bis auf die Straße gestellt hatten: Möbelgeschäfte, Geschäfte für Autoreifen. Imaduddin – der wohl meinte, weil er dem Machtzentrum jetzt so nahe sei, müsse er mir alles Gesehene erklären – sagte, eigentlich dürften die Läden dort gar nicht sein, aber es sei schwer, das rechtlich durchzusetzen.

Eine oder zwei Minuten später sagte er, als hätten die ungesetzlichen Läden ihn an Zwangsräumungen denken lassen: »Der Palast des Sultans in Landkat wurde während des Krieges gegen die Holländer in Brand gesteckt. Aber nicht von den Holländern. Das war vielmehr Sukarnos …« Er kramte im Kopf nach dem passenden Wort.

»Sukarnos Politik der verbrannten Erde?«, fragte ich.

Genau das Wort hatte er gesucht. Und wieder staunte ich über die ungewöhnlichen Ereignisse, die Imaduddin – kaum ein Jahr älter als ich – miterlebt hatte. Erstaunliche Ereignisse, von denen er aber ganz unbefangen und ohne großes Gehabe erzählte: Das Erlebte schien ihn kaum geprägt zu haben. »Er ist er selbst«, hatte der Diplomat und Schüler gesagt. Tatsächlich hatte Imaduddin etwas Abgeschlossenes an sich, eine sonderbare Naivität, die ihn immer geschützt zu haben schien.

Er erzählte, am Morgen hätte er schon Adi Sasono in seiner religiösen Fernsehsendung zu Gast gehabt. Gesprochen hätten sie über die Bedeutung der aktuellen Festlichkeiten zum Jahrestag der Unabhängigkeit und deren Zusammenhang mit dem Islam. Das sei sehr wichtig, sagte Imaduddin. »Der Islam ist für die Freiheit. Er ist antikolonialistisch.«

Früher einmal hatte die Regierung Angst vor dem Glauben, und Imaduddin war ein Rebell. Heute erklärt sie, obgleich sich am Herrscher und an den politischen Formen nichts geändert hat, sie diene dem Glauben, und Imaduddin kann den Glauben unbesorgt in den Dienst der Regierung stellen. Im Glauben ist für vieles Platz; Imaduddin ist Wissenschaftler; er tut sich keine Gewalt an.

Der Mann aus Oklahoma wartete in der Sunda-Kelapa-Moschee in Menteng. Menteng, so Imaduddin, leide zwar unter Autoverkehr und Luftverschmutzung, aber es sei das schicke Diplomatenviertel, und die Sunda-Kelapa-Moschee habe bestes Publikum.

Der Name, der sich vom einstigen hinduistischen Königreich herleitete, stand in großen bizarren Buchstaben an der Mauer der Moschee. Der große offene, von grellem Licht erfüllte Hof war mit Betonblöcken gepflastert. Es war schon nach zwölf, und Imaduddin sagte, als wäre das ein glücklicher Zufall, ein unerwarteter Segen der Verspätung, es sei gerade Zeit für das Mittagsgebet. Er wolle zuerst das Gebet verrichten und dann die Konversion vollziehen. Für den Mann aus Oklahoma und seine Begleitung wäre das keine Härte; auch sie würden sicherlich beten.

Wenn man das Seelenheil mit einem Festmahl vergleichen könnte, dann wäre für Imaduddin das Gebet – nach der Erregung und Freude zu schließen, mit der er daranging – so etwas wie ein schmackhafter, fünfmal täglich genossener Happen zur Einstimmung, eine Art paradiesischer Imbiss, niemals ekelerregend, immer appetitanregend. Nun, nach den Waschungen, tappte Imaduddin – fest gegürtet, ein dickes Portefeuille in der Gesäßtasche, selbst in der Ungeschütztheit der Hauptmoschee ganz daheim und bei sich – in leicht geneigter Haltung, die mich an seinen Rücken und den Masseur denken ließ, nach vorn zur Reihe der vor der Wand betenden Männer, die dort im Wechsel standen, hockten und sich verbeugten. Ganz weit hinten dagegen beteten dreizehn oder vierzehn Frauen in weißen Kopftüchern und langen Gewändern in ihrer gesonderten Reihe.

Der Mann aus Oklahoma war selbst von hinten deutlich zu erkennen, weil er größer – hoch gewachsen und von mittlerem Körperumfang – war und dieselbe flache schwarze Muslimkappe trug wie Imaduddins Masseur.

Später, nachdem das Gebet verrichtet war und die Menschen die Haupthalle verlassen hatten, saß der Mann aus Oklahoma in der Sonne auf den Betonstufen und zog seine Socken an; Imaduddin ging zu ihm und sagte übertrieben heiter (vielleicht weil ich dabei war): »Es ist erstaunlich, wie Sie sich verändert haben. Sie sehen gar nicht wie ein Amerikaner aus, sondern schon wie ein Indonesier.«

Der Angesprochene strich einen Socken über dem Fuß glatt, blickte darauf hinunter und sagte mit einer Stimme, die nicht weit trug: »Immer noch weiß.«

Nach Imaduddins Heiterkeit klangen die Worte zweideutig. Sie konnten abwehrend gemeint sein, als Eifer des Konvertiten, oder sie konnten Imaduddin auch wissen lassen, er solle es nicht zu weit treiben. Zum ersten Mal sah ich, dass Imaduddin für einen Augenblick unsicher wurde. Sein Lächeln dauerte eine Spur zu lange, bevor er sagte: »Unverfälscht.« Als setzte er die Heiterkeit und das Spiel mit den Rassen einfach fort; aber dann ließ er die Sache auf sich beruhen und überließ den Mann seinen Socken und Schuhen.

Die Konversionszeremonie sollte in einem Raum im Untergeschoss stattfinden. Er war klein, niedrig und künstlich belüftet, und die Wände waren mit grauem Marmor verkleidet. Der Marmor erinnerte in beängstigender Weise an ein Mausoleum, und nach dem grellen Licht und der von den Steinen des großen offenen Hofs und der Stufen reflektierten Hitze kam es einem hier richtig kalt vor. Das Mobiliar wirkte wie das eines Seminarraums. Für die Hauptakteure der Zeremonie gab es ein Podest, auf dem hinter und vor einem altarähnlichen Tisch Holzbänke ohne Rückenlehne und Mikrophone standen; für die Zeugen gab es vor dem Podest mehrere Reihen von Sitzpulten (wie man sie in Klassenzimmern findet).

Die künftige Braut, für die der Mann aus Oklahoma konvertierte, war die Nichte eines Geschäftsmannes und bekannten Dichters. Poesie wurde hier meistens von Laien geschrieben und genoss hohes Ansehen, und die Menschen, die sich in dem marmorverkleideten Raum versammelt hatten, zeugten von dieser Mischung aus Kultur und Wohlstand. Das Flüstern ließ nach. Das Zischen der Klimaanlage, das nie aufgehört hatte, sich nun aber plötzlich vordrängte, schien wie eine Fanfare, die den Beginn der Zeremonie ankündigte.

Als die Fußgeräusche verstummt waren, sah man Imaduddin – die Brille nach neuester Mode um den Hals gehängt und auf der hinteren Bank sitzend – vor der grauen Marmorwand unter einer eleganten Messingtafel mit schwarzen arabischen Buchstaben ganz deutlich als zentrale Figur. Er saß zwischen zwei Männern (die nun, im Wettstreit mit der Klimaanlage, Texte aus dem Koran herunterleierten) direkt gegenüber dem Mann aus Oklahoma und seiner Braut auf der anderen Seite des Tisches.

Das Paar wandte uns, ebenso wie die zwei Trauzeugen, die zu beiden Seiten saßen, den Rücken zu. Die Braut, eine typische kleine Indonesierin in gelbem Gewand und rötlichem Kopftuch, wirkte erwartungsvoll und federleicht. Der Mann aus Oklahoma mit seinem weißen Hals unter der flachen schwarzen Kappe war dagegen derber und gleichmütiger. Seine blauen Hosen sahen amerikanisch aus; das grüne Batikhemd – vielleicht ein Geschenk oder frisch gekauft – hatte an seinem Körper überhaupt nichts Frivoles.

Als das monotone Rezitieren vorbei war, wandte sich Imaduddin lächelnd an den Amerikaner und sagte auf Englisch: »Wir begrüßen dich als Heimkehrer zum Islam. Als Heimkehrer, weil wir glauben, dass jeder Mensch als Muslim geboren wird, sündenfrei. Du kehrst zum Islam zurück, weil du der Wahrheit dein Herz geöffnet hast. Weil du dich in allen Dingen dem Willen Gottes unterwirfst. Islam heißt Ergebung.«

Nun war der Mann aus Oklahoma mit seiner Erklärung an der Reihe. Als Erstes sagte er, er spreche wahrheitsgemäß und ohne Zwang. Es klang zaghaft. Er hatte keinen ausgeprägten Südstaatenakzent und gemessen an seiner Größe eine schwache Stimme, die das Zischen der Klimaanlage nie übertönte. Es mochte daran liegen, dass er uns den Rücken zuwandte, vielleicht auch daran, dass er nicht wie Imaduddin mit dem Mikrophon umzugehen verstand. Die Worte seiner Konversionserklärung sprach er zunächst auf Arabisch – was seine Schüchternheit zusätzlich erklären könnte – und dann auf Englisch: »Hiermit bezeuge ich: Es gibt keinen Gott außer Allah, und Mohammed ist sein letzter Prophet.«

Mit einem Anflug seiner Dozentenfröhlichkeit sagte Imaduddin nun: »Ah.« Als ob das soeben Gesagte eigentlich gar nicht so schwer gewesen sei. Lächelnd und immer noch fröhlich fragte er den Mann aus Oklahoma: »Du willst deinen Namen ändern?«

Dieser hatte nicht Zeit zu antworten. Frauenstimmen vor dem Podest riefen auf Englisch: »Ja, ja.« Und: »Einen besseren.« Und: »Einen viel besseren.«

Wie ein Impresario fragte Imaduddin: »Magst du den Namen Mohammad?«

Der Mann mochte ihn.

»Und Adam?«

Auch diesen, ebenso wie Khalid.

»Damit«, sagte Imaduddin, »bist du, Mohammad Adam Khalid, wiedergeboren als neuer Adam. Ich hoffe, du wirst mit dem neuen Namen glücklich sein.«

Der Hauptteil der Zeremonie war vorüber. Jetzt kam die Familie der künftigen Braut an die Reihe. Sie wollten den Namenswechsel, und sie freuten sich. Herr Khalid aus Oklahoma, auf dessen großem Körper ein freundliches kleines Gesicht saß, stieg von dem Podest herab, und es folgte ein allgemeines Küssen und Umarmen. Die anwesenden Frauen, die sich bis dahin ganz zurückgehalten hatten, verschafften sich Geltung. Dieser Teil der Feier gehörte ihnen. Das aufgestaute Geplapper brach sich Bahn. Die Blitzlichter der Fotoapparate leuchteten auf, und die bei einer Lieferfirma bestellten Behälter mit Speisen, die bislang auf einer Kommode an der Wand aufgestapelt waren, wurden nun von jungen Mädchen unter den Gästen herumgereicht.

Es schien, als hätte Imaduddin Herrn Mohammad Adam Khalid die neuen Namen einzeln vorgeschlagen, ganz als bedürfe es für jeden von ihnen einer eigenen Inspiration. Aber nun erwies sich, dass dies nichts anderes als Imaduddins Prediger- und Fernsehstil war. Auf meine Frage erklärte er, Khalids Namen habe die künftige Braut ausgewählt. Das vor Spannung bebende Mädchen in Gelb und Rot hatte also die ganze Zeit gewusst, was dem großen Mann aus Oklahoma, der neben ihr auf der Bank saß, bevorstand.

Die Sache mit den Namen erfuhr ich am Sonntagmorgen in Imaduddins Haus. Seine Mental-Training-Tour durch die Vereinigten Staaten und Kanada war verschoben worden, und ich konnte ihn noch einmal besuchen. Diesmal gab es keine Taxiprobleme. Er hatte Mohammad Ali mit dem Mercedes zum Hotel geschickt. Er war nicht ganz sicher, ob der Fahrer – als Chauffeur noch etwas unerfahren und zaghaft – wüsste, wie und wo er jemanden vom Hotel abzuholen hatte. Aber er kam nur mit fünf Minuten Verspätung. Der Mercedes duftete nach Air-Fresh wie ein New Yorker Taxi; und auf den in bunten Hüllen steckenden Kassetten mochte arabische Musik sein.

Diesmal vertraut und beruhigend: die kleinen Trupps von Marschierern in bunten Uniformen, mit seitwärts schwingenden Armen; die Möbel- und Autoreifengeschäfte, die fast bis zur Schnellstraße vordrängten; der Heldenfriedhof; die kleine Wohnstraße und das Häuschen, die große Garage mit der Schiebetür, das dunkle Zimmer, der kleine Eiffelturm und andere Andenken, das sonnenbeschienene Gärtchen hinter dem Haus, begrenzt durch einen Steingarten unter dem roten Ziegeldach des Nachbarhauses; die Dienstmädchen. Eine von ihnen, diesmal im roten Mieder, bot mir Obst und Obstsaft an. Imaduddin war nicht im Zimmer, vielleicht wieder bei der Massage. Aber Frau Imaduddin kam und begrüßte mich, tappte leise auf den über dem Fliesenboden ausgebreiteten einfarbigen Riedmatten umher und ging dann wieder hinaus. Wenig später kam sie zurück, fragte mich, ob mir das Obst schmecke, und sagte, ihr Mann mache sich gerade »fertig«. Dann kam er, wieder im Sarong, aus dem vorderen Zimmer, mit raschen Bewegungen, blickte auf den Boden, sagte kaum etwas und hob sich das Sprechen für später auf, wenn er angezogen sein würde.

Von Khalids Übertritt zum Islam sprach er nüchtern wie ein Missionar. An das Erstaunliche der Situation schien er keinen Gedanken zu verschwenden; er schien gar nicht zu sehen, welche einzigartige Völkerverschiebung sich in dieser Konversion verbarg. Jahrelang war Imaduddin in den Vereinigten Staaten gewesen. Er wird gewusst haben, dass es dort viele Einzelstaaten gibt. Er hätte erfahren können, dass Oklahoma ein vergleichsweise neuer Bundesstaat ist und seine Existenz jener Massenwanderung nach Westen verdankt, die gegen Ende des neunzehnten Jahrhunderts über das von Indianern bewohnte Territorium führte. Es war dieselbe Zeit, in der eine ähnliche Expansion auch in Argentinien, Afrika und Asien stattfand; dieselbe Zeit, in der die Holländer auf Sumatra ihren langen Zermürbungskrieg gegen Aceh führten; und dieselbe Zeit, als Imaduddins Muezzin-Großvater im benachbarten Landkat die Gläubigen zum Gebet gerufen hat.

Die von einem jungen Mann aus Oklahoma vollzogene Konversion in der Moschee von Menteng steckte voll historischer Verknüpfungen und Ironie. Aber um sie zu sehen, brauchte man ein anderes Weltbild. Imaduddins missionarische Sicht war einfacher. Jeder Mensch wird als Muslim geboren, sündenfrei, so hatte er während der Konversionszeremonie gesagt. Daraus folgte – auch wenn er es nicht aussprach –, dass jeder, der außerhalb des Islam lebt, sich im Zustand des Irrtums befindet und vielleicht erst dann zu wirklicher Existenz gelangt, wenn er sein muslimisches Selbst gefunden hat.

Imaduddins Vater, der Lieblingsschüler des Muftis, hatte seine höhere Ausbildung in Mekka und dann in Al Azhar in Kairo erhalten, also immer in einer Luftblase aus islamischer Lehre, immer per Religion abgeschnitten von den Umwälzungen der Zeit. Imaduddin dagegen reiste weit über Mekka und Kairo hinaus, in die Welt außerhalb des Islam; und dorthin ging er nicht, um sich religiöse Bildung zu verschaffen. Was er suchte, waren technische und wissenschaftliche Kenntnisse, mit denen er seinen Lebensunterhalt bestreiten wollte, und später Ruhe, Sicherheit und Asyl, nachdem es daheim für ihn zu gefährlich geworden war. Doch religiös lebte er in derselben Luftblase, in der sein Vater gelebt hatte. In Imaduddins Weltbild zeugte nichts von dem, was Asyl, Rechtsordnung und wissenschaftliche Bildung, deretwegen er fortgereist war, eigentlich bedeuten. Die äußere Welt schien einfach da zu sein, neutrales Territorium, etwas »Vorgefundenes«, das allen offen steht und nach Bedarf genutzt werden kann.

So konnte Imaduddin 1980 sein saudisches Stipendium nutzen, um statt in ein muslimisches Land lieber in die Vereinigten Staaten, an die Universität von Iowa, zu gehen, wo er später faktisch Asyl erhielt. Während er dort war, konnte er eine Zukunftsvision vom hehren islamischen Schicksal der malaiischsprachigen Muslime entwickeln, übernommen von jenem Pakistani und fanatischen Fundamentalisten Fazel-ur-Rehman, der – was für ein Widersinn! – an der Universität Chicago akademische Freiheit genoss und jede Nacht sicher und ungestört schlafen konnte, weil er durch Gesetze geschützt und meilenweit weg von all dem Schlamassel war, den er seinen Landsleuten daheim an den Hals wünschte. Diese Freiheit und diesen Schutz fand ein im eigenen Land verfolgter Muslim in der neutralen Welt außerhalb des Islam, und Imaduddin schien das für ganz normal zu halten. In seinem Weltbild gab es – trotz der Andenken an ferne Länder in einem dunklen, kühlen Wohnzimmer – nichts, was der nichtislamischen Welt geschuldet war.

Mit einem der Vergleiche, die ihm als Prediger und Wissenschaftler leicht einfielen, sagte er: »Der Koran ist ein System, ein Wertesystem. Wie das Auto. Ein Auto ist ein System. Hat man nur Reifen und Rad, so hat man kein Auto. Der Islam ist ein System. Entweder hat man es ganz, oder man steigt aus. Muslim kann man nicht halb sein oder als etwas Drittes. Entweder wird man Muslim mit ganzem Herzen, oder man wird es gar nicht.«

Deshalb ist der Glaube durch nichts zu beeinflussen; jedes neue Wissen kann in seinen Dienst gestellt werden. Als er 1986 mit seinem zweiten akademischen Abschluss aus den Vereinigten Staaten zurückkam, konnte er, wie er sagte, in seinen Mental-Training-Kursen praktisch anwenden, was er über die Analyse von Machtsystemen gelernt hatte. Und nun, da der Glaube auch der Glaube der Regierung war, übernahm er besondere politische Aufgaben für Indonesien.

Zum Beispiel musste er mit Wahid, mit dessen dreißig Millionen muslimischen Pesantren-Anhängern fertig werden. Und während Adi Sasono modern klingende Wörter wie »Elitebildung« und »religiöser Feudalismus« um Wahid aufbaute, konnte Imaduddin sich der technologischen Aufgaben der Zeit (und seiner technischen Ausbildung) bedienen, um den armen alten Wahid samt seiner »Entschulung« in Grund und Boden zu kritisieren. Mir gegenüber erwähnte er den Namen Wahid nie (und auch Wahid hatte nie von Imaduddin gesprochen). Aber es war klar, wen er im Visier hatte, als er in seinem Haus wiederholte, was er schon im Büro gesagt hatte: dass der Mensch erschaffen wurde, um der Welt Glück und Wohlstand zu bringen.

»Es steht im Koran«, sagte er. »Nach der Erschaffung Adams gab Gott ihm als erstes Wissen die Wissenschaft.«

Als er nach Iowa ging, diente er dem Glauben. Als er zurückkam und sich Habibie samt seiner N-250 anschloss, diente er dem Glauben.

»Die Politiker«, erklärte er, »werden begreifen müssen, dass wir uns mit diesem Flugzeug unseren Platz in Wissenschaft und Technik erobern.«

Politiker, das klang bei ihm – armer Wahid! –, als wären es Leute, die kein Recht haben zu regieren.

Sein Islam als »Wertesystem« war etwas Vollendetes; etwas, das sich im Kreis bewegte: wie eine gleichmäßig laufende und bequeme Tretmühle (und nicht, um seinen Prediger-Vergleich aufzunehmen, wie ein Auto), die ihn auf Trab hielt, aber nirgendwohin führte. Selbst wenn die Rede darauf kam, dass man ihm in Iowa viel Freundlichkeit entgegengebracht hatte, als er Hilfe brauchte, trieb ihn irgendetwas dazu, kein Wort über diese Menschen fallen zu lassen. Ihre Freundlichkeit war nur ein weiteres Attribut seines Glaubens: Gott liebt mich sehr, lautete seine Antwort.

Gegen Ende unseres zweiten Sonntagmorgen-Gesprächs fragte ich ihn noch einmal nach der ungeschminkten Art, die ihn in den siebziger Jahren auszeichnete, und seinen damaligen Problemen mit der Regierung.

Er antwortete, indem er das, was er 1978 und 1979 im Gefängnis vom ehemaligen Außenminister Subandrio gelernt hatte, ein wenig ausbaute: »Man übe nie Kritik an Suharto. Er ist Javaner. Jüngere Menschen dürfen ältere nicht kritisieren, zumal wenn es sich um hoch stehende Personen handelt.« Damals ging Imaduddin das gegen den Strich – obgleich er 1977 gar nicht mehr so jung war, mit seinen sechsundvierzig Jahren (gegenüber Suharto mit sechsundfünfzig). »Ausgebildet wurde ich zuerst nach holländischem, dann amerikanischem Muster, und da ist Kritik okay. Geboren bin ich in Sumatra, und da darf ich mit meinem Vater streiten. Die javanischen Umgangsformen musste ich erst lernen.«

Sich zu verhalten wie in Sumatra – wie es ihm geläufig war –, das bedeutete: offen, religiös, fundamentalistisch zu sein. Aus dieser Quelle speiste sich nach seiner Ansicht, was Sumatra stark machte.

»Als die Holländer kamen«, hatte er zuvor einmal erklärt, »konnten sie Java relativ schnell erobern, aber bei Aceh und Sulawesi gelang ihnen das nicht, weil man dort sehr religiös war.«

Wahid hatte berichtet, dass Mekka seit den dreißiger Jahren des neunzehnten Jahrhunderts durch die neue Dampfschiffroute für Pilger und Studenten leichter erreichbar wurde. Auf dieser Grundlage seien dann im kolonisierten Java die neuen islamischen Dorfschulen entstanden, auch die, die sein Großvater geleitet hatte.

In den unabhängigen Königreichen oder Sultanaten Sumatras dagegen hatten diese Reisen nach Mekka gewaltsamere Folgen. Ebenso wie die vielen aus Kolonien stammenden Studenten, die hundertfünfzig oder hundertsechzig Jahre später, oftmals als erste Mitglieder ihrer Familie, zum Universitätsstudium ins Ausland reisten und mit geborgten Revolutionsvorstellungen zurückkehrten, kamen die damaligen Studenten und Pilger aus Sumatra, die unter den Einfluss des wahhabitischen Islamismus geraten waren und sich auf ihr neues Wissen viel einbildeten, von Mekka mit dem Vorsatz zurück, den Glauben in ihrer Heimat im Sinne des Wahhabismus zu verändern. Sie waren entschlossen, alle dortigen Irrlehren, alle Gebräuche und Rituale und autochthonen Kulte zu beseitigen, die die Spuren früherer, schon verschwundener Religionen wie Animismus, Buddhismus und Hinduismus bewahrten. Es kam zu jahrzehntelangen Religionskriegen; sie lockten die Niederländer herbei: zuerst als Vermittler oder Helfer, dann als Herrscher.

Diesen missionarischen Glauben hatte Imaduddin als Erbe übernommen. Java – nicht Sumatra – besaß zahlreiche Denkmäler aus heidnischer Zeit. Aber alles, was nicht zum Glauben gehörte oder schon vor seiner Zeit da gewesen war, wurde links liegen gelassen; nicht einmal ein großes buddhistisches Monument wie Borobudur, eines der Wunderwerke der Welt, fand Beachtung. Schon 1979 hatte Imaduddin den Staat auch deswegen kritisiert, weil nach seiner Ansicht die indonesische Botschaft in Canberra aussah wie ein hinduistisches Bauwerk. Und um Borobudur sollte sich die internationale Gemeinschaft kümmern.

Ich fragte ihn danach. Er antwortete – wie jemand, der sich nun seiner Stellung wegen staatsmännischer verhalten musste –, das hätte ich missverstanden. Was er gesagt oder gemeint habe, sei, dass das Geld, mit dem »hungrige Muslime« ernährt werden könnten, nicht für Borobudur ausgegeben werden sollte.

Trotz der staatsmännisch entschärften Absicht schimmerte doch die alte Unversöhnlichkeit des in Sumatra Geborenen hindurch. Für die neuen indonesischen Fundamentalisten war der größte Krieg der gegen die eigene Vergangenheit, gegen alles, was sie mit ihrem Stück Erde verband.

4

Eine heilige Stätte

Einige Wochen später, gegen Ende meines Aufenthaltes in Indonesien, fuhr ich nach Sumatra. Nicht in das Sumatra von Imaduddin, nicht nach Aceh und Landkat im Norden; sondern in das Minangkabau-Hochland in West-Sumatra. Damit folgte ich einem ganz anderen Interesse. In Jakarta war ich einer höheren Beamtin begegnet, die fast ihre gesamte Kindheit in dem Hochland verbracht hatte. Einen ganzen Nachmittag hatte sie mir im grellen Sonnenlicht ihres Büros, das in einem modernen runden Büroturm hoch über dem tosenden Lärm des Boulevards lag, so schwärmerisch und mit Erinnerungsleuchten in den Augen von ihrer Heimat erzählt, dass sie den Wunsch in mir weckte, selbst hinzufahren und mir die Gegend anzuschauen.

Und dort stellte ich fest, was ich eigentlich hätte wissen müssen: dass dieses Minangkabau im ersten Drittel des neunzehnten Jahrhunderts Schauplatz der fundamentalistischen Wahhabitenkriege war. Es schien, als käme man auf Sumatra, mit oder ohne Imaduddin, am Problem des religiösen Fanatismus einfach nicht vorbei.

Die Landschaft bestand in hohen begrünten Vulkanbergen, eine Kette hinter der anderen, dazwischen weite Hochflächen. Wo Siedlungen waren, gab es Bäume und Schatten. Sonst waren die Ebenen unbewaldet, wegen der Reisfelder. Reis war das Hauptnahrungsmittel. Aber er hatte keine feste Jahreszeit. Also sah man auf den Hochflächen, wie in einer Bildgeschichte, alle Stadien des Reisanbaus nebeneinander. Schlammflächen, die vor dem Einsetzen der Pflanzen gepflügt und gewendet wurden; in der Ecke eines wassergefüllten Reisfeldes glänzende zartgrüne Flächen mit neuen Setzlingen; Setzlinge, die in Reihen gepflanzt waren; Vogelscheuchen (oder an Stäben flatternde Plastikstreifen) auf vollen, fast ausgereiften Feldern (voll nur dort nicht, wo die Ratten gewesen waren); Gruppen von Schnittern und Dreschern: die Schnitter mit ihren langen gebogenen Messern, die Drescher beim Schlagen der in Bündeln gegriffenen abgeschnittenen Reishalme (dabei fielen die Körner in Körbe, auf denen zum Auffangen des gedroschenen Getreides hohe Schutzschirme befestigt waren – wodurch sie wie kleine Segelboote aussahen). Und über die ganze Ebene verteilt kleine rauchende Reisstrohfeuer, die dem weiten und flachen Land als Messlatte dienten, weil die dünnen, braunweißen Rauchfäden der einzelnen Strohfeuer in einer bestimmten mittleren Höhe abflachten und sich zu einer ruhenden Rauchbank vereinigten.

Die Frau, die als Kind hier gewesen war, gab mir keine visuellen Vorstellungen mit auf den Weg. Aber ich rechnete mit etwas Schönem. Womit ich nicht gerechnet hatte, war der Eindruck des Antiken, der von diesen bebauten Ebenen ausging. Es muss viele Generationen gedauert haben, bis jene soziale Organisation erreicht war, von der die Kultivierung der Ebene zeugte. Mir schien, das Land reiche weit zurück, bis weit vor das siebzehnte Jahrhundert, in dem das hinduistische Königreich Srivijaya mit seinem Sanskritnamen entstand, und es könnte so alt sein wie der Reis überhaupt. Nicht lange zuvor hatte ich mir in London sehr intensiv eine Poussin-Ausstellung angesehen. Vielleicht fand ich deshalb im Anblick dieser Berge und Ebenen etwas von den Landschaften Poussins wieder: dieselbe Weite und Tiefe des Bildes, dieselbe Beschwörung der antiken Welt. Und ich fand auch, was schon William Hazlitt im frühen neunzehnten Jahrhundert frohlockend in den Landschaften Poussins entdeckt hat: die »ewigen Formen« – nicht die bedeutungsvolle Form – der geschaffenen Welt, ohne visuelle »Nebensächlichkeiten«.

Am Nachmittag des zweiten Tages fuhr man mich nach Pariangan. Das ist eine große Senke in der vulkanischen Landschaft mit einer heißen Quelle. Hier sollen die Minangkabau aus der Erde gekommen sein. Man braucht diesen Ort nur zu sehen, und schon spürt man, dass es eine heilige Stätte ist, auch ohne etwas über seine Geschichte oder den Mythos zu wissen. Seit jeher wird sie heilig gewesen sein; seit jeher wird sie Macht über die menschliche Einbildungskraft ausgeübt haben. Von dieser Macht erzählt ein alter Stein mit einer alten – indischen – Inschrift. Noch heute fällt es nicht schwer, die visuellen Nebensächlichkeiten zu vergessen, das Profane der kaputten gemauerten Rampe, die von der Landstraße herabführt zu den unverputzten Betonbadehütten, eine für Männer und Knaben, eine für Frauen und Mädchen. Selbst über die große neue, rot gestrichene Moschee auf der Rückseite der Senke kann man hinwegsehen. In Gedanken ist man beim Wunder der Landschaft und beim Wunder des Wassers, das da seit Jahrhunderten heiß aus der Erde sprudelt.

Numen inest, hier passen die römischen Worte: Der Gott oder Schutzgeist des Ortes ist anwesend, mehr als ich es in Paphos auf Zypern gespürt habe, wo Venus dem Meer entstiegen sein soll. Zur Zeit des Tacitus (im ersten Jahrhundert) wurde die magische Kraft der – heute unscheinbaren – kleinen Bucht vermutlich durch die in den *Historiae* beschriebenen Tempel und Riten bewahrt und das Mysterium unterstützt durch den steinernen Kegelstumpf, jene Form, in der Venus in Paphos verehrt wurde, während sie anderswo, weit weg von ihrem Geburtsort, bereits die Gestalt der verführerisch schönen Frau erhalten hatte.

Besucher in Pariangan, so erfuhr ich, begrüßen einander mit dem Wort *Sembahyang*, das heißt: »Bete den Gott an.« Die meisten Besucher waren Muslime, und irgendwo in ihrem Innern werden sie gewusst haben, dass die Grußformel vom Götzendienst herkommt. Sie werden gewusst haben, dass der religiöse Zweck der großen roten Moschee nicht darin besteht, die Heiligkeit dieser Stätte zu respektieren oder zu reklamieren, sondern über sie zu triumphieren. Im Islam sind die heiligen Stätten aufs Engste verknüpft mit dem Propheten und seinen unmittelbaren Nachfolgern. Sie liegen in einem anderen Land. Hier kann es deshalb keine heiligen Stätten geben. Das ist Teil des göttlichen Gesetzes.

Die ersten achtzehn Jahre meines Lebens verbrachte ich zwei Ozeane entfernt, in der auf der anderen Seite des Erdballs gelegenen Neuen Welt, auf einer Insel vor dem Delta eines der großen südamerikanischen Ströme. Diese Insel besaß keinerlei heilige Stätten; und erst fast vierzig Jahre nachdem ich weggegangen war, bemerkte ich ihr Fehlen.

Schon als junger Mensch ahnte ich, dass die dortige Gegend etwas Unfertiges, Leeres hatte und die wirkliche Welt sich anderswo befand. Oft kam mir der Gedanke, das Klima könne Geschichtliches und Mögliches einfach ausgebrannt haben. Vielleicht hatte diese Vorstellung zu tun mit der Kleinheit der Insel, von der wir immer sagten, sie sei nur ein Punkt auf der Weltkarte; vielleicht auch mit der Armut und dem Zusammenbruch des ausgedehnten Familiensystems, die wir von Indien mitgebracht hatten; oder mit dem erbärmlichen Zustand Indiens und der gleichzeitigen Erkenntnis, dass wir als Inder Einwanderer waren, deren Vergangenheit abrupt beim Vater oder Großvater endete.

Später, viele Jahre nachdem ich fortgegangen war – Erkenntnisse kommen uns nie auf einmal, sondern in Schichten –, meinte ich, profan sei die Gegend deshalb, weil niemand über sie geschrieben habe. Noch später schien mir, dass eine agrarische Kolonie, die faktisch in einer einzigen Plantage besteht, weder Land noch Leute respektiert. Aber erst lange danach, in der indischen Stadt Bombay, einer dicht besiedelten Industrieregion, in der es gleichwohl von heiligen Stätten – Felsen oder Bäumen – wimmelt, begriff ich, dass trotz aller Übereinstimmungen in Klima, Vegetation, Religion, Armut und Bevölkerungsdichte die Menschen, deren Leben so eng mit der Heiligkeit des von ihnen bewohnten Stücks Erde verknüpft ist, anders sind als wir.

Heilige Stätten wird es auf unserer Insel wohl gegeben haben, auch auf den anderen, nördlicher gelegenen Inseln. Auf der winzigen Insel Saint Kitts (oder Saint Christopher) zum Beispiel befinden sich – hinter Zuckerrohrfeldern versteckt – Felsen, in die einfache präkolumbianische Zeichen eingemeißelt sind. Aber auf meiner Insel waren die Ureinwohner, die die heiligen Stätten kannten, ausgerottet worden, und an ihrer Stelle lebten dort, in der Plantagenkolonie, Menschen wie wir, deren heilige Stätten auf anderen Kontinenten lagen.

Viel zu spät erinnerte ich mich urplötzlich an eine Geschichte, die ich als Kind gehört und später in veränderter Fassung (in Charles Kingsleys *At Last* von 1871) gelesen hatte. Dieser Geschichte zufolge kamen von Zeit zu Zeit Indios in Kanus vom Festland (wo einige Reststämme noch existierten) über den Golf, begaben sich zu bestimmten Orten in den Wäldern des südlichen Hügellandes, wo sie Riten vollzogen und Opfer darbrachten, und fuhren dann mit Früchten, die sie gepflückt hatten, über den Golf nach Hause zurück. Mehr hatte ich nicht gehört. Ich war noch nicht in dem Alter, wo man nachfragt oder mehr herausfinden möchte; und heute kommt mir diese Geschichte (ohne Ende oder Erklärung) wie ein Stück aus einem Traum vor, wie ein ungreifbares Echo aus einem anders gearteten Bewusstsein.

Vielleicht ist dieser Mangel, der fehlende Sinn für das Heilige – das mehr meint als »Umwelt« –, der eigentliche Fluch der Neuen Welt und vor allem der Fluch Argentiniens und verwüsteter Länder wie Brasilien. Und vielleicht ist es recht eigentlich der Sinn für das Heilige – mehr als Geschichte und Vergangenheit –, den wir Menschen aus der Neuen Welt suchen, wenn wir in die Alte Welt reisen.

Jemand mit meiner Herkunft sieht daher mit Befremden, dass sich in islamisierten Ländern wie Iran, Pakistan oder Indonesien der fundamentalistische Eifer gegen die Vergangenheit, gegen die Geschichte richtet und dem unerfüllbaren Traum nachhängt, der wahre Glaube entstünde aus einem religiösen Nichts.

Nach Sumatra geschickt hatte mich Dewi Fortuna Anwar. Sie war eine hübsche junge, akademisch hoch qualifizierte Frau, und mehrere Leute empfahlen mir, mit ihr zu sprechen. Sie hatte verantwortungsvolle Posten inne und zwei Visitenkarten. Sie arbeitete am Indonesischen Institute of Sciences (Institut der Wissenschaften) und dort speziell im Zentrum für Politik- und Regionalforschung. In Indonesien ist alles, was nur irgend Bedeutung hat, durch Akronym oder Initialen vertreten, und Dewis Zentrum hieß überall nur PPW-LIPI. Im Rahmen von PPW-LIPI leitete sie die Abteilung für regionale und internationale Politik, und in dieser Funktion besuchte sie viele internationale Kongresse. Außerdem gehörte sie zu den führenden Forschern des CIDES, des Zentrums für Informations- und Entwicklungsforschung (das wie erwähnt dem von Imaduddin und Habibie gegründeten Verband der muslimischen Intellektuellen, dem ICMI, zuarbeitete und in dessen leitendem Gremium Adi Sasono den Vorsitz führte).

Dewi hatte alle Hände voll zu tun, und als wir uns zum Mittagessen trafen (arrangiert hatte das die Diplomatin, die mich auch zu Imaduddin begleitete), erzählte sie nur in förmlichem Ton und mit einem gewissen Patriotismus von mehreren bedeutsamen, wissenschaftlich klingenden Forschungsprojekten, an denen LIPI gerade arbeitete. Erst gegen Ende, vielleicht beim Kaffee, kam sie aus irgendeinem Grund auf Sumatra zu sprechen und erwähnte ihre dortige Kindheit und die Tabus ihres Familienclans, die sie damals kennen gelernt hatte und noch heute respektierte. Alles, was sie über ihre Kinderjahre auf Sumatra sagte, war neu und anregend und manches auch überraschend. Sie sprach persönlich und offenherzig, ganz anders als im bisherigen förmlichen Gespräch über internationale Kongresse und Forschung. Ich wollte gern mehr darüber hören, und wir vereinbarten ein Nachmittagstreffen in ihrem LIPI-Büro.

Das LIPI-Gebäude mit seinem modernen runden Büroturm, der von der Schnellstraße aus so beeindruckend wirkte, erwies sich im Innern als bürokratisch glanzlos wie ein total unpersönlicher Ort. Dewis Büro lag im elften Stock. Der Warteraum, ein Segment des kreisförmigen Korridors, ähnelte einem Tortenstück, dem man die Spitze abgeschnitten hat: Die Außenwand beschrieb wie die Teigkruste einen kleinen Bogen. An dieser Wand hingen, neben dem bunten, zerknitterten Batikbild eines Tempels, ein paar indonesische Holzpuppen; an einer anderen Wand sah man mehrere Bogen und Pfeile. Dewis Büro lag an der Außenseite des Korridors und für ein Nachmittagstreffen auf der falschen Seite des Büroturms; die Sonne schien grell herein, und wir mussten ein Rollo herablassen.

Dewi kam aus einer Akademikerfamilie. Ihr vor kurzem verstorbener Vater war Professor gewesen. Studiert hatte er an der New Yorker Columbia University und am Londoner Institut für Orient- und Afrikaforschung. Ihre Mutter war auf Sumatra Geschichtsdozentin.

Während Dewis Kindheit lebte die Familie in Bandung. Als sie dreieinhalb war und ihr Vater in Schottland studierte, fern der Familie, kamen Verwandte aus Sumatra zu Besuch, und einer von ihnen sagte zu ihr: »Du musst dir doch einmal anschauen, was du auf Sumatra alles hast.« In Dewi weckte das einen so leidenschaftlichen Wunsch, sich anzuschauen, was sie auf Sumatra besaß, dass sie mit den Verwandten in das Land zurückkehrte, das, wie sie schon als Kind begriff, das Land ihrer Vorfahren war.

Auf Sumatra stand ein Haus, das der Familie gehörte, eines jener legendären traditionellen Minangkabau-Häuser mit hornförmigem Dach. Aber seit mehr als zwanzig Jahren wurde es nicht mehr unterhalten, es stand leer, und man munkelte, Geister gingen dort um. Dewi getraute sich nicht einmal in die Nähe des Hauses. Sie lebte bei einem Großonkel, einem Onkel (mütterlicherseits) ihrer Mutter. Er wohnte nicht in einem traditionellen Haus.

»Er war ein *ulama*«, sagte Dewi. Ein muslimischer Religionsgelehrter. »Auf Java nennt man ihn *kiyai*, in West-Sumatra *ulama*. Ein Jahr lang wohnte ich bei ihm. Er besaß eine kleine Moschee, in der er lebte. Man nannte sie *surau*, weil es keine öffentliche Moschee war. Er hatte Schüler, die bei ihm lernten. Seine jüngste Frau lebte bei ihm. Das war ungewöhnlich, aber da er ein bedeutender Mann war und seine Frau früher als Schülerin bei ihm gelernt hatte, lebte er nicht bei ihr. Damals war Polygamie etwas ganz Normales, aber er lebte nur mit dieser Frau zusammen. Vor meiner Zeit hatte er entweder eine Frau oder auch zwei Frauen gleichzeitig. Jedesmal wenn er bei einer seiner Frauen gewesen war, kehrte er in seine *surau* zurück. Als ich dort war, lebte seine jüngste Frau bei ihm, und sie zog mich auf.«

Dewi sprach in ihrer offenen und schwärmerischen Art. Und es war interessant zu sehen, dass, während der Vater in Schottland studierte und sich wahrscheinlich gegen Witze über den Muslim und sein Jonglieren mit vier Frauen zur Wehr setzen musste, seine kleine Tochter unter dem Einfluss eines verehrten und frommen älteren Verwandten eben diese Verhältnisse kennen lernte und akzeptierte, aber als Teil einer wunderschönen alten Welt.

»Als mein Vater aus Schottland zurückkam, kehrte auch ich nach Bandung zurück. Dort blieb ich zwei Jahre. Als uns einmal mehrere Verwandte aus West-Sumatra in Bandung besuchten, fragte ich sie, ob sie mich mitnehmen könnten. Ich war fünfeinhalb.«

»Können Sie sich erinnern«, fragte ich, »warum Ihnen die Gegend so gefiel?«

»Es war wunderschön dort. Weit und offen. Und wir waren jemand. Wenn wir dort sind, richtet sich alles nach unserer Familie. Ich hatte keinen Konkurrenten. Mein Großonkel war einfach vernarrt in mich. Er konnte sehr streng sein, aber zu mir war er immer sehr liebevoll. Auch seine Frau war sehr liebevoll. Sie hat mich stets vor dem Zorn meines Großonkels geschützt. Ich hatte großes Glück, denn mein Großonkel wollte, dass jemand den Namen der Familie weiterträgt. West-Sumatra ist ein einziger Widerspruch. Es hängt dem Islam an, aber zugleich hält es am Mutterrecht fest. Ich war die Tochter meiner Mutter und sie die letzte weibliche Person der Ahnenreihe. Deswegen war ich für die Familie etwas Kostbares. Man erwartete, dass ich Flagge zeigen würde.

Mein Großonkel übernahm persönlich meine Schulbildung. Er war ein *ulama*, sehr konservativ, durch und durch orthodox. Aber er wollte nicht, dass ich die moderne Schulbildung verpasste und meine Mutter oder mein Vater ihm vorwerfen könnte, ich hätte nichts gelernt. Deshalb meinte er auch, er habe meine Rückkehr nach West-Sumatra gar nicht gewünscht. Aber ich wollte ein Kopftuch tragen und in die Dorfschule gehen – in der religiösen Dorfschule trugen wir Sarong und Kopftuch.«

»Fanden Sie Sarong und Kopftuch hübsch?«

»Das nicht. Ich fand es richtig. Aber mein Großonkel sprach ein Machtwort. Er sagte, diese Dorfschulen gäben schlechten Islamunterricht und hätten nur wenige moderne Fächer. Den Islam lernte ich also bei ihm daheim und besuchte zugleich eine normale Schule. So studierte ich den Koran, und er las mir viele Geschichten aus dem Hadith vor, den gesonderten Überlieferungen.

An einem Feriensonntag nahm er mich auch zu den Ländereien unserer Familie mit, damit ich sehen konnte, wo sie sich befanden und wer sie bebaute. Überall sind Reisfelder; außerdem Kokoshaine. Das meiste Wasser und die meisten anbaufähigen Reisfelder befinden sich unten im Tal; Leute, die weiter oben leben, müssen meilenweit zu ihren Reisfeldern laufen. Meine direkte Verwandtschaft besitzt ziemlich viel Land. Das liegt daran, dass die Frauen wenig Nachkommen hatten. Wächst ein Clan stark an, dann wird das Land parzelliert. Zwar ist es kein übertragbares Eigentum, aber man verteilt es an die Nutzer, die Erben. Stirbt einer der Erben, dann fällt es zurück an die engste weibliche Verwandte.

Beim Gang über unsere Ländereien erfuhr ich also auch etwas über meine Verwandtschaft. Denn die Leute, die das Land bebauen, sind fast ausschließlich Verwandte. Und es ist wichtig zu erfahren, wo die Grenzen verlaufen. So bekam ich ein Bild vom sozialen Netzwerk des Dorfes.«

Fast zehn Jahre (von fünfeinhalb bis fünfzehn) lebte Dewi in West-Sumatra. Einmal kam ihr Vater zu Besuch, als sie etwa acht war; ihre Mutter kam zwei Jahre später mit ein paar Freunden. Vom elften Lebensjahr an verbrachte Dewi immer die Schulferien des Fastenmonats in Bandung. Das Dorf war ihre Welt.

»Das Leben im Dorf war eine ganz eigene Erfahrung. Sie bestand nicht nur im Schulbesuch oder im Koranunterricht oder in der Erkenntnis, wie die eigene Familie oder das eigene Besitztum aussieht. Sie bestand darin, die Perspektive der Dorfbewohner kennen zu lernen, ihre unverwechselbaren Überzeugungen, die nicht immer rational, aber dennoch sehr wichtig sind. Wer sie übergeht oder abtut, bringt sich in Gefahr.

Meine Familie gehört zu einem Clan namens Pitapang, der bekannt ist für seine zahlreichen Tabus. Er ist richtig berühmt im Dorf. Man sagt: ›Die Pitapang dürfen dies nicht. Die Pitapang dürfen jenes nicht.‹ Viele Angehörige anderer Clans machen sich nicht klar, dass es Dinge gibt, die wir nicht tun dürfen.«

Mein Gehörsinn spielte mir Streiche. Ich hörte nicht jedesmal »Pitapang«, wenn Dewi das Wort aussprach. Manchmal hörte ich »Peter Pan«.

»Man glaubt, dass die Pitapang zu den ältesten Clans gehören. Ihre Vorfahren kamen wahrscheinlich schon in die Gegend, als es dort noch Urwald oder Wald gab. In den vorislamischen Religionen gab es den Glauben, dass die damaligen Wälder, Quellen und Flüsse von Geistern bewohnt seien. Natürlich mussten die Menschen, die kamen, um Land zu roden, mit den Geistern als den Ureinwohnern einen Kompromiss schließen. Daher mussten die Vorfahren einen Verhaltenskodex befolgen, der im Wesentlichen dazu da war, für ein Gleichgewicht in der Umwelt zu sorgen.«

Gleichgewicht und »Umwelt« freilich, das war eine spätere, geborgte Vorstellung, einer anderen Erkenntnis und Logik entsprungen, und ihr wohnte nicht dieselbe Kraft inne wie den auf die eigene Erde gerichteten Kulten, von denen Dewi gesprochen hatte. Fast unmittelbar darauf sagte sie selbst etwas Ähnliches.

»Im Alltagsleben müssen wir immer andere Faktoren mit berücksichtigen. Wenn wir einen großen Baum fällen oder Wasser aus einer Quelle abziehen oder ein Haus bauen, müssen wir zuvor um Erlaubnis bitten. Mit bestimmten Ritualen oder Zeremonien müssen wir die Schutzgeister besänftigen.«

Diese bäuerliche Vorstellung von Baum- und Quellgeistern fand ihr Großonkel, der konservative *ulama*, götzendienerisch und unreligiös. Schon er meinte, die Religionsschulen der Dörfer gäben schlechten Islamunterricht, und übernahm daher selbst die religiöse Erziehung seiner Großnichte.

»Eigentlich wollte mein Großonkel sich diesem unislamischen Kult nicht anschließen. Er kannte ihn und glaubte wohl etwas davon, aber meistens fand er es unislamisch, Geistern zu opfern. Der Familienclan selbst und einige ältere Dorfbewohner glaubten, wenn einer der Pitapang ein Tabu verletze, habe fast immer ein anderes Mitglied des Clans die Folgen zu tragen: Ein Kind wird krank, etwas Unangenehmes passiert. Mein Großonkel achtete kaum auf die Tabus. Daher war ich oft krank, und seine Frau und seine Freunde sagten dann immer: ›Ach ja, dein Großonkel muss wieder etwas getan haben.‹ So war es zum Beispiel, als sie die Holzplanken des Reisspeichers zum Bau einer Latrine verwendeten.«

Der Reisspeicher war immer ein zum Haupthaus gehörendes Nebengebäude, das gleichfalls ein hornförmiges Dach hatte, eine Miniaturausgabe, auf Pfähle gesetzt, oben breiter als unten, manchmal mit Giebelverzierungen, immer mit Wänden aus verschieden gemustertem Bambusgeflecht und mit einer Leiter statt einer Treppe. Reis, das Hauptnahrungsmittel, dem alle möglichen uralten kultischen Verehrungen und Fruchtbarkeitsriten galten, musste stets mit Respekt behandelt werden; wer das Holz eines Reisspeichers zum Bau einer Latrine verwendete – auch wenn es sich um einen alten und verfallenen

Speicher handelte –, brachte zwei entgegengesetzte Ideen zusammen und machte sich einer schwerwiegenden Profanierung schuldig.

»Mehrere Tage war ich krank«, erzählte Dewi, »und man gab mir die im Dorf übliche Medizin. Auch mein *datuk*, mein Großonkel, kannte sich in der Medizin der Bauern aus und hatte wenig Vertrauen in Ärzte; er weigerte sich, zum Arzt zu gehen. Die meisten Dorfbewohner glaubten, er könne auch mit einigen von den Schutzgeistern sprechen. Wenn Kinder krank waren, baten ihn viele Leute um medizinische Hilfe.

Als jemand fragte, ob er in den vergangenen Tagen ›etwas getan‹ habe, fiel meiner Großtante ein, dass es falsch gewesen sein könnte, die Latrine mit den Holzbrettern des Speichers zu bauen. Sie holte sich also einen jungen Mann, nahm eine große Axt und ging mit ihm zur Latrine, und später behaupteten beide, kaum hätten sie angefangen, den Steg zur Latrine zu zerhacken, sei ein Geschöpf, das aussah wie ein schwarzer Affe, ins Wasser gesprungen.«

»In was für ein Wasser ist der Affe gesprungen?«, fragte ich Dewi.

»In einen Fischteich. Danach wurde ich gesund. Man behauptete, in meinen Fieberträumen hätte ich alle möglichen Dinge gesagt.

Obgleich ich später weggegangen bin, gibt es noch heute vieles, was ich lieber nicht tue. Immer wenn ich im Dorf bin, vermeide ich es, einen Topf ins Wasser zu tauchen, den ich gerade vom Herd genommen habe. Das ist tabu. Die rationale Erklärung lautet, der Ruß verschmutze das Wasser.

In Fischteiche müssen wir zum Schutz der Fische alle möglichen Materialien hineintun, meist Bambus mit scharfen Ästen.« Große Bambusstämme, deren Äste am Ende zu Stacheln angespitzt werden: eine verborgene, grausam zerstückelnde Sperre. »Das schützt die Fische vor Wilderern. Legt man dann den Fischteich trocken und nimmt den Bambus heraus, so lehnen viele, die sich keine Gedanken machen, den Bambus an die Wand eines Hauses. Ein Pitapang, der das tut, verletzt ein Tabu; wir dürfen es nicht. Ich habe gelernt: Tun wir dies abends, so erzürnt das die Geister, und das Haus fängt an zu wackeln.

Im Dorf sind diese Tabus so etwas wie die Ampeln in der Stadt – man muss ihnen gehorchen.«

Die meisten dieser Tabus galten nur für den Clan der Pitapang. Deshalb war Dewi überzeugt, die Pitapang seien einer der ältesten Clans und sie hätten am Anfang, als im Dschungel die Reisfelder entstanden, die ersten Kompromisse mit den Baum- und Quellgeistern geschlossen. Diese Kompromisse müssten noch heute respektiert werden.

Zum Zeitpunkt von Dewis Hochzeit zum Beispiel kam es zu einem merkwürdigen »Treiben« (so Dewis Formulierung) im Langhaus der Vorfahren. Das im traditionellen Minangkabau-Stil gebaute Haus mit dem hornförmigen Dach war seit dreißig Jahren nicht instand gehalten worden. Im Dorf hieß es, Geister seien darin, und Dewi vermied es als Kind, dorthin zu gehen. Aber der Brauch schrieb vor, dass eines der großen Hochzeitsereignisse in Dewis altem Familienhaus stattfinden müsse. Das Haus wurde also aufgeschlossen, und man traf Vorbereitungen für das große Festmahl. Dann aber geschahen merkwürdige Dinge. Möbel wurden auf unerklärliche Weise verrückt, und Nahrungsmittel verschwanden. Ein Vetter des Großonkels, der Dewi erzogen hatte – ein Vetter, nicht der *ulama* selbst, der nichts mit der Sache zu tun haben wollte –, meinte: »Vielleicht haben wir vergessen, den Geistern Opfer darzubringen.« Sie hatten es tatsächlich vergessen. Da Geister nicht auf gerodetem Land, sondern in großen Bäumen oder Quellen wohnen, warf man etwa fünfzig Meter vom Haus entfernt Fleischstücke ins Buschwerk. Das genügte, um die Geister zu besänftigen. Danach gab es keine Probleme mehr.

Im Dorf glaubte man, zu Beginn habe es drei Clans gegeben. Einer davon waren die Pitapang. Die drei Clans stammten von drei Vettern ab; sie heirateten nicht untereinander. Sie hielten sich an die ursprünglichen Tabus. Und die Pitapang hatten noch eine Gabe: Sie waren Regenmacher.

»Meine Erfahrung zeigt«, sagte Dewi, »dass es immer dann, wenn ich ein großes Fest gebe, an diesem Tag regnet, und sei es nur für eine oder eine halbe Stunde. Meine Hochzeit war im April. Eine trockene Jahreszeit. Am ersten Tag kamen die Gäste ins Haus meines Mannes.«

»Gehört er zu einem der Clans?«

»Anderer Clan, aber dasselbe Dorf.«

»Pflichtheirat?«

»Persönliche Wahl. Im Haus meines Mannes gab es Probleme mit dem Wasser. Das Haus liegt höher und ist sehr auf Regen angewiesen, damit der Wassertank voll ist. Sie mussten also sorgsam mit dem Wasser umgehen. Am ersten Tag der Hochzeit war es vollkommen trocken. Am nächsten Tag sollte das Fest im Haus unserer Vorfahren weitergehen.« Es war jahrelang nicht benutzt worden und in schlechtem Zustand. »An diesem großen Tag fing es um drei Uhr morgens an zu schütten, und im Haus wurden alle nass. Die Außenküche war völlig überflutet. Aber am Vormittag herrschte prachtvoller Sonnenschein, und alles war bis elf Uhr wieder hübsch, als der Bräutigam kam und die Gäste eintrafen. Kaum waren sie im Haus versammelt, fing es wieder an zu schütten, und es goss eine Stunde lang. So was passiert bei jeder Hochzeit.

Manche meinen irrtümlich, dieser Zusammenhang zwischen Pitapang und dem Regen hätte sich aufgelöst, als wir aus dem Dorf wegzogen. Aber das stimmt nicht. Einmal wollte eine Tante von mir in Jakarta ihre jüngste Tochter verheiraten. Da sie fürchtete, es könnte regnen, machte sie sich die Mühe und fuhr nach Banten in West-Java, das berühmt ist für seine Heilkunst, zu einem Medizinmann, einem *dukun*. Und der *dukun* versprach, es werde am großen Tag nicht regnen. Meine Tante gab ihm Geld und bat ihn, Opfer darzubringen, damit es am Hochzeitstag nicht regnete. So was ist hier ganz normal. Auch als sie Speisen und Getränke für den Nationalfeiertag von Singapur geliefert haben, musste ein *dukun* dafür sorgen, dass es nicht regnete. Und bei der APEC-Tagung [einem der internationalen Kongresse, die Dewi besuchte – APEC heißt: Asia Pacific Economic Cooperation] wurden viele Medizinmänner zu Hilfe gerufen.

Damals sagten meine Mutter und ich, wir glaubten nicht, dass der *dukun* aus Banten stark genug sei, um die Regel, dass es bei einer Pitapang-Hochzeit regnet, außer Kraft zu setzen. Mein Onkel, der Mann meiner Tante, kam aus einem anderen Teil Sumatras; er glaubte nicht ein Wort von unseren Pitapang-Geschichten. Er sagte: »Es wird nicht regnen.« Also deckte er keine Plane über den Rasen. Er ließ alle Tische hübsch zurechtmachen. Den ganzen Tag über wurde daran gearbeitet. Am Hochzeitstag öffnete der Himmel um drei oder vier Uhr morgens seine Schleusen, und die ganzen hübsch gedeckten Tische sahen wüst aus. Er glaubte zu sehr an den *dukun* aus Banten. Meine Mutter und ich, wir haben uns damals gefreut.«

Religiöse oder kulturelle Reinheit ist ein Hirngespinst der Fundamentalisten. Nur isolierte Stammesgesellschaften können feste und einfache Vorstellungen davon haben, wer sie sind. Sonst sind wir Menschen fast immer ein (verschieden starkes) kulturelles Mixtum, und mit dieser Komplexität lebt jeder auf seine Weise. Die einen machen das instinktiv. Andere wie Dewi nehmen es bewusst wahr. Ihr waren die vielen Herkunftsstränge lieb und teuer. »Ich habe ein reiches Leben«, sagte sie, »weil meine verschiedenen Welten bei mir zusammenlaufen.«

Nach zehn Jahren verließ sie ihr Dorf auf Sumatra und lebte in England bei ihren Akademikereltern. Sie war fünfzehn. Mit ihren Eltern hatte sie nur sehr wenig Zeit verbracht, aber sie stellte fest, dass sie keine Probleme mit ihnen hatte. Es gab keinen Generationenkonflikt. Durch die Jahre im Dorf war sie religiös und konservativ geworden; sie fand ihre Eltern zu liberal und die Röcke ihrer Mutter manchmal zu kurz und zu eng. Ihre politischen Einstellungen änderten sich mit der Zeit, aber ihre persönlichen Werte blieben konservativ; obgleich ihr dieser Konservatismus – dank des bei den Minangkabau geltenden Mutterrechts – zu einer vom Islam abweichenden Selbstachtung als Frau verhalf.

In mehrfacher Hinsicht schien die Liebe zur Lebensweise ihres Dorfes sie mit dem alten fundamentalistischen Konflikt der Region zu konfrontieren. Es war, als hätte der dreißigjährige blutige Religionskrieg des neunzehnten Jahrhunderts (der die Königsfamilie der Minangkabau samt ihrem Palast vernichtet und die Holländer an die Macht gebracht hatte) nichts erledigt. Dieser oder ein ähnlicher Gedanke muss auch Dewi durch den Kopf gegangen sein – vielleicht hatte es in neuester Zeit Seminare oder Kongresse über die »pluralistische« Gesellschaft gegeben (in Indonesien nehmen diese Seminare kein Ende, sie sind so etwas wie ein harmloses Substitut für eine freie Presse). Jedenfalls gab sie ohne jeden Anstoß von meiner Seite eine fast förmliche Erklärung über den wahren Glauben und die alte Lebensweise ab.

»Wenn es«, sagte sie, »um die Beziehung zwischen Mensch und Gott geht, dann sollte man sich der reinen, nicht der synkretistischen Form des Islam anschließen. Wir können nicht gute Muslime sein und gleichzeitig polytheistischen oder animistischen Überzeugungen und Praktiken anhängen. Geht es jedoch um die Ordnung der mitmenschlichen Beziehungen – um die Art, wie wir in der Gesellschaft leben –, dann hat jede Gruppe andere Bedürfnisse und Gewohnheiten. Nach meiner Ansicht darf eine Weltreligion oder eine Staatsideologie nicht versuchen, überkommene Praktiken auszumerzen, solange diese nicht gegen die Grundlehren verstoßen.«

Damit formuliere sie, wie sie betonte, nur jene Definition des Verhältnisses zwischen Islam und *adat* (Gewohnheitsrecht), auf die man sich nach dem erbitterten Religionskrieg des neunzehnten Jahrhunderts geeinigt habe.

»Ganz obenan setzte man den Islam als höchsten Kodex von Geboten, denen die *adat* untergeordnet sein sollte. Man sagt es so: ›Die *adat* stützt sich auf die Scharia [das islamische Recht], und die Scharia stützt sich auf das *Kitab*.‹« Das Buch der Bücher, den Koran. »Dinge, die offen gegen den Islam verstoßen, wurden verboten – Alkohol, Glücksspiel, Hahnenkampf, der Brauch, mehr als vier Frauen zu heiraten. Aber manches andere bleibt zulässig, weil sich im Koran oder in den Sprüchen des Propheten nichts findet, was gegen das mutterrechtliche System gerichtet ist.«

Ja, nach Dewis Überzeugung war alles ganz klar, aber die Beziehungen zwischen Mensch und Gott wurden nicht immer getrennt gehalten von den Beziehungen zwischen dem Menschen und seinem Nächsten. Immer blieben Zweideutigkeiten, auch was die Stellung der Frauen anging, und diese dem Glauben in West-Sumatra innewohnenden Zweideutigkeiten warteten nur auf den nächsten fundamentalistischen Ausbruch.

Den ganzen Nachmittag verbrachte ich in Dewis Büro. Als ich ging, war der Arbeitstag im LIPI-Gebäude gerade zu Ende, und der runde Büroturm, dessen Bewohner sich nun größtenteils auf und davon machten, wirkte unpersönlicher denn je. Auf dem Boulevard vor dem Haus winkte ich ein Taxi heran. Nichts leichter als das; aber das Taxi war völlig heruntergekommen, es fuhr mit geöffneten Fenstern und ohne Klimaanlage, und das zur Hauptverkehrszeit. In Jakarta war der Verkehr zu dieser Zeit immer schlimm; heute aber noch schlimmer als sonst, weil einige Straßen im Zentrum um den Präsidentenpalast herum bereits gesperrt waren – wegen der Feierlichkeiten zum RI50 (dies die offizielle Abkürzung für den fünfzigsten Jahrestag der indonesischen Unabhängigkeit). Viele Minuten lang blickte ich im totalen Stau und in der heißen, von Abgasen und Karossengeglitzer flimmernden Luft auf die Rückseite eines kleinen Lieferwagens:

Raff dich auf
– Sonst erwischt dich der
TOD ohne Jesus

Aufkleber wie diesen sah man an vielen Autos und Lieferwagen in Jakarta; es gab ein religiöses Bedürfnis, das Bedürfnis nach Trost über das hinaus, was Menschen geben können; für das Evangelium war das halb bekehrte Land eine leichte Beute. Der junge, aus Sumatra stammende Taxifahrer mit seinem scharfkantigen Gesicht vermutete in mir einen Inder und sagte auf Englisch, Indien habe es gut: es sei ein Land voller Mystiker. Da wir uns nicht hinreichend in einer gemeinsamen Sprache verständigen konnten, um dieses schwierige Thema weiter zu verfolgen, ließen wir es fallen. Versunken in seinen halb zusammengebrochenen Fahrersitz, die Knie weit auseinander gespreizt, schaukelte der Fahrer nervös und gereizt mit den schlanken, in einer khakifarbenen Hose steckenden Beinen hin und her und begann schließlich, um sich die Zeit zu vertreiben, mir Indonesisch beizubringen. Mein langer, aufregender Nachmittag endete auf der Schnellstraße in Hitzewellen und Abgasen; eine Migräne kündigte sich an.

Noch immer im Bann der von Dewi empfundenen Verzauberung fuhr ich, als ich auf Sumatra war, zu ihrem Dorf. Und dort war natürlich alles kleiner, als ich es mir ausgemalt hatte: Was Dewi mir mitgeteilt, was mich in Jakarta gefesselt hatte, war der Zauber, den sie als Kind verspürt hatte.

Dewis Mutter nahm sich ein wenig Urlaub an der Universität von Padang, um mir die heiligen Stätten zu zeigen. Sie war in Begleitung eines Dozenten, der zu Besuch dort war, eines Freundes der Familie, der sich als Forscher viel mit dem lokalen Brauchtum befasst hatte. Er erzählte mir, er habe Dewi, als sie klein war, einmal gefragt, was sie machen wolle, wenn sie erwachsen sei. Sie antwortete, sie wolle muslimische Religionslehrerin, also *ulama* werden. Ein *ulama* ist aber immer ein Mann: Die Antwort zeugte also nicht nur von Dewis Verehrung für ihren *datuk*, sondern auch von dem gleichzeitig erworbenen Selbstbewusstsein der Minangkabau-Frauen.

Das Haus, zu dem wir fuhren, war nicht dasjenige, in dem Dewi als Kind gelebt hatte. Es gehörte der Mutter von Dewis Ehemann, die ihrerseits eine entfernte Verwandte von Dewi war. Es war ein moderner Bungalow. Jalousiefenster; schwere geschnitzte Stühle im Stil der indonesischen Mittelschicht; auf der Anrichte eine große Plastikdekoration: eine Kokospalme mit vielen Nüssen, der Form nach vereinfacht und in den Grundfarben gehalten; oben an der Außenwand zwei Reihen Belüftungsblöcke aus Beton, wobei in der oberen Reihe der rautenförmige Schlitz vertikal, in der unteren Reihe horizontal gesetzt war; ferner an der einen Wand eine Szene aus dem Mahabharata (eine Verbeugung vor der hinduistischen Vergangenheit oder der *adat*), an der gegenüberliegenden Wand eine arabische Schriftrolle. Alles war modern, bürgerlich und unauffällig.

Aber vielleicht nicht unauffällig für Dewis kleine Tochter, die sie hierher geschickt hatte, damit sie im selben Alter wie sie selbst auf dem Dorf leben konnte, und bei der dieses Haus und die reiche, schützende Vegetation – Kokospalme, Bambus, Bananenstaude, Rambutanbaum, Sapodillabaum – Assoziationen ans Paradies wecken mochten. Als wir dort waren, kam sie gerade aus der Schule, die Kleine; und nun, nachdem sie sich ein neues Kleidchen angezogen hatte, wurde sie, mit einem Büchlein in der Hand und allen Anzeichen der Zufriedenheit, zum Religionsunterricht geschickt.

Man streiche den Rambutanbaum, und es hätte auch die Vegetation der Karibik sein können. In der Karibik waren Kokospalme, Bambus und Banane vor langer Zeit aus diesem Teil der Welt und vom Pazifik eingeführt worden. Hier dagegen war der Sapodillabaum (der Chicle-Baum Indiens) aus Südamerika importiert worden. Die gleiche Vegetation war auf anderen Wegen entstanden, und deshalb knüpften sich unterschiedliche Assoziationen daran. In der Karibik erzählte sie von Sklaven-Plantagen und vom heutigen Tourismus. Hier jedoch blieb die Landschaft der geheiligte Boden eines uralten Clans.

Die *surau* oder private Moschee, in der Dewis Großonkel mütterlicherseits wegen seines hohen Ansehens, abweichend von den Gepflogenheiten, mit seiner jüngsten Frau leben konnte, lag in einem offenbar aufgelassenen Kokoshain.

Arbeitskräfte waren knapp; die Menschen gingen lieber in die Städte und Fabriken; es gab kaum noch jemand für die Reinhaltung der Teiche und Wasserläufe. In diesem Klima, in dem alles so schnell wächst, herrscht rasch wieder das Chaos, und es kann wunderschön aussehen. Tote Kokoszweige hingen wie riesige Vogelfedern vom verrottenden Baumkern herab; Kletterpflanzen schlangen sich an den Kokosstämmen empor, bis diese umfielen, quer über farnumstandene Teiche oder Wasserläufe; dann wurden die gestürzten Stämme Schicht um Schicht mit einem grünlichen Algenfilm überzogen, auf dem sich bald schon Unkraut ansiedeln konnte. Die afrikanische Wasserhyazinthe, ein in allen tropischen Zonen verbreiteter, leuchtend grüner und lilafarbener Schmarotzer, erstickte das offene Wasser und verwandelte es in Sumpf. Und im Dämmerlicht des alten Hains konnte sich alles, auch der Himmel, im noch verbliebenen klaren Wasser spiegeln.

Die *surau* war verfallen; sie würde nicht mehr lange stehen. Sie war überraschend klein, aus Holz und Wellblech gebaut. Das Holz war verfault und grau geworden und das nachgedunkelte Wellblech hier und da abgerissen. Obgleich das hornförmige Dach fehlte, ähnelte sie in der Bauweise dem traditionellen Minangkabau-Haus; und selbst im verfallenen Zustand hatte das Hauptgebäude (es gab noch zwei einfachere Nebengebäude) seine Eleganz bewahrt. Das Erdgeschoss war rundum von einer überdachten Veranda umgeben, deren Dach wie ein Wellblechsaum wirkte. Aus diesem Saum erhob sich das Obergeschoss, auf dem ein steiles pyramidenförmiges Dach thronte und in leicht gebogener Linie zu einer hohen Kreuzblume emporstrebte. Ein Großteil der architektonischen Kraft des Gebäudes ging in dieses Dach. Es brachte den Zweck der *surau* schon hinreichend zum Ausdruck, obgleich es kein sichtbares islamisches Symbol trug, weder den Halbmond noch den Halbmond mit Stern. Der Gebrauch dieser Embleme war in Indonesien noch nicht lange üblich. Moscheen konnten aussehen wie andere Gebäude auch; mittlerweile gab es auf Java freilich, weil sich eine neue religiöse Stimmung verbreitete und man normale Gebäude islamisieren wollte, Geschäfte, die silberglänzende Kuppeln und Halbmonde in verschiedenen Größen auf dem Vorplatz ausstellten (so wie andere Geschäfte eben Möbel oder Autoreifen).

Das Haus der Vorfahren mit dem hornförmigen Dach – auch dieses kleiner als das, was mir vorschwebte – war repariert und mit Möbeln ausgestattet worden. Dennoch hätte ich nicht gern eine Nacht dort verbracht. Die Langhaus-Bauweise hätte mir ein Gefühl des Eingesperrtseins vermittelt. Ich vermisste eine Veranda oder sonstwie Raum um mich herum oder auch einen Raum, der anders unterteilt war. Solche Häuser sind etwas für Menschen, die ebenso viel draußen wie drinnen leben und die sich auch draußen daheim und bei sich fühlen. Sie sind nichts für Fremde.

Nicht weit entfernt sahen wir das Buschwerk, in das man während der Vorbereitungen zu Dewis Hochzeit die Fleischstücke geworfen hatte, um die vernachlässigten Baum- und Quellgeister – mit denen der Clan viele Jahrhunderte zuvor, als er den Wald rodete, seinen Vertrag geschlossen hatte – zu besänftigen. Gleich hinter diesem schattigen Plätzchen lagen die Reisfelder (heute von Kokoshainen umgeben), deretwegen der Vertrag geschlossen worden war: hier und da ungepflegt, mit verknäulten Wasserpflanzen und offenen, ausgedünnten Stellen, wo im heranreifenden Reis die Ratten gehaust hatten. Wie bei so vielem zeigte sich auch hier der aktuelle Mangel an Arbeitskräften.

Ich fragte Dewis Mutter, wie alt sie die Reisfelder schätzte. Sie antwortete, das Alter eines Reisfeldes lasse sich an der Dicke des Schlamms ablesen. Diese hier seien wohl tausend Jahre alt. Bis zu den Achseln konnte man in dem Schlamm versinken. Der Dozent, der sie begleitete, schätzte sogar, sie seien zweitausend Jahre alt. Kaum zu fassen: dasselbe Feld, dieselben Feldfrüchte zur Zeit des Augustus. (An der kurvenreichen Gebirgsstraße zwischen Solok und Padang gab es außerdem ein Waldschutzgebiet, das zeigte, wie die ursprüngliche Vegetation wohl ausgesehen haben mochte: dicht gewachsen, vom Alter gezeichnet, glanzlos, von einem dunklen Graugrün, ohne die Frische oder Helligkeit von Zuchtpflanzen oder Kulturbäumen.)

Von dieser langen Geschichte ist jedoch kaum etwas bekannt.

Dokumente oder Texte gibt es nicht, nur Inschriften, und nicht viele. Auch die Schrift kam zusammen mit der Religion aus Indien. Die ganze hinduistische und buddhistische Vergangenheit war einfach verschlungen worden. Denn ohne Schrift, ohne Literatur, zehrte das Vergangene sich beständig selbst auf. Die Erinnerung der Menschen reichte nur bis zu den Großeltern oder Urgroßeltern. Das Verstreichen der Zeit ließ sich nicht messen; Ereignisse von vor hundert Jahren waren wie Ereignisse von vor tausend Jahren. Und alles, was von der zweitausendjährigen großen sozialen Organisation, von einer ganzen Kultur, übrig blieb, waren die Tabus und die auf die eigene Erde gerichteten Riten, von denen Dewi mir erzählt hatte. Noch andere beschrieb mir jetzt ihre Mutter. Vor der Reisernte zum Beispiel geht man zum Reisfeld und schneidet sieben Halme ab. Man hängt sie an seinem Haus auf. Erst dann kann man mit der eigentlichen Ernte beginnen. Niemand weiß, warum. Der ursprüngliche Anlass ist irgendwann im Laufe der Jahrhunderte abhanden gekommen.

Die Beseitigung der alten Religionen – der mit der Erde, den Tieren und den Gottheiten einer bestimmten Region oder eines Stammes verbundenen Religionen – durch die Offenbarungsreligionen gehört zu den hartnäckig wiederkehrenden Themen der Geschichte. Selbst wo es Texte gibt, wie etwa in der römisch-christlichen Antike, lässt sich schwer nachvollziehen, warum es zu dem Wechsel kam. Es gibt nur Fingerzeige. Unübersehbar ist, dass die mit der eigenen Erde verbundenen Religionen ihre Grenzen haben, weil sie den Göttern alles und den Menschen nur wenig geben. Wenn diese Religionen heutzutage neue Anziehungskraft besitzen, so vor allem aus Gründen moderner Ästhetik; gleichwohl ist es unmöglich, sich ein Leben vorzustellen, das ausschließlich durch sie definiert wird. Die Offenbarungsreligionen – Buddhismus (wenn man ihn dazurechnen kann), Christentum und Islam – bieten mehr Spielraum, sind menschlicher, hängen enger mit dem zusammen, was die Menschen bekümmert, und mit einem ethisch-sittlichen Weltbild. Denkbar ist auch, dass die großen Bekehrungen – die ganzer Nationen oder Kulturen wie etwa in Indonesien – immer dort stattfinden, wo die Menschen keine Vorstellung von sich selbst und auch nicht die Mittel haben, ihre Vergangenheit zu verstehen oder wieder aufzufinden.

Das Erbarmungslose am islamischen Fundamentalismus besteht darin, dass er nur einem einzigen Volk – dem arabischen, aus dem der Prophet kommt – eine Vergangenheit, heilige Stätten, Wallfahrten und autochthone, auf die eigene Erde gerichtete Kulte zugesteht. Die heiligen Stätten der Araber sind verbindlich für alle bekehrten Völker. Diese müssen sich ihrer Vergangenheit restlos entledigen. Nur eins wird ihnen abverlangt: reinster Glaube (wenn es denn so etwas gibt), Islam, Ergebung. Ein unerbittlicherer Imperialismus lässt sich kaum denken.

5

Kampong

Mariman und Furqan waren Wissenschaftler am CIDES. Mariman war dreiundzwanzig, Furqan etwa gleichaltrig; und beide wussten wohl, dass das Forschungszentrum ihnen in der großen Stadt zu einem guten Start verholfen hatte. Mariman war schon so etwas wie ein Star. Adi Sasono hatte ihn als Beispiel für eine CIDES-Erfolgsstory ins Gespräch gebracht, und daher hatte ich den Wunsch geäußert, mit ihm zu sprechen.

Auf Adis Bitte hin kam Mariman nun ins Hotel und brachte Furqan als Dolmetscher mit, denn er selbst sprach kein Englisch.

Wir gingen zum Kintamani, zu dem offenen (angeblich im javanischen Stil gebauten) Pavillon, der im Park des Hotels zwischen den Tennisplätzen und dem großen Schwimmbecken lag. Mittags gab es im Kintamani eine Art warmes Buffet; abends noch einmal, aber zusammen mit einer indonesischen Kulturdarbietung, wie sie in Hotels üblich ist. Der Nachmittag war eine undefinierbare Zwischenzeit: leere Stühle, schräg einfallendes Sonnenlicht, das von der Seite des Schwimmbeckens kam, auf der anderen Seite die Schatten der Bäume, ein kleiner Wind.

Furqan, dessen Nachname – Alfaruqiy – so arabisch war wie sein Vorname, kam aus Sumatra. Mariman war Javaner.

»Wir sind ganz verschieden«, sagte Furqan, »wir Leute aus Sumatra reisen gern, und zwar in die ganze Welt. Wir kennen kein Heimweh. Mariman kennt es. Bei den Javanern gibt es folgendes Sprichwort: ›Essen oder nicht essen, wir müssen zusammenbleiben.‹ Das bedeutet: Javaner müssen in Java leben. Sie finden, die Insel Java sei viel besser als andere Landstriche. Aber heute, als Menschen mit Schulbildung, können sie auch weggehen.«

Allerdings gebe es, so Furqan, noch einen anderen Grund für Marimans Heimweh: Seine Eltern seien geschieden. Ich notierte das als eine von mehreren Informationen über seine Herkunft. Erst später, als Furqan und Mariman fort waren, fielen mir Fragen dazu ein, und nun war es beschwerlich, über die Entfernung hinweg Antworten zu erhalten: Ich musste mich beim CIDES zu Furqan durchtelefonieren, ihm meine Fragen stellen und warten, bis er mir Marimans Antworten mitteilte. Deshalb wurde mir erst später richtig klar, dass Mariman eines von siebzehn Kindern war, die, auf die zwei Familien seines Vaters verteilt, getrennt im selben Dorf lebten. Erst sehr viel später, bei anderen Reisen, begriff ich, dass es beim muslimischen Brauch des mehrfachen Heiratens und der leichten Scheidung nicht nur um den männlichen Sexualtrieb ging: Er hinterließ kaputte Familien. Er erzeugte eine Gesellschaft aus Halbwaisen. Aus der einen Familie ging der Vater weg, um eine zweite oder dritte zu gründen: Es war eine immer wiederkehrende Geschichte. Und genau sie stand hinter Marimans Heimweh. Aber damals vergaß ich, weitere Fragen zu stellen, und so erfuhr ich nie, wann Marimans Vater sich von seiner Mutter getrennt hatte und wie alt er selbst zu diesem Zeitpunkt war.

Während seiner Kindheit im Kampong, im Dorf, hütete er anderer Leute Schafe und Büffel. Bezahlt wurde er in Naturalien, er erhielt Lämmchen und Büffelkälber. Irgendwann besaß er zweiundzwanzig Schafe. Einige von ihnen verkaufte er, um zur Schule gehen zu können, zuerst zwei, das eine für 42 000 Rupiah, also zwanzig Dollar, das andere für 50 000 Rupiah, also vierundzwanzig Dollar. Er verkaufte sie an den Viehmakler, mit dem sein Vater zu tun hatte, weil er mit Büffeln handelte.

Warum er zur Schule gehen wollte?

»Um seine Islamkenntnisse zu vertiefen.«

Das ging vermutlich auf seinen Vater zurück. Der hatte ein Dorf-Pesantren besucht und besaß einen Schrank, in dem er Bücher aufbewahrte. Dieser war immer verschlossen, aber jeder wusste, dass die Bücher darin standen. Der Vater war ein gebildeter Mann, der Arabisch lesen und schreiben und sogar ein wenig sprechen konnte.

»Mariman ist eine Ausnahme auf Java«, erklärte Furqan, »denn sein Vater hat ihn im Islam unterrichtet. Als er zehn Jahre alt war, brachte der Vater ihm das Beten bei. Als Büffelhändler verdiente er genug Geld, um nach Mekka zu pilgern. Das war 1985.« Damals war Mariman dreizehn. »Er war sehr stolz, als sein Vater nach Mekka ging. Bei der Rückkehr trug er die weiße Kappe des Hadschi, vorher eine schwarze Kappe. Er war der Erste im Dorf, der am Hadsch teilnahm. Heute leben drei Hadschis im Dorf.«

Wie zur Erläuterung von Furqans Übersetzung fügte Mariman hinzu: »Die Pilgerfahrt ist oberste Pflicht.«

Groß geworden zwischen Büchern und Frömmigkeit, erhielt Mariman 1990, als er achtzehn war, seine Zulassung an der muslimischen Universität im ostjavanischen Malang.

Die Zulassung aber war eines, der Lebensunterhalt etwas ganz anderes. Obgleich Mariman es nicht erwähnte, muss die Scheidung seiner Eltern etwa in diese Zeit gefallen sein. Für allgemeine Ausgaben brauchte er monatlich 25 000 Rupiah, das sind etwa zwölf Dollar, plus zehn Kilo Reis als Nahrung. Er fuhr ins Kampong zurück, um den Reis zu holen, und seine Mutter gab ihm die 25 000 Rupiah. Sie betrieb einen kleinen Laden oder Stand im Dorf, wo sie Gemüse, kleine Imbisse für Kinder und Dinge wie Seife und Süßigkeiten verkaufte.

Um Geld zu sparen, mietete er ein Zimmer, das weit von der Universität entfernt lag; es kostete pro Jahr 90 000 Rupiah (etwa vierundvierzig Dollar, pro Woche achtzig Cent). In diesem Zimmer kochte er sich Reis; dazu kaufte er sich an Gemüseständen gekochtes Gemüse. Fleisch oder Fisch aß er selten, und zur

Universität ging er zu Fuß. So konnte er von weniger als 10 000 Rupiah im Monat leben, das sind rund vier Dollar und achtzig Cent (oder sechzehn Cent pro Tag); und von den 25 000 Rupiah, die seine Mutter ihm monatlich gab, sparte er 15 000. Im dritten Studienjahr konnte er sich Bücher kaufen.

Für mich (und für ihn wie auch für Furqan) hatte es etwas Faszinierendes, dass ein Mensch mit diesen winzigen Summen leben konnte. Das Ganze ähnelte einem Sport, dem Ausprobieren von Genüssen im Liliputformat. (Etwas Ähnliches beschreibt der schottische Verleger William Chambers in seinen Memoiren, wenn er von seiner frühen Kindheit im neunzehnten Jahrhundert erzählt.)

Mit dreiundzwanzig Jahren, 1993, begann Mariman mit dem Schreiben – erstaunlich für jemanden, der sein Leben als Hirte begonnen hatte, aber den Ehrgeiz dazu, die Vorstellung, es müsse möglich sein, hatte er sicher von dem nun abwesenden Vater, einem gebildeten Mann mit Büchern im verschlossenen Schrank. Mariman schrieb Artikel über wirtschaftliche Themen, die in *Pelita*, einer Tageszeitung von Jakarta, erschienen. Für jeden Artikel erhielt er 50 000 Rupiah, also fast zehn Dollar. Dieses hohe Honorar brachte sein schwieriges Jonglieren mit winzigen Beträgen erheblich ins Wanken und machte ihn zu einem neuen Menschen. Er merkte, dass er eine Zukunft hatte. Er merkte es umso mehr, als die Muhammadiya-Universität in Malang ihm eine Dozentenstelle anbot. Er bat seine Eltern um Rat. Sie waren zwar kleine Leute, aber sie kannten sich mit Kaufen und Verkaufen aus. Seine Mutter machte es täglich an ihrem kleinen Verkaufsstand, sein Vater handelte mit Büffeln. Beide sagten, das Gehalt sei zu niedrig, und daraufhin gab Mariman der Universität einen Korb. Er beschloss, das Kampong zu verlassen und nach Jakarta zu gehen.

Jakarta lag ganz am anderen Ende der lang gestreckten Insel. Der Fahrpreis betrug 50 000 Rupiah. Mit einem einzigen Artikel in *Pelita* ließ sich das bezahlen. Kleidung hatte er; und eine Unterkunft auch: Die Schwester seiner Mutter fand sich bereit, ihn aufzunehmen. Sie hatte ein Haus mit drei kleinen Zimmern in einem Armenviertel in Südjakarta. Der Aufenthalt in Jakarta machte Mariman ein wenig Angst, denn zum ersten Mal in seinem Leben war die Familie weit weg. Die Lebensbedingungen dagegen störten ihn gar nicht. Wasser für Bad und Küche mussten sie an der Pumpe holen. Sieben Monate lebte er dort, in dem Häuschen in Südjakarta, von November 1994 bis Ende Juni 1995. Das lag mal gerade sechs Wochen zurück, aber schon jetzt (ein Tag ist bei jungen Männern eine lange Zeit) schien das dortige Leben meilenweit weg zu sein, und Mariman meinte, unter solchen Umständen könne er nicht mehr wohnen. Sicherlich hatte er, obgleich er nichts davon sagte, in dieser Zeit auch seine Forschungsstelle am CIDES bekommen.

»Fehlt ihm das Dorf?«, fragte ich Furqan.

»Ja. Ihm fehlt seine Mutter. Er hätte die Dorf- oder Kampong-Atmosphäre gern in Jakarta, aber er findet sie nicht.«

»Was meint er mit Kampong-Atmosphäre?«

»Den Respekt gegenüber Älteren, das gemeinsame Beten in der Moschee. Aber Jakarta macht ihm keine Angst mehr. Er versucht, sich die Kampong-Atmosphäre in seiner Umgebung zu schaffen. Er hat eine Freundin und will so bald wie möglich heiraten.«

Dabei hatte Mariman gerade erst begonnen, seinen Weg zu machen.

»Hat er das Gefühl«, fragte ich Furqan, »dass sich sein Leben in den letzten sieben Monaten so komplett verändert hat?«

»Er meint, er habe intellektuell einen großen Sprung nach vorn gemacht. Aber er ist ein Konsument geworden.«

Da war sie schon, diese Frömmigkeit, diese gequälte Vernünftigkeit. »Was meint er damit?«, fragte ich.

»Er gerät in den Sog der großstädtischen Konsumgesellschaft.«

»Er trägt ein hübsches Hemd und eine hübsche bunte Krawatte. Meint er das mit Konsumgesellschaft?«

Das Hemd war sorgsam ausgesucht: weiß, mit heruntergeknöpftem Kragen; zusammen mit der breiten gestreiften Krawatte lag es flach über der flachen Brust. In der Brusttasche klemmte ein Federhalter. Er trug eine beigefarbene Hose mit Gürtel, der seine schmale Taille noch zusätzlich betonte. Und er trug eine Goldrandbrille. Alles wirkte teuer und mit Bedacht gewählt; vielleicht hatte er sich noch nie im Leben mit so viel Sorgfalt gekleidet.

»Als er jung war«, sagte Furqan, »trug er ganz einfache Sachen und war trotzdem selbstsicher.«

Mir fiel auf, dass Mariman eine gewisse Ängstlichkeit an den Tag legte. Er wusste genau, was für Kleidungsstücke er trug, und vielleicht machten sie ihn nervös. Vielleicht erinnerten sie ihn ungut an Hochmut und die Eitelkeit alles Vergänglichen und brachten ihn als javanischen Muslim auf den fast religiösen Gedanken, dass Glück und Erfolg die Gefahr eines Fehltritts erhöhen.

Furqan sagte: »Im Augenblick ist er stolz, hübsche Sachen zu tragen, aber er glaubt nicht, dass das alles ist.«

Ich fragte, ob ich einen Blick auf Marimans CIDES-Visitenkarte werfen könnte. Es war die Standardkarte (auch Furqan und Dewi Fortuna Anwar hatten eine solche): CIDES stand in großen Buchstaben in der linken unteren Ecke. Marimans Name war klein und unterstrichen in die obere rechte Ecke gedruckt:

Mariman Darto
Forscher

Das gehörte zu der Veränderung, die mit ihm vorgegangen war; aber er verhinderte, dass sie ihm zu Kopf stieg. Sein Kampong vergaß er dabei nicht.

»In seinem Kampong«, sagte Furqan, »gibt es keinen wie ihn. Aber er kann mit den Leuten reden. Und viele sind stolz auf ihn, weil er bescheiden geblieben ist, obwohl er in Jakarta lebt. Zweimal im Jahr fährt er dorthin. Er fährt auch, wenn ein besonderes Ereignis im Kampong stattfindet. Er erfüllt seine Gebetspflichten. Er weiß, wie wichtig das Beten ist, vor allem wenn er weit weg von seiner Mutter und seinem Vater ist. Dass er so religiös ist, macht ihn zu etwas Besonderem im Dorf. Manche seiner Freunde haben ihr Selbstvertrauen als Männer verloren und in der Stadt angefangen zu trinken. Die meisten haben nur geringe Schulbildung. Dank seiner Religion fühlt er sich anders als seine Freunde.«

»Was, glaubt er, wird im Dorf passieren?«

»Er hat das ehrgeizige Ziel, sein Dorf durch Schulbildung zu verändern und die Ungleichheiten abzubauen. Unter seinem Einfluss ist das Kampong in einem Wandel begriffen.«

Damit setzte er, ebenso wie mit seiner Ausbildung, nur fort, was sein Vater begonnen hatte, jener Büffelhändler, der als erster Mann des Dorfes nach Mekka gepilgert war.

Ich fragte: »Folgen die Leute ihm auf dem Weg der Religion?«

»Viele Freunde«, antwortete Furqan, »sehen den Schlüssel zu seinem Erfolg nicht in der Religion, sondern in der Ausbildung.«

Diese Freimütigkeit überraschte mich: Mir schien, als sei Mariman ein selbständiger Mensch geblieben.

»Aber nach der Ausbildung«, fügte Furqan hinzu, »kehrt man zurück zur Religion.«

»Gibt es nach seiner Ansicht einen Unterschied zwischen Ausbildung und Religion?«

»Ja. Aber mit der Ausbildung kann er zugleich die Leistung eines religiösen Menschen zeigen.«

»Was heißt das?«

»Er kann ein besserer religiöser Mensch werden.«

»Also teilt er die Vorstellungen von Professor Habibie über Religion und Technologie?«

»In einer Illustrierten hat er gelesen, dass Habibie zweimal pro Woche fastet, Montag und Donnerstag. Habibie kann also Erfolg und Religiosität miteinander verbinden.«

»Ist Religiosität unverzichtbar für den Erfolg?«

Die Antwort klang umständlich, aber vielleicht hatte Furqan die Frage nicht richtig verstanden. »Viele Leute im Dorf fasten zweimal pro Woche, aber wenn sie die höhere Schule besuchen, hören sie auf zu fasten und werden schlechte Menschen. Sie haben sogar aufgehört, während des Ramadan zu fasten. Mariman hat also etwas Neues eingeführt.«

»Werden schlechte Menschen? In welcher Weise?«

»Weil sie in der Fabrik hart arbeiten, meinen sie, sie hätten nicht die Kraft zum Fasten.«

Unser Gespräch drehte sich im Kreis. Vielleicht war die dritte Person, der Dolmetscher, ein Hindernis; vielleicht hatten wir auch das Spannende und Einzigartige an Marimans Geschichte ausgeschöpft.

»Arbeitet er noch immer viel?«

»Ja, er arbeitet immer noch viel.«

»Was möchte er mal werden?«

»Wirtschaftsfachmann.«

»Sieht er im Islam eine dauerhafte Kraftquelle der Menschen?«

»Er ist sicher, dass der Islam in Zukunft eine Quelle der Tatkraft sein wird. Deshalb versucht er, den Menschen im Kampong eine Ausbildung zu verschaffen. Für dieses Konzept will er im Dorf werben.«

»Ein moderner *kiyai*?«, fragte ich. Leiter eines Pesantren.

Mariman verstand das Wort und lachte. Auf Englisch sagte er: »Danke, danke.«

Später fiel mir etwas ein, das ich nicht gefragt hatte. Ich rief Adi Sasono auf seinem Handy an, und er gab, beflissen wie immer, die Frage weiter.

»Was passierte mit den Schafen, die er nicht verkauft hatte? Er besaß zweiundzwanzig, zwei davon hat er verkauft, um zur Schule gehen zu können.«

Zwei Tage später rief Furqan aus dem CIDES an und sagte über eine stark gestörte Leitung: »Er schenkte sie seinem Bruder. Aber er will nicht, dass sein Bruder diese Art von Leben weiterlebt.«

Der neue Wohlstand war beträchtlich, und man muss der Regierung zugute halten, dass er auch untere Schichten erreichte. Eine neue Mittelschicht war entstanden, und für sie hatte man um Jakarta herum in einem solchen Tempo so viele und so ausgedehnte Wohnviertel gebaut, dass manche Landstraßen über weite Strecken an Filmkulissen erinnerten: intakte alte Kampong-Straßen – ein Gesamtbild aus niedrigen Häusern, Wellblechdächern, mit rohen Steinen belegt, und Obstbäumen – und dahinter die scharf konturierten, neuen, baumlosen Silhouetten aus ockerfarbenem Beton, Glas und roten Ziegeldächern. Es machte den Eindruck, als spielte sich zur selben Zeit am selben Ort zweierlei Leben ab; und wieder kam mir derselbe Gedanke wie am ersten Tag: Geschichte ist hier in Schichten präsent, und in den letzten fünfzig Jahren – von der japanischen Besatzung über den Krieg gegen die Niederländer und die Ereignisse von 1965 bis zum heutigen gigantischen und sichtbaren Reichtum – hat sie sich so sehr beschleunigt, dass die meisten Menschen, sowohl in den Neubausiedlungen wie an der Pseudo-Kampong-Straße, nur zwei oder drei Generationen vom einfachen dörflichen oder bäuerlichen Leben entfernt sind.

In den Anthologien indonesischer Literatur, die ich mir während meines Aufenthaltes anschaute, wurde dies spürbar an einem unbewältigten Gefühl des Verlusts. Es äußerte sich in einfachen Geschichten. Aus ihnen kann man eine zusammengesetzte Geschichte machen. Der alte Bauer steigt in der Stadt aus dem Bus; er hat ein Geschenk bei sich, vielleicht für einen Verwandten, der früher einmal im Dorf gewohnt hat, aber jetzt ein berühmter General oder ein wichtiger Staatsbeamter ist. Während der Bauer mit offenem Mund auf alles starrt, was die Stadt zu bieten hat, wird er vielleicht von Menschen in der Großstadtmenge angerempelt und beschimpft. Je näher er der hohen Persönlichkeit kommt, desto mehr Erinnerungen gehen ihm durch den Kopf, und ihn schwindelt angesichts des ganzen die Macht umgebenden Gepränges. Der General oder Beamte empfängt ihn freundlich oder kühl – das hängt von den politischen Absichten oder der Gefühlseinstellung des Autors ab; aber am Ende weiß der Bauer, dass die Vergangenheit vorbei ist.

Große Schriftstellerei, die von Dauer ist und nicht bloß aktuelle Polemik, entsteht nur in Gesellschaften, die dem Menschlichen echten Spielraum bieten; in Indonesien dagegen lebt ein Volk von Kleinbauern, denen die Geschichte abhanden gekommen ist; die zwar erstaunliche, oftmals tragische, Ereignisse miterlebt haben, aber nicht über die Mittel – Bildung, Sprache und vor allem Freiheit – verfügen, um über sie nachzudenken.

Abstrakte Begriffe: Man betrachte nur diesen Auszug aus einem Leitartikel der *Indonesia Times*.

> Noch immer ist die Gesellschaft Indonesiens vom Materialismus geprägt. Manche religiösen Führer des Landes glauben, dass es moralisch verderbte Menschen bei uns gibt, weil wir kritiklos die westlichen Werte übernommen haben. (...) Mit dem zunehmenden Materialismus und Individualismus wird man am besten fertig, wenn man die eingebauten Kontrollen vermehrt und zugleich die Moralprinzipien verbreitet. Gegen Materialismus hilft nur die Weiterentwicklung der religiösen Sittenlehre ...

Und so geht es weiter, neun Absätze lang, mit dem immer gleichen Gedanken (der an Mariman erinnert).

Abstrakte Begriffe: die RI50-Feierlichkeiten in der *Jakarta Post*, wo eine Rede von Emil Salim, dem Vorsitzenden des Festkomitees, dokumentiert oder resümiert wird. Sie beginnt wie der Kommentar zu einer Beethoven-Sinfonie. »Unter dem Oberthema ›Die Wurzeln des Volkes unserer Republik zur Geltung bringen und damit Respekt und Dank für die Unabhängigkeit ausdrücken‹ gliedern sich die geplanten Feierlichkeiten in drei Teile.« Der erste besteht aus Programmen, in denen die fünf Prinzipien der Staatsideologie zum Ausdruck kommen sollen: Glaube an Gott, Einheit der Nation, Konsens durch Beratung,

Humanität, soziale Gerechtigkeit. Was das erste Prinzip angeht, so wird der indonesische Rat der *ulama* die Muslime aufrufen, »die Freitagsgebete mit einer Dankesverneigung abzuschließen«. Die Prinzipien Humanität und soziale Gerechtigkeit werden auf typisch indonesische Art gewürdigt: mit einem nationalen Seminar über Menschenrechte. Kein Seminar freilich für den demokratischen Konsens: Mit ihm befasst sich eine von den französischen Geschäftsleuten in Jakarta veranstaltete Lasershow. Eine pompöse Segeldarbietung wird etwas zur Einheit der Nation sagen. Bleibt aber noch die soziale Solidarität; sie darf nicht fehlen. Es ist nicht klar, an welcher Stelle sie in die nunmehr fast buddhistische Vielschichtigkeit der fünf Prinzipien und drei Teile hineinpasst; bezeugt jedenfalls wird sie folgendermaßen: Emil Salim wird alle Geschäftsinhaber aufrufen, »dem Gemeinwesen etwas zurückzugeben, indem sie in einem riesigen Schlussverkauf ihre Profitraten zugunsten des breiten Publikums zurücknehmen. Und dabei sollen weder Gebraucht- noch Mängelwaren verkauft werden.«

Ein einfaches Volk in einem großen Geschehen. Bei Anlässen wie den RI50-Feierlichkeiten müssen viele Worte gemacht werden, von denen nur wenige etwas bedeuten; denn die Wirklichkeit, die jeder begreift, braucht keine Worte. Und die Religion, der große Tröster, als den sie der Leitartikel der *Indonesia Times* empfiehlt, trägt das ihre zur Vereinfachung bei – nicht anders als dreißig Jahre zuvor, in ärmeren, dunkleren Zeiten, der Kommunismus.

Über die abstrakten Begriffe sprach ich mit Goenawan Mohammad. Goenawan war ein vielseitiger Schriftsteller, wie man ihn in Indonesien häufig antrifft, er betätigte sich in allen möglichen Genres; am bekanntesten war er als Essayist, man bewunderte nicht nur sein unabhängiges Denken, sein Wissen und seinen kultivierten Geist, sondern auch seinen Gebrauch der indonesischen Sprache.

Geboren wurde er 1940 in einem kleinen Fischerdorf. 1946 kam sein Vater im Krieg gegen die Holländer ums Leben (aber

Goenawan hegte keinen Groll deswegen). Seine Mutter, die weder lesen noch schreiben konnte, zog die Kinder groß. Ihr Geld verdiente sie mit einem kleinen Eierhandel. Sie kaufte die Eier in Zentral-Java und verkaufte sie in Jakarta. Goenawan war Halbwaise wie Mariman (allerdings aus anderen Gründen und in einer unruhigeren Zeit); und wie bei Mariman bestand die Familie nicht nur aus Armut und Überlebenskampf. Goenawans Familie war eine deutliche Ausnahme. Seine Schwestern wurden beide Lehrerin; ein Bruder wurde Arzt; und er selbst schaffte es, als Journalist und Schriftsteller weitgehend sein eigener Herr zu sein.

Von den Kommunisten hielt er sich in den fünfziger und sechziger Jahren ebenso fern wie jetzt von den Religiösen. Diese Unabhängigkeit war wohl mehr als nur eine politische oder charakterliche Eigenart. Sie hing mit Goenawans Qualität und Selbstachtung als Schriftsteller zusammen. Um etwas Gutes oder Substantielles zu schreiben, braucht man mehr als technisches Können; man braucht innere Ganzheit. Engagiert sich der Autor für eine große öffentliche Sache (wie Kommunismus oder Islam) mitsamt ihren ausgeprägten Tabus, so ist er sehr bald zu falschen Darstellungen gezwungen. Ein Schriftsteller, der lügt, verrät seinen Beruf; nur mittelmäßige Autoren tun das. In einem Land wie Indonesien besteht die eigentliche Tragödie, der bis heute andauernde moralische Verfall der verlorenen Nachkriegsgenerationen – zuerst der kommunistischen, jetzt der fundamentalistischen – in eben dieser Art Mittelmäßigkeit.

»Ich finde«, sagte Goenawan, »die gebildeten Indonesier sprechen keine Sprache, mit der sie ihr Denken zum Ausdruck bringen und weiterentwickeln können. Zur Zeit Sukarnos wurde die Sprache im totalitären Sinne gesteuert, zur Zeit Suhartos wurde sie bürokratisiert. In den sechziger Jahren schrieb ich Gedichte und machte dabei die Entdeckung, dass die ganze Sprache durchsetzt war mit großen abstrakten Bedeutungen – Nation, Volk, Revolution, Sozialismus, Gerechtigkeit. Ich fühlte mich so allein. Als ich einmal in der alten Galerie saß, sah ich Vögel vor mir, Spatzen. Ich hatte es ganz vergessen, das kleine, vergängliche Ding. Alles passt da hinein. Selbst ein paar übernommene liberale Ideen. Wie etwa freier Markt. Sie sind tot, ohne Rückbindung an die Erfahrung, die Scholle, die Straße.«

Die noch existierenden lokalen Traditionen seien nicht stark genug, um mit solchen geborgten Ideen fertig zu werden. »Die Menschen haben eine rasante Entwicklung hinter sich. Eine lebendige *civitas* gibt es nicht. Sie haben das Denken, die Angst, das Trauma, das Verhalten ihrer Vergangenheit. Auf der Suche nach Gemeinschaft werden sie sich zurückwenden. Das macht die Religion so wichtig – wie viele junge Leute gehen zur Moschee oder zur Kirche! Die alten lokalen Traditionen – nicht die islamischen oder christlichen – sind längst erodiert.

Mein Schwager heiratete in eine javanische Familie hinein. Sie wollten eine echt javanische Hochzeit. Aber er hatte keine Ahnung, was das ist. Was machte er also? Er holte sich einen Berater. Von diesen Hochzeitsberatern gibt es eine ganze Menge. Mittlerweile verdienen sie viel Geld. Sie erhalten sich noch, die alten Traditionen – als schöne Erinnerung.

Meine Frau hat einen Onkel, der einigermaßen gebildet ist. Er sprach Holländisch. Ganz früher, in der Zeit gleich nach der Revolution, in den fünfziger Jahren, war er Offizier. Er konnte Englisch lesen. Und Holländisch. Aber wenn er aussprach, was er dachte, kam nur ein wirres Kuddelmuddel. Ein Beispiel. Vor drei oder vier oder fünf Jahren hatten wir die totale Sonnenfinsternis, und um sie zu sehen, fuhren die Leute nach Borobudur.« Der buddhistische pyramidenförmige Tempel aus dem siebzehnten Jahrhundert. »Borobudur bei totaler Sonnenfinsternis. Und dieser Onkel – ich nenne ihn auch Onkel – erzählte mir, die Leute gingen nach Borobudur, um dort ein Buch zu finden, in dem das Geheimnis des Lebens steht. Ist das zu glauben? So sind viele.

Diesem Onkel fehlte das einfachste Rüstzeug. Nie hat er sich kritische Gedanken über die Menschen gemacht. In der Demokratie geht es nicht ums Wählen. Es geht ums Debattieren, um die Qualität des Geisteslebens. Die neue Borniertheit wird weder von Habibie noch sonst jemandem inszeniert; sie kommt von den vielen neuen Schülern und Studenten aus der Provinz, die in diesen wirren Zeiten eine Gewissheit suchen. Das Regime hat keine Ideen zu bieten. Also findet keine Debatte statt. Die Ideen fallen in den eigenen Kasten, und dort bleiben sie, ohne weiterentwickelt zu werden.«

6

Unter der Lava

In die alte Königsstadt Yogyakarta im Süden Javas fuhr ich, um Linus zu besuchen. Linus war ein Dichter, den ich 1979 kennen gelernt hatte. Damals war er siebenundzwanzig oder achtundzwanzig Jahre alt; und obgleich er (wie ich annahm) noch nichts Bedeutendes veröffentlicht hatte, kannte man ihn. Seine Inspirationsquellen fand er, so hieß es, in Kultur und Geist des alten Java, und er lebte in einem Dorf unweit von Yogya.

Zu Linus' damaligen Förderern gehörte Umar Kayam, Dozent und Schriftsteller und ein Mann, der eine Unzahl von Seminaren und Kongressen besuchte; und Umar Kayam (das war kein Pseudonym, sondern der Name, den sein Vater ihm gegeben hatte) fuhr eines Tages mit mir in Linus' Dorf. Wir besuchten ihn zu Hause, wo wir auch seine Mutter und andere Personen sahen; und dann führte uns Linus den restlichen Vormittag durch das Dorf und machte uns mit den Leuten bekannt.

Gegenüber dem etwa zwanzig Jahre älteren Umar verhielt Linus sich sehr respektvoll, und ich hatte den Eindruck, er sei gerade am Beginn seiner Dichterlaufbahn. Es war aber mitnichten so. In Jakarta erfuhr ich nun, dass er zur Zeit unserer Begegnung das Manuskript eines langen epischen Gedichts mit dem Titel *Pariyems Bekenntnis* bei sich liegen hatte. Und von Linus selbst erfuhr ich, dass Umar, der das Gedicht las, während er es schrieb, Bedenken wegen der Länge hegte. Irgendwann sagte er:

»Genug. Es ist schon lang genug. Das wird ja wie eine alte javanische Dichtung aus dem neunzehnten Jahrhundert.« Aber wie viele Schriftsteller, die nach Ermutigung suchen, war Linus lieber der Stimme seines Herzens gefolgt und hatte weiter geschrieben. Etwa ein Jahr nachdem ich ihn in seinem Dorf besucht hatte, veröffentlichte er das Gedicht. Es wurde ein großer Erfolg; der Verlag verkaufte zwanzigtausend Exemplare; noch heute war es sein bekanntestes Werk.

Jetzt las ich in einer englischsprachigen Anthologie mit dem Titel *Menagerie* einen (übersetzten) Teil jenes Gedichts, das Linus und Umar während unseres damaligen Gangs durch das Dorf in Gedanken beschäftigt haben mag. In schwermütig-klagendem Ton erzählt das Gedicht – dessen Heldin eine Dorfbewohnerin und dessen Schauplatz ein Dorf ist, vielleicht wie das, in dem wir uns aufhielten – von der Lebensweise und der ganz eigenen Zeitrechnung des alten Java. Selbst die gute und sorgfältige Übersetzung (von Jennifer Lindsay) zeigte, neben dem Problem der unvermeidlichen erotischen Passagen, wie schwer es war, diese schwermütige Klage mitsamt den darin beschlossenen kulturellen Eigenheiten außerhalb des Rahmens, in den sie gehörte, verständlich zu machen. Nur javanische Wörter konnten bestimmte javanische Dinge beschreiben, und nur diese Wörter konnten javanische Empfindungen wecken.

Mein Vater war in einer *ketoprak*-Truppe im Tempel
einmal in der Woche kam er heim
Und das *gamelan* war lebhaft
laut, schnell
Spielte in der *slendro-sanga*-Tonart
Zeichen dafür, dass die *gara-gara* begonnen hatte
Und der Mond neigte sich gen Westen
Zeichen dafür, dass der Tagesanbruch nahte

Anderes Klima, andere Nutzung der Tageszeiten, andere Assoziationen, die sich mit Musik und Theater und Zeit und Landschaft verbinden: All dies sollte aus der Beschreibung von etwas hervorgehen, das so bekannt war wie das javanische Schattenspiel. Sicher gab es auch komliziertere Bereiche, wo Gefühl und Glauben und Ritual sich nicht mehr übersetzen lassen, wo der Javaner nur noch zu Javanern spricht. Und denkbar ist, dass in West-Sumatra aus demselben Grund eine so reiche, vollendete und hochorganisierte Reiskultur – die keinerlei Aufzeichnung brauchte – nach tausend oder zweitausend Jahren nur ganz wenige Spuren hinterließ: Tabus und Sippennamen. War die alte Welt erst einmal verloren, dann konnten ihre Gefühle nicht mehr rekonstruiert werden.

1979 hatte Java in mir den – vielleicht allzu romantischen – Eindruck erweckt, es sei sich selbst genug, es sei eine geschlossene Zivilisation. Der Anblick von Linus' Dorf hatte zu dieser idyllischen Vorstellung beigetragen; und im Laufe der Jahre erarbeitete sich die Phantasie alle ihre Einzelheiten: die bis an die Häuser heranreichenden Reisfelder, die Dorfvegetation, in der alles einen Zweck hatte, die Heiligtümer der Reisgöttin, Linus' elegant gekleidete Mutter. Die Erinnerung hatte sie bewahrt, wie sie an jenem Vormittag aussah, als sie im Sonntagsstaat von einem Ausflug in die Stadt zurückkam, eine hochkultivierte Frau, die in der alten Sprache des Hofes (wie Umar Kayar erklärte) lange Höflichkeitsformeln mit ihm austauschte, mit zurückgeworfenem Kopf sprach und sich in einem unerschöpflichen, wohlmodulierten Redefluss über Linus' Müßiggang beklagte, dessen Dichtkunst sie nicht ernst nehmen wollte, weil nach ihrer Auffassung (in der sie sich ihre Welt als etwas Vollendetes vorstellte) alle Dichtung bereits geschrieben und neue Dichtung einfach Unsinn war.

Jenen idyllischen Vormittag wollte ich noch einmal erleben. Dann aber erfuhr ich, dass Linus unlängst Probleme mit den Muslimen von Yogya bekommen hatte. Sie protestierten gegen etwas, das er in einer Kolumne geschrieben hatte, und forderten seinen Kopf. Linus zeichnete seine Artikel mit *Linus Suryadi AG*, und dieses AG war nicht, wie es scheinen konnte, ein hier übliches Ehrenzeichen, sondern die Abkürzung von Augustinus, also die Form, in der Linus mitteilte, dass er Katholik war. Diese Information über Linus besaß ich vermutlich schon 1979, war aber nicht imstande, ihren richtigen Stellenwert zu erfassen oder ihren Kontext zu sehen: den Konkurrenzkampf der zwei großen Offenbarungsreligionen um die Seele des halb bekehrten, kolonisierten Landes, das die Verbindung zu den eigenen Religionen, zur eigenen Ganzheit verloren hatte.

Die Affäre um Linus hatte zu einem Aufruhr geführt; die Armee musste ihm Schutz gewähren. Mittlerweile hatte sich das Ganze beruhigt. Doch ich wusste: Im Garten Eden hatte die Erde gebebt.

Linus besaß kein Telefon. Aber in seiner schriftlichen Antwort auf meinen Brief teilte er mit, zwei seiner Freunde in Yogyakarta hätten eines und würden eine Nachricht entgegennehmen. Bei einem der beiden rief ich an; und als ich im Hotel Meliá ankam, lag dort eine Botschaft von Linus, ein Computerausdruck, in dem es hieß, er werde am nächsten Morgen nach neun Uhr zu mir kommen. Das »nach« verhieß nichts Gutes. Er kam um zwei Uhr mittags.

Er steckte in einem hellblauen Anzug aus Köper. Mit seinen vierundvierzig Jahren wirkte er breiter und kräftiger, als ich ihn in Erinnerung hatte, und nicht so groß: Es fiel mir schwer, in ihm den schlanken jungen Mann in khakifarbener Hose und weißem Hemd wiederzuerkennen, der aufmerksam zuhörte, wenn seine Mutter oder Umar sprach, und uns, als wir aus dem Haus gingen, ehrerbietig sein Dorf, seine Lebensweise und seine Bewohner präsentierte.

Gekommen war er auf einem Motorrad (was natürlich den Köperanzug erklärte) und hatte Probleme damit gehabt. Er sagte, die Nachricht, die das Hotel mir im eleganten Ausdruck hinterlegt hatte, sei nicht von ihm, sondern von seinem jüngeren Bruder gekommen. Er selbst hätte gar nicht gewusst, dass ich in der Stadt war, wenn er nicht kurz zuvor zufällig seinen Bruder auf der Straße getroffen hätte.

Wir nahmen einen Hotelwagen, um in sein Dorf zu fahren.

Ich hatte noch immer die Probleme im Kopf, mit denen Linus vor kurzem konfrontiert worden war, und meinte während der Fahrt durch die Stadt überall Anzeichen der neuen muslimischen Offensive zu sehen: in der neuen muslimischen Schule, wo die Mädchen mit weißem Kopftuch herumliefen, das ihr mongoloides Äußeres betonte, ihnen die Individualität verweigerte und sie, wenn sie in Gruppen standen, wie Schwärme weiß gefärbter Kaulquappen mit Riesenköpfen aussehen ließ; in den vielen Geschäften für Baumaterialien oder -utensilien, die auf ihren Vorplätzen Kuppeln aus Blech oder mit Silberanstrich ausstellten, auf deren Spitze Stern und Halbmond prangten; und in dem an einem Gebäude angebrachten Riesenschild, auf dem in einfachen roten Buchstaben die englischen Worte standen: MOSLEM FOOD (Muslimische Nahrungsmittel). Linus meinte später, der Gebrauch des Englischen rühre vielleicht daher, dass die Nahrungsmittel aus arabischen Ländern oder jedenfalls nicht aus Indonesien kämen.

Außerhalb der Stadt änderte sich die Straße kaum. Ein Dorf reihte sich ans andere, und streckenweise war sie auf beiden Seiten völlig zugebaut. Die Felder, das flache Land befanden sich offenbar dahinter. Aber dann waren immer häufiger Felder zu sehen, selbst neben der Hauptstraße; und als ich sie sah, stiegen die so fleißig bearbeiteten, von Menschen wimmelnden javanischen Ländereien wieder in der Erinnerung auf. Jedes Stückchen Boden wurde genutzt. Endlos zogen sich die kleinen, von Dämmen umgebenen Felder mit Reis oder Tabak, Pfeffer oder Mais hin, und die Feldgrenzen waren markiert durch Bananenstauden und Maniok- oder Kassawasträucher mit ihren knotigen Stielen und den gezackten, purpurfarbenen jungen Blättern.

In der ländlichen Idylle, die ich in Erinnerung hatte, stand Linus' Haus im Schatten von Bäumen direkt am Feldrand. Es war anders: Das niedrige Haus mit Betonwänden, die bis auf den Boden reichten, stand ungeschützt an der Hauptstraße, die mehr einer Kleinstadtstraße ähnelte als einer Dorfstraße. Über mehrere Kilometer war sie, was den Stadteindruck noch verstärkte, für den RI50-Tag geschmückt: nicht nur mit den rotweißen Fahnen Indonesiens, sondern auch mit einfacheren bunten Flaggen; sie steckten wie aufrecht stehende Bananenwedel auf Bambuspfählen, die zur Straße geneigt standen, so dass sie an abgeschnittene gotische Bögen erinnerten; eine Farbenpracht, die nach Linus' Worten nicht die Regierung in Jakarta, sondern die Kommune bezahlte.

Das Dorf meiner Idylle war nicht verloren gegangen. Mein Gedächtnis hatte diesen Ort, in dem Linus' Haus stand, mit einem anderen vermengt, der abseits der Hauptstraße lag und wohin Linus Umar und mich geführt hatte, um uns ein großes, traditionelles javanisches Haus zu zeigen, das einem seiner zahlreichen Verwandten gehörte.

Vor Linus' Haus befand sich ein flacher, harter und kahler Vorhof. Man brauchte ihn, erklärte Linus, um die Reiskörner zum Trocknen auszubreiten oder ein Bambuszelt für ein Fest aufzubauen. An zwei Seiten des kahlen Platzes standen Nutzbäume oder -pflanzen: Kaffee, Kokospalmen, der südamerikanische Chicle- oder Sapodillabaum und ein Guavenbaum (auch er aus Südamerika eingeführt und von manchen als brasilianisches Unkraut bezeichnet); alles gedieh prächtig auf dem vulkanischen Boden. An einer dritten Seite des kahlen Vorhofs hatte man, nur fürs Auge, ein unregelmäßig geformtes Stück Manilarasen angelegt: dicht und federnd wie der dicke Velours eines kostbaren Teppichs und umgeben von Hortensien und hohen Zinnien, daneben als nicht mehr genutzte Augenweide ein kaputter, schmuddelig aussehender Teich.

Wir traten in den vorderen Raum. Er nahm die ganze Breite des Hauses ein. Der Fußboden bestand aus glattem Beton, die Decke aus einem mittlerweile nachgedunkelten Mattengeflecht. Die linke Seite des Raums war durch eine Zwischenwand abgetrennt; zur Rechten standen niedrige staubbedeckte Sessel. An der Zwischenwand stand ein kleiner Tisch mit einer Wachstuchdecke und zwei Küchenstühlen. An der Wand zur Straße hingen, geschützt gegen das grelle Sonnenlicht, ein Foto von Prinz Charles und die gedruckte Kopie eines Briefes, den er (im Zusammenhang mit einem in London veranstalteten indonesischen Tanz- und Theaterfestival) über Indonesien geschrieben hatte; ferner die Zertifikate und Diplome, die Linus von ausländischen Universitäten für die Teilnahme an Spezialkursen erhalten hatte: die kleine Münze diplomatischen Wohlwollens, von der Leute wie Linus in Ländern wie Indonesien abhingen, wenn sie Abwechslung, Reisen, Anregung haben wollten.

Aus dem Hinterraum kam eine winzige alte Frau in graubrauner Bluse und Sarong, um nach den Regeln der Höflichkeit vorgestellt zu werden. Es war Linus' Mutter, vom Alter eingeschrumpft und verdüstert. Die Frau, die ich seit sechzehn Jahren in Erinnerung hatte, kam im Sonntagsstaat vom Einkaufen zurück: Ihr Haar war sorgfältig gekämmt, flach und fest, ihr Gesicht mit den hohen Wangenknochen erhitzt und gebräunt und leicht nach oben geneigt, ihre Augen glänzten – vor Freundlichkeit gegen Umar und Erbitterung gegen Linus. Das Graubraun von Bluse und Sarong passte genau zur Gesichtsfarbe dieser kleinen gebeugten Frau und erdrückte sie damit. Was sie trug, mochte ihre Arbeitskleidung sein. Die zweite Hälfte des Nachmittags hatte gerade begonnen, und etwas später, wenn es kühler wurde (hier teilte man die Zeit anders ein), wollte sie zum Reisfeld hinausgehen. Im Jahr 1979 hatte ich sie nicht mit derlei Arbeiten in Verbindung gebracht.

Sie sprach wenig und mit leiser Stimme und blieb nicht lange bei uns. Dann kam, wie auf ein Stichwort, noch jemand aus dem hinteren Zimmer. Zuerst hörte ich einige von Wut und Tränen sonderbar verzerrte Worte, die zu einem tiefen kratzenden Ton anschwollen; und noch bevor ich sehen konnte, wer da so außer Kontrolle und dem Brüllen nahe war, wusste ich, dass es Linus' behinderte Schwester sein musste. Ich hatte sie ganz vergessen; aus meiner idyllischen Erinnerung an Linus' Leben hatte ich diesen Schatten entfernt. Aber jetzt war es, als hätte ich ihn nicht wirklich vergessen, sondern nur irgendwo abgelegt, und mit einem Mal war alles wieder da: die schweigsame junge Frau mit den unkoordinierten Bewegungen, die in ihren

Hausschuhen aus einem dunklen Nebenzimmer herausgeschlurft kam, sich auf einen Stuhl in die Ecke setzte und uns ungeniert musterte – uns, die Gäste, die Unbekannten, die da vor einem Teller voll dampfender Maiskolben saßen und dörfliche Gastfreundschaft, bäuerlichen Reichtum genossen –, mit zornigen, tränenden, aber um Beachtung bittenden Augen, während ihr verzerrter Mund offen stand und sabberte. Sie wirkte jung, unter zwanzig, aber sie war schon fünfundzwanzig. Als wir das Haus verließen, erzählte mir Umar Kayam, diese Schwester von Linus habe als Kind eine falsche Spritze bekommen, die ihr Nervensystem schädigte.

Die Frau, die in den Vorderraum von Linus' Haus hereintobte, war jetzt einundvierzig Jahre alt. Ihr Interesse galt nicht Linus, sondern mir. Sie schien pausenlos gegen mich zu wüten, sie versuchte zu sprechen, aber kein Wort kam über ihre Lippen; zwischen den Sprechversuchen schrie sie; Spucke rann aus dem schief hängenden Mund, und sie gestikulierte wie ein altmodischer Vortragskünstler. Linus hielt den Kopf ein wenig schräg und ließ sie wüten. Er hörte zu; er wusste, was sie zu sagen versuchte. In seinen Augen standen Kummer und Zärtlichkeit.

Als sie fertig war und das Zimmer verlassen hatte, erzählte er mir, was vorgefallen war. Im Haus eines älteren Bruders hatte der christliche Segensgottesdienst stattgefunden, zusammen mit einer Feier zum fünfzigsten Jahrestag der indonesischen Unabhängigkeit. Zum Abschluss zelebrierte der Priester das heilige Abendmahl, aber er wusste nicht, wie er Linus' Schwester den Wein und die Oblate geben sollte, und so hatte er sie einfach übergangen. In heller Aufregung war sie nach Hause gekommen. Jedem, der ins Haus kam, klagte sie ihr Leid. Wenn solche Dinge passierten, so Linus, hatten sie drei Tage lang schreckliche Probleme mit ihr.

Selbst ohne Mutter und Tochter zu sehen, hätte ich gemerkt, dass im Haus ein Licht ausgegangen war. Und es stellte sich – wenn auch indirekt und nicht als Mitteilung einer Tragödie –

heraus, dass Linus' Vater zwei Jahre zuvor gestorben und die Familie jetzt sehr arm war. Der Vater war Dorfvorsteher gewesen. Auf Java, wo alles streng organisiert ist, ist das ein offizielles Amt. (Die Leute erzählten, verantwortlich für die fast militärische Organisation auf Java seien die Japaner, aber die japanische Okkupation hatte nur dreieinhalb Jahre gedauert. Vielleicht erforderte die Arbeit der Leibeigenen in den alten javanischen Königreichen und der späteren holländischen Agrarkolonie schon immer einen hohen Organisationsgrad.) Dorfvorsteher war Linus' Vater dank seiner verwandtschaftlichen Beziehungen. Als Inhaber dieses Amtes erhielt er anderthalb Hektar Land, solange er seinen Posten bekleidete; starb er jedoch, so die Regel, musste das Land nach tausend Tagen an die Regierung zurückgegeben werden.

Deshalb war Linus' Mutter jetzt arm, und im Haus herrschte düstere Stimmung; und deshalb, so Linus, schimpfte seine Mutter in diesen Tagen auf seinen Großvater. Dieser hatte nach seiner ersten Ehe mit drei Kindern (darunter Linus' Mutter) eine zweite Frau genommen und mit ihr zwei weitere Kinder. Dadurch war die erste Familie verarmt. Und am Ende hatte der Großvater seinen Landbesitz ungleich aufgeteilt.

Noch am Vortag, so erzählte Linus, habe seine Mutter so über den Großvater hergezogen, dass er sie zurechtweisen musste. »Keine Tränen, bitte. Hör auf, so zu denken. Denk lieber daran, dass deine Kinder zur Universität gehen konnten. Lass uns lieber in die Zukunft blicken.«

Zum Christentum waren Linus' Eltern (noch 1938) nicht zuletzt deshalb übergetreten, weil die Christen gegen die Polygamie predigten, die so viel Leid über sie gebracht hatte. Früher waren sie nicht Muslime, sondern Javanisten gewesen, Anhänger einer aus den Überresten des Hinduismus, Buddhismus und Animismus gemischten einheimischen Religion. Beide hatten christliche Schulen besucht und dort das Christentum kennen gelernt. Die Bekehrung zum christlichen Glauben war kein Bruch mit der Vergangenheit.

»Hier haben wir, selbst als Christen, unsere alten Bräuche

weiter gepflegt: Blumen zum Friedhof bringen, zu den Geistern unserer Ahnen beten. Noch heute vollziehen wir, wenn jemand stirbt, in unserer christlichen Gemeinde gemischte Rituale. Die Trauerzeremonien dauern unterschiedlich lange: mal drei Tage, mal sieben Tage, vierzig, hundert Tage, ein Jahr, zwei Jahre, tausend Tage.« Seines Vaters wegen waren Linus diese Bestattungsriten noch so gegenwärtig.

»Das Christentum«, sagte Linus, »ist wichtig, weil es einen lehrt, seinen Nächsten zu lieben wie sich selbst. Es lehrt uns, wie wir zartfühlend werden können, statt heftig oder aggressiv zu sein. Auch im Javanismus gibt es den Begriff der Mäßigung. Deshalb fällt es Javanern leicht, sich den Lehren Jesu anzuschließen.«

Ganz oben an der inneren Betonwand, oberhalb der Mitteltür, durch die Linus' Mutter und Schwester aus dem rückwärtigen Raum des Hauses gekommen waren, hing ein großes braunes Kreuz. Darunter eine bizarre Lederpuppe. Es war, wie Linus erklärte, die standardisierte Hanswurstfigur aus dem Schattenspiel, eine Person namens Semar aus einem der beiden in Java adaptierten hinduistischen Epen *Ramayana* und *Mahabharata*: »Ein Gott in Menschengestalt, der immer den Guten hilft«.

Schon 1979 hatte dort eine Lederpuppe gehangen, aber an Semar konnte ich mich nicht erinnern. Ich hätte nicht mehr sagen können, um wen es sich handelte, und ich vergaß, Linus danach zu fragen. Erst während der Arbeit an diesem Kapitel ging ich der Sache nach und stellte fest, dass das damalige Maskottchen an jener Wand, der kleine Hausgott, der oberhalb der horizontalen Belüftungsschlitze und unterhalb des Kreuzes hing, der Schwarze Krishna gewesen war: nicht der schelmische Krishna der Inder, der der Hausfrau die frisch gestampfte Butter stiehlt und die Kleider der Melkmägde versteckt, während sie im Fluss baden; sondern der Schwarze Krishna der Javaner, der die Weisheit verkörpert. Dieser Krishna mag für einen Mann, der gerade am Beginn seiner Dichterlaufbahn stand, als Schutzgeist ausgereicht haben. Jetzt aber, in Zeiten größerer

Trauer und Not, war Semar – der Gott in Menschengestalt, der den Guten hilft – die passendere Gottheit.

Linus hatte die Figur mit einem Nagel befestigt, der den Oberkörper durchbohrte, während die Gliederarme und -beine frei beweglich waren.

»Ich versuche«, sagte er, »meine Kultur zu verstehen – was für ein Mythos meiner Kultur innewohnt.«

Und Linus war überzeugt, dass ein Großteil dieses Mythos im *wayang kulit*, dem Schattentheater, weiterlebte. Seine Liebe zum Wayang hatte etwas Ehrfürchtiges. Er mochte sie von seinem Vater geerbt haben, der nicht nur Dorfvorsteher war, sondern auch javanische Tänze lehrte und an jedem Unabhängigkeitstag eine Tanzvorstellung veranstaltete. Bevor Linus zur Schule ging, sah er sich täglich das Schattentheater an, denn im Dorf gab es jeden Tag ein Puppenspiel. Auch während seiner Schulzeit war er fast täglich im Wayang. Wenn er aus der Schule heimkam, aß er und duschte und ging dann um acht oder neun Uhr abends zu einer Vorstellung. Die älteren *dalang* – die Puppenspieler, die Geschichtenerzähler – spielten die ganze Nacht durch bis fünf Uhr morgens. Die jüngeren übernahmen die Tagesvorstellungen, die um zehn oder elf Uhr vormittags begannen.

»Manchmal schliefen Leute ein und wachten irgendwann wieder auf. Es ist ganz anders als bei einer Theateraufführung im Westen. Die *dalang* wurden auch zu Hochzeitsfeiern oder Beschneidungsritualen oder zu bestimmten javanischen Feierlichkeiten eingeladen, mit denen man die Säuberung der Straßen, die Reinigung des Dorfes begleitete; und zu Ritualen, die mit der Reisgöttin zusammenhingen.«

Da das Wayang mit einer anderen Verwendung von Tages- und Nachtzeit, mit anderen Lebensmustern und uralten einheimischen Ritualen verbunden war, konnte es – genauso wie die Passage aus *Pariyems Bekenntnis*, die ich gelesen hatte – Emotionen wecken, zu denen Außenstehende nur schwer Zugang bekamen. Linus hing an dieser uralten Gefühlswelt, und er wusste, dass sie nunmehr verloren ging. Die Menschen (sogar seine eigene Mutter) saßen häufiger vor dem Fernseher. Und das Dorf war ärmer, während die *dalang* mittlerweile mehr kosteten. Früher konnte eine Familie vierhundert Kilo Reis verkaufen und einen *dalang* einladen. Heute betrug der Preis, selbst für einen Dorf-*dalang*, mindestens eine Million Rupiah, also 425 Dollar. Die gebildeteren Hof-*dalang* in Yogyakarta und Solo konnten das Doppelte oder gar das Vierfache dieser Summe verlangen.

Linus lebte im Bewusstsein eines Niedergangs, der Auflösung einer kostbaren Welt. Seine neuesten Scherereien mit den jungen Muslimen von Yogyakarta gehörten irgendwie zu der neuen Ungewissheit hinzu.

»Ich schreibe kurze Artikel im Kulturteil der Lokalzeitung. Dieses Jahr war ich beim Kunstfestival in Yogya zuständig für javanische und indonesische Literatur. In einer meiner Kolumnen wollte ich die javanische Musik vorstellen, die in unserer Gesellschaft noch immer lebendig, aber heutzutage nicht populär ist. Im Gamelanorchester gibt es ein Instrument namens Sitar und eine Musikergruppe, die so genannten *sitaran*. Soweit ich weiß, holt man diese *sitaran* zu Hochzeiten und Beschneidungen. Ich habe versucht, mir den Beschneidungsritus klar zu machen. Aus dem Alten Testament weiß ich, dass der Prophet Moses diesen Brauch eingeführt hat, und Moses ist ein jüdischer Name. Im Indonesischen heißt jüdisch ›jahudi‹, und die Beschneidung nennt man *jahudi-sasi*. Ich wollte einfach einen kulturhistorischen Hinweis geben und etwas zum Festival beitragen. Dabei ging es mir gar nicht nur um den muslimischen Brauch, denn auch die hiesigen Christen kennen die Beschneidung. Heute ist das nichts Religiöses mehr, sondern eine hygienische Maßnahme.

Zwei Tage später, am Donnerstagnachmittag, ging ich zum Büro der Zeitung, um mir das Geld für meinen Artikel zu holen. Fünfundsiebzigtausend Rupiah.« Etwa fünfunddreißig Dollar. »Die Journalisten erzählten mir, ein paar junge Muslime hätten gerade Flugblätter vorbeigebracht. Auf dem Flugblatt stand:

›Hängt Linus. Linus verhöhnt die Muslime.‹ Sie versuchten, die Studenten aufzuwiegeln.«

»Haben Sie nicht mit so etwas gerechnet?«, fragte ich.

»Ich war völlig überrascht. Ich dachte, wenn jemand nicht einverstanden wäre, würde er in der Zeitung eine Entgegnung schreiben. Vielleicht haben sie als junge Generation eine Identitätskrise. Es sind junge Leute, die ihr Studium noch nicht abgeschlossen haben.

Ich fuhr nach Hause, und morgens kamen Soldaten mit einem Hauptmann und sagten: ›Linus, was haben Sie getan? Haben Sie die Muslime verhöhnt?‹ Ich verneinte. Der Hauptmann hatte ein Exemplar des Artikels bei sich. Er sagte, er sehe überhaupt keinen Hinweis auf die Muslime. Und dann: ›Wir wollen zusammen nach Yogya fahren. Kommen Sie bitte mit.‹ Wir fuhren los, zur vierten Kommandoebene am Ort.«

Damit wollte Linus ausdrücken, wie ernst die Armee die Sache nahm. Auf einer rosa Papierserviette – wir saßen uns am Küchentisch an der Zwischenwand gegenüber, gleich neben einem Hängeregal mit Andenken und Dekorationsstücken – machte er eine grobe Skizze, um den Aufbau des Ortskommandos zu erklären.

Dieses Interesse an der Armee verblüffte mich. Aber eigentlich war es nichts Überraschendes. Linus' Familie, zu der viele Verwandtschaftszweige gehörten, besaß einiges Gewicht in der Region – für seine Mutter ein zusätzlicher Grund, über das Schicksal ihres Hauses bekümmert zu sein. Sein Vater war ranghoher Beamter des Dorfes, der Vater seiner Mutter (der Sohn des polygamen Mannes) Sekretär in der Kommunalverwaltung gewesen; und Linus selbst hegte in all seinen Kinderjahren – auch als er Tag und Nacht zum Wayang ging – den Traum, später einmal General zu werden. Von der indonesischen Armee sprach Linus fast liebevoll; für ihn war sie noch immer die Verteidigerin des Staates.

»In Yogya kam ich ins Büro eines Oberstleutnants. Er sagte, wenn ich mich zu Hause nicht sicher fühlte, sollte ich im Offizierskasino auf dem Kasernengelände bleiben. Ich antwortete, ich könne meine Mutter nicht allein lassen, weil sie Witwe sei. So schickte er eine Woche lang zwei Leute, die nachts im Haus schliefen.«

Und obgleich Linus sagte, der neue Vorstoß der Muslime würde nur von wenigen unterstützt, war er doch sehr irritiert, wie über etwas, das der ganzen javanischen Lebensweise widersprach. 1979 sei die muslimische Moschee des Dorfes noch ein schlichter Holzbau gewesen, wie die christliche Kirche auch. Heute sei die Moschee aus Beton; zwar habe sie keine Kuppel – wie jene silbrig glänzenden, die wie sperrige Nippsachen übereinander gestapelt auf den Vorplätzen mancher Geschäfte lagen –, aber Lautsprecher auf dem Dach; und dabei habe es, so Linus, im alten Arabien doch keine Lautsprecher auf Moscheen gegeben. Einige Frauen begännen, sich zu verhüllen und zu verschleiern, und Linus meinte, in einem tropischen Land sei es schon seltsam, wenn jemand sich so kleidete.

Am empörendsten fand er jedoch die Veränderung, die mit dem *koum* des Dorfes vor sich ging. Der *koum* war etwas Besonderes gewesen und hatte besondere Aufgaben. Er war Muslim, aber er hatte viele altjavanische Bräuche bewahrt. Er war derjenige, der die Toten wusch und bestattete. Zugleich aber führte er bei bestimmten rituellen Anlässen, ohne ein Amt zu bekleiden, die Gemeinde beim Beten an. In ihm konnte man einerseits den alten Ausgestoßenen der Hindus mit den Bestattungspflichten der Unberührbaren wiedererkennen. Andererseits benutzten die ersten Muslime – nicht anders als die Christen, die Kreuz und Kreuzigung, jene jahrhundertealte Strafe für gewöhnliche Verbrecher, als anrührendes Symbol menschlicher Qual und Erlösung verwendeten – gerade diesen Ausgestoßenen, um dem traditionellen Glauben gleichsam einen Karateschlag zu versetzen: Der Mann, der die Toten wusch und bestattete, sollte die neue religiöse Gemeinde beim Gebet anführen; so machte der Unberührbare einen Riesensprung über die gesamte Stufenleiter der Kasten hinweg und sah sich dem Priester gleichgestellt.

Den alten *koum* hatte ich 1979 kennen gelernt, einen kleinen, kräftigen, muskulösen alten Mann mit fröhlicher Stimme, leuchtenden Augen und vom Hut flach gedrückten Haaren; und mit Erinnerungen an den Krieg. Im Jahr darauf war er gestorben, sagte Linus.

»Er sah gern dem Puppenspiel zu, das ist ja eine Mischung aus Hinduismus und javanischer Kultur. Der Sohn hat sein Amt übernommen, aber er wird nur selten aufgefordert, den Vorbeter für die Gemeinde zu machen. Jetzt, wo auch die Muslime sich umorientieren, verzichten sie auf manche Rituale – zum Beispiel auf die javanische Totengedenkfeier, auf das gemeinsame Mahl, das rituelle Mahl, beim *kenduri*. Diesem Brauch folgten sie nur noch ein einziges Mal: als der alte *koum* starb.

Beim Tod meines Vaters baten wir den Sohn des *koum*, mit uns zu beten. Ein Christ leitete die christlichen Gebete, und der *koum* und andere Nichtkatholiken sollten auf ihre Weise für meinen Vater beten. Dies ist die Toleranz, das Gleichgewicht im Dorf.«

Immer wieder kehrten Linus' Gedanken zum Tod in seinem Hause und (als wäre es ein Parallelthema) zum verloren gegangenen Gleichgewicht in seiner Lebenswelt zurück.

Ohne seinen Gesichtsausdruck oder seine Stimme zu verändern, sagte er dann: »Etwa zwei Meter unter uns befinden sich viele hinduistische oder buddhistische oder hindu-buddhistische Tempel, die beim Ausbruch des Merapi vor tausend und auch schon vor zweitausendfünfzig Jahren verschüttet wurden.« Merapi, der aktive Vulkan der Gegend; von ihm stammt die Lava, die den Boden fruchtbar macht und, rundgespült zu schwarzen Steinen, in den Flussbetten liegt. »Da gibt es einiges zu tun für Leute, die sich mit javanischer Kultur und Religion befassen wollen, denn hinter diesen Phänomenen finden wir die Seele des heutigen Java.«

Die javanische Vegetation bestand in einer Mischung aus Bäumen und Blumen der Alten und der Neuen Welt. Sie ähnelte der Vegetation Trinidads und Venezuelas und einiger mittelamerikanischer Inseln. Einmal sah ich sogar – auf der verkehrsreichen Straße von Yogyakarta nach Prambanam mit den halb restaurierten Tempeltürmen des großen hinduistischen Komplexes aus dem zehnten Jahrhundert – einen riesigen Korallenbaum, noch ohne Blätter, aber in voller, von Lava genährter Blüte; unaufhörlich regneten ihre rot-gelben Kolibriblüten auf die Straße herab, genauso wie ich es auf Trinidad in den Kakaowäldern gesehen hatte: der Korallenbaum als Importgut aus Mittelamerika, wo er als Schattenspender für den Kakao benutzt wurde. Die alten Assoziationen waren schwer abzuschütteln; aber auch hier bei Linus spürte ich, nicht anders als in West-Sumatra, dass sich in diesem Boden anderes verbarg, dass ihm anderes entströmte.

Als Linus mich am nächsten Morgen wieder ins Dorf brachte, war seine Mutter gerade auf einer Beerdigung. Und nach einiger Zeit erschien im hinteren Raum Linus' Schwester. Beinahe feierlich setzte sie sich auf einen Stuhl mit gerader Rückenlehne vor den Fernseher. Vom Tisch an der Zwischenwand aus, wo ich mit Linus saß, konnte ich sie sehen. Sie beachtete mich nicht. Sie wirkte ausgeruht; sie schwieg. Am Vortag hatte sie mir ihre Klage über den Priester vorgetragen, jetzt hatte sie mir nichts mehr zu sagen.

»Meine Schwester kocht auch«, sagte Linus. »Wenn meine Mutter etwas kocht, was sie nicht mag, kocht sie sich selber etwas. Aber sie kann die Zutaten nicht gut einschätzen. Zum Beispiel nimmt sie zu viel Reis. Sie kocht auch Gemüse. Und Spiegeleier. Diese Sachen kauft sie sich selbst.« Er sprach mit Freude und Stolz und Zartgefühl. »Sie findet, dass man sie nicht anders als andere Leute behandeln darf. Die Hochzeit meiner großen Schwester war eine Qual für uns. ›Warum werde ich nicht verheiratet?‹, fragte sie uns. Wir haben nichts geantwortet. Wir können ja nichts für sie tun. Wir haben nur den Kopf geschüttelt, um ihr zu sagen: ›Wir können nichts für dich tun.‹« In Erinnerung an diesen Augenblick schüttelte er langsam den Kopf, und seine Augen blickten voll Kummer. »Aber dann weint sie. Dann zieht sie neue Kleider an und beklagt sich bei unbekannten Leuten.«

»Wie wird Ihre Mutter damit fertig?«

»Meine Mutter sagt oft: ›Ich weiß nicht, warum Gott mir eine invalide Tochter geschenkt hat.‹« Invalide, das war das Wort, mit dem Linus seine Schwester bezeichnete; ein stärkeres Wort ließ er nicht zu. »Meine Mutter hat große Probleme mit ihr. Manchmal geht meine Schwester auf sie los. In diesem Jahr haben wir nach der Reisernte eine Menge Reis gekauft, um sie später wieder zu verkaufen. Meine Schwester sagte zu meiner Mutter: ›Verkauf den Reis nicht.‹ Vielleicht fand sie, der Reis dürfte nicht verkauft werden. Wir mussten ihr erklären, dass wir den Reis verkaufen müssen, um andere Dinge zu kaufen.«

Sein Gesicht war ernst; die zärtlichen Gefühle verliehen ihm etwas Schönes.

»Haben Sie mal über sie geschrieben?«, wollte ich wissen.

»Ich habe versucht, ein Gedicht über meine Schwester zu schreiben. Aber die Zeit ist noch nicht gekommen. Ich habe nur Gedichte über eine andere Schwester geschrieben: Nummer acht, sie starb 1983.«

Er ging durch die Tür, über der das Kreuz und der Hanswurst Semar hingen, und holte das Buch. Auf dem Hängeregal an der Zwischenwand standen zwischen den christlichen Bildern und den einfacheren Dekorationsstücken und Andenken auch schlichte hinduistische Bildnisse. Die Schwester war immer noch schweigsam und sah fern.

Auf dem Einband des Büchleins, das er mitbrachte, war eine weiße Lotosblüte auf grünem Blatt zu sehen. Gewidmet war es der verstorbenen Schwester. Alle darin enthaltenen Gedichte waren 1987 im Zeitraum von sechs Wochen entstanden, vier Jahre nach dem Tod der Schwester. Eines der Gedichte mochte Linus besonders gern; und in einer Anthologie indonesischer Lyrik, die er mir gab, fand ich die folgende Übersetzung (von John McGlynn) der letzten Strophe des Gedichts:

Von Erde wieder zu Erde
Von Schatten wieder zu Schatten
Wie der Hitzeblitz pfeilschnell aufsteigt
So steigt deine Seele auf und verlässt deinen Leib

Asal bumi balik bumi
Asal bayang balik bayang
Bagaikan tatit kumedap
Atman oncat dari badan

Das Gefühl ließ sich nicht verleugnen. Der zweite Vers war als eine rührende Anspielung auf Linus' Obsession, das Wayang zu verstehen; und mir selbst kam der Gedanke, dass die zwei letzten Verse an den Tod der Dido in der *Aeneis* erinnerten (»Alle zugleich nun / War verflogen die Wärm', und es schwand in die Winde das Leben«): ... *omnis et una / Dilapsus calor atque in ventos vita recessit.*

Im Haus war dieses Gedicht so etwas wie Linus' Privatbesitz. Seine Mutter las von dem, was er schrieb, nicht eine Zeile. Sie hatte ihn ermutigt (oder wenigstens keine Einwände gemacht), als er die militärische Laufbahn einschlagen wollte. Dabei hatte er es weit gebracht; er bekam einen Studienplatz an der indonesischen Militärakademie in Sukabumi. Aber nach zwei Wochen – und nach einer Kindheit und Jugend, in der er davon geträumt hatte, General zu werden – beschloss er, dass das Soldatenleben nichts für ihn sei, und verließ die Akademie. Erst danach verspürte er die Berufung zum Dichter, die seine Mutter immer für schieren Unsinn gehalten hatte.

Und Linus musste feststellen, dass es schwer war, als Dichter und Schriftsteller zu leben. Nach seinem großen Anfangserfolg mit *Pariyems Bekenntnis* ging alles viel langsamer. Mit einer vierbändigen indonesischen Lyrikanthologie – eine mühselige Arbeit und ein großes Werk, von dem dreitausend Exemplare verkauft wurden – verdiente er lediglich fünfhundert Dollar; für eine Artikelsammlung erhielt er nicht mehr als zweihundert Dollar. Und mit Artikeln oder Anthologien schaffte man sich Feinde, denn Dichter wurden nicht gern kritisiert oder übergangen. »Man ist neidisch auf mich«, sagte Linus, »auch die muslimischen Aufrührer waren nur neidisch.«

Mindestens ebenso schwer war es, das Schreibbedürfnis weiterzuverfolgen, über den ersten Impuls, der ihm diese Laufbahn vorgab, hinauszugehen und Material aus der Tiefe zu holen, von dem er nichts wusste, als er mit dem Schreiben begann. Jetzt aber war wieder Bewegung in seine Tätigkeit gekommen. Gerade stand er am Beginn eines neuen Buches, das womöglich noch länger werden würde als *Pariyems Bekenntnis*. Der neue Band sollte die javanische Geschichte »reflektieren«.

Linus war Katholik, Sohn von Bekehrten. Insofern war schon entschieden, auf welcher Seite des großen Religionskonflikts, des Konkurrenzkampfes zweier Offenbarungsreligionen, er stand. All die vermischten Emanationen der unter der Lava versteckten Vergangenheit, die Traditionen des Hinduismus, Buddhismus und Animismus, die gemeinsam für die »Mäßigung« des Javanismus verantwortlich zeichneten, mündeten ihm zufolge wie von selbst ins Christentum mit seiner Botschaft von Liebe und Nächstenliebe.

»Den Javanern«, sagte er, »fällt es leicht, sich den Lehren Jesu anzuschließen. Und vielleicht steckt im Javanismus auch etwas vom Geist des Buddhismus. Siddhartha lehrte die Menschen lieben.« Siddhartha, der Buddha.

Im selben Ton fuhr er fort: »Ich glaube, der Geist Siddharthas kommt häufig, um uns zu lehren, er lehrt uns Lebensweisheit. Er kommt zu einer kleinen Freundesgruppe. Wir treffen uns meist abends, und manchmal kommt dann der Geist Siddharthas, um uns zu lehren, und wir stellen ihm Fragen zu unseren Problemen. Manchmal schreibt er meinem Freund Landung, einem Dichter und Übersetzer, etwas in die Handfläche. Ich selbst kann es nicht lesen, aber eine Freundin von mir, die als Palastführerin in Yogya arbeitet, kann es. Landung merkt richtig, wie jemand auf seiner Handfläche schreibt: *tak*, *tak*, *tak*, so ungefähr. Und zuletzt setzt der Schreibende seinen Namen darunter: *Hochachtungsvoll, Siddhartha*. Und meine Freundin kann lesen, was er geschrieben hat.«

»Können Sie sich an eine Botschaft erinnern?«, fragte ich.

»Ja. Zum Beispiel: ›Ich lehre nicht die *devas*, die vielen Götter des Hinduismus. Ich lehre keine Seelenwanderung. Du könntest ins Nirwana eingehen, auch wenn du im Diesseits lebst.«

»In welchem Jahr war das?«

»Das war 1993, ungefähr.« Vielleicht das Jahr, als sein Vater starb.

»Wann hat Landung seine Gabe entdeckt?«

»Vielleicht um 1990. Einmal sagte er mir, er glaube nicht an seine Gabe, auf diesem Wege Botschaften von Gott oder Siddhartha oder vom wahren Geist zu erhalten. In derselben Nacht kam Siddhartha und sagte: ›Wenn du von Gott eine Gabe erhältst, wirf sie nicht weg.‹«

»Wann treffen Sie sich?«

»Ein spontanes Gefühl bei uns allen. Aber manchmal können wir nicht alle kommen. Und manchmal fühlt Landung eine Botschaft auf seiner Handfläche –«

»Auch während er arbeitet?«

»Ja. Dann stoppt er die Botschaft und sagt: ›Warte, warte, warte. Heute habe ich viel zu tun. Vielleicht heute Abend.‹ Und dann bringen wir sie zu der Frau, die sie lesen kann.«

»Sind die Botschaften kurz?«

»Mal kurz, mal lang. Wenn Siddhartha kommt, will er, dass wir seine Lehren bedenken und besprechen.«

»Bekommen Sie Nachrichten, wenn Sie in einer Krise sind?«

»Er sprach zu uns über Jesus Christus. Wann er kommt, ist ein Geheimnis. Wir können es nicht vorhersagen.«

»Gibt er auch praktische Ratschläge?«

»Als ich einmal krank war, teilte Siddhartha Landung über die Handfläche mit, ich solle versuchen, ein bestimmtes Blatt zu finden, im Dorf. Dann musst du es in heißes Wasser tauchen und das Gebräu trinken. Es funktionierte.«

»Weiß Ihre Mutter davon?«

Es war wie mit Linus' Gedichten. »Ich habe ihr nie etwas gesagt. Sie hat kaum Erfahrung mit der Geisterwelt und würde überrascht sein. Sie würde meine Erklärungen nicht glauben.«

Die wichtigste Offenbarung, die Siddhartha ihnen hatte zuteil werden lassen, lautete, er sei ein Prophet – was bedeutete (auch wenn Linus es nicht sagte), dass Siddhartha, der Buddha, in die Reihe der Propheten gehörte, die (so glauben die Muslime) mit Mohammed endet; und das wieder hieß, dass diese indisch-javanische Gestalt mit beiden konkurrierenden Offenbarungsreligionen Indonesiens zusammenhing.

Auf dem Wege über Landungs Handfläche sagte Siddhartha: »Als ich vierundfünfzig Jahre an einem kleinen See meditiert habe, hörte ich mit einem Mal eine Stimme: ›Schau auf zu dem hellen Stern am Himmel.‹ Am Himmel sah ich einen Mann in blauen Kleidern, strahlend blau, und er brachte mir einen Kübel, und in dem Kübel lag ein kleines Kind, und der Mann in den glänzend blauen Kleidern stellte sich als Adam vor und das kleine Kind als Jesus. Dann sah ich eine Schrift am Himmel: *Dies ist der, den ich euch verheißen habe.*« Außerdem sagte Siddhartha zu Landung: »Ich weiß nicht, wer mich angewiesen hat, zum Himmel aufzublicken.« Als Linus dies hörte, ließ er Siddhartha durch die Freundin, die es übersetzte, wissen: »Es war Johannes der Täufer.« Und Siddhartha antwortete: »Ich habe mich lange gefragt, wer dieser Mann war. Erst jetzt erfahre ich seinen Namen.« So merkte Linus, dass er Kontakt mit Siddhartha hatte.

»Wann hat diese mystische Gruppe begonnen?«, fragte ich Linus.

»Irgendwann, einfach so. Anfang der neunziger Jahre.«

Wir saßen an dem Tisch mit der Wachstuchdecke, neben der Zwischenwand und dem Hängeregal mit Dekorationsstücken und Bildnissen. Einen Teil des dunklen Hinterzimmers konnte ich überblicken. Kurz zuvor war Linus' Schwester von ihrem Stuhl vor dem Fernseher aufgestanden. Jetzt erschien Linus' Mutter, ganz klein, so dass ihre Schritte kaum ein Geräusch machten. Sie kam vom Begräbnis zurück und hatte ihre Hauskleidung an, die vielleicht auch ihre Arbeitskleidung war; später, bei niedrigerem Sonnenstand, wollte sie zu ihrem Reisfeld gehen und Setzlinge pflanzen. Nun saß sie auf dem Stuhl vor dem Fernseher – das blaue Licht flackerte auf ihrem Gesicht, und der Ton war ganz leise gedreht – und sah sich eine lateinamerikanische *telenovela* an, eine Soapopera mit langsamen Bildern und leuchtenden, unnatürlichen Farben. Diese Serie sehe sie regelmäßig, erklärte Linus; und es war ein seltsamer Gedanke, dass dieses schlichte kommerzielle Genre – so typisch für die Sehnsüchte Lateinamerikas – über den Erdball, über die Kulturgrenzen hinwegsprang und diese vergrämte alte Frau in ihrer geschlossenen javanischen Welt direkt ansprach.

Als ihr Mann, der Dorfvorsteher, noch lebte, war das an der Hauptstraße gelegene Haus mit der breiten Vorderfront eines der sechs wichtigen Häuser im Dorf gewesen. Nun aber, ohne ihn, das heißt ohne Licht und Mittelpunkt, mit dem verblichenen Sofa, das ohne Beine auf dem Betonfußboden stand, mit den nachgedunkelten Deckenmatten und (in einer Ecke an der Wand) mit Linus' Erinnerungen an das fünf Jahre zuvor veranstaltete Londoner Festival der darstellenden Künste, wirkte es, als hätte sich überall Staub auf Menschen und Dinge gelegt.

Doch das Haus barg Schätze: In seinem Schlafzimmer hatte Linus eine Sammlung alter Krise, geschwungener malaiischer Dolche, die aus mehreren Metallfolien gemacht waren. Diese Krise, so Linus, seien immer ein ganz persönlicher Besitz und hätten spirituelle Bedeutung. Griff und Heft, Klinge und Scheide seien zwar von eindeutig sexueller Symbolik: Die wirkliche Bedeutung aber gehe auf die hindu-javanischen Embleme *lingam* und *yoni* zurück. Linus besaß etwa sechzig dieser Dolche. Er sammelte sie seit 1982 (ein Jahr später war jene Schwester gestorben, über deren Tod er 1987 in einem kreativen Schub innerhalb von sechs Wochen seine Gedichte geschrieben hatte). Die meisten Krise, sagte er, stammten aus dem dreizehnten, vierzehnten und fünfzehnten Jahrhundert. Einige auch aus dem sechsten und siebten Jahrhundert. Ich dachte, er meinte das sechzehnte und siebzehnte Jahrhundert, aber er bestand darauf.

Die Krise befanden sich in seinem Schlafzimmer, und wir

sahen sie uns an, als seine Mutter (die, ohne es zu wissen, wie ein Drache diesen mystischen Schatz bewachte) mit ihrer *telenovela* fertig und zur Arbeit auf das Reisfeld gegangen war. In dem Schlafzimmer war es dunkel, und es schien fast, als gehörte das Dunkel zu der Privatheit, die die hinteren Räume des Hauses prägte. Untergebracht waren die Krise in einem alten braunen Kleiderschrank. Diejenigen mit Scheide standen in den Ecken des hohen Schrankteils. Die ohne Scheide lagen flach und versteckt auf dem obersten Brett. Sie konnten einem Angst einjagen, mit ihren schartigen und scharfen Klingen, an denen verschiedene Blätter oder Schichten von Metall zu sehen waren und die zum Teil rostig zu sein schienen. Sie weckten den Gedanken an Linus' kranke Schwester (die sich vielleicht gerade in ihrem eigenen dunklen Zimmer ausruhte) mitsamt ihren dreitägigen Tobsuchtsanfällen; und dann machten sie einen schaudern.

Mir fiel ein, dass Linus im Laufe der Jahre eine stattliche Summe für diese Krise ausgegeben haben musste. Aber er antwortete nicht, als ich ihn danach fragte. Er sagte, in diesen und anderen spirituellen Dingen lasse er sich von einem fünfundsechzigjährigen weisen Mann aus dem Nachbardorf – auch er ein Javanist und Christ – leiten. Krise sendeten Energiewellen aus; daher könne man sich durch »Pendelstudium« zu ihnen führen lassen. Kenntnis von ihnen erhalte er auch in Träumen.

Als er merkte, dass ich nicht mehr folgen konnte, sagte er: »Alle Tiere auf der Welt besitzen eine magische Kraft, manche sogar eine sehr starke. Wenn ein solches Tier stirbt, stirbt die Zauberkraft nicht mit, sondern tritt aus dem Körper heraus und bleibt am Himmel.«

»Wo am Himmel?«

»Ich weiß nicht, auf welcher Himmelsebene. Wenn der Kris-Schmied einen Kris verfertigt, fastet und betet er, und der Segen des Gottes dieser tierischen Zauberkraft kommt, während er arbeitet, zu ihm herab.«

Linus hatte auch, wiederum mit der Hilfe seines Ratgebers, magische Steine gesammelt. Diese Steine konnte man überall finden; einen hatte er sogar aus den Vereinigten Staaten mitgebracht. Im Farbmuster eines solchen Steins kann man, wenn ich richtig verstanden habe, die Seele oder Magie von Tieren sehen.

Mit einem Kichern sagte er: »Manchmal sieht man auch eine schöne Frau.«

Das Dorf war ganz zugebaut. Die Nachbarn drängten bis an die eine Seite von Linus' Vorhof, gleich hinter dem kaputten Teich und dem Blumenbeet. Zwischen dem Hof und dem kleinen Grundstück mit Salakpalmen, das seiner Familie gehörte, standen zwei Nachbarhäuser. Eine kleine Pachtbäuerin, eine Witwe, lebte mit zwei ihrer fünf Kinder in einer ärmlichen, offenbar aus Materialresten zusammengestoppelten Hütte. Danach kam eine besser situierte Bauernfamilie in einem abgewohnten, aber eher traditionellen Haus mit separater Küche und Spülstein auf der Rückseite und mit eigenem Hof. Im Staub scharrten Hühner – die schwarzen, großen und schlanken Hühner Javas. In einem Pferch am Ende des schattigen Hofes ruhten zwei Ochsen vom harten Tagewerk aus; sie waren fast nur noch Haut und Knochen, so dass sie, gemessen an der Pflügearbeit, die sie im tiefen vulkanischen Schlamm der Reisfelder zu verrichten hatten, seltsam schwach und klein wirkten. Ochsen stinken, sagte Linus, aber nicht so stark wie Büffel. Und nicht weit entfernt sahen wir, in der Ecke eines von jungem Bambus beschatteten Hofes, zwei schwarze Büffel – die Haut stumpf von Staub und Kot –, die an dicken hohen Pfählen festgebunden waren und sich auf etwas Heu ausruhten.

Die Hauptstraße des Dorfes war eine schmale, kurvenreiche Staubstraße, auf der mal Besenspuren, mal feuchte Stellen zu sehen waren: Jeder musste das Stück vor seinem Hof sauber halten und tat es auf seine Weise. Es gab Grundstücke mit Häusern und solche mit Obstbäumen oder Gärten. Sie waren nicht groß, und manche waren umgeben von Mauern aus schön behauenen und zusammengepassten Lavablöcken. Wie Bambus war Lava ein am Ort vorhandenes Material; die Menschen arbeiteten gekonnt damit. Das Dorf hatte viel Schatten und Dunkel. Es gab kein Gefühl für offenen Raum. Offenheit wollte hier niemand.

Auf dem vulkanischen Boden und bei der feuchten Hitze wuchs alles schnell, sowohl hier wie auf den offenen Reisfeldern. An die Lava des Merapi wurde man überall erinnert; dass Linus so besessen war von den darunter begrabenen Welten, konnte man gut nachfühlen. Zur Hinterlassenschaft des Merapi und des vulkanischen Bodens gehörte die Salak, die eigenartige Frucht der Region. An der Hauptstraße warben selbst gebastelte Schilder für *Salak Pondoh*. In dem kleinen Obstgarten, der Linus' Familie gehörte, standen junge Salakbäume: palmenähnlich, aber mit stark bedornten Blattstielen und einem Gewirr von Spinnweben zwischen den Dornen. Eine andere Familie hatte ausgewachsene Salakpalmen auf ihrem Grundstück und schützte sie mit einer alten, durch Draht und Mattengeflecht erhöhten Mauer aus Lavablöcken. Wo so wenig Platz war, wo Nachbarn (und Fremde) immer nahe herankamen, wurden die Erzeugnisse der Erde wie Kostbarkeiten gehütet.

Aber das Dorf war kein reines Bauerndorf mehr. Die fünf wichtigsten Häuser gehörten Leuten, die andere Arbeit, nämlich städtische und mitunter recht ungewöhnliche Arbeit verrichteten. Genau gegenüber, auf der anderen Straßenseite, wohnte ein Regierungsbeamter, der den dritten Rang innehatte: ein Onkel von Linus aus der Familie seiner Stiefgroßmutter (gemeint war vielleicht die zweite Frau, die indirekt für die Verarmung von Linus' Mutter verantwortlich war). Dann gab es jemanden, der ein indonesisches Wörterbuch zusammenstellte; außerdem einen weiteren Onkel, der Bildhauer war und offizielle Standbilder schuf; ferner eine Tante, die Linus zufolge als Javanistin und Mystikerin zahlreiche Anhänger hatte und von Zeit zu Zeit in der Stadt lebte; und einen pensionierten Lehrer der muslimischen Oberschule, der nach Mekka gepilgert war. Ein Fabrikarbeiter besaß ein hübsches, schön gestrichenes Haus, vor dem, ganz ungeschützt, japanische Bonsaibäume und andere Pflanzen standen; aber das sei »nur Angabe«, meinte Linus, womit er sagen wollte, dass der Mann gar nicht so wohlhabend war wie die anderen. Schließlich gab es noch einen Verwandten; er wohnte neben dem schlichten Holzbau der katholischen Kirche, arbeitete als Sportlehrer in Yogya und fuhr jeden Tag zu seiner Arbeitsstelle.

Das Dorf hatte sich verändert, und verändert hatten sich auch Linus' Familienverhältnisse. Dennoch mussten alte Dorfverpflichtungen, alte Bindungen respektiert werden, und sie trugen zusätzlich dazu bei, dass Linus' Mutter immer mehr verarmte.

Die Pachtbäuerin im Nachbarhaus war Witwe und sehr arm. Sie hatte fünf Kinder. Zwei arbeiteten als Hausangestellte in Jakarta. Das älteste und das jüngste Kind lebten bei ihr; beide arbeiteten als Hilfskräfte auf den Reisfeldern und anderswo. Das fünfte Kind war Maurer.

»Vor drei Monaten«, erzählte Linus, »kam der Maurer und fragte, ob er uns ein kleines Stück Land abkaufen könnte, um für sich ein Haus darauf zu bauen.« Die ärmliche und enge Kampong-Hütte, in der die Familie wohnte, stand auf einem Stück Land, das dem Bildhauer gehörte. »Der Maurer sagte: ›Wenn ihr uns kein Land gebt, wohin sollen wir gehen?‹ Da erinnerte uns meine Mutter daran, dass mein Vater als Kind von einer Frau versorgt wurde, und diese Frau war die Großmutter der Nachbarsfamilie. ›Diese Geschichte eures Vaters dürfen wir nicht vergessen.‹ Also werden wir das Land verkaufen, hundert Quadratmeter. Wir haben tausend Quadratmeter Garten. Die Beziehung zu unserer Nachbarin ist eine menschliche Verpflichtung. Wir haben einen schriftlichen Vertrag gemacht. Das ist neu: Bisher war alles nur mündlich.«

Sie hatten drei Reisfelder, insgesamt etwa viertausend Quadratmeter. Sie wurden kooperativ bearbeitet. Das erklärte, wieso auf den kleinen Feldern jenseits der Hauptstraße – am Ende der Staubstraße, im Rücken der besseren Häuser und der Fahnen und Dekorationen für die Feierlichkeiten am Unabhängigkeitstag RI50 – so viele geschäftige Menschen arbeiteten. Kaum fuhren wir mit dem Auto diese Straße entlang, erkannte ich das Land wieder, das ich 1979 zusammen mit Linus und Umar Kayam gesehen hatte: In meiner Erinnerung hatte ich es als Linus' Dorf mitgenommen und im Laufe der Jahre in das idyllische Bild einer vollendeten Zivilisation umgewandelt. Damals sah ich es an einem Dezembermorgen. Jetzt, im August, am Spätnachmittag, war es staubiger und rauher, das Java der Strohhüte und der vielen Arbeitskräfte, wo die Fruchtbarkeit sich selbst aufzehrte.

Auf acht Kilo geernteten Reis, sagte Linus, kommt für einen Erntehelfer ein Kilo als Bezahlung; ist er Familienmitglied, erhält er die Hälfte des Geernteten. Und in Linus' Fall war das ganze Dorf voller Verwandter.

Es gab noch andere Verpflichtungen. »Wenn im Dorf Hochzeit gefeiert wird, müssen wir zehntausend Rupiah als Geschenk beisteuern.« Etwas unter fünf Dollar. »Das ist so üblich unter den Dorfbewohnern. Seit dem Tod meines Vaters bekommen wir natürlich nicht mehr viele Einladungen, aber doch noch einige. Hundert Kilo Reis bringen 45 000 Rupiah. Auf unserem Land ernten wir zwanzig bis fünfundzwanzig Doppelzentner. Das heißt 2000 bis 2500 Kilo.« Ein Wert von fünfhundert Dollar, wenn man die höhere Zahl nimmt.

Später sagte Linus – ohne einen Anstoß meinerseits, als hätte er darüber nachdenken müssen: »Wenn ich wollte, könnte ich Reisbauer werden, aber ich glaube, es würde mir schwer fallen, meine ganzen Kräfte auf dem Reisfeld einzusetzen.«

Außerdem war zu vieles anders geworden. Das ganze Dorfleben war anders geworden. Die Musik, das in den Nächten gespielte Schattentheater mit den vertrauten Charakteren und Geschichten: All das gab es nicht mehr. Sogar der Reis war anders geworden. »Der alte, traditionelle Reis war voller Aroma und Geschmack.« Er machte eine Handbewegung, fasste sich mit den Fingern an die Nase. »Der neue philippinische Reis – den kann man abends nicht mehr essen, wenn man ihn morgens kocht.«

Irgendwo dort auf den Feldern arbeitete seine Mutter. Irgendwo im Haus lebte seine invalide Schwester ihren Tag zu Ende.

Wir machten uns auf die Rückfahrt nach Yogya.

»Das Dorf ist in der Krise«, sagte er, »was in der Stadt vor sich geht, passiert auch hier. Jetzt teilen sie die Reisfelder schon unter ihre Kinder auf, so dass sie ganz schmal geworden sind. Viele Javaner der jungen Generation besitzen keine Reisfelder mehr. Sie suchen sich Arbeit in der Stadt. Meine Mutter gehört zu der letzten Generation, die auf dem Dorf lebt und arbeitet. Die Jungen, die im Dorf bleiben und auf den Reisfeldern arbeiten, haben meistens keine Schulbildung. Die Leute mit Ausbildung, die in der Stadt arbeiten und auf dem Dorf wohnen, werden Pendler.«

Der Reisanbau war zu einer einzigen Quälerei geworden, weil der Reifungszyklus sich zu sehr verkürzt hatte. Der alte Reis brauchte für die Reifung viereinhalb Monate. Der neue Reis war in drei Monaten reif.

»Heute ist der Bauer nach Sonnenuntergang völlig erschöpft und will nur noch fernsehen. Im Dorf gibt es nicht mehr genügend Gamelan-Instrumente. Sie haben kein Geld, um welche zu kaufen. Das Geld geht in die Ausbildung der Kinder und in die Gesundheit.«

Am späten Abend rief er mich im Hotel an. Ich hatte ihn darum gebeten, damit wir uns noch einmal unterhalten konnten, bevor ich nach Jakarta zurückreiste.

Er sagte, etwas habe er vergessen mir zu erzählen. Nicht lange vor unserem Treffen habe er von Siddhartha eine wichtige Botschaft erhalten. Es war eine dieser Botschaften, die seinem Freund Landung – *tak, tak, tak* – in die Handfläche geklopft und später von der Frau aus dem Mystikzirkel interpretiert wurden. Das Leben auf Erden sei nur ein Anfang, sagte Siddhartha. Der wirkliche Prozess, das wirkliche Leben, beginne erst nach dem Tod. »Prozess«: besser konnte Linus es nicht wiedergeben; das Wort, das Siddhartha benutzt hatte, war schwer zu übersetzen. Ich ahnte, dass es vielleicht ein javanisches Wort war – wie jene, die er bekanntlich in seinen Gedichten verwendete, Wörter, die seinen Wirkungsbereich zwar einschränkten, die er aber benutzte, weil sie die Sache so genau trafen und so gefühlsgeladen waren.

Als ich nach Jakarta kam, fand ich einen Brief vor, den Linus mir mehr als zwei Wochen vorher geschickt, den ich jedoch nicht erhalten hatte. Diesen Brief hätte ich (nicht zuletzt wegen der Sprache) ohne die Begegnung mit ihm nicht verstanden. Er handelte von dem Druck, unter dem er lebte, und von seinem spirituellen Lehrer, einem 65-jährigen Mann aus dem Nachbardorf, einem javanischen und christlich-reformierten Mystiker. Er verlieh dem, was er mir erzählt hatte, noch eine zusätzliche persönliche Note.

Sein Traum von Siddhartha und dem Tod arbeitete über Nacht in mir weiter, und als ich morgens erwachte, erkannte ich in aller Klarheit – fast als beträfe es mich selbst –, mit wie viel Kummer Linus leben musste: Kummer mit der Familie und der Schriftstellerei und Kummer, weil er sah, wie in Java und seinem Dorf immer mehr Dinge gleichsam weggeschwemmt wurden. Aber ich erkannte auch, dass Linus – anders als Mariman Darto, der junge Muslim, der fern vom Dorf im CIDES eine Stütze gefunden hatte, wie trügerisch sie immer sein mochte – nirgendwo sonst leben konnte als in seinem Dorf und in seinem Haus. Es war der einzige Ort, an dem er all die Dinge und Beziehungen fand, die den Reiz und den Wert seines Lebens ausmachten.

7

Oh Mama! Oh Papa!

Lukman Umar wurde 1933 als Sohn einer armen Bauernfamilie in Padang in West-Sumatra geboren. Er war das Letzte von sechs Kindern. Das ohnehin schon schwere Leben wurde noch schwerer, als die Japaner 1942 das Land besetzten. Mehr als fünfzig Jahre später erinnerte sich Lukman daran, wie er und andere Jungen seines Alters 1943 gezwungen worden waren, Steine vom Fluss heranzuschleppen, die die Japaner zum Bau eines Flughafens in dem mehrere Kilometer nördlich von Padang gelegenen Tabing brauchten.

Wenige Jahre später, vielleicht am Ende des Krieges (obgleich der genaue Zeitpunkt nicht klar wurde) verließ Lukmans Vater die Familie, um irgendwo ein Stück Wald zu roden und es nach dem auf Sumatra gepflegten uralten Brauch in ein Reisfeld zu verwandeln. Der Vater kehrte nie zurück; und obgleich es nicht direkt gesagt wurde, kann man vermuten, dass er eine neue Familie gründete. Zweite Ehe, zweite Familie: In Indonesien war das, ebenso wie in anderen islamischen Ländern, eine vertraute Geschichte. Das Abenteuer war religiös sanktioniert, hatte aber dauerhafte Nachwirkungen für beide Familien. Das Ergebnis war eine Gesellschaft von Halbwaisen mit einer endlosen Kette von Entbehrung und Wut: Das verlassene Kind wurde häufig ein Vater, der ebenfalls seine Kinder verließ.

Als Lukmans Mutter allein zurückblieb, begann sie ihren Lebensunterhalt mit der Herstellung und dem Verkauf von süßem Gebäck zu bestreiten. Lukman half beim Backen und Servieren; außerdem verkaufte er das Backwerk morgens, noch bevor er zur Schule ging, vor den Häusern des Dorfes. Er hätte eine holländische Schule besuchen können – die Eingangsprüfung, zu der ein Grundschullehrer ihn drängte, hatte er bereits bestanden –, aber seine Mutter wollte nicht, dass er in eine holländische Schule ging. Er sollte eine muslimische Schule besuchen. Dort entfiel die Hälfte des Unterrichts auf Religion, die andere Hälfte auf allgemeine Fächer.

Im Jahr 1955, als er zweiundzwanzig war (und – um Kontext und zeitlichen Bezug zu markieren – zwei Jahre nachdem Imaduddin aus Nord-Sumatra ans Institute of Technology in Bandung gegangen war), fuhr Lukman Umar nach Jakarta. Die Familie – das heißt vermutlich: einige der zahllosen Familienzweige – wollte nicht, dass er aus Padang wegging. Bei den Minangkabau ist es üblich, dass die Frau den Ehemann kauft, nicht umgekehrt; und obgleich Lukman Umar es nicht so sagte, ist denkbar, dass die Familie sich von einer Hochzeit Einnahmen erhoffte. Doch seine Mutter wollte, dass er nach Jakarta ging und dort seine Ausbildung fortsetzte. Um die Reisekosten aufbringen zu können, verpfändete sie die Besitztitel an ihrem Land; von ihren Eltern hatte sie etwas Grundbesitz und Reisfelder geerbt.

In Jakarta wohnte Lukman Umar bei einem Verwandten. Einen Monat lang nutzte er sein Talent als Straßenverkäufer und verkaufte Erdnüsse. Mit dem Geld, das er dabei verdiente, ging er nach Yogyakarta. Er wohnte in extrem billigen Zimmern, die hundert oder hundertfünfundzwanzig Rupiah (weniger als einen Dollar) pro Monat kosteten; und er zog häufig um. Er absolvierte den Eingangstest an der Muhammadiyah-Universität, der islamischen Universität Indonesiens, und schnitt so gut ab, dass man ihm ein Stipendium verlieh.

An der Universität entdeckte er dann eine Geschäftschance: Er stellte fest, dass die Studenten Vorlesungsskripte brauchten. Mit Unterstützung einiger Dozenten begann er, die Skripte zu veröffentlichen. Als nächster Schritt folgte der Verkauf von

Büchern und Papier, wobei er die Waren in Kommission nahm. Und hieraus entstanden eine Zeitschriftenvertretung und ein Buchvertrieb. So begründete er, ohne jedes Eigenkapital, seinen geschäftlichen Erfolg. Die Zeitschriftenvertretung nannte er Ananda Agency (*ananda* heißt »geliebter Sohn«) und widmete sie seiner Mutter. Das Unternehmen wuchs rasch. Bald schon konnte er – mit Gottes Hilfe, so Lukman – ein Haus mieten, das er auch als Büro benutzte; später baute er sich ein eigenes Haus. Auch anderen kam die Expansion seiner Firma gelegen: Mittlerweile versorgte er fünfundzwanzig Mitglieder der mütterlichen Familie in Padang.

Dann wurde er selbständiger Verleger. Im Jahr 1973 begann er – und diese Verlagsambitionen zeugen vom Wandel im indonesischen Wirtschaftsleben und Bildungswesen – mit den Vorbereitungen zu einer vierzehntägig erscheinenden Frauenzeitschrift. Er nannte sie *Kartini*, nach der früh verstorbenen javanischen Prinzessin (geboren 1880 und 1904 bei der Geburt ihres Kindes gestorben), die sich trotz der abschreckenden Verhältnisse des kolonialen Java für Rechte und Bildung von Frauen einsetzte. Die erste Nummer von *Kartini* erschien Ende 1974 und war sofort ein Erfolg.

Lukman Umar sah darin Allahs Segen. Aber auch sein Verlegerinstinkt, sein Spürsinn, seine Treue zu den eigenen Gefühlen spielten eine Rolle. Wie manche Politiker und Schriftsteller, die auf ihre Weise mit den bösen Geistern der Kindheit fertig werden, fand Lukman Umar in *Kartini* das perfekte Mittel, die Mühsal seiner Kinderjahre in neue Formen zu bringen und zu sublimieren. Zielgruppe der Zeitschrift war die untere Mittelschicht – damit machte er etwas ganz Neues –, und sie wurde berühmt für ihre Gefühlsbetontheit. Beides zusammen sorgte dafür, dass *Kartini* sich, mit einer Auflage von 160 000, als beliebteste Zeitschrift Indonesiens etablierte; mittlerweile erschien sie dreimal pro Monat. Die Gefühlsbetontheit war nichts Künstliches, nicht das Werk von Beratern; der Verleger brauchte nur in sein eigenes Inneres zu schauen, um zu wissen, womit er Leserinnen finden würde.

Eine der Attraktionen in *Kartini* war ihre Kummerspalte. Sie hieß auf Englisch »Oh Mama! Oh Papa!« Die Überschrift muss Lukman Umars eigene Idee gewesen sein, denn als ich ihn sah, erklärte er mir durch eine Dolmetscherin, für ihn bedeuteten diese englischen Worte den Aufschrei des Herzens. Das Originelle an dieser Spalte war, dass sie nur eine Geschichte erzählte. Es gab keine »Sorgentante«, die kommentierte oder Ratschläge gab; dies taten die Leserinnen. Das Verfahren war simpel und ersparte viele Scherereien, aber es tat große Wirkung. Private Probleme wurden nicht beiläufig zur Schau gestellt; sie erhielten Gewicht – schon die »gefühlsgeladene« Überschrift der Spalte garantierte das – und wurden als gemeinsame Probleme behandelt; es gab niemanden, der abgeklärt über allem stand.

Subtiler (und indonesischer) war die Spalte mit dem Titel »*Setetes Embun*«, »Ein Tropfen Tau«. Die Worte klangen rätselhaft, aber Dita, die Journalistin, die mir Abschnitte aus *Kartini* übersetzte, kommentierte nur nüchtern, das sei symbolisch gemeint und würde auch so verstanden. Tau könne sowohl Tränen als auch Schönheit oder Freundlichkeit bedeuten; jede Leserin würde die Worte auf ihre Weise deuten.

Die Geschichte, die wir uns in der Spalte »Ein Tropfen Tau« anschauten, hieß »In der sengenden Sonne«. Erzählt wurde sie von einem Mädchen, das als jüngstes von sieben Geschwistern aufgewachsen und sehr verwöhnt worden war. Sie könne kein Elend mit ansehen; sie habe immer Angst, wenn sie aus dem Haus gehen müsse; sie möge keine Entscheidungen fällen.

»Übertreibt das Mädchen nicht?«, fragte ich Dita.

Aber sie antwortete ernst: »Sie ist ein Mensch ohne Selbstvertrauen. Ich kenne viele solche Leute.« Eine von Ditas Freundinnen, die aus einer überfürsorglichen Familie kam, war genauso wie das Mädchen in der Geschichte; bei jeder Entscheidung wollte sie, dass andere sie an ihrer Stelle träfen.

Besonders geplagt fühlte sich die Erzählerin der Geschichte von der Sonnenhitze. Nicht zuletzt ihretwegen hatte sie Angst, irgendetwas zu tun oder irgendwohin zu gehen. Sie befürchtete, sie könnte zu müde werden. Wenn sie in die Sonne ging, bekam sie Kopfschmerzen; ihr konnte sogar schlecht werden. In ein anderes Stadtviertel zu fahren hieß für sie, draußen in der Sonne herumzulaufen und ein Scooter-Taxi zu suchen. Fand sie dann eines, so war es überfüllt, und die Leute rempelten sie an. Manchmal, wenn ihr Ziel weiter entfernt lag, musste sie drei verschiedene Scooter-Taxis nehmen, und dann hatte sie das Gefühl, sie sei der unglücklichste Mensch der Welt.

Dann fuhr sie (allem trotzend) ihre Schwester besuchen. Am ersten Nachmittag, als die Sonne noch richtig brannte, sah sie, wie ein alter Mann im Garten mit einem langen gebogenen Messer das Gras mähte – sie war so sehr Stadtkind und so behütet, dass sie (was kaum zu glauben ist) noch nie gesehen hatte, wie jemand Reis schneidet, und deshalb nicht wusste, dass der alte Mann ein normales Erntemesser benutzte. Wie ein Kind starrte sie fasziniert auf den alten, runzligen Mann, dem der Schweiß in Strömen herablief und der dennoch beharrlich mit seinem langen Messer in der Nachmittagssonne weiterarbeitete. Sie erkundigte sich bei ihrer Schwester nach dem Alten. Die Schwester antwortete, er arbeite morgens als Gärtner für eine große Firma; danach komme er zu ihr. Eines Tages brachte das Mädchen dem alten Gärtner sein Mittagessen. Sie unterhielt sich mit ihm. Sie erfuhr, dass er sechzig Jahre alt war und allein in der Stadt lebte, in einem ärmlichen Zimmer; seine Frau und vier heranwachsende Kinder, für die er arbeitete, wohnten weit weg im Dorf.

»Hat sie vorher nie Leute wie diesen alten Mann gesehen?«, fragte ich Dita.

Dita antwortete, verständig und ohne Tadel wie immer: »Das ist unmöglich. Man sieht sie zum Beispiel vom Bus aus – man sieht Leute als Straßenarbeiter oder Straßenfeger. Wir wissen, dass ihr Zuhause weit weg ist und sie hier für ihre Familien arbeiten. Ich weiß nicht, warum die Erzählerin das nie vorher bemerkt hat.«

Diese wird nun verfolgt von dem Gedanken an den Alten, der nicht bloß täglich in der prallen Sonne arbeiten, sondern auch allein, weit weg von seiner Familie leben muss.

Dita sagte erklärend: »Für uns ist die Familie alles.«

Die Erzählerin sieht ein, wie unwichtig die Hitze eigentlich ist und wie Unrecht sie hatte, sich darüber zu beklagen. Dies ist die Lösung der Geschichte, die Moral, der eine Tautropfen, der in dieser Nummer von *Kartini* das Gegengewicht zu dem auf anderen Seiten hörbaren Schmerzensschrei darstellen soll.

Ich hatte angenommen, Dita sei von der Geschichte gefesselt. Aber zum Schluss trennte sie sich ganz locker davon und sagte: »Es ist eine sehr anspruchslose Geschichte. Für *Femina* wäre vielleicht eher interessant, warum das Mädchen so unentschlossen ist und sich so davor fürchtet, aus dem Haus zu gehen. Hier sagt das Mädchen einfach, es liegt nur an der Sonne.«

Femina war die Konkurrenzzeitschrift für die Mittelschicht. Lukman Umar hatte als harter Profi ihren Namen nicht erwähnt. Er hingegen war in den Köpfen der *Femina*-Redakteurinnen immer präsent – obwohl sie sagten, sie seien die erste Frauenzeitschrift in Indonesien gewesen. Begonnen hatten sie ein, zwei Jahre vor *Kartini*, und als einer der ersten übernahm Lukman Umar den Vertrieb. Auch sie konnten eine Erfolgsgeschichte erzählen. Vom ersten Heft verkauften sie – nach sechs bis acht Monaten Vorbereitung – 15 000 Exemplare à 250 Rupiah, das entsprach damals etwa fünfundzwanzig Cent; vom zweiten verkauften sie 25 000 und vom dritten 35 000 Exemplare. Als sie bei einer Auflage von 50 000 angelangt waren, erschien die Konkurrentin *Kartini* auf der Bildfläche. Und damals bewies Lukman Umar sein gutes Gespür: Er machte keinen Versuch, das erfolgreiche Mittelschicht-Blatt zu imitieren; er folgte seinem Instinkt und schuf etwas Eigenes, eine erstaunliche Mischung aus Sensation, Religion und Emotion. Und heute, fünfundzwanzig Jahre später, ging der Trend in seine Richtung.

Mrs. Mirta, eine elegante, schlanke Frau, die sich zwanglos in mehreren Sprachen bewegte, war eine der beiden Gründerinnen von *Femina* und Tochter des hochgebildeten Gründers der Verlagsdruckerei, der die Zeitschrift gehörte.

»Ich muss Ihnen sagen«, erklärte sie, »dass viele Leute *Femi-*

na verwestlicht finden.« Sie selbst fand das freilich nicht. »Was ich anbieten wollte, als wir anfingen, war ein pragmatischerer Blick auf die Verhältnisse. Den Menschen Alternativen zeigen. Eine offenere Perspektive, die vom Traditionalismus wegkommt.«

Mittlerweile sei alles trüber geworden; Traditionalismus und Pragmatismus weckten nicht mehr dieselben Assoziationen. Damals wurde – mit dem Wandel, der sich nach zwanzig Jahren Unabhängigkeit in der provinziellen Kolonialgesellschaft einstellte, und mit der Tatsache, dass die Welt der Einzelnen offener für anderes wurde – auch eine Frauenzeitschrift möglich, und der weitere Weg schien deutlich vor ihnen zu liegen. Heute jedoch nahm alles, unter dem Einfluss der Religion, der Prioritäten des halb bekehrten Landes und des neuen, großen Wohlstands, eine unerwartete Rückwärtswendung.

Das potenzielle Leserpublikum ihrer Zeitschrift beschrieb Mirta so: »Einfache Leute mit Geld. Keine Neureichen oder doch nur manche von ihnen. Die Gesellschaft von Jakarta folgt noch immer denselben Wertvorstellungen. Der geistige Horizont ist derselbe geblieben.« Für Lukman Umar war es leichter, diese Leserschaft anzusprechen. Er war Absolvent der muslimischen Universität und kannte seine Leser gut genug, um mit Erfolg eine religiöse Zeitschrift publizieren zu können. »Er ist eher Indonesier, er weiß besser, wo die Leute herkommen. Deshalb hat er mehr Leserinnen. Er ist nicht pragmatisch, sondern spricht die Gefühle an.«

In *Femina* hieß die Kummerspalte *»Dari Hati ke Hati«*, »Von Herz zu Herz«, und bot ernsthafte Ratschläge an. Ihr Pendant in *Kartini* war »Oh Mama! Oh Papa!« Hier gab es keine Ratschläge von Seiten der Redaktion; und Mirta sagte, die groß darin aufgemachten Geschichten seien »eher Sensationshascherei, wenig zurückhaltend«, nach dem Muster »Meine Schwiegermutter unterdrückt mich«. (Es war nicht klar, warum es dieser Klage an Zurückhaltung fehlte, aber ich fragte nicht nach; und dann war es zu spät. Vielleicht meinte Mirta mit den ihr eigenen hohen Verhaltensstandards, dass das Klagen über familiäre Probleme unstatthaft sei, wenn man bloß darin schwelgt, statt wirklich um Hilfe zu bitten.)

Sie blätterte in einer neueren Nummer von *Kartini.* »Hier, ein Filmstar, der am Hadsch teilnimmt.«

Der Hadsch, die Pilgerfahrt nach Mekka: eine so bedeutende religiöse Pflicht hätte ich nie mit dieser Sorte Journalismus zusammengebracht. Fotofeature: Glamour, Sonnenbrille, Reisen, gesellschaftlicher Umgang, Mode, die leichtesten und weißesten Kleider für heißes Wetter, am Ende auch Religion – eine Variante der *Canterbury Tales*. War das immer so gewesen? Ich fragte Mirta, ob ein solcher Pilgerbericht in *Femina* erscheinen könnte. Sie sagte, ja; das hänge davon ab, um welchen Schauspieler es geht. Und sehr viel später, bei der Durchsicht meiner Indonesien-Aufzeichnungen, kam mir der Gedanke, dass Lukman Umar mit seiner stärkeren religiösen Gewissheit auch in dieser Sparte Erster gewesen sein könnte.

»Aber so etwas«, fuhr Mirta fort, »würden wir nicht machen.« Dabei wies sie auf einen Artikel, in dem Fotos die Hinrichtung und den Sarg eines zum Tode Verurteilten zeigten. »So etwas bringen wir nicht.«

Später dagegen schien sie sich auf halbem Wege mit Lukman Umar zu treffen. »Unsere Zeitschrift ist vor allem bekannt wegen der Kochrezepte und der Berufsberatung. Als wir anfingen, sagten die Leute: ›Ihr stellt ja Träume dar.‹ Ich fand, Träume seien wichtig: Das Leben darf nicht so trist sein. Aber heute ist alles unecht geworden, weil alles nur schöner Schein ist. Das Westlich-Kommerzielle tritt in den Vordergrund.« Kommerziell versus kulturell. »Heute müssen wir Werbung reinnehmen. Als wir anfingen, haben wir keine Anzeigen gebracht. Das indonesische Wirtschaftssystem war noch nicht fertig.«

Ungeachtet dessen, was auf beiden Seiten – über Pragmatismus und Gefühlsduselei oder Verwestlichung und Traditionalismus – gesagt wurde oder gesagt werden könnte, bestand der Unterschied zwischen den Zeitschriften vielleicht nur im Unterschied zwischen zwei Generationen, die mit einer rasanten historischen Entwicklung des Landes konfrontiert waren.

Mirtas Vater, der Gründer des Verlages, dem *Femina* gehörte, war 1908 auf Sumatra geboren. Es war die Hochzeit der Kolonialherrschaft: Fünf Jahre zuvor hatten die Niederländer die letzten Teile Sumatras erobert, und vier Jahre zuvor war Kartini gestorben, jene javanische Prinzessin, die versucht hatte, mit Holland, das ihr als Macht der Geschichte erschien, ihren Frieden zu schließen – wie Josephus im ersten Jahrhundert (nach Masada) mit den Römern oder der Halbinka Garcilaso im sechzehnten Jahrhundert mit den Spaniern. Jeder damals geborene Indonesier muss in der Kolonialherrschaft die Zukunft gesehen haben. Lukman Umar dagegen, nur fünfundzwanzig Jahre später geboren, erlebte schon als Kind, zur Zeit der japanischen Okkupation, wie diese holländische Kolonialherrschaft urplötzlich gestürzt und ausradiert wurde.

Mirtas Vater stammte zwar aus einer »strengen« muslimischen Familie (wie man mir bei *Femina* sagte), musste sich aber in der Welt des Kolonialismus behaupten und bezeichnete sich als »universellen Humanisten«. Dann bekam die koloniale Welt Risse, und Lukman Umars Mutter, die trotz ihrer Armut ein Gespür für das Angemessene hatte, setzte durch, dass ihr Sohn eine muslimische und keine holländische Schule besuchte. Beide Männer hatten in ihrer Kindheit schwer zu kämpfen, aber Schwierigkeiten und Möglichkeiten gehörten verschiedenen Epochen an. Lukman Umar, Sohn eines armen Bauern, konnte berichten, wie die Japaner ihn zwangen, Steine für einen Flughafen in Tabing zu schleppen, wie er auf den Straßen Padangs das Gebäck seiner Mutter und in Jakarta Erdnüsse verkaufte. Mirtas Vater, so erfuhr ich bei *Femina*, war Sohn eines hohen Staatsbeamten auf Sumatra, lebte als Kind in einem am Wald gelegenen Kampong und musste durch diesen Wald, in dem es viele Tiger gab, zur Schule gehen.

Dieser Junge ging als Erwachsener in die Kolonialstadt Jakarta, arbeitete im regierungseigenen Verlagshaus, wurde Schriftsteller und Gelehrter und heiratete eine Adlige aus

Sumatra. Die japanische Besatzung veränderte seine ganze Welt; alle kolonialen Prämissen zerstoben zu Nichts. Er übernahm den Vorsitz in einer Kommission zur Modernisierung der indonesischen Sprache, denn die Japaner erwiesen sich nicht nur als Besatzer, sondern zugleich als rücksichtslose und intelligente Entkolonisierer.

Während Lukman Umar und seine elfjährigen Freunde auf Sumatra also Zwangsarbeit leisteten, arbeitete Mirtas Vater, damals Mitte dreißig, auf gänzlich anderer Ebene für die Japaner: Er brachte die indonesische Sprache auf den neuesten Stand, und zwar so gründlich, dass binnen weniger Jahre das Niederländische, seit zwei Jahrhunderten die Sprache der Macht, fast restlos ausgerottet war. Sukarno betonte die vorholländische, vorkoloniale Vergangenheit; und wer heute Jakarta besucht, sieht in den Namen alter Gebäude mehr Sanskrit als Holländisch. Fast könnte man sagen, dass das, was Mirtas Vater in den Jahren der japanischen Besatzung getan hatte, etwa dreißig Jahre später Zeitschriften wie *Femina* und *Kartini* möglich machte.

Später, nach der Unabhängigkeit, als Mirtas Vater seinen Verlag gegründet hatte, bekam er Probleme mit Präsident Sukarno. Im Jahr 1963 wurden die Verlagsdruckerei und andere Vermögenswerte der Familie in Jakarta beschlagnahmt. Dann aber wurde der Verlag zurückgegeben. Über das, was damals geschah, kursierte bei *Femina* folgende Geschichte: Mirtas Bruder, der den Verlag leitete, hatte in eine javanische Adelsfamilie hineingeheiratet. Diese Familie war Sukarno bekannt; einer ihrer Söhne war im Krieg gegen die Holländer gefallen. Als er eines Tages der Mutter begegnete, fragte er sie: »Was kann ich für Sie tun?« Und sie antwortete: »Geben Sie meinem Schwiegersohn die Verlagsdruckerei zurück, damit wir dem kleinen Kind, das meine Enkelin ist, Milch kaufen können.« So wurde der Betrieb zurückgegeben.

Der Plan, eine indonesische Frauenzeitschrift herauszubringen, stammte von Mirtas Bruder. Die Idee kam ihm 1972. Seine Druckerei, die als Erste in Indonesien mit dem Farbdruck arbeitete, stellte damals für andere Firmen Zeitschriften-Titelblätter her; und dabei kam ihm der Gedanke, er könnte ja auch eine eigene Zeitschrift herausgeben. Er sprach darüber mit seiner Schwester, und sie erzählte ihrer Freundin Widarti, die sie im Einkaufszentrum traf, von der Idee.

Widarti war damals Dozentin für indonesische Literatur. Ihre Arbeit ließ ihr keine Zeit, neue Bücher zu lesen oder über neue Dinge nachzudenken, und sie empfand immer stärker, dass sie ihren Studenten nur noch abgestandenes Wissen weitergeben konnte. Widartis Mann, Goenawan Mohamad, war Herausgeber eines erfolgreichen, wöchentlich erscheinenden Nachrichtenmagazins. Widarti fühlte sich sehr an den Rand gedrängt und nahm daher die Idee einer Frauenzeitschrift bereitwillig auf.

Widarti kam aus ähnlichen Verhältnissen wie Mirta. Sie hatte eine der besten holländischen Schulen in Jakarta besucht. Indonesier wurden dort nur zugelassen, wenn sie aus dem Adel, einer reichen Familie oder einer Beamtenfamilie stammten; es kam also vor, dass – wie Schulfotos zeigen – in einer Klasse mit fünfundzwanzig Schülern nur fünf Indonesier saßen. Widarti kam in Frage, weil ihr Großvater für die Regierung gearbeitet hatte.

Während der Monate, in denen sie und Mirta über die neue Zeitschrift nachdachten, beschlossen sie, ihre Leserinnen als Freundinnen und Gleichberechtige zu behandeln. Sie wollten das Wissen, das sie ihren Privilegien verdankten, rückhaltlos mitteilen, aber niemals von oben herab reden. Sie wollten das Vertrauen ihrer Leserinnen gewinnen und Klatsch und Sensationsjournalismus vermeiden. Aber ihre Herkunft konnten sie nicht verleugnen; und ihre Weltkenntnis gehörte zu den Stärken der Zeitschrift.

Bei unserem ersten Treffen erklärte Widarti den Erfolg von *Femina* so: »Wir haben den besseren Geschmack. Wir wissen besser als andere Blätter, wie man sich nach westlicher Mode kleidet. Wenn wir einen Modeteil machen, muss alles genau stimmen. Sogar bei der Innenausstattung von Wohnungen wissen wir: Weniger ist schöner. Wir wissen, dass wir in einem Tropenland leben, da brauchen wir weder dicke Perserteppiche noch dicke Vorhänge. Andere Zeitschriften sind entweder ein hundertprozentiges Imitat der westlichen Blätter, oder sie fügen etwas Unpassendes hinzu.«

Ich bat um ein Beispiel für das Unpassende.

»Die Mittelschicht von Jakarta hat in ihren Wohnungen so ein Sofa, das mehr ist als ein schlichtes Sofa. Es hat zusätzliche aufwändige Holzschnitzereien und einen Goldanstrich. Einfach zu viel. Außerdem hat man Kronleuchter. Die sind zum Statussymbol geworden. Unsere Rivalen haben keine Ahnung. Mirta und ich kommen aus denselben Verhältnissen, wir stehen der westlichen Zivilisation, der westlichen Haushaltsführung aufgeschlossen gegenüber. Wir reisen. Und für uns ist das keine Reise in eine andere Welt.«

Trotzdem war immer der Wunsch da, nicht von oben herab zu sprechen, nicht so zu wirken, als wollte man die Menschen »belehren«. Sogar auf ihrer Ratgeberseite *Dari Hati ke Hati* gelang ihnen das. Hier gab es zwei »Sorgentanten« gleichzeitig. Beide behandelten dieselben Probleme und waren oft anderer Meinung, so dass die Leserinnen selbst ihr Urteil fällen mussten. Eine der beiden »Sorgentanten« war ein vierzigjähriger Mann, ein Arzt. Die andere war eine siebzigjährige Frau, die seit Beginn der Spalte dabei war. Sie war verheiratet mit einem hohen Polizeibeamten, Feministin (aber auf indonesische Art, sagte Widarti) und sehr aktiv im sozialen Bereich. Durch ihre Arbeit für *Dari Hati ke Hati* wurde sie zum Star; ständig erhielt sie Einladungen zu Seminaren. Freilich würden, so Widarti, ihre Beiträge immer mehr durch die Religion aufgeweicht, so dass sie die Lösung der Leserprobleme ein wenig zu bereitwillig Allah überlasse. Sie wohnte in einem wunderschönen »Komplex« am Rand von Jakarta; die Beiträge schickte sie per Fax; das gehörte zu ihrem Stil.

Dita, die Journalistin, erzählte mir von einem Problem, das die »Sorgentanten« von *Dari Hati ke Hati* unlängst entzweit hatte. Soll eine dreiundzwanzigjährige Witwe einen ledigen Studenten heiraten, der warten will, bis er sein Studium abgeschlossen hat?

Oder soll sie einen fünfunddreißigjährigen Witwer nehmen, der ein Kind hat und sie sofort heiraten will? Die Frau rät, die Witwe solle auf den Junggesellen warten; der Mann rät, sie solle den Witwer heiraten. Die Frage erinnert an ein Thema aus dem Schattentheater, denn auch hier gibt es mehr als eine richtige Antwort; und zu *Dari Hati ke Hati* passt sie perfekt: Jeder urteilt entsprechend dem eigenen Charakter, der eigenen Lebenssituation und -erfahrung. (In diesem Fall etwa weiß die Ratgeberin besser als der Ratgeber, dass es für die zweite Ehefrau nicht immer leicht ist, mit dem Kind eines anderen zu leben.)

Mirta sagte, die Spalte sei wichtig, weil die meisten Menschen in Indonesien Angst hätten, zu sich selbst zu stehen. Sie brauchten Rat und Rückenstärkung. Ein immer wiederkehrendes Problem sei die Schwierigkeit, mit den Schwiegereltern zusammenzuleben, was man in Jakarta oft jahrelang tun müsse, weil das Geld fehle, um auszuziehen. Von einem der Briefe machte sie mir eine grobe und gekürzte Übersetzung.

»Vor fast einem Jahr habe ich geheiratet. Ich arbeite in einer großen Firma, mein Mann hat sein eigenes Geschäft. Meine älteste Schwester mag meinen Mann nicht. Schon bei der Hochzeit wollte sie nicht mithelfen, und seither hat sich nichts geändert. Eines Tages passierte, was passieren musste. Sie hatte einen gewaltigen Streit mit meinem Mann. Vor ihrem eigenen Mann fürchtet sie sich. Auch ich habe keine gute Beziehung zu ihm. Jeden Tag bringt meine Schwester ihre Kinder zu uns, und sie geht erst dann wieder nach Hause, wenn ihr Mann vom Büro zurück ist. Da mein Mann sich nicht mit ihr versteht, kommt er nicht nach Hause, solange sie hier ist – und sie ist jeden Tag da. Ich weiß nicht, was ich tun soll. Ich wünschte, wir könnten in eine eigene Wohnung ziehen, aber unsere Ersparnisse sind in die Renovierung meines Elternhauses gegangen. Ich habe versucht, mit meinen Eltern über meine Schwester zu sprechen, aber sie sagten nur, im Haus der Eltern seien alle Kinder jederzeit willkommen.«

Die weibliche Hälfte von *Dari Hati ke Hati* hält die Situation für schlimm. Das unglückliche Paar solle ausziehen und sich irgendwo ein Zimmer suchen: sich irgendwie Geld beschaffen; vielleicht sogar Schmuck verkaufen; umziehen. Sonst würde alles nur noch schlimmer. Sechs Monate aus dem Haus, Luft holen; vielleicht werde der Zorn des Ehemannes auf die Schwester dann nachlassen. »Wenn Sie Ihren Mann lieben und bereit sind, Ihren Schmuck für ihn herzugeben, wird sich dieser vielleicht in Allahs Segen, etwas Immaterielles, verwandeln. Und beten Sie. Vielleicht wird Allah dafür sorgen, dass die Spannungen zwischen Ihnen und Ihrem Mann abnehmen.«

Mit einem Anflug von Resignation, hinter der ihre alte Zuneigung noch zu spüren war, sagte Mirta von ihrer journalistischen Veteranin: »Da steht sie heute.«

Die männliche Hälfte von *Dari Hati ke Hati* war entschieden hartnäckiger. »Ich würde gern wissen, was wirklich zwischen Ihrem Mann und Ihrer Schwester vorgefallen ist. Warum bleibt das ein Geheimnis? Irgendetwas muss passiert sein. Sonst würden sie sich nicht so hassen. Sie müssen das herausfinden, und Sie sind die Einzige, die vermitteln kann.« Wenn erst einmal die wirkliche Ursache für den Konflikt auf dem Tisch liege, müssten alle ruhig und vernünftig handeln. »Sie sollten Ihren Stolz zurückstellen. Wenn Ihr Mann noch auf Ihre Eltern angewiesen ist, muss er sich mehr in Acht nehmen.« Noch besser wäre es, wenn ihr Mann sich anstrengen und ein bisschen mehr verdienen könnte, um ein Haus zu mieten.

Unter dieser Oberfläche aber herrschten, verschieden stark ausgeprägt, Verzweiflung und schieres Leid – ein Leid, das der schwarze oder braune *hijab*, die muslimische Kopfbedeckung, auf den Gesichtern der jungen Mädchen heraushob oder sublimierte, ganz als sei diese schlichte Form der Selbstunterdrückung der einzige ihnen offen stehende Weg, mit Trieben und Bedürfnissen umzugehen, die nicht befriedigt werden können. Und als ich an den Erfolg dachte, den in Indien eine Zeitschrift wie *Woman's Era* hat, wollte ich wissen, ob nicht auch hier Bedarf an einer Zeitschrift für sozial aufstrebende Frauen besteht.

Widarti sagte, dem sei tatsächlich so, aber weder sie selbst noch sonst jemand beim Verlag könne das in die Hand nehmen; sie lebten ja nicht auf diese »Art«. Wenn sie es versuchten, würden sie nur von oben herab reden, und das wäre verletzend und übel. Ihr bliebe nur, in diesem sozialen Milieu eine gebildete Frau zu finden; aber das dürfte schwierig sein, denn sie müsste jemanden bitten »zurückzugehen«.

»Ich glaube, zurückgehen kann man nicht. Überall auf den Inseln gibt es folgende Parabel: Ein Sohn reist in der Welt herum und wird wohlhabend und gebildet, und als er in sein Dorf zurückkommt, fühlt er sich fremd und erregt jedermanns Zorn. Dann sagt die Mutter etwas, und der Sohn erstarrt zu Stein. Auf allen Inseln gibt es diese Geschichte. Moral: Nie dürfen wir Kinder die Gefühle unserer Eltern verletzen.« Auf sich selbst bezog Widarti die Erzählung nicht; aber mir war klar, dass sie ein Schlaglicht auf ihre – fast religiöse – Angst warf, von oben herab zu reden.

Während sie selbst nicht in die andere Welt hineinkamen, kam diese jetzt zu ihnen. Als sie mit *Femina* begonnen hatten, trug keine einzige Mitarbeiterin die muslimische Kopfbedeckung; jetzt waren es fünf oder sechs, und weder Mirta noch Widarti sahen sich imstande zu sagen: »Ich möchte nicht, dass ihr das tragt.« Seit Ende der achtziger Jahre übten muslimische Gruppen verstärkt Kritik an Frauenzeitschriften wie *Femina*.

»Früher«, sagte Widarti, »wurde weder in den Moscheen noch im Fernsehen gepredigt. Nur während des Ramadan. Aber seit Ende der achtziger, Anfang der neunziger Jahre gibt es muslimische Vorträge nicht bloß im Ramadan, sondern fast zu jeder Zeit. Zu Beginn wurde einmal pro Woche gepredigt, sonntags für Christen und freitags für Muslime. Für Muslime heute jeden Tag, Morgenpredigten.«

Das waren Imaduddins Morgenpredigten im Fernsehen. Ich fand es merkwürdig, ja ein bisschen unangenehm, in diesem neuen, hell erleuchteten Büro an ihn und sein Mental-Training erinnert zu werden. Es war wie die Erinnerung an eine andere Welt: ein Tribut an seine neue Machtstellung.

»Unserer Redaktion gegenüber steht eine Moschee, die Lautsprecher werden immer lauter. Und ich erlebe, wie meine Angestellten immer frommer werden. Mittlerweile gehen sie dreimal am Tag zum Beten in die Moschee, und wir können nichts dagegen tun. Heute Morgen hatten wir eine Diskussion über unsere Oberköchin in der Versuchsküche. Seit ihrem Hadsch zieht sie sich anders an. Muslimische Kleidung, Schleier, lange Bluse, Kopftuch, selbst vor den Gasflammen. Wir machen uns Sorgen um ihre Sicherheit. Ihre Kleidung ist aus Synthetikgewebe und fängt leicht Feuer. Aber sie will sich nicht umziehen.« Sie sei etwa dreißig, die Oberköchin, und habe zwei kleine Kinder. Vor ihrer Pilgerfahrt nach Mekka trug sie westliche Kleidung.

Kürzlich war eine Gruppe empörter Studenten und Studentinnen in die Redaktion gekommen. »Sie beschwerten sich über das Foto einer Frau, die einen weißen Badeanzug trug. Sie forderten mich auf, mich in einem offenen Brief zu entschuldigen. Es waren fünfundzwanzig oder dreißig junge Leute, alle irgendwo zwischen zwanzig und dreißig Jahren. Manche Mädchen trugen eine *purdah*, manche Jeans. Vielleicht – das ist eine Vermutung – sehen sie die Frauen im Badeanzug ganz gern, aber sie wissen, dass die Religion es verbietet. Sie ärgern sich, weil es ihnen verboten ist, uns aber nicht. Wir haben die Freiheit, die sie nicht haben.«

Lukman Umar dagegen brauchte, um die Frauen jenseits der Grenzen von *Femina* anzulocken, nicht von oben herab zu reden. Die Welt da draußen war seine Welt. Er brauchte nur sein Herz zu öffnen und tief in sein Inneres zu schauen, und schon wusste er, was diese Frauen direkt ansprechen würde.

Er war ein kleiner, schlanker Mann mit dem *langsat*-Teint – der Farbe der Wassernuss oder der hellen Lehmziegel –, den die Indonesier so sehr bewundern. Er empfing mich in seinem ziemlich dunklen Büro, das – fast als wäre es Absicht – das gerade Gegenteil der luftigen, in Hellgelb und Weiß gehaltenen offenen Etage im *Femina*-Gebäude darstellte. Etwas steif saßen wir zusammen mit drei seiner Manager an einem riesigen dunklen Tisch, in dessen Mitte seine Verlagskataloge auslagen. Als Dolmetscherin war eine Mitarbeiterin seiner Firma, eine Christin, anwesend. Alles war so förmlich arrangiert, dass über die Förmlichkeit hinaus nichts in Frage kam. Und irgendetwas stimmte mit der Klimaanlage nicht; es entströmte ihr warme Luft.

Er trug einen dunkelblauen, kurzärmeligen Freizeitanzug. Seine Augen blickten aufmerksam, sein Gesichtsausdruck war neutral, zurückhaltend; vielleicht fühlte er sich an diesem Nachmittag nicht wohl. Aber in dem Büro umgab ihn eine Atmosphäre, die es schwer machte zu vergessen, dass die Manager für ihn arbeiteten, das Gebäude ihm gehörte und er den gesamten Verlag allein aus dem Boden gestampft hatte.

Ich wollte gern etwas über seine Vergangenheit erfahren; aber ich merkte bald, dass das, was er sagte, schon oft über seine Lippen gekommen war und ich in dem allzu förmlichen Rahmen darüber hinaus nichts erwarten konnte. Ich merkte, dass die Manager die Geschichten, die Stadien seines Aufstiegs, längst kannten: die japanische Besatzungszeit; wie sein Vater wegging; wie seine Mutter ihren kleinen Imbiss betrieb und die Besitztitel an ihrem Land verpfändete, um ihrem Sohn die Reisekosten nach Jakarta zu bezahlen; wie er an der muslimischen Universität in Yogyakarta Vorlesungsskripte verkaufte. Unterschwellig gab es viel, was er erlebt hatte, aber dies war das Sichtbare, das immer wieder Emotionen wecken konnte, selbst jetzt, in dem dunklen, überfüllten Büroraum, Emotionen, die von seiner Mutter und seiner Kindheit direkt zu seinen Zeitschriften und seinen Lesern flossen. Und das obwohl wir nicht lange über seine Vergangenheit sprechen konnten, denn die Zeit war knapp, in etwas weniger als einer Stunde musste alles abgehandelt sein. Wenn ich noch mehr zu wissen wünsche, solle ich der christlichen Angestellten meine Fragen schriftlich zukommen lassen.

Was ihn mehr beschäftigte, war ein geschäftlicher Erfolg der jüngsten Zeit. Er hatte von der Regierung eine Lizenz zum

Export von Arbeitskräften erhalten. Zwei Tage zuvor hatte ich in der *Jakarta Post* gelesen, dass vierunddreißig neue Lizenzen für den Arbeitskräfteexport vergeben worden waren, so dass es in Indonesien nunmehr achtundsechzig solcher Lizenzen gab. Einige der älteren Exporteure erhoben Einwände gegen die Vergabe neuer Lizenzen, mit dem Argument, der Exportmarkt sei gesättigt. In scharfen Worten äußerte sich auch der Arbeitsminister. Die Regierung, so sagte er, wolle nicht wieder neue Geschichten über indonesische Arbeitskräfte hören, die von ausländischen Arbeitgebern misshandelt würden. Es habe Meldungen gegeben, in denen von Quälereien an einer Hausangestellten die Rede war: Dergleichen wolle die Regierung nicht noch einmal hören. Die Exporteure sollten »bei der Vermittlung indonesischer Arbeitskräfte ins Ausland korrekt verfahren«.

Ich sagte Lukman Umar, ich fände es seltsam, dass er als Verleger in den Export von Arbeitskräften eingestiegen sei. Man müsse doch mit unangenehmen Dingen rechnen, und ich hätte angenommen, dass dieses Geschäft ihn wegen der Erinnerungen an seine Kindheit zu sehr belasten könnte.

In der Übersetzung der Dolmetscherin antwortete er, daran sei gar nichts verwunderlich. Es habe ihn gerührt zu sehen, dass Menschen keine Arbeit finden. Er handele in ihrem Interesse, und es sei nicht leicht. Die anderen Arbeitskräfte, mit denen sie konkurrierten, kämen aus Indien und Bangladesch, wo die Regierung selbst den Export organisiere.

An meinem letzten Tag in Indonesien erhielt ich aus Lukman Umars Büro per Fax seine Antworten auf die Fragen, die ich geschickt hatte. Seine Mutter habe immer in dem Dorf auf Sumatra gelebt. Grundbesitz und Reisfelder, die sie von ihren Vorfahren geerbt hatte (und deren Besitztitel sie 1955 verpfändet hatte, um ihrem Sohn die Reise nach Jakarta zu bezahlen), vermachte sie Lukman Umars drei Geschwistern; noch heute wohnten sie in dem Dorf und bestritten mit diesem Land ihren Lebensunterhalt. Nachdem er geheiratet hatte, besuchte die Mutter ihn manchmal in Jakarta, aber sie blieb nie länger als zwei Monate. Sie starb im Alter von hundertundzwei Jahren. Er hatte für sie, ihre Mutter und ihren Bruder in Padang einen »Friedhof« bauen lassen. Er nannte mir die genaue Adresse; der Friedhof war ihm wichtig.

Wenn die Zahlen stimmen, dann muss die Mutter bei seiner Geburt sechsundvierzig gewesen sein. Es war, als wäre sein ganzes Leben eine Wiedergutmachung dafür, dass der Vater sie verlassen hatte, damals, als er fortging, um ein Stück Wald für ein Reisfeld zu roden und eine neue Familie zu gründen. Und vielleicht spielte die Lizenz für den Arbeitskräfteexport unabhängig von der geschäftlichen Seite auch deswegen eine Rolle. Hier schloss sich ein Kreis: Jetzt konnte Lukman Umar das Leben von Menschen, die ebenso bedürftig waren wie einst er selbst und seine Mutter, in Ordnung bringen.

8

Geister

Später kamen wir überein, ich sollte ihn Budi nennen (ein verbreiteter indonesischer Name, der sich zweifellos vom Buddha herleitet); aber zuerst war er nur eine Stimme in der Dunkelheit. Es war kurz nach Tagesende, und er saß auf dem hinteren Sitz des Meliá-Hotel-Kleinbusses, der uns vom Flughafen Yogyakarta abholte. Er sprach gut Englisch. Er erzählte, er komme nur für eine Nacht nach Yogya. Am Abend finde die Hochzeit einer Freundin statt. Sie sei die Tochter der indonesischen Brathähnchenkönigin, und nach der Trauungszeremonie gebe es ein Fest bis vier Uhr morgens im großen Saal der Universität. Ein bisschen Schlaf, und dann würde er nach Jakarta zurückfliegen. Er arbeitete in der Computerbranche, seit dreizehn Jahren, für eine große internationale Firma.

Inmitten des Autoverkehrs und der Lichter der kleinen Stadt erzählte er seine Geschichte, er begnügte sich damit, zu meinem Hinterkopf zu sprechen, und es machte ihm nichts, dass ich mich nicht umdrehte. Es war früher Abend, und die vorschriftsmäßig für RI50 aufgehängten bunten, aber matten Lichterketten ließen die Umrisse der Gebäude verschwinden und tauchten das Straßenleben in undeutliches Dunkel.

Jetzt habe er eine eigene Firma, und sein Partner sei eng verwandt mit einem hochbedeutenden Mann. Über diesen Partner kämen große staatliche Aufträge. Sie beschäftigten dreißig Leute und hätten vor, zu einer der führenden Software-Firmen zu werden; das wollten sie nicht den Indern und Filipinos allein überlassen. Der Partner habe Kontakt zum Präsidenten und anderen wichtigen Leuten; in Indonesien brauche man einen solchen Teilhaber. Seine Familie sei zwar nicht so bedeutend wie die des großen Ministers Habibie, der nicht nur das Flugzeug gebaut habe, sondern auch in vielen anderen Unternehmungen eine Rolle spiele; aber sie sei doch einflussreich genug.

Als ich – um eine Vorstellung zu bekommen, wie sich die Dinge aus dieser Perspektive ausnehmen – nach den Habibies fragte, bekam seine Stimme einen anderen Klang. Sie waren Leute, denen das Schicksal im Übermaß gegeben hatte. Sie lebten einfach auf einer höheren Stufe, waren unvorstellbar gesegnet, konkurrenzlos. Habibies Bruder war Botschafter in London; drei Schwestern hatten einflussreiche Stellungen im Wirtschaftsleben; und dann gab es noch all die Neffen, die auf vielen Gebieten tätig und erfolgreich waren. In Indonesien, so Budi, gebe es ein Ideal, dem zufolge man seine Angelegenheiten so betreiben solle, dass die Protektion bis in die siebte Generation hineinreiche: Wenn irgendjemand (natürlich immer ausgenommen der Präsident) das geschafft habe, dann seien es die Habibies.

Ich sagte, ich fände es seltsam, dass ich vor meiner Reise nach Indonesien gar nichts von den Habibies gehört hätte, obwohl sie doch eine so beherrschende Familie seien.

»Benutzen Sie bitte das Wort nicht«, sagte er, »Sie haben sicher die eine oder andere Rede unseres Präsidenten gelesen. In Indonesien darf niemand beherrschend sein.«

Meinte er das ironisch? Ich war nicht sicher. Das Englische klingt immer ein bisschen ironisch, noch in den einfachsten Texten; aber für ihn war Englisch eine Fremdsprache, etwas, das man mit Ausländern spricht, daher konnte es ganz keimfrei, ganz tonlos sein.

Wie er zu seinem Erfolg gekommen war, erzählte er mir, als ich ihn danach fragte. Er hatte das Glück, bei der Aufnahmeprüfung für das ITB, das Institute of Technology in Bandung, durchzufallen. (Wieder ein ironisch klingender Satz, der vielleicht ganz ernst gemeint war.) Wie viele andere Jugendliche wollte er an der Hochschule Elektrotechnik studieren. So begann schon Imaduddins Karriere (nach der japanischen Okkupation und dem Krieg gegen die Holländer); und in ruhigeren Zeiten versuchten viele dasselbe: Ganz als wäre dieses Berufsmuster, nur weil das ITB die erste derartige Hochschule in Indonesien war, für alle nachfolgenden Generationen vorgestanzt gewesen.

Zweimal, in zwei aufeinander folgenden Jahren, war er durch die Aufnahmeprüfung gefallen; er war verzweifelt; und dann machte sein Onkel ihm einfach den Vorschlag, er solle Elektrotechnik vergessen und etwas anderes anfangen. Er ging an eine private Fachhochschule für Informatik. Als er dort begann, hatte er keine Ahnung von Computern, aber dann lief alles sehr gut. Und die Religion half ihm dabei. Denn der unternehmerische Erfolg – sie hatten einige große staatliche Aufträge erhalten – kam, nachdem er am Hadsch teilgenommen hatte.

Nun war mir klar, dass er die ganze Zeit über vollkommen ernst gewesen war. Aber der Gedanke an Religion und Pilgerfahrt war bei jemandem, dem (wie ich meinte) der Erfolg so in den Schoß fiel, ebenso überraschend wie der Fotoreport über die flotte Pilgerfahrt des flotten Schauspielers in *Kartini*. Dass Budi die Religion so ernst nahm, lag an seinem Partner, der wie so viele erfolgreiche Geschäftsleute in Indonesien – Muslime wie Christen, Indonesier wie Chinesen – sehr gläubig war.

Der Partner hatte einen religiösen Lehrer, der sich plötzlich einen Namen gemacht hatte und den viele erfolgreiche und wichtige Leute kannten. Ihm stellte er Budi vor, und dieser Lehrer schickte ihn nach Mekka. Er sagte ihm auch noch, er solle, wenn er vor der Kaaba stünde, nicht nur um Vergebung für seine schlechte Lebensweise bitten, sondern diese bewusst für immer hinter sich lassen. Genau das habe er getan. Und selbst jetzt, trotz seines Erfolges in der Computerbranche, lasse er sich nicht gehen. Eigentlich sei er inzwischen gläubiger als sein Partner. Er bete fünfmal am Tag. In Hotels oder Restaurants esse er kein Rindfleisch, weil es gewöhnlich aus Australien komme und die Tiere dort nicht nach muslimischer Vorschrift geschlachtet würden. Sein Partner dagegen mache sich keine Gedanken über das Fleisch.

All dies erzählte er im Dunkeln meinem Hinterkopf, während wir durch die schwach beleuchtete Stadt fuhren. Und erst zwischen Glas und Marmor und im hellen Licht der Eingangshalle des völlig überfrachteten neuen Hotel Meliá – im Steingarten des Innenhofs plätscherten geräuschvoll kleine Wasserfälle und Springbrunnen; halb verborgen im versenkten Bühnenboden sang eine Chinesin (gleichsam für sich und ihre Klavierbegleiterin) beliebte alte Operettenlieder; im Tiefgeschoss wartete ein Gamelanorchester mit einer Sängerin mittleren Alters (Haare glatt zurückgekämmt und die eine Backe ausgebeult vom Kautabak) auf den Auftritt –, erst dort konnte ich Budi richtig in Augenschein nehmen.

Er war etwas mehr als mittelgroß, kräftig gebaut, vielleicht unter dem Batikhemd ein wenig zur Korpulenz neigend. Er hatte freundliche braune Augen und runde, blasse Wangen; ferner einen Schnurrbart und volles, glattes schwarzes Haar. Seine Offenheit gegenüber einem Fremden war zwar ein Rätsel (vielleicht auch nicht: Ein Fremder geht ja meist wieder weg), aber mit Geld und Erfolg ging er so lässig um, wie ich es mir vorgestellt hatte. Er schien ein Beispiel für das, was Imaduddin lehrte und worauf Habibie das Land vereidigte: die Kongruenz von Islam und Technik. Bei der reichen Hochzeit, für die er die weite Reise unternommen hatte, dem großen Fest von Leuten, die Budi zufolge aus einfachen Verhältnissen kamen, schien er das Erregende des Reichtums und all dessen, was neu im Land war, in der eigenen Person auszuleben.

Aber alles, was er mir erzählt, und alle Eindrücke, die ich von ihm gewonnen hatte, wurden im Laufe unserer späteren Begegnungen in vielfältiger Weise modifiziert. Er war nicht so lässig, wie ich dachte. Die Hochzeitsfeier in der Universität ging ohne ihn bis um vier Uhr morgens; er blieb nicht lange. Er hatte die neue Gesellschaft keineswegs im Griff; vielmehr war er eines ihrer Waisen- oder Halbwaisenkinder. Alle Dinge, die ich an ihm wahrnahm, stellten einen kleinen Triumph dar: das Zugehen auf den Fremden, das Englischsprechen, das korrekte Verhalten in der Eingangshalle des Meliá. Er war hoffnungslos ehrgeizig, und er genoss so gut wie keine Protektion; es war leicht, ihn zu vernichten. Er lebte mit dem Wissen um seine Gefährdung; und im Kopf hatte er Bilder früherer Demütigung.

Mein Basislager in Jakarta war das Hotel Borobudur, und zufällig arbeitete Budi gerade eine Woche lang in einem Raum des Hotels. Seine Firma hatte sich für ein großes Projekt mit einem europäischen Unternehmen zusammengeschlossen, und zwei Europäer waren in Jakarta (und im Borobudur), um sich mit ihm zu besprechen. Das endgültige Projekt, so Budi, werde sechzig Millionen Dollar verschlingen; allein der Arbeitsbericht, mit dem sie begonnen hatten, kostete sechs Millionen. Am Freitag, dem muslimischen Ruhetag, kam Budi nach dem Mittagsgebet in der großen, modernen Istiqlal-Moschee, die dem Hotel gegenüberlag (ein aus Lautsprechern dröhnendes Tremolo rief fünfmal am Tag zum Gebet), zu einem späten Mittagessen. Wir saßen neben der Glaswand, mit Blick auf den perfekt durchdachten Hotelpark – mit seinen hohen Schatten spendenden Bäumen, den offenen und überdachten Tennisplätzen, dem großen Schwimmbecken, dem Grillpavillon und dem außen um das Ganze herumlaufenden Joggingpfad.

Bereitwillig erzählte er, aber es war nicht immer leicht, ihm zu folgen. Er speicherte das Erlebte in getrennten Abteilungen oder »Dateien«. Holte er (um bei dem für einen Computerfachmann passenden Vergleich zu bleiben) eine solche Datei hervor, behandelte er sie eben wie eine Datei: Er begann mit der Gegenwart und ging dann rückwärts. Nahm er zwei oder drei Dateien gleichzeitig in Betrieb, blickte man kaum mehr durch die zeitliche Abfolge durch. Für ihn selbst waren die Zusammenhänge klar, aber er konnte sie nicht in einem klaren Nacheinander darstellen. Es mochte sein, dass ihn noch niemand darum gebeten hatte. Im Laufe unserer vielen Begegnungen hatte ich den Eindruck, als fügte er dem zuvor Gesagten ständig etwas hinzu oder veränderte es. Dennoch ergab sich schließlich eine Erzählung; und selbst bei jenem Mittagessen im Borobudur waren alle wesentlichen Punkte der Geschichte schon da – wenn auch ohne jeden Zusammenhang.

Als Budis Vater Mitte dreißig war und den Gedanken nicht mehr loswurde, dass er endlich sein eigener Herr sein müsste, gab er eine gehobene Stellung bei einer ausländischen Ölgesellschaft in Indonesien auf (wo er von allen Indonesiern am besten platziert war) und gründete seine eigene Firma. Er verfiel auf die verblüffende Idee – verblüffend für einen Mann aus der Ölbranche –, es mit dem Entwerfen und Bauen von Möbeln zu versuchen. Er ging bankrott. Das war im ostjavanischen Surabaya. Die Familie musste ihr großes Haus verkaufen; oft war buchstäblich nichts zum Mittagessen da; und Budi musste mehr als fünfzehn Kilometer zur Schule radeln. Noch nach siebzehn Jahren war Budi dieser Bankrott präsent, und jeden Tag wurde er daran erinnert: Das Radfahren, damals aus der Not geboren, war mittlerweile zum Sport geworden. In einer Ecke seines Büros stand, geölt und geputzt und fast wie ein heiliger Gegenstand, ein luxuriös ausgerüstetes, teures Mountainbike, das er sich aus den Vereinigten Staaten besorgt hatte.

Ich merkte, dass sich mit Budis Vater irgendetwas Rätselhaftes oder Peinliches verband. Vielleicht war er in zweiter Ehe geboren. Mir war, als habe Budi etwas dergleichen bei unserem ersten Mittagessen gesagt. Ich wartete darauf, dass er mehr sagen würde, aber das tat er nicht; und ich fragte nicht nach. Er sagte lediglich, zur Familie seines Vaters habe er keine enge Beziehung gehabt, er kannte nicht einmal dessen Vater, der in einer Stadt Nord-Sumatras Oberrichter gewesen war, also aus guter Familie kam. Budis Mutter – die den Sohn des Oberrichters geheiratet hatte – stammte aus weniger guten Verhältnissen. Ihr Vater war zur Zeit der Holländer Beamter im Rang eines Majors gewesen (die Beamtenschaft war damals genauso in Ränge eingeteilt wie das Militär). Ihre Mutter kam aus einer Bauernfamilie und ging noch immer gelegentlich aufs Feld. Aber nach der

Unabhängigkeit entstand in der indonesischen Gesellschaft eine starke soziale Dynamik. Der jüngere Bruder von Budis Mutter – jener Onkel, der eine so wichtige Rolle in seinem Leben spielen sollte – wurde Jurist und Professor an der Universität.

Das Rätselhafte oder Peinliche an Budis Vater schien sich auf seine Kinder übertragen zu haben. Sie waren sieben Geschwister, und vier von ihnen hinterließen keinerlei soziale Spuren. Blieben also: ein Bruder, der Arzt wurde; eine Schwester, die einen Mann aus der Ölbranche auf Kalimantan (früher Borneo) heiratete und Budi zufolge reich war; und Budi selbst.

Er wusste um den Niedergang seiner Familie. Er trug dieses Wissen wie ein Kreuz. »Meine Großfamilie«, sagte er, »mag Mittelschicht sein, aber meine eigene Familie steht ziemlich weit unten.« Und: »Ich komme wirklich aus einer einfachen Familie, wirklich.« Und: »Nicht viele Leute kommen aus solchen Verhältnissen wie ich. Normalerweise sieht es so aus: Zur Zeit der Holländer lebt die Familie in wirtschaftlich schlechter Situation; nach der Unabhängigkeit lebt die zweite Generation schon besser; in der dritten Generation schließlich leben sie im Wohlstand. Mein Fall ist eine Ausnahme. Die Familie meines Vaters war sehr wohlhabend, aber in der dritten Generation sind wir ärmer als in der zweiten.«

Als Budi zweimal hintereinander die Aufnahme ans ITB verpasste, war das für ihn nur Bestandteil der Familienmisere.

Nach alter Gewohnheit kam Budis Onkel, der Jurist, zweimal im Jahr nach Surabaya und besuchte seine ältere Schwester. Bei einem dieser Besuche stellte er fest, dass der damals zwanzigjährige Budi weder Arbeit noch Studienplatz hatte. Er nahm ihn mit nach Jakarta. Dort besuchte Budi eine Informatik-Fachschule und entdeckte, dass er, obgleich sein familiäres Umfeld es nicht erklären konnte, ein Talent für Computertechnologie hatte. Vier Jahre wohnte er bei seinem Onkel.

»Von da an änderte sich mein Leben. Ich weiß mich gut zu kleiden und gut zu benehmen.«

»Konnten Sie das vorher nicht?«

»Wäre ich in Surabaya geblieben, hätte ich nie Gelegenheit gehabt, ein Hotel zu besuchen. Ich hätte nie gelernt, wie man den Speisesaal eines Hotels betritt. Und vielleicht könnte ich kein Englisch und wüsste nicht, wie ich mich mit Leuten unterhalten soll.«

»Kümmert das denn jemanden hier?«

»Ja, das beschäftigt viele Indonesier.«

Nach der Fachschule fing er bei einer Computerfirma an, einer sehr berühmten. Er begann auf der untersten Stufe, aber bald stieg er auf und erhielt Auszeichnungen; dann fing er an, für die Firma zu reisen. Durch Arbeitskollegen lernte er wichtige Leute außerhalb der Firma kennen. Er stellte fest, dass die Welt der Wirtschaft, des Computergeschäfts und der politischen Machtausübung in Indonesien stark ineinander griffen, ja fast identisch waren; der Kreis der Mächtigen war im Grunde sehr klein. Gleichzeitig merkte er, dass er trotz seines Onkels noch immer für das Versagen seines Vaters büßte, dass er ein Mann ohne Familie, ohne Gruppe war. Er hatte das Haus seines Onkels verlassen und lebte in einem gemieteten Haus mit zwei Dienstboten, einem Ehepaar. Er war einsam. Er hatte kein nennenswertes gesellschaftliches Leben. Gerade sein Erfolg – und die Bekanntschaft mit berühmten, einflussreichen Leuten – brachten ihm seine Isolation zu Bewusstsein. Er fand keine Freundin, die zu seiner neuen Situation passte. Über Umwege lenkte der Erfolg daher seine Gedanken auf die Religion.

»Als ich Auszeichnungen von der Computerfirma bekam, dachte ich zum ersten Mal, dass ich jemand bin, etwas Besonderes bin. Als sie mich in die Marketing-Abteilung beförderten, dachte ich wieder, ich wäre besonders gut. Aber dann sah ich viele Leute, die besser als ich waren. Und mir kam der Gedanke, dass man von nichts auf der Welt sagen kann, es ist das Beste, denn nach dem Besten kommt immer etwas noch Besseres. Mit dieser Überzeugung im Hinterkopf merkte ich, dass ich Gott brauchte. In der Koranschule liest man endlose Male den Satz, Gott sei das Höchste, aber man spürt es nicht innerlich.«

»Wie alt waren Sie damals?«

»Ungefähr neunundzwanzig. Nicht sehr erfolgreich, nur besser gestellt, im Vergleich zu gewöhnlichen Leuten. Das mit Gott ging mir täglich im Kopf herum. Wenn ich nachdenke, denke ich immer allein nach. Ich habe in der Firma keinen Freund, mit dem ich über Religion reden kann. Vier oder fünf Jahre lang lebte ich in einem Widerspruch. Einerseits brauchte ich Gott und die Religion ganz dringend, andererseits machte ich schlimme Sachen, die die Religion verbietet. Ich trank Alkohol. Ich trank Bier. Und ich tat andere schlimme Dinge, schlimm im muslimischen Sinn. Immer hat es mir Angst gemacht, gleich nachdem ich es getan hatte. Nur Trinken nicht; Trinken schien mir weniger wichtig. Ich wusste aber, dass wir ein kleines Vergnügen im Diesseits mit vielen Jahren Hölle bezahlen müssen.«

»Haben Sie immer an die Hölle geglaubt?«

»Ja, immer. Hier glauben alle an Himmel und Hölle oder das Leben nach dem Tode, unabhängig von ihrer Religion. Ich wusste, dass ich zu viel gesündigt hatte, dass ich so oder so in die Hölle käme. Ich wusste, in meinem Leben halten sich Gutes und Böses nicht die Waage.«

Und dann, in dieser Zeit der Unruhe und des Zweifels, tat sich etwas in seiner geschäftlichen Laufbahn. Ein Kollege in der Computerfirma machte ihn mit dem Mann bekannt, der später sein Partner wurde. Der Kollege war ein Jugendfreund des Partners; dies war die Welt der Beziehungen, von der Budi sich ausgeschlossen fühlte. Nur wenige Wochen nachdem sie sich kennen gelernt hatten, sagte der künftige Partner zu Budi: »Warum machen wir nicht zusammen eine Firma auf?« Er brauchte Budi, weil er selbst zwar viele Beziehungen hatte und reich war und die Aufträge kannte, bei denen man nur zugreifen musste, aber nicht Budis Computertalent besaß. Im technologischen Zeitalter war ein Talent, wie Budi es hatte, so etwas wie ein »Gleichmacher«.

Budi traf eine rasche Entscheidung. Er beschloss, sofort aus der Computerfirma auszusteigen. Nach zehn Jahren Mitarbeit, nach allen Auszeichnungen und Reisen und First-Class-Hotels kündigte er von einem Tag auf den anderen.

Als er seinem Vater davon erzählte, sagte der alte Mann in Erinnerung an die Armut, in die er sich mit seinem unglücklichen Möbelunternehmen gebracht hatte: »Pass gut auf.« Seine Mutter, niedergedrückt von dieser Armut und der Erinnerung an ihre Mutter, die zur Arbeit aufs Feld ging, sagte gar nichts.

Ich fragte Budi, woher nach seiner Ansicht sein Computertalent stamme.

»Ich weiß es nicht. Vielleicht war es mein Schicksal. In meiner Branche scheitern viele, weil man vor allem eins braucht: Erfindungsgabe. Das ist wie Träumen. Zum Beispiel hier im Hotel, während ich esse, überlege ich, welche Dinge man automatisieren könnte – die Bestellung vielleicht. Das habe ich in Europa gesehen. Der Kellner kommt mit einem kleinen Rechner, drückt ein paar Knöpfe, je nachdem, was man sagt, und wenige Minuten später wird die Bestellung von einem anderen Kellner erledigt. Die Rechnung bekommt man dann automatisch von dem Kellner, der die Bestellung aufgenommen hat. So sitze ich hier, esse und rede mit Ihnen, und zugleich überlege ich, wie man für all das die Software machen könnte. Außerdem denke ich darüber nach, wie man diese Technisierung in vielen anderen Branchen anwenden könnte. So arbeitet es ständig in meinem Kopf. Ich kann das auch auf Eisenbahnwagen oder Lagerhäuser übertragen.«

Dass Budi durch seinen Partner den religiösen Lehrer kennen gelernt hatte, lag noch nicht lange zurück.

»Das erste Mal traf ich ihn in einem sehr schlichten Haus, das zugleich eine Moschee war. Es war sein Wohnhaus in Bandung. Mein Partner nahm mich mit. Er wollte eine Woche später nach Mekka aufbrechen, und wir baten den Lehrer, meinem Partner Segen und Rat auf die Pilgerfahrt mitzugeben. Beim ersten Mal schenkte ich ihm keinen Glauben. Er war noch sehr jung. Dann entdeckte ich sein profundes Wissen, und seither hüte ich mich, junge Leute zu unterschätzen. In seinem Haus hatte er ungefähr zehn Zuhörer. Sie saßen auf dem Teppich, einem ganz einfachen Teppich. Er sagte, das Geheimnis des Lebens heißt: Lass Gott entscheiden, was gut für dich ist. Damit meinte er nicht etwa, wir sollten in unseren Anstrengungen nachlassen, sondern im Gegenteil bei allem, was wir tun, unser Bestes geben. Man kann seinem Schicksal nachhelfen, aber nicht darüber hinausgehen.

Das erste Treffen dauerte eine Stunde. Ich fand ihn sehr interessant, doch war ich noch nicht bekehrt. Einige Monate später machte mein Partner den Vorschlag, mehrere tausend Rupiah für den Bau einer Moschee zu spenden; der Lehrer wolle das organisieren. Jeder, so sagte mein Partner, solle zwei Quadratmeter bezahlen. Seit unserer ersten Begegnung hatte ich den Lehrer nicht mehr gesehen. Mein Partner lud mich zur Eröffnung der Moschee ein, an der noch gebaut wurde. Ich sah den Lehrer wieder. Und ich sah, dass sich das schlichte Haus in eine wunderschöne Moschee verwandelt hatte.

Alles in allem habe ich ihn etwa dreißig Mal gesehen. Bei ihm bekam ich kein Detailwissen über die Religion. Ich brauchte ihn, weil ich etwas anderes tun wollte: die Balance zwischen dem Leben im Diesseits und dem Leben nach dem Tode herstellen, einschneidende Dinge. Viele schienen überzeugt zu sein, dass er übernatürliche Kräfte besitzt, aber ich war es nicht. Ich sah den Beweis – aus dem kleinen Haus wurde die große Moschee –, aber ich glaubte es trotzdem nicht. Ich glaubte eher an das, was er lehrte: Lass Gott entscheiden, was gut für dich ist.«

Siebenmal war der Lehrer in Mekka gewesen. Bezahlen musste er das nie. Immer zahlte irgendjemand für ihn. Und ähnlich ging es auch Budi, nachdem der Lehrer ihm geraten hatte, nach Mekka zu pilgern. Er besaß das Geld dafür nicht, aber als er es seinem Partner erzählte, zahlte der für ihn.

Am Samstag fuhren wir nach Bandung, um den Lehrer zu besuchen. Wir nahmen das Flugzeug, eine CN-235 (jenen früheren und kleineren Maschinentyp, den Habibies Flugzeugbaufirma in Zusammenarbeit mit den Spaniern konstruiert hatte). Im Warteraum erster Klasse standen geschnitzte und vergoldete

Stühle; ich stellte mir vor, dass so die Stühle aussehen müssten, die man nach Widarti Goenawans Worten bei *Femina* gar nicht mochte.

Von Jakarta nach Bandung war es nur ein Sprung, aber die kleine CN-235 startete mit Verspätung. Der Tag, der lang und verheißungsvoll vor uns gelegen hatte, begann zu schrumpfen. Das zerrte an den Nerven. Das Flugzeug selbst, das wirklich sehr klein war, heizte sich während des Wartens auf der Asphaltfläche stark auf; die Metallbespannung wirkte wie grobe Zimmermannsarbeit; und als wir abhoben, gab es so viel Lärm und Erschütterung, dass ich mich fragte, warum eine solche Maschine, deren lebenswichtige Bauteile doch importiert waren, überhaupt gebaut wurde.

»Ich bin stolz darauf«, sagte Budi, »dass sie fliegt. Nach dem ökonomischen Nutzen und Ähnlichem fragen Sie mich bitte nicht.«

Und dann war Bandung so schnell in Sicht, dass ich nach der ganzen Anspannung am Ende dasselbe empfand.

Budi hatte gesagt, sein Partner arbeite an diesem Samstag in Bandung und werde uns am Flughafen erwarten. Er war nicht da. Wir sahen ihn später, eher zufällig, in einem Geländewagen, in dem sich seine Familie drängte. Es war auf einem der nun stark befahrenen Boulevards in dem von den Holländern errichteten Hangviertel, wo Verwaltungsgebäude im Kolonialstil und kleine Wohnhäuser für gewerbliche Nutzung um- und ausgebaut wurden und alt gewordene Schatten spendende Bäume standen, mit kümmerlichem Blattwerk und aufgequollenen (am unteren Ende weiß gewaschenen) Stämmen, die das Pflaster uneben machten.

Der Partner hielt zwar für uns an, aber er reagierte ganz unverfroren. Er sagte einfach, er hätte vergessen, uns abzuholen. Und das war's dann; Budi schien nichts bemerkt zu haben; aber ich begriff, dass er sich – in seiner eilfertigen Freundlichkeit gegenüber einem vermutlich ohne Empfehlungen kommenden Besucher – übernommen hatte, als er einen so wichtigen Mann wie seinen Partner bat, uns am Flughafen abzuholen. Der Partner war freundlich, beachtete mich aber nicht weiter. Er war klein und untersetzt, mit wenig ausgeprägten Gesichtszügen; in einer indonesischen Menschenmenge wäre er nicht aufgefallen. Er war ein oder zwei Jahre jünger als Budi und verdiente nach dessen Auskunft bereits dreißig Millionen Dollar im Jahr. Seine Familie im Geländewagen war elegant gekleidet, auch ein Kindermädchen war dabei; seine Frau hatte blasse und schärfer konturierte Gesichtszüge; sie war eine beinahe indische Schönheit.

Weiter ging es bergan zum Haus des Lehrers, das am Stadtrand lag. Wir kamen an dem alten Landschaftspark des Institute of Technology vorbei, das noch immer holländisch wirkte. Dieses 1918 erbaute Gebäude wurde doppelt berühmt: in den zwanziger Jahren als Sukarnos alte Schule und seither als Zentrum aller ehrgeizigen Ziele Indonesiens. In der Salman-Moschee auf dem Campus hatte Imaduddin in den siebziger Jahren als Prediger regiert; sie war nicht zu übersehen. Nicht zuletzt durch Imaduddins Wirken war sie über die koloniale Intention der Holländer hinausgewachsen; und wie im bewussten Gegenzug zur kolonialen Zurückhaltung des Umfelds war sie nun ein großes, leuchtend angestrichenes Betongebäude. Auf einer der schattigen Straßen fuhren wir an einer lebhaft plaudernden Reihe von Studenten vorbei, alle weiß gekleidet und mit einem komischen Hut auf dem Kopf. Budi, der früher einmal davon geträumt hatte, einer dieser Studenten zu sein, wusste nicht, wo die Uniform herkam; vielleicht war sie einfach eine hierher verpflanzte holländische Tradition.

Als wir uns von der Hochschule und dem holländischen Stadtviertel entfernten, trug Budi noch einige Informationen über den Lehrer nach. Die übernatürlichen Kräfte, die manche ihm zuschrieben, hätten ihm immer größeren Erfolg beschert. Mittlerweile besäße er einen Supermarkt, eine Autovermietung, eine Nähwerkstatt, eine Bank und einen Computerverleih. All dies gesellte sich dazu, entstand um ihn herum. Er selbst blieb, was er war: ein Lehrer. Eine von Schülern gegründete Stiftung kümmerte sich um das Geschäftliche. Und das alles in drei Jahren! Das war der Erfolg, in dem andere – und Budi jetzt auch – die Hand Gottes sahen.

Als wir ankamen, gab es wieder eine Überraschung, wieder eine Korrektur: Denn die Worte, mit denen Budi die geschäftlichen Unternehmungen des Lehrers oder seiner Stiftung geschildert hatte, waren einige Nummern zu groß gewesen. Wir waren jetzt weit weg vom kolonialen Stadtviertel, in einem einfachen Dorf, das nur aus Privathäusern, Höfen und Gärten zu beiden Seiten der schmalen Asphaltstraße bestand. Der Computerverleih war ein kleiner geschlossener Stand; der Supermarkt war eine Art Dorfladen; die große Moschee (über dem Laden) war nicht sehr groß. Und die Gebäude der Gemeinde waren bescheiden. Im Grunde waren es, trotz all des neuen Betons und Farbanstrichs und trotz der Lehmziegeldächer, die bunt gemischten Häuser eines Kampong, hier zwanglos zusammengestellt zu einem Pesantren, einer religiösen Internatsschule; allerdings waren die hiesigen Schüler zugleich Anhänger des Lehrers, die ihm hingebungsvoll dienten.

Das Pesantren sorgte täglich für die Reinhaltung der Dorfstraße; zwar gab es unvermeidliche Staubanhäufungen an den zerbrochenen Rändern der Asphaltbrocken, aber etwa alle fünfzig Meter stand ein Pfahl mit einem bunten Plastikeimer für Abfall, der nicht auf der Straße liegen sollte. Die Eimer waren eher klein. Aber genau wie die altmodischen Streichhölzer, die der Bettler nicht ernsthaft verkaufen will, hatten die kleinen bunten Eimer, wie mir schien, eher symbolische Bedeutung, waren ein Emblem für Dienen und Frömmigkeit und nicht dazu gedacht, mit wirklichem Müll oder schmutzigen Dingen voll gestopft zu werden.

Das Haus des Lehrers – das jetzige, nicht das ursprüngliche, das zur Moschee und zum Dorfladen umgebaut worden war – lag in einer kurzen Gasse, die von der Hauptstraße des Dorfes abging. Zwischen zwei Häusern der Gemeinde hindurch führte sie zu einem Hof. Auf dessen einer Seite befand sich das Haus des Lehrers. Es hatte nur ein Stockwerk, das etwas erhöht stand, und seine Mauern – Budi zufolge Betonmauern – waren verkleidet mit Bambusgeflecht in einem auffälligen, aus Dunkelbraun und Beige zusammengesetzten Rautenmuster.

Gerade als wir auf den Hof fuhren, trat der Lehrer auf die Veranda seines Hauses hinaus. Es war ein beeindruckendes Bild: Er führte einen rundlichen blinden, mit langer blauer Bluse bekleideten Jungen. Er war sehr klein, kaum größer als der Junge, aber erheblich schlanker. Sie verabschiedeten sich; der blinde Junge wurde einer anderen Person übergeben und die zwei Stufen zum Hof hinabgeführt. Eine Audienz war zu Ende.

Wir zogen uns die Schuhe aus und stiegen zur Veranda hoch. In Jakarta hatte Budi mir gesagt, der Lehrer sei »hager«. Aber das gab nicht wieder, welch zierlichen Eindruck der kleine Mann machte: das winzige Gesicht, der schmale Schnurrbart, der dünne Kinnbart, die kleinen lebhaften Augen, die uns nun musterten. Er hatte überraschend volle, deutlich konturierte Lippen und an der Mitte der Unterlippe ein bloß angedeutetes Haarbüschel. Seine Haut war von einem sanften Hellbraun, und er trug weiße oder altweiße, arabisch wirkende Kleidung, seine religiöse Kluft, von der Budi mir schon erzählt hatte: einen Turban aus gestepptem Stoff mit einem langen Schwanz und eine lange Bluse (über einem dunkelblauen Sarong). Trotz seiner Aufmachung und seines Berufs und trotz des blinden Jungen machte sein Haus keinen ernsten Eindruck. Es war das Wohnhaus einer Familie mit spielenden Kindern und geschäftigen Frauen, die sich freuten, dass sie dem Lehrer nahe standen.

Er setzte sich mit uns auf den grünen Nylonteppich, der langhaarig, lose und uneben auf dem Fußboden lag. Das Verandageländer – aus Bambuspfählen, die durch Holzlatten verbunden waren – war sehr niedrig; der Lehrer konnte sich darauf lehnen. Wie jetzt, in einem plötzlichen Augenblick der Geistesabwesenheit: Er lehnte sich auf das Geländer und sah von uns weg, hinab auf den kleinen Teich unterhalb der Veranda mit seinem fließenden Wasser und dem kleinen Steingärtchen aus hübsch behauenen Lavablöcken – in diesem Hof ein unerwarteter Anflug von Eleganz.

Helfer mit weißen Kappen, junge Männer, Schüler des Pesantren, begannen, für die Nachmittagspredigt billige, fabrikgefertigte Teppichvorleger – verschiedene Farben, Blumenmuster – auf dem Betonboden des Hofes zu entrollen. Offensichtlich sprach der Lehrer von dieser Veranda aus, wie von einer Kanzel oder vom Podium eines Herrschers. Budi hatte mir erzählt, die Predigten des Lehrers zögen bis zu tausend Zuhörer an; jetzt aber, da seine Erregung zunahm (die Gebetsstunde rückte näher – er betete fünfmal am Tag), machte er zweitausend daraus. Auf dem Hof war gar nicht für alle Platz, aber für jene, die auf der Straße oder sogar in Nachbarhäusern bleiben mussten, gab es eine Bildschirmübertragung.

»Er ist Hightech«, sagte Budi.

Der Lehrer wollte nicht, dass Budi dolmetschte. Er wollte selbst mit mir sprechen, auf Englisch; das aber brachte Probleme, besonders weil er nicht genau wusste, weswegen ich gekommen war. Ich wollte etwas über die Anfänge seines geistlichen Amtes oder Berufs hören. Ich glaube nicht, dass er das verstanden hat. Er wollte in der Gegenwart bleiben und von der Gemeinde erzählen, die sich um ihn gesammelt hatte, und über die diversen Spenden seiner Anhänger, die zu Gottes Gunst hinzugehörten – und da ahnte ich, dass auch der Teich samt Steingarten unterhalb der Veranda, zu dem er von Zeit zu Zeit hinunterblickte und der so schön angelegt, so losgelöst von der übrigen Umgebung war, vermutlich eines dieser Extrageschenke darstellte.

Als ich ihn mit Fragen nach seinen ersten Predigten bedrängte, antwortete er mit allgemeinen Floskeln. »Viele Menschen haben kein schönes Leben. Sie haben Geld, sind aber nicht glücklich. Ihre Seele treibt umher.« Verließen ihn die Sprachkenntnisse, so versuchte er den Mangel durch mehr Stimme, Mienenspiel und Gestik wettzumachen und verschränkte seine schlanken Finger. Ein- oder zweimal erspähte ich – ein rührender Anblick – seine kleinen nackten Füße unter dem Sarong.

Ich hatte den Eindruck, dass ich es mit einer harmloseren Frage versuchen müsste. Ich erkundigte mich nach seinem

Vater. Er sagte, sein Vater sei Soldat gewesen; er verließ die Armee als Oberstleutnant; seinen ganzen Militärdienst hatte er auf Java geleistet. »Ich dachte auch daran, zur Armee zu gehen. Macho. Wie meine Freunde.« Er lachte. »Jetzt bin ich in Allahs Armee. Meine Freunde tragen die grüne Uniformmütze der Armee. Ich trage die weiße Mütze, den weißen Turban Allahs.«

Ich versuchte es mit einer anderen Frage. Budi hatte mir gesagt, auch der Lehrer sei am ITB gescheitert, und bevor er das göttliche Licht erblickte, habe er ein »unanständiges« Leben geführt. Ich fragte den Lehrer also nach seiner Ausbildung und stellte fest, dass Budi es falsch erzählt hatte. Er wollte den Lehrer zu sehr nach seinem Bilde formen. Der Lehrer war kein Studienabbrecher; er sah sich als vielseitig begabten und erfolgreichen Mann. Er hatte mehrere Fächer studiert, Management und Elektronik, außerdem Elektrotechnik am ITB, wo er einen akademischen Abschluss gemacht hatte. »Bei den meisten Dingen, die ich getan habe, schenkte Gott mir Erfolg. Beim Schreiben. Als Redner. Ich wurde auch zum Kommandanten des Studentenbataillons ernannt. Aber nach all den Erfolgen fühlte ich mich leer. Ich war vierundzwanzig oder fünfundzwanzig. Ich versuchte herauszubekommen, was das Wichtigste im Leben ist.«

Darüber wollte ich mehr hören.

»Ich war das älteste von vier Kindern. Das dritte Kind, ein Bruder, starb an multipler Sklerose. Ich trug ihn auf dem Rücken in die Schule. Aber trotz seiner Schmerzen war er immer fröhlich. Fröhlicher als die Ärzte und fröhlicher als wir. In seinem Innern war etwas Bedeutsames. Was konnte das für ein Geheimnis sein?«

Eine neue Besucherin kam, eine Frau in altweißer muslimischer Kopfbedeckung und einem langen schwarzen Gewand. Ihr Gesicht war rund und nicht geschminkt, und hinter ihren lächelnden Augen lag ein Anflug von vergangenem Leid. Sie hieß Hani, arbeitete in Habibies Flugzeugbaugesellschaft IPTN und war dort allgemein bekannt, weil sie als einzige Mitarbeiterin in voller muslimischer Kleidung kam. Der Lehrer begrüßte sie und stellte sie vor, wobei er erklärte, dass sie nach islamischer Vorschrift keinen Mann anfassen dürfe.

Sie hockte sich vor uns hin, auf Knie und Fersen, die Oberschenkel gespreizt unter dem Gewand. Sie erzählte, sie habe acht Jahre in Frankreich gearbeitet. Studiert habe sie in Poitiers.

»Sie kommt aus der Hightech-Branche«, sagte Budi.

Bescheiden erklärte sie, sie arbeite nur an einem »kleinen Teil« des für Habibie konstruierten Flugzeuges. Aber wenn sie hierher komme, ins Pesantren, dann tue sie alles in ihren Kräften Stehende, um den Bedürfnissen der Menschen zu dienen. Was sie augenblicklich mache? Sie sagte, sie nähe Gewänder für Muslime. Damit wollte sie nur sagen, dass sie Kleidung nähte; für etwas ganz Einfaches fand sie religiöse Worte.

Aus dem Innenraum des Hauses brachten Helferinnen Teller mit leuchtend gelben Keksen und eine rote Flüssigkeit in Porzellantassen. Die Tassen standen unsicher auf dem langhaarigen, zerknautschten Teppich.

Hani sagte, sie sei nach Indonesien zurückgekommen, weil sie einen Vertrag mit IPTN gehabt habe. Habibie hatte ihr ein Stipendium gewährt. Jedes Jahr wurden fünfzig Leute ins Ausland geschickt, und die Stipendien wurden zumeist im Flugzeugbau vergeben.

Ich bat den Lehrer, die Geschichte mit seinem Bruder zu Ende zu erzählen.

»Er starb und sagte: ›In der Welt können wir nicht gemeinsam wirken, aber wir werden es im Leben nach dem Tode tun.‹«

Hani, wie beschrieben am Boden hockend, lächelnd, das Gewand um sich gebreitet, groß und aufrecht neben dem zierlichen Lehrer, sagte über ihn: »Als ich aus Frankreich zurückkam, bei IPTN arbeitete und ihn zum ersten Mal hörte, sind mir die Tränen gekommen.«

»Wissen Sie noch, was er sagte?«

»Er sagte, unser Werk auf Erden ist vergänglich. Wenn wir uns sehr anstrengen, gewinnen wir ein gutes Leben nach dem Tode. Er machte mir Mut, wach zu werden und mich mehr anzustrengen. Nie sagt er etwas zweimal. Gott wirkt durch seinen Mund.«

Und dann endlich – es war Gebetszeit und Budi war fort, von irgendwoher kam Sprechgesang, eine Lautsprecheranlage kreischte und dröhnte, während sie aufgebaut wurde, eine Frau oder ein Mädchen in grünem Schleier fegte den überdachten Vorplatz vor dem Haus auf der anderen Seite des Hofes, dürre Pesantren-Katzen streunten mit schlaffen, schwingenden Bäuchen umher –, dann endlich erzählte der Lehrer, als ob Hanis Worte ihn darauf gebracht hätten, von seiner ersten Predigt. Er sprach in einer Mischung aus Englisch und Indonesisch, das von Hani übersetzt wurde.

Damals war er fünfundzwanzig; es muss nach dem Tod seines Bruders gewesen sein. Es war im Haus seines Vaters. Er begann, zu Leuten zu reden. Bei der ersten Predigt waren zehn Menschen anwesend. Dann verließ er das Haus seines Vaters (er sagte nicht, wo es lag) und kam hierher und mietete ein Zimmer in dem Haus, das jetzt zur Pesantren-Moschee geworden war. Als er vierzig Zuhörer hatte, machte er sich Gedanken. »Warum hören die Leute mir zu?«, fragte er sich. Er verlor Freunde. Drei Jahre lang war es schwierig für ihn – obgleich er nicht sagte, in welcher Weise. Alle Freunde wandten sich von ihm ab, außer einem einzigen. Er machte sich nichts daraus.

»Ich weiß, Allah beobachtet mich die ganze Zeit. Allah hört mir zu. So kann ich nicht lügen. Das genügt mir. Ich habe einfach gern über gute Dinge gesprochen. Und manche sagten, das ist hübsch, sehr schön. Ich merkte nicht, dass es schön war. Es ist schwer für mich, über diese Dinge zu sprechen. Ich habe einfach mein Herz geöffnet. Ich rede vom Herzen her, nicht vom Verstand.«

Ohne Frage hatte Hani genau das gemeint, als sie sagte, Gott wirke durch seinen Mund.

Ich ahnte, dass – hätte ich die Zeit gehabt und den Lehrer dazu bringen können, viele harmlose Fragen zu beantworten – mehr über seine Mission zu erfahren gewesen wäre; allerdings nicht sehr viel mehr und nichts, was das bereits Gesagte verändert hätte. Weiter konnte man ohne Sprachkenntnisse und ohne Glauben und die Bedürfnisse des Glaubens nicht kommen.

Ich fragte nach dem blinden Jungen.

»Ich habe ihm hier einen Platz gegeben, mit anderen Schülern zusammen. Aber jetzt arbeitet er für ein staatliches Krankenhaus. Er war drei Jahre hier.« Und was hat er gemacht? »Dies ist ein Waisenhaus. Nur vier der Kinder sind meine eigenen. Ich betreue hier Waisenkinder.« Wie viele? »Etwa sechs oder zehn.«

Seltsame Ungenauigkeit; aber vielleicht war es nur ein Streich, den die Aussprache ihm spielte. Wir hatten die Kinder im Haus schon gehört; jetzt wälzten sich einige, darunter eins oder zwei mit weißer Kappe, nicht Mädchen, sondern Jungen, auf den Teppichen im Hof herum, auf denen in kurzer Zeit die Gläubigen sitzen würden.

Budi kam zurück, es war Zeit aufzubrechen. Die Wachsamkeit war aus den Augen des Lehrers verschwunden; unsere Begegnung war gut abgelaufen. Er begleitete uns in den Hof und bis zur Straße. Mit Vergnügen ließ er sich fotografieren: mit lang herabhängendem Turbanschwanz, den Federhalter in die Brusttasche seiner Bluse geklemmt, während die zarten Füße unter dem Sarong hervorlugten. Dann rief er die Kinder (weiße Kappen für Jungen, weiße Kopftücher für Mädchen), ihre Betreuerin (in safrangelbem Sarong und schwarzem Kopftuch) und Hani: Auch sie sollten für Fotos posieren. Am Ende lachten alle.

Als wir losfuhren, sahen wir, wie zwei oder drei Häuser weiter Pesantren-Schüler mit weißen Kappen Nahrungsmittel aus einem Auto ins Innere des Hauses beförderten. Vermutlich waren die Dinge von einem Anhänger gespendet, wie so vieles andere, das wir gesehen hatten: der grüne Teppich auf der Veranda, die Porzellantassen für das rote Getränk (vielleicht auch das Getränk selbst), der Teich und der Steingarten im Hof – jeder gab seinen Mitteln entsprechend. Es war, wie Budi gesagt hatte: Der Glaube seiner Anhänger hatte dazu geführt, dass das

Pesantren samt seinen Geschäften wachsen und gedeihen konnte. Und da sein Erfolg Beweis für die göttliche Gunst war, nahm dieser Erfolg – wie auch die Zahl seiner Anhänger – zu.

Er hatte nicht bloß Glauben zu bieten. Er bot vermutlich eine Vielzahl jener »einschneidenden Dinge«, die er auch Budi gegeben hatte: geistliche und weltliche Anleitung (»Lass Gott entscheiden, was das Beste für dich ist«) sowie den Weg zur Vergebung. Er gab jedem, seinen Bedürfnissen entsprechend, Halt und Zusprache; und die Bedürfnisse der wichtigen Leute waren erheblich. Mindestens einer von Habibies Verwandten, so Budi, gehörte zu den Anhängern. Er ließ sogar durchblicken, der große Habibie selbst stehe in Kontakt mit dem Lehrer. Aber Budi, so viel hatte ich begriffen, sah sich gern mittendrin; es mag also nur eine seiner überspannten Geschichten gewesen sein.

Nun war dem Lehrer alles – über sein Pesantren und seine Mission – entlockt. Übrig blieb nur der Lehrer, so wie jetzt, als er lächelnd zwischen den Kindern stand und sich verabschiedete.

Zurück nach Jakarta nahmen wir den Zug. Der von den Holländern erbaute Bahnhof war gut erhalten – Java war nicht Indien –, obgleich ein Dunkin-Donuts-Stand mit seinem internationalen Touch sehr kurios wirkte. In dem klimatisierten Erster-Klasse-Waggon hing auf allem der deutliche Geruch pikanter Speisen. Ein Zugbegleiter schaltete den Videoschirm an, der oben in einer Ecke angebracht war; es lief der Film *The Little Buddha*, den Budi schon einmal gesehen hatte. Im schwindenden Tageslicht fuhr der Zug langsam über die Schluchten des bewaldeten Berglands, von dem Bandung umgeben war: eine Schlucht nach der anderen, eine Brücke nach der anderen, wobei die Strecke so viele Kurven beschrieb, dass man mitunter, wenn man nach vorn und nach hinten blickte, zwei oder sogar drei dieser weiß gestrichenen Brücken sah, deren geschwungene und breite Metallträger sich in der Dämmerung wie dekorative Girlanden vor dem dunklen Grün des Waldes abzeichneten. Die kleinen, terrassenförmig angelegten Reisfelder, unregelmäßige Muster aus Deichen und Wasser an den steilen Berghängen, fingen das schwindende Tageslicht ein und wirkten wie Kirchenfensterglas, Dunkel, in Gold oder Rot gehalten und gelegentlich bepflanzt mit Reihen von Setzlingen.

Die Reisbauern, sagte Budi, sähen die Schönheit nicht, die wir sahen. Häufig müssten sie stundenlang bergauf, bergab laufen, um zu einer Hauptstraße zu gelangen. Als wir durch ein Dorf fuhren, zeigte er, was er meinte. In solchen Dörfern waren tausend Rupiah, also fünfzig Cent, eine Menge Geld. (Er sagte: tausend »Rups«, und »Rups« als Ersatz für Rupiah gehörte zur seltsamen Lässigkeit seines Sprechens.) Ein Maiskolben brachte nur fünfzig »Rups« ein, das heißt zweieinhalb Cent; so dass ein Bauer für anstrengende Arbeit – nicht zuletzt die Mühe, die Ernte zum Markt zu bringen – womöglich nur fünf Dollar bekam. Etwas später wies er auf das Waldland, wo ein Verwandter von Habibie nach seinen Worten demnächst neunhundert Häuser für IPTN-Mitarbeiter bauen würde; der Flugzeugbau hatte seine Weiterungen.

Er wisse wohl, sagte er, wie seltsam es sei, dass er so von den Armen rede, obgleich er nun auf der anderen Seite stünde. Aber jeden Tag streite er sich mit seinem Partner über einen neuen Korruptionsfall, den er bemerkte oder zu bemerken meinte. Er konnte nicht anders – obgleich er wusste, dass er von seinem Partner (und dessen Gepflogenheiten) abhing, um die großen Aufträge zu bekommen, auf die sie stießen. Auch dem Lehrer habe er schon diesen Vorwurf gemacht: dass er korrupte Männer unter seinen Anhängern zuließ.

Was hat der Lehrer darauf gesagt?

Er sagte, er wisse, was über manche Leute erzählt werde. Aber danach könne er nicht gehen; er dürfe sie nur nach dem beurteilen, was er von ihnen sehe. Eine ebenso gute Antwort wie die, die er Budi gegeben hatte, als dieser ihn nach seiner halb arabischen Kluft fragte. Ja, sagte der Lehrer, sie sei ausgefallen, aber das sollte sie auch sein: Sie sorgte für die bewusste Wahrnehmung seiner selbst, so dass er, wenn er diese Kleidung trug, nichts Schlechtes tun könne.

»Ich habe Sie eine Weile mit ihm allein gelassen«, sagte Budi, »nachdem Hani gekommen war. Ich bin beten gegangen, weil es Zeit war. Beim Beten entdeckte ich, dass ich meine Brieftasche verloren hatte. Der Verlust selbst war nicht so wichtig. Aber es würde Scherereien geben. Ich müsste mich um die Arbeitspapiere kümmern. Mit dem Personalausweis würde es Probleme geben und Monate dauern, bis ich einen neuen hätte. Gleich nach dem Beten zerbrach ich mir den Kopf darüber. Dann aber dachte ich: ›Wenn ich sie verliere, ist es Gottes Wille. Das heißt, dass ich es mehrfach zurückerhalte.‹ Und dann kam ich zu Ihnen und dem Lehrer und sah die Brieftasche neben Ihnen auf dem Teppich liegen.«

So brachte der Besuch bei dem Lehrer wieder eine religiöse Erfahrung: Verlust, Panik, Verzicht, Glaube, unendliche Erleichterung, neuer Glaube. Aber Budi wäre nicht Budi, hätte das religiöse Erlebnis nicht auch eine praktische Erfahrung mit sich gebracht. »Steck die Brieftasche nie in die Seitentasche. Da fällt sie irgendwann heraus. Steck sie immer in die Gesäßtasche.«

Der Himmel wurde immer dunkler. Draußen war nichts mehr zu sehen. Das Neonlicht im Wagen leuchtete schwach; in den Fenstern erschienen Spiegelbilder. Alles zusammen – die gedämpfte Innenbeleuchtung, die Bewegung, das Geräusch der Räder und der *Little Buddha*, der die ganze Zeit auf dem Videoschirm lief – sorgte dafür, dass Budi immer verstecktere, persönlichere Dinge erzählte.

Er sprach von seinem Onkel, dem jüngeren Bruder seiner Mutter, der ihn geliebt und so viel für ihn getan hatte. Dieser Onkel holte ihn aus Armut und Verzweiflung in Surabaya, nahm ihn nach Jakarta mit, stellte ihn auf eigene Füße und zeigte ihm die Welt. Vier Jahre lebte Budi bei ihm, einem Juristen und Professor. Dann gab es Streit. Als Budi mir das erste Mal von seinem Onkel erzählt hatte, überging er diesen Streit, der starke Spuren in ihm hinterließ und eine Erklärung für seine jetzige Einsamkeit war.

Der Onkel hatte in Indonesien eine holländische Schulbildung genossen; und obgleich er gläubiger Muslim war und viermal am Tag betete, gab er seine Bewunderung für die Kultur der Niederlande nie auf; alle zwei Jahre fuhr er dorthin. Budi konnte – als hätte er es schon oft gemacht – aufzählen, was er von seinem Onkel gelernt hatte. Er lernte, in Restaurants zu gehen; mit seinem Onkel tat er das dreimal pro Woche. Er lernte, Auto zu fahren (manchmal lieh ihm der Onkel seinen Wagen), zu fotografieren, Bücher zu kaufen, die nicht bloß Lehrbücher waren, zur Koranschule zu gehen, sich gut zu kleiden – statt Turnschuhen und Jeans vielmehr Sportjacken von Marks und Spencer sowie Bally-Schuhe zu tragen – und außerdem, kurioserweise, ein Haus zu streichen.

Nach vier Jahren gab es Streit. Es ging um Mädchen, darum, dass Budi, manchmal mit dem Auto, bis spät in die Nacht fortblieb und sich dann bezüglich der Mädchen etwas zusammenlog. Es ging um kein bestimmtes Mädchen, sondern um die Missbilligung von Budis genereller Lebensweise. Als der Streit losging, tat Budi etwas Merkwürdiges. Er brachte seine damalige Freundin von ihren Eltern weg in das Haus einer anderen Freundin. Nach zwei Tagen gingen die Eltern zur Polizei. Die erschien bei Budis Onkel und erkundigte sich nach ihm. Der Onkel verhandelte mit ihnen und fragte Budi später: »Weißt du, wo das Mädchen ist?« »Natürlich«, antwortete Budi. Der Onkel sagte in strengem, aber nicht zornigem Ton: »Wenn du nicht aufpasst, bekommst du Scherereien.« Und vielleicht gab Budi, obgleich er es nicht erwähnte, seinem Onkel damals ein Versprechen.

Einige Zeit später rief das Mädchen abends bei dem Onkel an. Dieser war am Apparat. Budi hatte etwas dergleichen befürchtet. Und jetzt war der Onkel richtig wütend. Er sagte: »Merkst du nicht, dass du ein Nichts bist? Schau dir deinen Vater an. Er gibt dir ein gutes Beispiel. Er wohnt nicht in einem Haus, sondern in einem Vogelnest.« (»Und das stimmt heute noch«, sagte Budi, als er die Geschichte erzählte, »ich kann Ihnen das Haus zeigen.«) Der Onkel stellte ihm ein Ultimatum: Er sollte entweder das Mädchen verlassen oder das Haus.

Budi sagte, er werde das Haus verlassen. Seine Tante bat ihn inständig, sich die Sache zu überlegen. Sie kam sogar an sein Bett, nahm ihn in den Arm und bat ihn, sich bei seinem Onkel zu entschuldigen. Aber am nächsten Tag ging er.

»Es gab noch einen Grund wegzugehen«, sagte Budi. »Meine Eltern sind sehr, sehr arm. Ich lebe in einer Welt des Reichtums. Oft denke ich an meine Familie. Jedes Mal wenn ich Geld für mich ausgebe, fällt mir ein, dass diese Summe ihnen helfen könnte, wenn ich sie ihnen schickte. Ich trage Bally-Schuhe, esse in schönen Restaurants, kaufe teure Bücher, und sie haben nicht einmal immer etwas zum Mittagessen.«

Er zog in das Haus eines Studienfreundes. Ein jüngerer Bruder musste für Budi sein Zimmer räumen. In der ersten Woche fand Budi durch einen anderen Studienfreund einen kleinen Bürojob und verdiente dreißigtausend Rupiah, das sind etwa fünfzehn Dollar. Am Ende der zweiten Woche fand er Arbeit bei einer großen Computerfirma: als einfacher Computermann. In dieser Firma arbeitete er zehn Jahre und hatte immer mehr Erfolg. So begann, schnell und unerwartet, seine eigentliche Berufslaufbahn. Es war genau das, worauf sein Onkel ihn vorbereitet hatte; aber jetzt war der Onkel nicht mehr da; und es gab niemanden, der ihm so nahe stand, sich so für ihn interessierte oder so viele Kenntnisse besaß, dass er ihm all das Neue in seinem Leben hätte mitteilen können. Er merkte, wie einsam er war.

Budi machte noch eine weitere bittere Erfahrung, und zwar mit seinem Studienfreund, bei dessen Familie er wohnte. Zuerst wollte der Freund, dass ihm Budi die Hausarbeiten machte; dann erreichte er, dass Budi ihm eine Prüfungsarbeit schrieb; dann bat er ihn um Geld. Budi konnte sich bei niemandem im Haus beschweren; und als er schließlich ging, hinterließ er bei allen einen schlechten Eindruck.

Ein Drittel dessen, was er verdiente, schickte er seinen Eltern in Surabaya und linderte damit einen Teil des alten Kummers. Vier Jahre nachdem er das Haus seines Onkels verlassen hatte, drängte seine Mutter ihn, mit dem Onkel ins Reine zu kommen. »Du bist der Jüngere«, sagte sie, »dein Onkel kann sich nicht bei dir entschuldigen. Du musst es tun.« Schließlich gab er nach. Zum Fest, das den muslimischen Fastenmonat beendet, kam sie aus Surabaya nach Jakarta und nahm ihn mit ins Haus des Onkels. Vom frühen Morgen bis zum Abend waren sie dort; aber der Onkel blieb die ganze Zeit in seinem Zimmer und begrüßte sie nicht. Im folgenden Jahr kam Budis Mutter aus demselben Anlass wieder nach Jakarta und nahm Budi ins Haus des Onkels mit. Diesmal kam der Onkel aus seinem Zimmer heraus. Aber die Beziehung war kaputt. Es konnte nicht mehr sein wie früher.

Fast schien es, als sei dies das Muster von Budis Leben: Immer wieder wurde der Freund und Retter, wie im Märchen, zum Feind. Und als mir der im Nu gewonnene Partner einfiel, den wir in Bandung mit seiner eleganten Familie im Geländewagen gesehen hatten, fragte ich mich, ob dieses Muster sich nicht auch bei den Geschäftsfreunden wiederholen könnte, die Budi unter jenen fand, die der indonesische Wirtschaftsboom so unglaublich reich gemacht hatte. Ich teilte ihm den Gedanken mit.

In seiner Antwort griff er Worte von mir auf: »Es kann sein, dass aus Freunden wieder Feinde werden. Wenn man Schlimmes hört und nichts sagt, dann explodiert man eines Tages, wie mein Onkel.«

Er war verwundbar. Er hatte keine Protektion. Und jetzt erfuhr ich auch, dass er trotz all seines erlesenen Geschmacks an Kleidung, Schuhen und ausländischen Sonnenbrillen, den sein Onkel ihn gelehrt und den er sich bewahrt hatte, kein eigenes Haus, keine Wohnung besaß. Er bewohnte Zimmer in den Häusern von Freunden, im Turnus; und in seinem Büro hatte er eine Ecke, wo er schlafen konnte. Er sagte, ein Haus könne er sich nicht leisten. Ich erzählte ihm von den tausenden Häusern, die ich in den großen neuen Trabantenstädten Jakartas gesehen hatte. Er antwortete, nur korrupte Leute wie Polizisten oder Steuerberater könnten die zwanzigprozentige Kaution für ein Haus bezahlen, das vierzigtausend Dollar kostete; wenn man dort wohne, lebe man unter Betrügern. Aber dann fuhr er fort, er wolle kein Haus in einer Trabantenstadt haben, weil er dann eine ganztägige Haushaltshilfe brauchte, um es in Ordnung zu halten, und das würde ihn sehr belasten. Wenig später schien er zu sagen, er könne es nicht ertragen, so allein in einem eigenen Haus zu sein.

Seine Einsamkeit quälte ihn. Die mittellosen Eltern in Surabaya konnten auf dem Gebiet sozialer Kontakte nicht viel für ihn tun. Und da er keine Universität besucht hatte, war er von einer ganzen Generation Gleichaltriger abgeschnitten. Die Mädchen, die er hätte heiraten mögen, heirateten andere Männer. Selbst während seines Aufstiegs innerhalb der Computerfirma war es ihm nicht gelungen, unter seinen Kolleginnen eine Freundin zu finden, da ihm die Herkunft und das Selbstvertrauen fehlten, über die sie verfügten. Bevor ihm der Lehrer in Bandung geraten hatte, nach Mekka zu pilgern, hatte er viele sexuelle Beziehungen, aber ohne »Environment« – sein Computerwort für ein angemessenes gesellschaftliches Leben. Jetzt, nach seinem Gelübde, war es auch mit dem Sex vorbei.

Er hatte hunderte von Freunden. Aber Einsamkeit, so sagte er geheimnisvoll, habe nicht unmittelbar mit Glück zu tun; und die Einsamkeit, unter der er litt, bestand darin, »nicht zu wissen, was ich tun soll«. Er hielt die Verbindung zu seinen Eltern; aber sie meinten, er stehe weit über ihnen; und er konnte sich nicht richtig mit ihnen unterhalten, so wie mit seinem Onkel.

»Meinem Vater tut der Bankrott nicht Leid. Ihm tut nie etwas Leid. Er trägt gern alte Hemden, selbst wenn ich ihm neue kaufe. Darin ist er ein richtiger Indonesier. Er sehnt sich überhaupt nicht nach Luxus. Er ist zufrieden mit seinem Vogelnest. Ich habe ihm erzählt, was mein Onkel gesagt hat, und da lachte er. ›Du bist also weggelaufen‹, fragte er, ›weil er das gesagt hat?‹ Ich antwortete: ›Es war beschämend.‹ ›Aber es stimmt‹, sagte er, ›das Haus ist wie ein Vogelnest.‹«

Vor dem neuen, von den Japanern gebauten Bahnhof in Jakarta, der mit seinen offenen Flächen und verlockenden Speiseständen erheblich schöner und attraktiver war als alle Bahnhöfe in Indien, handelte Budi ein paar Minuten lang hartnäckig mit den Taxifahrern. Ich bot mich an zu zahlen, aber er wollte handeln. Einen Mann handelte er auf einen Preis herunter, der mir sehr niedrig erschien. Als wir im Taxi saßen, sagte er, er werde den vereinbarten Preis verdoppeln, um zu zeigen, dass er das Entgegenkommen des Fahrers würdigte.

Etwas von dem Rätselhaften und Merkwürdigen, das seinem Vater anhaftete, war auf ihn übergegangen. Seine Angst vor der Einsamkeit zwang ihn, so zu leben, wie er es tat, bei Freunden und in seinem Büro; und dieser Lebensstil sorgte dafür, dass er einsam blieb.

Sein Büro war ein riesiger Raum in einem modernen Mietshaus im Zentrum Jakartas. Durch Trennwände war er in kleinere Bereiche aufgeteilt. Im Hauptareal standen fünf Managerstühle. Zu diesem Teil gehörte auch ein Schlafschrank, wo Budi übernachtete, wenn er nicht bei Freunden war. Im Schrank befanden sich ein Etagenbett und Kleiderstangen, und da es keine Belüftungsanlage gab, ließ er beim Schlafen die Schranktür offen stehen. Die Kleidungsstücke, die er nicht auf Bügel hängte, lagen in Schubladen im Managerraum. Die Kleidung war teuer, ganz wie er es bei seinem Onkel gelernt hatte; und auf einem Wandregal neben dem Schlafschrank standen Bücher – für die Bettlektüre –, wie ihn sein Onkel sie zu kaufen gelehrt hatte, darunter der Koran auf Indonesisch und Englisch, mehrere religiöse Bücher und eine Reihe von Heinemann-Asia-Bänden über Unternehmensmanagement, die er nach unserem Tag in Bandung gekauft hatte.

In einem kleinen, vom Managerraum abgetrennten Areal stand sein teures amerikanisches Mountainbike mit Stoßdämpfern vorn und hinten: Das Radfahren, das in Surabaya einen Teil seiner großen Armut bildete, wurde nun zum Sport und Luxus. An der Seiten- oder Rückwand des Areals, in dem die Angestellten arbeiteten und das voll gepackt war wie ein Klassenraum, befand sich eine mit grünem Teppich ausgelegte Moscheenische; in einer ihrer Ecken lag ein Gebetsteppich, der die Richtung Mekka anzeigte.

Diese Nische erinnerte mich – trotz des kleineren Maßstabs – an Imaduddins Büro. Es stellte sich heraus, dass Budi im Fernsehen dessen religiöse Programme verfolgte (wobei er sich besonders an ein Gespräch erinnerte, das Imaduddin mit einem im Gefängnis zum Islam bekehrten Mörder geführt hatte). Und als ich mir eine von Budis regelmäßigen Trainingssitzungen für die Mitarbeiter bis zu Ende angeschaut hatte, schien mir, als habe er einige von Imaduddins Mental-Training-Übungen übernommen; es mochte freilich auch sein, dass beides aus irgendeinem amerikanischen Unternehmen stammte.

Einer von Budis Freunden, ein fünfundzwanzigjähriger ITB-Absolvent, der in der Telekommunikationsfirma seiner Familie arbeitete, hatte vor kurzem das Büro besucht. Er war ein Kampfsportspezialist. Außerdem war er bekannt dafür, dass er Geister sehen und Krankheiten und Aura eines anderen Menschen erraten konnte. Er sah sofort, dass Budis Partner etwas an den Nieren hatte und dass Budi an Nebenhöhlenentzündungen litt. Als Budi ihn tief beeindruckt zu seinem Schlafschrank führte, sagte der Seher: »In diesem Schlafraum ist der Geist einer sehr alten Frau. Aber sie stört dich nicht. Lass sie also einfach da bleiben.«

»Wie sieht diese alte Frau aus«, fragte ich Budi, »konnte er sie sehen?«

»Das habe ich ihn auch gefragt. Und er sagte: ›Die alte Frau ist aus durchsichtigem Stoff. Wie in dem Film *Casper, the Friendly Ghost.*‹ In einem alten ägyptischen Buch, das ich gelesen habe, wird etwas anderes behauptet. Die Geister in diesem Buch können sich verdoppeln und die Gestalt von Menschen annehmen. Oder sich in ein Tier verwandeln.«

»Ich wusste gar nicht«, sagte ich, »dass Sie sich für solche Dinge interessieren.«

»Das hat mich schon immer interessiert.«

Bei unserer letzten Begegnung brachte Budi mir Geschenke mit, Bücher – noch immer ganz im Stil seines Onkels. Es waren Bücher über die ersten neun Lehrer, die den Islam in Indonesien verbreitet hatten, und er schenkte sie mir zur Erinnerung an unseren Besuch bei dem Lehrer in Bandung. Es waren Kinderbücher; aber Budi fand sie geeignet, weil sie die Volkssagen über diese Lehrer enthielten.

Er übersetzte mir die Geschichte von Kali Jaga. Der Überlieferung zufolge soll Kali Jaga derjenige gewesen sein, der das alte Hinduepos *Mahabharata* für das Puppentheater an die Geschichte des Islam angepasst hat. So brachte er den Menschen den Islam nahe und lehrte sie, Gott anzubeten und nicht Steine.

Kali Jagas Vater war Minister oder Provinzherrscher im Majapahit-Reich, dem letzten Hindureich auf Java. Die Provinz des Vaters lag im Norden Javas, wo der Islam bereits einigen Einfluss gewonnen hatte. Obgleich er selbst zu den Gläubigen gehörte, wollte er nicht, dass sein Sohn die islamische Lehre verbreitete; er wollte keinen Streit mit dem hinduistischen Herrscher des Gesamtreichs. Als Kali Jaga heranwuchs, sah er betrübt, welche Kluft in der Provinz seines Vaters zwischen Reichen und Armen bestand. Er begann, Reis und andere Nahrungsmittel aus den staatlichen Lagerhäusern zu stehlen und sie an die Armen zu verteilen. Eines Tages ließ der Vater ihn verhaften und forderte ihn auf, die Provinz zu verlassen. Kali Jaga ging als Räuber in die Wälder und raubte für die Armen.

Eines Tages sah er einen alten Mann durch den Wald gehen, der einen Stock mit Goldknauf in der Hand hielt. Als Kali Jaga ihm den Stock abnahm, sagte der Alte: »Was willst du? Willst du Gold? Wenn du Gold willst, schau dir die Bäume an.« Mit einem Mal hingen die Bäume, auf die der Alte zeigte, voller Gold. Kali Jaga lief hin, um sich das Gold zu holen, und der Alte ging weiter. Kaum war er nicht mehr zu sehen, verwandelte sich alles Gold an den Bäumen wieder in Blätter, und Kali Jaga merkte, dass der Alte sehr mächtig war.

Dieser Alte war niemand anderes als Sunnan Bonang, einer

der neun Lehrer, ein Mann, der sehr viel vermochte; er konnte fliegen und Wasser herbeizaubern, wann immer er wollte. Kali Jaga rannte hinter ihm her und bat ihn, ihn als Schüler anzunehmen. Darauf sagte der Alte: »Ich habe zu tun. Aber wenn du wirklich mein Schüler sein willst, nimm meinen Stock und setze dich hier an den Fluss und warte, bis ich zurückkomme.«

Dann ging der Lehrer fort. Jahrelang vergaß er Kali Jaga. Als er eines Tages wieder einmal denselben Weg ging, fand er Kali Jaga am Fluss sitzend, mit langem Haar und Kinn- und Backenbart sowie langen Nägeln, und noch immer hielt er den Stock des Lehrers. Weinranken waren über ihn hinweggewachsen. Da schenkte der Alte Kali Jaga viel Wissen und Macht und schickte ihn in die Welt, um den Menschen den Islam zu predigen. Kali Jaga stellte fest, dass es schwierig war, zu den Hindus zu predigen. So hielt er sich so eng wie möglich an hinduistische Geschichten und Rituale, veränderte aber die Worte. Statt hinduistischer Mantras rezitierte er den Koran.

»So predigte er in Tuban«, sagte Budi, »das liegt etwa zweihundert Kilometer von Surabaya entfernt und ist heute eine große Stadt, mit einem Hafen.«

»Können Sie den Zeitpunkt nennen?«

»Nein.«

»Ein Jahrhundert?«

»Ich würde es zeitlich dem Niedergang des Majapahit-Reiches zuordnen. Das Buch richtet sich an Kinder. Deshalb nennt man keine Jahreszahlen oder so was.«

Der Zusammenbruch des Majapahit-Reiches wird auf das Jahr 1478 datiert, also vierzehn Jahre vor dem Ende Granadas, des letzten muslimischen Königreichs in Spanien, und vierzehn Jahre vor der Entdeckung der Neuen Welt. Während im Westen dem Islam Einhalt geboten wurde, verbreitete er sich im Osten über die kulturell-religiösen Überreste Großindiens. Die jahrhundertelangen Invasionen der Muslime hatten Indien verwüstet; vielerorts, auch in Indonesien, war sein Licht gänzlich erloschen.

Die Figur des von Weinranken überwachsenen Kali Jaga, der treu an seiner Aufgabe festhält, ist eine märchenhafte und vereinfachte Ausgabe des hindu-dschainistischen Heiligen Gomateshwara, der über das Unendliche meditiert. Die imposanteste Darstellung des rankenumwobenen Gomateshwara ist eine etwa siebzehn Meter hohe, nackte Freistatue, die in Sravana Belgola im südindischen Staat Karnataka steht. Sie stammt aus dem zehnten Jahrhundert und wirkt noch heute wie neu. Um die Füße der Statue huschen Ratten, was beunruhigend aussieht, weil es wie eine zusätzliche Prüfung des Heiligen erscheint. Es war eigenartig, ihn in dieser javanischen Geschichte aus dem fünfzehnten Jahrhundert wiederzuentdecken, wie er da in gänzlich anderer Absicht am Ufer eines Flusses saß.

Budis Welt, in der sich noch immer die Religionen kreuzten, beherbergte viel mehr Geister, als er ahnte.

II

Iran

Die Gerechtigkeit Alis

I

Die Stiftung der Unterdrückten

Der neue Wohlstand in Jakarta konnte manchmal schon bedrückend wirken. Er veränderte die Umgebung und das Leben zu schnell, so jedenfalls schien es: Die Vergangenheit war noch zu nah. An jedem Wochenende beeilten sich die Reichen, besonders die reichen Chinesen, aus dem Durcheinander der neuen Stadt, Zeichen des neuen Wohlstands, wegzukommen. Sie suchten Ruhe, Sauberkeit, kühle Luft und Ordnung. Zusammen mit ihren Familien und Dienstmädchen brachen sie in die neuen Fünf-Sterne-Hotels auf, die für sie zu einer neuen Art von Wallfahrtsstätten geworden waren. Schon 1979 hatten einige Chinesen aus Jakarta die städtischen Hotels in dieser Weise genutzt, aber sie beschränkten sich im Wesentlichen auf die wichtigen Feiertage. Inzwischen hatte das neue Geld, das neue Glück, jedes Wochenende in einen Feiertag verwandelt. Am Sonntagmorgen trafen sich die Reichen, Chinesen und andere von den *Erfolgreichen Familien Bethaniens*, einer der neuen evangelischen Glaubensrichtungen aus Amerika, im Borobudur Hotel, um in einem der größeren Säle Hymnen zu singen, in die Hände zu klatschen und Gebete zu sprechen, auf dass das Glück anhalten möge. Tatsächlich wirkte er wie Glück, dieser neue Reichtum, der sogar über die Ungebildeten kommen konnte, weil die Technologien und Fabriken, die ihn erzeugten, im Ganzen importiert wurden. Aus demselben Grund wirkte er wie geraubt, wie etwas, das nicht von Dauer sein konnte. Im autoritären Staat, wo Glück und Konzessionen den Fügsamen vorbehalten sind, verband sich jeder Gedanke an Entwicklung – »Technologie« inbegriffen – mit dem Gedanken an Raub. Selbst den Reichen konnte darüber unbehaglich werden. Deshalb trafen sie sich sonntagmorgens zur Wallfahrt im Hotel, um mit sonntäglicher Verzückung Hymnen zu singen und in die Hände zu klatschen. Auf den Rückfenstern ihrer Autos hatten sie Aufkleber befestigt, ERFOLGREICHE FAMILIEN BETHANIENS, als wollten sie mit einer Gebetsformel den bösen Blick abwenden.

Jakarta gab mir häufig das Gefühl, es sei eine vielleicht nicht ganz so elegante Spielart dessen, was Iran vor der Revolution gewesen sein mochte: so großartig und überwältigend, dass es unpassend schien, auf den Schwindel aufmerksam zu machen oder sich vorzustellen, wie die große Stadt zusammenbrechen oder verfallen könnte.

Doch das Teheran, das ich im August 1979 besuchte, sechs Monate nach der Revolution, entsprach eben dieser Vorstellung: Es glich einer modernen, von unerhörtem Reichtum hervorgebrachten Metropole, deren Leben unerklärlicherweise zum Stillstand gekommen war. Die internationalen Werbetafeln standen noch, aber manche Produkte fehlten (und *Kentucky Fried Chicken* hatte jemand zornig in *Our Fried Chicken* umgeschrieben, wobei das Gesicht des Südstaaten-Obersts beschmiert und übermalt worden war). Die Kräne auf einem Dutzend unfertiger Hochhäuser standen still. In leeren Restaurants wurde schlechtes Essen serviert, wie der Gummistör in brauner Tunke im fast verlassenen, aber immer noch untadelig eingedeckten Speisesaal des Hotels, das nach seinem Geschirr, seinen Rechnungen und seiner Menükarte zu urteilen immer noch das *Royal Tehran Hotel* war. Mürrische Kellner mit schwarzen Bindern flüsterten und murmelten miteinander wie Leute, die wissen, dass ihr Talent und Stilgefühl nicht länger gebraucht werden. Dort die Ahnung von Verfall; draußen hingegen die Erregung der riesigen Menschenmasse beim Freitagsgebet mit berühmten Predigern an der Teheraner Universität, das live vom Fernsehen übertragen wurde. Es waren Massen von so gewaltigen Ausmaßen, dass ihre Tritte wie das Meer donnerten und jede ihrer Bewegungen Staubwolken aufwirbelte. Und die Wächter der Revolution rasten in der Guerillaausrüstung, die sie jetzt wie einen Nachweis ihres Glaubens trugen, mit kleinen, offenen Lieferwagen herum, um ihren Anspruch auf die Stadt kundzutun.

Dieses Mal stieg ich im Hyatt ab. Es war allerdings nicht mehr das Hyatt, sondern das Azadi Grand Hotel (Ex-Hyatt). *Azadi* heißt Freiheit. Alle Fünf-Sterne-Hotels in Iran waren vom Staat übernommen, umbenannt und der Stiftung der Unterdrückten übergeben worden (der Name äffte die Pahlawi-Stiftung des Schahs nach). Die Leute nannten es aber immer noch das Hyatt. Es lag in einem Außenbezirk der Stadt, im Norden Teherans, oben in den Bergen.

Der polierte Marmorfußboden der großen Eingangshalle erweckte Vertrauen, und sogar um drei Uhr nachts war der Empfang besetzt. Doch der Teppichboden im Aufzug war schmutzig, verfleckt und verzogen. Die Vergoldung der Aufzugtüren, die zum ursprünglichen Glanz des Hyatt gehörte, war stellenweise weggekratzt oder abgeschabt, wodurch sichtbar wurde, dass es sich nur um eine Beschichtung wie bei Kreditkarten handelte. Die Gepäckträger des Hotels trugen ihre Hemden allesamt offen, eines der Kennzeichen der Revolution. Die Kragen knautschten sich zu unregelmäßigen Falten unter den Jackett-Revers zusammen und sahen zu dieser nachtschlafenen Zeit wie eine verdreckte flache Halskrause aus. Viele Träger waren unrasiert; das stand für das Islamische. Bei einigen waren die Gesichter fettglänzend und schmutzig. Darin drückte sich eine Art sozialer Trotz aus. Es handelte sich hier um die beiden parallelen Formen politischer und religiöser Revolution. Als ich noch einmal hinunterging, um nach dem Hoteltresor zu fragen, lümmelten sich die Träger mürrisch und unbeteiligt in den Polstersitzen inmitten der Halle, wie eine kleine Abordnung der Unterdrückten, in deren Namen Hotels wie das Hyatt übernommen worden waren.

Später, bei Tageslicht, geschah wieder etwas Vertrautes. Ein Kellner brachte mir Kaffee auf das Zimmer. Dann kamen zwei Frauen zum Aufräumen. Ihre knöchellangen Gewänder in einem bläulichgrünen Farbton (vielleicht um den Schmutz zu verbergen) und ihre schwarzen Kopfbedeckungen, die wie Kutten wirkten, gaben ihnen das Aussehen von Mönchen eines Dienstordens. Doch sie waren freundlich und konnten sogar einige englische Wörter. So war ich völlig unvorbereitet auf den Mann, der mir mittags mein Omelett hochbrachte. Von Anfang bis Ende misslaunig, betrachtete er mich hasserfüllt und machte nicht ein einziges Mal den Mund auf. Immer noch voll revolutionärer Wut, dachte ich; als ich am späten Nachmittag hinunter in die Halle ging, sah ich die großen Lettern an der Atriumswand über der Eingangshalle, die mir in der halben Betäubung, in der ich mich bei meiner Ankunft an diesem frühen Morgen befunden hatte, entgangen waren: NIEDER MIT DEN USA. Seit der Revolution hingen sie dort (und in den Hallen aller Fünf-Sterne-Hotels).

Unter dem Schild nahmen Leute, die nach Mittelklasse aussahen, darunter viele Frauen, Tee, Kaffee und Kuchen zu sich. Auf dem Zwischengeschoss musste irgendein Kinderfest im Gange sein: Junge Frauen mit eleganter Haltung in eleganten Schuhen (auch lange Gewänder und schwarze Kopfbedeckungen konnten die Eleganz nicht verbergen) stiegen mit kleinen Mädchen in leuchtend bunten Kleidern die Wendeltreppe zum Zwischengeschoss hinauf und ließen eine freizügigere Gesellschaft vermuten, als man nach dem Hinweis des Lufthansa-Stewards beim Landen, die Frauen sollten sich den Kopf bedecken, erwartet hätte.

Doch der Mann, dem ich meine Beobachtung mitteilte – als er mich zu einer Aufführung von *Die Konferenz der Vögel* mit Sufirhythmen und Sufitänzen abholte, die in dem Versailles nachempfundenen Freilichttheater unterhalb der *chenar*-Bäume auf dem Gelände des Schahpalastes stattfand – der Mann, dem ich meine Beobachtung über die Leute in der Eingangshalle des Hyatt mitteilte, erwiderte, dass die echte Mittelklasse Irans, die

Klasse, die für ihr Entstehen ein ganzes Jahrhundert und unschätzbaren Reichtum gebraucht habe, vernichtet oder in alle Winde zerstreut sei. Was ich in der Halle des Hyatt gesehen habe, seien die kläglichen Anfänge einer neuen Mittelklasse.

Allmählich fand ich mich zurecht. Der Verkehr war, wie ich ihn in Erinnerung hatte; Autofahren war immer noch ein Kräftemessen an jeder Kreuzung, das manchmal gewonnen und manchmal verloren wurde und immer die Autos in Mitleidenschaft zog. Täglich türmten sich die Abgase zu einer dunklen Wand auf, die man von den Bergen im Norden Teherans aus von oben betrachten konnte; vom Stadtzentrum aus gesehen verhüllte sie die Berge.

Der Buchladen im Hyatt hatte eine gut sortierte Auswahl neuer und alter englischer Bücher, alte Taschenbücher aus vorrevolutionären Beständen, die zufällig übrig geblieben waren. Die unauffälligsten Titel waren der Zensur unterzogen worden, manchmal in den unauffälligsten Einzelheiten: Einem kleinen schwarzen Mädchen, das auf einem körnigen Foto in einer Schulausgabe von *Black Boy* vor seiner Südstaaten-Hütte saß, hatte man mit einem schwarzen Stift die Schienbeine übermalt.

Außerhalb des Cafés hing in der Halle des Hyatt das gerahmte Plakat einer Frau mit bedecktem Kopf. Mehrdad, der Universitätsstudent, der mir als Führer und Dolmetscher diente, las mir die Überschrift vor: »Das ist das Bild einer unschuldigen Frau.« Das Plakat hing an vielen öffentlich zugänglichen Orten in Teheran.

Und dann gab es den Krieg, den acht Jahre währenden Krieg mit dem Irak. Das unausweichliche Thema. Der Krieg war nah, aber er ähnelte auch etwas Mythischem, als habe er vor hundert Jahren stattgefunden. Als Mehrdad zum ersten Mal darüber sprach, wählte er eine seltsame Formulierung. Er sagte: »Das ist ein Krieg, der verloren ging.« Als ich ihn fragte, was er damit ausdrücken wolle, entgegnete er: »Nichts.« Das stimmte natürlich nicht; es war nur seine Art, einen fast unaussprechlichen Schmerz auszudrücken.

Mehrdads Schwester war Anfang dreißig. Sie war gebildet und sah ganz gut aus, aber es gab keinen Ehemann für sie: Wegen des Krieges waren die Männer knapp. Sie hatte Arbeit in einem Verlag. Insofern hatte sie Glück; viele junge Frauen hatten keine Gelegenheit, das Haus zu verlassen, denn im revolutionären Iran war es nicht leicht für unverheiratete Frauen, gesellig zu sein oder gar sich frei zu bewegen. Wenn Mehrdads Schwester Büroschluss hatte, ging sie nach Hause und blieb dort. Die meiste Zeit verbrachte sie in ihrem Zimmer. Mehrdad nannte sie launisch; im Unterschied zu früher war sie niedergeschlagen, bekam Wutausbrüche und weinte oft; ihre Mutter wusste nicht, wie sie ihr helfen sollte.

Vor der Revolution hatte Mehrdads Vater in einer Bank gearbeitet. Nach der Revolution wurden die Banken verstaatlicht, und er verlor seine Anstellung. Er hatte es geschafft, ein kleines Kurzwarengeschäft aufzubauen, um damit die Familie über Wasser zu halten. Mehrdad – der jetzt weit zurückgriff, bis auf sein achtes Lebensjahr: viele junge Leute kannten nichts als die Revolution – Mehrdad erinnerte sich, dass am Anfang der kommunistische Schlachtruf erschollen war *»nun, kar, azadi«*, »Brot, Arbeit, Freiheit«. Binnen eines Jahres wurde daraus »Brot, Arbeit und eine Islamische Republik«.

Mittlerweile gab es religiöse Vorschriften für jedes Verhalten in der Öffentlichkeit und die grün uniformierten Wächter der Revolution – ihre Bärte und ihre Guerillaausrüstung waren inzwischen ein Zeichen von Autorität, nicht mehr einer Rebellion der Jugend –, die über ihre Einhaltung wachten. An einem Spätnachmittag nahm Mehrdad mich in einen Vergnügungspark nicht weit vom Hyatt entfernt mit. Junge Männer und Frauen gingen in diesen Park, um einander zu betrachten; die Wächter gingen auch dorthin, um sie dabei zu erwischen. Die Mädchen, in schwarzen Gewändern und Schador, bildeten kleine Gruppen. Sie waren leicht zu erkennen; Schwarz war in diesem Park jetzt die durchaus auffällige Farbe weiblicher Sexualität, die schon von weitem ihre Signale aussendete. Mehrdad, der zweifellos an seine zu Hause eingesperrte Schwester dachte, sagte, die Mädchen, einige von ihnen bereits Frauen, seien älter als normalerweise, weil Männer nach dem Krieg rar waren.

Die breit angelegte Treppe in einem Teil des Parks wurde zu beiden Seiten von fast gleich aussehenden Büsten der Helden des islamischen Iran flankiert: Die islamische Revolution schuf sich in einem Volkspark ihre eigene Sowjetkunst.

Genauso wie die Nachrichten der zensierten Zeitungen in den früheren kommunistischen Ländern grundsätzlich andere kommunistische Länder betrafen, brachte die englischsprachige *Tehran Times* allgemeine Nachrichten aus der muslimischen Welt. Dazwischen waren Lokalnachrichten verstreut: das Verfahren gegen drei Terroristen der Mudschahedin-e-Khalq-Organisation; ein Engpass bei Ersatzteilen in der Ölindustrie wegen des Handelsembargos der USA; der Verfall der Währung.

Natürlich gab es Zensur, und niemand machte ein Geheimnis daraus. Besonders perfide war die Bücherzensur. Jedes Buch musste dem Zensor vorgelegt werden, aber nicht etwa in Maschinenschrift, sondern in fertig gesetzter Form, nach Durchlaufen des gesamten Druckvorgangs. Das bewirkte eine leidenschaftliche und gründliche Selbstzensur. Man mochte sich noch so sehr um Unverfänglichkeit bemühen, sicher sein konnte man nie. War Musik in Ordnung? Die Meinungen gingen auseinander. War Schach in Ordnung, oder gehörte es zu den Glücksspielen? Nach viel Unsicherheit und Für und Wider sagte der Imam Khomeini, es sei in Ordnung, und damit war die Sache geregelt.

Die Aufzüge mit dem abblätternden Gold auf den Türen hatten noch nie richtig funktioniert. Von Zeit zu Zeit fielen sie aus, und nach einer Reparatur haperte es manchmal mit den Stationen auf ihrer knarrenden Fahrt den Schacht hinauf und hinunter. Die Klimaanlage in meinem Zimmer funktionierte nicht. »*Kharab*«, sagte der Mann unten im Empfang. »Schlecht«. Das war alles. Ich war bereit, mit dieser Unbequemlichkeit zu leben, aber als Mehrdad davon Wind bekam, veranlasste er, dass die Hotelleitung mir ein rückwärtiges Zimmer gab, das vor der Nachmittagssonne geschützt war und einen Blick auf die Berge im Norden bot.

Khomeinis Grabmal und der dazugehörige Märtyrerfriedhof (gemeint waren die Märtyrer des Krieges mit dem Irak) lagen in der Wüste südlich von Teheran an einem Abzweig der Straße nach der heiligen Stadt Qom. Mehrdad und der Fahrer waren der Meinung, wir sollten die Tageshitze vermeiden, und so verließen wir Teheran noch bei Dunkelheit.

Inmitten der Dunkelheit tauchte auf einmal weit hinten in der flachen Wüste ein breites Lichtermeer auf: die blauen und goldenen Lichter des Mausoleums und das Lichterband der Zufahrt. Dann nahmen, wie bei der Auflösung einer optischen Illusion, durch die Lichter hindurch und vor dem allmählich heller werdenden Himmel, ganz langsam die Einzelheiten Gestalt an: die sehr hohe Kuppel mit ihrer eigenartigen Bronzefarbe und die vier Minarette, die wie Fernmeldetürme aussahen. Alle waren von einem Kranz aus gelben Lichtern umgeben, über die eine Art Turmspitze hinausragte, ihrerseits vom Schriftzug für »Gott« gekrönt. Darüber schwebte noch ein blaues Licht, als hätten die Planer (wie beim Albert Memorial in London) immer höher hinausgewollt.

Der Parkplatz war riesig. Zwischen den Reihen wuchsen Oleanderbüsche, und auf den Stellplätzen standen viele alte Liefer- und Personenwagen. Das Wüstenlicht wurde von Minute zu Minute heller, und mehr und mehr Menschen wurden sichtbar: ganze Familien, die auf dem Pflaster neben ihren Autos oder Wagen schliefen oder lagerten, Leute vom Land mit sonnengegerbten Gesichtern, die in dunklen Kleidern auf zerlumpten Unterlagen ruhten, neben sich ihre Habseligkeiten in Plastikbündeln.

Eine Tafel verkündete überflüssigerweise: »Heiliges Grabmal«. Ansonsten Wirrwarr: eine Anzahl niedriger Schuppen für die Spenden; ein Schuppen für Fundsachen; ein Schuppen, in dem es kostenlos Tee mit Zucker gab und wo ein Schild besagte, dass Spenden von Tee, Zucker und Tassen willkommen seien. Alle diese Dienstgebäude wirkten einfach, alltäglich, ja beiläufig, als würde der Frömmigkeit durch die große Kuppel und die vier Minarette mit den Lichterkränzen Genüge getan:

Das ganze Ensemble war, wie Mehrdad mir mitteilte, in vier Monaten hochgezogen worden, weil das Bedürfnis nach einem Grabmal für den Imam umgehend gestillt werden musste.

Auf der ebenen Fläche und unter dem hohen Himmel sahen die Menschen klein aus. Auch im Mausoleum sahen sie klein aus. Ihre unbeschuhten Füße machten fast kein Geräusch. Durch die Gitterstäbe warfen sie einen Blick auf das Grab des Imam; Blicke, in denen sich alle nur denkbaren Gelübde und Hoffnungen spiegelten. Des Grabes wegen waren sie gekommen. Was sich draußen abspielte, war nebensächlich.

Vor dem Mausoleum befand sich ein großer, mit Betonplatten gepflasterter Hof und in seiner Mitte ein Bassin für die rituellen Waschungen. Die halbfertigen, staubgrauen Betongerippe am Rand des Hofes sollten Herbergen werden. Überall war Beton, grober Beton, der sich über die Wüste ausbreitete. Die Betonterrassen am Rand des Hauptgebäudes begannen schon zu bröckeln. Die Betonplatten, die sich über den ganzen Hof verteilten, waren an manchen Stellen zerbrochen, oder sie zerbröselten in ihre Bestandteile, und an den äußeren Ecken verwandelten sie sich wieder in einfache Erde, die hier und da Wasserlachen und vereinzelte Kiesstellen aufwies.

Mehrdad sagte: »Sie machen hier nur zum Jahrestag sauber.«

Von den Nischen in der Ziegelmauer um das Mausoleum herum, die seit jeher Pilgern Schlafplätze boten, waren einige mit Laken und Tüchern auf Wäscheleinen zugehängt. Die Morgenbrise blies sie über die Nischen, so dass dahinter die Familien mit ihren Laken, sonstigem Bettzeug und ihren Habseligkeiten zu sehen waren. Wer keine Vorhänge hatte, die ihm Schutz boten, war schon aufgestanden und zugange. Viele waren arm aussehende Dörfler. Manche sagten ihre Gebete auf. Die Schadors der schwarz gewandeten Frauen flatterten im Wind und ließen die Frauen größer erscheinen, als sie in Wirklichkeit waren. Aus der Nähe betrachtet waren sie eher klein und dünn, und manche sahen verhungert aus. Sie kamen für gewöhnlich von weit her: beladen mit dem Elend des Dorfes, das noch kein Gedanke an Reformen erreicht hatte.

Orangefarbene Tonnen waren mit dem persischen Wort für »Abfall« bemalt. Über den Haupthof hatte man blau-gelbe Almosenbüchsen in phantasievollen Formen verteilt, die wie Briefkästen aussahen. Obenauf stand, wie Mehrdad übersetzte, *Almosen machen dich reicher.* Zwei Seiten zeigten stilisierte Hände, von denen eine etwas hielt oder empfing und die andere gab. Die Hände waren gelb gemalt, und die gebende Hand trug eine rote Aufschrift: *Beginne deinen Tag mit einem Geschenk, mit Almosen.* Der Einwurf oder Schlitz der Büchsen war blau, und dort hieß die Botschaft: *Almosengeben schützt dich vor siebzig Krankheiten.* Das Ganze ruhte auf einem gelben, ungefähr einen Meter hohen Pfeiler. Für den Pfeiler war die jeweilige Betonplatte aufgemeißelt und wieder mit Mörtel zugeschmiert worden, so dass die Almosenbüchsen wie ein nachträglicher Einfall wirkten.

Die Almosen aus den Büchsen waren für das »Hilfs-*komiteh* von Imam Khomeini« gedacht; dieses *komiteh*, das Revolutionskomitee, war im ersten Jahr der Revolution eingerichtet worden. Mehrdad sagte, in Teheran kursiere ein Witz über die *komiteh*-Almosenbüchsen. Ein bäurischer Türke (ein iranischer Türke: es gibt viele Witze über diese Gemeinschaft) ging hin, steckte seine Almosen hinein und wurde fast unmittelbar darauf von einem Pilgerbus überfahren.

Mehrdad fügte hinzu: »Der Türke hatte es für den Geldschlitz an einem kaputten Telefon gehalten.«

Außerdem gab es im Hof Kästen für Verbesserungsvorschläge. So etwas erwartet man nicht bei einem Grabmal, aber vielleicht waren auch sie von dem *komiteh* aufgestellt worden, einfach weil man dachte, dass nun einmal auf alle öffentlichen Plätze Kästen für Verbesserungsvorschläge gehörten. Sie sahen aus wie Vogelhäuschen auf Stelzen. Auch diese Stelzen saßen in Löchern, die durch den Beton gebohrt und wieder grob mit Mörtel aufgefüllt worden waren, so dass sie ebenfalls wie ein nachträglicher Einfall wirkten.

Die Sonne ging auf. Es war Zeit, zum Märtyrerfriedhof hinüberzugehen. Die metallenen, dreiarmigen Laternenmasten am

Eingang zu dem betonierten Hof waren bereits beschädigt. Sie waren mir bei unserer Ankunft entgangen. Sie liefen in einer Kuppel aus, wie der hohe Hut eines Geistlichen, und waren aus Aluminium. Die Sockel waren ebenfalls beschädigt.

Alles war sehr schnell hochgezogen worden, wie Mehrdad erklärte. Vielleicht galt das für alle Grabmäler, da sie ein unmittelbares Bedürfnis stillen, eine überwältigende öffentliche Emotion oder Trauer ableiten mussten. Vielleicht würden das Grabmal und die Nebengebäude wieder und wieder erneuert, solange das Bedürfnis bestand. Ich spürte, dass für die meisten Menschen, die hierher gekommen waren, dieses Bedürfnis weiter bestehen würde, denn die Welt würde sich immer ihrem Zugriff entziehen.

Auf dem Pflaster, neben den geparkten Autos und Lieferwagen und zwischen den Oleanderbüschen, saßen jetzt Menschen um das übliche Mahl aus mitgebrachten flachen Broten und Weißkäse herum. Einige hatten auch einen Samowar dabei.

1979 gab es überall revolutionäre Poster und Graffiti. Die graphische Kunst der Revolution blühte ebenso heftig wie die Leidenschaften. Jetzt war fast nichts mehr davon zu sehen; stattdessen hingen überall amtliche Schilder und Ermahnungen. DENK NICHT, DASS DIE FÜR GOTT GETÖTETEN TOT SIND. SIE LEBEN UND WERDEN VON GOTT VERSORGT. So lautete das englische Schild links auf der Tafel über dem Haupteingang zum Märtyrerfriedhof.

Der Zugang war breit, gepflegt und von Soldaten in Galauniform bewacht. Er führte zu anderen großen Wegen, die zwischen Anpflanzungen von Pinien und Ulmen verliefen. Dort befanden sich die Gräber, unter den Bäumen und zwischen Sträuchern. Bildhalter aus Aluminium, die wie Wegweiser auf zwei Pfosten standen, waren nah beieinander aufgestellt. Sie hatten unterschiedliche Größe. Oben auf jedem Halter steckte ein Glaskästchen mit einem Foto des gestorbenen Mannes; diese Fotos waren anrührend, weil die Männer darauf jung waren und wie die jungen Männer aussahen, die auf der Straße herumliefen. Die Wächter der Revolution, die ich 1979 in Teheran mit Gewehren demonstrativ herumfahren gesehen hatte, waren mir damals theatralisch vorgekommen. Vielleicht stimmte das, aber sie waren auch, wie sie versicherten, bereit zu sterben; und sie waren gestorben, zu zehntausenden im Krieg.

Der berühmteste Märtyrer des Krieges war dreizehn Jahre alt gewesen. Er hatte sich eine Bombe umgeschnallt und sich vor einen feindlichen Panzer geworfen. In einer seiner Reden hatte Khomeini sein Opfer erwähnt. Ein kleines handschriftliches Schild, wie zur Erhöhung der Feierlichkeit kalligraphisch gestaltet – die Schrift in Schwarz, mit roten Verzierungen –, war an eine Pinie genagelt worden, um den Besuchern als Wegweiser zu seinem Grab zu dienen.

Auch der Bruder des jungen Märtyrers war im Krieg gefallen, und man hatte die beiden gemeinsam bestattet. Die Gedenktafel auf dem Grabstein trug das Erkennungszeichen der Wächter der Revolution: Wie ein Gewehr sah es aus. Den größten Teil des Glaskästchens nahmen Fotos der Brüder ein, die zu beiden Seiten von Kunstblumen umrahmt waren, die man auf Spitzendeckchen befestigt hatte. Darunter befand sich ein Bord mit einem Spiegel, noch einem Deckchen und weiteren Kunstblumen. Mehrdad erzählte mir, dass Spiegel und Spitzendeckchen die traditionellen Gaben für einen Bräutigam seien. Auch Khomeinis berühmte Würdigung, in seinem berühmten literarischen Stil gehalten, fehlte nicht. In Weiß oder Silber auf Schwarz besagte sie: »Ich bin nicht der Führer. Der Führer ist dieser dreizehnjährige Junge mit seinem kleinen Herzen, das mehr wert war als hundert Federhalter (soll heißen, sein Glaube war wertvoller als alles je Geschriebene), der sich mit einer Bombe vor den Panzer warf und den Panzer zerstörte, der das Glas des Märtyrers austrank und starb.« Dieser Vorfall ereignete sich zwei Monate nach Kriegsbeginn; zu dieser Zeit ahnte niemand, dass der Krieg noch acht Jahre dauern würde.

Die einfachen, leicht auszumachenden Grabsteine hatte die Regierung gestellt. Für die Steine mit mehr Verzierungen hatten die Familien gezahlt. Eine sehr einfache Art von Stein war überall zu sehen. Er trug die Aufschrift *Unbekannter Märtyrer* in schöner persischer Schrift.

Mehrdad sagte: »Hier liegen Tausende. Familien, die nicht wissen, wo ihr Sohn begraben ist, kommen hierher, um an diesen Steinen zu beten.« Unter den Pinien und Ulmen stand alles dicht beieinander, die Reihen von Grabsteinen und Bildhaltern, die dürren Sträucher, die aus dem Sand herauswuchsen, und die Fahnen, die von den Sträuchern und Bäumen so eingeengt wurden, dass sie nicht flattern konnten und wie ein Teil der Bepflanzung wirkten.

Während wir uns unseren Weg da hindurchbahnten, sagte Mehrdad: »Die Fahnen gibt es bei uns überall. Die Fahnen des Iran.« Er meinte die Fahne der Islamischen Republik: grün, weiß und rot, wobei in der Mitte des weißen Feldes der Name Gottes stand und direkt unter diesem Feld eine Zeile aus dem Koran, die wie in griechischen Schriftzeichen geschrieben aussah. Indem er erst auf eine und dann auf eine andere Fahne deutete, sagte er: »Sie verlieren ihre Farbe. Und ihre Bedeutung.«

Mehrdad hatte seinen Militärdienst abgeleistet. Was in seinen Worten wie Ironie scheinen mochte, war eigentlich Schmerz. Die Armee und die Fahne waren ihm nicht gleichgültig; und diese herabhängenden, von keinem Windhauch bewegten Fahnen, die die Familien der Märtyrer aufgepflanzt hatten, waren mit Wüstenstaub überzogen.

Rosa Oleander wuchs zwischen den Sträuchern. Der gleiche Oleander, der zwischen den Reihen auf dem Parkplatz an Khomeinis Grabmal wuchs. Dort, am Grabmal, befanden sich die Massen. Hier hingegen gab es kaum einen Besucher. Die wenigen Menschen in der Nähe waren größtenteils Friedhofswärter. Hier war, wie Mehrdad sagte, nur zu besonderen Anlässen etwas los.

Der Wüstenstaub, den die Autos oder Reinigungsfahrzeuge aufwirbelten, hatte sich in die Aluminiumbildhalter am Ende der Wege hineingefressen. Manche davon waren inzwischen ganz leer; in anderen waren die Fotos im Rahmen verwittert oder zerfallen. Man hätte es damals nicht für möglich gehalten, sagte Mehrdad, aber jetzt kam keiner von den Familien mehr. Vielleicht waren die Hinterbliebenen selbst schon gestorben. Persönliches Gedenken währt nur so lange wie die Trauer.

Hinter einer Ecke war über vernachlässigten Grabsteinen und Bildhaltern ein Schild angebracht, das noch neu aussah und ein Wort Khomeinis trug: MÄRTYRER BLICKEN AUF GOTT. SIE DENKEN AN NICHTS ANDERES. SIE SEHEN GOTT. SIE RICHTEN IHRE GANZE AUFMERKSAMKEIT AUF GOTT.

Wir gingen zum Blutbrunnen. Er war einmal berühmt gewesen. Als man ihn aufgestellt hatte, ziemlich am Anfang des Krieges, spie er rot gefärbtes Wasser. Er sollte als Sinnbild für Blut, Opfer und Erlösung dienen. Jetzt hatte man den Brunnen abgestellt, das Bassin war leer. Es war zu viel echtes Blut geflossen.

2

Herrn Jaffreys Rundreise

Ich machte mich auf, um ehemalige Bekannte zu besuchen. Einer davon war Herr Parvez, der Gründer und Herausgeber der englischsprachigen *Tehran Times* (mit dem Wahlspruch »Der Wahrheit die Ehre«, auf den er stolz war). Im August 1979 schien er mir auf dem Gipfel seines Erfolgs zu sein.

Sein Blatt unterhielt gut besetzte Büroräume in der Innenstadt von Teheran, und er hatte einen Stab von zwanzig Leuten. Einige davon waren Ausländer, junge, englischsprachige Globetrotter, die entzückt waren, mit ihrem Englisch ein paar Rial zu verdienen. Dem Blatt ging es blendend, so dass man daran dachte, im neuen Jahr die Seitenzahl von acht auf zwölf zu erhöhen. In Teheran waren der revolutionäre Elan und der ausländische Besucherverkehr immer noch lebendig genug, um Herrn Parvez wie den Hotel- und Restaurantangestellten das Gefühl zu geben, nach den revolutionären Umbrüchen und der vorübergehenden Wirtschaftskrise würde alles wieder ins Lot kommen und das befreite Land bald wieder das Wirtschaftswunderland werden, das es zur Zeit des Schahs gewesen war.

Herr Parvez sah eher indisch als iranisch aus. Als ich ihn darauf ansprach, gab er zur Antwort, er sei ein Iraner indischer Herkunft. Ich dachte bei mir, das ist aber eine gekonnte Umschreibung eines komplizierten Sachverhalts, und vermutete, er sei ein indischer Schiit, der nach Iran als dem Mutterland der Schia ausgewandert war.

Er war ein freundlicher Mann. Er nahm an, ich sei, wie so viele Besucher, wegen eines kleinen Jobs zu ihm gekommen. Offenbar wollte er mir gerade einen solchen anbieten, denn in einem plötzlichen Anfall von Schüchternheit blickte er von mir weg auf die Korrekturfahnen auf dem Tisch und fragte, als müsse er jede Direktheit vermeiden, gestelzt nach meinen »Bedingungen«. Als er begriff, dass ich mich einfach über die Situation in Iran unterhalten wollte, schickte er mich zu Herrn Jaffrey, der sich in der Redaktionsstube befand.

Herr Jaffrey war ein Mann mittleren Alters mit funkelnden Augen und einem breiten, beweglichen Mund. Er strahlte Energie aus. Gerade hatte er seine Arbeit an dem Manuskript unterbrochen, das in einer erstklassigen Schreibmaschine vor ihm steckte, um die gebratenen Eier zu verzehren, die der Bürobote besorgt hatte. Er machte sich mit Schwung über die Eier her (es war Ramadan, aber er fastete nicht); ich konnte mir lebhaft vorstellen, wie er sich vorher mit ähnlichem Ungestüm dem Manuskript in der Schreibmaschine gewidmet hatte.

Auch Herr Jaffrey war Inder, ein Schiit aus Lucknow. Er hatte Indien 1948 verlassen, ein Jahr nach der Unabhängigkeit, weil man ihm »ziemlich unverblümt« mitgeteilt hatte, dass er es als Muslim in der indischen Luftwaffe nicht weit bringen werde. Erst ging er nach Pakistan, fühlte sich als Schiit jedoch nach zehn Jahren nicht mehr wohl. Deshalb wechselte er nach Iran über, wo es fast nur Schiiten gab. Aber Iran – Herrn Jaffrey war kein dauerhafter Frieden in einer religiösen Gemeinschaft vergönnt – war unter dem Schah eine Diktatur, und als sich der gewaltige Reichtum einstellte, brachte er nur Korruption, Unzucht und einen allgemeinen Sittenverfall mit sich.

Dennoch hatte er ausgeharrt. Dann kam die Revolution. Die Revolution wurde von der Religion in Gang gesetzt und bezog aus ihr eine überwältigende Kraft. Das zumindest war das Positive daran, das Herr Jaffrey ausdrücklich begrüßte. Aber nach weniger als sechs Monaten war die Revolution bereits schief gelaufen. Die Ayatollahs kehrten nicht in ihre religiösen Zentren zurück, wie Herr Jaffrey es für richtig gehalten hätte; sie gaben die Macht nicht an die Politik und die Verwaltung ab. Laut Herrn Jaffrey hatte Khomeini die Macht des Schah an sich gerissen, und das Land befand sich nunmehr in den Händen von »Fanatikern«.

Zweifellos entsprach dieser streitlustige Kommentar dem Manuskript, das in der Schreibmaschine steckte, während Herr Jaffrey seine Eier aß und redete: Ich hatte das sichere Gefühl, dass er sich in die Gedanken, die er gerade niederschrieb, weitschweifig und ausufernd hineinsteigerte. Nach einem Leben voller Widerstand war es vielleicht der Widerspruch oder Protest, der sein ganzes journalistisches Können aus ihm herausholte.

Sein Leben lang hatte Herr Jaffrey von der *jamé towhidi* geträumt, der Gemeinschaft der Gläubigen. In diesem Traum waren die Dinge nach dem Muster der Frühzeit des Islam wiederhergestellt, als der Prophet noch herrschte. Geistliches und Weltliches bildeten eine Einheit, und jede Unternehmung der immer noch kleinen Gemeinschaft konnte als Dienst am Glauben verstanden werden.

Es war wie ein Traum vom alten Stadtstaat, in der modernen Welt eine gefährliche Wahnvorstellung. Im Grunde ging es um den Wunsch nach Sicherheit, aber auch um den Gedanken der Auserwähltheit. Beides zusammen hatte Herrn Jaffrey bewogen, erst Indien zugunsten des muslimischen Pakistan und dann Pakistan zugunsten des schiitischen Iran den Rücken zu kehren. In anderer Hinsicht bezog sich der Traum auf eine Gesellschaft, die eine ethnische Säuberung durchgemacht hatte (im späteren Sinn des Wortes). Eine Erweckung dieser Art hatte zur Teilung des indischen Subkontinents und zur Schaffung Pakistans geführt. Und dennoch; auch der neu entstandene muslimische Staat, der so viel Menschenleben und Leid gekostet hatte, konnte Herrn Jaffreys Traum nicht erfüllen.

Jetzt hatte in Iran der Ayatollah Khomeini die politische und geistige Führerschaft inne und konnte sich auf eine fast einhellige Zustimmung stützen. Eine solche Persönlichkeit gab es nicht alle Tage, und es war schwer vorstellbar, dass der religiöse Eifer überhaupt noch zu steigern wäre. (Einer Pressenotiz in der *Tehran Times* zufolge gab es inzwischen sogar eine islamische Methode der Teppichreinigung.) Eigentlich hätte Iran unter dem Ayatollah Herrn Jaffreys Traum von der *jamé towhidi*, der Gemeinschaft der Gläubigen, der Einheit von Regierung und Glauben sehr nahe kommen müssen.

An genau diesem Punkt kamen aber auch Herrn Jaffreys indisch-britische Erziehung und Erfahrungen ins Spiel, Vorstellungen von Demokratie, Recht und Institutionen oder der Trennung zwischen Kirche und Staat. Es waren diese Ideen, die ihn veranlassten, sich in der Redaktionsstube an seine Schreibmaschine zu setzen und gepfefferte Aufrufe hineinzuhämmern, die Mullahs sollten in ihre Moscheen und die Ayatollahs nach Qom zurückkehren.

Herr Jaffrey erhielt sich seinen Traum von der *jamé towhidi* so rein und süß, dass er niemals bis zu dessen inneren Widersprüchen vordrang. Er liebte seinen Glauben; aus keinem anderen Grund war er von Land zu Land gezogen. Sein Glaube gab ihm seiner Meinung nach das Recht, den Glauben anderer zu beurteilen. Tatsächlich war genau dies der Punkt, wo sein phantastischer Traum von einer unmöglichen, vormaligen Ganzheit, seine religiöse Selbstwahrnehmung, die fast einem Stolz gleichkam, und seine beständige Abwehr des Unreinen in die Tyrannei des religiösen Staates umschlug. Andere Menschen hatten ihre eigenen Vorstellungen, und auch sie sahen sich befugt, den Glauben anderer zu beurteilen. Herr Jaffrey litt nun unter den »Fanatikern«. Aber auf seine Art war er wie sie.

Sechs Monate später, als ich nach Teheran zurückkehrte, war der Winter mit bitterer Kälte eingekehrt, und das Büro stand leer. Ein großer, gebundener Ordner mit Belegexemplaren der Zeitung war aufgebrochen worden, so dass sich die Zeitungen fächerförmig über einen der Schreibtische ausgebreitet hatten. Herrn Jaffreys Schreibmaschine stand leer und harmlos an ihrem Platz.

Einige Wochen vorher hatte eine iranische Gruppe die amerikanische Botschaft besetzt und das Personal als Geiseln genommen. Mit einem Schlag waren die Geschäfte und das Wirtschaftsleben zum Stillstand gekommen. Die acht Seiten der *Tehran Times* waren auf vier zusammengeschrumpft, auf ein einziges gefaltetes Blatt. Von der zwanzigköpfigen Mannschaft waren noch zwei übrig, Herr Parvez und noch ein anderer. Mit jeder Ausgabe, die er herausbrachte, verlor Herr Parvez dreihundert Dollar. Trotzdem glaubte er, weitermachen zu müssen. Er war davon überzeugt, dass ein einziger Tag ohne Erscheinen der Zeitung seinem Unternehmen so sehr schade, dass er das investierte Vermögen abschreiben müsse. Er war mit den Nerven völlig fertig. Kaum brachte er es über sich, über seine große Sorge zu sprechen: Was würde geschehen, wenn die amerikanischen Geiseln getötet würden?

Ich fragte nach Herrn Jaffrey. »Ist es schwer für ihn?«

»Für jeden ist es schwer.«

Um die Botschaft herum ging es zu wie auf einem Jahrmarkt: Zelte, Buden, Bücher, Essen, heiße Getränke. Der Gehweg vor den hohen Mauern war abgesperrt. Die Tore wurden bewacht. Die Studenten, die die Botschaft eingenommen hatten, bezeichneten sich mit vorsichtig gewählten Worten, die anscheinend ihre Identität verschleiern sollten, als »Muslimische Studenten, die den Richtlinien des Ayatollah Khomeini folgen«. Sie waren wie Guerilleros aufgemacht und hatten kleine khakifarbene Zelte aufgeschlagen. Hier, vor der Botschaft im Norden Teherans, waren sie völlig sicher. Es war nur ein Kriegsspiel.

Der echte Krieg sollte allerdings schneller ausbrechen, als sie voraussehen konnten, und ganze acht Jahre dauern.

Jetzt, fünfzehn Jahre danach, machte ich mich ohne große Hoffnung auf die Suche nach Herrn Parvez und Herrn Jaffrey. Die *Tehran Times* gab es noch; manchmal lag sie sogar auf der Theke des Hyatt aus. Aber sie trug nicht mehr den Wahlspruch »Der Wahrheit die Ehre«, auf den Herr Parvez so stolz gewesen war; und typographisch gesehen war sie ein wenig heruntergekommen und undeutlich. Sie war in einer ähnlichen Verfassung wie das Hyatt. Herr Parvez hätte eine solche Vernachlässigung nie toleriert; er war Fachmann; er wusste, wie man ein Blatt herausgibt. Tatsächlich war auch sein Name aus dem Impressum verschwunden.

Doch er selbst lebte noch. Er hatte die *Tehran Times* verloren, aber er arbeitete inzwischen bei einer anderen englischsprachigen Zeitung, den *Iran News*. Deren Büroräume befanden sich in einem kleinen Gebäude am Vanak-Platz in der Innenstadt von Teheran. Es ging vornehmer zu als im Büro von Herrn Parvez' alter *Tehran Times*. Die *Iran News* waren in jeder Hinsicht auf dem neuesten Stand. Schon im Empfang war zu spüren, dass Iraner einer bestimmten Stufe – ungeachtet der lang andauernden Isolation und Geldknappheit, ungeachtet auch der hochfahrenden revolutionären Schäbigkeit von Orten wie dem Hyatt – immer noch einen Stil verwirklichen konnten, der wie aus der – nunmehr strahlenden Schahzeit – herübergerettet wirkte.

Die Strapazen, die er durchlebt haben musste, hatten keine Spuren in Herrn Parvez' Gesicht hinterlassen; einzig eine leichte Gedunsenheit um die Augen herum, als hätte er zu viel Schlaf gehabt, gab einen Hinweis auf sein Alter. Ich war mir nicht sicher, ob er mich erkannte. Unsere beiden Begegnungen waren kurz gewesen; beim ersten Mal war er außerdem beschäftigt und schüchtern, beim zweiten Mal aufgewühlt. Trotzdem führte er mich ohne ein Zeichen von Unsicherheit oder Zaudern ins oberste Stockwerk, wo wir Mittag essen sollten und wo man sich, wie er sagte, ungestörter unterhalten könnte.

Wir befanden uns in einer weiträumigen, lichtdurchfluteten Mansarde. Fast in der Mitte des Fußbodens hatte jemand Zeitungen so ausgelegt, dass sie im Umriss einen Gebetsteppich nachbildeten, der nach Mekka wies. Am Kopfende des Zeitungsrechtecks lag ein Klumpen Erde, der von irgendeinem heiligen Ort stammte: Schiiten berühren bei ihrem Gebet mit der Stirn solche Erdklumpen.

Herr Parvez zuckte kurz zusammen, als er die Auslage auf

dem Boden sah. Anscheinend hatte er den Raum für unser Mittagessen reserviert. Aber er fing sich schnell. »Ah«, sagte er mit einem Hauch von Überdruss, während er sich einen Weg um die Zeitungsblätter suchte, »diese Schiiten.«

Jetzt war ich es, der angesichts seiner Abneigung und Distanz überrascht war, denn ich war immer der Meinung gewesen, Herr Parvez sei ein indischer Schiit, den seine Leidenschaft für die Schia und seine frühen Jahre als Dichter des Urdu, der ans Persische angelehnten Sprache indischer Muslime, von Bhopal und Indien nach Iran geführt hatten. Doch Herr Parvez hatte viel mitgemacht. Er hatte die Zeit des Schahs durchlebt und dann, Gott weiß um welchen Preis, fünfzehn Jahre Revolution oder mehr überlebt; seine früheren Überzeugungen mochten sich längst in Luft aufgelöst haben.

Wir saßen auf weißen Plastikstühlen (von der Sorte, die man stapeln kann) an einem weißen Plastiktisch, den Gebetsteppich aus Zeitungen im Rücken. Den Tisch verzierte ein gewagtes Muster aus Bambusblättern. Lieferanten brachten das Mittagessen und setzten die Speisen mit einer Nüchternheit ab, als gehörten sie zu ihrer eigenen Lebensweise: rustikale, unansehnliche, öltriefende Speisen mit viel Fleisch. Herr Parvez machte sich mit demselben Appetit darüber her wie sechzehn Jahre zuvor, an einem Nachmittag im Ramadan, Herr Jaffrey über seine gebratenen Eier. Während er hier eine Kostprobe, da einen Bissen nahm und seine Mahlzeit genoss, erzählte mir Herr Parvez von Herrn Jaffrey.

Das Aus für Herrn Jaffrey kam bald nach meinem zweiten Besuch bei der *Tehran Times* im Februar 1980, als ich Herrn Parvez in seinem verwaisten Büro angetroffen hatte, wo er sich über die Besetzung der US-Botschaft und die Geiselnahme des Personals durch die »Muslimischen Studenten, die den Richtlinien des Ayatollah Khomeini folgen« aufregte.

Die Studenten gingen die Unterlagen der Botschaft durch und veröffentlichten fast täglich »Enthüllungen« über immer mehr Leute. Dazu gehörten sogar »Enthüllungen« über die *Tehran Times*.

Eines Abends kam ein Student zur *Tehran Times* und fragte Herrn Parvez nach Herrn Jaffrey. Der Student stellte sich nicht mit Namen vor, aber er gehörte zu der Gruppe, die Botschaft und Personal in ihre Gewalt gebracht hatte. Herr Parvez sagte, Herr Jaffrey sei am nächsten Tag ab elf Uhr in seinem Büro. Der Student verschwand wieder.

Herr Parvez machte sich Sorgen. Er wusste, dass Herr Jaffrey als Mittelsmann für den Sender *Stimme Amerikas* tätig war. Zu diesem Zeitpunkt wusste er aber noch nicht, dass die Bezahlung, die Herr Jaffrey von der *Stimme Amerikas* empfing, direkt aus der US-Botschaft kam. Die Quittungen, die Herr Jaffrey ausgestellt (oder unterschrieben) hatte, gaben den Grund der Zahlung nicht an. Es hieß darauf nur »Von der US-Botschaft erhalten«.

Herr Jaffrey war ein alter Mann. Er hatte Herzprobleme und andere Leiden. Herr Parvez rief ihn zu Hause an.

Herr Jaffrey sagte: »Ich komme ins Büro.«

Als er eintraf, fragte Herr Parvez: »Ist irgendetwas nicht in Ordnung? Hatten Sie Kontakt zur Botschaft?«

Herr Jaffrey erwiderte: »Nein. Nur zur *Stimme Amerikas*. Ich habe ihnen ein paar Geschichten geliefert. Das Geld dafür bekam ich von der US-Botschaft.«

Ich fragte Herrn Parvez: »Wissen Sie, um welche Beträge es ging?«

»Ich glaube, dreihundert Dollar im Monat. Das war damals ziemlich viel Geld. Ein Dollar war sieben *touman* oder siebzig Rial.«

Jetzt wäre es sogar noch mehr Geld gewesen: Ein Dollar war viertausend Rial wert.

Herr Parvez sagte: »Ich riet ihm, in die Botschaft zu gehen, mit den Studenten zu sprechen und alles aufzuklären. Ich sagte, sie machten den Eindruck, als könne man mit ihnen reden. Er versprach mir, in die Botschaft zu gehen.«

Am nächsten Tag erschien Herr Jaffrey nicht im Büro. Herr Parvez versuchte, ihn telefonisch zu Hause zu erreichen. Herr Jaffrey meldete sich nicht. Herr Parvez machte sich große Sorgen. Er versuchte sich einzureden, dass Herrn Jaffreys Telefon vielleicht außer Betrieb sei. Er schickte seinen Fahrer hin. Nach ungefähr einer Stunde kehrte der Fahrer zurück und sagte: »Das Haus ist verschlossen.« Der Fahrer hatte sich mit einem Nachbarn unterhalten und erfahren, dass Herr Jaffrey mitten in der Nacht einige Haushaltsdinge im Kofferraum seines Autos verstaut hatte. Herr Jaffrey besaß ein großes amerikanisches Auto, einen alten Chevrolet.

Herr Parvez nahm Kontakt mit Herrn Jaffreys Freunden auf. Er konnte nicht glauben, dass Herr Jaffrey ein Spion sein sollte. Außerdem kam ihm der Gedanke, Herr Jaffrey könnte vielleicht festgenommen worden sein. Er nahm Kontakt mit den Leuten vom Sicherheitsdienst auf. Sie gaben an, sie wüssten nichts über Herrn Jaffrey.

Am Nachmittag kam der Student von der Botschaft wieder und fragte nach Herrn Jaffrey. Er wurde wütend, als Herr Parvez sagte, er wisse nichts über Herrn Jaffreys Verbleib.

Der Student fragte: »Warum haben Sie mir gesagt, er sei ab elf Uhr hier?«

Herr Parvez entgegnete: »Sehen Sie. Er ist ein netter Mann, außerdem alt. Ich weiß, dass er nichts Unrechtes getan hat.«

Der Student wurde noch wütender, und Herr Parvez erfuhr später, dass er und einige andere danach in Herrn Jaffreys Haus einbrachen und einige Dinge entwendeten.

Am Tag darauf erhielt Herr Parvez einen Anruf aus Pakistan. Am anderen Ende war Herr Jaffrey. Er sagte: »Ich bin mit meinem Chevrolet hierher gefahren.«

Herr Parvez fragte ihn: »Wie haben Sie denn das geschafft?«

Herr Jaffrey antwortete: »Ich musste den Grenzern etwas bezahlen. Auf beiden Seiten. Den iranischen und den pakistanischen.«

»Sie haben einen Fehler gemacht. Sie haben sich doch nichts zuschulden kommen lassen. Sie hätten nicht weggehen sollen.«

»Nein, nein. Ich bin alt und krank.«

Da saß Herr Parvez in der Mansarde der *Iran News* beim Essen am weißen Plastiktisch mit dem großen Bambusblatt-

Muster, rief sich die Ereignisse von vor fünfzehn Jahren ins Gedächtnis zurück und sagte: »Glücklicherweise hatte er einen Sohn und eine Tochter, die schon in Pakistan lebten. Dann begann er, dort zu arbeiten, in Islamabad. Und eines Tages, ich glaube, es war 1990, bekam ich einen Anruf von seinem Sohn in Pakistan, der mir mitteilte, dass er seinen letzten Atemzug getan habe.«

So war Herrn Jaffreys Traum ausgegangen, der ihm 1948 im indischen Lucknow so süß erschienen war, die *jamé towhidi*, die reine Gemeinschaft der Gläubigen, die den Weggang von zu Hause lohnte.

Herr Parvez sagte voller Anerkennung, wie in einem Nachruf: »Er spielte so gerne Bridge. Damals gab es *dermaßen* viele hier, die Bridge spielten.«

Das Damals, auf das Herr Parvez anspielte, war zu Zeiten des Schahs. Mittlerweile galt das Kartenspiel als unislamisch und war verpönt.

Zur Zeit von Herrn Jaffreys Flucht verlor Herr Parvez (wie er mir 1980 erzählt hatte) mit jeder Ausgabe der *Tehran Times* dreihundert Dollar. Trotzdem fühlte er sich verpflichtet, auf jeden Fall weiterzumachen, und in gewisser Weise geschah das auch. Aber Revolution ist Revolution; Unordnung hat ihre eigenen Triebkräfte; bessere Zeiten waren nicht in Sicht.

Nur wenige Monate nach Herrn Jaffreys Flucht – und nach dem Als-ob-Krieg draußen vor der amerikanischen Botschaft mitsamt der Als-ob-Kampfkleidung der »Muslimischen Studenten, die den Richtlinien des Ayatollah Khomeini folgen« – begann der echte Krieg: der acht Jahre dauernde Krieg mit dem Irak, ein so furchtbarer Krieg, dass die iranischen Zeitungen die Gewohnheit entwickelt hatten, in Sinnbildern davon zu sprechen: »der aufgezwungene Krieg«, »der vom Irak aufgezwungene Krieg«, »die heilige Verteidigung«, »die acht Jahre heiliger Verteidigung«.

An der langen Westfront fand ein großes Blutvergießen statt. Kurz darauf folgte das revolutionäre Blutvergießen im Innern des Landes: Schon begann die Revolution damit, ihre eigenen Kinder zu fressen.

Herr Parvez sagte: »Nach 1982 fing es damit an, dass alle guten Führer ermordet wurden. Die Spitzenleute. Die Mörder kamen aus verschiedenen Gruppen. Dann stiegen relativ zweitrangige Leute auf. Nur Beheshti blieb übrig. Dann wurde auch er getötet. Er hatte seine eigenen Vorstellungen von der islamischen Republik. Sie waren sehr klar. Er wollte Beziehungen mit allen Ländern, außer Israel und Südafrika. Und er wollte den Krieg beenden.« Nach seinem und dem Tod noch anderer Führer wurde die Opposition allmählich »ausgelöscht«.

Herr Parvez sagte: »Jetzt wollen sie Kontrolle darüber haben, wie du hier sitzt« – er gab dem Tisch mit dem Muster aus Bambusblättern einen leichten Schlag – »und redest. Es muss islamisch sein.«

Beheshti war der Ayatollah, der seine Hand über Herrn Parvez gehalten hatte (obwohl Herr Parvez sich nicht so ausdrückte); mir schien es, dass es an Beheshti gelegen hatte, wenn das Blatt in den schwierigen Monaten der Geiselkrise noch erscheinen konnte.

»Solange Dr. Beheshti lebte, durfte niemand mich anrühren. Er unterstützte mich. Bitte erwähnen Sie Beheshti. Er starb 1981 den Märtyrertod. Es war eine Bombe, als er gerade vor einer Versammlung von Wirtschaftsexperten der Partei der Islamischen Republik sprach. Später wurde die Partei aufgelöst.«

Herrn Parvez' Wertschätzung und Gefühl für Beheshti zeigten sich daran, dass er noch vierzehn Jahre nach seinem Tod das Wort »Märtyrer« verwendete. Er hatte auch Grund, um Beheshti zu trauern, denn wenige Monate später wurde das Blatt von den Machthabern übernommen.

Herr Parvez hatte die *Tehran Times* unmittelbar nach der Revolution 1979 gegründet. »*Tehran* ›Der Wahrheit die Ehre‹ *Times*«, sagte er, indem er den Namen und den eingefügten Wahlspruch so wiedergab, wie sie auf dem Titelblatt erschienen. So saßen wir in der Mansarde der *Iran News*, aßen, mit dem Gebetsteppich aus Zeitungspapier und dem Klumpen heiliger

Erde im Rücken, unser Mittagessen, und Herrn Parvez' Augen hellten sich angesichts der süßen Erinnerung auf; er wiederholte noch einmal Namen und Wahlspruch.

»Der Name war eingetragen. Jetzt haben sie ihn geändert. Eines Tages kamen sie einfach ins Büro und forderten mich auf, ein leeres Blatt zu unterschreiben. Was ich tat. Der Wortführer ist heute ein wichtiger Botschafter. Inzwischen sind wir gut befreundet, aber damals kannte ich ihn noch nicht.«

Einige Tage darauf sagte der Mann zu Herrn Parvez: »Es ist besser, wenn Sie Ihren Namen aus der Zeitung streichen. Besser für Sie. Sie waren niemals ein Revolutionär. Sie haben für eine Zeitung gearbeitet, die dem Schah nahe stand.« Daran stimmte, dass Herr Parvez zur Zeit des Schahs für ein englischsprachiges Blatt gearbeitet hatte.

Irgendwann fragte Herr Parvez die neuen Leute in seinem Büro: »Kann ich eine Entschädigung bekommen? Ich habe meine Gewinne regelmäßig in die *Tehran Times* gesteckt.«

Jemand aus der Buchhaltung sagte: »Verlangen Sie kein Geld.«

Herr Parvez erwiderte: »Wieso? Ich besitze kein Haus. Ich habe einen Sohn in Amerika. Dem muss ich Geld schicken. Sehen Sie, als ich vor der Revolution Journalist war, gab es sonst keinen. Die andern waren entweder geflohen oder im Gefängnis oder hingerichtet.« Die Reaktion des Mannes aus der Buchhaltung war anders, als Herr Parvez erwartet hatte. Er sagte: »Danken Sie Gott, dass Sie noch leben und arbeiten.«

Herr Parvez blieb der Zeitung als Herausgeber erhalten. Jetzt war immer noch ein Mullah im Büro zugegen. Herrn Parvez kam es zugute, dass, in seinen Augen jedenfalls, der Mullah freundlich und offen war. Der Mullah sagte so etwas wie: »Seien Sie gemäßigt. Nicht extremistisch.« Damit hatte es sich. Wäre er nicht so nett gewesen, dann wäre Herr Parvez auch nicht geblieben. Und tatsächlich behandelten die Machthaber Herrn Parvez mit Respekt. Bei offiziellen Anlässen wurde er als »Vater des englischsprachigen Journalismus in Iran« vorgestellt. Einmal wurde er sogar geholt, um mit dem Ayatollah

Khomeini und Herrn Rafsanjani, dem Premierminister, zusammenzutreffen.

»Sie stellten mich auf eine sehr kultivierte Art vor«, sagte Herr Parvez. »Sehr korrekt.« Die Einhaltung der Form galt viel in Iran.

Und Herr Parvez war Zensur gewöhnt. Zu Zeiten des Schahs, bis 1975 und vier Jahre vor der Revolution, unterhielt der Savak, die Geheimpolizei des Schahs, einen Agenten im Büro des *Tehran Journal*, wie Herrn Parvez' Blatt damals hieß. Der Mann vom Savak kam morgens um drei, zusammen mit einem Team von Leuten, die Englisch konnten, und dann gingen sie alle Texte durch, sogar die Werbeanzeigen. Wenn das *Tehran Journal* über regierungsfeindliche Demonstrationen und Märsche berichtete, durfte es die Wörter »Student« oder »Jugendlicher« nicht verwenden. Es musste »Krawallmacher« schreiben. 1975 hörte diese tägliche Zensur auf. Aber die Regierung behielt die Kontrolle; die Spitzenleute in den Zeitungen hatten ihre Anweisungen.

Jetzt gab es keine offizielle Zensur mehr, sagte Herr Parvez, nur die Selbstzensur. Die Journalisten wussten, wie weit sie gehen durften. In der Zeit des Schahs war das anders gewesen. Heutzutage konnten sie erstaunlich weit gehen.

»Wir haben Präsidenten, Minister und andere kritisiert. Aber wir wissen genau, dass es uns an den Kragen ginge, wenn wir nur versuchten, das Grundgefüge anzutasten oder zu zerstören.«

»Grundgefüge?« Das Wort war mir neu.

»Das ist das Prinzip von Führung und Gehorsam.«

Auch das war mir neu. Herr Parvez beugte sich nach links und ergriff ein aktuelles Exemplar der *Iran News*. Er deutete auf zwei Überschriften und sagte: »Die beiden Artikel machen Ihnen klar, was damit gemeint ist.«

Der erste Artikel, »Ayatollah Kani unterstreicht Bedeutung der Ulama«, stammte von der Politikseite des Blattes. Die *ulama* sind die Kleriker, religiöse Lehrer, die Männer in Turbanen und Umhängen. »... Ayatollah Mohammad Reza Mahdavi Kani forderte die Ulama am Montag auf, weiterhin in Politik und Verwaltung aktiv zu sein und keinen Gedanken daran zu verschwenden, diese grundlegenden Aufgaben abzugeben ... Ayatollah Kani, der anlässlich des Beginns des neuen akademischen Jahres an der Imam Sadeq (AS) Universität eine Rede hielt ...«

Der zweite Artikel war der wichtigere. »Gehorsam gegenüber dem Führer einzige Überlebenschance für Linke«. Obwohl sich der Artikel als Interview mit einem »linken« Abgeordneten tarnte, ging es um die ausdrückliche Bestätigung des Grundsatzes von Führerschaft und Gehorsam. Am Anfang definierte der Verfasser den Führer: »Die oberste Autorität in der Islamischen Republik hat der Führer inne – ersatzweise das Führungsgremium –, der die höchste politische und religiöse Macht ausübt und damit die Verkörperung der Einheit von Politik und Religion darstellt, wie es Artikel 5 der Verfassung des Iran vorsieht.« Folgendermaßen definierte daraufhin der linke Abgeordnete seinen Gehorsam: »Die Linke glaubt an den fraglosen, voraussetzungs- und bedingungslosen Gehorsam gegenüber dem Führer, an die Ausführung der Verfügungen von Seiten der Regierung, an die Umsetzung des reinen mohammedanischen Islam (*Islam-e Nab)* im Sinn des verstorbenen Imam [Khomeini], die Herbeiführung sozialer Gerechtigkeit, die Umsetzung des Artikels 49 der Verfassung ...«

Daraufhin zitierte der Verfasser aus dem Artikel 49: »Die Regierung übernimmt die Aufgabe, allen Besitz einzuziehen, der aus Wucher, widerrechtlicher Aneignung, Bestechung, Unterschlagung, Diebstahl, Glücksspiel, Veruntreuung von Stiftungsgeldern, Veruntreuung von Staatseinkünften und -transaktionen, dem Verkauf von Nutzland und anderen Quellen der öffentlichen Hand, der Unterhaltung von Zentren des Lasters ... stammt.«

Zieht man die religiöse Drohgebärde ab, so verfolgte der Artikel 49 kein anderes Ziel, als einen Teil der Ordnungsaufgaben zu regeln, denen sich eine verantwortungsbewusste Regierung immer und überall gegenübersieht. Islamisch war daran nur »die Einheit von Politik und Religion«, eine Art institutioneller Verfahrensabkürzung, da sich diese Einheit über die Person des

Führers herstellte, dem unbedingter Gehorsam zu leisten war. Islam bedeutet »Unterwerfung«, und in einer islamischen Republik, wie sie die Iraner leidenschaftlich angestrebt und in einer Volksbefragung gewählt hatten, musste sich jeder unterwerfen. Auch der Schah hatte gewissermaßen Unterwerfung verlangt, aber der Schah hatte eine säkulare und korrupte Diktatur ausgeübt. Jetzt hingegen wurde den Menschen im Austausch für ihre vollkommene Hingabe ein Geschenk zuteil, das in der kaum auszuhaltenden Schönheit des »reinen mohammedanischen Islam, *Islam-e Nab*« bestand, wie der Imam Khomeini es für sie gewünscht hatte.

Es war wie eine Spielart von Herrn Jaffreys *jamé towhidi*. Der arme Herr Jaffrey hatte nur den süßen Traum gehabt. Danach hatte er sein ganzes Leben ausgerichtet: ein Muslim unter lauter Muslimen zu sein, ein Schiit unter Schiiten, in einer Wiederauflage der vergangenen Welt zu leben, als der Prophet herrschte, die kleine Gemeinde gehorchte und alles dem reinen Glauben diente. Aber nur als Traum. Denn als sich mit Khomeinis Imamat zum ersten Mal die religiöse Herrschaft abzeichnete, erhob er Einspruch wie jemand, der gar nicht wirklich wünschte, was er so lautstark forderte. Am Ende war er in seinem Chevrolet geflohen, um der äußerst kühnen Verwirklichung seines Traumes, mit Führer und Führungsgremium in der Rolle des Propheten, zu entkommen.

Dieses »Grundgefüge« – einer Führung, die auf geheimnisvolle Weise entstand, und von Menschen, die ihr Gehorsam zollten – fand seinen Ausdruck in der Allgegenwart von offiziellen Fotografien der drei Spitzenleute. Es drückte sich auch in den bisweilen riesigen gemalten Porträts an Gebäudefassaden aus, die eine Assoziation zwischen dem gegenwärtigen geistlichen Führer und dem Imam Khomeini hervorriefen und einen schlichten Aufruf zum Gehorsam darstellten.

Herr Parvez sagte: »Ich hätte nie geglaubt, dass es 1979 so weit kommen könnte. Ich dachte, das Schahregime würde abtreten und wir hätten dann eine demokratische Regierung im westlichen Stil, so wie in Indien. So islamisch habe ich nie gedacht.« 1979 hatte sein Blatt einen ganz anderen Eindruck gemacht. »Das war schwierig. Mein Hintergrund war überhaupt nicht religiös. 1979 stimmte ich bei der Volksbefragung mit. Ich stimmte für die Islamische Republik. Es gab nur Ja oder Nein. 85 Prozent der Leute waren für die Islamische Republik, ohne dass sie gewusst hätten, wie sie aussehen würde.«

Herr Parvez fühlte sich zu Khomeini hingezogen, weil dieser von den Unterdrückten und den Ländern der Dritten Welt sprach. Vor allem erinnerte er sich an die berühmte Rede Khomeinis auf dem Friedhof, die er unmittelbar nach seiner Rückkehr aus dem Exil gehalten hatte. Diese Rede enthielt viele Versprechungen: Kerosin wird nach Hause geliefert, Elektrizität ist kostenlos, Wasser ebenfalls.

»Er versprach Vollbeschäftigung und sagte, er würde den Amerikanern die Arbeit wegnehmen. Zur Zeit des Schahs gab es ein oder zwei Millionen Menschen, die keine oder nur halbe Arbeitsplätze hatten. Heute sind es zehn Millionen Arbeitslose. Aber ich werde Ihnen eines sagen. Der Imam meinte es ganz ehrlich. Er wollte gute Beziehungen zur gesamten Dritten Welt haben. Er konnte seinen Plan nur nicht umsetzen. Wegen des Krieges.«

Da weckte der Friedhof dann andere Assoziationen.

Was ihn und seine eigene Zukunft betraf, versuchte Herr Parvez, die *Tehran Times* zurückzubekommen. Er reichte Klage ein.

»Aber finanziell werde ich immer Probleme haben. Hätte es die Geiselkrise nicht gegeben, dann wäre mein Blatt auch nicht in Schwierigkeiten gekommen. Die Geschäftsleute und ausländischen Gesellschaften verließen das Land, und mit der Werbung war es aus.«

So vieles war inzwischen in der Welt geschehen, so vieles auch mir widerfahren. Er hingegen durchlebte die Geiselkrise immer wieder aufs Neue. Es kam mir merkwürdig vor, ihn – wenn die Metapher nicht zu unpassend ist – seit fünfzehn Jahren an ein und dasselbe Kreuz genagelt zu sehen. Er hatte viel mitgemacht; um zu überleben, war er zu vielem bereit. Es wäre ungerecht gewesen, die Ungereimtheiten, die mir in seiner Erzählung aufgefallen waren, gar zu sehr hinterfragen zu wollen.

»Sie wollen genau wissen, wie du sitzt und was du redest«, sagte Herr Parvez. In einigen Hauptstraßen machte Teheran am Abend den Eindruck einer Stadt unter Besatzung oder im Zustand von Aufruhr, so viele Wächter der Revolution waren unterwegs und bisweilen, an Straßensperren, die noch mehr gefürchteten Basiji-Freiwilligen. Auf ihren fast privaten nächtlichen Streifzügen machten sie weniger Jagd auf Terroristen als vielmehr auf Frauen, die ihr Haar nicht vollständig bedeckt hatten, und weniger auf Waffen als auf Alkohol, CDs und Kassetten (Musik galt als verdächtig, und Sängerinnen waren verboten). Die Teheraner entdeckten diese Straßensperren schneller als der Besucher. Eines Nachts, als wir an einer Gruppe vorbeikamen, die gerade aufgegriffen worden war, sagte die Dame, die uns fuhr, man müsse nur mit den Wächtern umgehen können. Als sie selbst einmal angehalten wurde, fragte sie ganz ernsthaft: »Was stimmt an meinem *hijab* (Kopfbedeckung) nicht, mein Sohn?« Und der junge Mann aus einfachen Verhältnissen, der nicht den Eindruck hatte, von der Dame eine Abfuhr oder Ablehnung zu erhalten, ließ sie laufen. So sahen die Gehorsams- und Überlebensstrategien aus, die man hier lernte.

Gleichzeitig herrschte aber auch das Gefühl, diese Art Erniedrigung dürfe nicht länger anhalten. Auch wenn die Reserven zur Auflehnung oder auch nur zum Einspruch nach vierzig Jahren enttäuschter Hoffnungen aufgebraucht waren und die Leute nach all dem Blutvergießen – erst an der Opposition zur Zeit des Schahs, dann, nach der Revolution, an den Anhängern des Schahs und den Kommunisten, dazu noch die entsetzliche Schlächterei des Krieges – einfach genug hatten, ging mit dem Überdruss das Gefühl einher, in Iran müsse einmal der Blitz einschlagen. Fast wie um diesen Punkt herbeizureden, erzählte man sich Geschichten, etwa dass die Großmächte Khomeini dem iranischen Volk aufgehalst hätten oder dass sich bestimmte wichtige Mullahs an einzelne Leute heranmachten, um sich schon jetzt ihr Wohlwollen für den Fall zu sichern, dass alles anders und die Islamische Republik abgeschafft würde.

Von meinem neuen Zimmer im Hyatt aus hatte ich einen Blick auf die Berge im Norden. An sonnigen Tagen gaben Licht und Wolken den Kämmen und Senken der kahlen, sandfarbenen Berge ein immer wieder neues Aussehen. An bedeckten Tagen verblichen die weiter entfernten Hügel Ton um Ton, während die näher gelegenen niedrigen Hügel vor dem blassen Hintergrund hervortraten und ins Braune, Gelbliche oder Goldene spielten. Die abgeerntete oder sonnenverbrannte Vegetation wirkte manchmal ganz lieblich. Das Grün der Bäume, die sich die Hügel hinaufzogen, hörte irgendwo übergangslos auf. Die flacheren Hügel erweckten den Eindruck, als habe man sie zwecks weiterer Bebauung eingeebnet.

3

Der grosse Krieg

Einfache, schwarz-weiße Plakate, die in der Teheraner Innenstadt auf Metallpfosten am Straßenrand befestigt waren, kündigten das dritte Seminar über Ayatollah Khomeinis Überlegungen zur Verteidigung an. Die schlichten Plakate hatten nichts mehr von dem graphischen Furor aus den Tagen der Revolution; eher ähnelten sie dem ausgetrockneten Blutbrunnen auf dem Märtyrerfriedhof. Eine Notiz der iranischen Nachrichtenagentur in den *Iran News* war schon aussagekräftiger. Ein hochrangiger Kleriker sollte das Seminar vorbereiten, Hojjatoleslam Qaemi, der Direktor der Ideologischen und Politischen Abteilung am Ministerium für Verteidigung und Einsatz der Streitkräfte. Die Religiösen mischten jetzt überall mit, und ihre politischen Titel waren manchmal so volltönend wie ihre religiösen. Fünfhundert »Persönlichkeiten« sollten an dem Seminar teilnehmen und – die Abteilung erging sich in Zahlen – von den eingereichten hundertdreißig die vierzehn ausgewählten Referate hören. »Eine Fotoserie der acht Jahre währenden heiligen Verteidigung (1980–1988) und eine Ausstellung mit Dokumenten des aufgezwungenen Krieges sollen am Rande des Seminars gezeigt werden.«

Arash, der Mehrdad und mir seine Kriegserfahrungen berichten wollte, wusste nichts von dem Seminar. Wie bei Regierungsdingen oft der Fall, spielte es sich in weiter Ferne ab.

Arash war siebenundzwanzig Jahre alt. Die letzten vier Jahre des Krieges hatte er an der Front verbracht. In den ersten beiden Jahren, als er sechzehn und siebzehn war, hatte er sich als Freiwilliger gemeldet, danach leistete er seinen Wehrdienst ab. Jetzt arbeitete er als Taxifahrer, genau wie der Offizier, der einmal sein bester Freund war. Mehrdad wollte, dass ich die speziellen Bezeichnungen zur Kenntnis nahm, die Arash für Taxifahrer benutzte, und wie er sie aussprach. Ebenso wenig wie Arash fuhr der ehemalige Offizier für ein Taxiunternehmen, was ihm ein gewisses Ansehen verschafft hätte; vielmehr kutschierte er sein Privatauto entlang bestimmter feststehender Routen, wo er Fahrgäste einlud, als wäre er ein Busfahrer. Eine Taxilizenz besaß er mit Sicherheit nicht.

Arash sagte: »Mir hat dieser Krieg nichts genützt. Mal sehen, ob meine Erinnerungen anderen nützen können.«

Wir fuhren zu einem Café im Norden Teherans, einem Treffpunkt der Mittelklasse, das eine große Fensterfront hatte und an einer geschäftigen, von *chenar*-Bäumen gesäumten Straße lag. Der *chenar* ist die iranische Platane, die hier und in Kaschmir (wo man ihren Schatten sogar für gesundheitsfördernd hält) wegen ihrer Schönheit geschätzt wird. In der persischen und Mogulmalerei findet man sie häufig naturalistisch dargestellt.

Es war am späteren Nachmittag, und das Café – wo man Eis, Sorbets und Tee bekam – war mit Frauen in schwarzen Schadors, verheirateten Frauen und Müttern, besetzt. (Zur selben Zeit flanierten die schwarz gekleideten jungen Mädchen im Vergnügungspark, dazwischen die grün gewandeten Wächter, die sie beobachteten.) Café und Frauen strahlten eine unterschwellige Eleganz aus, als könnte die Sehnsucht der Frauen nach Schönheit und Stil in der jetzigen Phase in Iran nicht mehr unterdrückt werden; die Szene hatte etwas von Ungehorsam.

Wir setzten uns in eine Fensternische, und es sprach für den Standard des Cafés, dass trotz unseres langen Bleibens und obwohl ich nach einer Weile Notizen zu machen begann, kein Mensch uns anstarrte oder uns ein Gefühl von Unbehaglichkeit vermittelte.

Arashs Familie war erst seit zwei Generationen in Teheran ansässig. Sie kam aus bäuerlichen Verhältnissen, und auch jetzt wohnte noch ein entfernter Zweig auf dem Land westlich von Teheran. Sie züchteten Vieh und Schafe und hatten zwei *ghanat*-Brunnen, ohne die man in der Wüste nichts anbauen kann. Diese Brunnen verlaufen entlang unterirdischer Wasseradern, die aus den Bergen gespeist werden. Arash sagte, der Wasserlauf müsse viermal im Jahr ausgebessert und gereinigt werden.

Als der Vater von Arashs Vater nach Teheran kam, ließ er sich für die Armee von Reza Schah, dem Vater des letzten Schahs, anwerben. Das war 1931. Später, als sein Militärdienst zu Ende war, betrieb er in Teheran ein Büro für Haus- und Immobilienbesitz.

Mehrdad unterbrach seine eigene Übersetzung, um zu bemerken: »Sie gehörten klar zur Mittelklasse.«

Als Arash sich 1984 freiwillig zum Kriegsdienst meldete, wurde er einer von den Basijis. Die Basijis erkannte man an ihrem roten, grünen, weißen oder schwarzen Stirnband; allerdings waren auf den Bildern im iranischen und ausländischen Fernsehen fast immer nur rote Stirnbänder zu sehen. Rot symbolisierte Blut, Opfer und Glauben.

Arash nahm als Basiji an elf Vorstößen teil, bei sieben davon war er an der Front. Als er 1984, zur Halbzeit des Krieges, in den Militärdienst eintrat, war es noch üblich, dass religiöse Sänger vor jedem Vorstoß an die Front kamen, um die Männer anzustacheln. Die Sänger trugen vor, und die Männer schlugen sich mit einer Hand oder, wenn die militärische Lage ernst war, mit beiden Händen an die Brust. Manche Sänger waren sehr berühmt und im ganzen Iran bekannt. Ein besonders berühmter Sänger trat anlässlich Arashs viertem oder fünftem Angriff vor Arashs Abteilung auf.

Auch wenn kein professioneller Sänger den Vorstoß einleitete, fand sich unter den Männern immer einer, der singen konnte und die Zeremonie für die anderen leitete. Bei den Gesängen kam es auf größtmögliche Schwermut an. Es wurden keine Korangesänge vorgetragen, sondern Erbauungslieder, häufig solche, die erst durch die Interpretation berühmter Sänger selbst berühmt geworden waren.

Mehrdad sagte: »Wenn du zur Schule gehst, gibt es immer jemanden, der diese Melodien kennt, diese traurigen Lieder. Und der kann dann die Zeremonie für die anderen leiten.« (Später am Abend, als ich im Hotelzimmer meine Notizen mit Mehrdad durchging, gab er mir eine Kostprobe der Schläge auf die Brust, von denen Arash erzählt hatte. In weniger als einer halben Minute und ungeachtet seiner hinzugefügten Erklärungen für das, was er gerade tat, wurde mir bei seinem hypnotischen Trommeln der Raum zu eng.)

Normalerweise dauerte die Gesangszeremonie zwei Stunden. Als der besonders berühmte Sänger Arashs Abteilung besuchte, dauerte sie sechs Stunden, weil dieser berühmte Mann die entsprechende Stimme, Lunge und Ausdauer besaß.

Das Singen gab den Männern Gedanken an Tod, Märtyrertum, Paradies und Freiheit ein. Danach verstummten die Männer eine halbe Stunde oder sogar noch länger, aber nie länger als anderthalb Stunden. Dann begann der Angriff, gewöhnlich um halb drei in der Nacht. In der ruhigen Zeit zwischen dem Gesangsende und dem Beginn des Angriffs schrieben die Männer ihre Briefe und Testamente, brachten ihre Schuhe in Ordnung und kümmerten sich darum, dass ihre Unterhosen sauber waren.

Mehrdad sagte: »Viele Leute gaben sich vor einem Angriff religiösen Waschungen hin, weil sie dachten, dass der Angriff eine religiöse Angelegenheit sei und dass man dafür ordentlich und sauber sein müsse. Da er mit dem Märtyrertod enden konnte, würden sie ihrem Gott mit einem sauberen Körper und in sauberen Kleidern begegnen.«

Unter den Basijis gab es auch Offiziere, aber sie trugen keine Abzeichen, Epauletten oder sonst einen Hinweis auf ihren Dienstrang; obwohl natürlich die Länge des Bartes – angeblich hatte sich der Prophet gegen das Rasieren ausgesprochen – schon anzeigte, wer in die höheren Ränge gehörte. Die Basijis, sagte Arash, waren über die jeweilige Situation immer gut informiert, und ihre Fragen wurden gewissenhaft beantwortet.

Nach zwei Jahren freiwilligen Dienstes als Basiji kehrte Arash nach Hause zurück, aber fast unmittelbar darauf begann sein regulärer Militärdienst. Nach zwei Monaten Ausbildung war er wieder an der Front.

Ich fragte Arash: »Sie mussten Ihren Militärdienst doch sowieso ableisten. Warum gingen Sie dann freiwillig zu den Basijis?«

»Alle meine Freunde taten das. Jedenfalls fünfundzwanzig Prozent von ihnen. Das hatten sie uns so eingetrichtert.«

»Sie?«

»Fernsehen, Radio und die Lautsprecher außen an den Moscheen. Zeitschriften, Zeitungen, alle halt.«

Sie gaben ihm das Gefühl, er kämpfe zuallererst für den Islam. Und außerdem für die Nation und die Familie, für beides.

Mehrdad sagte: »Das Wort, das er hier verwendet, bedeutet viel. Er sagt *namus*. Das beinhaltet eine Beschützerrolle für die Frauen aus der Familie. Man kann dieses Wort auf seine Haltung zu seinem Land übertragen – oder auf sein Gewehr. Da gibt es eine lustige Geschichte. Sie stammt aus der Zeit des Vaters des Schahs, Reza Schah. Er inspizierte gerade ein paar Soldaten. Einen davon fragte er, indem er dessen Gewehr hochhob: ›Was hast du da in der Hand?‹ – ›Das ist ein Gewehr.‹ Reza Schah wurde wütend und sagte: ›Akbar, das ist kein Gewehr. Es ist dein *namus*. Es ist deine Mutter, deine Frau, deine Tochter. Du musst es bewahren und beschützen.‹ Er schreitet weiter die Reihe ab und kommt zu Ahmed. Ahmed ist ein Türke aus dem Norden oder so ähnlich. Iraner machen immer Witze über die Türken. Reza Schah hebt Ahmeds Gewehr in die Höhe und sagt: ›Was ist das?‹ Ahmed sagt: ›Das ist Akbars *namus*. Das ist Akbars Mutter, Frau, Tochter.‹«

Als Arash die Basijis verließ und zur Ableistung seines Militärdienstes in die Armee kam, wurde er nach seiner zweimonatigen Ausbildung einer speziellen Kommandoeinheit zugeteilt.

Er ging zu der Truppe, die ungefähr zwanzig Kilometer vor der Front für den Nachschub sorgte. Gleich am ersten Tag schlief er bis zum Mittag. Er befand sich auf einem Hügel. Er wachte auf und stieg den Hügel zum »Sammelplatz« hinauf. (Mehrdad hatte mit dem Begriff seine Schwierigkeiten; zuerst sprach er von »Hof«.) Ungefähr sechs Meter unterhalb seines Standorts schlug eine Rakete in den Hügel ein, so dass er elf Meter durch die Luft geschleudert wurde. Ungefähr einen Tag lang war er bewusstlos. Als er zu sich kam, hing er am Tropf, und weiter unten fühlte sich eine Körperseite taub an.

Jetzt saß er in einer Fensternische des Cafés, während draußen der Verkehr vorbeifuhr und Frauen aus der Mittelschicht in schwarzen Schadors an anderen Tischen Eiscreme und Tee zu sich nahmen, und sagte: »Ich spüre immer noch etwas.« Neuneinhalb Jahre nach seiner Verwundung strich er sich mit einer tastenden, liebkosenden Hand über seinen linken Oberschenkel.

Siebzehn Tage lag er im Feldlazarett. Sie ließen ihn nicht nach Teheran zurückkehren. Er sagte ihnen, die Basijis könnten doch jederzeit in ihre Heimatstädte zurück. Das interessierte sie nicht. Sie schickten ihn wieder zum Sammelplatz. Schon am ersten Tag kam es ihm so vor, »als läge die Vorbereitung eines Angriffs in der Luft«. Er entschloss sich zur Flucht.

Das Gelände kannte er noch vom Jahr zuvor. Er wusste, dass die Berge im Norden lagen und sich dahinter ein Dorf oder eine kleine Stadt befand. Er schätzte die Entfernung auf ungefähr dreißig Kilometer. Am Nachmittag raffte er sein Geld und seine Siebensachen zusammen und machte sich auf den Weg. Er ging bis zum Einbruch der Nacht. Er kam am Zelt eines Schäfers vorbei, der gerade die Schafe auf die Weide trieb. Im Winter wurden die Schafe die Berge hinuntergetrieben, im Sommer hinauf. Jetzt trieben sie die Schafe nach oben.

Im Zelt waren ein alter Mann, ein Kleinkind, eine Frau und sechs junge Mädchen versammelt. Sie boten ihm heiße Milch und eine der üblichen Salben aus Tierfett an, die seine Schmerzen lindern sollte. Er erzählte ihnen, er sei von seinem Regiment getrennt worden und habe sich in den Bergen verlaufen, und jetzt wolle er über die Berge zu der Stadt oder dem Dorf auf der anderen Seite gehen. Sie sagten: »Es ist ein weiter Weg, und da draußen sind viele Wölfe. Außerdem läufst du in die falsche Richtung.« Sie überredeten ihn, bei ihnen im Zelt zu übernachten.

Um sechs Uhr morgens brach er auf. Er lief bis zwei Uhr mittags, dann kam er zu dem Dorf. Er hielt einen Lieferwagen an, um gegen Geld mitgenommen zu werden. Geld hatte er bei sich, weil er – bevor die Rakete einschlug und ihn verletzte – gerade von einem zweiwöchigen Urlaub zurückgekehrt war. Er kam in einer großen Stadt an. Von dort nahm er einen Bus nach Teheran. Sein Vater war über seinen Zustand entsetzt und wollte nicht, dass er zurück an die Front ging.

Noch zwei Wochen war es bis Nowroz, dem persischen Neujahr, einem alten, vorislamischen Fest, und er blieb bis zum Ende der Feiertage bei seiner Familie.

Mehrdad sagte: »Vielleicht war ein Grund für seine Flucht, dass er so kurz vor Nowroz nicht an einem Angriff beteiligt sein wollte. Jeder hier möchte an Nowroz bei seiner Familie sein und so feiern, wie er es gewohnt ist. Ich sage das, weil er gerade erzählt, er sei unmittelbar nach den Feiertagen an die Front zurückgegangen.«

Dort erfuhr Arash, dass es gar keinen Angriff gegeben hatte, dass aber jetzt einer bevorstand. Es war ein schwerer Angriff, und er begann vier Tage nach seiner Rückkehr.

Im Ganzen verließ Arash dreimal den Kriegsschauplatz, offenbar ohne zur Rechenschaft gezogen zu werden, wenn er zurückkehrte.

Besonders erinnerte er sich an die Zeit, als sie einmal für ein paar Tage irakischen Stellungen direkt gegenüberlagen. Auf der irakischen Seite sah er ein Glitzern und dachte, die Sonne habe eine Armbanduhr gestreift. Schon kam das nächste Glitzern, so dass es kaum Zufall gewesen sein konnte. Deshalb machte er dasselbe mit seiner eigenen Uhr und bekam eine Antwort. Dieses Spiel ging einige Zeit hin und her. Später benutzten sie Feldstecher, um einander zuzublinken.

Dies alles erinnerte an die Geschichten aus dem Ersten Weltkrieg, als ebenfalls Männer aus den feindlichen Lagern an der Westfront vorübergehend Brüderschaft schlossen. Arash kannte diese Geschichten sicher nicht. Umso mehr sprach seine Erzählung Bände über den großen Überdruss auf beiden Seiten, als sich der Krieg seinem Ende näherte. Aber darauf kam er nicht; er kam auf gar nichts. Er erzählte die Geschichte ganz einfach als Beispiel für die Merkwürdigkeiten des Kriegs.

Als sein militärischer Pflichtdienst abgeleistet war, blieb er freiwillig noch weitere vier Monate in der Armee. Er hatte dort Freundschaften geschlossen, und mit einem seiner Freunde ging er dann weg. Sie machten sich zusammen nach Shiraz auf. Sie schliefen in einem Park. Am Morgen hörten sie, dass der Imam Khomeini gestorben war. Für Arash, wie auch für viele andere, war das der traurigste Moment in dem ganzen Krieg.

Arash sagte: »Mir fällt ein, dass mein Freund von seiner Mutter zurechtgewiesen wurde, weil er einen Apfel aß. Gerade so, als hätte Khomeinis Tod eine Art Ramadan ausgelöst.« Ramadan, der Fastenmonat.

Teheran war jetzt, am Ende des Krieges, eine große Enttäuschung, aber das war nicht neu. »In Teheran gab es Hochzeitsfeiern. Zwei meiner Freunde waren als Märtyrer gefallen. Und dann, in derselben Straße, gleichzeitig mit der Beerdigung, eine Hochzeitsfeier. An der Front ging es um Islam und Krieg. Hier in Teheran redeten die Leute über Mode und Musik. Über die *Stimme Amerikas* hörten wir die Stimmen von Iranern, die darum baten, die neuesten Schallplatten abzuspielen. In Teheran kümmerte sich niemand um den Krieg. Alle rannten nur dem Geld hinterher.«

Am meisten kränkte ihn, dass die Basijis in Teheran einen schlechten Ruf hatten. Sie verfolgten Leute, weil sie die islamischen Gesetze missachtet hatten, und erpressten Geld von ihnen.

Mehrdad sagte: »Diese Leute glauben, dass sie um etwas

betrogen wurden. Sie glauben, dass die Reichen sie bestohlen haben. Deshalb sind sie so aggressiv.«

Arash war sehr offen gewesen, aber irgendetwas fehlte. Der Krieg, wie er ihn uns beschrieben hatte, war ein Krieg ohne Tod, und auch Blut kam darin kaum vor. Er hatte von seiner eigenen Verwundung durch die Rakete erzählt, und von Schafen, die durch Minenfelder getrieben wurden, um die Minen zur Detonation zu bringen. Das war aber auch schon alles. Selbst wenn wir ihn nach den Märtyrertruppen fragten, sagte er nur, dass sie bei einem Angriff in der vordersten Reihe marschierten, gefolgt von den regulären Truppen und dahinter die Nachschubbataillone. Über den Krieg wollte er sprechen, über den Tod nicht.

Später, als wir das Café verlassen hatten und, schon bei Dunkelheit, im Auto saßen, fragte ich ihn direkt: »Haben Sie viele Tote gesehen?«

Er wollte einfach nicht antworten. Aber dann, nach einer Pause, sagte er: »Ein vierzehnhundert Mann starkes Regiment unternahm einen Angriff. Nur vierhundert kamen wieder.«

»Wie denken Sie jetzt darüber?«

»Ich halte mich da heraus.«

Das war wie Mehrdads Antwort auf dem Friedhof, und genau wie Mehrdad drückte Arash damit aus, dass er für seinen Schmerz keine Worte hatte.

»Ich glaube, dass Sie ein einsamer Mann sind.«

»Ich bin lieber alleine.« Etwas später sagte er: »Jeder wartete auf Alis Gerechtigkeit. Aber nach einer Weile sahen sie ein, dass es die nicht geben würde.« Ali, der Schwiegersohn des Propheten, der vierte Kalif des Islam, bekannt für die Weisheit seines Urteils, wurde im Jahr 661 auf dem Weg zur Moschee ermordet und steht seitdem in Zentrum der schiitischen Verehrung und Trauer.

Ich fragte: »Glauben Sie, dass sich auf Erden so etwas wie Alis Gerechtigkeit wiederherstellen lässt?«

»Niemals. Schon zu seiner Zeit hatte er große Schwierigkeiten. Er war ein bedeutender Mann, und binnen kurzem hatte er viele Feinde, und deshalb konnte er nichts ausrichten. So ist es immer.«

Zu diesem Ergebnis war er mit zwanzig gekommen. Auch Herr Jaffrey, der indische Schiit, hatte am Ende seines beruflichen Lebens Ahnungen dieser Art. Und dann brachte sein süßer Traum – auf Umwegen – unzähliges Leid über die zurückgebliebenen Glaubensgenossen.

Als ich später mit Mehrdad über Arash sprach, wollte er wissen: »Für Sie ist er ein einfacher Mann, oder?«

Ich hatte mir diese Frage über Arash, einfach oder nicht, überhaupt nicht gestellt; aber ich hatte auch nicht Mehrdads iranischen Blick. Mir hatte Arashs Offenheit gefallen, und ich hatte in ihm einen Stoiker gesehen, vielleicht sogar einen guten Menschen, dessen moralische Qualität hätte nutzbringender eingesetzt werden können.

Jedenfalls unterschied er sich grundlegend von dem anderen Zeitgenossen, mit dem wir ebenfalls über seine Kriegserlebnisse zu sprechen versuchten. Ihn schickte uns ein Verleger, der Literatur über den Krieg herausgab. Der Veteran, wenn es sich überhaupt um einen solchen handelte, war ein kleiner, reinlicher Mann mit einem gepflegten schwarzen Bart und wachen, wenig vertrauenswürdigen Augen. Er nahm an, dass man ihn geschickt habe, damit er Lügen verbreite, und so erzählte er Lügen über Lügen. Er war ein Architekt, ein Arzt; er hatte sterbende Märtyrer in den Armen gehalten. In nichts von all dem, was er sagte, gab es irgendwelche konkreten Einzelheiten, und mir kamen Zweifel, ob er überhaupt an der Front gewesen war.

Nach einer Weile funkte er uns religiöse Signale. Er achtete darauf, dass wir seine am Handgelenk zugeknöpften Ärmel sahen; das war ein Zeichen von Frömmigkeit. Bevor er an seinem Tee nippte, beugte er sich mit unstetem, flatterndem Blick über den Tisch und sprach sehr deutlich die vorgeschriebene Formel *Bismillah* aus. Ich fragte ihn nach den Erbauungsliedern, die man an der Front vorgetragen hatte. Er sagte, die Iraner seien ein poetisches Volk; Dichtung hätten sie stets auf den Lippen. Er selbst habe an der Front sein Testament in Verse gebracht. Ein Frontsoldat konnte den ganzen Tag religiöse Lieder singen, wenn er allein war.

Dann brach er ab und wandte sich im selben Tonfall an Mehrdad: »Was will er wissen? Fragt er, ob es Gehirnwäsche gab?«

Wir kamen überein, dass er ein Unruhestifter sei, und schickten ihn weg.

Später winkten Mehrdad und ich ein Sammeltaxi herbei. Darin saß nur ein einziger Fahrgast, ein fülliger und sehr sauber aussehender junger Mann, der gut gekleidet war und einen Vollbart trug. Er saß auf dem Rücksitz. Ohne ein Wort stieg er aus und setzte sich neben den Fahrer, so dass Mehrdad und ich beieinander sitzen konnten – Teheraner Taxi-Etikette.

Ich wollte über den Mann sprechen, der sein Testament in Verse gebracht hatte. Mehrdad runzelte die Brauen und wies mit einem Nicken auf den Rücken des bärtigen jungen Mannes. Kurze Zeit später stieg der junge Mann aus; und Mehrdad machte mich darauf aufmerksam, dass der Fahrer, kaum dass er draußen war, das Autoradio eingeschaltet hatte: schmissige Musik von der Kassette oder aus dem Radio, die von der *Stimme Amerikas* oder *Radio Israel* kam. Musik war jetzt unislamisch, und Männer mit Bärten vertraten das Gesetz.

Eines Morgens brachte mir das Zimmermädchen mein Frühstück herauf. Sie war fett und frech, hatte ein öliges, ungewaschenes Gesicht, und ihre vielen Kleidungsstücke, einige davon vielleicht aus Synthetik, strömten einen strengen Geruch aus. Der persische Käse (aus Dänemark) wurde zusammen mit einer Scheibe Toast serviert, dazu ein dickes Stück blasslila, halb vertrockneter Zwiebel, das vor geraumer Zeit abgeschnitten worden war, und ein auffällig schlaffes Salatblatt, das auch schon eine Weile gelegen haben mochte. Zwiebel und Salatblatt (Typhus ließ grüßen) verdarben einem jeglichen Appetit; das Nescafétütchen reichte auch nur für eine lauwarme Tasse. Nach einer Weile kam das Zimmermädchen mit schwingenden Hüften und einer gehörigen Portion Aggressivität unter ihrem mönchsähnlichen Gewand zurück, um das Tablett wegzuräumen. Als sie kurz darauf zum dritten Mal kam, um zu fragen, ob ich das Bett gemacht haben wollte, kaute sie an einer Scheibe Toast – in ihrem Mund sah man alles, obwohl sie ansonsten übermäßig verhüllt war – und ich war sicher, dass der Toast von meinem Frühstückstablett stammte.

Am frühen Nachmittag desselben Tages – ich war gerade im Zimmer beim Arbeiten – wurde die Wäsche gebracht. Die Hemden lagen sauber und zusammengefaltet in Plastiksäcken, die übrigen Kleidungsstücke in einer bunten Pappschachtel, die den aufgedruckten Hotelnamen trug. Die Schachtel war mir neu; ich dachte, sie passt so gar nicht zu dem schmucklosen Stil des Hotels und der Stiftung der Unterdrückten. Als ich sie öffnete, fand ich meine ungewaschenen Kleider darin, genauso wie ich sie am Morgen abgegeben hatte. Ich rief beim Portier an, und er schickte den Verantwortlichen aus der Wäscherei zu mir herauf. Dem war es peinlich. Er griff sich meine Kleider und brachte sie nahezu umgehend, noch warm vom Bügeln – wenn auch ungewaschen – in neuen Plastiksäcken zurück.

Als ich schließlich hinunter in die Empfangshalle ging, sah ich, dass die Lettern NIEDER MIT DEN USA nicht mehr über den Omega-Uhren hingen. Nach fünfzehn Jahren hatte man die sperrigen, eckigen Buchstaben abmontiert, und die Löcher, in denen die Schrauben gesessen hatten, machten jetzt einen geisterhaften Eindruck. Es schien mir ein historischer Moment zu sein; vielleicht war das ein Zeichen für irgendeinen Wandel. Doch schon am nächsten Tag wand sich eine viel längere, fließende, bronzefarbene Zeile in Persisch über den Uhren entlang und drückte offensichtlich dasselbe aus, nur passender im Stil.

Sonne, Schatten und ziehende Wolken gaben den Bergen im Norden ein immer wieder neues Aussehen, beleuchteten bald diesen, dann jenen Ausschnitt, eröffneten Räume zwischen Bergketten, hoben eine Kammlinie hier, ein Tal dort hervor, eine Bergkette hinter der andern und die Struktur der Felsen, die der Winterschnee abgeschmirgelt hatte. Manchmal sah eine Regenwolke, die auf einer hohen Bergkette zerriss und die Zacken und Furchen der Felsen füllte, wie Schnee aus.

4

Salzland

Ali, ein Mann um die sechzig, hatte sein Vermögen in der Zeit des Schahs mit der Erschließung von Land gemacht. Irgendwann in den frühen siebziger Jahren, als der große Ölboom noch nicht abzusehen war, kaufte er dank Glück, Einsicht und Geld ein großes Areal von Salzland in Kerman. Er bezahlte einen *touman* pro Quadratmeter, zehn Rial, ungefähr 15 Cent; drei oder vier Jahre später, als der Boom schon eingesetzt hatte und sich in ganz Iran die Städte schnell ausdehnten, verkaufte er einen Teil als Bauland für vierhundert *touman* pro Quadratmeter. Auf diese Weise – nur um einmal mit ein paar beachtlichen Zahlen zu jonglieren – verwandelte sich eine Investition von vielleicht zehntausend Dollar binnen drei oder vier Jahren in das kleine Vermögen von vier Millionen Dollar.

Das hätte ausgereicht, die meisten Leute ruhig zu stellen. Bei Ali war es genau umgekehrt. Er fing an, die Revolution zu unterstützen. Er sagte: »Jetzt, wo wir das Geld und die finanzielle Sicherheit hatten, wollten wir Freiheit. Das Einzige, was wir nicht hatten.« Als Student in den USA während der sechziger Jahre hatte er angefangen, sich für Politik zu interessieren, sogar für amerikanische Innenpolitik; mehr und mehr schämte er sich dafür, aus einem Land zu stammen, das nicht frei war. Aus diesem Grund unterstützte Ali die Revolution moralisch und finanziell, als sie sich in Iran anzukündigen begann. Sein Verbindungsmann war ein Ayatollah, der sein Freund geworden war.

Alis Vorstellungen von der Revolution stammten aus Büchern, vor allem aus Geschichtsbüchern. Aber es gab auch noch – obwohl er sich nicht so ausdrückte – einen Einfluss der Religion, die seine Vorstellungen beförderte oder mit ihnen übereinstimmte. Er sagte: »Wir erwarteten eine Revolution, die auf göttlichen und natürlichen Gesetzen beruhte.« Göttliche Gesetze: Das klang wie seine Version von Herrn Jaffreys *jamé towhidi* und Arashs Suche nach Alis Gerechtigkeit – Ali, der vierte Kalif, der schiitische heilige Held.

Viele verschiedene Ideen und Impulse kamen auf und vereinten sich zu einem gemeinsamen Aufbruch in die Revolution. Als die Revolution stattfand, gab es deshalb – unter der Oberfläche der offensichtlichen Einmütigkeit und einem allgemeinen Gefühl von Befreiung – jede Menge widerstreitender Interessen. Und Ali musste als reicher Mann viel erleiden; drei Jahre lang ging die Revolution nicht zimperlich mit ihm um. Mehr als einmal wurde er entführt, viele Male festgehalten und eingesperrt; sogar vor Gericht gestellt. Man knöpfte ihm dutzende von Millionen Dollars ab.

Nach drei Jahren lernte er, mit der Revolution zu leben, so wie er auch zur Zeit des Schahs gelernt hatte, sich mit dem Regime zu arrangieren. Der Überlebenskampf, der Umgang mit den verschiedenen Hierarchien der Macht, kostete ihn nun einen großen Teil seiner Zeit. Aber er hatte seinen Weg erkannt; in fast jeder Situation vermochte er sich zu bewegen.

Er war schlank und mittelgroß, mit regelmäßigen persischen Gesichtszügen. Seine äußerliche Unauffälligkeit hätte gut ein Teil seiner Verkleidung sein können. Seine Qualität als Mann war ihm nicht in die Wiege gelegt worden. Seine Schlankheit beispielsweise mochte ihm von Natur aus eigen sein, aber in Wirklichkeit war sie das Ergebnis regelmäßiger Bewegung. Seine Arbeit, sein Geschäft, sein fast zorniger Überlebenswille hatten ihn gesund und wachsam gehalten. Die Strapazen des Überlebens zeigten sich mehr bei seiner Frau, die nunmehr gezwungen war, ein unnatürliches, eingeschlossenes Dasein zu führen. Ihr Haar war dünn geworden; sie hatte immer noch eine angenehme Art, aber darunter verbarg sich eine tiefe, schmerzhafte Melancholie.

Seine revolutionären Ideen zur Zeit des Schahs waren religiös gefärbt: ein Traum von göttlichen und natürlichen Gesetzen. Er kam auch aus einer religiösen Familie. Sein Vater und dessen Vater waren Mullahs gewesen, und in der Familie seiner Großmutter gab es ebenfalls Mullahs. Die Familie seiner Mutter bestand, wie Ali sagte, aus »Stadtleuten«.

Sein Vater wurde 1895 geboren (obwohl sich Ali der christlichen Jahreszahl nicht sicher war). Mit sechzehn ging er auf eine theologische Schule in Mashhad. In diesen Tagen (und noch lange später) war es üblich, dass viele Jungen aus den Dörfern Schulen wie jene in Mashhad und Qom besuchten, weil sie dort ein kleines Zimmer für sich, Essen und manchmal sogar ein kleines Stipendium von den Ayatollahs bekamen, bei denen sie studierten. Die Ayatollahs bezogen kein Gehalt von der Schule; das Geld, das sie besaßen oder an ihre Schüler weitergaben, stammte von ihren Anhängern. So gab es einen gerechten Ausgleich: die Leute gaben etwas und bekamen etwas zurück. Übrigens waren 1911, als Alis Vater nach Mashhad zog, die theologischen Schulen die einzigen höheren Schulen im Iran. Es gab keine Universitäten oder Gymnasien; unter der Qajaren-Dynastie war Iran weit zurückgefallen und fast von der Landkarte verschwunden.

Nach vier Jahren in Mashhad wurde Alis Vater Mullah und ging in die Stadt Kerman. Dort wurde er Lehrer, und das wäre er auch geblieben, wie vorher schon sein Vater. Aber die Qajaren wurden abgesetzt; der Vater des Schahs, Reza Schah, kam (mit britischer Hilfe) an die Macht; und in der Mitte der zwanziger Jahre änderte er das Rechtssystem. Ein Justizministerium wurde eingerichtet und, ohne dass es nennenswerten Widerstand gab, der französische Kodex in das traditionelle islamische System eingefügt. Das neue Rechtssystem war strenger formalisiert. Es erforderte Gerichte, Richter, Anwälte.

Alis Vater, der im islamischen Recht ausgebildet war, konnte sich problemlos in das neue System hineinfinden. Zuerst wurde er – noch keine dreißig – Richter, dann Anwalt. Es ging ihm gut. Er fing an, in verschiedenen Teilen des Landes mit Grundstücken zu spekulieren. Da er sich sowohl im alten als auch im neuen Recht sehr gut auskannte und da die Eigentumsfragen in Bezug auf Grund und Boden oft kompliziert waren, wurde er häufig gebeten, einen Anspruch zu formulieren; und manchmal bekam er ein Stück des betreffenden Landes als Honorar.

Auf diese Weise öffnete sich für Alis Vater durch eine unvorhersehbare Wendung unter der Gewaltherrschaft von Reza Schah die Welt, wie es frühere Generationen von Mullahs aus seiner Familie nie für möglich gehalten hätten. Ironischerweise verdüsterten sich gerade, als es so aussah, als habe sich Alis Vater ziemlich abgesichert, Reza Schahs Aussichten. 1941 – die Außenwelt drang in jeder Hinsicht ein – besetzten die Alliierten den Iran, um ihn vom Einfluss der Deutschen freizuhalten. Reza Schah, dem man zu viel Sympathie für die Deutschen nachsagte, wurde abgesetzt und von den Briten nach Südafrika abgeschoben. Dort starb er kurz darauf: eine seltsame Vorwegnahme der Tragödie seines Sohnes fünfunddreißig Jahre später.

Die Besatzung war kein Hinderungsgrund für den Aufstieg von Alis Vater, und sie schadete auch nicht dem Land. In den elf Jahren, die zwischen der Absetzung von Reza Schah und der Wiedereinsetzung seines Sohnes lagen, war das Land, wie Ali sich ausdrückte, halb demokratisch und zugleich halb chaotisch, da sich die Zentralregierung nicht überall durchsetzen konnte. Aber das Land war in einem Ausmaß frei wie nie zuvor. Daher wuchs Ali, der bei der Absetzung von Reza Schah fünf oder sechs Jahre alt gewesen war, in Freiheit auf. Und Ali hatte – Vormarsch der Generationen – als Sohn eines reichen, berühmten und bewunderten Vaters viel mehr Privilegien als sein Vater in seiner eigenen Jugend. Doch der Vater war streng, und Ali beugte sich aus alter Sitte dieser Strenge.

Als Ali achtzehn war, sagte sein Vater zu ihm: »Bisher habe ich für dich gezahlt. Von jetzt an musst du selbst für dich aufkommen. Du bekommst einen bestimmten Betrag von mir.

Damit kannst du entweder Geschäfte machen oder an der Universität studieren.«

Ali verwendete das Geld dafür, in die Vereinigten Staaten zu gehen. Er belegte verschiedene Kurse in technischen Fächern; als ihm das Geld ausging, schrieb er sich mit einem Universitätsstipendium in den geisteswissenschaftlichen Fächern ein. Alles in allem verbrachte er acht Jahre in den Vereinigten Staaten.

Bei seiner Rückkehr in den Iran war er fast dreißig; bisher hatte er nur die Freiheit gekannt. Seine Rückkehr in den vom Schah autokratisch regierten und vom Savak, der Geheimpolizei des Schahs, kontrollierten Iran war ein Schock für ihn.

Ali sagte: »Unter einem solchen Regime musst du wissen, wie du zurechtkommst. Wenn du als Neuling oder unbeleckt dahin kommst, machst du alles Mögliche falsch und musst dafür bezahlen.«

Ich wollte wissen: »Was haben Sie falsch gemacht?«

»Eines Tages wollte ich mit dem Taxi fahren. Es hielt auch eines an. Zwei Männer saßen hinten, einer vorne. Ich setzte mich hinten dazu. Sie verwickelten mich in eine Diskussion über hohe Politik, und ich kritisierte den Schah. Erst später merkte ich, dass das eine abgekartete Sache war. Sie wollten mich überprüfen. Sie hatten die politische Diskussion absichtlich angefangen. Ich war sehr naiv und machte keinen Hehl aus meinen Überzeugungen. Ich war froh, dass das Auto irgendwann anhielt. Sonst wäre ich mit ihnen vielleicht in ein Café gegangen, und dann hätten sie noch mehr aus mir herausgeholt und mich in Schwierigkeiten gebracht. Bei solchen Gelegenheiten wurde man immer wieder daran erinnert, dass hier nicht Amerika ist. Deshalb hatten wir, als die Revolution begann, schon einige Erfahrung darin, ein Doppelleben zu führen.«

Besonders eindrücklich und schnell lernte Ali, dass der Schah unantastbar war. Andere Leute aus den obersten Rängen konnte man kritisieren, aber nicht den Schah. Es gab ein Sprichwort: »Wenn du den Schah in Ruhe lässt, kannst du in diesem Land alles machen.«

Als Ali in den Iran zurückkehrte, arbeitete er für die Regierung. Er war in der Planungsabteilung. Seine erste Aufgabe bestand darin, einen Bericht über eine staatliche Zementfabrik anzufertigen, die drei Millionen Dollar Verlust pro Jahr machte. Er zog ein paar einfache Erkundigungen ein und entdeckte, dass es eine für drei Millionen Dollar errichtete private Zementfabrik gab, die Profit machte. Er empfahl deshalb, die staatliche Fabrik zu schließen und die drei Millionen, die jährlich hineingesteckt wurden, Privatleuten zu geben, damit sie neue Fabriken eröffnen konnten. Wirtschaftlich war das sinnvoll; aber wie er erkennen musste, war sein Rat in jeder anderen Hinsicht falsch. Er trat zu vielen Leuten auf die Zehen. Er hätte besser an die Manager der Fabrik, ihre Familien und ihre Verbindungen gedacht; er hätte auch an die Arbeiter denken sollen. Man erwartete von ihm, dass er solche Dinge bedachte.

Bald begriff er, dass das Planungsministerium ein Schwindel war. Was immer es an Vorhaben formulieren mochte, letztlich kam es darauf an, dass nichts oder nur wenig geschah und dass er, als Berater, die alten ungeschriebenen Gesetze einhielt und den ausgetretenen Pfaden von Patronage, Beziehungen und Familie folgte. Außerdem erkannte er, dass eines der wichtigsten Vorhaben des Ministeriums darin bestand, sein hoch bezahltes Personal vor dem Unheil zu bewahren, das ihm andernorts zustoßen mochte.

Er gab auf und wurde Übersetzer. Das war kein Abstieg. Aufgrund der Ölwirtschaft und des florierenden Import-Export-Geschäfts gab es eine Menge Arbeit für Übersetzer. Ali arbeitete hauptsächlich für iranische Exporteure. Er hatte mit Konsulaten und hohen Beamten vieler Länder zu tun. Er kannte sich aus wie nur irgendeiner, und so kam ihm der Gedanke, dass er nicht weiter als Übersetzer tätig sein sollte, wenn er mit seinem ganzen Erfahrungsschatz mehr erreichen könnte. Er machte sich als eine Art Zwischenhändler selbständig. Für fünfzehn Prozent ihres Wertes vermittelte er zum Export produzierte Waren an ausländische Händler. Davon hatten alle etwas. Bei wenig Unkosten vereinfachte es die Dinge für den Exporteur, und Ali, der kein eigenes Kapital hatte, war trotzdem im Geschäft. Er war so erfolgreich, dass er binnen kurzem eine eigene Firma gründete und sich Lagerhäuser am Südhafen beschaffte. Das wiederum ermöglichte ihm, direkt von Exporteuren zu kaufen und seine Gewinnspanne zu erhöhen.

Dann kam noch größeres Glück auf ihn zu. Er kaufte das große Stück Land in der Region Kerman. Es hatte schlechten, salzigen Boden. Aber da er selbst vom Land stammte, konnte er abschätzen, was in dem Boden steckte. Er wurde Bauer. Er holte sich Rat beim Landwirtschaftsamt, das der Schah eingerichtet hatte. Er begann, das Salz aus dem Land »herauszuwaschen«; dafür benötigte er sieben Jahre. Er ging folgendermaßen vor: Er zog einen ein oder zwei Meter tiefen Graben um ein Feld herum; der Winterregen spülte das Salz aus der Erde in den Graben; der Graben leitete es in einen anderen Graben, der wiederum in einen Salzfluss mündete. Schon während das Land entsalzt wurde, konnte man darauf etwas anbauen. Zum Beispiel zog er im ersten Jahr eine süße Melonenart, die auf salzigem Boden gedieh. (An diesem Tag wurde sie uns als Nachtisch zum Abendessen serviert: weiß, fest, saftig, süß, mit einem Hauch von Erde und Sommer.) Er verkaufte die Ernte vom Feld weg zu einem Großhandelspreis, der die Lieferung an den Kunden einschloss; deshalb verkaufte er viel. Später baute er Luzerne an und wurde Viehzüchter.

Dann kam 1973 der Ölboom. Das Einkommen der Regierung, 1961 noch dreihundert Millionen Dollar, stieg 1976 auf zweiundzwanzig Milliarden. Die Städte dehnten sich aus. Der Preis für Land stieg in die Höhe, und Ali konnte Teile seines Salzlandes für den vierhundertfachen Preis verkaufen, den er selbst gezahlt hatte. Außerdem machte er sich in der Landerschließung selbständig. Weil er einer Siedlung etwas bieten wollte, entschloss er sich, eine Moschee zu bauen – Alis religiöser Hintergrund zeigte sich auf vielerlei Art. Da er sich im Moscheebau nicht auskannte, holte er sich Rat bei einem Ayatollah, der ein sehr gebildeter Mann war. Der Ayatollah machte Ali mit einem Ingenieur bekannt, der sich auf den Bau von

Moscheen spezialisiert hatte. Die Moschee wurde gebaut, und zwischen Ali und dem Ayatollah entwickelte sich eine Freundschaft. Ein oder zwei Jahre vor der Revolution bekam der Ayatollah, der gegen die Regierung arbeitete, Schwierigkeiten mit der Geheimpolizei und wurde ins Gefängnis gesteckt. Seine Anhänger informierten Ali, und Ali konnte dank seiner Beziehungen und seines Geldes einiges tun und bekam den Ayatollah einige Monate später frei. Die Freundschaft dieses Ayatollah sollte sich für Ali in der Revolution noch auszahlen; tatsächlich wäre seine Lage ohne diese Freundschaft viel schlechter gewesen.

Mehrere Bekannte Alis, die anfangs der Revolution anhingen, fielen bereits nach dem ersten Monat ab. Ali war der Meinung, er sollte ihr noch etwas Zeit geben. Aber ungefähr zwei Monate nach Ausbruch der Revolution begannen die Exekutionen, und ernste Zweifel beschlichen ihn. Leute, die sich nichts hatten zuschulden kommen lassen, wurden verhaftet und ins Gefängnis gesteckt. Viele verschwanden einfach. »Dann fingen sie an, Häuser zu stürmen und das Eigentum der Besitzer zu beschlagnahmen. Wir hatten keinen Schutz, weder für unseren Besitz noch für unsere Kinder und Frauen.« Mir war so, als sei mir das Wort, an das Ali dabei dachte, schon von Mehrdad her bekannt: *namus*.

Ein revolutionärer Gerichtshof, der Islamische Gerichtshof, wurde ungefähr einen Monat nach der Revolution eingesetzt. Einer von Alis besten Freunden hatte die stellvertretende Leitung inne, und Ali suchte ihn täglich auf, um sich für Bekannte einzusetzen.

»Das Gericht tagte fast vierundzwanzig Stunden täglich. Khalkhali war der Oberrichter.« Ayatollah Khalkhali, Khomeinis berühmter Henkerrichter. »Das Gericht diente ihm dazu, seine Exekutionen durchzusetzen. Es befand sich in der Shariati-Straße. Vor der Revolution war es ein Militärgericht. Der Schah hatte es geschaffen, um seine Gegner anzuklagen. Fast dieselben Leute, die das Gericht geschaffen hatten, wurden nun darin angeklagt, alles in ein und demselben Gebäude. Meine Freunde waren ungefähr zwei Jahre lang an dem Gericht.«

Doch Ali hatte sich schon längst von der Revolution abgewendet und wurde von tiefen Zweifeln gequält.

»Wir warteten darauf, dass etwas Göttliches geschehen möge, etwas Bewegendes. Als wir noch Jungen von zwölf oder dreizehn waren, lasen wir Berichte über die Französische Revolution, die Amerikanische Revolution und die glorreiche Englische Revolution. Und die Russische Revolution. Am meisten begeisterte uns die Französische Revolution. Wissen Sie, da hatte *Gott* seine Hand im Spiel. Die letzte iranische Generation, die im Ausland studiert hatte, hatte die französische Kultur assimiliert. Wir dachten alle, dass eine Revolution etwas Schönes, von Gott Geschaffenes sei, etwas wie Musik oder ein Konzert. Es kam uns so vor, als befänden wir uns in einem Schauspielhaus und hörten einem Konzert zu, glücklich darüber, dass wir Teil des Schauspiels waren. Wir waren jetzt die Schauspieler. Jahrelang hatten wir über Danton und Robespierre gelesen. Aber jetzt waren wir die Schauspieler. Es kam uns nicht in den Sinn, dass kurz darauf das Morden anfangen würde.«

Nach einem Jahr trennten sich die Wege der Kommunisten und der Islamanhänger. Aber die Tudeh, die Kommunistische Partei, hatte jede Unterabteilung der neuen Regierung mit ihren Leuten unterwandert. Sie gingen sogar zum Freitagsgebet in die Moschee. Sie gaben sich als Gläubige aus. In diesen Tagen stellte sich die Kommunistische Partei ganz und gar in den Dienst Khomeinis. Laut Ali sagten sie, dass sie keine Macht im Staat anstrebten und mit einer Beratungsfunktion zufrieden seien. Und sie befürworteten die Verstaatlichung der Banken, Versicherungsgesellschaften und Fabriken. Sie gaben den regierungsamtlichen und offiziellen Auftritten das sowjetische Kolorit, das der Besucher durchaus noch wahrnehmen konnte.

Sechs Monate nach der Revolution fühlte sich Ali ungeschützt und verbittert. Das Leben war nicht einfach. Arbeiten war unmöglich. Die neuen Beamten waren feindselig; sie betrachteten Ali als zum alten Regime gehörig. Einige Leute in Alis Firma fingen an, gegen ihn zu hetzen. Zwei oder drei kamen in Alis Büro, um ihn zu »verhören«. Er musste sie kaufen. Und am Ende des ersten Jahres wurde er entführt.

»Das geschah in Kerman. Ich war auf meinem Land. Wir bauten gerade Häuser. Es waren drei oder vier, in einem Auto. Sie baten mich, ihnen bei einem Bauprojekt zu helfen. Ich stieg in das Auto, und dann fuhren sie mit mir weg. Sie hielten mich fünfzehn Kilometer weiter in einem Wüstengebiet fest und verhörten mich wie vor Gericht. Das fand in einem kleinen Schuppen statt, einer Schäferhütte. Es waren kleine Jungen, die zu viele Filme gesehen hatten. Jetzt trugen sie Gewehre und fühlten sich richtig groß.«

Die Waffen stammten aus den Armeedepots des Schahs. Als die Armee zusammenbrach, was sehr plötzlich geschah, liefen viele Leute in die Depots, um sich Gewehre zu besorgen. Nach der Revolution waren die Gewehre vier Monate lang in der Universität aufgestapelt und wurden an jeden ausgegeben, der eines haben wollte und sich ausweisen konnte. Ali bekam oft Gewehre angeboten, aber er machte sich sehr schnell klar, dass sie ihm nichts nützen würden, weil er niemanden töten konnte, nicht einmal aus Notwehr. Und falls er ein Gewehr gehabt und sich bei seiner Entführung gewehrt hätte, dann hätten ihm seine jugendlichen Entführer vielleicht noch etwas angetan.

Vorsichtig versuchte er, von diesen Jungen zu erfahren, welche Rückendeckung sie hatten. Vielleicht waren sie ganz allein. Vielleicht gab es auch viertausend, die ein Lösegeld aus ihm herausschlagen wollten. Zehn Stunden dauerte das Verhör in der Schäferhütte in der Wüste. Schließlich sagten sie, dass sie ihn laufen ließen, aber er müsse dafür bezahlen. Er wollte nicht zu viel bezahlen, um andere nicht zu ermutigen, dasselbe zu tun. Er schlug eine sehr geringe Summe vor. Die Jungen waren außer sich. Sie drohten, ihn zu töten. Sie drohten, seine Baufirma zu zerstören. Aber er ging nicht höher.

»Ich blieb hart«, sagte er.

Am Ende ließen sie ihn frei. Doch diese Entführung verstärkte seine Verunsicherung noch. Vier Millionen Menschen lebten in Teheran; beliebige andere vier aus diesen vier Millionen konnten mit einem Gewehr zu ihm kommen und Geld verlangen. Darüber hinaus gab es jetzt ständig Probleme mit den lokalen Behörden. Sie begannen, sein Land und seine Baustellen zu besetzen, und behaupteten, das alles sei im Besitz der Regierung und solle dem Volk übergeben werden.

»Der Vertreter der Bezirksregierung beschlagnahmte tatsächlich viel Eigentum in Kerman, meines und das von anderen.«

»Was für ein Mann war er? Haben Sie ihn kennen gelernt?«

»Er hatte mit der Mudschahedin-Gruppe zu tun. Sehr links, hundert Prozent gegen Kapitalisten.«

»Wie sah er aus?«

»Etwa vierunddreißig, klein, dick. Bis obenhin voller Groll. Ein gebildeter Mann, Ingenieur. Ich bin sicher, dass er vom Savak geschlagen worden war. Voller Groll. Er hat mir sehr geschadet. Millionen. Viele Millionen. Vor ein paar Jahren traf ich ihn. Er kam in mein Büro, arm. Sie hatten ihn einfach entlassen. Die Regierung steckte ihn ins Gefängnis. Dann kam er zu mir und bat um Arbeit. Er kam, küsste mich und bat um Verzeihung. Inzwischen war er ungefähr fünfundvierzig. Er trug ein altes Jackett. Ich sagte ihm, dass jedes Kind verschiedene Spielzeuge habe, aber ein Spielzeug ganz besonders liebe. »Auch ich habe Spielzeuge. Ich war daran gewöhnt, gut zu leben, es mir gut gehen zu lassen, und mein ganzes Leben hindurch habe ich mir abends ein aufwändiges Essen geleistet. Das ist noch immer so. Und das ist mein Lieblingsspielzeug. Wenn ich wegen Ihrer Tat auch nur einen Abend auf dieses Essen hätte verzichten müssen, hätte ich Ihnen das nie verziehen. Ich würde Ihnen niemals vergeben. Aber Sie sind mir nur wie eine kleine Fliege auf der Haut gekrabbelt. Sie konnten mir nichts antun.«

Ein Freund Alis, ein Rechtsanwalt, hatte den Raum betreten und sich zu uns gesetzt – es war Freitagmorgen, der muslimische Ruhetag –, und ich merkte, dass die Anwesenheit dieser dritten Person Alis ungewöhnliche Gefühlsaufwallung noch verstärkte.

»Haben Sie dem Mann Arbeit gegeben?«, fragte ich.

»Nein, das habe ich nicht getan. Leute dieser Art kann man nicht geradebiegen. Wenn sich ihnen die Gelegenheit böte, würden sie mir wieder etwas antun. Deshalb muss man sie fern halten.«

Und nun, ein Jahr nach Beginn der Revolution, wurde Ali von allen Seiten bedrängt, von Vertretern der Regierung, Kommunisten aus der Regierung, einfachen Agitatoren. Noch drei- oder viermal wurde er entführt.

»Ich hatte nicht viel Angst vor ihnen, weil ich wusste, dass ich den klareren Verstand hatte. Beim ersten Mal denkt man, es ist ein wildes Tier, das einen zerfleischt. Aber wenn man dieses Tier erst einmal gezähmt hat, kann man es dirigieren.«

Jetzt wuchsen sich außerdem noch die Wächter der Revolution zu einer ständigen Belästigung aus. Sie drangen in den Garten ein und sahen durch die Fenster, um festzustellen, ob irgendjemand Fernsehen oder Videos sah. Oder sie verschafften sich gewaltsam Eintritt, um nach Alkohol, Schinken, westlicher Kleidung oder Krawatten – alles verbotene Dinge – zu suchen.

»Sie mochten auch nicht, wenn man sorgfältig gekleidet war. Dann fielen sie über einen her. Es war wie bei Pol Pot, nur nicht ganz so extrem. Zehn Prozent. Eine Revolution durch und durch.«

»Eine Revolution durch und durch?«

»Der Regierung glitten die Zügel aus der Hand, sie gerieten völlig außer Kontrolle. Es herrschten Anarchie und Terror. Ayatollah Khomeini selbst war daran schuld. Ungefähr drei Monate nach der Revolution nahm mich mein Freund, der Ayatollah, zu einem Besuch bei Herrn Khomeini mit. Der Ayatollah hatte Khomeini erzählt, ich sei ein Fachmann für Landerschließung und Technik und könnte zur Lösung des Wohnungsproblems beitragen. Wir drei, der Ayatollah, Khomeini und ich, saßen in Khomeinis Haus zusammen auf dem Fußboden, als die Tür aufging und einige Mullahs eintraten. Khomeini fing an, sich mit ihnen zu unterhalten. Später kamen noch mehr Mullahs. So ging es weiter, bis der Raum voller Mullahs war, bestimmt zweihundert. Alle wollten Geld, für ihre Studenten und die religiösen Organisationen in ihren Heimatstädten. Khomeini sagte, er könne nicht für alle von ihnen aufkommen. Dann sagte er: »Geht in eure Heimatstädte. Sucht euch den Erstbesten, der Geld oder eine Fabrik oder einen großen Landwirtschaftsbetrieb hat. Den müsst ihr zwingen, euch Geld zu geben.«

Ali war entsetzt, solche Worte vom Oberhaupt der Regierung zu hören. In diesem Moment wurde ihm klar, dass Khomeini sein Volk ins Chaos führte.

Der Rechtsanwalt, der bei uns war, sagte: »Seine Art zu denken unterschied sich von derjenigen anderer Leute. Er war ein Mann des Volkes. Er verstand die Massen. Die Massen waren ungebildet. Sie wollten Geld und materielle Güter. Sie wollten keine Revolution. Sie wollten Geld, und Khomeini wusste das.«

Ali fügte hinzu: »Die Massen waren auf Raub aus.«

Der Rechtsanwalt sagte: »Deshalb sorgte er für Unordnung im Land und ließ sie Beute machen. Er tat nur, was sie wollten.«

Ali sagte: »Als er ihnen befahl, das Gesetz zu befolgen, meinte er nicht das Gesetz des Landes. Er meinte sein eigenes Gesetz, das Gesetz, wie er es sich zurechtlegte. Vor der Revolution fand er es unislamisch, Steuern an die Regierung abzuführen. Nach der Revolution erklärte er es auf einmal für islamisch. Er strebte das reine Chaos an. Damals in seinem Haus wurde mir klar, dass dieser Mann nicht zum Regieren geschaffen war. Er war immer noch ein Revolutionär. Er hatte keine Kontrolle über sich. Bis zu seinem letzten Tag schuf er nur Unordnung.«

Ich fragte mich, ob diese Unordnung, diese permanente »Revolution« (ein Wort mit irreführenden Konnotationen), nicht vielleicht zum schiitischen Widerspruchsgeist dazugehörte. Aber als ich mich in diesem Sinn äußerte, wollten weder Ali noch der Rechtsanwalt etwas davon wissen. Sie waren desillusionierte Männer, die sich zudem aus großer Qual heraus Luft verschafften, aber sie waren tief der Schia verwurzelt. Die Schia war ein Teil ihres Gefühlslebens, und so konnten sie nicht so weit zurücktreten, um sie von außen zu betrachten.

Stattdessen sprachen sie über das islamische Gesetz der »Notwendigkeit«, worüber Khomeini, der immer in religiösen Begriffen dachte, manches gesagt und dann widerrufen hatte.

Ali erklärte dieses Gesetz der Notwendigkeit so: »Zu deinem Selbstschutz darfst du manchmal etwas Verbotenes tun. Die Ayatollahs können zwischen der ersten Gesetzesebene, die von Gott stammt, und einer zweiten Ebene vermitteln. Wenn die Notwendigkeit besteht, können die Ayatollas eine kurze Zeit lang die erste Ebene außer Kraft setzen.« Das Beispiel, das er anführte, hatte er am eigenen Leib erfahren. »Im Islam gehört der Schutz des Eigentums zur ersten Gesetzesebene. Aber während Khomeinis Herrschaft, noch zu seinen Lebzeiten, herrschte Mangel an Bauland. Deshalb sagte Khomeini: ›Jetzt mache ich Gebrauch von meinem Vorrecht, die zweite Gesetzesebene anzuwenden. Ich raffe Grundstücke zusammen, wem auch immer in der Stadt sie gehören, zahle keine Entschädigung, teile sie auf und überantworte sie den Bedürftigen. Wir befinden uns nämlich in einem Zustand der Notwendigkeit.‹«

Um zu beweisen, dass Khomeinis Maßnahme übertrieben war, führte mich der Rechtsanwalt nun durch all die Pfade, Seitenwege und Tunnel der islamischen Jurisprudenz, wie sie in den theologischen Schulen von Mashhad und Qom gelehrt wurde.

Während der Rechtsanwalt mit geschickten Fingern kleine, grüne Feigen im Ganzen verspeiste und zwischendrin noch andere Früchte schälte und aß, bemerkte er: »Ungefähr hundert Jahre nach der Geburt des Islam wollte einer der Kalifen am heiligen Ort in Mekka Land an sich bringen. Um den heiligen Ort herum, die Kaaba, lebten Menschen in Häusern. Das Gesetz erlaubte die Inbesitznahme des Landes nicht, sondern schrieb dem Kalifen vor, das Eigentum der Leute zu schützen. Also lud der Kalif die großen Muftis zu sich ein, damit sie nach einer Lösung suchten. Der beste Vorschlag kam von einem direkten Nachkommen des Propheten Mohammed, dem fünften schiitischen Imam, Bagher. Er sagte: ›Du kannst dir die Häuser um die Kaaba herum nehmen, weil die Kaaba zuerst da war. Lass die Häuser schätzen, zahl die Besitzer aus und schick sie fort.‹«

Ali warf ein: »Khomeini hat ein schlechtes Beispiel gegeben. Jeder Ayatollah kann sich jetzt nach dem häufigen Vorbild Khomeinis auf eine Notwendigkeit berufen und das Gesetz brechen.« Der Iran lebte immer noch mit seiner islamischen Verfassung, die ihm die oberste Macht zuerkannte, und führte das Prinzip von Führerschaft und Gehorsam ein. Die Verfassung sah ein gewähltes Parlament vor, aber es gab außerdem eine Ratsversammlung, die die Parlamentsbeschlüsse außer Kraft setzen konnte.

Ali sagte: »Er hatte eine intuitive Art zu denken, eine instinktive Intelligenz. Eine instinktive, animalische Intelligenz. Damit konnte er die Menschen beherrschen. Er hatte nicht die Intelligenz eines Gebildeten. Er reagierte auch nicht gefühlsmäßig. Er behielt immer einen kühlen Kopf.«

Bei unserem nächsten Treffen ergänzte Ali die Erzählung von seinem Besuch in Khomeinis Haus, der drei Monate nach der Revolution stattfand, noch durch eine weitere Erinnerung. Da waren also zweihundert Mullahs im Raum, um Khomeini um Geld zu bitten, und er hatte sie angewiesen, in ihre Distrikte zurückzukehren und sich das Geld von dem erstbesten Reichen zu beschaffen, dem sie begegneten. Die meisten Mullahs schienen mit dem Rat einverstanden. Doch – wie in einer Geschichte aus Tausendundeiner Nacht – sagte einer der Mullahs: »Meine Stadt ist sehr arm. In meiner Stadt gibt es keinen Reichen.« Mit einer reflexartigen Bewegung berührte Khomeini Alis Ärmel, und einen schrecklichen Moment lang – lang genug, um sich noch sechzehn Jahre später daran zu erinnern – dachte Ali, er werde gleich diesem sehr armen Mullah zum Opfer gebracht.

Tatsächlich passierte fünfzehn Monate später etwas ganz Ähnliches. Ali wurde vom Revolutionären Gerichtshof in Kerman in Gewahrsam genommen. Man erhob eine Reihe von

Anschuldigungen gegen ihn: Er habe die Monarchie unterstützt, Millionen Quadratmeter vom Land des Volkes an sich gerissen, Milliarden von US-Dollars ausgeführt, einen missglückten Staatsstreich gegen die Regierung angeführt, einer antirevolutionären Organisation vorgestanden. Die Anschuldigungen waren nicht detailliert, sondern förmlich und standardisiert und wurden gegen viele Leute erhoben.

Ali sagte: »Wenn du im Gebiet von Kerman ein bisschen aktiv bist, dann kennt dich jeder. Ich war vor der Revolution sehr aktiv. Man kannte mich. Ich war dort das Symbol der Macht, wie ein kleiner Schah. Als sie in der Stadt eine Zweigstelle des Revolutionären Gerichts einrichteten, hatten sie Leute wie mich im Auge. Die Wächter kamen alle aus ländlichen Familien. Man hörte es an ihrem Akzent. Sie waren sehr jung und schießlustig. Viele von ihnen starben später im Krieg. Ich schätze, sie kamen zu vierzig Prozent von den Mudschahedin und zu sechzig Prozent aus muslimischen Gruppen. Die Mudschahedin, Marxisten, hatten die Revolutionären Gerichtshöfe von Anfang an unterwandert. Sie gaben sich nicht zu erkennen, sondern taten wie gläubige Muslime.«

Ali konnte die Mudschahedin und die Muslime voneinander unterscheiden, weil er dasselbe vorgab: ein muslimischer Revolutionär zu sein. »Mein Leben war in Gefahr, und ich hatte keine Wahl, als mit ihnen Freundschaft zu schließen.« Sehr bald entdeckte Ali eine dritte Gruppe, die sowohl die Mudschahedin als auch die Muslime unterwandert hatte. »Das waren Leute, die einfach Geld zusammenraffen wollten. Aber unter islamischem Vorzeichen.« Umgekehrt begriffen diese Leute schnell, dass Ali ebenfalls schauspielerte und in Wirklichkeit kein muslimischer Revolutionär war. »Diese Leute wurden meine Freunde, weil sie wussten, dass ich Geld hatte; nach und nach erfuhr ich von ihnen, was im Gericht vor sich ging und wer etwas zu sagen hatte.«

Ali wurde viele Male verhaftet und jedes Mal vier oder fünf Tage lang festgehalten. Einmal saß er sogar sechs Monate. Das Revolutionsgefängnis war ein alter Fabrikschuppen, den man aufgeteilt hatte. Ein paar Zellen gab es für Leute in Einzelhaft, zwei große Zellenkomplexe für normale Kriminelle wie Opiumschmuggler und Diebe, und eine große Zelle für politische Häftlinge. Ali wurde erst in eine Einzelzelle gesteckt, die einen Meter breit und zweieinhalb Meter lang war. Nur einmal am Tag durfte er sie für eine halbe Stunde verlassen, um zur Toilette zu gehen und sich zu waschen. Am ersten Tag entdeckte er einen Graffito auf der Wand, den einer seiner Vorgänger hinterlassen hatte: *Der Häftling wird irgendwann freigelassen, aber der Aufseher wird immer im Gefängnis bleiben.*

»Der Satz machte mir Mut, denn er sagte mir, dass mein Vorgänger freigelassen worden war. Noch jetzt, fünfzehn Jahre später, nachdem ich schon so viele Jahre wieder frei bin, ungehindert in der Welt herumreisen kann, das auch getan und mich amüsiert habe, noch jetzt erinnere ich mich. Wenn ich bestimmte Dinge zu erledigen habe und dem Gefängnis einen Besuch abstatte, dann treffe ich immer noch einige von den Aufsehern, obwohl sich der Ort verändert hat und das Gefängnis nicht mehr in dem Fabrikschuppen ist. Also sind sie die Häftlinge. Nicht wir. Sie waren die Häftlinge.«

Einige der Wächter der Revolution in dem Fabrikschuppen-Gefängnis gaben sich Ali zu erkennen. Er erfuhr, dass sie die Söhne von Arbeitern waren, die bei seinen Bauprojekten für ihn gearbeitet hatten.

Sie sagten zu ihm: »Früher haben Sie uns nicht einmal angesehen. Sie waren so stolz. Jetzt sind Sie hinter Gittern, und wir müssen Sie versorgen. *Allaho akbar!* Gott ist groß!«

Dann gingen sie zu ihren Vätern und erzählten ihnen von Ali. Zu ihrem Erstaunen verlangten die Väter von ihnen, Ali in jeder möglichen Weise zu helfen, denn früher habe Ali ihnen geholfen, indem er ihnen Arbeit gab.

»Diese Jungen halfen mir tatsächlich sehr. Sie besaßen nicht viel Macht, aber sie konnten mir Informationen liefern. Sie konnten Briefe aufgeben und Briefe meiner Frau hereinschmuggeln. Sie sorgten dafür, dass ich die beste Unterbringung und das beste Essen im Gefängnis bekam.«

Dank dieser neuen Freunde verließ Ali die Einzelzelle und kam in die politische Abteilung. Alle Regierungsgegner des Gefängnisses befanden sich hier, insgesamt fünfundvierzig oder fünfzig Leute. Die ganze Zeit redeten sie über Politik, ihre einzige Gemeinsamkeit, und Ali machte die Erfahrung, dass politische Ansicht und sozialer Hintergrund korrespondierten. Einige Häftlinge stammten aus der Tudeh – der Kommunistischen Partei –, obwohl ihre Führer mit der Regierung kooperierten. Andere kamen aus Mudschahedin-Gruppen, obwohl die Mudschahedin noch keinen Krieg gegen die Regierung ausgerufen hatten. Es gab extreme Maoisten. Die Regierung begann tatsächlich in aller Stille damit, die Linke zu zerstören. Darüber hinaus hatte man in der politischen Abteilung ein paar Generäle und Oberste aus der Armee des Schahs untergebracht; gewisse Großgrundbesitzer mit Verbindungen zum Schah; und, kurioserweise, zwei wegen sexueller Delikte einsitzende Mullahs, die zur Zeit des Schahs obenauf gewesen waren. Der eine behauptete, er besitze einen Talisman für unfruchtbare Frauen; er nahm die Frauen mit zu sich nach Hause und schlief mit ihnen. Der andere war ein Weissager.

»Die beiden wurden sogar hingerichtet. Wir sahen den Exekutionen von weitem zu. Wenn sie Exekutionen angeordnet hatten, erfuhren wir es immer irgendwie am Abend zuvor. Dann machten wir sehr früh das Licht aus und taten, als ob wir uns schlafen legten. Ungefähr um zwölf Uhr nachts gingen die Lichter im Garten und im Hof an, und wir konnten den Exekutionen von weitem zusehen, ohne dass die Wächter es bemerkten. Es gab einen Mullah vor Ort, der große Macht im Revolutionären Gerichtshof ausübte – Beschlagnahmungen, Gefängnisstrafen oder Tod.«

»Was für einen Eindruck machten die Exekutionen auf die Gefangenen?«

»Niemand, aus welcher Gruppe auch immer, mochte sie. Niemand hatte das Gefühl, sie dienten der Gerechtigkeit.«

Von Zeit zu Zeit kamen Inspektoren der Revolution ins Gefängnis und nahmen einige politische Gefangene mit, um

»Nachforschungen« anzustellen (Ali gebrauchte keinen stärkeren Ausdruck). Diese Befragungen dauerten zwischen zwei und fünf Stunden, und dann kehrten die Häftlinge ins Gefängnis zurück. Die Befragungen waren höflich.

Manche Gefangene wurden neidisch auf die Privilegien, die Ali anscheinend dank seiner neuen Freunde unter den Wächtern genoss. Tatsächlich schafften diese Freunde für Ali so viele Früchte und Süßigkeiten herbei, dass er sie normalerweise mit seinen Zellengenossen teilte.

Eines Tages wurde es einigen von den kommunistischen Jungen zu viel. Sie drohten Ali: »Jetzt kommst du dir vor wie auf einer Hochzeit. Aber warte nur ab. Warte, bis wir die Macht übernehmen. Leute wie dich schaffen wir nicht vor Gericht und ins Gefängnis. Wir bringen das Gericht und den Henker in deine Straße zu deinem Haus, machen dir vor deinem Haus den Prozess und richten dich dort gleich hin.«

Ali erwiderte ihnen: »Gott sei Dank seid ihr im Gefängnis; da werdet ihr auch bleiben und könnt mir nichts tun.«

Nach einiger Zeit wurde für Ali ein Prozesstag angesetzt. Jedermann war aufgefordert, alle Anschuldigungen vorzubringen, die er gegen ihn erheben wollte, und alle Dokumente vorzulegen, die ihn belasten würden. Am Gerichtshof des Mullah fanden sieben Sitzungen statt, und am Ende wurde die Anklage gegen Ali fallen gelassen.

Der Mullah-Richter sagte: »Ich bin kein Anhänger der Islamischen Revolution, sondern ich habe die Revolution gemacht, um dem Islam zum Sieg zu verhelfen. Das ist ein Unterschied. Ich möchte ein Haus im Himmel bauen. Ich möchte kein Haus in der Hölle bauen. Ein reicher Mann ist schuldig, wenn man ihm etwas nachweisen kann, aber nicht von vornherein. Sie sind vielleicht kein guter Muslim, aber ich kann Ihnen nichts nachweisen.«

Nach dem Prozess verlief Alis Leben etwas ruhiger. Probleme gab es immer noch, viele Probleme sogar. Das Leben war nun alles andere als leicht, und vielleicht würde er sich auf Dauer ungeschützt fühlen. Aber die Gruppe von Revolutionären, die ihn wegen seines Reichtums von vornherein verurteilt und in den ersten drei Jahren der Revolution gepeinigt hatten, gaben in den Gerichtshöfen und Ministerien nicht mehr den Ton an. Die Regierung hatte sich vieler Heißsporne entledigt, und selbst wenn sie im Amt blieben, mäßigten sie sich im Lauf der Jahre. Die Macht korrumpierte sie. Einige hatten eine Menge Geld zusammengebracht und gingen ins Geschäftsleben. Die Leute in den Machtpositionen konnten immer noch hinderlich sein, aber sie waren jetzt berechenbarer, und so fand sich immer ein Weg, mit ihnen zu verhandeln.

Nach alldem herrschte Melancholie in Alis Haus. Sie zeigte sich im Gesicht seiner Frau, in dem eine nicht zu besänftigende Trauer über ein wahrhaftig versäumtes Leben stand.

Das Morgenlicht warf Schatten auf die Senken und Mulden der Berge im Norden. Jede Unregelmäßigkeit eines abgewetzten Felsens oder eines Felssturzes entlang einer Böschung zeichnete sich deutlich ab. Auch brachte das Morgenlicht das Ausmaß der Bebauung auf den flacheren Bergen zutage; und, hier und da, neu angelegte Terrassen – zementgrau unter der Sandfarbe – für weitere Bauprojekte. Im Abendlicht wurden kleine, durchbrochene Lichterketten dort sichtbar, wo man eigentlich eine unberührte Bergwelt vermutete. Im Morgenlicht verschwanden diese Lichter, und alles schien verlassen. Weiter unten hoben sich junge Pappeln von dem dunkleren Grün ab.

5

Das Gefängnis

Paydar, der unter elenden Bedingungen im armen Nordwesten aufwuchs, war von klein auf von der Idee der Revolution besessen. Es bereitete ihm Qualen, Tag für Tag und Nacht für Nacht das Leiden seiner verwitweten Mutter mit ansehen zu müssen. Sie nähte Kleider und strickte Socken und Strümpfe, um ihren Lebensunterhalt zu verdienen, und oft saß sie bis zwei Uhr morgens an ihrer Nähmaschine.

Mit der Zeit schloss sich Paydar der Tudeh, der Kommunistischen Partei, an. Die Tudeh hoffte, auf der Welle der religiösen Bewegung selbst an die Macht zu kommen, und in der ersten Zeit der Revolution verfolgte die Partei die Strategie einer Politik der islamischen Camouflage. Das bot sich an: Begriffe wie Gerechtigkeit, Bestrafung und die Verdorbenheit der Herrschenden waren beiden Weltanschauungen gemeinsam. Aber die Tudeh-Partei zerstörte sich selbst. Sie stattete die islamische Revolution mit einem Apparat nach sowjetischem Muster aus, der sich schließlich gegen sie selbst wendete.

Ali konnte in seinem provinzlerischen Fabrikschuppen-Gefängnis in den Jahren 1980 und 1981 beobachten, wie man anfing, die Linke in die Enge zu treiben. Obwohl die aufgebrachten Kommunisten in der politischen Abteilung von Alis Gefängnis immer noch damit drohten, Ali vor seinem Haus aufzuhängen, waren ihre Tage in Iran schon längst gezählt. 1983, zwei Jahre später, verbot die Regierung die Tudeh-Partei auch offiziell. Und weitere zwei Jahre später wurde Paydar, der wie die anderen Überlebenden der Partei untergetaucht war, aufgestöbert und in ein Gefängnis außerhalb Teherans gebracht.

Paydar hatte keine Ahnung, in welchem Landesteil sich das Gefängnis befand; er wusste es auch jetzt noch nicht. Zwei Monate lang, vermutete er, hielt man ihn in einer Art Loch gefangen, ohne Fenster, »ohne einen einzigen Lichtstrahl«, um ihn dort zu befragen. In dieser Dunkelheit und vollkommenen Einsamkeit, der völligen Abgeschnittenheit von allem – erst in dem Loch und später in einer Zelle mit vierzehn anderen, wo er ein weiteres Jahr verbrachte – begann er die Idee der Revolution, die ihn die längste Zeit seines Erwachsenenlebens umgetrieben hatte, nüchterner zu sehen. Schließlich begriff er – unter den gegebenen Umständen besonders schmerzhaft –, warum er einem Irrtum erlegen war und »warum Revolutionen zum Scheitern verurteilt sind«.

»Mir wurde klar, dass Menschen ihrer Natur nach viel zu kompliziert sind, um so einfach mit ein paar Parolen geführt werden zu können. In unserem Innern sind wir voller Gier, Liebe, Furcht und Hass. Wir tragen unsere Geschichte und unsere Vergangenheit mit uns herum. Und wenn wir in die Lage versetzt werden, eine Revolution durchzuführen, bringen wir all diese Anteile in unterschiedlichem Maße mit. Revolutionen haben all die individuellen Unterschiede nie zur Kenntnis genommen.«

So kam es, dass er im Gefängnis den Gedanken an die Revolution verwarf. Er hatte ihm wie eine Religion Halt gegeben, und später bot sich ihm keine ähnliche lebensbestimmende Idee mehr an. Er wirkte wie ein Mann, der etwas in sich abgetötet hat. Er war ein großer Mann aus dem Nordwesten, und man konnte ihn sich voller Leidenschaft vorstellen. Jetzt war er auf seltsame Weise friedfertig; sein altes und neues Leiden war immer gegenwärtig und veranlasste ihn, seine Stimmungen zu kontrollieren, seine Worte abzuwägen und sich in seinen Gefühlen oder Klagen zurückzunehmen. Als Kommunist bekannt und immer in Gefahr, abgeholt zu werden, versuchte er angestrengt, seine Privatheit und sein Familienleben herauszustellen. Er mühte sich ab, auch wenn das tägliche Leben schwer war und angesichts des Verfalls der Währung infolge des wirtschaftlichen Chaos im revolutionären Iran sein Realeinkommen als Lehrer stetig sank.

Er sagte: »Als ich achtzehn war, faszinierte mich der Gedanke an die Revolution.« Das musste sieben oder acht Jahre vor der Revolution gewesen sein. »In unserer Stadt gab es einen Mann, der gerade aus dem Gefängnis gekommen war, und wir suchten ihn gerne auf, um mit ihm zu diskutieren. Er wollte aber gar nicht mit uns diskutieren, weil er Angst um seine Sicherheit hatte. Endlich muss er einen guten Eindruck von mir gewonnen haben, denn mich wählte er aus. Er war achtunddreißig, ein enger Freund eines Schriftstellers, den sie in unserem Fluss ertränkt hatten. Er vertraute mir und begann, sich mit mir zu unterhalten.«

Ich fragte Paydar: »Wo wohnte er? In was für einer Art Haus?«

»In einem der ganz gewöhnlichen kleinen Häuser, wie sie im Nordwesten üblich sind, mit einem kleinen Hof und zwei Schlafzimmern. Er lebte zusammen mit seiner Mutter und seinen beiden Schwestern. Er erzählte mir eine Menge über die Ungerechtigkeit und wie er sie ausrotten würde.«

»Gingen Sie damals zur Arbeit?«

»Ich war gerade mit der Schule fertig und arbeitete im Bazar. Gleichzeitig schrieb ich kleine Geschichten für Zeitschriften. Ich schrieb um die dreißig Geschichten, und die meisten davon wurden veröffentlicht.«

»Worüber schrieben Sie?«

»Über die Armut, das Leid der Leute. Mein Vater starb, als ich zwölf war, und danach lernte ich die Armut kennen. Meine Mutter arbeitete sechzehn Stunden am Tag, um uns durchzubringen. Ich habe ein bedrückendes Bild von ihr in meinem Kopf: Ich wache nachts um zwei auf und sehe, wie sie über ihrer Nähmaschine eingeschlafen ist.«

Paydars neuer Freund, der politische Exhäftling, gab ihm Bücher russischer Autoren zu lesen. Paydar fand Maxim Gorki besonders bewegend; der Roman *Die Mutter* fesselte ihn. Der

Freund führte Paydar bei revolutionären iranischen Schriftstellern ein, von denen einige auch im Gefängnis gesessen hatten. Von seiner eigenen Zeit im Gefängnis wollte der Freund nichts erzählen. Drei Jahre war er dort gewesen, und Paydar hätte gerne etwas darüber gehört. Aber der Freund sprach lieber über seine politischen Ideen.

Er sagte, es wären marxistische Ideen. Paydar erkannte später, dass es sehr krude marxistische Ideen waren; aber damals begeisterte er sich für sie und nahm sie an. Noch später fand Paydar heraus, dass sein Freund nie über diese wenigen Gedanken hinausgekommen war.

Ich fragte Paydar: »Und trotzdem kam er Ihnen wie ein Heiliger vor?«

»Ja. Ich war vollkommen begeistert. Ja, wirklich, ich hatte das Gefühl, dass man das, was der Mann über die Revolution sagte, in die Tat umsetzen könnte, auch wenn es Opfer kosten würde. So begann ich, mich auf die Revolution vorzubereiten. Ich machte mich sogar mit dem Gedanken vertraut, dass ich selbst mein Leben verlieren könnte.«

»Wie lange brauchten Sie bis dahin?«

»Gerade mal ein Jahr.«

»Und Ihre Mutter?«

»Sie wusste davon. Sie wusste, dass er mich diese Sachen lehrte, und sie hielt sich raus. Sie war die Art Mutter, die für hier typisch ist. Sie glauben an ihre Söhne und daran, was diese tun. Das ist üblich in Familien, wo der Vater gestorben ist und der Sohn seinen Platz eingenommen hat. Die Mutter, na ja, gehorcht zwar ihrem Sohn nicht, aber sie fügt sich ihm.«

»Sie haben von Revolution und Opfer in einem fast religiösen Ton gesprochen.«

»Ich kann nicht genau sagen, ob ich religiös bin. Mein Vater war Atheist. Mein Vater war nicht religiös. Auch meine Mutter nicht. Das war sicher nicht typisch für eine iranische Familie. Meine Mutter glaubte zwar an Gott, aber mehr noch an die Menschen. Ich erinnere mich, dass sie einmal etwas Schönes sagte. ›Wenn du von einem kleinen Kind verlangst, etwas

Schlechtes zu unterlassen, und es dafür belohnst, ist das in Ordnung, weil es sich um ein Kind handelt. Aber wenn dieses Kind erwachsen wird und ein Bewusstsein erlangt, und du belohnst diesen Erwachsenen immer noch dafür, dass er Gutes tut, dann beleidigst du ihn.‹«

In den späten siebziger Jahren ging Paydar nach England, um an einem College in der Provinz einen Abschluss zu machen. Er nahm seine Frau und die beiden Kinder mit, vermutlich dank eines Stipendiums, obwohl er auch noch Ersparnisse hatte. In England lebten sie zur Miete. Obwohl er es damals nicht so sah und noch heute nicht so aussprach, sprach dieses Studium in England in gewisser Weise für den Iran unter dem Schah. Es zeigte, dass es Aufstiegsmöglichkeiten für Leute wie Paydar gab, die aus armen und rückständigen Gebieten stammten; es war ein Beweis für die funktionierende Ökonomie, durch die er in Lohn und Brot gewesen war; und es war ein Beweis für die Stärke und Kaufkraft der Währung.

Ich wollte von Paydar wissen, was ihm in England zuallererst aufgefallen war.

»In England betrachtete ich die Dinge voreingenommen. Ich hielt alle für Kapitalisten. Ich war sehr zynisch. Ich machte sie verantwortlich für unser vergangenes Elend. In gewisser Weise trifft das natürlich auch zu.«

»Nahmen Sie die Architektur wahr? Gefiel Ihnen etwas davon?«

»Ich war für vieles blind. Die Revolutionäre, die so dachten wie ich, waren genauso.«

Schon sehr bald begann die Revolution.

»Es war 1978. Die Leute gingen auf die Straße, und ich musste mich entscheiden. Da ich mir immer gewünscht hatte, mit andern zusammen für Freiheit und Gleichheit auf die Straße zu gehen, brauchte ich nicht lange zu überlegen. Ich nahm in England an Demonstrationen teil. Ich verteilte Flugblätter. Zu dieser Zeit wurde Khomeini als Revolutionsführer berühmt.«

Ich warf ein: »In England hörten wir ziemlich spät von ihm. Mir schien, als würden ihn die Religiösen verstecken.«

»Er war nicht von Anfang an bei der Revolution dabei. Erst 1978 wurde er für die Leute zu einem Begriff.«

»Sogar vor Ihnen versteckte man ihn?«

»Sogar vor uns, die kämpften. Und dann musste ich eine schwierige Entscheidung treffen. Ich war kein Religiöser, sondern ein Marxist. Aber Khomeini war ein Religiöser, der die Revolution anführte. Die einzige Partei, die sich zu dieser Zeit an Khomeinis Seite stellte, war die Tudeh. Deshalb fühlte ich mich automatisch zu ihr hingezogen. Abgesehen davon, dass sie Khomeini unterstützten, gab es in der Partei viele bekannte Intellektuelle. Einige davon liebten wir geradezu für ihr öffentliches Wirken, noch ohne zu wissen, welcher Partei sie angehörten. Damals war ich in Widerstreit mit mir selbst. Schließlich entschied ich mich für Khomeini. Aber ich hatte viele Bedenken. Ich sagte zu meinen Freunden immer wieder: »Möglicherweise gewinnen wir die Revolution, aber in kultureller Hinsicht werden wir um tausend Jahre zurückfallen.«

»Was meinte Ihre Mutter dazu?«

»Sie sah sehr schwarz. Sie sagte: ›Es wird dir nichts einbringen, dich an diese Religiösen zu hängen. Wir haben unsere Erfahrungen mit ihnen. Wir wissen über sie Bescheid. Das sind die Leute, die verhindert haben, dass ich lesen und schreiben lernte.‹ Sie wusste, wovon sie sprach, denn ein Geistlicher war zum Haus meines Großvaters gekommen und hatte gesagt: ›Schick deine Tochter niemals in eine dieser Schulen. Diese Schulen für Frauen sind des Teufels.‹ Das war 1925, als meine Mutter sieben Jahre alt war. Meine Mutter verzieh ihnen niemals, denn sie liebte das Wissen und die Bücher.«

Doch Paydar gelang es, sie zu überzeugen. Er war ihr Sohn, den sie liebte. Dann gab er sein Studium auf – er hielt es für Zeitverschwendung zu studieren, während die Revolution stattfand – und ging zurück nach Iran. Er wollte inmitten des Volkes am Ort des Geschehens sein.

Als er zurückkam, war die Revolution schon vorbei. Der Schah war ins Exil gegangen, und Khomeini befand sich an der Macht. Paydar fand Arbeit als Lehrer. Er hatte schon vorher gezweifelt, ob die Revolution die richtige Wendung nahm, und bald lief alles schief. Religiöse Vorschriften wurden eingeführt. Frauen mussten den Schador tragen und sich den Kopf gänzlich verhüllen; Musik und kulturelle Ereignisse wurden verboten. Die Pressefreiheit wurde eingeschränkt. Im August 1979 wurde *Ayandegan*, eine nicht-religiöse, liberale Oppositionszeitung, verboten. Nach zwei Jahren lief Paydars Vertrag als Lehrer aus. Jetzt fand eine »Kulturrevolution« statt; alle Universitäten wurden geschlossen.

Er nahm alle möglichen befristeten Arbeiten in verschiedenen Teilen des Landes an. Damit begann für ihn, seine Frau und die beiden Kinder ein Wanderleben. Hauptsächlich arbeitete er als Übersetzer für private Import-Export-Gesellschaften.

Paydar sagte: »Unseligerweise geriet ich dadurch auch mit der Tudeh-Partei aneinander.«

»Wie erging es dem Mann, der Ihnen zuerst von der Revolution erzählt hatte? Als Sie achtzehn waren. Der Mann, der Ihnen die Bücher von Gorki gab.«

»Er tat sich nach der Revolution nicht hervor. Das war sehr seltsam – wenn ich es mir im Nachhinein überlege. Er fand Arbeit als Lehrer. Er ist noch immer Lehrer. Heute weiß ich, dass er sich sehr klug verhielt.«

»Aber Ihnen gab er keinen Ratschlag?«

»Nein. Vielleicht dachte er, ich sei noch zu jung. Vielleicht hatte er seine eigenen Zweifel. Oder es war ihm peinlich, dass er sich heraushielt. Viel später ging ich tatsächlich einmal zu ihm und sagte: ›Sie waren sehr klug. Warum gaben Sie mir keine Ratschläge?‹ Er erwiderte: ›Ich war meiner selbst auch nicht sicher. Nach dem Regime des Schahs war das nun ein neues Regime, und ich hatte keine klare Vorstellung davon, keine feste Meinung dazu. Ich habe einfach abgewartet.‹«

»Wie denken Sie heute darüber?«

»Es war eine ehrliche Antwort.«

»Und Ihre Mutter?«

»Sie ordnete sich meiner Ansicht unter. Sie stimmte mir immer zu.«

Dass er mit der Tudeh-Partei aneinander geriet, lag daran, dass sie die Regierung Khomeinis kritiklos unterstützte. Als er Einspruch erhob, bekam er zur Antwort, Khomeini führe eine Volksbewegung an; da die Partei an das Volk glaubte, musste sie dem Volk nahe sein. Deshalb gehörte die Partei an die Seite Khomeinis, eine Strategie, die sie auf internationaler Ebene schon immer verfolgt hatte. So stand es 1983, genau in dem Jahr, als man die Partei verbot und damit begann, ihre Mitglieder zu verhaften.

»Ich war innerlich in Aufruhr. Ich war in Gefahr. Sie kamen, um meine Wohnung zu durchsuchen. An der Universität hatte ich eine Erklärung abgegeben. Ich hatte gesagt, dass ich auf Seiten der Tudeh stünde. Sie suchten nach mir in der Stadt, in der ich mich gerade befand, und ich konnte nur knapp entkommen. Rein zufällig. Jemand war dort verhaftet worden und erzählte später seiner Familie, dass die Wächter über mich geredet hätten. Diese Familie kam zu mir, um mich zu warnen, und ich entkam mit meiner Familie. Was für eine Zeit! Ja! Von da an versteckte ich mich. Einmal im Monat tauchte ich bei meiner Familie auf und brachte Geld. Ich arbeitete in verschiedenen Jobs. Ich verkleidete mich. Ich übernahm Arbeiten in Restaurants, manuelle Arbeit, einfache Jobs. Immer an entlegenen Orten. Meine Bekannten und Freunde halfen mir. Bei meiner Mutter liefen die Informationen zusammen.«

Nach zwei Jahren im Untergrund nahm er an, dass die Lage sich beruhigt habe und er wieder ans Tageslicht kommen könne. Niemand schien ihn mehr zu verfolgen. Die Zeitungen berichteten seltener von Verhaftungen. Deshalb zog er wieder zu seiner Familie und arbeitete verschiedentlich als Lehrer. So lebte er ein Jahr lang. Eines Nachts klingelte das Telefon. Der Anruf kam von den Revolutionären Wächtern. Sie sagten, er solle für ein paar Minuten in ihr Hauptquartier kommen, um einige Fragen zu beantworten. Später erfuhr er, dass sie die Berichte über ihn durchgegangen waren und herausgefunden hatten, wo er lebte.

Er fragte den Mann in der Leitung: »Wirklich nur für ein paar Minuten?«

Der Wächter antwortete: »Oh, ja. Das dauert bestimmt nicht länger als eine Stunde.«

Paydar küsste seine Frau und seine Kinder. Er sagte, es sei ein Abschied für lange Zeit. Seine Frau widersprach ihm. Aber er hatte Recht: er kam erst nach einem Jahr wieder.

Er ging zum Hauptquartier der Wächter und gab seinen Namen an. Man schickte ihn in einen Raum. Dort erwartete ihn schon ein Wächter. Er gab Paydar einen Fragebogen und wies ihn an, ihn auszufüllen. Eine Frage lautete: *Haben Sie sich in der Vergangenheit politisch betätigt?*

Ich fragte Paydar: »Was für ein Mann war der Wächter?«

»Ein kräftiger, bärtiger, großer Mann mit einem brutalen Gesichtsausdruck. Er hatte grobschlächtige Hände mit dicken Fingern. Das war das Erste, was mir auffiel, die dicken Finger. Vielleicht stellte er sich gerade vor, wie er mich schlagen würde.«

»Wie alt war er ungefähr? War er uniformiert?«

»Ungefähr dreißig. Uniformiert. Khaki.«

»Gebildet?«

»Völlig ungebildet. Das merkte man ganz deutlich an seiner Art zu sprechen.«

»Und das Büro?«

»Eins der üblichen *komitehs*. So nennen sie die. Ich antwortete auf die Frage nach der politischen Betätigung mit Nein. Er fragte nach: ›Sind Sie sicher, dass Sie nicht an etwas anderes glauben?‹ Darauf erzählte ich ihm genau, was ich dachte. Nur das. Er grinste und sagte: ›Das wissen wir bereits.‹ Er band mir die Augen zu und führte mich in eine Kammer. Das war um neun Uhr morgens.« (In Paydars Erzählung gab es einen Zeitsprung: Die ganze Nacht schien über der Befragung vergangen zu sein. Aber mir fiel dieser Sprung erst viel später auf.) »Wir hatten Frühling. April oder Mai. Am nächsten Tag wurde ich von dort ins Gefängnis gebracht. Zuerst ins Evin.« Das große Teheraner Gefängnis. »Nach einer Woche verlegten sie mich. Wohin, weiß ich immer noch nicht. Dort wurde ich zwei Monate lang verhört und zu einem Jahr verurteilt. Im Evin war es erträglich. Ein neues Gefängnis. In dem anderen war es furchtbar. Es war sehr alt. Wie ein Loch. Im neuen Gefängnis konnte man es für den Rest des Jahres aushalten. Wir waren eine Gemeinschaft von fünfzehn Leuten in der Zelle. In diesem Jahr ging es besser, weil das Gefängnis nicht so überfüllt war. Vorher war es sehr schlimm gewesen. Und die Lage draußen hatte sich mittlerweile entspannt.«

Damals begann Paydar in seiner Einsamkeit und aus einer gewissen Distanz heraus, über die Revolution nachzudenken. Er hielt es für das wichtigste Jahr in seinem ganzen Leben.

»Und Ihre Mutter?«

»Sie war zwei Jahre zuvor gestorben. Glücklicherweise sehr rasch. Ich fing an, über das revolutionäre Zeug und meine ganzen Überzeugungen nachzudenken. Jetzt war die Zeit gekommen, mir meine eigenen Gedanken zu machen, auch über Dinge, die mir gewissermaßen untersagt waren.«

»Die Sie sich selbst untersagt hatten.«

»Ich hatte mich selbst ausgeschaltet. Zum Beispiel war Arthur Koestler in meinen Augen ein Reaktionär. Deshalb las ich niemals etwas von ihm. Punkt. So einfach war das. Auch George Orwell war ein Reaktionär. Ich teilte die Leute in zwei Gruppen ein, Revolutionäre und Reaktionäre. Jetzt dachte ich nach, besonders über meine Mutter und wie sie gelebt hatte, ohne über solche Weltanschauungen nachzudenken. Sie wurde für mich zum Symbol eines wahren Menschen. Jeder mochte sie. Jeder, der sie kannte, mochte sie. Es war sehr seltsam. Als sie im Krankenhaus starb, weinten alle Krankenschwestern, sogar der Arzt. Das lag daran, dass sie sich dort um alle kümmerte. Sie sagte dann: ›Schwester, was ist mit dem feinen Herrn, der immer anruft? Hat er Sie abgeholt?‹ Oder sie fragte eine andere Schwester: ›Wie geht es Ihrer Mutter? Erholt sie sich?‹ Die ganze Zeit war sie mit ihnen beschäftigt und stützte sie, auch wenn sie selbst krank war.

Ich überlegte mir, dass Ideologien nur einen kleinen Teil unserer Vernunft ausmachen, die uns im Leben weiterhilft. Die Hauptquelle unserer Vernunft liegt in der Kultur, die unser Denken steuert. Und bei Menschen wie meiner Mutter speist sich die Vernunft aus ihrem natürlichen Verhalten. Die Revolution, für die ich mich eingesetzt hatte, wurde weder mir als Intellektuellem gerecht noch der Persönlichkeit meiner Mutter.«

Im Gefängnis gab es keine systematische Folter. Paydar wurde nur zweimal hart angefasst. Beim ersten Mal war Khomeini gerade gestorben, und unter den Wächtern machte sich Nervosität breit, es könnte einen Versuch zur Befreiung der Gefangenen geben. Sie banden allen fünfzehn die Augen zu, führten sie hinaus zu einem Minibus und hießen sie niederknien und still halten. Der Mann neben Paydar flüsterte ihm zu: »Wohin bringen sie uns?« Paydar legte ihm den Finger auf die Lippen und antwortete: »Ich weiß es nicht.« Aber der Wächter hatte ihn schon gehört. Er trat heran und schlug Paydar mit seinem Gewehr in den Nacken; er begann, so wild auf Paydar einzuschlagen, dass dieser dachte, er werde es nicht überleben. Danach war er eine Woche lang krank. Er lag in der Zelle, ohne dass sich jemand um ihn kümmerte. Sie brachten einfach nur sein Essen. Irgendwie schaffte er es, am Leben zu bleiben.

Ein anderes Mal wurde er geohrfeigt. Er hatte eine Äußerung über die Mudschahedin gemacht, diese linksgerichteten Religiösen, die anfangs mit den Wächtern zusammengegangen waren (und in der Anfangszeit zu Alis Peinigern gehörten). Ein Wächter gab Paydar eine Ohrfeige und sagte, er solle das Wort *mujahedin* nie mehr in den Mund nehmen. Stattdessen solle er von *monafeghin* reden, was ein Schimpfwort war und »Heuchler« bedeutete.

Paydar sagte: »Ich gehe in meinem Lehrerberuf auf und kann meinem Volk auf diese Weise nützlicher sein, indem ich den Leuten zu Bildung verhelfe. Ich wünschte mir, ich hätte von Anfang an so gedacht. Aber damals befanden wir uns inmitten der Ereignisse und waren in eine Staubwolke eingehüllt. Die früheren Machthaber sind schuld, dass es jetzt so gekommen ist. Dadurch, dass sie uns die Freiheit und eine gute Ausbildung vorenthielten, ermöglichten sie es, dass diese anderen hochkommen konnten.«

Auf den niedrigen Hügeln im Norden, die bei einem bestimmten Lichteinfall eine gelbbraune Färbung annahmen und samtig wirkten, hatte man Terrassen angelegt. Hier und da wiesen sie grüne Flecken auf, die auf frisch gepflanzte Bäume hindeuteten, und Stützmauern, die, wie ich annahm, den Umriss der künftigen Bebauung markieren sollten. Eines Tages aber entdeckte ich bei einem Spaziergang in diesem Gebiet, dass einer der gelbbraunen Hügel, von meinem Hotelfenster aus auf der linken Seite, das Evin-Gefängnis war, wo so viele Exekutionen stattgefunden hatten. Die Adresse des Azadi-Hyatt war »Evin-Kreuzung«.

Ich hatte von ferne die Stelle erkennen können, wo die Terrassierung begann, auch einen Pfad, der sich emporwand und in einen anderen mündete; eine Art großer Stufenmauer, die sich nach oben fortsetzte und an einer Seite des Hügels nach hinten verschwand; dann kam sie weit weg auf der anderen Seite wieder zum Vorschein. Ich hatte auch geahnt, dass die Stufenmauern der beiden Seiten miteinander verbunden waren, aber nicht begriffen, auf was ich da blickte. Das lag zum Teil daran, dass mich das Spiel des Lichts auf den Bergen ganz bezaubert hatte.

Nur am Morgen (wenn die Sonne im Osten ihre Schatten in die Täler und Mulden warf) zog sich ein breiter, spitz zulaufender Schatten von der Stufenmauer auf der rechten Seite – die jetzt ihre ganze Höhe erkennen ließ – diagonal den Hügel hinauf und verschwand dort. Zu anderen Tageszeiten, wenn von meinem Beobachtungsposten aus kein Schatten zu sehen war, nahm die hohe Stufenmauer die Farbe des Hügels an und sah auf dem Gipfel wie eine bloße Zackenlinie aus, weshalb ich sie für eine Stützmauer gehalten hatte, die einen Bergsturz oder Erdrutsch verhindern sollte.

Während die Stufenmauer auf der rechten Seite nur im frühen Morgenschatten richtig zu erkennen war, lag die Mauer auf der linken Seite kurz nach Mittag im Schatten und zeigte sich in einer ausladenden, gezähnten Krümmung, wo vorher keine Mauer zu sehen war.

Und nun, nachdem ich sie einmal entdeckt hatte, sah ich sie

jedes Mal; die Zacken auf der rechten und linken Mauer und die halb verborgenen Zackenspitzen entlang der Mittellinie boten sich mir wie die Eisenzähne einer riesigen alten Fußangel dar.

Nachdem ich nun wusste, dass es sich um ein Gefängnis handelte, konnte ich nicht mehr nachvollziehen, wie ich es so viele Tage lediglich als Teil der Aussicht betrachtet hatte, ohne dass es mich stutzig machte: ein unförmiger Betonklotz von einem Gebäude, das sich sandfarben über den grünen Pappeln und *chenar*-Bäumen erhob. In den folgenden zwei oder drei Tagen wurde mir die Anlage des Gefängnisses und seines Geländes nach und nach klarer. Ich erkannte die Asphaltstraße, die durch die irreführende Grünanlage nach oben zum Wachhäuschen am Eingang führte; die lang gestreckten niedrigen Gebäude am Fuß des Betonklotzes, die wie Eisenbahnbaracken aussahen und vielleicht Werkstätten beherbergten; und, noch ein bisschen tiefer, Wohnblocks aus Beton, zweifellos die Unterkünfte für das Personal, die einen weniger wohnlichen Eindruck machten, als ich zuerst dachte. Ich hatte diese Blocks dem provisorischen Durcheinander bei der Erschließung dieser schönen Hügellandschaft zugeschrieben; sie – bzw. die Vorstellung, die ich mir von ihnen machte – trugen dazu bei, das Gefängnis vor meinen Augen zu verbergen.

In der Nacht gab die Bergansicht noch mehr Einzelheiten preis, noch finsterere, und sei es auch nur, weil in Gefängnissen bei Nacht finstere Dinge geschehen: das riesige Zickzackband blauer Straßenlampen entlang der Asphaltstraße hoch zum Gefängnis; die hohen, riesigen, blendend weißen Gefängnisscheinwerfer über dem hangarähnlichen Gebäude, und auch sonst überall Lichter.

Das Gefängnis war so ausgedehnt, nahm einen so großen Teil des Nordens von Teheran ein, dass ich eine lange Zeit brauchte, um mich darin zurechtzufinden.

Eines Nachmittags, als ich mit den Augen der Schatten werfenden Mauer zur Linken den Hügel hinunterfolgte, entdeckte ich, dass sie zu einer anderen Mauer führte, die sich am Fuß des Hügels quer von links nach rechts erstreckte. Diese Mauer am Fuß des Hügels war besonders hoch; eingelassen waren hohe, blau gestrichene Tore, zweifellos die Durchfahrt für die Lastwagen, die nach der Revolution nächtens das Gefängnis mit den Körpern der Hingerichteten verließen. Vor dem Grün, dem Ziegelstein und dem Beton nahm sich das Blau der Tore eigenartig aus; man fragte sich, warum die Wahl gerade auf diese Farbe gefallen war.

Unterhalb der schönen, vielgestaltigen Berge auf einmal dieser Anblick: das große Gefängnis von Teheran, noch schrecklicher und furchterregender als die Prager Festung. Als ich das herausfand, ging es mir so wie in der britischen Botschaft im westafrikanischen Dakar, als mir bewusst wurde, dass die Begrenzung am Tennisplatz der Botschaft die Mauer der benachbarten Leichenhalle war, wodurch sich erklärte, warum sich dort täglich eine Menge trauernder Afrikaner mit muslimischen Käppchen und Gewändern einstellte.

Ayatollah Khalkhali, Khomeinis Henkerrichter, hatte seinen Amtssitz im Revolutionären Gerichtshof, laut Alis Auskunft dem alten Militärgericht des Schahs, in der Shariati-Straße. In den frühen Tagen der Revolution pflegte der Gerichtshof fast rund um die Uhr zu tagen, und Ali begab sich täglich dorthin, um nach Möglichkeit Menschen zu retten, die er kannte. Die Gefangenen wurden in der Regel erst ins Evin-Gefängnis und von dort in die Shariati-Straße gebracht.

Im August 1979, als ich zum ersten Mal nach Teheran kam, war der Gerichtshof noch voll in Betrieb. Khalkhali sagte in einem Interview mit der *Tehran Times* – Herr Parvez war noch der Besitzer und Herausgeber, während Herr Jaffrey an seiner erstklassigen Schreibmaschine saß und gepfefferte Aufrufe an die Ayatollahs hineinhämmerte, sie sollten nach Qom zurückkehren – Khalkhali sagte also in diesem Interview vom August 1979, er habe »wahrscheinlich« drei- oder vierhundert Menschen zum Tod verurteilt. In einigen Nächten, fügte er hinzu, hätten die Lastwagen dreißig bis vierzig Leichen aus dem Gefängnis geschafft.

Sie mussten durch die blauen Tore gekommen sein.

6

DER MÄRTYRER

Mehrdad und ich trafen Abbas im Büro eines Buchverlegers. Abbas war siebenundzwanzig und ein Kriegsveteran. Er hatte sich als Vierzehnjähriger, zwei Jahre nach Ausbruch des Krieges, freiwillig gemeldet – dafür gab er die Schule auf – und bis zum Ende gedient. Er schien jetzt keiner geregelten Berufstätigkeit nachzugehen. Nach dem Krieg hatte er aus einem inneren Bedürfnis heraus drei Jahre lang Theologie in Qom studiert, aber dann fühlte er sich von Qom im Stich gelassen. Danach machte er sein Abitur und schrieb sich an der Universität ein, um die Familie seiner Freundin zufrieden zu stellen. Mittlerweile beschäftigte er sich mit dem Filmen; er produzierte ganz kurze, *haiku*-artige Filme, nicht länger als eine Minute. Außerdem reiste er im Land herum, um für den Verleger, in dessen Büro wir uns trafen, Interviews mit Veteranen wie er selbst zu sammeln. Offensichtlich gab der Verleger eine Buchreihe über den Krieg heraus.

Es gab jede Menge Veteranen, und Abbas hatte dank seiner militärischen Ausbildung seine eigene Methode entwickelt, mehrere Interviews auf einmal zu bekommen. Wenn er an einen neuen Ort kam, rief er die Veteranen zu einer Art öffentlicher Versammlung herbei, verteilte gedruckte Fragebögen und erzählte Geschichten aus dem Krieg, vorzugsweise einfache Geschichten über einfache Dinge, um den Veteranen ihre Hemmungen oder Selbstzweifel zu nehmen und sie zu ermutigen, ihre eigenen Erinnerungen aufzuschreiben.

Nun erzählte er uns eine der Geschichten, die er sonst den Veteranen vortrug. Mehrdad, dessen Erfahrung mit dem Militär noch frisch war, hörte so fasziniert zu, dass er die Geschichte für mich zu übersetzen vergaß. Seine Augen glänzten; er blickte unverwandt auf Abbas.

Abbas war eine fesselnde Persönlichkeit, klein und feingliedrig, mit regelmäßigen Zügen, einem sorgsam gestutzten Bart und vollem, gepflegtem Haar bis in den Nacken. Für dieses Treffen mit uns im Büro des Verlegers hatte er seine Kleidung mit Sorgfalt gewählt. Er trug ein grünes Hemd mit breiten, schimmernden Längsstreifen auf einem hell-dunkel gemusterten Untergrund. Sein Brillenetui, das an seinem Hosenbund klemmte, gehörte zu seiner Aufmachung. Der Stil war beeindruckend, denn der Mann hatte eine Kopfverletzung davongetragen und sichtlich eine Menge dafür getan, sich so unverändert geben zu können. Seine Augen waren blutunterlaufen, emotionslos, seltsam starrend; er bewegte seinen Kopf nur langsam; er sagte, seine Beine schmerzten ihn noch immer.

Trotzdem hatte ich auch nach einer Stunde, in der wir Obst aßen, Tee tranken und uns unterhielten, noch nichts Neues von Abbas erfahren. Ich war weder hinter sein Starren noch seine Förmlichkeit und seinen Stolz gedrungen; ich war nicht angerührt genug, um Notizen zu machen oder auch nur mein Notizbuch aus der Brusttasche meines Jacketts zu ziehen. Und als zu allem Überfluss der Strom im Viertel ausfiel und wir plötzlich im Dunkeln saßen, schien es Zeit aufzubrechen.

Wir standen auf, um uns zu verabschieden. In der Dunkelheit fiel mir die Frage ein, ob er bei seinen Interviews auch einem Überlebenden aus den Märtyrertruppen begegnet sei. Er sagte, einige wenige hätten überlebt. Als wir wissen wollten, ob wir einen davon treffen könnten, schwieg er. Und dann – vielleicht lag es an der Dunkelheit, die alles Leben im Umkreis zu ersticken schien, unsere Stimmen dämpfte und die Stimmen der Kinder, die weiter auf der Straße unten spielten, sehr klar vom Verkehrslärm der Boulevards in der Nähe abhob – dann sagte Abbas, möglicherweise unter dem Eindruck des Stromausfalls und mit Zögern in der Stimme: »Ich sollte es nicht sagen, aber ich bin selbst einer.«

Da mussten wir natürlich bleiben. Abbas erzählte und erzählte, zuerst in der Dunkelheit, später bei Kerzenlicht. Das Verlagshaus verfügte wegen der Stromausfälle über einen Vorrat an Kerzen.

Ich machte mir keine Notizen. Am späteren Abend, als Mehrdad und ich ins Hotel zurückgekehrt waren, rekonstruierten wir das Gehörte. Erst da machte ich mir Aufzeichnungen.

Als Abbas bekannte, dass er zu einer der Märtyrertruppen gehört hatte, bekamen viele seiner vorherigen Aussagen auf einmal einen Sinn. Im Alter von vierzehn hatte er sich als Freiwilliger gemeldet. Man hatte ihn nahe der Front eingesetzt, und von dort hatte er sich aus eigenem Antrieb seinen Weg zu der mörderischen Dezful-Front gebahnt – die Grenzstadt Dezful war in den Kämpfen bis auf die Grundmauern zerstört worden. Warum meldete er sich freiwillig? Abbas sagte, eine Regierungsorganisation für Entwicklung habe Referenten an seine Schule entsendet (Mehrdad erzählte mir später, dass diese Schule zu den besten in Teheran gehörte). Die Referenten warben dafür, dass Jungen an die Front gingen und sich den Krieg ansähen, und suchten Freiwillige. So meldete sich Abbas freiwillig.

Sogar als Basiji konnte er keinen Grund vorweisen, warum er alleine in Dezful bleiben sollte. Die Soldaten wollten ihn fortschicken, aber er flehte sie an, bleiben zu dürfen, machte sich bei ihnen nützlich, und schließlich gaben sie nach.

Er war in Dezful, als ein großer iranischer Angriff stattfand. Zweiundzwanzig Tage lang riss der Artillerie- und Flugzeuglärm nicht ab. In diesen Tagen hatte Abbas seine erste Begegnung mit dem Tod oder dem Märtyrertum auf dem Feld.

Als eine Ambulanz von der Front zurückkam – und hier bekommt man einen Eindruck von iranischer Organisation –, liefen die Leute ihr entgegen. Abbas lief mit. Zuerst dachte er, in der Ambulanz seien nur Verwundete. Als sie auf den Boden gebettet wurden, sah er, dass es sich um Tote handelte. Zwei der toten Männer hatte er noch zwei Stunden zuvor als Lebende gesehen. Er dachte: »Ich halte hier nach meinen Freunden Ausschau. Aber das sind gar nicht meine Freunde. Meine Freunde sind woanders.« Darauf hatte er das Gefühl, dass der Tod eine erhebende und wunderbare Sache sei, und er war sicher, dass er eines Tages dieselbe Erfahrung machen und am selben Ort sein würde wie seine Freunde.

Es war eine intensive spirituelle Erfahrung, die noch einmal eine Steigerung erfuhr, als er die Patronengürtel und Gurte der toten Männer wusch. Diese Tätigkeit gehörte zu seinen gewöhnlichen Verrichtungen an der Front. Morgens ging er zur Leichenhalle – die offizielle Bezeichnung lautete *meraj*, der Ort der Himmelfahrt – und sammelte die Ausrüstung von ungefähr vierzig Toten ein, um sie am Abend zu säubern. Zu dieser Zeit gab es nicht genügend Ausrüstungen, weil so viele Männer an diesem großen Angriff teilnahmen. Auch Schuhe waren knapp. Tagsüber war eine seiner Pflichten, beim Entladen der Lastwagen mit Nachschub zu helfen, wenn sie an der Front eintrafen. Beim Entladen war er sehr eifrig, ein Grund dafür, dass ihn die Soldaten nicht zurückschickten.

Die Säuberung der Ausrüstung der Gefallenen war eine spirituelle Übung für ihn, weil er sich dabei vorstellte, dass sie Männern gehörte, die zu einem ihnen unbekannten Ort aufgebrochen waren. Möglicherweise meinte er aber auch – Abbas' Worte waren an dieser Stelle nicht eindeutig –, dass die Männer schnurstracks und entschlossen aufgebrochen waren, obwohl sie ihr Ziel nicht kannten.

Ein Jahr später wurde Abbas auf regulärem Weg Soldat und trat in eine der Märtyrertruppen ein. Wer sich freiwillig als Märtyrer meldete, war bereit, jede nur denkbare Aufgabe zu übernehmen. Wer einem gewöhnlichen Bataillon angehörte, trug dann keine besondere Kleidung, sondern gab sich seinen Offizieren nur durch überdurchschnittlichen Eifer zu erkennen. Eine Märtyrertruppe kämpfte buchstäblich bis zum Tod; keiner überlebte.

Vor einem Angriff fand eine »Abschiedszeremonie« statt. Einer sang für gewöhnlich; ein anderer, eine angesehene Person wie ein Geistlicher, ein Kommandeur, ein alter oder ein beliebter Mann, hielt eine Rede. Dafür stieg er dann auf ein Podium oder einen Stuhl und sagte: »Morgen findet ein Angriff statt.« So begann die Abschiedszeremonie. Einige brachen schon da in Tränen aus, andere erst später. Viel Weinen und Wehklagen gehörte dazu. Der Redner mahnte: »Einige von euch werden morgen nicht zurückkehren. Vielleicht sehen wir uns nicht wieder. Einige werden morgen Gottes ansichtig werden.«

Danach wurde für gewöhnlich musiziert und gesungen. Abbas nahm all dies nur als Hintergrund wahr. Niemand konnte sich darauf konzentrieren. Jeder versuchte sein ganzes Gefühl aus sich herauszuholen und es in ein gemeinsames Auffangbecken fließen zu lassen. In diesem Becken befand sich eine Ansammlung von menschlichem Elend, profanen Misshelligkeiten und familiären Problemen; vielleicht gab es eine schwangere Frau oder ein krankes Baby, finanzielle Schwierigkeiten oder Streit mit den Eltern. Alles ging in dieses gemeinsame Becken ein und verschwand darin. An der Zeremonie teilzunehmen hieß quasi, an Bord eines Schiffes zu gehen. Ob man wollte oder nicht, man konnte nicht mehr zurück.

Abbas wurde zweimal verwundet. Genauer gesagt, erzählte er von zwei Gelegenheiten, bei denen er verwundet wurde. Das erste Mal ereignete sich mittags bei einem irakischen Gegenangriff (die Iraner hatten früh am Morgen angegriffen). Die Leute, die es bei diesem Gegenangriff erwischte, waren die Verwundeten, die Märtyrer und einige andere Kämpfer, die sich dem Vorrücken des Feindes entgegenstemmten. Eine Rakete explodierte ganz in der Nähe von Abbas. Er wurde in beide Beine getroffen und verlor das Bewusstsein. Erst mitten in der Nacht erwachte er wieder. Er hörte arabische Laute und sah irakische Soldaten, die im Abstand von zwanzig Metern offensichtlich Wache schoben. Sie bildeten eine Reihe Vorposten an der irakischen Angriffsfront. Abbas fand eine Handgranate und ein Maschinengewehr. Er warf die Granate auf die Irakis, die vier von ihnen tötete, und rannte die fünfzig Meter bis zur iranischen Seite. Sie schossen auf ihn, aber er lief im Zickzack und entkam ihnen, ohne dass sie ihn trafen.

Die zweite Verwundung war ernster. Es passierte ein Jahr später, bei Nacht und während eines der größten iranischen Angriffe. Mehr als einen Monat lang fand ein Vorstoß nach dem anderen statt. Wieder schlug eine Rakete in seiner Nähe ein. Ein Granatsplitter traf ihn am Hinterkopf und warf ihn zu Boden. Er fiel auf den Kopf und verletzte sich schwer. Viele Male verlor er das Bewusstsein. Schließlich brachten sie ihn mit dem Rettungsflugzeug in das große Militärkrankenhaus nach Shiraz.

Dort wurde seinem Kopf ein kleines Stück künstlicher Knochen eingepflanzt. Binnen kurzem verlor er seinen Gleichgewichtssinn; dann konnte er nicht mehr sehen. Auf seiner Netzhaut hatte sich ein Blutgerinnsel gebildet, und die Gefahr bestand, dass er sein Augenlicht ganz verlor. Eines Tages kam von oben die Anweisung, einer Anzahl Patienten solle der Besuch des Mausoleums von Shah Cheragh ermöglicht werden, eines der bekanntesten Grabmäler in Iran. Abbas wollte dabei sein. Zu dieser Zeit saß er im Rollstuhl. Der Arzt entschied, Abbas sei zu schwach, aber Abbas protestierte laut. Der Arzt lenkte ein, und Abbas wurde morgens um acht Uhr zu dem Mausoleum gekarrt.

Wie auf dem Schlachtfeld waren Gesänge und Litaneien zu hören, und Abbas legte ein Gelübde ab: »Gott, dein Wille ist mein Wille und dein Gefallen mein Gefallen. Aber ich kann dich nicht anlügen. Ich brauche meine Augen. Wenn du mir mein Augenlicht zurückgibst, werde ich damit zur Front zurückkehren.«

Um zwölf Uhr mittags verließ Abbas mit den anderen Patienten das Mausoleum, um ins Krankenhaus zurückzukehren. Um zwei kam die Krankenschwester in sein Zimmer, da er alle sechs Stunden an die zwölf Tabletten einnehmen musste. Als sie die Tür öffnete, sah Abbas das Licht und schrie auf. Die Ärzte und Krankenschwestern rannten zu ihm. Sie entdeckten, dass sich das Blutgerinnsel auf der Netzhaut aufgelöst hatte, und ließen ihm von nun an keine Ruhe mehr. Andere Ärzte wurden hinzugezogen. Keiner von ihnen glaubte an diese Art religiöser Wunder. Die Nachricht machte die Runde. Einiges davon gelangte bis in die Zeitung. Aber Abbas war nervös und wollte nicht zu viel an die Öffentlichkeit dringen lassen.

Der Verlagsassistent, der uns ständig frischen Tee servierte, warf ein: »Das war auch richtig. Wenn die Leute von seiner Heilung am Grabmal erfahren hätten, wären sie zu ihm gestürzt und hätten ihm die Kleider in Fetzen gerissen, um ein Andenken oder Zaubermittel zu ergattern.«

Ähnliches hatte ich 1979 über Menschen gehört, die bei den Demonstrationen zum Auftakt der Revolution von der Polizei des Schahs erschossen worden waren. Sogar eine leichte Verwundung konnte sich tödlich auswirken, denn wenn der Mann zu Boden fiel, eilten die anderen Demonstranten zu ihm und zwängten ihre Finger in die Wunde, um sie mit dem warmen Blut eines Märtyrers zu benetzen.

Einige Zeit nach diesem Abend im Büro des Verlegers hielt ich mich in Shiraz auf. In der Abenddämmerung ging ich zum Grabmal von Shah Cheragh. Draußen auf der Straße ging es zu wie auf einem Rummelplatz, überall Lichter, Buden und schlendernde Menschen. Diese Atmosphäre strahlte sogar bis ins Innere des Grabmals aus, jedenfalls bis in den Hof, wo die einen im Streulicht und den weichen Schatten umhergingen, während die anderen im helleren Licht der eigentlichen Moschee und rund um das vergitterte Heiligengrab ihre Gebete verrichteten und um Wohltaten flehten.

Um ähnliche Erfahrungen wie Abbas zu machen, um in das gemeinsame Auffangbecken für Gefühle eintauchen zu können, musste man selbst Gefühle mitbringen. Man musste den Glauben, die Kenntnis der Religion, die Leidenschaft und die Bedürftigkeit mitbringen.

Ein hochgewachsener Inder draußen auf der Straße bettelte mich auf seine Weise um ein Almosen an. Er fischte mich aus der Menge, als ich auf dem Weg nach drinnen war; alle anderen blendete er aus, um sich ganz auf mich zu konzentrieren. »*Bhaiya, bhaiya,* Bruder, Bruder«, sagte er, indem er wie ein Filmschauspieler, der den Ausdruck von Kummer nachzuahmen versucht, seine weichen Lippen schürzte und seine kleinen Augen zusammenkniff.

Er war jung und dick und trug weiße Schuhe, die in der Dämmerung besonders auffielen, sowie ein weites, gelbliches Gewand, das über seinem vorstehenden Bauch spannte. Er wiegte ein schreiendes Baby auf dem Schoß und schien in Begleitung einer Frau mit einer ganzen Kinderschar zu sein. Er sagte, er käme aus Dubai. Nach Shiraz war er gekommen, um dem Heiligen einen Besuch abzustatten, aber schlechte Menschen hatten ihm alles Geld, viel Geld, und seine Papiere gestohlen. Während er sprach, wiegte er beständig das Baby gegen sein gelbliches Gewand, und bei jedem Wiegen und Schaukeln seines Schmerbauchs presste er seinen Daumen und einen Finger gegen das Gesäß des armen Babys, worauf dieses schrie.

Nachdem ich im Hof des Grabmals herumspaziert war, ging ich hinaus und suchte nach ihm, weil ich wissen wollte, wie es ihm an diesem Abend ergangen war. Aber er war mitsamt seinem Baby verschwunden und die Frau mit ihm und mit dieser die Kinder.

Im Büro des Verlegers berichtete Abbas, mittlerweile bei Kerzenlicht, über die Auswirkungen seiner Erfahrungen auf seinen Glauben. Ich hatte ihn danach gefragt.

Er sagte: »Diese Erfahrungen brachten mich dazu, tief in mich hineinzusehen. Ich habe einige spirituelle Entdeckungen gemacht, die, glaube ich, niemand sonst gemacht hat.« So jedenfalls übersetzte Mehrdad diesen komplizierten Gedankengang, und zwar erst später, abends im Hotel nach einem langen Tag: Lassen wir die Worte so stehen, wie Mehrdad sie wiedergab. »Auf dem Schlachtfeld erlebten wir eine Menge Dinge, die sich nicht in materialistischen Begriffen beschreiben lassen. Es ist unfassbar. Man sieht Menschen rennen, denen gerade ein Arm abgerissen wurde. Hier gibt es eine Menge Leute auf der Straße, die eine kleine Verwundung am Arm davontragen und gleich zu Boden sinken. Aber dort draußen rückte der Feind heran, und dieser Junge rannte trotz seines abgerissenen Arms vor ihm weg. Da begriff ich, was möglich ist. Zur Zeit sind mir meine Schmerzen gleichgültig. Ich achte einfach nicht darauf.«

Auch nach dem Krieg wollte Abbas nicht auf die Spiritualität verzichten, die er in sich entdeckt hatte. Diese Spiritualität kam ihm wie ein Schatz vor. Nur wenige Leute auf der Straße verfügten über einen solchen Schatz. »Leute auf der Straße«, *mardom-e tou khiyabom:* Es war schon das zweite Mal, dass er den Ausdruck im Zusammenhang mit seiner Spiritualität verwendete, als sei sie das wahre Maß für die Klassifizierung und Unterscheidung der Menschen. Natürlich waren die Leute auf der Straße nicht weniger wert als er, aber ihnen waren Dinge wichtig, die ihn nicht interessierten. Für sie bestand Religion darin, dass man Frauen nicht ohne Schleier oder die *hijab*-Kopfbedeckung herumlaufen ließ; ihm war das völlig egal.

»Der Koran sagt, dass wir die Dinge so tun, wie wir es vermögen. So handle ich gemäß meinen Kräften und die andern nach den ihren.«

Er hatte das Gefühl, seine spirituelle Empfänglichkeit steigern zu sollen, und ihm kam der Gedanke, es mit Lernen und Gelehrsamkeit zu versuchen. Von klein auf hatte er gerne gelernt. Also machte er sich in die heilige Stadt Qom auf und schrieb sich für ein fünfjähriges Studium ein. Er beendete es innerhalb von drei Jahren. Darüber verlor er die Lust am Studieren. Er hatte nicht das Gefühl, dass Qom ihm gab, worauf er – vielleicht naiverweise – gehofft hatte. Ein Studium war ein Studium; die Spiritualität, nach der es ihn verlangte, war eher etwas Persönliches, das sich durch ein Studium nicht einstellte. Es gab viele Beispiele von Leuten, die über große religiöse Gelehrsamkeit, aber nicht über Spiritualität verfügten.

Ein oder zwei Jahre später wartete auch in der Außenwelt

eine weitere Prüfung auf ihn. Er verliebte sich in ein Mädchen und wollte sie heiraten. Er suchte ihre Familie auf und bat um ihre Hand. Sie sagten ihm, erst müsse er zur Universität gehen; ihre Tochter studierte bereits. Mehrdad bemerkte, dass dies eine schwere Anforderung an Abbas war, weil man in Iran ohne Abiturzeugnis keinen Platz an der Universität bekam; und Abbas war von seiner sehr guten Teheraner Schule im Alter von vierzehn abgegangen, um in den Krieg zu ziehen.

Aber Abbas, den seine spirituelle Überzeugung davon, was Menschen leisten konnten, jetzt immer begleitete, ebenso wie das Bild des halb toten Jungen ohne Arm, der vor dem Feind davonrannte, dieser Abbas machte sich ans Werk. Das war nun zwei Jahre her, und Abbas hatte bereits sein Zeugnis und seine Zulassung zur Universität in der Tasche; und die beiden Familien, seine und die des Mädchens, bereiteten die Hochzeit vor.

Erst jetzt kam es mir in den Sinn, nach seiner Familie zu fragen: Abbas hatte die ganze Zeit über den Eindruck eines Menschen gemacht, der ganz mit sich identisch ist, so selbstsicher, gut aussehend und kultiviert, wie er war.

»Mein Vater arbeitete für die Busgesellschaft hier in Teheran.«

»Als was?«

»Er war ein einfacher Arbeiter.«

Mehrdad, der ein Gespür für die soziale Hierarchie in Iran hatte, fragte: »War er Mechaniker?«

Und Mehrdad hatte Recht. Er sagte später, dass die Busgesellschaft, bei der Abbas' Vater angestellt war, arm war, sehr arm sogar; dort als Mechaniker zu arbeiten bedeutete, schlecht bezahlt zu werden. Aber der Mechaniker hatte alle seine Kinder auf höhere Schulen geschickt. Einer leitete eine Fabrik; ein anderer war Universitätsprofessor; der Jüngste war Ingenieur geworden. Also stand Abbas' Familie für eine der Erfolgsgeschichten, die die Revolution hervorgebracht hatte.

Ich wollte von ihm wissen, wie er seine Spiritualität entdeckt hatte.

Er sagte, den Anfang hätte sein Name gemacht. Sein Name war ihm immer kostbar erschienen. Der erste Abbas in der islamischen Geschichte war der Cousin und oberste Heeresführer von Imam Hussain, dem Sohn des großen Ali; und dieser Abbas gehörte zu den zweiundsiebzig Männern, die in der Schlacht von Kerbala bei Imam Hussain blieben und mit ihm starben. Dieser Abbas war buchstäblich der Fahnenträger von Imam Hussain gewesen.

Deshalb wollte Abbas bereits in seiner Kindheit, schon als er sechs Jahre alt war, bei den Moharram-Feierlichkeiten – Moharram ist der Blutmonat, der schiitische Trauermonat für die Märtyrer von Kerbala – seinem Namen alle Ehre machen. Er wollte bei der Prozession anlässlich des Moharram die Fahne oder Standarte tragen. Nie wollte er sie niederlegen; das kam ihm wie eine Art Sakrileg vor.

War das alles? Hatte ihm nicht sein Vater oder sonst jemand etwas erzählt? Hatte er nicht entsprechende Bücher gelesen?

Er antwortete, er könne darüber nicht mehr Auskunft geben. Seine Familie war nur in der üblichen Weise religiös. Es gab zwar Bücher im Haus, aber sie gehörten nicht seinem Vater.

Ich fragte: »Wenn der Krieg nicht gewesen wäre, was meinen Sie, wie es Ihnen dann ergangen wäre?«

Der Assistent des Verlegers warf ein: »Das ist die Frage, die wir uns alle stellen. Ohne den Krieg hätten wir den Weg zu Gott vielleicht nur auf Umwegen oder nach langer Suche gefunden. Einige von uns hätten möglicherweise überhaupt nicht zu Gott gefunden.«

Abbas sagte: »Ich hätte mein Studium fortgesetzt. Ich liebte die *theoretische* Physik. Sie ist der Philosophie verwandt. Das Studium der Materie.«

Diese Aussage fand ich interessant, denn sie zeigte mir, wie ein Sensorium für das Spirituelle sogar innerhalb der dogmatischen Strenge einer geoffenbarten Religion Wunder wirken kann; so mochten die Wissenschaft und die Suche nach Wissen ihren Anfang genommen haben. Einige Jahre vorher war mir in Indien, im Süden des Landes, eine ähnliche Einsicht zuteil geworden. Damals ging es um das Phänomen, dass gewisse brahmanische Familien, priesterliche Vertreter alter Rituale und Tabus, im zwanzigsten Jahrhundert binnen zweier Generationen die höchsten wissenschaftlichen Weihen errungen hatten. Was sie auf diese intellektuelle Reise vorbereitet hatte, waren ebendiese komplizierten Erfordernisse ihres Glaubenssystems mitsamt seinen seltsamen, Absonderung befördernden Reinheitsvorstellungen gewesen.

Ich machte ein paar Bemerkungen darüber zu Abbas.

Möglicherweise verstand er mich nicht. Aber er sagte (immer noch eingedenk der Schlachtfeldszene mit dem Jungen ohne Arm): »Ich wollte wissen, wie die Dinge beschaffen sind. Und woraus sie geschaffen sind. Ich wollte das Wesen der Dinge ergründen.«

Die Lichter im Büro und auf der Straße waren wieder angegangen. Es war nach acht, und wir saßen schon seit halb fünf im Büro des Verlegers. Der Assistent des Verlegers wollte die Obstschalen wegräumen und das Büro abschließen. Die Kinder hatten schon längst mit ihren Spielen auf der Straße aufgehört; solange das Tageslicht anhielt, hatte ich ihnen durch das Fenster dabei zusehen können, wie sie gegen den Schössling eines *chenar*-Baumes schlugen und seine Rinde abschälten, den schlanken Stamm hinaufkletterten und die Äste abrissen.

Abbas' blutunterlaufene Augen blickten jetzt fast freundlich. Er sagte: »Ich habe mehr erzählt, als ich sollte. Ich habe geredet wie ein Betrunkener.« (So lautete Mehrdads erste Übersetzung, als wir wieder im Hotel waren. Aber gleich darauf sagte er: »Nein, das ist ein zu starker Ausdruck. Der passt nicht auf Abbas.« Er dachte nach und verbesserte: »›Ein Betrunkener weiß nicht mehr, was er sagt, und so ist es mir jetzt auch ergangen.‹ Das kommt der Sache schon näher.« Ich sah zwar keinen Unterschied zwischen den beiden Übersetzungen, aber Mehrdad sagte: »Die zweite Version ist abgeschwächter.«)

Der Assistent des Verlegers knipste die Lichter aus und nutzte die neu eingetretene Dunkelheit, um uns nach draußen zu schieben. Abbas erzählte von den beiden einminütigen Filmen, die er gedreht hatte. Jeder Film bestand aus drei Sequenzen. Der erste begann mit einem Mann, der seine Fußstapfen im Schnee hinterlässt; ein zweiter Mann tritt genau in sie hinein; ein dritter Mann will gerade dasselbe tun, dann hält er inne und schlägt schließlich eine andere Richtung ein, so dass er seine eigenen Fußspuren erzeugt. Im zweiten Film sieht man die Hochzeit eines Mannes; dann bestellt ein Bauer sein Land; schließlich sieht man ein wogendes Weizenfeld.

Mehrdad sagte: »In Iran ist der Weizen das Symbol für die Fortpflanzung.«

Die Filme waren in einer Weise transparent, wie es Abbas vielleicht gar nicht bewusst war. Sein eigenes Selbstbild schien hindurch: Er war der Mann, der seinen eigenen Weg gegangen war, aber auch der Mann, der ins Leben zurückkehrte.

Im Taxi sagte Mehrdad: »Haben Sie es bemerkt? Er hat Khomeini nicht ein einziges Mal erwähnt.«

Ich erwiderte: »Als er über Qom sprach, bemerkte er, dass es dort viele Beispiele für Leute gibt, die über religiöse Gelehrsamkeit, aber nicht über Spiritualität verfügen. Ich würde darüber gerne ein bisschen mehr von ihm hören.«

Aber Mehrdad hielt das für keine gute Idee – er fand sie sogar etwas gefährlich –, und ich ließ das Thema fallen.

Etwas später sagte Mehrdad: »Abbas ist für mich ein richtiger Held. Im Krieg und im Frieden. Wegen der Art, wie er die Dinge anpackt.«

Mehrdad dachte vor allem daran, dass Abbas mit Mitte zwanzig wieder auf die Schule gegangen war und seine Abschlussprüfung gemacht hatte, um auf die Universität zu gehen, und dies wiederum hatte er getan, weil er sein Mädchen heiraten wollte.

In einer Seitenstraße blickten wir auf eine Wand, die in sehr großen Buchstaben die englischen Wörter FAITH NO MORE trug. Mehrdad sagte, es handle sich um ein Album mit amerikanischen »Heavy Metal«-Songs. Aber wer immer die Wörter an die Wand gemalt hatte, konnte gut Englisch, denn die englischen oder lateinischen Buchstaben waren so perfekt geschrieben, wie es niemandem gelungen wäre, der nur mit der persischen Schrift vertraut war. (Selbst Mehrdads englische Handschrift wirkte unbeholfen.) Mehrdads Kommentar zum Trotz hielt ich die Wörter für eine Art Protest, den Schlagern aus der Zeit des Schahs vergleichbar, die man häufig aus Wohnungen und Taxis hörte.

Dann kamen wir an einer Überführung vorbei, auf deren Pfeiler auf Persisch in roten und grünen Buchstaben gepinselt worden war: MÄRTYRER SAGEN (in rot): (in grün) WAS HABT IHR GETAN, SEIT WIR WEGGEGANGEN SIND? Das war, wie Mehrdad sagte, kritisch gemeint. Aber den Basijis kam dieses Privileg zu. Sie konnten an die Wände pinseln, was immer sie wollten; niemand hinderte sie.

Im Hotelzimmer – wo das große Fenster einen klaren Ausblick auf das blaue, gleißend weiße und orangefarbene Lichtermeer des Evin-Gefängnisses freigab – gingen wir den Abend noch einmal durch. Als wir an dem entsprechenden Punkt von Abbas' Geschichte angelangt waren, fragte ich Mehrdad, ob Abbas und seine Brüder, die Söhne des Mechanikers, nicht ohnehin ihren Weg gemacht hätten, auch ohne Revolution; und ob die Revolution nicht eher Talente verschleudert hätte.

Mehrdad gab zur Antwort: »Menschen sind wie Schiffe.« (Abbas hatte auch die Schiffsmetapher benutzt, aber mit einer anderen Bedeutung, als er über die Abschiedszeremonie auf dem Schlachtfeld sprach.) »Wenn das erste Schiff eine bestimmte Richtung nimmt, folgen die andern ihm einfach. Das ist wie bei einem Exekutionskommando, das einen Dieb erschießen muss.« (Hier kamen Erinnerungen an Mehrdads kürzlichen Wehrdienst zum Vorschein.) »Der erste Schuss ist entscheidend. Die andern folgen nur nach. Sie hören den Knall, und dann drücken alle ab. Ich habe das viele Male erlebt. Zum Beispiel am Schwimmbecken. Während meines Wehrdienstes war ich Bademeister in einem Schwimmbad. Die kleinen Jungen, die zum

Schwimmen kamen, waren aufgeregt, aber sobald der erste Junge ins Becken sprang, taten es ihm alle anderen nach, ohne daran zu denken, wie tief das Wasser war oder ob sie schwimmen konnten. Und in der Universität. Ein Professor gibt einen schlechten Unterricht, ist bekannt dafür, dass er ein miserabler Professor ist. Niemand unternimmt etwas. Aber eines Tages steht ein Student auf und widerspricht, und plötzlich bricht ein Chaos aus. Alle beginnen, dem Professor zu widersprechen.

So sieht meine Vorstellung von der Revolution aus. Meine Eltern nahmen an vier oder fünf Demonstrationen teil. Warum, das wussten sie selbst nicht. Sie wussten nicht, was sie da taten. Mein Vater ist kein Held. Er ist überhaupt kein Held. Wenn du ihn jetzt fragst, dann sagt er dir, dass er bei keiner Demonstration mitmarschierte. Aber ich erinnere mich daran. Wir hatten eine Menge Bücher in unserem Haus. Eines davon war ein Bilderbuch, voll bunter Bilder. Der Schah hatte es veröffentlicht, und es ging um die königliche Familie. Meine Schwester erhielt es in ihrer Schule als Preis. Mein Vater – ich sagte schon, dass er kein Held war – zerriss es und warf es in den Müll. Er sagte: ›Wenn die Revolution kommt, dann wollen sie solche Dinge vielleicht nicht in meinem Haus finden.‹ Ich entgegnete: ›Niemanden interessiert dein Haus.‹ Er verhielt sich geradeso wie jeder andere auch. Er war unschuldig – und verängstigt. Andere hatten viel Schuld auf sich geladen, aber er war unschuldig.« Mehrdad hielt sich für einen Bilderstürmer, aber seine Sprache konnte manchmal noch eine religiöse Färbung annehmen.

Ich sagte: »Da war etwas, das Sie nicht übersetzt haben. Die Geschichte, die Abbas den Veteranen erzählte, als er die Fragebögen über ihre Erfahrungen im Krieg verteilte.«

»Zwei Freunde waren an der Front. Einer sprach die ganze Zeit vom Sport und von den Jobs, die er in der Stadt gehabt hatte. Er hatte überhaupt kein Bewusstsein davon, dass er an der Front war. Der andere Mann war eine spirituelle Person. Er wollte verhindern, dass sein Freund die Beziehung zum Spirituellen verlöre. Er dachte viel darüber nach, wie er den Freund von dem Gerede über die Stadt abbringen und zu einer spirituellen Sichtweise bewegen könne. Schließlich bekam er ein Notizbuch von einem der PBX an der Front. Zehn Tage lang schrieb er alles auf, was sein Freund sagte. Am Ende des zehnten Tages waren die sechzig Seiten des Notizbuches voll. Er nahm es mit zu seinem Freund und sagte: ›Hier ist es. Hier ist alles, was du in zehn Tagen gesagt hast. Ich habe alles aufgeschrieben. Lies es und entscheide, ob du etwas Gutes, etwas Schlechtes oder etwas Unwichtiges getan hast.‹ Zwei Tage später trafen sich die Freunde wieder. Der Sportler nahm den spirituellen Mann zu einem verschwiegenen und verborgenen Ort mit, zog eine Plastiktüte mit verbranntem Papier hervor und sagte: ›Das ist meine Vergangenheit. Ich habe verstanden, was du mir sagen wolltest, und werde denselben Fehler nicht noch einmal machen.‹ Später unterbrach er sich jedes Mal, wenn er eine seiner alten Geschichten zu erzählen begann, und sagte: ›Oh, vergiss es!‹ Und er wurde berühmt als ›Herr Oh-vergiss-es!‹«

Ich sagte: »Die Geschichte hat Sie fasziniert.«

»Abbas sagte, dass die Veteranen jedes Mal, wenn er diese Geschichte erzählte, zu lachen anfingen, aber dieses Lachen verwandelte sich in Weinen, wenn sie sich an den Krieg und ihre eigenen Freundschaften erinnerten. Diese Geschichte, sagte Abbas, diente nur dazu, den Veteranen beim Ausfüllen des Fragebogens über ihre Kriegserfahrungen zu zeigen, dass auch eine einfache Geschichte wirkungsvoll sein konnte.

Ich fragte: »Wie denken Sie jetzt über die Geschichte?«

»Im Moment sagt sie mir nichts.«

Etwas später sagte er: »Es ist eine iranische Geschichte, wegen der Zuneigung zwischen den beiden Soldaten. Es ist schwierig, einem Freund seine Schwächen vorzuhalten. Die Geschichte handelte von einem Freund, dem es gelang, dies auf eine gute Art zu tun.«

7

Qom: Der Strafverfolger

Als ich im August 1979 nach Teheran fuhr, war Ayatollah Khalkhali, der Henkerrichter der Revolution, ein Star. Der Islamische Revolutionäre Gerichtshof in der Shariati-Straße tagte, wie Ali gesagt hatte, fast rund um die Uhr. Die ganze Zeit über wurden Menschen im Evin-Gefängnis umgebracht, und Lastwagen schafften nachts die Leichen durch die blauen Tore fort.

Das Töten war von keiner Geheimnistuerei oder Verlegenheit umgeben. Einige Revolutionsbeamte führten Buch, und in der *Tehran Times* wurden regelmäßig die neuesten Zahlen veröffentlicht. Anfangs diente die Zählerei dem Beweis, wie gnädig die Revolution war; später, als das Töten überhand nahm, wurde sie eingestellt. In diesen frühen Tagen wurden die Leute von Amts wegen vor und nach ihrer Tötung fotografiert – erst wurden sie getötet und dann, sozusagen, abgeheftet, indem man ein Foto von ihrer nackten Leiche auf dem Ausziehtisch des Leichenschauhauses in eine riesige Archivkartei eingab. Diese Fotos konnte man auch auf der Straße erwerben.

Ayatollah Khalkhali, der Herrscher über den Islamischen Revolutionären Gerichtshof, war pressefreundlich. Er gab viele prahlerische Interviews. Zusammen mit einem Dolmetscher machte ich mich auf, ihn in Qom zu besuchen. Es war im Ramadan, dem Fastenmonat, und der Ayatollah hatte sich vorübergehend nach Qom zurückgezogen, um zu fasten und zu beten. Wir hatten August, und in der Wüste war es sehr heiß. Als wir in Qom ankamen, mussten wir mehr als fünf Stunden warten, bis der Ayatollah seine Gebete beendet und das Fasten gebrochen hatte. Um neun Uhr abends war es so weit. Wir trafen ihn auf der Veranda seines bescheidenen Hauses an, wo er auf dem Boden saß, und in der Mitte eines kleinen Hofs saßen ebenfalls auf dem Boden: seine Leibwächter, einige iranische Bewunderer und ein ehrfürchtig wirkendes, feierlich gekleidetes afrikanisches Paar (der Mann im hellgrauen Anzug, die Frau in einem chiffonartigen, sariähnlichen Gewand), das zu Besuch war.

Der Ayatollah war weißhäutig, kahl und sehr kleingewachsen, ein geistlicher Gnom in nachlässiger Kleidung. Vielleicht weil er so klein war, liebte er es, den Clown zu machen. Er riss Witze über die Exekutionen, und sein Hofstaat hielt sich die Bäuche vor Lachen. Außerdem beliebte es ihm – diesen Manierismus mochte er mit seinen Henkerspflichten angenommen haben –, von einem zum andern Moment mit dem Kaspern aufzuhören, um ohne erkennbaren Grund die Stirn zu runzeln und eine ernste Miene aufzusetzen.

Er kam aus dem Nordwesten, aus Aserbaidschan. Er sagte, er sei der Sohn eines Bauern und habe als Junge Schafe gehütet. Nach all dem, was Ali gesagt hatte, wäre Khalkhali also genau die Art Bauernjunge gewesen, für den vor ungefähr fünfzig Jahren die theologischen Schulen den einzigen Ausweg boten: einen Raum, Essen und ein bisschen Geld. Aber Khalkhali hatte fast nichts über seine frühen Jahre zu sagen. Das einzige, was er mit einem gepressten, kehligen Lachen darüber verlauten ließ, war, dass er wusste, wie man einem Schaf den Kopf abschneidet; und das lag auf derselben Linie wie die Exekutionswitze, mit denen er seinen kleinen Hofstaat unterhielt. Vielleicht weil er niemals gelernt hatte, das Erlebte zu verarbeiten oder zu überdenken, weil er nicht belesen und nachdenklich genug war, waren seine Erfahrungen einfach an ihm vorbeigegangen, viele davon sogar spurlos. Vielleicht hatten die (nach seiner Aussage) fünfunddreißig Jahre theologischen Studiums in Qom seinen Geist zersetzt, die Realität weit weggerückt, ihm nur Vorschriften eingeprägt und ließen ihn jetzt, im Laufe der Revolution, in Rechtschaffenheit und Eitelkeit versinken. Er interessierte sich nur für die Gegenwart, für seine Autorität, seinen guten Ruf und seine Arbeit als Henker.

Er sagte: »Die Mullahs werden von jetzt an herrschen. Wir haben zehntausend Jahre Islamischer Republik vor uns. Die Marxisten machen mit ihrem Lenin weiter. Wir machen auf dem Weg Khomeinis weiter.«

Revolution als Blut und Bestrafung, Religion als Blut und Bestrafung: In Khalkhalis Geist war diese gemeinsame Beziehung von Revolution und Religion zu Blut anscheinend zu einer verschmolzen.

Und tatsächlich passte die Verdoppelung des Gedankens an Blut zum revolutionären Iran. Behzad, mein Dolmetscher, war Kommunist und Sohn eines kommunistischen Vaters. Behzad war vierundzwanzig; all seiner iranischen Liebenswürdigkeit, seiner wissenschaftlichen Bildung und seinen sozialen Ambitionen zum Trotz hegte auch er einen Traum von Blut. Sein Held war Stalin. Behzad sagte: »Was er in Russland getan hat, müssen auch wir in Iran tun. Auch wir müssen Leute umbringen. Sehr viele.«

Als wir bei Mondlicht durch die Wüste zurück nach Teheran fuhren, schalteten wir das Radio ein. Die Nachrichten verkündeten, dass die Regierung die liberale oder nichtreligiöse Zeitung *Ayandegan* verboten hatte. Die Nachrichten verdüsterten Behzads Stimmung. Was immer die Führung der Kommunisten sagen und wie sehr sie noch etwa ein Jahr lang die religiöse Revolution für sich reklamieren mochte, an diesem Abend erkannte Behzad, dass die Sache gelaufen war.

Jetzt, nach sechzehn Jahren, hielt ich es für angebracht, wieder nach Qom zu fahren, um nach Khalkhali zu fahnden und möglicherweise einige neue Ansichten über alte Zeiten aus ihm herauszuholen. Auch kam mir der Gedanke, dass ich, nach allem, was ich von Ali und Abbas gehört hatte, in Qom den Kontakt mit einem Studenten suchen sollte, einem *talebeh*, um Einblick in die Persönlichkeit von jemand zu bekommen, der heute, nach der Revolution, die theologischen Schulen besuchte.

Mehrdad fand nicht, dass ich Khalkhali aufsuchen sollte. Noch hatte ich mir nichts zuschulden kommen lassen; aber wenn ich Khalkhali aufsuchen oder es jedenfalls versuchen würde, wäre das eine zu starke Einmischung in die Politik und könnte Probleme hervorrufen. Tatsächlich teilte man mir auf meine Nachfragen hin mit, dass Khalkhali aus verschiedenen Gründen vielleicht nicht gestört werden wollte. Als Mitglied der alten Garde war er von der Revolution schon lange beiseite geschoben worden und hatte sich zurückgezogen; darüber hinaus hatte er kürzlich irgendwelche Probleme mit dem Herzen gehabt.

Mehrdads Einwänden zum Trotz streckte ich meine Fühler aus. Und die Rückmeldung, die ich bekam, war positiv. Amtlicherseits mochte man Missfallen äußern, aber meine Botschaft hatte Khalkhali erreicht. Er war bereit, mich an einem bestimmten Tag um elf Uhr in seinem Haus zu empfangen. Das Haus lag in einer kleinen Gasse in Qom, in der Kucheh Abshar; und der Mann, der mich dorthin führen sollte, würde ein *talebeh* sein. Der *talebeh* studierte schon seit vielen Jahren in Qom und wäre außerdem willens, mir für ein Gespräch zur Verfügung zu stehen. Ich sollte den *talebeh* an der Marashi-Bibliothek in Qom treffen, nicht weit von Khalkhalis Haus entfernt. Die Marashi-Bibliothek würde ich leicht finden. Sie war sehr bekannt, und jeder in Qom kannte sie.

Die Verabredung war zu kompliziert; zu viele Puzzlesteinchen mussten ineinander passen. Von meinen Reisen her war mir bekannt, dass auch Verabredungen, die viel einfacher waren und an weniger problematischen Orten stattfanden, platzen konnten. So fuhr ich mit einer Art gebremster Zuversicht nach Qom.

Die Straße nach Qom war neu. Sie führte am Grabmal Khomeinis vorbei: an der bronzefarbenen Kuppel und den verzierten Minaretten. Kamran, der Fahrer, der Mehrdad und mich bereits zum Grabmal und dem Märtyrerfriedhof gebracht hatte, fragte ironisch: »Da möchten Sie noch einmal hin?«

Wir fuhren durch die Wüste, aber da, wo es ein Bewässerungssystem gab, erstreckten sich grüne Felder. Die Landschaft war eben. Dann kamen wir in ein richtiges Wüstengebiet, und das rotbraune, kahle Erdreich wies mehr Schrunden auf: hier eine Reihe rissiger Hügel aus Lehm, dort ein Streifen flacher Abhänge, die an manchen Stellen bis auf den Fels abgetragen waren, der in gewundenen, rissigen Schichten zum Vorschein kam. Vom Auto aus war es ein wunderbarer Anblick. Aber Mehrdad sagte: »Für uns ist es sehr schlechtes Land. Es ist Salzland.«

Linker Hand lag in weiter Entfernung der große Salzsee. 1979 hatte mir Behzad, mein Führer und Dolmetscher, erzählt, dass der Savak über dem Salzsee Leute aus dem Hubschrauber abwarf. Jetzt hörte ich von Mehrdad, dass der See so salzgesättigt war, dass darin nichts unterging. Mehrdad sprach mehr über das Öl, das dort unter der Erde sein sollte. Laut Mehrdad hieß es offiziell, das Öl in diesem Salzland sei von schlechter Qualität, aber unter Iranern munkelte man, es handle sich um eine Menge Öl, das als Vorrat gedacht sei. Obwohl also das Land versalzt und kahl war, war es mythisch, so wie auch Qom ein Mythos war, Qom, das man zweifellos an einem alten Ort errichtet hatte, da alle heiligen Orte weiter und weiter auf noch frühere Religionen zurückgehen.

Bisweilen wurde zu unserer Linken jetzt die alte, beschwerliche, gewundene Straße nach Qom sichtbar. Die strenge Landschaft nahm weichere Züge an und öffnete sich in eine Ebene; vereinzelte Grasbüschel tauchten auf. In dem gleißenden Licht erschien eine zerklüftete Bergkette, braun wie Amethyst, in der Ferne. Zwei- oder dreimal kamen wir in der Wildnis an Tankstellen vorbei: schwarze Schmutzflecken in der Wüste: das Schwarz von aufeinander getürmten Reifen, das Schwarz von Öl auf der kahlen Erde.

Schuppen wie von Fabriken entlang der Landstraße ein Stück weit rechter Hand gaben den ersten Hinweis, dass Qom in der Nähe lag; bald wurden die Kuppel und die Minarette des berühmten Grabmals von Qom über einer nichts sagenden Ansammlung staubgrauer Ziegelhäuser sichtbar. 1979 war Qom noch eine Kleinstadt gewesen; jetzt, nach der Revolution, hatte sich seine Größe verdreifacht, und seine Einwohnerzahl betrug anderthalb Millionen.

Wir kamen zu einem gut bewässerten, bepflanzten Kreisel. Hier hörte die Wüste auf und fing die Stadt an.

Kamran sagte in seinem ironischen Tonfall: »Wir reisen jetzt in den Vatikan ein.«

Auf der Straßenseite war ein großes Schild angebracht, das wie ein örtlicher Willkommensgruß aussah. Aber von Begrüßung war keine Rede. Die Aussage hatte viel Unbehagen hervorgerufen, sagte Mehrdad. Er übersetzte den Text, der in der kühnen, fließenden persischen Schrift gehalten war, folgendermaßen: »Die ganze angewandte Philosophie des Gesetzes herrscht.« Die Bezeichnung für »Gesetz« war *fiqh* und bedeutete »Jurisprudenz« im weitgefassten Sinn – es handelte sich dabei um eines der Hauptfächer, die in Qom gelehrt wurden. Laut Mehrdad war die Aussage auf dem Schild zweideutig, wie bei so vielen Dingen im Persischen.

Die freundlichere Bedeutung war: »Unsere Herrschaft gründet auf dem Studium und der Religion.« Die wahre Bedeutung war brutaler: »Wir in Qom sind dazu da, euch zu beherrschen.«

Nicht lange nach der Revolution hatte das Volk von Iran in einem Referendum für die Islamische Republik gestimmt. Das war 1979. Die Grundlagen der Islamischen Republik waren damals noch nicht ausgearbeitet, und die meisten Leute waren der Meinung, sie würden einfach für Freiheit und Gerechtigkeit stimmen. Inzwischen hatten die religiösen Gelehrten die Grundlagen der Islamischen Republik ausgearbeitet, und die Herrschaft von Qom war eine davon. Sie war Teil des Leitgedankens vom islamischen Staat, des Gedankens vom Führer und dem Gehorsam gegenüber dem Führer, der mittlerweile nicht einmal mehr indirekt in Frage gestellt werden durfte.

Später kam noch ein Schild, das in drei Sprachen eine mildere Botschaft verkündete. Es ging um das Grabmal der viel geliebten weiblichen Heiligen, Masumeh, »die Unschuldige«, die Schwester des achten Imam.

Nach der Fahrt durch die Wüste und angesichts der Heiligkeit der Stadt hinterließen die Frauen in Schwarz noch einmal einen besonderen Eindruck. Sie bewegten sich rasch, wirkten wie abgeschottet und waren auffallend klein. Einige hielten sich mit der Hand den Schleier vor das Gesicht oder hatten ein Ende davon zwischen die Zähne genommen; es sah aus wie eine Selbstknebelung. An die weibliche Heilige von Qom dachte man dabei nicht, sondern eher an den Grundsatz des Gehorsams.

Ohne das Mattgold auf der Kuppel des Grabmals hätte die Stadt höchst durchschnittlich ausgesehen, aber die Kuppel war allgegenwärtig. Und nun, da wir uns auf das Innere der Stadt zubewegten, sahen wir auch die Studenten mit ihren Turbanen, verschiedenfarbigen Gewändern und schwarzen Überwürfen. Es wurden immer mehr, und auf einmal war Qom nicht nur eine Stadt in der Wüste und nicht nur ein Ort, wo man auffällige Kleidung trug.

Es war, als hätten wir das Jahrhundert gewechselt. Als hätte man uns mit einem Kino- oder Computertrick tief in ein Drama von (sagen wir) Marlowe hineingezogen, als würden wir alte Straßen durchwandern, alten Anschauungen anhängen und wären zu alten Vorstellungen von Gelehrsamkeit zurückgekehrt, einschließlich aller längst abgeschafften Farb- und Kleidercodes.

(Längst abgeschafft, aber merkwürdig vertraut: Bruchstücke dieser alten akademischen Regeln, die ursprünglich aus der islamischen Welt stammten, waren noch lebendig in Oxford, als ich mich 1950 eines Nachmittags unversehens dort wiederfand, und wurden schnell selbstverständlich: die langen, schwarzen Umhänge von Dozenten und Doktoranden, die kürzeren Umhänge der gewöhnlichen Studenten.)

Die Marashi-Bibliothek war den normalen Passanten keineswegs so bekannt, wie man uns gegenüber behauptet hatte. Unterschiedliche Leute gaben unterschiedliche Wegbeschreibungen. Wir wurden geradezu von einer Ecke in die andere geschickt. Wir waren auf der neuen Straße durch die Wüste gerast; jetzt verloren wir Zeit und waren drauf und dran, uns bei Khalkhali zu verspäten.

Schließlich kamen wir bei der Bibliothek an. Und ich verstand, warum wir so viel Schwierigkeiten gehabt hatten, sie zu finden. Wir hatten nach ihr gefragt, als sei sie ein markantes Gebäude. Das war sie aber nicht. Sie war ein Neubau aus braunen Ziegeln, der mit seinen Bögen, seinen Fenstern und seiner Dekoration ein bisschen zu islamisch aussah; besonders groß oder bemerkenswert war sie jedoch nicht. Die obere Front war durch Schnüre mit farbigen Glühbirnen verdeckt, wie häufig in Qom, und unten war die Steinmauer mit neuen Plakaten und Resten von alten beklebt. Das große Schild, das weit über die belebte Straße hinausragte, sah aus wie das Schild eines kommerziellen Unternehmens.

Während Kamran im Auto blieb, machten wir uns auf die Suche nach dem Mann, der uns zu Khalkhali führen sollte. Es war schon nach elf Uhr, dem Termin, den Khalkhali uns gegeben hatte.

In dem Moment, als wir die Bibliothek durch den Türbogen betraten, wusste ich, dass uns Probleme erwarteten.

Gleich links hinter dem Eingang befand sich das Grab von Ayatollah Marashi, dem Gründer der Bibliothek. Es bestand aus einem eigenartigen Aluminiumkäfig mit einer grünen Abdeckung, der an einen Papageienkäfig erinnerte. (Aluminium war ein Zeichen von Modernität, sagte Mehrdad später; Silber wäre die üblichere Ausfertigung gewesen.) Gerade als wir von der belebten, hellen Straße hineinliefen, lehnten einige Andächtige, die sehr arm waren, und einige Kranke still am Käfig. Daran schloss sich, gegenüber dem Marmorboden etwas erhöht, ein offener, mit Teppichen ausgelegter Raum an, wo unter einem großen Farbfoto, das den sehr alten Ayatollah Marashi darstellte, weitere Leute saßen oder beteten.

Die Marashi-Bibliothek schien also erst einmal das Marashi-Grabmal mit seinen eigenen Anhängern und Belangen zu sein. Und es überraschte mich nicht, dass man in dem kleinen Büro am Ende der Halle nichts von uns und unserem Treffen mit Ayatollah Khalkhali wusste.

Wir wurden in ein anderes Büro geschickt, aber auch dort waren wir völlig unbekannt. Als Nächstes brachte man uns in das Büro des Sohnes des großen Ayatollah Marashi.

Dieser Sohn – Direktor der Bibliothek seines Vaters und zugleich Hüter des belebten Grabmals seines Vaters – war ein starker, theatralischer Mann, der einen gepflegten, dichten schwarzen Bart mit zwei grauen Strähnen darin hatte. Er trug einen schwarzen Turban, einen Überwurf und darunter eine Robe, und sein Büro machte Eindruck mit seinen vielen Büchern, Akten und Papieren. Er sagte, er wisse nicht, wer wir seien und wozu wir gekommen seien. Er wisse auch nichts über *talebehs* oder Ayatollah Khalkhali. Ich sagte, ich hätte Khalkhalis Adresse: es sei die Kucheh Abshar. Dann zeigte ich sie ihm für den Fall, dass meine Aussprache falsch gewesen war, in meinem Notizbuch. Er erwiderte, das sei keine Adresse, weil die Hausnummer fehlte. Ich gab zurück, dass es sich vielleicht um eine kleine Gasse handelte, wo die Leute wohl wüssten, wo Khalkhali lebte.

Das ließ er nicht gelten. Er begann, uns mit Fragen zu bombardieren. »Wie heißen Sie? Wo kommen Sie her? Wie viele Bücher haben Sie geschrieben? Welche Art von Büchern? Welcher Institution sind Sie angeschlossen? Sind Sie vom SOAS?« Ich hatte keine Ahnung, was das SOAS war. Das missfiel ihm; überhaupt missfiel ihm alles, was ich sagte. Er forderte mich auf, meinen Namen und meine Adresse aufzuschreiben. Danach war er merkwürdig höflich und bot mir einen Platz an, während Mehrdad hinausging, um Leute in Teheran und Emami anzurufen, den *talebeh*, der eigentlich an der Bibliothek auf uns hätte warten sollen.

Mehrdad blieb nicht lange weg. Bei seiner Rückkehr sagte er, Emami werde zurückrufen. Ich hielt das für eine schlechte Neuigkeit. Aber Mehrdad – der jetzt bemüht war, mich zu trösten – sagte, dass wir in der Zeit, in der wir auf Emami warteten, einen Blick auf die Handschriften der Bibliothek werfen könnten. Wir würden viel zu spät zu Khalkhali kommen, aber Mehrdad schien das nicht zu stören.

Als wir die Stufen zum Raum mit den Handschriften hinaufgingen, sagte Mehrdad, der Direktor der Bibliothek habe sich erhoben, als wir sein Büro betraten. Das war in Iran eine Geste der Ehrerbietung; der Direktor hätte das nicht getan, wenn er uns nicht schon erwartet hätte.

Dann traten wir durch eine eisenvergitterte Tür in die Ruhe des Raums mit den Handschriften ein, wo wir uns inmitten alter Gegenstände von großer Schönheit wiederfanden. Auf diese Weise waren wir nach dem Durcheinander auf der Straße, meiner Anspannung und den Behinderungen unten wieder einmal in einer ganz anderen Welt.

Inzwischen war es schon halb zwölf. Selbst wenn Emami gleich käme, hätten wir bei Khalkhali eine Stunde Verspätung. Im Geist schrieb ich unsere Verabredung schon ab und dachte, es würde mir eigentlich gut tun, wenn ich, ähnlich den Leuten da unten, die sich an den Aluminiumkäfig lehnten, um die heilkräftigen Emanationen des toten Heiligen aufzunehmen, etwa eine halbe Stunde in der Ruhe verweilte, die eine frühere Welt ausstrahlte. Mir fiel die Bibliothek der Universität von Salamanca in Spanien ein, eine andere Sammlung zweckfreier Gelehrsamkeit oder sogar das Spiegelbild zu dieser, aus fast derselben Zeit. Doch in diesem Augenblick wurde der englischsprachige Führer, den man für unseren Rundgang abgestellt hatte, abgelöst. Statt seiner kam ein junger Geistlicher in Überwurf und Robe, eine kleine und finster blickende Gestalt, der uns wortlos von einem Bücherregal zum anderen lotste, wobei der Saum seiner Robe über seinen kleinen, hellen Pantoffeln hin und her schwang. Schließlich lotste er uns aus dem Raum mit den Handschriften und schloss die eisenvergitterte Tür mit einem lauten Knall.

Dann zeigte er uns ebenso wortlos und unfreundlich andere Abteilungen der Bibliothek: Buchdruck, Konservierung, Desinfektion und Abschrift. Danach ging es in Räume mit immer mehr gedruckten Büchern: Wir sahen eine endlose Abfolge islamischer Theologie, die sich ohne jede Hast an Orten wie Qom entfaltet hatte und in vielbändigen, einförmig und protzig gebundenen »Ausgaben« ausgestellt wurde. Es waren so viele Ausgaben, dass man sich fragte, wer sie nachgeprüft und korrigiert haben mochte, ob sie tatsächlich der Lektüre oder nicht eher als geheiligte Objekte dienen sollten, als Emanationen eines verehrten Ayatollah, die jemand in frommer oder wohltätiger Absicht veröffentlicht oder hergestellt hatte.

Jetzt, im Gefolge unseres mürrischen Begleiters, gab es so viele Ausgaben zu sehen, dass ich mich schließlich weigerte weiterzugehen. Mir war, als sollten wir uns mit dem bisherigen Abenteuer begnügen, noch das Grabmal von Hazrat Masumeh ansehen, irgendetwas zu Mittag essen und dann nach Teheran zurückfahren. Mehrdad war derselben Meinung. Er fand, dass wir schon zu viel Aufmerksamkeit auf uns gezogen hatten. Ihn beunruhigte, dass ich meinen Namen und meine Adresse hinterlassen hatte, und er wollte vermeiden, dass wir hier noch länger herumlungerten.

Wir ließen unseren Begleiter stehen und gingen zwei Stockwerke tiefer, wo die eigentliche Bibliothek begann. Und da trafen wir Emami, den *talebeh*.

Er war entspannt und ganz unbefangen, ein großer, schlanker Mann von ungefähr dreißig Jahren, dem nicht bewusst zu sein schien, dass er uns eine Stunde lang hatte warten lassen. Er trug keinen Überwurf mit Robe und Turban, sondern Hosen und ein Hemd aus Seide oder aus einem anderen glänzenden weißen Stoff mit eingewebtem Muster. Mit keinem Wort erklärte er – oder jedenfalls übersetzte Mehrdad nichts dergleichen –, warum er auf einmal hier war, warum er nicht angerufen hatte, oder gar, warum er nicht schon eine Stunde früher gekommen war. Alles, was er auf seine ruhige, sanfte Art von sich gab, war, ja, er kenne den Aufenthaltsort Khalkhalis und würde uns dorthin bringen.

Ich fragte ihn nach seiner Kleidung. Er sagte, er sei berechtigt, die *talebeh*-Tracht, den Überwurf mit Robe und Turban, zu tragen, aber er verzichte lieber darauf. Zur Begründung gab er an – so klang es zumindest in Mehrdads Übersetzung –, das sei in seinen Augen nicht zeitgemäß; er hielt sich für einen modernen Menschen.

Wir gingen in das Büro des Direktors, um uns zu verabschieden. Der große Mann im schwarzen Turban war höflich, aber distanziert; er hatte sich genug mit uns beschäftigt. Der weiße Notizblock mit meinem Namen und meiner Adresse lag immer noch an demselben Platz auf dem Schreibtisch, wo ich ihn hinterlassen hatte, auf einem Stapel von Papieren und alten Büchern. Er sprang einem förmlich ins Auge, und ich konnte Mehrdads Besorgnis verstehen.

Unten gingen wir an den Besuchern des Grabmals vorbei, die auf dem Teppich unter dem Foto von Ayatollah Marashi herumsaßen, beteten oder ihr Gesicht an den Aluminiumkäfig des Grabes drückten. Draußen, auf der belebten Straße, kamen wir an einem offenen Bücherstand oder Buchladen vorüber: ein Glasregal mit persischen Büchern und zwei sehr junge Studenten in Turban, Überwurf und Robe, die gerade aufgeregt und mit einem Gesichtsausdruck, als hätten sie einen Schatz gefunden, mit dem Erwerb eines Büchleins befasst waren. Vielleicht handelte es sich um irgendeinen Katechismus, eine einfache Zusammenstellung von Fragen und Antworten. Die Szene erinnerte an ein Theaterstück mit Requisiten – neue Bücher, angefüllt mit alter Gelehrsamkeit, ein entsprechender Buchladen –, nun nicht mehr bloß Requisiten, kostümierte Schauspieler – Buchhändler, Studenten –, die mit ihrer Rolle eins geworden waren. Ich wäre gerne stehen geblieben, um weiter zuzuschauen und den Phantasien nachzuhängen, die die Szene hervorrief. Aber wir hatten schon eine Stunde Verspätung bei Khalkhali.

Wir fanden Kamran und sein Auto. Er wartete in einiger Entfernung auf der besonnten Straßenseite. Als wir alle im Wagen saßen, sprang der nicht an.

Wir alle schoben, sogar Emami in seinem schimmernden weißen Hemd, während Kamran noch bei dieser Geschwindigkeit zeigte, wie kühn er sein Auto zu handhaben wusste. Erst steuerte er das Auto ohne Blinker aus seiner Lücke heraus, dann lenkte er es direkt in den Gegenverkehr. Er hatte das übliche iranische Glück; niemand stieß mit uns zusammen. Nach ungefähr hundert oder hundertfünfzig Metern ruckte das Auto und sprang an. Und dann fragten Kamran, Mehrdad und Emami – seiner Behauptung zum Trotz wusste er keineswegs genau, wo Khalkhali lebte – wieder und wieder nach dem Weg, was wir schon früher am Morgen ohne Emami hätten tun sollen. Alle wussten, wo das Haus des Ayatollah stand, und sagten, es sei ganz nah. Aber es dauerte eine ganze Weile, bis wir es fanden.

Schließlich kamen wir zu einer kurzen Wohnstraße: Die Häuser waren weiß, ziemlich neu und von hohen Zäunen oder Mauern im iranischen Stil umgeben. Emami klingelte an einem Haus. Nichts regte sich. Emami klingelte an einem Nachbarhaus und sagte ein paar Worte in die Gegensprechanlage. Das Tor des ersten Hauses sprang auf, eine sehr alte Frau, die nicht den schwarzen Schador von Qom trug, sondern einen hellen, gemusterten Schal (den sie sich gerade um den Kopf band), kam heraus und deutete auf ein drittes Haus.

Emami klingelte dort. Mehrdad klingelte ebenfalls, und nach einer Weile machte ein Mann auf. Er war nicht uniformiert, aber Mehrdad sah – wie er mir später erzählte –, dass der Mann unter seinem Hemd ein Gewehr umgeschnallt hatte. Er sagte, er wisse nichts von einem Treffen, aber er würde hineingehen und den Ayatollah fragen. Der Ayatollah sei gerade beim Lesen. Einige Zeit später kam der Mann zurück und sagte: »Der Ayatollah hat Sie schon erwartet. Er wartet seit elf auf Sie.« (Das aber erzählte mir Mehrdad erst am Abend.)

Wir gingen durch das hohe Tor und stießen auf einen anderen Wächter. Er trug dunkelgrüne Hosen und ein ebensolches Hemd, die altmodische Uniform des *komiteh* der Wächter der Revolution.

Ein kleiner Vorhof, ein paar Treppenstufen, eine Veranda: Ich erinnerte mich, etwas Derartiges 1979 gesehen zu haben, aber ich war nicht sicher, dass es sich um dasselbe Haus handelte, weil sich die Umgebung so stark verändert zu haben schien.

1979 hatte Khalkhalis Haus am Stadtrand in einer neuen Straße mit frisch gepflanzten Bäumen gelegen; man spürte die Nähe der Wüste. Diese Gasse hier sah aus, als sei sie schon länger bewohnt, und sie lag mitten im Stadtgebiet.

Wir zogen unsere Schuhe aus und gingen in den Empfangsraum. Rechter Hand war eine Bibliothek oder ein Studierzimmer mit Bücherregalen, voll gestopft mit mehrbändigen Ausgaben. Auf der linken Seite war das Wohnzimmer, ein förmlicher, fast leerer Raum, der mit Teppichen ausgelegt war. Die Wände waren in einem fahlen Graugrün gestrichen. Grün gestreifte, längliche Sitzkissen lehnten an den Heizkörpern, die in eine Wand eingelassen waren. Eine dünne Strohmatte auf dem Boden, ein seltsam privater Anblick, markierte den Ort, wo der Ayatollah eine Weile geruht (oder auf uns gewartet) haben mochte. Auf der anderen Seite des Raums standen vier oder fünf dunkle Sessel. Auf dem Spitzendeckchen, das einen Beistelltisch neben einem der Sessel zierte, lagen drei oder vier Zahnstocher oder -hölzchen: zweifellos handelte es sich um den Platz des Hausherrn. Hier musste er gesessen und gelesen haben, als wir auf die Klingel am Eingangstor drückten.

An der Wand mit den Heizungen hing ein fertig gebundener schwarzer Turban, der etwas dünn, zerdrückt und mitleiderregend aussah; darüber hingen Fotos des Ayatollah in Gesellschaft Khomeinis. Sie hingen sehr weit oben – vielleicht, damit niemand sie mitgehen ließ –, und die Einzelheiten waren nur schwer zu erkennen. Ein Foto stammte aus einer Kleinbildkamera und war ein schwarz-weißer Schnappschuss von Khalkhali und Khomeini, die beide Turban und Robe trugen, finster blickten und hinter einem Auto entschlossen durch den Schnee marschierten: zweifellos eine Straßenszene. Khalkhalis Robe reichte bis fast auf seine Knöchel, zeichnete die Umrisse seines Bauches nach, betonte aber nicht seinen kleinen Wuchs; neben Khomeini einherschreitend, sah er tatsächlich nicht viel kleiner aus. Ein gestelltes Gruppenporträt links davon zeigte Khomeini, seinen Sohn und Khalkhali; Khalkhali war der Lehrer von Khomeinis Sohn gewesen und stolz auf diese Auszeichnung. Daneben hing ein Farbfoto von Khomeini und Khalkhali, die hier beide lachten: Rechts im Bild ruhte Khomeini auf einem Möbel, das einer Chaiselongue ähnlich sah, während sich Khalkhali von der linken Seite her verschwörerisch über ihn beugte. Khalkhali trug einen Turban, ein schwarzes Gewand und seine Brille mit den dicken Gläsern und der schwarzen Fassung. Die schwarze Robe Khalkhalis – die sich wie ein schützender Flügel über Khomeini spannte – nahm links auf dem Bild den meisten Raum ein. Das Foto war unscharf oder schlecht vergrößert: Eine Art blau-weißer Heiligenschein wölbte sich über Khomeinis Stuhl. Das Bild rief ein zwiespältiges Gefühl hervor: der Hofnarr Khalkhali, der seinen Herrn zum Lachen bringt. Es war das einzige Bild, auf dem ich Khomeini lachen sah, ein Lachen, das seine Züge veränderte und ihre Sinnlichkeit hervorhob.

Khalkhali mischte nun nirgends mehr mit, sagten die Leute; man hatte ihn beiseite geschoben. Die Fotos hingen an der Wand wie ein Beweis seiner früheren Macht und seiner Nähe zum Imam, dem Führer der Revolution. Irgendwann einmal mochten die Fotos an der Wand jedoch etwas anderes aussagen: dass die Anführer der Revolution auf der Straße finster blickten, aber zu Hause lachten.

Jetzt trat er auf. Es war wirklich ein Auftritt. Wie ein Büßer war er barfuß, in schlichtes Weiß gekleidet, und bewegte sich sehr langsam. Ein kurzärmeliger weißer Umhang, auf dem sich auf der Brustmitte Schweißspuren abzeichneten, hing über einem losen, weißen Untergewand. Schleppenden Schrittes kam er herein, sehr klein, völlig kahl, mit einem Gesicht, das ohne den üblichen Turban wie das Gesicht eines Säuglings aussah. Mit dem Kinn auf der Brust schaute er von unten zu mir hoch, jetzt ganz ohne Boshaftigkeit und scheinbar den Tränen nahe, als wolle er seine Situation dramatisieren und Mitleid herausfordern.

Er bot mir einen Stuhl an und setzte sich zu mir. Zwischen uns stand der kleine Beistelltisch mit dem Spitzendeckchen und den Zahnstochern.

Ich wusste nicht, womit ich beginnen sollte. Eigentlich wollte ich etwas über seine Tätigkeit als Richter und seine jetzigen Ansichten zur Revolution hören. Aber ich wusste nicht, wie ich auf dieses Thema zu sprechen kommen sollte. Ich dachte, auf dem Umweg über Fragen nach seiner Kindheit oder Jugend könnten wir allmählich dahin kommen. Aber genau wie 1979 wollte er nicht über sein Leben reden.

So weit in die Vergangenheit zurückzugehen, sagte er, ermüde ihn nur. Er hatte eine Herzoperation mit einem dreifachen Bypass hinter sich. Entweder fiel es ihm schwer, auf dem Stuhl zu sitzen, oder er wollte demonstrieren, dass ihm meine Fragen missfielen; jedenfalls stand er von dem Stuhl neben mir auf und ging hinüber zu der Strohmatte auf dem Teppich.

Ich fragte, wann er Revolutionär geworden sei. Er antwortete, er sei Revolutionär, seit er denken könne; er habe Könige schon immer gehasst.

Die Wächter brachten kleine Gläser mit Tee herein. Sie setzten sich und hörten uns zu. Ich spürte, dass ihnen die Unterbrechung ihrer Routine gelegen kam.

Dann sprach Lebensart aus Khalkhali. Er sagte, er habe viel von Nehru gelernt. Das war als Höflichkeit mir gegenüber gedacht: er betrachtete mich als Inder. Besonders hatten es ihm Nehrus *Weltgeschichtliche Betrachtungen* angetan, die in einer dreibändigen persischen Übersetzung erschienen waren. Ich erinnerte ihn daran, dass er sich 1979 für die Polisario interessiert hatte, und fragte ihn, welche Zukunft er für heutige revolutionäre Gesellschaften voraussehe. In Mehrdads Übersetzung antwortete er: »Die Wirklichkeit setzt sich immer durch.«

Die Wirklichkeit: Für ihn war sie gleichbedeutend mit Wahrheit. Sie musste falschen Systemen, falschen Göttern und betrügerischen Machenschaften entgegengesetzt werden. Es war allerdings schwierig, ihn zu konkreten Aussagen zu bewegen; er schweifte immer ins Allgemeine ab. Als Ayatollah lag ihm das. Es gefiel ihm, meine Absicht zu durchkreuzen; und während er in der einem Ayatollah gemäßen Art über Wirklichkeit und Machenschaften plauderte, hellten sich seine Augen – die bei seinem Eintritt so nahe den Tränen gewirkt hatten – auf und begannen zu zwinkern: Die Andeutung der alten Boshaftigkeit ließ den Menschen von 1979 durchschimmern.

Er sagte zu mir: »Wollen Sie Ayatollah Montazeri aufsuchen?«

Ich erwiderte: »Eigentlich nicht.«

Als Mehrdad übersetzt hatte, sah Khalkhali ihn an und sagte: »Er sollte aber Montazeri aufsuchen.«

Mehrdad übersetzte, ohne eine Miene zu verziehen. Erst später, als ich verschiedene Gesprächsfetzen zusammensetzte, wurde mir klar, dass die Frage nach Ayatollah Montazeri eine politische Frage gewesen war, vielleicht sogar ein Versuch Khalkhalis, mich in seine Angelegenheiten hineinzuziehen. Beide, Khalkhali und Montazeri, waren in den ersten Tagen der Revolution wichtige Leute gewesen (Montazeri war zeitweise sogar Khomeinis Stellvertreter); und beide hatten sich mit ihrer Bösartigkeit einen Namen gemacht. Während Khalkhali den Henkerrichter spielte, übertraf der Eifer Montazeris als Stellvertreter Khomeinis manchmal noch den seines Herrn. Als Khomeini sagte, dass sich die Revolution auf die Jugend konzentrieren sollte und Menschen über vierzig nutzlos seien, ging Montazeri noch einen Schritt weiter. Renten seien nutzlos, sagte er; abgestorbene Bäume sollten gefällt werden. Daran erinnerten sich die Leute immer noch. Als die nächste Generation an die Macht kam, wurden sowohl Khalkhali als auch Montazeri beiseite geschoben; sie wurden mundtot gemacht und kaltgestellt.

Aber das meiste von diesen Informationen erfuhr ich erst später. Als mich Khalkhali fragte, ob ich Montazeri aufsuchen wolle, verstand ich nicht, worum es ging, und konnte nicht darauf reagieren. Stattdessen fragte ich ihn – wahrscheinlich zu seiner Enttäuschung – nach seiner Lektüre bei unserem Eintreffen. Ich sagte, der Wächter, der zu uns hinausgekommen war, habe gesagt, er lese gerade. War es etwas Religiöses?

Es war bloß die Zeitung gewesen. Wieder in seinem Dozierstil, sagte er: »Die Welt steht nicht still. Es passiert immer etwas Neues. Deshalb lese ich die Zeitung.«

Seine Äußerungen sagten nicht viel aus. Über ihn gaben sie

nichts preis, und umgekehrt ermöglichten sie ihm, mich einzuschätzen. Während er auf der Strohmatte saß, die auf dem Teppich lag, schaute er die ganze Zeit von unten zu mir hoch, und erst jetzt wurde mir bewusst, dass er mich zwischen seinem allgemeinen, weitschweifigen Gerede seinerseits aushorchte. Wie alt war ich? Hatte ich Kinder? Ich verneinte. Warum nicht, fragte er. Ich entgegnete, dass es mit Kindern schwer für mich wäre, meiner Arbeit nachzugehen. Er sagte, viele persische Schriftsteller hätten hundert Kinder gehabt und trotzdem hundert Bücher geschrieben. Wie viele Bücher hatte ich geschrieben? Konnte ich davon leben? Für einen persischen Schriftsteller war es schwer, von seinen Büchern zu leben. War ich bei einer Agentur beschäftigt? Welcher Religion hing ich an? Er befragte mich nach Indien und Kaschmir, hörte mir aber gar nicht zu.

Mittlerweile war er unzufrieden mit mir. Er war eine andere Art Interview gewöhnt, eine eher politische und unmittelbare (von der er sich vielleicht auch mehr unmittelbare Öffentlichkeit versprach). Er verstand nicht, was ich von ihm wissen wollte. Möglicherweise hatte ich auch mein Ziel aus den Augen verloren. Möglicherweise war ich durch das Missgeschick in der Marashi-Bibliothek zu sehr auf der Hut.

Die Sache wäre vielleicht besser gelaufen, wenn ich ihn ganz direkt nach seinem Ruf als Henkerrichter der Revolution gefragt hätte. Aber das wollte ich nicht; ich befürchtete, auf eine solche Frage hin würde er entweder verstummen, eine vorfabrizierte Antwort geben oder feindselig reagieren, ohne dass etwas Neues dabei herauskam. Ich hätte ihn auch nach den Fotografien an der Wand fragen können. Mich interessierten sie, und ihm waren sie wichtig; möglicherweise hätte er über sie reden wollen, und wir wären von dort aus auf andere Dinge zu sprechen gekommen. Aber der Gedanke mit den Fotos kam mir erst Wochen später, als ich meine Notizen durchging.

Also fuhr ich in meiner tastenden Suche fort. Ich fragte, wie er heute die Revolution einschätze. Er sprach eine ganze Weile, wobei er offensichtlich eine Menge belangloser Äußerungen machte, denn Mehrdads knappe Übersetzung besagte nur, dass ein Anfang gemacht sei. Wie viel Anfang? Dreißig Prozent. Ich sah eine Bresche, und er muss gemerkt haben, was nun folgen würde. Denn noch bevor ich nach den siebzig uneingelösten Prozent fragen konnte, erklärte er, er sei müde. Die Augen, die gezwinkert hatten, als er sprach oder dozierte, erloschen, sein Ausdruck wurde melancholisch und leer. Er senkte den Kopf, drückte sein Kinn an die Brust und erhob sich langsam, wodurch der Schweiß auf dem Vorder- und Rückenteil seines kurzärmeligen weißen Überwurfs sichtbar wurde. Mit langsamen Schritten entfernte er sich in ein Nebenzimmer.

Das Interview war vorbei. Und jetzt waren wir in Schwierigkeiten. Wir hatten nämlich kein Auto. Kamran war damit fortgefahren, um eine Werkstatt zu suchen, wo er die Zündung in Ordnung bringen lassen konnte. Er hatte zwar gesagt, er käme in einer halben Stunde zurück, aber das war nicht wörtlich zu nehmen. Wir mussten auf ihn warten. Es war Mittag und zu heiß, um draußen auf der Gasse zu warten. Solange wir auf Kamran warteten, blieben wir also, Emami, Mehrdad und ich, bei den Wächtern in Khalkhalis Empfangsraum sitzen und unterhielten uns.

Ein Gespräch mit Emami war ohnehin Teil meiner Absicht gewesen, nach Qom zu fahren, wo ich etwas über die *talebehs* oder Studenten erfahren wollte, die es heutzutage nach Qom zog. Emami war bereits seit vierzehn Jahren als Student dort. Mit sechzehn Jahren hatte er sein Studium an einer Teheraner theologischen Schule aufgenommen, und nachdem ihn ein Ayatollah angenommen hatte, war er nach Qom übergesiedelt. Inzwischen war er verheiratet und hatte ein zweijähriges Kind. Das Stipendium, das er von seinem Ayatollah erhielt, betrug monatlich zweitausend *touman*, etwa fünfzig Dollar. Mit gelegentlichem Unterricht und Übersetzungen aus dem Arabischen verdiente er sich ein kleines Zubrot. Er führte kein leichtes Leben. Qom war staubig und heiß. Er nahm das in Kauf, weil er sich schon von klein auf gewünscht hatte, einmal ein Verkünder des Glaubens zu werden. Er sei nicht der klassische *talebeh*, sagte er, der Sohn einer armen Familie, der wegen Essen und Unterkunft nach Qom ging. Sein Vater war ein Geschäftsmann; sie gehörten zur Mittelschicht.

Aber wann sollte dieses ganze Studieren einmal zu Ende sein? Wann würde er sich seinen eigenen Platz suchen? Ich verstünde das nicht, sagte er. Manche Menschen blieben fünfzig Jahre lang Studenten. Khomeini pflegte zu sagen, dass er jeden Tag neu hinzulerne. Aber das erklärte nicht, wann das Leben eines Geistlichen endlich in Fahrt kam. Wie profilierte man sich? Er sagte, die Menschen profilierten sich aufgrund von Gelehrsamkeit und Persönlichkeit. Das Lernen selbst nehme kein Ende. Beim Gedanken an all die Kommentare und Suprakommentare, all die vielbändigen Ausgaben in der Marashi-Bibliothek, konnte man sich vorstellen, was Emami damit meinte. Man konnte auch durch seine Fähigkeit herausragen, in diesem ganzen Dickicht von Wissen unverbrauchte oder interessante Urteile abzugeben. Bei Khomeini, zum Beispiel, war das der Fall, als er das Schachspiel für gesetzeskonform erklärte, vorausgesetzt, dass über den Ausgang keine Wetten abgeschlossen würden. Das war ein Urteil, über das die Leute in Qom immer noch sprachen.

Er selbst sei nicht berühmt, sagte Emami. Er sei zufrieden damit, so etwas wie ein Fußsoldat des Glaubens, einer seiner Verkünder zu sein. Das sei seine Berufung. Er sei nicht reich, aber das störe ihn nicht. Essen bedeute ihm nicht sehr viel. Ich sagte, ich hätte den Eindruck, er übertreibe. Ich dächte nicht, dass er dermaßen viel entbehre. Er war gut gebaut; ich war mir sicher, dass er irgendeine Art von Sport trieb. Er lächelte; er antwortete, er mache jeden Morgen seine Übungen.

Viel mehr war aus Emami nicht herauszubekommen. Er hatte sich seine Berufung in den Kopf gesetzt; sie reichte zur Erklärung für seine vierzehn Jahre Studium aus; er vermochte nicht aus sich herauszutreten, um sein Leben und seine Handlungsmotive von außen zu betrachten. Seine Welt hatte eng gezogene Grenzen. Was er unter Lernen verstand, bestand in Wirklichkeit nur darin, Vorschriften auswendig zu lernen. Wenn man die Vorschriften kannte, vereinfachte sich das Leben, und Emami war ein zutiefst gehorsamer Mann. Das war es, was Glaube und Revolution verlangten; täglich verbreiteten die Zeitungen Botschaften dieser Art.

Wir hatten ungefähr eine halbe oder Dreiviertelstunde im Empfangszimmer des Ayatollah geredet, unter dem Turban des Ayatollah und seinen Fotografien, und auf Kamran gewartet. Wir hatten die Ohren gespitzt, um das Geräusch eines ankommenden Autos nicht zu überhören, und waren von Zeit zu Zeit auf die Veranda gegangen, um nach ihm Ausschau zu halten. Und dann trat Khalkhali wieder ein, langsam, traurig und in seinem losen Obergewand, über das sich von der Mitte nach unten eine Schweißspur zog. Mehrdad erklärte ihm, wie es sich mit dem Fahrer und dem Auto verhielt. Khalkhali fragte, ob wir etwas Brot und Käse wollten, persisches Brot und persischen Käse.

Das hielt ich für einen guten Vorschlag; vielleicht bekäme ich so Gelegenheit, noch einmal anders an mein Gespräch mit dem Ayatollah anzuknüpfen. Aber Mehrdad sagte ziemlich entschieden, dass das Angebot von Brot und Käse bloß eine Floskel sei, eine Höflichkeit, und dass uns der Ayatollah in Wahrheit zum Aufbruch dränge.

Wir standen auf, um uns zu verabschieden. Wenn wir ihn noch einmal sehen wollten, sagte Khalkhali, müssten wir einen Termin ausmachen. Er könne nur am kommenden Donnerstag, weil das sein unterrichtsfreier Tag sei. Und dieses Mal müssten wir pünktlich sein. Auf seinem melancholischen Gesicht machte sich Gereiztheit breit. Und wir müssten uns Notizen machen. Man vergesse doch alles gleich wieder. Miteinander zu reden, ohne sich Notizen zu machen, sei Zeitverschwendung. Wir hätten das Gespräch mit ihm nicht ernst genommen. Ich erwiderte, ich mache durchaus Notizen, aber nicht sofort. Ich hätte nicht den Eindruck gehabt, dass unsere Unterhaltung vorhin schon reif für Notizen gewesen wäre. Nächste Woche, sagte er, und seine Gereiztheit verflüchtigte sich zusehends; wir sollten uns vorher telefonisch melden. Er nannte die Nummer und deutete auf einen der Wächter; er würde den Anruf entgegennehmen.

Allmählich bekam ich das Gefühl, dass er durchaus zum Reden bereit gewesen wäre, hätten wir uns nicht gar so verspätet und hätte sich das Gespräch besser entwickelt. Aber der rechte Moment war verpasst. Wir gingen hinaus auf die Veranda, zogen unsere Schuhe an und traten durch das Tor in der hohen Mauer. Dann überquerten wir die Straße, stellten uns in den kleinen schattigen Streifen an der Ecke und warteten auf Kamran.

Mehrdad sagte: »Haben Sie das Gewehr gesehen?«

Emami sagte: »Er hat jetzt viele Feinde.«

Mehrdad sagte: »Sie benehmen sich untereinander wie Feinde. Die aus der alten Zeit und die neuen Leute.« Dann wandte sich Mehrdad an mich: »Er hat Sie nach Montazeri gefragt. Ich hoffe, Sie werden nicht versuchen, ihn zu treffen. Das wäre lebensgefährlich.«

Aus seinen Worten sprach echte Panik. Ich tat, was ich konnte, um ihn zu beruhigen. Ich sagte: »Aber diese Männer sind aus dem Verkehr gezogen. Sie sind sehr alt, und sie können niemandem mehr gefährlich werden.«

Er gab zurück: »In dieser Situation sind sogar die Toten gefährlich.«

Und während wir gegenüber Khalkhalis Haus standen, dachte ich, selbst wenn ich am kommenden Donnerstag wiederkäme – und die andere Seite sich auch an den Termin erinnerte und tatsächlich ein Treffen stattfände –, selbst dann würde ich vielleicht nicht viel mehr zu Gesicht bekommen, als was mir schon heute am frühen Nachmittag begegnet war. Da säße der Rechtsprecher der Revolution, alt, krank und verängstigt, inzwischen selbst von allen Seiten bewacht, unter seinen Fotografien, die finsterer und verräterischer waren, als ihm selbst bewusst war, und in Gesellschaft seiner bewaffneten Wächter, von denen einer die alte, dunkelgrüne, abgetragen aussehende Uniform aus der Frühzeit des *komiteh* trug.

1979 waren ebenfalls Wächter da gewesen. Ich sah den schwergewichtigen Mann noch vor mir – der Sonnenuntergang am Ende eines langen Augusttages hüllte gerade die ganze Wüste ein: Er stand mit einem Gewehr am niedrigen Eingangstor des Hauses, das damals noch ohne Sichtschutz in der erst zur Hälfte bebauten Gasse stand; dieser Mann hatte große Hände, mit denen er alles durchsuchte; und einen verschlossenen, einfältigen und entrückten Gesichtsausdruck. Die Revolution gehörte zu diesem Zeitpunkt noch dem ganzen Land, und der ganze Wirbel mit Wächtern und Durchsuchungen gab dem Ganzen einen hochdramatischen Anstrich: Die Behauptung, die Revolution sei in Gefahr, war nur ein Vorwand, der zu der Aufregung und Feststimmung in den frühen Tagen der Revolution gehörte. Erst jetzt – auch wenn sie der Einschränkung seiner Bewegungsfreiheit dienten – brauchte er die hohe Mauer und die Männer mit den Gewehren.

Aus heiterem Himmel sagte Mehrdad: »Es war sehr nett von ihm zu sagen, dass er müde sei. Iraner tun so etwas normalerweise nicht. Sie sprechen die Dinge nicht so offen aus. Er ist sehr alt. Aber auch sehr schlau.«

Wir warteten im Schatten an der Ecke. Mehrdad schlug vor, wir sollten ein paar Schritte gehen und uns ein Taxi suchen, unser Vorhaben mit Emami zu Ende bringen und Kamran für halb fünf zu einer der in Qom bekannten Brücken bestellen. Wir könnten ja bei Khalkhalis Wächtern eine Nachricht hinterlassen. Also klingelten wir noch einmal an Khalkhalis Haus, und der Wächter, der herauskam, der dickere Mann mit dem Schnurrbart, war über die erneute Störung keineswegs ungehalten.

Wir gingen durch die gleißend weißen Straßen, wobei uns Emami als Führer diente und gleichzeitig erzählte, was am Philosophieunterricht in Qom nicht stimmte: Es werde zu viel alte Philosophie gelehrt, zu wenig über zeitgenössische Probleme nachgedacht, zu viel Alfarabi und Avicenna gelesen – ein Name, der mir lieb und teuer war: eigenartig, ihn so wegwerfend genannt zu hören –, die beide ihre Gedanken, die meisten davon auch noch falsche, von antiken Denkern wie Ptolemäus und Aristoteles übernommen hätten. Diese Kritik an Qom war allgemein üblich; auch wenn sich Emami für einen modernen Menschen hielt, war er kein Rebell.

Nachdem wir einige Minuten gegangen waren, sahen wir Kamrans Auto unwirklich, wie in einem Traum, durch die leere weiße Straße auf uns zukommen. Er hatte Probleme gehabt, die Zündung reparieren zu lassen; er hatte sämtliche Werkstätten und Ersatzteillager abgeklappert, um eine neue Zündung zu bekommen.

Jetzt, wo wir nicht mehr laufen mussten, lud uns Emami zum Mittagessen in seiner Wohnung ein. Er bestand darauf. Mehrdad willigte ein, und wir hielten bei zwei oder drei Läden in staubigen Straßen, um Obst und weitere Lebensmittel für das Mittagessen einzukaufen. Es war heiß und still. Emami sagte, in Qom lebten fünfundzwanzigtausend Studenten. Er zeigte uns das große Wohnheim für ausländische Studenten; es waren hauptsächlich Inder, Pakistani und Afrikaner; wenig Europäer. Es gab auch eine ganze Anzahl Araber. Etwas später sagte er, als wolle er sich für den vielen Staub in der Stadt entschuldigen, die Araber verursachten den Dreck. Er sprach im Plauderton, ohne Gehässigkeit, wie ein Mann, der eine Selbstverständlichkeit von sich gibt: Iraner haben es an sich, oft im unerwartetsten Moment ihr Unbehagen über die Araber zu äußern, die ihre Eroberer ebenso wie die Urheber ihrer Religion waren.

Wir kamen an Khomeinis Haus vorbei, dem Haus, in dem er gelebt hatte, als er noch Lehrer in Qom war. Es stand an einer Biegung in einer belebten Straße. Ein Polizist regelte den Verkehr; zur Zeit, als Khomeini dort wohnte, war die Straße vermutlich ruhiger gewesen. Das Haus war niedrig, bescheiden, staubfarben und teilweise von der Mauer zur Straße hin verdeckt. Aber hinter dieser glatten, unauffälligen Mauer mochte sich, wie häufig bei iranischen Häusern, ein Hof mit einem angenehmen Spiel von Licht und Schatten verbergen, der vom

Rummel und dem grellen Licht auf der Straße abgeschirmt war.

Emami lebte am äußersten Rand der sich ausdehnenden Stadt, in einem Neubaugebiet, das in die Wüste hineingesetzt schien. Die Straßen waren noch nicht befestigt. Eine Weile holperten wir über Schotter und Ziegelbruch, so dass ich mir schon Sorgen um Kamrans eben repariertes Auto zu machen begann. Endlich hielten wir an. Ein oder zwei Plastikfetzen auf der Straße, ein leerer Karton, der sich zwischen Bruchstücken von Ziegeln und Stein verfangen hatte: Schon jetzt herrschte der Eindruck städtischer Vernachlässigung vor. Doch hinter der glatten Tür zu Emamis Haus gab es einen kleinen Hof, sogar in dieser Umgebung: Schatten, Geordnetheit abseits der unfertigen Straße, und Stufen, die vom Hof aus in die beiden von Emami gemieteten Räume führten: seit vier Jahren sein Heim.

Das vordere Zimmer mit den Betonwänden war, von den Bücherregalen an einer Seite abgesehen, leer. Emami verschwand, um bei einem Nachbar einen Stuhl für mich auszuleihen. Die Kahlheit des Zimmers – die nicht so sehr auf Armut als auf die Anspruchslosigkeit des Theologiestudenten hindeutete, dessen einziges Ziel es war, den Glauben zu verbreiten – verblüffte Mehrdad so sehr, dass er sich eine Notiz darüber in sein Buch machte. Auf den Regalen standen verschiedene Ausgaben von Büchern über Theologie, Philosophie und Jurisprudenz, darunter die fünf Bände (cremefarben-grün gebunden) von Khomeinis großem juristischen Werk über sämtliche Regeln von Kauf und Verkauf (mir bis dahin unbekannt). Unter den Büchern über Philosophie befand sich auch die persische Übersetzung von Bertrand Russells *Probleme der Philosophie.* (Was den Erben Russells allerdings keine Tantiemen einbrachte: Iran war kein Mitunterzeichner des internationalen Abkommens zum Urheberrecht.) Auf meine Frage erwiderte Emami, dass die Bücher, die Studenten wie er brauchten, zu einem günstigen Preis von verschiedenen Stiftungen herausgebracht würden. Aber trotzdem ging ein beträchtlicher Anteil des Stipendiums, das er von seinem Ayatollah bekam, für seine Bibliothek drauf.

Emamis liebenswürdige und höfliche Art verstärkte sich noch, nun, da er bei sich zu Hause unser Gastgeber war. Der zweijährige Sohn, von dem er uns erzählt hatte, schlief gerade; andernfalls wäre der Junge, wie Emami sagte, schon längst bei uns gewesen. Aufmerksam, aber unauffällig kümmerte er sich um Mehrdad, Kamran und mich, so wie er auch seine Frau instruierte, die für uns unsichtbar blieb. Sie hantierte irgendwo im Hintergrund, wo sie die Spiegeleier und Tomaten zubereitete, die Emami und Mehrdad, zusammen mit persischem Brot, als Mahlzeit für uns alle ausersehen hatten, während für mich noch eine Extraportion Frischkäse (aus Dänemark, aber *halal*, religiös erlaubt) vorgesehen war.

Er kam mit einem Wachstuch ins Zimmer und legte es auf den Boden. Dieses Wachstuch werde in heiligen Ehren gehalten, sagte Mehrdad, weil das Brot darin eingeschlagen werde. Es müsse immer sauber sein und oben im Schrank aufbewahrt werden. Dann brachte Emami nacheinander die Teller und die übrigen Sachen herein. Zwischendurch unterbrach er seine Tätigkeit, um sich mit uns zu unterhalten. Wenn er sich dabei auf die Knie und Fersen hockte, spannte sich seine Hose über seinen muskulösen Oberschenkeln, und das silbrige Hemd ließ seine trainierten Schultern und seinen straffen Bauch erkennen. Er sei zufrieden, sagte er wieder, als wir zu essen begannen. Er übe mit der Verkündung des Glaubens genau die Tätigkeit aus, die ihm am Herzen liege.

Ich fragte ihn, ob er schon davon gehört hätte, dass unter Jugendlichen angeblich der Glauben abnehme. Er sagte, das sei kein Geheimnis. »Unsere Feinde kennen unsere Schwäche.«

Von der Tür her war ein leises Klopfen zu vernehmen, als wolle jemand keine allzu große Störung verursachen. Diesmal war es nicht Emamis unsichtbare Frau, die ihm das Essen hereinreichte, sondern ihr ausgeruhter und friedfertiger Sohn, der nur noch ein bisschen benommen und verschlafen war.

Nach den Eiern und Tomaten gab es Wassermelone. Ich fragte Emami, wer denn die Feinde seien, die er kurz vorher erwähnt hatte. Er erwiderte, das seien die westlichen Länder;

sie wollten den Islam auslöschen. Dabei sprach er in demselben freundlichen Ton wie vorher.

Unser Mittagessen war vorüber. Das Geschirr wurde abgeräumt, und Emami faltete bedächtig, zweimal Ecke auf Ecke, das Wachstuch zusammen, bevor er es hinausbrachte. Dann übergab er seinen Sohn wieder seiner Frau. Nachdem alle Ablenkungen aus dem Weg geräumt waren, begannen er und Kamran, sich miteinander zu unterhalten. Sie sprachen über den Krieg. Emami sagte, dass er im letzten Kriegsjahr an die Front gegangen sei, um den Islam zu predigen. Wie oft? Er sagte, er sei viermal dort gewesen, alles in allem zwei oder drei Monate. Er habe Vorträge über den Islam gehalten. Kamran fragte, ob das alles gewesen sei, was die Geistlichen getan hätten, Vorträge über den Islam halten. Nein, antwortete Emami, er kenne einige Geistliche, die gekämpft hatten. Er selbst hatte aber nicht gekämpft. Für ihn war der Krieg eine spirituelle Erfahrung.

Er war zufrieden, aber er wusste auch, dass er sich noch mehr anstrengen musste. Sein Haus lag weit entfernt von den religiösen Schulen, und der Weg dorthin und die Arbeit im Haushalt nahmen einen großen Teil seiner Zeit in Anspruch. Aber seit kurzem hatte er ein Fahrrad; das war eine enorme Erleichterung.

Emami wollte uns nach dem Mittagessen in eine der theologischen Schulen mitnehmen. Ohne uns bei jemand zu verabschieden – seine Frau war nach wie vor unsichtbar, und sein Sohn war bei seiner Frau –, gingen wir hinunter in den kleinen Hof, und fast übergangslos standen wir auf der hellen Schotterstraße in der Wüste. Wir fuhren zurück ins Stadtzentrum, zu der Schule, die Emami für uns ausgesucht hatte. Der Direktor war nicht da, und der Wächter konnte uns keine Erlaubnis erteilen, dass wir uns umsehen dürften. Emami zeigte Kamran den Weg zu einer anderen Schule. Sie war in einem modernen Gebäude aus gelben Ziegelsteinen untergebracht und lag an einer breiten Straße, die beiderseitig von Bäumen gesäumt war und an einem Kanal entlangführte. Einige Studenten – im Hof hinter dem Kanal wirbelte es von langen Gewändern, Überwürfen und Turbanen – waren bereits zum Unterricht eingetroffen; einige andere kamen auf Motorrollern herbeigefahren. Sie sahen sauber, gesund und – man kann es nicht anders sagen – wohlhabend aus. Emami kam wieder. Er hatte mit dem Direktor gesprochen: Wir durften uns umsehen.

In der Eingangshalle zogen wir unsere Schuhe aus, stellten sie in einen großen Schuhständer und gingen auf dem Teppichboden hinauf in den ersten Stock. Beständig kamen neue Studenten durch die Tür. Manche nahmen einen Schluck aus dem Wasserkühler, bevor sie ihre Schuhe auszogen. Rasch hatte sich eine größere Ansammlung zusammengefunden. Sie unterhielten sich nicht miteinander; einige blickten sorgenvoll. Das Geräusch, das sie machten, als sie auf Strümpfen die breiten, mit Teppich ausgelegten Stufen hinaufgingen, war das Geraschel ihrer Kleider. Auf dem ebenfalls mit Teppichen ausgelegten Absatz oberhalb der Treppe saßen Studenten, die durch die eine oder andere Prüfung gefallen waren, auf dem Boden und schrieben das Examen nach. Dieses öffentliche Nachschreiben des Examens hatte etwas von Bestrafung und öffentlicher Zurschaustellung an sich. Die Studenten hatten kein Schreibpult oder eine andere Unterlage, und manche hatten eine ungewöhnliche Schreibhaltung eingenommen: Auf gekreuzten Beinen sitzend, beugten sie sich so weit nach vorne, um auf dem Boden zu schreiben, dass ihr Oberkörper wie lang gezogen wirkte.

Der Direktor war ein alter, freundlicher Mann, eine eindrucksvolle Figur mit seinem Turban und seinem gefärbten Bart, ein Weiser aus alter Zeit. In seinem kleinen Büro stellte er uns drei seiner Dozenten vor, die steif nebeneinander saßen. Ein Dozent lehrte die christliche Religion (und konnte Englisch), der zweite islamische Sekten und der dritte islamische Theologie. Mehrdad sagte, das Wort »Theologie« gebe den arabischen Begriff nicht richtig wieder, worauf sich ein kleiner, liebenswürdiger Disput zwischen ihm und den Dozenten entspann, während der Direktor wohlwollend zuschaute. Der Gegenstand der Theologie, sagte Mehrdad, sei eher die Analyse der Traditionen, die auf den Propheten zurückgingen: alte Überlieferungen, die sich von Jahrhundert zu Jahrhundert und Kommentar zu Kommentar immer mehr als wahre oder eben auch nicht wahre Traditionen herauskristallisierten und wichtig waren, weil mit ihnen Gesetze gemacht oder verändert werden konnten.

Danach nahm uns der Direktor auf einen Rundgang durch sein neues Schulhaus mit. Es war großzügig und glänzend ausgestattet. In den Vorlesungsräumen standen neue, stabile Stühle und Tische. In der Bibliothek folgten die neuen Bücher Sammlung auf Sammlung und Reihe auf Reihe, und neben den Regalen saßen vereinzelt Studenten auf dem Boden. Das Erdgeschoss diente Sonderprojekten, wie der Direktor sie nannte. Pro Gelehrtem und Sonderprojekt ein Raum. Nachdem ich schon nacheinander alle Vorlesungsräume besichtigt hatte, wurden mir die Räume für die Sonderprojekte zu viel. Das sagte ich auch, aber vielleicht schwächte Mehrdad meine Worte ab, denn der Direktor schien sie zu überhören.

Er öffnete die erste Tür auf dem Flur. Wir schreckten den Gelehrten auf, der sich mit Decke und Kopfkissen zum Entspannen oder für ein Nickerchen auf den Fußboden gelegt hatte. Überall lagen Bücher und Zettel, auf dem Boden, dem Tisch und den Regalen. Der Direktor sagte, der Gelehrte, dem dieser Raum gehörte, genieße ein großes Ansehen (was mir später von jemand, mit dem ich in Teheran sprach, bestätigt wurde). Der Historiker, der arg erschrocken war, langte nach seinem weißen Käppchen und drückte es sich auf den Hinterkopf. Er war ein Mann mittleren Alters, eher noch etwas darüber. So gut er konnte, rappelte er sich auf, raffte die braune Decke um seine Mitte zusammen, verbeugte sich leicht und kam zur Tür. Er hatte ein fein geschnittenes, altes Gesicht; seine Haut war hellbraun und glatt. Die braune Decke um seine Mitte hielt er fest, wie sonst die Frauen auf der Straße ihren Schador unter dem Kinn festhalten.

Der Direktor sagte, der Historiker schreibe gerade an einem Buch mit dem Titel *Politische Weltgeschichte*.

Der Historiker, der sich rasch von seinem Schreck erholte, fragte: »Kennen Sie vielleicht ein Buch, das sich mit Gandhi und den Muslimen beschäftigt?«

Mir war kein derartiges Buch bekannt. Aber weil ich den Historiker ermutigen wollte, sagte ich: »Das ist ein interessantes Thema. Der Mann, der Gandhi als Erster in Südafrika bekannt machte, in den neunziger Jahren des neunzehnten Jahrhunderts, war ein muslimischer indischer Händler. Man könnte also sagen, dass er es war, der Gandhi auf seinen politischen Weg brachte.«

Der Historiker hörte nicht zu. Er sagte: »Schicken Sie mir das Buch.« Er ging ein paar Schritte zurück und nahm ein Papier von einem Bücherstapel herunter. »Hier. Schreiben Sie sich meinen Namen und meine Adresse auf. Schicken Sie mir das Buch.«

Ich sagte, er könne sich mit der Bitte um Auskunft auch an die indische Botschaft in Teheran wenden.

Er schien mich gar nicht zu hören. Indem er wieder zur Tür kam, sagte er: »Nehmen Sie es als Erinnerung. Nehmen Sie es als Geschenk. Wissen Sie, ich habe mich für meine Weltgeschichte auch mit dem Zionismus näher beschäftigt. Ich bin zu der Ansicht gelangt, dass sich die Zionisten als erstes Idol oder Götzen zwar Amerika erkoren haben, dass ihr zweites Idol aber Indien sein wird. Ich weiß nicht, ob Ihnen bekannt ist, dass ein Jude, Disraeli, den Briten die Krone Indiens übergab. Dieser Tatsache wird nicht die Aufmerksamkeit geschenkt, die sie verdient. Das britische Schwert in Indien wurde von Juden geschärft. Ich fürchte sehr, dass die Zionisten versucht sein könnten, Indien abermals zu verwunden. Sie werden Gandhi noch einmal töten und seine Gedanken wieder ins Exil schicken.«

Mehrdad unterbrach seine Übersetzung, um mich zu fragen: »Wurde Gandhi ins Exil geschickt?«

Ich sagte: »Vielleicht meint er es nur symbolisch.«

Der Historiker, der an Decke und Käppchen nestelte und während dieses Austauschs zwischen Mehrdad und mir höflich einen Schritt zurückgetreten war, trat jetzt wieder zu uns und wollte offenbar weiterreden. Doch wir entschieden – zur deutlichen, wenn auch unaufdringlichen Erleichterung des Direktors –, zu gehen und dem Historiker seine Ruhe zu lassen.

Wir gingen zum Grabmal von Hazrat Masumeh. Kamran hatte, entgegen seinem sonstigen Zynismus, angefangen zu grummeln, dass er am Morgen, als wir losfuhren, nichts in eine Almosenbüchse gesteckt hatte, kein Opfer, wie es sich gehört hätte. Das war der Grund dafür, dass er Probleme mit der Zündung bekommen hatte und von Werkstatt zu Werkstatt rennen musste. Jetzt stopfte er mit so viel Tamtam wie möglich eine zusammengefaltete alte Banknote in den Schlitz einer der Almosenbüchsen, die auf der Straße vor dem Grabmal aufgestellt waren. Als reiche das noch nicht aus, verließ er uns im Hof des Grabmals, um zum Grab zu gehen und dort ein Gebet zu sprechen, damit wir wohlbehalten zurückkehrten.

Während Kamran beschäftigt war, nahm ein Mann Mehrdad beiseite und fragte ihn über mich aus. »Ist er ein Muslim?« (Vielleicht hatten ihn meine dunklen Brillengläser und mein nach Bananenrepublik aussehender Hut misstrauisch gemacht.) Mehrdad sagte ja, um uns Unannehmlichkeiten zu ersparen; und der Mann war zufrieden gestellt. Genau genommen war das Grabmal eine Moschee, wo Nichtmuslime nichts zu suchen hatten, nicht einmal im Hof. 1979 hatte niemand derartige Fragen gestellt; Behzad, mein Führer und Dolmetscher, hatte mich überallhin mitgenommen. Nach diesem Vorfall fühlte ich mich unbehaglich in dem Hof. Wächter der Revolution liefen herum, und ich wollte nicht, dass man mich anhielt.

Wir blieben nicht mehr lange. Nachdem er sein Gebet gesprochen hatte, kam Kamran mit einem gesammelten und geläuterten Gesichtsausdruck aus dem erleuchteten Grabmal heraus. Wir brachen nach Teheran auf. Die Sonne ging rund und rot hinter den Salzriffen unter. Als wir schon näher an Teheran als an Qom waren, kam Kamran auf Emami und seine Fahrten an die Front zu sprechen. Er sagte: »Sie« – die Geistlichen – »haben vom Krieg doch überhaupt nichts richtig mitbekommen. Selbst wenn wir annehmen, dass Emami sechsmal an der Front war. Zwei Tage hin, zwei Tage zurück, dann wäre er vierundzwanzig Tage unterwegs gewesen. In der übrigen Zeit hätte er die Leute auf das Kämpfen vorbereitet. Er hätte geredet. Er hätte bloß seine Arbeit getan.« Während wir auf Teheran zufuhren, äußerte sich Kamran noch respektloser über Emami. Er sagte: »Emami geht es ziemlich gut in der kleinen Wohnung, was immer er daran auszusetzen hat. Er ist doch sein eigener Herr. Ich muss immer noch bei meinen Eltern wohnen.«

Noch etwas später, als die Lichter von Khomeinis Grabmal bereits sichtbar wurden, warf er die Frage seiner Bezahlung für den langen Tag auf. Ich hatte geglaubt, Mehrdad hätte diese Frage schon vorab geklärt, aber Mehrdad verneinte das jetzt. Er sagte auf Englisch: »Es ist besser, solche Dinge ohne Streit zu regeln.«

Mehrdad sagte auf Persisch etwas zu Kamran. Kamran gab keine Antwort. Stattdessen schaltete er die Innenbeleuchtung des Autos an, schob seinen linken Ärmel zurück und streckte uns seinen Unterarm hin, damit wir die lange, gezackte Narbe von einem Granatsplitter sehen konnten.

Mehrdad sagte auf Englisch zu mir: »Wir müssen das ohne Streit regeln.«

Wir stellten einige Berechnungen an, überschlugen die Kilometer und Stunden, zählten beides zusammen und zogen noch ein bisschen von der ziemlich hohen Summe ab. Eine Zeit lang – Khomeinis Grabmal lag nun hinter uns – behielt Mehrdad seinen Betrag noch für sich und ließ Kamran zappeln. Als die Lichter von Teheran sichtbar wurden, sagte er Kamran den Betrag. Er wurde umgehend akzeptiert. Ich zählte die Banknoten ab und steckte sie in einen Umschlag. Mehrdad gab Kamran den Umschlag. Kamran legte den Umschlag auf die Ablage und verlor kein Wort mehr über das Geld.

8

Krebs

Mehrdad hatte einen Freund, der Feyredoun hieß. Feyredoun, der wie Mehrdad Anfang zwanzig war, leistete seinen Militärdienst bei der Luftwaffe ab. An den Wochenenden fuhr er zum Heimaturlaub nach Teheran. Er war groß und schlank und hatte ein scharf geschnittenes Gesicht. Sobald er sich wieder hineingefunden hatte, sprach er ein flüssiges Englisch (wie Mehrdad, der es ebenfalls nur in Iran gelernt hatte) und konnte sich sehr differenziert ausdrücken. Feyredoun, der in der Isolation des revolutionären Iran aufgewachsen war, stürzte sich gierig auf Bücher, Ideen und philosophische Diskussionen.

Nach einer derartigen Diskussion sagte ich beiläufig zu Mehrdad – wir unterhielten uns gerade über ein ganz anderes Thema –, dass ich seinen Freund Feyredoun für einen religiösen Mann hielte. Ich hatte eigentlich nur sagen wollen, dass ich ihn für einen gläubigen Mann hielt, aber das Wort »religiös« ging mit Mehrdad um. Einige Tage später, als wir in Teheran herumfuhren, kam er darauf zurück; insgeheim fügte ich dieses Thema den Dingen hinzu, die ich mit ihm näher erörtern wollte, wenn ich ihn einmal nach Hause begleitete.

Eines Spätnachmittags gingen wir zu ihm. Seine Mutter rechnete noch nicht mit uns. Vom Empfangszimmer aus, das wir durch die Eingangstür betraten, konnten wir durch eine offene Tür direkt in ein Zimmer sehen, wo sie auf dem Bett lag. Sie wusste, dass wir kommen würden, aber sie hatte sich offenbar in der Zeit vertan. Halb erhob, halb wälzte sie sich vom Bett. Ihr Kopf war unverhüllt, und in der Eile hielt sie das Ende ihres chiffonartigen Schleiers mit den Zähnen fest. Sie war klein, mollig und matronenhaft, obwohl sie wohl erst in den Vierzigern war; sie strahlte Freundlichkeit aus. Sie kam aus dem Nordwesten und hatte helle Augen.

Auch Mehrdads Vater war da, aber nur kurz, um dem Gast seines Sohnes vorgestellt zu werden. Er war groß, dunkler als seine Frau und ebenso gut aussehend wie sein Sohn, aber ein bisschen feingliedriger, gertenschlank sogar. Ich hätte ihn normalerweise für einen Mann gehalten, der, vielleicht konstitutionsbedingt, nicht viel Antriebskraft besaß. Aber sein Sohn hatte bereits zweimal erwähnt, dass sein Vater nicht viel Mut hätte, sondern immer auf Nummer Sicher ging und sich der Mehrheit anschloss (einmal, indem er Bilder des Schahs aufhängte, ein anderes Mal, indem er ein Buch seiner Tochter zerriss, das sie als Preis aus der Schule nach Hause brachte, weil es Bilder der königlichen Familie enthielt). Dieser Mann stand jetzt vor mir, der Mann ohne Mut; obwohl er in Wahrheit Widerstandskraft bewiesen hatte, als ihn die Revolution aus seiner sicheren Arbeit bei der Bank entließ. Er hatte sich aufgerappelt und ein kleines Geschäft eröffnet, das gut genug lief, um seiner Familie das Mittelschicht-Haus in einem Außenbezirk von Teheran zu ermöglichen. Aber die schwierige Organisation des Alltags, die Eltern meistern, wird von ihren Kindern manchmal wenig gewürdigt.

Das Empfangszimmer war groß und dicht mit Teppichen ausgelegt – ein Sammelsurium von Mustern und Farben, wie man es auch auf persischer Malerei sehen kann –, so dass der gesamte Boden bedeckt war. Der Esstisch, auf dem sich ein Blumenstrauß und eine Obstschale befanden, stand in einer Zimmerecke, und dort nahmen Mehrdad und ich auch Platz, um uns bis zum Abendessen zu unterhalten.

Mehrdad sagte: »Was meinen Sie, wenn Sie von einem religiösen Menschen sprechen? Ich habe meine Schwierigkeiten mit diesem Wort. Sie nannten Feyredoun religiös, aber er selbst hält sich für heidnisch.«

Ich fragte: »Und was meint er mit heidnisch?«

»Ein Heide ist jemand, der außerhalb der offiziellen Religionen steht. Wir hier haben bestimmte Anhaltspunkte, um zu beurteilen, ob jemand religiös ist oder nicht. Da ist zunächst die äußere Erscheinung. Zum Beispiel der Bart. Der Islam schreibt den Männern vor, einen Bart zu tragen. Es gibt auch besondere Regeln dafür, wie man einen Bart rasiert oder einen Schnurrbart stutzt. Man darf den Bart mit einer Schere schneiden, aber nicht mit einer Rasierklinge.«

»Steht das im Koran?«

»Nein. Im *hadith*, in den Überlieferungen, die auf den Propheten zurückgehen.«

»Sind Sie damit aufgewachsen?«

»Ja. Aber die Vorschrift wurde erst nach der Revolution wichtig. Ich bin schon Leuten begegnet, die sich eigens einen Bart wachsen ließen, wenn sie bei einer Bewerbung ein Foto mitschicken mussten. Aber es gibt noch mehr Regeln. Wenn man sich einen Schnurrbart stehen lässt, darf er nicht so lang herabhängen, dass er bei einem Schluck aus einem Wasserglas nass wird. Das ist ebenfalls *hadith*. All das steht in *Bahar al-anvar* und anderen *hadith*-Büchern geschrieben. Früher trugen die religiösen Leute auch lange Haare. Heute aber nicht mehr.«

»Warum nicht?«

»Das weiß niemand. Es gibt noch etwas, das aber nicht allgemein gilt. Wenn man sich niederwirft, um zu beten, presst man die Stirn auf einen Klumpen oder eine Scheibe aus Erde, die aus einem der Heiligtümer des Glaubens stammen. Auch in Qom werden eine Menge dieser Plätzchen aus Erde hergestellt. Nach einiger Zeit wird die Stelle, auf der die Stirn immer auf dem Erdklumpen ruht, dunkler bzw. verfärbt sich. Man betet fünfmal am Tag, und für manche Gelegenheiten gibt es noch eigene Nachtgebete. Diese besonderen Nachtgebete erfordern, dass man sich häufig niederwirft und die Stirn an der Erde reibt.«

Darauf hatte er mich bei Emami in Qom aufmerksam gemacht, auf den dunklen Fleck in Emamis Stirnmitte, der wie der kahle Betonboden im vorderen Raum seiner Wohnung ein Hinweis auf seine Frömmigkeit als *talebeh* war. Aber man musste erst die Gepflogenheiten kennen, bevor man nach den Hinweisen Ausschau halten konnte. Wenn man erst einmal Bescheid wusste, erkannte man sie auch sofort. Einige besonders fromme Leute hatten eine Art Brandmal auf der Stirn, und zwar deshalb, weil sie die Plätzchen aus Erde vor ihrem Gebet erhitzten.

Mehrdad sagte: »Noch etwas. Religiöse Leute reiben sich ihren Körper mit Rosenwasser ein. Sie riechen danach, vor allem im Moharram.« Moharram ist der schiitische Trauermonat. »Und sie benehmen sich mit großer Zurückhaltung – das gehört zum äußeren Erscheinungsbild dazu. Wenn sie mit einer Frau sprechen, senken sie den Kopf. Natürlich ist es genau geregelt, wie man eine Frau ansehen darf. Ich werde einmal nachsehen, wie viele Vorschriften es dazu in Khomeinis Buch gibt.«

Er stand auf und kam mit einem großen Taschenbuch zurück: noch eine Sammlung von Vorschriften, die Khomeini zusammengestellt hatte, neben den fünf Bänden über Kauf und Verkauf, die ich in Emamis Bibliothek gesehen hatte.

Mehrdad sagte: »Diese hier heißt *Resaleh* oder *Towzih al-masael. Abhandlung* oder *Darlegung von Fragen.* Allein zur Frage des Anblickens von Frauen gibt es zehn grundsätzliche Regeln in diesem Buch von Khomeini. Das ganze Buch befasst sich mit dreitausend Fragen.«

»Schlagen die Leute dort immer nach? Empfinden sie diese Vorschriften wirklich als hilfreich?«

»Ich selbst kann die Vorschriften über den Bart nicht nachvollziehen. Sie erklären nie das Warum. Sie sagen einfach: ›Mach dies oder mach das.‹ Ich kann gar kein religiöser Mensch sein, schon deshalb nicht, weil ich fast alle Arten verbotener Musik höre. Wir haben ihnen viele Fragen zur Musik gestellt.

Sie sagen, Musik sei verboten, wenn sie auf deine Stimmung oder Gefühle Einfluss nimmt. Das ist doch Quatsch. Jede Musik beeinflusst in irgendeiner Weise deine Stimmung.«

»Welche Art Musik ist verboten?«

»Musik, zu der man tanzen kann. Liebeslieder. Die westliche Musik ist verboten, außer der Klassik. Indische Schlager sind auch verboten. Eine Zeit lang war es verboten, Musikinstrumente zu kaufen. Lassen Sie mich nachsehen. Hier ist es. Khomeinis Frage Nummer 2067. Und ich bete nicht. Deshalb bin ich kein religiöser Mensch. Ich faste nie. Ich gehe nie in eine Moschee. Und ich halte mich an keine der Regeln, obwohl ich die meisten von ihnen kenne. Ich habe Recht studiert und kenne die meisten. Einige Regeln finde ich wirklich absurd. Zum Beispiel gibt es eine Regelung des Blutgeldes. Das heißt: Wenn du jemanden tötest, musst du seiner Familie Geld bezahlen. Die Regel besagt aber, dass eine Frau halb so viel wert ist wie ein Mann. Wenn du einen Mann tötest, dann musst du den vollen Preis bezahlen. Zur Zeit liegt der volle Preis bei zwei Millionen *touman*, zwanzig Millionen Rial. Ungefähr fünftausend Dollar. Es kostet nur die Hälfte, wenn du eine Frau tötest.«

»Glauben Sie, dass die Menschen diese Regeln benötigen?«

»Darauf wollte ich gerade kommen. Wenn wir mit den Problemen des Lebens konfrontiert werden, beginnen wir nachzudenken. Wir versuchen, auf unseren eigenen Füßen zu stehen und suchen nach Lösungen. Das mögen die religiösen Leute nicht. Weil das bedeutet, dass wir das ganze System beiseite schieben. Die meisten von uns glauben an Gott, aber wir denken eher wie Voltaire.«

Ebendas hatte ich gemeint, als ich gesagt hatte, ich hielte Feyredoun für einen religiösen Menschen. Aber in Iran hatten, wie ich jetzt begriff, Wörter wie »religiös« und »heidnisch« ihre eigene, iranische Bedeutung.

Mehrdad sagte: »Wir brauchen Gott in unserem Leben. Aber nicht diese belanglosen Vorschriften. Die Leute kümmern sich auch nicht darum. Es gibt zum Beispiel Vorschriften über den Kontakt zwischen jungen Leuten. Er ist verboten, aber man hält sich nicht daran. Ich habe eine Freundin. Sie hat Probleme mit ihrem Freund. Sie ist keine Jungfrau mehr. Dank dieses Kerls. Jetzt geht er woandershin und verlässt sie. Und sie betet regelmäßig. Wenn der Druck größer wird, halten sich die Leute an die Religion. Wir brauchen Gott. In einem armen Land wie Iran, in dem es viele Probleme gibt, brauchen wir jemanden ganz oben.«

»Warum legen Ihrer Meinung nach die Religiösen so viel Wert auf die Vorschriften?«

»Weil sie sie selbst machen. Wenn man die Vorschriften leugnet, stellt man sich gegen diejenigen, die sie machen. Wenn man diejenigen, die die Vorschriften machen, wegschiebt, ist man gegen den Führer. Wenn man sich dem Führer entgegenstellt, ist man gegen den Heiligen Propheten. Wenn man gegen den Heiligen Propheten ist, erkennt man das Heilige Buch nicht an, aber das Heilige Buch stammt von Gott. Derjenige, der sich gegen Gott stellt, muss getötet werden. Aber wer tötet ihn? Natürlich diejenigen, die die Vorschriften machen. Nicht Gott.«

Es gab Vorschriften; alles stand unter Kontrolle. Es ging nicht bloß um den Schador und den Schleier für Frauen; dass Jungen und Mädchen nicht nebeneinander gehen sollten; dass weibliche Singstimmen im Radio und Fernsehen verboten waren; oder dass bestimmte Arten von Musik nicht gespielt wurden. Es herrschte vielmehr eine allumfassende Zensur, der Zeitschriften, Zeitungen, Bücher und Fernsehen unterworfen waren. Hubschrauber flogen über Nord-Teheran, um Satellitenschüsseln auszuspähen; genauso wie die Wächter der Revolution im Park umherspazierten, um die Jungen und Mädchen zu überwachen; oder in Häuser eindrangen, um nach Alkohol und Opium zu fahnden. Wie ich noch im weit entfernten Shiraz erleben sollte, machte die lokale Moralpolizei ihre Runden sogar in den Touristenhotels, um ihre Anwesenheit zu demonstrieren.

In den Jahren 1979 und 1980 hatten die Missionare der islamischen Wiederbelebung, als würden sie von einer zentralen Instanz gesteuert, einander unablässig nachgebetet, dass der

Islam die gesamte Lebensführung betreffe; mittlerweile konnte man in Iran sehen, dass der politische Islam zu einem allumfassenden Kontrollsystem geworden war. Herr Parvez, der Gründer-Herausgeber der *Tehran Times*, hatte kurz nach meiner Ankunft zu mir gesagt: »Jetzt wollen sie die Kontrolle darüber haben, wie du sitzt und was du redest.« Ich glaube, damals hatte ich ihn noch nicht richtig verstanden. Es brauchte Zeit, bis man begriff, wie groß die Einschränkungen waren, obwohl leicht zu sehen war, worin sie bestanden; es brauchte auch Zeit, bis man begriff, in welchem Ausmaß sie das Leben der Leute deformierten.

Mehrdads Schwester war unverheiratet und würde es voraussichtlich auch bleiben, da zu viele Männer im passenden Alter während des achtjährigen Krieges getötet worden waren. Nach der Arbeit blieb sie einfach zu Hause: wortlos und voller aufgestauter Wut. Ihre Niedergeschlagenheit lag wie ein Schatten über dem Haus und war für ihre Eltern ein beständiger Grund zur Sorge, da sie ihr bei der Planung ihrer Zukunft auch nicht helfen konnten. Ausgehen war zu kompliziert zu bewerkstelligen, und inzwischen hatte sie auch ihren Willen dazu verloren. Darin ähnelte sie der fünfzehnjährigen Tochter eines Lehrers, den ich kennen gelernt hatte. Dieses Mädchen hatte bereits erfahren, dass die Wächter sie anhalten und befragen konnten, wenn sie sich alleine auf der Straße bewegte. Sie hasste es, so gedemütigt zu werden, und ging folglich gar nicht mehr aus dem Haus. Ihre Welt war genau in dem Moment zusammengeschrumpft, als sie sich hätte öffnen sollen.

Im Februar 1980 hatte ich auch junge Frauen in Guerilla-Uniformen unter den Studenten gesehen, die vor der besetzten US-Botschaft ihr Lager aufgeschlagen hatten: Revolutionstheatralik à la Che Guevara. Ich erinnerte mich an eine mollige junge Frau in Khakihosen, die an diesem frostigen Nachmittag mit einem dampfenden Becher Tee aus einem niedrigen Zelt trat, um ihn einem der Männer zu bringen: Ihr Gesicht strahlte beim Gedanken daran, dass sie der Revolution und den Revolutionskämpfern dienen durfte. Die meisten dieser jungen Leute, »Muslimische Studenten, die den Richtlinien des Ayatollah Khomeini folgen«, mochten, wie all die anderen Kommunisten und Angehörigen linker Gruppierungen, tot oder ausgeschaltet sein. Ich glaube nicht, dass sich die junge Frau mit dem Becher damals hätte vorstellen können, wie die Revolution, an der sie teilnahm – Plakate an der Mauer der Botschaft und an Bäumen verglichen die iranische mit der nicaraguanischen Revolution und stellten beide als Teil einer weltweiten Fortschrittsbewegung dar –, einmal enden würde, nämlich mit einer unzeitgemäßen Schikane für die Frauen und Hubschraubern am Himmel, die nach Satellitenschüsseln Ausschau hielten.

Gerade die Ausstaffierung und der Stil der Revolutionäre hatten eine neue Bedeutung angenommen. Bei den Bärten berief man sich nicht mehr auf Che Guevara, sondern auf den islamischen Glauben, der keine Rasierklingen erlaubte; und die grünen Guerillero-Anzüge waren jetzt die Uniform derer, die die Einhaltung des religiösen Gesetzes erzwangen.

Unter meinen Gesprächspartnern war kein einziger, der sich noch irgendeine Form der Revolution vorstellen konnte. Diese Idee, die einer vorigen Generation von Iranern so teuer gewesen war, stand jetzt in Verruf, genau wie in der alten Sowjetunion; »Revolution« war ein Wort, das der religiöse Staat vollkommen für sich reklamierte. Niemand hielt eine politische Bewegung für möglich. Dazu fehlten die Mittel, und Führer waren nicht in Sicht. Neue Ideen konnten sich nicht verbreiten, da der Kontrollapparat perfekt funktionierte. Die derzeitigen Führer waren weit weg, auch wenn ihre Fotos überall hingen; die Regierung hier war, wie es jemand formulierte, »undurchdringlich«. Und trotzdem herrschte inmitten der allgemeinen Apathie das Gefühl, dass etwas geschehen werde. Es machte die Leute nervös.

Eines Nachmittags, als wir in die Berge fuhren, die hinter Teheran aufragten, sagte Mehrdad, der anscheinend gerade noch hatte ausdrücken wollen, dass die Menschen mit den Einschränkungen zu leben gelernt hatten, auf einmal das ganze Gegenteil. Er sagte: »Jeder hat Angst. Ich habe Angst. Mein

Vater und meine Mutter haben Angst.« (Wieder einmal der arme Vater.) »Sie wissen nicht, welche Zukunft sie oder uns, ihre Kinder, erwartet. Um mich machen sie sich nicht so große Sorgen. Ich bin jetzt erwachsen und kann für mich selbst aufkommen. Aber mein Bruder ist noch klein. Die ungefähr acht Jahre, die es dauert, bis er erwachsen ist, werden noch sehr gefährlich sein.«

Dieser Zustand der Unsicherheit bereitete den Boden für wilde Phantasien. Am erstaunlichsten war das Gerücht, Khomeini sei ein britischer oder europäischer Agent gewesen. Ich hatte es zuerst von Herrn Parvez gehört und seiner Paranoia zugeschrieben. Aber danach war es mir noch bei vielen Leuten begegnet. Man erzählte sich, auf der französischen westindischen Insel Guadeloupe habe ein Treffen stattgefunden, bei dem die Großmächte beschlossen, Khomeini dem iranischen Volk aufzuhalsen. Die Iraner seien schlichte Gemüter; mit geschickter Propaganda könnte man sie dazu bewegen, für nachgerade alles zu demonstrieren; die Leute hätten sich den Demonstrationen gegen den Schah nicht etwa aus Überzeugung angeschlossen, sondern bloß, weil die anderen ebenfalls demonstrierten. Die Errichtung eines islamischen Staates in Iran sei eine anti-islamische Verschwörung der Großmächte gewesen, um den Muslimen insgesamt eine Lektion zu erteilen und um besonders das iranische Volk zu bestrafen. Und wie um die Gerüchte zu bestätigen, tauchten sogar Stimmen auf, die in gewisser Hinsicht den Glauben selbst in Zweifel zogen.

Herr Parvez hatte geäußert: »Der Krieg (gegen den Irak) wurde im Namen des Islam geführt. Das hat sich im Nachhinein als Segen erwiesen. Ohne den Krieg hätten die Leute den Islam nicht so dicke.« Diese Ansicht war mir extrem vorgekommen. Aber dann entdeckte ich auch in Gesprächen mit anderen Leuten Spuren religiöser Verunsicherung. (Die Gerüchte wuchsen deshalb so wild, weil Revolution, Krieg, finanzielle Zwangslage und religiöser Staat das Volk überfordert hatten.) Genauso wie behauptet wurde, die Iraner seien nicht wirklich für die iranische Revolution verantwortlich, hörte ich auch, die Iraner seien nicht wirklich verantwortlich für die dramatischen Seiten des schiitischen Glaubens. Die blutigen Geißelrituale im Moharram, dem Trauermonat: Tatsächlich seien diese Praktiken aus Europa übernommen worden, und zwar von den Katholiken; mit dem ursprünglichen Glauben hätten sie nichts zu tun.

Ich sprach darüber mit Mehrdad. Er sagte: »Das geschieht ganz automatisch. Immer sind unsere Feinde schuld. Schuld sind die andern, nicht wir.«

Frau Seghirs Namen hatte mir jemand genannt. Inzwischen lebte sie im Ausland, als Teil der iranischen Diaspora. Sie war gekommen, um ihre betagten Eltern zu besuchen, und hielt sich schon eine Zeit lang in Teheran auf. Als ich sie anrief, lud sie mich in ihre Wohnung zum Mittagessen ein, und sie kam mit einer Freundin zum Hotel, um mich abzuholen. Das Letztere geschah, um den Vorschriften Genüge zu tun: Es hätte sich für Frau Seghir oder die Freundin nicht gehört, ohne Begleitung einen fremden Mann zu treffen.

Die Wohnung lag in einem Häuserblock amerikanischen Stils, der schon ziemlich heruntergekommen war. Als wir aus dem Aufzug traten, standen wir auf einem engen, kleinen Flur, von dem aus zwei Wohnungen abgingen. Der Flur war mehr als schäbig; er war schmutzig und mit einem abscheulichen Teppichrest ausgelegt. Die Trostlosigkeit reichte bis in die Wohnung hinein. Die Stilmöbel à la Louis XVI. und die Polsterbank in der Sitzecke des offenen Empfangsraums sahen unbenutzt aus. An einer Wand, über die sich alte Elektrodrähte spannten, hing eine Anzahl wertloser europäischer Miniaturen, gerahmte Blumenstücke oder Landschaftsansichten, in zwei ungeraden Reihen mit viel Platz zwischen den Bildern. Am anderen Ende des Raums, gleich neben der Küche, stand ein langer Esstisch. Die Küche sah aus, als werde sie häufig benutzt.

In einem kleinen Raum, der sich an die Küche anschloss, saß ein Mann mitten in der offenen Tür an einem Tisch. Er war sehr alt – wirklich sehr alt –, und sein Gesicht wies unregelmäßige Flecken auf, wo die Pigmente verschwunden waren. Er saß schräg zum Tisch, den Rücken halb zur Tür gewandt. Sein Gesicht sah man im Profil. Das war Frau Seghirs Vater; er war einundneunzig. Das erfuhr ich von Frau Seghirs Mutter, als wir in der Sitzecke Platz nahmen; sie selbst war achtzig.

Frau Seghir und ihre Freundin, die sie zum Hotel begleitet hatte, machten sich jetzt in der Küche zu schaffen. Die Freundin war geschieden. Sie war freundlich und so dick, dass sie aus ihrem langen Rock quoll; außerdem hatte sie dicke, gefräßige Lippen, wie geschaffen zum Essen. Es bereitete ihr Vergnügen, in der Küche zu helfen, und sie bewegte sich flink auf ihren hohen Absätzen.

Von der Sitzecke aus führte eine Tür auf den Balkon. Sie stand zur Hälfte auf, und die Straßengeräusche waren sehr laut. Ich schaute hinaus. Auf der einen Seite des Balkons lagen alte Pappschachteln, Besen und Reinigungsmittel durcheinander, und auf der anderen Seite befand sich etwas, das zunächst wie eine zugedeckte Staffelei oder Truhe aussah. Es war aber die Satellitenschüssel. Frau Seghir brauchte sie, um die Nachrichten zu sehen; sie hätte sich in Iran ohne die Nachrichten verloren gefühlt. Die Decke darüber diente dazu, die Hubschrauber irrezuführen; sogar jetzt noch suchten sie nach solchen Dingen.

Das Essen wurde aufgetragen und roch nach heißem Öl: *kuku*, eine Art iranischer Quiche, Reis, zerdrückte Auberginen. Der alte Mann – mit seinem vom Alter furchtbar mitgenommenen Gesicht: seine Augen lagen sehr dunkel und verschattet zwischen der pigmentlosen Stirn und den fleckigen Wangen – kam in einer Hose, um die er einige Zentimeter unter dem Bund mit den Schlaufen einen Gürtel geschlungen hatte, an den Tisch. Seine Frau, Frau Seghirs Mutter, half ihm beim Gehen. Obwohl sie sehr klein und dünn war und aus kurzsichtigen Augen durch ihre Brille blickte, war sie noch immer bemüht, ihre Aufgabe als Ehefrau zu erfüllen: mit einem Pflichtgefühl bis zum Letzten. Es war anrührend.

Die dicke Frau sprach über Englands Norden. Eine Verwandte von ihr lebte dort, eine Akademikerin, die mit einem

Akademiker aus Bangladesch verheiratet war. Sie war nach England geflogen, um das Paar zu besuchen, und war sehr angetan von den guten Manieren der Engländer. Sie sprach wie jemand, der das Land gut kennt; trotzdem hatte ich das Gefühl, dass alles, was sie über England sagte, weniger auf eigenen Erlebnissen als auf dem Fernsehen beruhte, das sie dort verfolgt haben mochte.

Der alte Mann bekam von seiner Frau den *ku-ku* in Häppchen geschnitten. Er bediente sich derweil mit den anderen Gerichten, aber am Ende verlor er die Kraft, und wie er mit dem Kopf tief über seinem Teller hing, sah er aus, als habe er einen Anfall und ihm sei schlecht. Danach stand er auf – ebenso wortlos wie vorher – und machte sich in sein Zimmer auf. Vorsichtig ließ er sich auf seinen Stuhl nieder und saß wieder in einem Winkel zum Tisch, mit dem Rücken zur Tür. Seine Bewegungen waren auf einmal sehr schwerfällig geworden; der Anfall hatte ihn erschöpft. Mit quälender Langsamkeit – nichts als die Erledigung dieser kleinen Handbewegungen zählte mehr für ihn – zog er einen Stift heraus, ergriff eine zusammengefaltete Zeitung, nahm eine Seite heraus, legte sie auf den Tisch und löste offenbar sein Kreuzworträtsel weiter.

Mir fiel jetzt ein Seidenteppich aus Qom auf dem Boden ins Auge sowie eine purpurrote Samtdecke auf dem Kaffeetisch, die mit einer üppigen, alten Stickerei verziert war, drei Reihen Rosen und Weinlaub aus Silberfaden mit ein bisschen Gold dazwischen: ein Stück, das jemand vor langer Zeit aus Lust am Außergewöhnlichen, am Luxus und an der Verschwendung angeschafft hatte. Frau Seghir sagte, sie habe die bestickte Samtdecke von ihrer Mutter geschenkt bekommen. Auf der Decke standen Schalen aus Kristallglas, die mit gezuckerten Geleebällchen und einer safranfarbenen Süßigkeit aus Qom gefüllt waren.

Später, als Frau Seghir wieder in der Küche war und mit Hilfe der dicken Frau den Nachtisch vorbereitete, deutete die Mutter auf den Kronleuchter und sagte: »Arme qajarisch.« Ich hatte den Kronleuchter gesehen und zugleich nicht gesehen, weil er mir zu wuchtig vorkam. Frau Seghirs Mutter sagte noch einmal: »Arme qajarisch.« Die Qajaren waren die Dynastie gewesen, die der Vater des verstorbenen Schahs in den zwanziger Jahren abgesetzt hatte. Ich erhob mich und sah mir die Gravuren der qajarischen Arme an, die auf den vielen Glaszylindern des Kronleuchters nur schwer zu erkennen waren. Er trug einen Kranz solcher Zylinder, die an altmodische Öllampen erinnerten. Innen in dem Kranz und an seinem Rand hingen glitzernde Pendants unterschiedlicher Größe aus Kristallglas, die sorgfältig gearbeitet waren. Frau Seghirs Mutter sagte: »Baccara.« Jetzt erst bemerkte ich – in diesem kleinen, niedrigen Zimmer, das einen neuen Anstrich, weniger Durcheinander auf dem Balkon und weniger Straßenlärm hätte gebrauchen können –, dass zwei dieser Kronleuchter an der Decke hingen. Sie füllten den oberen Teil des Raumes vollständig aus. Sich ihrer Gegenwart bewusst zu werden nahm einem den Atem.

Frau Seghir in ihrem Kittel, der um ihre stämmigen Hüften und ihre schwarze Hose spielte, war schließlich mit der Küchenarbeit fertig und kam herein, um sich zu mir zu setzen. Ich fragte nach ihrem Mann. Er war an Krebs gestorben, sagte sie. Ich hatte eine Wunde berührt, die immer noch offen war. Er bekam es nach der Revolution mit der Angst zu tun, sagte sie. Er war Ingenieur gewesen, ein hoch qualifizierter, der einen wichtigen Posten in der Regierung innehatte. Zwar verlor er seinen Posten nicht, aber die Belastung machte ihn fertig. Ungefähr fünf Jahre nach der Revolution klagte er eines Tages über Unwohlsein, und sie gingen zum Arzt, wie immer, wenn irgendwelche kleinen Beschwerden vorlagen. Dickdarmkrebs, lautete die Diagnose. Er musste unverzüglich operiert werden. Binnen weniger Tage fand die Operation statt und war erfolgreich. Aber eine spätere Röntgenaufnahme offenbarte, dass sich auch in der Lunge ein Tumor gebildet hatte.

Auf einem kleinen, ovalen Tisch, einem Stilmöbel, nicht weit von der Balkontür entfernt, standen Familienfotos: Frau Seghir in verschiedenen Lebensphasen, ihre Töchter und, im großen Rahmen, ein Foto ihres Mannes, das einige Zeit vor seiner

Krankheit aufgenommen worden war (er wollte nicht, dass seine Kinder ihn sähen, als er schon schwer erkrankt war). Die Fotografie zeigte einen gut aussehenden, freundlichen Mann, der auf den Betrachter attraktiv und sensibel wirkte. Unterschiedlich gerahmt, standen die Fotografien auf dem kleinen, ovalen Tisch dicht gedrängt, ähnlich den Bildhaltern zwischen den Ulmen, Pinien, Oleandern und verblichenen Fahnen auf dem Märtyrerfriedhof. In gewisser Weise waren ja auch diese Menschen hier Märtyrer der Revolution.

Feyredoun würde an diesem Nachmittag auf Heimaturlaub zu Hause sein, und Mehrdad und ich gingen zur Wohnung seiner Familie. Die Wohnung, die in der Innenstadt lag, war viel kleiner als die Wohnung von Frau Seghir. Sie war dunkler, bei weitem nicht so großzügig geschnitten, und offensichtlich fehlte jetzt auch das Geld für ihre Instandhaltung; aber die Atmosphäre war ähnlich. Sie war mit Möbeln voll gepackt, Überbleibseln aus einer Zeit, als die Familie noch auf Status hielt. Die Wohnung lag im ersten Stockwerk und war dem Verkehrslärm ausgesetzt, nicht dem Dröhnen, das beim Haus von Frau Seghir noch im obersten Stockwerk durch das Balkonfenster drang, sondern einem ungefilterten und ungleichmäßigen Krach, der die ganze Zeit über durch die halb geöffneten Fenster zu hören war. In dem kleinen Wohnzimmer standen zwei Esstische. Der längere, der im rechten Winkel zum anderen stand, war bereits für uns hergerichtet. In einer kleineren Schale lagen Pralinen, in einer größeren Obst, und außerdem gab es Tee in kleinen, mit Gold verzierten Henkelgläsern.

Feyredouns Mutter war in der Küche. Sie rief nach Mehrdad. Er ging zu ihr, und sie sprachen eine Weile miteinander. Als Mehrdad zurückkam, wirkte er bedrückt.

Er sagte: »Ich habe traurige Nachrichten. Manchmal habe ich das Gefühl, mehr kann ich nicht ertragen.«

Feyredouns Mutter arbeitete als Apothekerin in einem Krankenhaus. Dort war ein Gärtner beschäftigt, dessen Sohn in den Krieg eingezogen worden war. Der Junge war nicht zurückgekommen, aber der Gärtner hatte sich geweigert zu glauben, dass er tot war. Er sagte immer, sein Sohn werde schon wieder zurückkommen. Der Gärtner war ein frommer, bärtiger Mann, so bärtig und fromm, dass ihn die Angestellten des Krankenhauses im Verdacht hatten, ein ideologischer Spion zu sein, der sie überwachen solle. Schließlich war der Krieg zu Ende. Nach und nach kamen die Kriegsgefangenen nach Hause. Es wurden Listen mit den Namen freigelassener Kriegsgefangener gedruckt, und der Gärtner kam regelmäßig zu Feyredouns Mutter, um zu fragen, ob der Name seines Sohnes dabei sei. Aber das war nie der Fall.

Vor ungefähr drei Monaten hatte ein Massenbegräbnis für dreitausend unbekannte Märtyrer stattgefunden, deren sterbliche Überreste auf ehemaligen Schlachtfeldern eingesammelt worden waren. Die Luftwaffe hatte die Kisten zum Märtyrerfriedhof geflogen. Alle Kisten waren in eine iranische Fahne gewickelt (grün, weiß und rot mit dem Schriftzug für Gott in der Mitte). Die Kisten waren zu Pyramiden gestapelt. Mehrdad hatte sich die Zeremonie im Fernsehen angeschaut und war erschüttert gewesen. Die Männer, deren Überreste beerdigt wurden, waren in der Armeeuniform gestorben; Mehrdad hatte selbst diese Uniform getragen, als er seinen Militärdienst ableistete; deshalb fühlte er sich den Toten verbunden. Während er die Geschichte im Wohnzimmer erzählte, zupfte er an seinem Hemd, um anzudeuten, wie viel ihm die Uniform bedeutet hatte.

Eine der Kisten enthielt die Überreste – »zwei Knochen«, sagte Mehrdad – des Sohnes des Gärtners. Bis zu diesem Moment hatte den Gärtner sein Glaube aufrecht gehalten. Jetzt aber begann er, vor Gram zu vergehen. Gerade vor ein oder zwei Wochen war er gestorben. Vor wenigen Tagen hatte man ihn im Krankenhaus einer Autopsie unterzogen; sie erwies, dass der Magen des Gärtners vom Krebs weggefressen worden war. Das war es auch, was Feyredouns Mutter Mehrdad hatte erzählen wollen. Es war auch, was Mehrdad dazu gebracht hatte, mir zu sagen: »Ich habe traurige Nachrichten.«

Als ich viele Tage zuvor (meinem Gefühl nach war es viele Wochen her) Mehrdad gefragt hatte: »Welche Einstellung haben Sie zum Krieg?«, hatte er mir geantwortet: »Ich habe keine Einstellung zum Krieg.« Das hatte er nicht wirklich gemeint. Gemeint hatte er, was er gerade gesagt hatte: »Manchmal habe ich das Gefühl, mehr kann ich nicht ertragen.«

Es gab Vorschriften über Vorschriften. Aber die jungen Leute, diejenigen, die noch nie etwas anderes als den religiösen Staat kennen gelernt hatten, entwickelten ihre eigenen Strategien des Ungehorsams. Sie besaßen ihren Körper; der Körper gehörte ihnen ganz allein. Gerüchte über eine sexuelle Revolution unter den jungen Leuten kursierten; aber es gab auch andere Formen des Ungehorsams.

Feyredouns Bruder war neunzehn. Er war gerade einmal fünf oder sechs Jahre jünger als Feyredoun, aber er gehörte einer ganz anderen Generation an. Feyredoun war ein Philosoph, ein Skeptiker, und er besaß eine intellektuelle Neugier. Nur eine Wand, sagte er, stünde zwischen seinem Bruder und ihm. Aber während sich auf Feyredouns Seite der Wand anspruchsvolle Bücher befanden, hingen auf der Seite seines Bruders Fotos von Fußballteams und einer »Heavy Metal«-Popgruppe und ein Hakenkreuz. Feyredouns Bruder war Nazi. Er sagte, als Iraner sei er ein Arier; deshalb sei er Nazi. Und es war ihm durchaus Ernst damit.

Während wir an dem großen Tisch im Empfangszimmer saßen, erzählte mir Feyredoun, dass sein Bruder und dessen Freunde die jüdische Familie von nebenan weggeekelt hätten. Sie hatten die Reifen des Autos dieser Familie zerstochen und ihnen die Fenster eingeschlagen. Die Familie war nicht nur aus Teheran, sondern ganz aus Iran weggezogen.

Iran war nicht Europa oder die Vereinigten Staaten. Iran hatte seine eigenen Zwänge, und die Geschichte, die Feyredoun mit seiner ganz eigenen, eigenartigen Unschuld erzählte, handelte nicht einfach von jungen iranischen Nazis. Eher handelte sie von Unterschieden zwischen den Generationen, für die schon fünf oder sechs Jahre ausschlaggebend waren. Diese Unterschiede hatten noch ein weiteres Merkmal: Feyredouns Nazibruder und seine Freunde hatten keine Angst. Ihr Lieblingssport bestand jetzt darin, die Wächter draußen zu verhöhnen und damit ihre eigene Festnahme zu provozieren. Das hatte sehr wohl Konsequenzen: Feyredouns Bruder hatte schon oft einen Tag oder mehr im Gefängnis verbracht.

Als Mehrdad und ich eintrafen, saß der Bruder gerade im Wohnzimmer. Er war blässlich und sehr dünn. Zu diesem Zeitpunkt wusste ich noch nichts weiter über ihn und machte mir über seine schwarze Kleidung keine Gedanken. Er war höflich, aber zurückhaltend, und ich hatte den Eindruck, auch hier fühle sich wieder einer benachteiligt, arm und verloren, habe keine Hoffnung in die Zukunft und sei entmutigter als sein Bruder oder Mehrdad. Jetzt, da ich mehr über ihn wusste, wollte ich mich länger mit ihm unterhalten. Aber der Junge hatte die Wohnung verlassen, ohne irgendjemand Bescheid zu sagen – und dies war nach Feyredoun ebenfalls ein Zeichen kulturellen Wandels, ein Bruch mit der Vergangenheit.

Die Revolution hatte merkwürdige Kinder hervorgebracht.

Feyredoun und Mehrdad fuhren mit mir in ein Neubauviertel von Teheran, das gerade einen Aufschwung erlebte. Es machte den Eindruck einer eigenen Stadt. Hier wohnten die Neureichen, die Leute, die von der Revolution profitiert hatten. Das Viertel lag im Nordosten von Teheran und war vor etwa zehn Jahren gegründet worden. Es hatte ein neues Einkaufszentrum mit teuren Läden, in denen sich die Leute aus den Häusern mit Eigentumswohnungen, die nebenan hochgezogen worden waren, versorgten. Die Bevölkerung bestand, wie Mehrdad sagte, aus Händlern und Zwischenhändlern, alles unproduktive Wirtschaftszweige. Aber ihre Töchter bewegten sich derartig ungezwungen und aufreizend durch das Einkaufszentrum, dass es sofort auffiel: hohe Absätze, schlanke Beine in Stonewashed-Jeans, modisch kurze Schadors.

»Und diese Haut«, sagte Mehrdad, der auf seine Weise die

Schönheit der jungen Mädchen wahrnahm. Die Haut, die dank der guten Luft, des guten Essens und des Vertrauens in die Zukunft rein und glatt war: Die Haut seiner Schwester war anders.

Jeder Menschenschlag hat seine eigene Art, sich zu widersetzen. Im hohen, gut ausgeleuchteten Wachhäuschen am Eingang des Einkaufszentrums stand ein junges Mädchen unbeeindruckt und furchtlos vor dem Wächter. »Er hat sie erwischt«, sagte Feyredoun. Sie hatte sich irgendein unislamisches Verhalten zuschulden kommen lassen; irgendwie hatte sie gegen die Vorschriften verstoßen, vielleicht zu viel Haar gezeigt. Mehrdad bemerkte: »Er wird sie ermahnen und dann laufen lassen.«

Als wir im Café saßen, deutete Mehrdad auf ein Mädchen, das im Spiegel zu sehen war. Er sagte: »Die steht unter Drogen.« Das Mädchen hatte einen verschwommenen, unsteten Blick; ihr Schal war bis weit auf ihren Hinterkopf gerutscht. In der Ecke redete ein Wächter in Khakiuniform auf den Besitzer ein. Es war dann der dicke Kellner im gelben Jackett, der auf das Mädchen zutrat und sie aufforderte, ihren Schador zu richten. Sie berührte nur kurz ihren Scheitel; aber nach einer Weile verschwand der Wächter, vielleicht, weil er keine Szene machen oder den Eindruck vermeiden wollte, er habe sich provoziert gefühlt. Als das Mädchen kurze Zeit später zum Ausgang taumelte, sah ich, dass ihr langes, kastanienbraunes Haar am Rücken aus dem Umhangtuch heraushing. Das sei Mode, hatte mir Mehrdad einige Tage zuvor erzählt, und auch ein Ausdruck von Ungehorsam.

Als wir später auf der Straße entlangfuhren, die vom Einkaufszentrum wegführte, sahen wir eine Gruppe junger Leute, die gerade von Wächtern auf Motorrollern durchsucht worden waren – nach Videos, CDs, Drogen oder anderen verbotenen Dingen.

9

Die beiden Stämme

Isfahan und Shiraz, berühmte Städte mit romantischen Namen, waren wieder bereit, Touristen aus dem Ausland zu empfangen. Zuerst fuhr ich nach Isfahan. Ich hatte keinerlei Vorstellung davon. Ich verband weder eine besondere Touristenattraktion noch eine besondere kulturelle Sehenswürdigkeit mit der Stadt. In Java, das viel weiter weg war, standen die mystische buddhistische Pyramide von Borobudur und die hinduistischen Türme von Prambanam; in Indien der Tadsch Mahal und die behauenen Tempel des Südens. Aber Isfahan erschien mir, wie auch Samarkand, schon durch seinen Namen romantisch. Meine Vorstellungen von seiner Pracht hatte ich indirekt auf dem Weg über die indische Malerei erworben. Von einigen überladenen kaiserlichen Bildern aus der Mogulzeit wusste ich, dass der Eroberer Dschahangir (der von 1605 bis 1627 regierte) das Indien seiner Herrschaft und das Persien von Schah Abbas (der von 1587 bis 1629 regierte) als die Großmächte der Erde betrachtete. Großbritannien (auch noch nach der Herrschaft von Königin Elisabeth, dem Sieg über die spanische Armada und Shakespeare) war in weiter Ferne und lag am Rand; der Botschafter, den König Jakob I. 1618 entsandte, musste sich sehr anstrengen, um von Dschahangir überhaupt bemerkt zu werden.

Ein Hofmaler Dschahangirs, ein Hindu, verbrachte im Rahmen einer Mogulgesandtschaft sechs Jahre in Isfahan damit,

Porträts von Schah Abbas anzufertigen, damit Dschahangir seinen großen Rivalen besser einschätzen und sich zugleich Beruhigung verschaffen konnte. Genau diese Porträts eines kurzbeinigen – und manchmal absichtlich verkleinerten – Schah Abbas (mit einem Krummschwert, das fast zu groß für ihn schien) hatte ich im Kopf, mehr als irgendeine konkrete Vorstellung von dieser großen Stadt. Deshalb – so machtvoll können Karikaturen sein – war ich überhaupt nicht auf die Pracht, die Ausdehnung und den Kosmopolitismus von Isfahan, auf sein atemberaubendes Selbstvertrauen, seinen Erfindungsreichtum und, überall sichtbar, auf die Regelmäßigkeit seiner Proportionen gefasst: der riesige Platz im Zentrum (noch größer als der Markusplatz in Venedig), die Brücken, die Kuppeln sowohl der Moscheen als auch der Kirchen, die Erlesenheit der Kacheln und Fliesen, in deren Farben, Mustern und kleinen oder großen Effekten man sich verlieren konnte, und die riesigen Empfangshallen. Man konnte Dschahangirs Beunruhigung nachvollziehen: Ein großer Teil der indischen Mogularchitektur befand sich bereits hier, in Schah Abbas' Isfahan, zusätzlich zu allem anderen, was es sonst noch gab.

Was für eine Pracht herrschte hier; ähnlich wie in Indien. Nur dass in weniger als hundert Jahren nach Dschahangir die Pracht der Moguln in Indien zu Ende gegangen war; noch einmal hundert Jahre später wurde Indien britische Kolonie. Iran wurde niemals offiziell zur Kolonie erklärt. In mancher Hinsicht erlebte es dennoch ein noch schlimmeres Schicksal. Als sich die Anwesenheit Europas, das einst so weit entfernt gewesen war, bemerkbar machte, verschwand Iran von der Landkarte. Seine großen Denkmäler verfielen (und wurden niemals so berühmt wie die indischen). Am Ende des neunzehnten Jahrhunderts waren seine Herrscher schließlich bereit, das Land und seine Bevölkerung ausländischen Konzessionären zu überlassen.

Indien erholte sich fast von dem Moment an, wo es britische Kolonie wurde, und machte sich das neue europäische Wissen zu Eigen, um die damit verbundenen Errungenschaften auch bei sich in die Tat umzusetzen. Der erste große indische Reformer, Raja Rammohun Roy, wurde 1772 geboren, noch vor der Französischen Revolution; Gandhi wurde 1869 geboren. Als Iran ins zwanzigste Jahrhundert aufbrach, hatte es nur seine östliche Vorstellung von der Königsherrschaft und die veraltete theologische Gelehrsamkeit von Orten wie Qom im Gepäck. Iran brachte ins zwanzigste Jahrhundert lediglich eine Begabung zu Leid und Nihilismus mit.

Schah Abbas' Persien war prächtig gewesen, aber die Pracht war mit Mängeln behaftet. Das war allerdings ein Gedanke, den ich meinem Gastgeber und Führer in Isfahan nicht unterbreiten konnte. Er war ein demissionierter Diplomat; das Leid seines Landes lastete auch auf ihm als Person. Er saß zwischen zwei Stühlen. In den sechziger Jahren hatte sein Vater gewollt, dass er eine Erziehung nach englischem Vorbild erhielte. In den achtziger Jahren, nach der Revolution und nach seiner Demission, gab er jeden Gedanken auf, ins Ausland zu reisen: Im übrigen Teil der Welt waren die Demütigungen, die ein iranischer Pass mit sich brachte, zu unerträglich. Er lebte von den Resten privater Einkünfte und gab hier und da Unterricht. Die Revolution und der Krieg hatten ihm persönlich geschadet und sein Land ausgeblutet; dessen war sich der alte Diplomat bewusst. Aber er war trotzdem innerlich gespalten; er betrachtete sowohl die Revolution als auch den Krieg als unausweichlich, und seine Leidensgeschichten hörten sich zwiespältig an.

Er hatte einen Freund, der Lehrer war. Der Lehrer war ein europäisierter Iraner aus der Mittelschicht zur Zeit des Schahs. Als die Revolution kam, war der Lehrer Ende dreißig; sein Sohn war elf. Der Junge hieß Farhad; das war einer jener traditionellen iranischen Namen – nicht arabisch und nicht islamisch –, die Angehörige der Mittelschicht ihren Kindern seit der Zeit der Reformen unter dem Vater des Schahs zu geben pflegten.

Nach der Revolution hatte der Lehrer das Gefühl, sein Sohn entfremde sich ihm. Im zweiten Jahr des Krieges, da war er vierzehn, wandte sich der Junge schließlich ganz von der Familie und ihrer Art zu leben ab. Er legte den Namen Farhad ab und nahm den arabischen Namen Maisam an. Maisam war einer der frühen Prophetengefährten gewesen; er starb als Märtyrer. In seine Fußstapfen wollte der Sohn des Lehrers fortan treten.

Khomeini hatte gesagt, dass sich die Revolution auf die Kinder und die junge Generation konzentrieren solle. Wer über vierzig war (wie der Lehrer), sei überflüssig. (Und Ayatollah Montazeri, der Stellvertreter, war noch weiter gegangen und hatte mit einer poetischen Metapher verlautbart, dass ausgetrocknete Bäume gefällt werden sollten.) Das war nicht einfach so dahingesagt. Um die Jugend zu indoktrinieren, wurde viel Energie aufgewendet; mit dem Krieg brauchte die Revolution immer mehr junge Leute.

Der alte Diplomat sagte: »Kleine Jungen spielen gerne mit Gewehren. Also gingen sie mit ihnen in die Moscheen und zeigten ihnen dort israelische Uzi-Maschinengewehre und andere Schusswaffen. Die Jungen waren fasziniert; zugleich übten sie Sprechchöre und Gebete ein und bekamen die Geschichte der Märtyrer von Kerbala erzählt.« Er meinte die Schlacht von Kerbala mit ihrer so ungleichen Kräfteverteilung, die schiitische Tragödie und Passion, die wieder und wieder durchgespielt wurde. »Es geht um den Sieg des Blutes über das Schwert. Am Ende siegt der Märtyrer. Und einige dieser jungen Leute berichteten von ihren Freunden, die Mudschahedin waren oder einer kommunistischen Gruppe angehörten. Diese Freunde mussten ihnen immer die Neuigkeiten von sich oder anderen Freunden erzählen, als gehörte das zu ihren revolutionären Pflichten.«

Ohne seinen Eltern ein Sterbenswörtchen zu verraten, ging der Sohn des Lehrers eines Tages in die Moschee, meldete sich als Freiwilliger und wurde an die Front geschickt.

»Wie ich später erfuhr, stieg er zum Kommandeur eines kleinen Minenräumkommandos auf. Er war ein Basiji. Anfangs wussten sie noch nicht, wie sie die Landminen entschärfen konnten, und schickten hunderte von Basijis vor. Diese wurden anhand spezieller Vorführungen darauf vorbereitet, an den Kommandos teilzunehmen. Sie steckten einen Mann in einen phosphoreszierenden Anzug, damit es von ferne so aussah, als galoppiere der Imam Mehdi auf einem Schimmel die Front entlang.« Der Imam Mehdi: Das war der zwölfte Imam der Schiiten, der sich seit Jahrhunderten an einem unbekannten Ort verbarg und darauf wartete, zu den Gläubigen zurückzukehren. »Außerdem hängten sie den Basijis einen Schlüssel um den Hals, der ihnen das Paradies öffnen würde. Zu dieser Zeit wurden Witze über die Paradiesschlüssel gerissen, die als Massenimport aus Japan eingeführt wurden. Aber ich muss dazu sagen, dass diese Jungen wirklich an die Front wollten. Auch einige meiner Schüler meldeten sich freiwillig. Ich erinnere mich noch genau an den Tag, an dem sie in einem Bus fortgebracht wurden. Der Bus wartete bereits, und einer der Jungen zitterte, als ich ihn umarmte. Ich sagte: ›Wenn du dir nicht sicher bist, dann musst du nicht mitfahren.‹ Er antwortete: ›Doch, ich muss, aber ich habe Angst.‹ Sie steckten sie in Busse und fuhren mit ihnen in der Stadt herum, damit sie sich als Helden fühlten, die binnen kurzem Satan bekämpfen und den Weg nach Kerbala frei machen würden.« Kerbala, der Name der frühislamischen Schlacht, die mit dem schiitischen Opfer endete, bezeichnet zugleich einen wirklich existierenden Ort im Irak.

»In Iran ist es üblich, dass jemand, der verreisen will, zwei- oder dreimal unter einem Koran hindurchgeht. Das Familienoberhaupt küsst den Koran und hält ihn über den Kopf desjenigen, der verreist. Aber für die Basijis, die an die Front geschickt wurden, machte das ein Mullah, der den Koran küsste und ihnen über den Kopf hielt. Dann bekamen sie ein rotes oder grünes Stirnband. Das ist schon eine hübsche Abschiedszeremonie. Wenn ich in meiner Jugend verreiste, zelebrierte sie meine Mutter mit dem Koran. Wenn ich dann in das Auto stieg, schüttete sie ein Gefäß mit Wasser hinter mir auf dem Boden aus. Davor musste man über dem Wasser beten und pusten. Das Wasser gilt in Iran als heilig, und die Zeremonie geht höchstwahrscheinlich auf den Vorislam zurück.«

Einige Zeit danach erfuhr der Lehrer, dass sein Sohn verwundet worden sei und in einem Krankenhaus in Täbris liege.

Er fuhr dorthin, holte ihn heim und pflegte ihn. Als der Junge wieder halbwegs beisammen war, ging er zurück an die Front. Das wiederholte sich mehrere Male.

»Nach sechs Jahren kam er endgültig nach Hause. Der Krieg war zu Ende. Er war sehr niedergeschlagen. Seine Eltern wussten nicht, was sie tun sollten. Er blieb die meiste Zeit über in seinem Zimmer. Er wollte sonst niemanden sehen. Schließlich ging der Lehrer einmal in das Zimmer. Dort fand er den Jungen vor, wie er im Schneidersitz auf dem Teppich in der Mitte des Zimmers saß, umgeben von lauter Fotografien der Gattung ›Alle diese Leute sind tot.‹ Es waren Fotos von seinen Freunden an der Front.«

Der Krieg ließ nach; die Lage normalisierte sich; die Begeisterung und die Hingabe legten sich. Indem sich der Junge der Liebe seiner Eltern überließ, erholte er sich allmählich. Er legte sich einen anderen Haarschnitt zu; er trug wieder europäische oder westliche Kleidung. Er schrieb sich an der Universität ein. Die Basijis waren privilegiert; sie konnten die Universität besuchen, auch wenn sie sich keiner Aufnahmeprüfung unterzogen hatten. Stück für Stück eroberte er sich als junger Mann die Persönlichkeit zurück, die er als Junge, sechs oder sieben Jahre zuvor, abgelegt hatte. Er hörte wieder Popmusik. Er tauschte den selbst gewählten arabischen Namen wieder gegen den alten Farhad ein.

Der Diplomat sagte: »Er denkt jetzt daran, Arzt zu werden. Für ihn ist das alles wie ein Traum. Er redet nicht über den Krieg. Ich weiß, dass viele von ihnen – Jungen wie er – enttäuscht waren. Aber dass sie als Basijis Sonderrechte genießen, macht sie zu gespaltenen Persönlichkeiten.«

Maisam-Farhad hatte eine gespaltene Persönlichkeit, aber der alte Diplomat ebenfalls. Iraner zu sein hieß, einem besonderen Glauben anzuhängen, einer besonderen Version des arabischen Glaubens; und dem alten Diplomaten war bis ins Mark bewusst – es gehörte mit zu seinem Leid –, dass der Krieg, so zehrend, erfolglos und schrecklich er auch gewesen sein mochte, hatte geführt werden müssen.

Er sagte: »Wenn die Jungen nicht diese Opfer gebracht hätten, dann hätten sich Saddam und die Irakis ein Viertel des iranischen Territoriums einverleibt. In einer bestimmten Hinsicht lässt sich behaupten, dass Khomeini einer der Erfinder des iranischen Nationalismus war. Nach so langer Zeit ließ er den alten arabisch-iranischen Gegensatz wieder aufleben. Einer der Beinamen, mit denen Saddam sich schmückte, lautete ›Sieger von Qadesiah‹. Damit bezog er sich auf die gewaltige Niederlage der Iraner gegen die Araber am Anfang der muslimischen Eroberung. Das war zur Zeit des Kalifen Omar, zehn Jahre nach Mohammeds Tod. Außerdem nannte Saddam die Iraner ›Magier‹, Anhänger der Religion Zarathustras.« Damit bezog er sich auf die Gläubigen in den Feuertempeln, die Anhänger der ursprünglichen vorislamischen iranischen Religion.

Der alte Diplomat war ein weiser und kultivierter Mann; und doch vermochte der Hohn, der aus dem Irak herüberschallte – und der wie die höhnischen Bemerkungen klang, die Kinder einander auf dem Schulhof an den Kopf werfen –, ihn zu verletzen: Hohn über die heidnische iranische Vergangenheit, eine Vergangenheit von Feueranbetung und Unglaube, die Vergangenheit vor der Ankunft des Islam, und auch der andere Hohn über die Art und Weise, wie der Islam in Iran Einzug gehalten hatte, nämlich durch die Araber, die als Eroberer kamen und den neuen Glauben mit Macht verbreiteten. Die Schlacht von Qadesiah hatte bereits im Jahr 637 n. Chr. stattgefunden, aber sie war immer noch so lebendig wie die Schlacht von Kerbala. Persien blickte auf eine lange Geschichte zurück; in den nahezu tausend Jahren vor Qadesiah war es eine Großmacht gewesen; es hatte sich mit Griechenland gemessen und Rom schwer zugesetzt. Aber diese Vergangenheit war jetzt begraben; sie hätte genauso gut die Vergangenheit eines anderen Volkes sein können; sie konnte die Niederlage von Qadesiah nicht aufwiegen. Im Bewusstsein der Menschen begann die Geschichte Irans mit der Ankunft des Islam, das heißt, sie begann mit einer Niederlage. Das verlieh dem Glauben in Iran eine besondere Schärfe und dem Volk eine besondere Leidensbereitschaft.

Der Sohn des Lehrers hatte die Widersprüche dieser Leidensbereitschaft ausgelebt. Als er die verwestlichte Lebensweise seiner Familie, wie sie in der Schahzeit üblich war, ablehnte und sich dem Glauben zuwandte, nahm er den Namen eines der ersten arabischen Märtyrer an. So kam er zu dem Stirnband der Basijis, zum Paradiesschlüssel um den Hals und zum Krieg gegen den Araber, der sich selbst Sieger von Qadesiah nannte.

Auch Kinder konnten schon, wie der Diplomat sagte, eine gespaltene Persönlichkeit haben. Es war ihre Art, dem übermächtigen Druck zu widerstehen und einen Teil ihrer Persönlichkeit zu retten.

Er erzählte von einem ihm bekannten Ehepaar, das ähnlich wie er selbst litt und ernüchtert war, aber an seinem Nationalismus festhielt. Sie hatten eine Tochter von neun Jahren, die auf eine örtliche Schule der Hisbollah ging. Eines Tages bestellte der Schulleiter die Eltern zu sich. Als sie in die Schule kamen, erfuhren sie, dass ihre Tochter die beste Koranrezitatorin der gesamten Schule war. Sie war so gut, dass die Schule beschlossen hatte, ihr in Gegenwart ihrer Eltern einen Preis zu verleihen. Die Eltern hatten von der Begabung ihrer Tochter vorher nichts gewusst. Tatsächlich hatten sie einen Schreck bekommen, als sie in die Schule bestellt wurden. Sie befürchteten, ihre Tochter könnte Dinge über sie erzählt haben.

Der Diplomat sagte: »Es ist schon sehr seltsam, wie wir jetzt leben.«

Solcher Art waren die Geschichten, die ich auf meinen Spaziergängen und Fahrten durch Isfahan zu hören bekam, während ich Kuppeln und Kacheln, Bögen und Gewölbe und, wenn es dunkel wurde, die Lichter der bogenüberspannten Brücken über den Fluss betrachtete. Vieles war restauriert worden, aber vieles verfiel auch. Ziegelstein ist kein dauerhaftes Material; in manch einer schmutzigen Straße schienen sich die unverputzten Ziegel, die die Rückfront von ansonsten eleganten Gebäuden bildeten, in Tonerde zurückzuverwandeln. Auf ähnlich beunruhigende Weise kam unter der Kultiviertheit des alten Diplomaten ein großer körperlicher und geistiger Schmerz zum Vorschein. Schmerz war tatsächlich das wichtigste Thema in seinen Geschichten, und manche dieser Geschichten wirkten, auch wenn er sie als gelebte Erfahrung eines seiner Bekannten präsentierte, wie ein Volksmythos, der aus der allgemeinen Not entstanden war. So tauchen ja auch in einer Gemeinschaft zu bestimmten Zeiten Witze auf und machen die Runde, Witze, die niemand sich ausgedacht hat, an denen aber alle mitwirken. Eine solche Geschichte war diejenige über das »Stück Fleisch«.

Ein Spezialist für Augenheilkunde wurde von einer Dame mittleren Alters im Schador gebeten, die Augen eines Patienten zu untersuchen, eines jungen Mannes, der im örtlichen Krankenhaus lag. Als der Spezialist bei dem Patienten eintraf, sah er, dass der Junge nur mehr ein »Stück Fleisch« war. Seine Verstümmelungen waren so groß, dass an Gesundung nicht zu denken war, zumal er keine Hände und Füße mehr hatte. Die Dame im Schador kam täglich zu dem Augenspezialisten, um ihn zu diesem Patienten abzuholen. Der Spezialist fragte sich, was für einen Sinn es mache, jemandes Sehkraft wiederherzustellen, der sich niemals mehr erholen oder in ein halbwegs normales Leben zurückkehren würde. Aber er wollte die Gefühle der Dame im Schador nicht verletzen. Sie verbrachte ihre ganze Zeit auf der Station. Nur zwei oder drei andere Frauen hielten es wie sie.

Der Spezialist erkundigte sich. Er erfuhr, dass die Frau im Schador nicht die Mutter des Jungen, sondern nur eine Nachbarin war. Die Mutter des Jungen kam zwar täglich ins Krankenhaus, aber sie blieb niemals lange. Im Lauf der Zeit wurde der Spezialist mit der Dame im Schador vertrauter, und eines Tages fragte er sie, warum ihr so daran gelegen sei, dass der verstümmelte Junge, der nicht einmal ihr Sohn war, wieder sehen könne.

Die Dame im Schador sagte: »Mein eigener Junge, mein Sohn, wurde hingerichtet, weil er einer antirevolutionären

Gruppe angehörte. Derjenige, der ihn verriet, war dieser Junge hier, der Sohn unserer Nachbarn. Ich bin froh, dass mein Sohn tot ist. Sie haben ihn einfach hingerichtet. Ich will dieses Stück Fleisch aus Rache am Leben erhalten. Ich will erreichen, dass sich seine Mutter täglich um ihn grämen muss.«

Der Schah hatte die vorislamische Vergangenheit verherrlicht, unter anderem, um sich selbst in die Reihe der großen Herrscher der Vergangenheit zu stellen. Wie zweitausend Jahre früher Alexander, machte auch er die feierliche Pilgerfahrt zum Grab des Kyros in Pasargadae. Nach der Revolution hatten ganze Banden von Revolutionären das Grab und die nahe gelegenen Paläste (und Feuertempel) heimgesucht, aber sie hatten nicht viel Schaden angerichtet. Man erzählte sich auch (ich weiß nicht, ob es stimmte), dass Ayatollah Khalkhali, Khomeinis Henkerrichter, in ein Komitee berufen wurde, das die beste Methode zur Zerstörung (oder auch nur Verunstaltung) der Ruinen von Persepolis ausarbeiten sollte. Aber dann begann der Krieg, die lange Heilige Verteidigung. Jetzt kamen wieder Touristen nach Shiraz, ließen sich nach Persepolis fahren, und manche schafften es sogar bis Pasargadae.

Der Moment, in dem die Revolution alles verneint hatte, war vorüber. Die Revolution hatte sich durchgesetzt; es gab keine Feinde mehr; die Welt war neu geordnet (auch wenn Ayatollah Khalkhali der Meinung war, dass die Aufgaben nur zu dreißig Prozent erledigt worden waren).

An den Universitäten fand eine islamische Aufnahmeprüfung statt. Mehrdad sagte, es werde immer schwieriger, sie zu bestehen. Vor fünf Jahren mussten die Studenten noch nicht, so wie jetzt, Teile des Koran auswendig können. In allen Ämtern der Regierung gab es inzwischen eine islamische Organisation; wer sich dort um Arbeit bewarb, musste sich einem Gespräch mit dieser Organisation unterziehen. Sie fragten nach der politischen Einstellung, aber sie wollten auch wissen, wie gut die Leute die islamischen Vorschriften kannten.

Mehrdad sagte: »Sie fragen nicht nach den allgemeinen Vorschriften, sondern nach ganz speziellen. Sie behaupten, dass alle Muslime diese Vorschriften kennen müssen. Sie fragen dich nach den Gebeten. Wir beten normalerweise fünf Mal am Tag. Aber es gibt noch eine andere Art Gebet – das Stoßgebet bei einem Notfall. Oder die Freitagsgebete. Oder die Gebete für die Toten. Sie alle haben ihre eigenen Vorschriften. Und jemand wie ich, der nicht einmal die normalen Gebete einhält, kennt die Sondergebete natürlich erst recht nicht.«

Ein besonderes Fach an den Universitäten beschäftigte sich mit dem Vermächtnis Khomeinis. Man bekam Punkte dafür, und sogar für Nichtmuslime war dieses Fach obligatorisch; jeder musste sich einschreiben, egal worum es gerade im Einzelnen ging.

Mehrdad sagte: »Das Fach heißt *Das Vermächtnis des Imam.* Ich habe zwanzig von zwanzig Punkten gemacht. Unser Professor teilte eine Zusammenfassung von zehn handschriftlichen Seiten aus. Khomeinis Art zu reden ist kompliziert. Selbst seine einfachsten Sätze haben eine komplizierte Grammatik. Schon ein Zehnjähriger kann an einem Wandspruch erkennen, ob der Satz von Khomeini ist. An sich ist die Sprache schön, aber vierzig Seiten lesen zu müssen ist anstrengend. Die Zusammenfassung des Professors erleichterte das Lesen. Im Text drehte sich alles darum, wie man die Revolution am Leben erhält. Außerdem warnte er vor Amerika und dem Imperialismus und gab Ratschläge, wie man die Moscheen und den Islam schützen konnte.«

Die Welt war neu geordnet. An der Stelle, wo Mehrdads Vater früher Fotografien der königlichen Familie an die Wand gehängt hatte, befand sich jetzt ein Scherenschnitt Khomeinis (angefertigt von Mehrdad, der gerne bastelte). Das Land war durch den Krieg und die Revolution vollkommen umgekrempelt und von seinem früheren Wesen gereinigt worden. Einige Leute hatten Karriere gemacht; sehr viel mehr hatten ihre Lebensgrundlage verloren; und niemand konnte mit Sicherheit behaupten, dass dies alles einem höheren Ziel gedient hatte.

Das Einzige, was man wirklich sagen konnte, war, dass das Land nahezu alle Arten des Leidens kennen gelernt hatte. Derzeit fehlte der Wille zum gemeinsamen Handeln; erschöpft, wie die Menschen aufgrund ihres Leidens waren, warteten sie nur darauf, dass etwas geschehen würde. Menschen wie Mehrdad und seine Familie waren zu Nervenbündeln geworden. Möglicherweise war es zur Zeit des Schahs genauso gewesen. So dass sich hier Geschichte vielleicht merkwürdig zirkulär abspielte. Jede große Unternehmung – der Krieg, die Revolution – war unvermeidlich gewesen. Und jede große Unternehmung führte in einem Bogen zu ihrem Ausgangspunkt zurück.

An meinem letzten Tag in Teheran sprach ich mit Ali über die Revolution gegen den Schah. Hätte es auch anders kommen können?

Ali antwortete, Leute wie er selbst bräuchten Freiheit. Unter dem Schah war es ihnen zwar gut gegangen, aber sie lebten in Mauselöchern. Wenn sie sich mit den Menschen einer vergleichbaren Schicht in anderen Ländern verglichen, fühlten sie sich gedemütigt. Niemand konnte sich dermaßen gedemütigt noch wohl fühlen. Es waren Leute wie er gewesen, nicht die Armen, von denen die Revolution ausging. Außerdem gab es den kulturellen, islamischen Aspekt.

Ali sagte: »Ich muss ein bisschen ausholen. In den vierziger Jahren, als die Alliierten Iran besetzten, gab es eine Welle des Zuzugs vom Land in die Kleinstädte. Und eine Welle des Zuzugs von kleinen Geschäftsleuten aus den Kleinstädten in die größeren Städte.«

In den Städten übertraf die Zahl der Migranten bald diejenige der Alteingesessenen, und der Zuzug vom Land in die Stadt hielt die ganzen vierziger und fünfziger Jahre an. Die alteingesessene Bevölkerung dachte säkular. Die Migranten folgten tief sitzenden islamischen Traditionen. Ihnen missfiel, was sie in der Stadt erlebten: Alkohol in den Geschäften, Kabarett, später dann Frauen in kurzen Röcken, Sexfilme in den Kinos, halb nackte Frauen, die im Fernsehen sangen und tanzten. «

In den sechziger Jahren begann der Schah mit seiner Landreform. »Das fruchtbare Land blieb in den Händen der alten Großgrundbesitzer. Das unfruchtbare oder nur halbwegs fruchtbare Land wurde unter den Bauern verteilt, den Menschen, die schon immer das Land bestellt hatten. Seit alters verließen sich die Bauern auf einen Großgrundbesitzer. Er saugte sie aus, aber er schützte sie auch. Wenn sie dessen bedurften, lieh er ihnen Geld, versorgte sie mit Saatgut und half ihnen, wenn sie in Not geraten waren. Durch die Neuverteilung des Landes verloren die Bauern diesen Schutz, und die Regierung machte keine Anstalten, an seiner Stelle ein Kreditsystem einzurichten. Die Bauern verdienten nicht genug für ihren Lebensunterhalt. Sie verließen ihre Höfe und zogen in die Stadt.«

Diese Menschen waren außerdem konservativ und religiös. Ihre Söhne wuchsen in der Stadt auf und erhielten eine Ausbildung. Sie gingen zur Universität; sie nutzten die Stipendien, die von der Schahregierung ausgesetzt wurden. Aber diese zweite Generation stand noch unter dem Einfluss des Islam ihrer Väter. Ali meinte, dass es zwei bis drei Generationen brauche, bis die Leute die bäuerliche Lebenseinstellung ablegten. Dafür hatte Iran nicht genügend Zeit. Die Dinge entwickelten sich zu schnell. Diese zweite Generation musste sich nicht gegen die Väter durchsetzen und wurde insgesamt sehr einflussreich. Sie arbeiteten für die Regierung; sie wurden Lehrer. Viele wurden Geschäftsleute im Bazar.

»Innerlich waren sie Muslime. Und da sie aus armen Familien stammten, fühlten sie sich zu einem linken Sozialismus hingezogen. Das ist der Grund dafür, dass die Mudschahedin so viel Zulauf bekamen: Ihre Ideologie berief sich auf den Marxismus und den Islam. Welche Ironie: Materialismus und Gott zugleich. Diese Leute, also die erste und zweite Generation der städtischen Zuwanderer, hatten immer noch Kontakt zu den Mitgliedern ihrer bäuerlichen Familie, die auf den Höfen geblieben waren, in den Kleinstädten oder den Dörfern. Aus ihren Kreisen kamen die Anführer der neuen Bewegung. In Kerman kannte ich viele von ihnen. Als dann die Revolution begann, waren die Führer bereits in den Städten, und die Massen, die sie zum Aufruhr und für die Demonstrationen brauchten, waren in den Dörfern und Kleinstädten.«

Von ihnen waren die Leute des Schahs so weit entfernt, als lebten sie in einer anderen Welt. Sie waren die Söhne und Töchter der alteingesessenen Bevölkerung in den Städten. Viele waren wohlhabend und hatten ihre Ausbildung an europäischen oder amerikanischen Schulen erhalten. Sie sprachen mehrere Sprachen; sie konnten sich über die westliche Philosophie und die europäische Politik unterhalten. Sie kannten die französische, spanische und deutsche Geschichte besser als die iranische.

»Das waren ungefähr fünf Prozent der Bevölkerung. Höchstens. Die übrigen, mindestens fünfundneunzig Prozent, lasen den Koran auf Arabisch. Sie waren das wirkliche Volk, die Massen. Zu den fünf Prozent hatten sie keinerlei Verbindung. Man konnte den Eindruck haben, als wäre das Land unter zwei Stämmen aufgeteilt. Der Schah lebte inmitten der fünf Prozent. Vor allem später, als er die letzte Kaiserin heiratete, die in Frankreich erzogen worden war und die französische Kultur angenommen hatte. Sie lehnten die islamische Tradition in demselben Maß ab, wie die andere Gruppe die westliche Tradition ablehnte, die man ihr aufzwang.«

In den siebziger Jahren setzte der Ölboom ein. Das Einkommen Irans stieg auf das Fünfzigfache an. Der Reichtum überstieg jegliche Vorstellungskraft, und er machte die Dinge nur noch schlimmer.

»Dieser neue Reichtum erfasste die Großstädte, während die Mehrheit des Volkes in ländlichen Gebieten lebte. Die jüngere Generation von Bauern, die in die Städte gezogen war, erkannte, dass sie betrogen wurde. Von 1970 an wuchsen islamische Organisationen wie die Pilze aus dem Boden, an den Universitäten und in jeder Stadt. Ganz besonders aber in den Bazaren. Die islamischen Organisationen konnten sich in die Politik einmischen, weil es keine politischen Parteien gab. Der Schah erlaubte politischen Parteien nicht, Fuß zu fassen. Außerdem drückten diese islamischen Gruppierungen aus, was die Leute tatsächlich über den Schah und seine Umgebung dachten, nämlich dass sie keine Muslime seien. Der Schah, die Kaiserin und die Leute um sie herum begannen, Festivals auszurichten. Sie luden Musiker ein, Dichter, Tänzer, alle möglichen Künstler aus dem Ausland. Eine Tanztruppe war darunter, die trat vollständig nackt auf. Es gab viele solcher Ereignisse. Das war, als ob man Öl ins Feuer gießen würde.«

Inzwischen, fast zwanzig Jahre später, waren der Schah und sein Umfeld verschwunden. Stattdessen hingen überall die Farbfotografien der religiösen Führer. Auch sie verlangten absoluten Gehorsam. Das Land wurde von islamischen Vorschriften beherrscht, und die Wächter und die Basijis wachten über ihre Einhaltung, tagsüber im Park und nachts auf den Autobahnen. Junge Leute wie Feyredouns Bruder kannten nichts außer der religiösen Herrschaft. Auf seine unschuldige, aber auch gefährliche Art war er zum Nazi geworden; in der Nacht zog er mit seinen Freunden manchmal los, um die Wächter zu provozieren. Außerdem fand unter der jungen Generation eine sexuelle Revolution statt und ein Abfall vom zu strengen, alles durchdringenden Glauben. Diesen Abfall hatte Emami, der *talebeh*, in Qom mit den Worten kommentiert: »Unsere Feinde kennen unsere Schwäche.« Nach all dem Leid schien sich ein neuer Nihilismus vorzubereiten.

Ali sagte: »Die beiden iranischen Stämme gibt es immer noch. Wenn sie sich nicht vereinen, dann weiß ich nicht, was passieren wird.«

III

Pakistan

Ausstieg aus der Geschichte

I

Ein kriminelles Unternehmen

In Persepolis gab es viel zu sehen, mehr, als sich an einem Tag verdauen ließ. Und nicht viele Besucher waren danach noch bereit, die zusätzlichen rund vierzig Kilometer nach Pasargadae zurückzulegen, wo es vergleichsweise wenig gab und das Vorhandene kahl und weit verstreut und schmucklos dalag: der eingesunkene Turm eines Feuertempels, der Palast des Cyrus und das Grabmal des Cyrus. Mehrdad und ich hatten den Ort ganz für uns. Der von der Sonne tief gebräunte Führer am Eingang des Geländes (vielleicht war es auch einer der Wächter), ein hagerer, unrasierter Mann, der eine alte Jacke und einen Pullover gegen den Wind und den Staub trug, bestieg seinen Motorroller und spielte für uns den hermetischen Begleiter durch die Ödnis; Staub aufwirbelnd und in Auspuffwolken gehüllt, fuhr er wenige Meter vor uns her und lächelte und winkte, sooft unser Fahrer zögerte – gleichsam der Trickster aus mythologischen Vorzeiten in modernem Gewand.

So langten wir bei den Überresten des Cyrus-Palastes an. Umfängliche Partien des weißen Fußbodens, der aus großen, unregelmäßigen, verschachtelten Marmorblöcken bestand, lagen noch ebenso plan und dicht gefügt da wie vor 2500 Jahren, als der Palast errichtet worden war. Irgendwann hatte das Bauwerk als Steinbruch gedient. Ein Teil der Steine – sie waren andernorts für den Bau einer Moschee verwendet worden – wurde zu Zeiten des Schahs auf das Gelände zurückgebracht. Diese Blöcke, in die arabische Buchstaben gemeißelt waren, lagen jetzt nutzlos herum; sie heiligten als Reliquien einen Ort, der ein Jahrhundert vor Herodot, mehr als tausend Jahre vor dem Islam, einer Weltmacht als Residenz gedient hatte. Das flache Land ringsum war bedeckt von wild wachsenden Gräsern und Blumen, die nach dem Sommer verbrannt und dürr waren, erfüllt vom Gesang unsichtbarer Vögel.

Kurz zuvor, erzählte der Führer, seien etwa dreißig oder vierzig Besucher aus Indien in einem Bus hergekommen. Sie hätten Aufstellung vor einer Säule genommen, in die hoch droben in Keilschrift die Worte *Ich bin Cyrus, Sohn des Kambyses, und dies ist mein Palast* gemeißelt waren, und hätten irgendwelche Gebete gesprochen. Dann hätten sie etwa zwanzig Minuten lang laut geklagt. Anschließend seien sie wieder in den Bus gestiegen und davongefahren.

Der Führer wusste nicht, um wen es sich bei den Leuten im Bus gehandelt hatte. Die Vermutung lag indes nahe, dass es Parsen waren, Anhänger des Zarathustra, Gläubige der vorislamischen Religion Persiens und Nachkommen derer, die nach der Eroberung und Islamisierung Persiens durch die Araber das Land verlassen hatten. Sie hatten im indischen Gujarat Zuflucht gefunden; Gujarati war zu ihrer Sprache geworden. Sie bildeten eine kleine Gemeinschaft und blieben bis ins zwanzigste Jahrhundert mehr oder minder intakt. Durch Heiraten nach draußen, eine Folge der allgemeinen Öffnung der Welt, schmolzen sie dahin. Dass ein paar von ihnen der alten glorreichen Zeiten gedachten und im verfallenen Palast des Cyrus dieses Trauerritual zelebrierten, grenzte an ein Wunder; auch wenn sie sich vielleicht nur noch unvollkommen an die alten Gebete erinnerten und das Ritual ein Machwerk war.

Ein paar Tage später fuhr ich nach Pakistan, in die Stadt Lahore. Ich stieg im Avari-Hotel ab. Die Avaris waren Parsen, bildeten eine ihrer verstreuten Gruppen; die Teilung des indischen Subkontinents im Jahr 1947 hatte auch die Parsen aufgespalten: Die einen lebten in Indien, die anderen in Pakistan. In der Empfangshalle des Hotels befanden sich große farbige

Fotos von Herrn und Frau Avari, dem Gründerpaar. Am Hoteleingang hing eine Tafel zu Ehren von Frau Avari. Sie kündete von ihrem Leben und ihrem Werk. Der Lobpreis schloss mit folgenden Worten: *Sie starb am 25. November 1977 in Boston (USA). Möge der Allmächtige Ahura Masda ihrer Seele ewigen Frieden im Himmel gewähren.*

Das ließ die zarathustrische Religion wie eine Spielart des Christentums oder Islam erscheinen. Entsprach das der alten iranischen Religion? Vielleicht spielte das gar keine Rolle. Eine Rolle spielte, was in den Herzen der Menschen bewahrt lag, die diese Tafel angebracht hatten. Christentum und Islam hatten die antike Welt zerstört und neu geschaffen. Sie waren universelle, keine lokal begrenzten Religionen; ihre religiösen und sozialen Ideen sprachen jeden an und konnten selbst bei Menschen, die ihnen nicht angehörten, ein Gefühl von Vertrautheit erwecken.

Im Iran war die vorislamische Vergangenheit unwiederbringlich verloren. In Pakistan war das nicht so. Lebendige Bruchstücke der Vergangenheit lebten in Kleidung, Brauchtum, Zeremonien, Festen und – was das Wichtigste war – im Kastendenken fort. Den Iran hatte der Islam unmittelbar nach der Zeit des Propheten erreicht. Hingegen vergingen fast vierhundert Jahre, ehe der Islam begann, den Nordwesten Indiens zu durchdringen (die Eroberung des im Südwesten gelegenen Sindh steht auf einem anderen Blatt). Um 1200 unserer Zeitrechnung (ich begnüge mich mit groben Zeitangaben) stellten die Muslime im Norden des Subkontinents bereits einen politischen Faktor dar; um 1600 hatten sie den Gipfelpunkt ihrer Machtentfaltung erreicht; mit dem Verfall des Mogulreiches um 1700 fand auch die muslimische Herrschaft in Indien mehr oder minder ihr Ende.

Eine umfassende, organisierte Landnahme wie im Iran hatte nie stattgefunden. Die außergewöhnlichen Völker, die nach dem Niedergang des Mogulreichs ihren Aufstieg erlebten – die Mahrattas, die Sikhs – machten zum Teil sogar gegen die Muslime eigene Religionen geltend. Die Briten als in religiöser Hinsicht Außenstehende waren es, die diese beiden Völker unterwarfen und mittels einer Mischung aus direkter und indirekter Herrschaft die Vormachtstellung auf dem Subkontinent errangen.

Die britische Zeit – die an manchen Orten zweihundert, andernorts weniger als einhundert Jahre währte – erlebte das Wiedererstarken des Hinduismus. Besonders die Hindus in Bengalen standen der neuen europäischen Bildung und den Einrichtungen, die von den Briten ins Land gebracht wurden, aufgeschlossen gegenüber. Durch ihren Machtverlust gekränkt und von religiösen Skrupeln geplagt, hielten sich die Muslime abseits. So kam es, dass sich die beiden Gemeinschaften intellektuell auseinander entwickelten. Die Kluft ist seit der Unabhängigkeit noch gewachsen, und dies hat – mehr sogar als die Religion – dafür gesorgt, dass sich heute, beim Übergang vom zwanzigsten zum einundzwanzigsten Jahrhundert, Indien und Pakistan als zwei ganz verschiedene Länder gegenüberstehen. Indien mit einer Intelligenzschicht, die sprunghafte Fortschritte macht, entfaltet sich in alle Richtungen. Pakistan, das ständig nur Glaubensbekenntnisse ablegt, zieht sich immer weiter in sich selbst zurück.

Der Ruf nach der Gründung Pakistans entsprang einem muslimischen Gefühl der Unsicherheit und Bedrohung. Hand in Hand damit ging die Erinnerung an eine glorreiche Vergangenheit, an die Zeiten, da die Eroberer vom Nordwesten her unaufhaltsam vorgedrungen waren, die Tempel Hindustans geplündert und die Ungläubigen mit Gewalt zum Glauben bekehrt hatten. Die Phantasie lebt bis heute fort und stellt für die muslimischen Konvertiten des Subkontinents den Keim ihrer Neurose dar, weil sie den Bekehrten vergessen macht, wer oder was er ist, und ihn zum Aggressor werden lässt. Es ist so, als würden – um die Kontinente zu wechseln – die Eingeborenenvölker Mexikos und Perus sich auf die Seite des Cortés, des Pizarro und der Spanier schlagen und als die Vorkämpfer des wahren Glaubens auftreten.

Ein Anwalt erzählte mir von den muslimischen Kampfparolen, die er als Dreijähriger in einer kleinen Stadt im Punjab mitbekommen hatte, damals, während der Zeit der Agitation für einen Staat Pakistan. Die Parolen hatten ihn als Kind aufgewühlt, und das taten sie auch heute noch. Der Anwalt (er war der Sohn eines berühmten Liberalen aus der Zeit vor der Teilung des Subkontinents) erklärte sich mir gegenüber für ebenso liberal wie sein Vater. Wenn die Leute da draußen (er machte mit dem Kinn eine verhaltene Bewegung zur Straße hin) wüssten, wie liberal er sei, würden sie ihn »binnen einer halben Stunde aufknüpfen«.

Tatsächlich aber war er ein alter Fanatiker. Nicht zufrieden damit, seinen Glauben zu haben, wollte er mit ihm auch noch auf die alte Weise triumphieren. Kaum dass er anfing, die alten Parolen von 1947 herzubeten, war mir das klar. Seine Stimme begann zu zittern, seine Augen glänzten; er war wieder das dreijährige Kind in Lyallpur, das davon träumte, die Ungläubigen ins Jenseits zu schicken.

> *Darté naheen dunya mayu Musalman kissee sé –*
> *Ja poochh Ali-sé.*
> Keine Furcht weit und breit kennt der Muselmane –
> geh und frag Ali.

Die Übersetzung – fließendes Urdu, das sich Wort für Wort in englischen Stein verwandelte – kühlte ihn ab. Wieder ganz Anwalt, sagte er halb entschuldigend: »Als Dichtung vielleicht nicht sehr großartig. Aber es geht mir ans Herz.«

Wir saßen in seinem Speisezimmer. Es war verwohnt und merkwürdig dunkel, als wäre es ein wenig zu tief unter das Niveau des umgebenden Landes abgesunken. Von der Straßenkanalisation drang ein übler Geruch herein; vielleicht war ein Abflussrohr defekt. Er entschuldigte sich dafür; allerdings wirkte es so, als habe er sich damit abgefunden. Der Kühlschrank stand in einer Ecke des Zimmers, vielleicht um die Dienstboten besser überwachen zu können. Der hochgewachsene, mürrische pathanische Diener, wie alle Bediensteten in Pakistan äußerst schmuddelig gekleidet, kam alle zwei Minuten herein, um etwas aus dem Kühlschrank zu holen oder wieder hineinzustellen. Mich lenkte das ab, nicht hingegen den Anwalt. Seine Augen leuchteten, er wirkte abwesend. Die pakistanischen Parolen von 1947 hatten ihn aufgerührt; ich merkte, dass sie ihm immer noch im Kopf herumspukten.

Schließlich nippten wir von dem schlechten Kaffee, den der schmuddelige Diener uns eingeschenkt hatte, und taten, was ich bei Besuchen in Pakistan mit meinen Gastgebern schon so oft getan hatte: Wir sannen nach über den Verfall des Staates.

Der neue Staat war überstürzt geschaffen worden und hatte kein echtes Programm. Er konnte nicht Heimat für sämtliche Muslime des Subkontinents sein; das war unmöglich. Tatsächlich blieben mehr Muslime in Indien zurück, als in dem neuen muslimischen Staat versammelt waren. Wichtiger als jede politische Zielsetzung schien, dass der neue Staat ein Triumph des Glaubens war, ein Pfahl im Fleisch des alten Hindustan. Jemand (nicht der Anwalt) erinnerte sich an den höhnischen Slogan von 1947:

But kay rahé ga Hindustan,
Bun kay rahé ga Pakistan.
So gewiss Hindustan geteilt wird,
so gewiss wird Pakistan gegründet.

In Lahore begegnete ich 1979 einem Mann, der sich bemühte, mir klar zu machen, was für ihn als Kind, das auf der anderen Seite der Grenze in Indien lebte, die Schaffung des Staates Pakistan bedeutet hatte. Er suchte nach Worten. Schließlich sagte er: »Für mich war es wie Gott.« Vielen oder den meisten Muslimen des Subkontinents erschien der Indien abgewonnene Staat als eine Art religiöse Ekstase, als etwas, das alle Vernunft überstieg und jenseits der Zänkereien um Grenzverlauf, Verfassungsfragen und ökonomische Planungen lag.

Und dann, fast vom Augenblick der Teilung an, gab es Leute, die sahen, dass man von dem neuen Staat auch profitieren konnte. Sämtliche Gebiete im Westen – die alten und weniger alten Stätten des Hinduismus, des Buddhismus und der Sikh-Religion – verloren letztlich den Teil der Bevölkerung, der aus Hindus und Sikhs bestand, oder wurden von ihm gesäubert. Diese Gruppen verließen das Land und siedelten nach Indien über. Als Gemeinschaften waren die Hindus und Sikhs vermögend; angeblich gehörten ihnen vierzig Prozent des Reichtums der Region. Als sie wegzogen, wurden viele ungetilgte Schulden gelöscht; überall in Pakistan, in den Dörfern und Städten jeglicher Größe verlangten ungeheure Vermögensmengen nach neuen Eigentümern. Über Nacht wurden Menschen reich oder vermehrten ihren Reichtum. Gleich bei seiner Gründung also kam der religiöse Staat in Berührung mit der alten Ausplünderungsidee. Die Idee vom Gottesstaat erfuhr eine Abwandlung.

Durchbeißen musste sich der neue Staat nicht. Er wurde Satellit der USA, die ihn den ganzen Kalten Krieg hindurch stützten. Er entwickelte keine moderne Wirtschaft; dazu fehlte die Notwendigkeit. Stattdessen fing er an, seine Menschen zu exportieren; teilweise lebte seine Wirtschaft von Überweisungen aus dem Ausland.

Zweiunddreißig Jahre nach der Teilung kam es in Afghanistan zum Krieg gegen die sowjetische Besatzungsmacht. Daran konnte man sich als an einer Art von Religionskrieg beteiligen, und abermals machte man ungeheure Beute. Amerikanische Waffen und afghanische Drogen folgten acht Jahre lang ein und derselben Route; hunderte von Millionen Dollars blieben entlang der Route in den Händen der Gläubigen zurück. Auch die Korruption nahm ungeheure Ausmaße an; letztlich führte das zur Demontage der Staatsmacht. Öffentlicher Glaube und persönliche Bereicherungssucht bildeten einen Teufelskreis. Eine Stelle, an der dieser Teufelskreis hätte durchbrochen und ein neuer Anfang gemacht werden können, gab es nicht mehr. Nach vier Jahrzehnten des Zynismus und der geistigen Trägheit hatte sich der Staat, der anfangs einigen als Gott erschienen war, auf ein kriminelles Unternehmen reduziert.

Über die Gestaltung des neuen Landes war nie ernsthaft nachgedacht worden. Mit dem Triumph des Glaubens würde sich alles andere von selbst ergeben. Aber so machtvoll die islamische Identität als Protestpotenzial vor der Teilung gewirkt hatte (der Anwalt sprach von einem »machtvollen Mobilisierungsfaktor«), so wenig reichte sie doch aus, das sperrige, zweiflügelige Staatsgebilde zusammenzuhalten. Bangladesch mit seiner eigenen Sprache und Kultur machte sich bald schon selbständig; und selbst dann noch musste jeder, der in dem verbleibenden Pakistan nach politischer Macht strebte, seine Rivalen an Treue zum Islam übertrumpfen.

Das von den Briten, den großen Gesetzgebern des Subkontinents, übernommene Prozessrecht wurde auf ebenso halbherzige wie unpraktische Weise umgemodelt. Bestimmte islamische Zusätze wurden angeklebt. Nicht immer waren sie praktikabel, und das Rechtssystem, dem bereits Manipulationen von politischer Seite Schaden zugefügt hatten, nahm noch ein bisschen mehr den Charakter von Flickwerk an. Die Rechte der Frauen waren nicht mehr garantiert. Ehebruch wurde zum Kriminaldelikt; das bedeutete, dass ein Mann, der seine Frau loswerden wollte, sie nur des Ehebruchs zu beschuldigen brauchte, um sie ins Gefängnis zu bringen. Ab dem Jahr 1979 sah man wieder koranische Strafen vor; zu Amputationen kam es zwar nie (die Ärzte weigerten sich mitzumachen), aber die öffentlichen Auspeitschungen fanden Anklang, und die Leute strömten zusammen, um zuzuschauen.

Der durch diese Gesetze definierte Islam war restriktiv, grausam und einfältig. Nicht immer wurden die vorgesehenen Strafen vollstreckt. Wie seit 1986 die öffentlichen Auspeitschungen, wurden auch sie unter Umständen ausgesetzt (sehr zum Unwillen der Öffentlichkeit); oder sie ließen sich auch, wie die für Alkoholgenuss und Glücksspiel vorgesehenen Strafen, umgehen. Aber formal blieben alle diese Gesetze in Kraft und veränderten den Charakter des Staates. Sie beförderten die rückwärts gewandte Haltung. Sie sorgten für ein allgemeines Gefühl der Unsicherheit. Sie schufen die Rahmenbedingungen für jene Bereitschaft zur Diktatur, die in Krisenzeiten die Menschen von sich aus bewiesen.

Dass nach dem Wegbrechen von Bangladesch das als Pakistan übrig bleibende Gebilde den Teil des Subkontinents darstellte, der das niedrigste Bildungsniveau aufwies, war Zufall. Das Gebiet war erst spät an die Briten gefallen und hatte kaum ein Jahrhundert lang, nämlich von den vierziger Jahren des neunzehnten Jahrhunderts bis 1947, britischer Herrschaft unterstanden, wobei zu Anfang dieser Periode (1857–60) der Indische Aufstand und gegen Ende die Unabhängigkeitsbewegung für Unruhe sorgten. (Der Zufall wollte es auch, dass die britische Herrschaft in diesem Land mehr oder minder mit der Lebenszeit ihres berühmtesten Chronisten, Rudyard Kipling, zusammenfiel, der 1865 zur Welt kam und 1936 starb.)

Die britischen Institutionen waren den älteren politischen Systemen vor Ort, dem Stammessystem im Nordwesten und den feudalen Häuptlingsherrschaften im halb versklavten Süden, nur übergestülpt. Nach nicht einmal fünfzig Jahren Pakistan begannen diese älteren, inoffiziellen Systeme wieder zum Vorschein zu kommen. Den modernen Staat, den das Land von den Briten übernommen hatte, konnten sie als modische, nutzlose Bürde erscheinen lassen.

Stets im Hintergrund lauerten nun die Fundamentalisten, die – befeuert durch die Euphorie der Gründung Pakistans und zusätzlich angeheizt durch die teilweise Islamisierung der Rechtsprechung – das Land immer weiter in die Vergangenheit zurückführen wollten, bis ins siebente Jahrhundert, in die Zeit des Propheten. Das Programm für diese Restauration war ebenso verschwommen wie zuvor das Programm für die Staatsgründung selbst: Man träumte davon, die regelmäßige Gebetspraxis zur Pflicht zu machen, koranische Strafen einzuführen, Hände und Füße abzuhacken, die Frauen zu verschleiern und im Haus effektiv einzusperren, den Männern Besitzrechte auf vier Frauen gleichzeitig einzuräumen, ihnen zu gestatten, die Frauen nach Gusto zu gebrauchen und zu verstoßen. Und irgendwie, meinte man, werde daraus, aus dieser geschlossenen, frömmlerischen Gesellschaft von ungebildeten Männern, die zu Hause den Pascha spielten, die rechte staatliche Ordnung emporsprießen und ein ebenso machtvolles Gemeinwesen hervorgehen wie in den Anfängen des Islam.

Das erste ernstliche Plädoyer für ein Pakistan stammt aus dem Jahr 1930 und findet sich in einer Rede, die der Dichter Mohammed Iqbal auf einem Kongress der Islamischen Liga hielt, die damals noch nicht für die Teilung des Subkontinents eintrat. Im Ton ist die Rede ziviler und scheinbar vernünftiger als die Straßenparolen des Jahres 1947; die Antriebe sind allerdings die gleichen. Iqbal stammte aus einer erst kürzlich konvertierten Hindufamilie; vielleicht musste sich jemand als Neubekehrter fühlen, um so reden zu können wie er.

Der Islam sei anders als das Christentum, erklärte Iqbal. Er sei keine Religion privaten Gewissens und privaten Handelns. Der Islam gehe Hand in Hand mit gewissen »Gesetzesvorstellungen«. Diese Vorstellungen seien »für das bürgerliche Leben von Bedeutung« und schüfen eine bestimmte Art von sozialer Ordnung. Das »religiöse Ideal« lasse sich nicht von der Gesellschaftsordnung trennen. »Deshalb ist der Aufbau eines Gemeinwesens im nationalstaatlichen Sinne für einen Muslim schlicht undenkbar, wenn er mit der Verwerfung des islamischen Solidaritätsprinzips einhergeht.« Im Jahr 1930 strebte man ein nationalstaatliches Gemeinwesen noch im gesamtindischen Rahmen an.

Dass ein denkender Mensch im zwanzigsten Jahrhundert solch eine Rede halten konnte, war schon bemerkenswert. Auf verklausulierte Weise erklärte Iqbal nichts anderes, als dass Muslime nur mit Muslimen zusammenleben könnten. Wenn das ernst gemeint war, dann lief es darauf hinaus, dass die ideale Welt, die Welt, nach der man streben musste, eine reine Stammeswelt war, sorgfältig aufgeteilt, mit jedem Stamm in seinem Eckchen. Offen ausgesprochen, wäre das absurd erschienen.

Was im Hintergrund dieser Forderung nach Pakistan und einem rein muslimischen Staatswesen lauerte, ohne Erwähnung zu finden, war die Ablehnung, mit der Iqbal dem hinduistischen Indien gegenüberstand. Seine Zuhörer bekamen das mit und hatten wie er eine konkrete Vorstellung von dem, was sie ablehnten. Sie waren davon umgeben, brauchten nur um sich zu blicken; es war Teil der empirischen Welt. Was hingegen in dieser Welt nicht existierte und was Iqbal nicht einmal ansatzweise näher zu bestimmen versuchte, war das neue muslimische Gemeinwesen, das mit dem neuen Staat ins Leben treten sollte. In Iqbals Rede – einer Rede von großer Tragweite – bleibt dieses Gemeinwesen ein Abstraktum, eine Erdichtung. Man muss daran glauben. Sogar der Name des Propheten wird indirekt bemüht, um ihm Glaubwürdigkeit zu verschaffen.

Aus heutiger Sicht ist die Rede eine einzige Ironie der Geschichte. Als Pakistan Wirklichkeit wurde, verweigerte es allen Muslimen, die in Indien blieben, das Bürgerrecht. Bangladesch hat sich selbständig gemacht. In Pakistan selbst redet man von Auflösung. Das neue muslimische Gemeinwesen dort hat sich als das alte herausgestellt, als das gleiche, das Iqbal vertraut war: Man braucht darin nicht lange zu suchen, um Menschen zu finden, die ebenso bar des Mitspracherechts und der politischen Repräsentanz sind wie ihre Großeltern und Eltern im Jahr 1930, als Iqbal seine Rede hielt.

2

Das Gemeinwesen

Vor sechs Monaten hatten sich eines Tages der Ehemann und sein Neffe, beide Hilfsarbeiter, die Frau geschnappt und ihr »die Nase zerfleischt«. Anschließend hatte sie der Mann gefesselt. Irgendwie hatte sie sich befreien können und war weggelaufen. Sie ging in die Großstadt Karatschi. Dort hatte sie eine Freundin. Die Freundin nahm Kontakt zu einer Menschenrechtsorganisation in Lahore auf, die – mit finanzieller Unterstützung aus dem Ausland – ein Heim für misshandelte Frauen unterhielt.

Ich traf die Frau in den Büroräumen dieser Gruppe, während ich im Wartezimmer saß. Unter den schweigenden Frauen dort – mit ihren teilnahmslosen, halb erloschenen Gesichtern und Leidenserfahrungen, die größer gewesen sein mussten als alles Schamgefühl und vielleicht sogar jede Empfindung – fiel sie auf. Ein Schleier aus gazeartigem Stoff war fest über die untere Hälfte ihres Gesichts gezogen, um die Wunde zu verbergen. Über dem Schleier waren nur ihre Augen und Augenbrauen zu sehen. Ich fand, sie sahen aus wie die Augen eines Kindes; das machte den Gedanken an ihre Verunstaltung noch schrecklicher.

Aber sie war kein Kind. Sie war fünfunddreißig. Das erfuhr ich, als ich einige Tage später wieder in das Büro kam, um sie zu treffen. Ihr Gesicht war diesmal unverhüllt. Die Spitze ihrer Nase war nicht, wie ich befürchtet hatte, abgeschnitten; sie war mit einer heißen Zange gequetscht worden. An beiden Nasenflügeln sah man eine Wunde, rosafarbenes, dunkelrot gesäumtes rohes Fleisch; sie hatte sich aber mittlerweile daran gewöhnt und versuchte nicht mehr, die Wunde zu verstecken.

Sie war klein, dünn und dunkelhäutig. Mit neunzehn hatte sie geheiratet. Ihr Vater war damals krank, und ihre Mutter hatte gemeint, es sei Zeit für sie zu heiraten. Es widersprach dem Islam, wenn ein Mädchen sich nicht verheiratete. Sie hatte ohne Mitgift, »für Gottes Lohn« geheiratet; das sollte heißen, dass die einzige Mitgift, die sie ihrem Mann in die Ehe brachte, Gottes Schutz war. Verheiratet hatte man sie mit einem Hilfsarbeiter. Sie kannte den Mann nicht und wusste nicht, warum ihre Eltern ihn ausgesucht hatten. Sie hatte einfach getan, was man ihr befahl; sie war hilflos.

»Sie ist ein Opfer der feudalen Gesellschaft«, sagte Farzana, die Menschenrechtsanwältin, die für uns dolmetschte.

Der Frau selbst war das nicht so klar. Sie wusste nur, dass der Mann, den die Eltern für sie gefunden hatten, demselben Landbesitzer diente wie ihr Vater. Ihr Mann arbeitete als Koch. Er bekam drei- oder vierhundert Rupien monatlich, fünfzehn oder zwanzig Euro. Er bekam auch Lebensmittel von dem Landbesitzer. Dieser besaß große Ländereien. Sie wusste, wer der Landbesitzer war, hatte ihn kennen gelernt, weil sowohl ihre Mutter als auch ihr Vater für ihn arbeiteten. Er war ein zuvorkommender Mensch und sehr freundlich.

Es gab eine Schule im Dorf, eine Volksschule, aber die Frau besuchte sie nicht. Ihre Eltern erlaubten es nicht. Sie waren beide Analphabeten. Ihr Vater hinterließ bei seinem Tod kein Geld. Er starb bettelarm. Er war ein Knecht des Landbesitzers, das heißt, er diente ihm, wenn seine Dienste gebraucht wurden. Ging der Landbesitzer auf die Jagd, brauchte er ihren Vater, der die Aufgabe hatte, für den Landbesitzer die Vögel zu töten und sich um die Hunde zu kümmern. Er lebte in einer Lehmhütte im Hof des Landbesitzers. Wie viele Menschen dort wohnten, wusste sie nicht genau zu sagen. Es könnten fünfundzwanzig Familien gewesen sein, aber sie wusste es nicht.

Sie alle waren Knechte des Landbesitzers. Im Dorf gab es eine Moschee, die sie alle oft besuchten.

Als sie davon erzählte, lächelte die Frau. Sie hielt die Frage nach der Moschee für eine Fangfrage und war froh, mich durchschaut zu haben. Sie hatte auch das Gefühl, dass es das einzig Positive war, das sie über sich selbst hatte berichten können.

In der Hütte ihrer Eltern gab es keine Möbel. Da standen eine Kiste, ein paar Gerätschaften, ein elektrischer Ventilator. Es gab also Elektrizität in der Hütte; und so extravagant der Ventilator erschien, er bewies nur, wie schrecklich die Sommer waren. Sonst erinnerte sie sich an nichts.

Mit ihrer Ehe ging es eine Zeit lang gut. Sie bekam drei Kinder, zwei Jungen und ein Mädchen. Sie arbeitete als Bedienstete bei verschiedenen Leuten. Vor zwei Jahren aber wurde ihr Mann heroinsüchtig. Er wollte, dass sie mehr Geld nach Hause brachte. Als sie das nicht konnte, gab es Ärger. Eines Tages kam es zu einem Streit zwischen ihren Kindern und denen des Neffen ihres Mannes. Der Neffe war ebenfalls Hilfsarbeiter, aber auf einem anderen Gut. Sie verprügelte sämtliche Kinder. Die Kinder des Neffen ihres Mannes beschwerten sich, und als der Mann nach Hause kam, schlug er sie windelweich. Sie ging mit einem ihrer Kinder ins Haus der Schwiegereltern. Ihr Mann folgte ihr dorthin. Sie wollte zur Polizei gehen, aber einer der Verwandten ihres Mannes brachte sie davon ab. Er überredete sie, zu ihrem Mann zurückzugehen. Das war ihr Fehler. Der Streit wegen der Kinder stellte nur einen Vorwand dar. Ihr Mann ärgerte sich über den Neffen, und dann verbündeten sich die zwei Männer und zerfleischten ihr die Nase.

Sie lächelte, als sie erklärte, sie kenne die Familie des Landbesitzers. Das war in ihren Augen eindeutig das zweite Positive, das sie von sich hatte sagen können.

Ihre Kinder, die zwei Jungen und das Mädchen, gingen früher zur Schule. Aber dann verließen sie die Schule und verlernten Lesen und Schreiben wieder. Sie vergaßen »einfach alles«. Aber sie besuchten jeden Tag die Moschee; dafür sorgte sie. Sie nahm an, dass mit ihren Kindern jetzt sehr streng umgesprungen wurde. Der Vater und die Mutter ihres Mannes mochten die Kinder nicht.

Beim Landbesitzer fand sie keine Hilfe in ihrer Not. Sie wandte sich auch nicht an ihn. Es kam ihr gar nicht in den Sinn, ihn um Hilfe zu bitten. Er wusste nicht einmal etwas von ihren Schwierigkeiten. Es gab niemanden, dem sie davon hätte erzählen können. Familienangehörige hatte sie im Dorf keine mehr. Ihre Brüder und Schwestern interessierten sich nicht mehr für sie.

Sie lebte in dem Asyl der Menschenrechtsgruppe. Man hatte einen Job für sie gefunden; zwei Tage in der Woche arbeitete sie in einer Fabrik, die Bandagen herstellte.

Sie trug Plastikschuhe, in denen sich die Füße rastlos bewegten. Ständig nestelte sie an ihrem rosafarbenen, geblümten Rock. Das handbedruckte Kopftuch war das Einzige, was ihr einen Anflug von modischem Chic verlieh.

Nichts mache ihr mehr Freude, erklärte sie. Nur ihre Kinder wolle sie wiederhaben, weiter habe sie keinen Wunsch. Etwas allerdings war geschehen, seit sie vor ihrem Mann davongerannt war: Sie hatte keine Angst mehr.

»Sie ist hart wie Stein«, sagte Farzana.

Merkwürdiger Ausdruck. Meinte Farzana etwa »versteinert«?

Aber »hart wie Stein« war vielleicht gar nicht so falsch, denn als Farzana nachfragte, sagte die Frau: »Freude oder Glück darf ich nicht empfinden.«

Und plötzlich fing sie an zu lachen. Sie lachte über mich, meine seltsamen Fragen, meine Kleidung, darüber, dass ich eine Dolmetscherin brauchte, um mich mit ihr unterhalten zu können. Das Lachen hatte sich in ihr aufgestaut, und als es losbrach, konnte sie es nicht unterdrücken; allerdings wandte sie sich höflichkeitshalber zur Seite und legte die Hand über den Mund und die geschundene Nase.

Die Moguln bauten Festungen, Moscheen und Grabmäler. Die Briten errichteten in der zweiten Hälfte des neunzehnten Jahrhunderts Gebäude, um darin Institutionen unterzubringen.

Lahore war reich an Bauwerken aus beiden Epochen. Ironisch genug für ein Land, das so viel von islamischer Identität redete und sogar beanspruchte, das Mogulreich zu beerben, waren es die Bauten aus der Mogulzeit, die verfielen: die Festung, die Moschee Schah Dschahans, der Schalimargarten, das Grabmal des Herrschers Dschahangir und seiner Gemahlin Nur-Dschahan. Es war, als ließe man zwei Versailles – mindestens zwei – verfallen und verrotten. Zum Teil war das dem allgemeinen Mangel an Bildung geschuldet, der aus früheren Jahrhunderten stammenden Haltung, der zufolge man sich um Dinge, die keinem Zweck mehr dienten, nicht zu kümmern brauchte. Aber eine Rolle spielte auch das Verhältnis, das der zum Islam Bekehrte zu seinem Heimatland hatte. Für den Bekehrten hatte sein Land keinerlei religiöse oder historische Bedeutung; die heimischen Heiligtümer waren belanglos; nur die Sandwüsten Arabiens zählten.

Die britischen Verwaltungsgebäude sind nach wie vor in Gebrauch. Die Einrichtungen, die sie zu beherbergen dienten, erfüllen auch heute noch mehr oder minder staatstragende Funktionen. In der Mall, der Hauptverkehrsstraße Lahores, reihen sich diese großen Gebäude, ein bisschen kulissenhaft, aneinander; jedes inmitten einer prachtvollen Gartenanlage, als hätten die Briten dank der Erfahrungen, die sie an anderen Orten des Subkontinents gesammelt hatten, von Anfang an gewusst, was im Zentrum von Lahore zu stehen hatte: die Hochschule für Staatsbeamte, das Gästehaus der Regierung, die höhere Lehranstalt für Söhne regionaler Oberhäupter, das Haus des Gouverneurs, der Britische Klub, der öffentliche Park, die Gerichtsgebäude, das Postamt, das Museum.

In den Gerichten war ständig Betrieb. Aber ungeachtet ihres großen Apparats brachten sie nichts zustande, wenn man den Anwälten glauben durfte. Es gab zu viel politische Einmischung, zu viele Prozesse; jede Menge falsche Zeugen; die Richter waren überarbeitet. Ein älteres landeseigenes System, auf das man hätte zurückgreifen können, gab es indes nicht. Es gab das Ammenmärchen von der Gerechtigkeit der Mogulherrscher. Bei Tag und bei Nacht, so wurde erzählt, habe von der Mauer des Palasts ein Strick herabgehangen. Arme Leute, die Gerechtigkeit verlangten, mussten nur zu diesem Strick hinlaufen und (falls sie ihn im Gedränge erreichten beziehungsweise nicht abgehalten oder niedergestochen wurden) daran ziehen. Mit dem Strick wurde eine Glocke geläutet; der Herrscher erschien an seinem Fenster und ließ dem armen Bauern Gerechtigkeit widerfahren. Dieses Märchen – eigentlich eine Sklavenphantasie vom guten Herrn – hatte als historisches Faktum Eingang in die pakistanischen Schulbücher gefunden und sollte demonstrieren, wie großartig die alten muslimischen Herrscher waren. Glaubte man allerdings Walid Iqbal, einem Dozenten für Recht (und Enkel des Dichters, der die Idee eines Staates Pakistan aufgebracht hatte), dann hatten vor den Briten, in den Tagen der Sikhs, »verschwommene« Rechtsvorstellungen im Lande geherrscht; und ging man noch weiter zurück, in die Zeit der Moguln (die Ära des Stricks und der Glocke), dann war die Rechtsordnung schlicht und einfach diktatorisch. Die von den Briten geschaffenen Gerichte und die britischen Prozessordnungen von 1898 und 1908 waren nach wie vor alles, was das Land besaß. Sie befriedigten ein Bedürfnis; deshalb hatten sie überdauert.

Ich besuchte das Gerichtsgebäude in Begleitung von Rana, einem jungen Anwalt, der in einer großen Kanzlei arbeitete. Rana war neunundzwanzig und stammte aus dem Punjab. Er war der Sohn eines kleinen Landbesitzers, der sein Land verkauft, sein Geld verloren und seine soziale Stellung eingebüßt hatte. Rana hatte sich ziemlich spät für den Anwaltsberuf entschieden. Er wollte Macht; er wollte sich schützen können. Gleichzeitig – und das war sein unbewusster Tribut an die Institution – glaubte er, im Rechtswesen und in der Rechtsprechung so etwas wie Reinheit finden zu können, einen Bereich, der sich von der Unordnung und Unehrlichkeit im Land abhob und in dem ein Mensch als Mensch galt und beurteilt wurde.

Die Jurisprudenz enttäuschte ihn in doppelter Hinsicht. Die Enttäuschung fand Ausdruck in seinem Verhalten: Er war ein

Grübler. Er sah gut aus und war schlank; unter den jungen Anwälten hatte er viele Freunde. Sie freuten sich, wenn sie ihm auf dem Gelände oder in den von viktorianischer Gotik geprägten Gängen des Gerichts begegneten oder ihn in der Teestube für Anwälte trafen, die einer Bahnhofsgaststätte glich. Er war zugeknöpfter als seine Freunde. Ich glaube nicht, dass es ihm Spaß machte, den standesgemäßen schwarzen Anzug zu tragen; ich glaube, er als junger Anwalt war hinlänglich gereift, um darin die Livree des Lakaien zu erkennen.

In den halb verfallenen Straßen hinter dem Gerichtsgebäude wimmelte es von hölzernen und blechernen Kanzleischildern, schwarz auf weiß oder rot auf weiß beschrieben mit der großspurigen Urdu-Schrift; sie hingen wie Ladenschilder an den Geländern und den Lichtmasten aus Beton oder Metall. Die Menge im Innenhof des Erdgeschosses befand sich in ständiger Bewegung; man fühlte sich an einen Schulhof während der Pause erinnert. Fast unbemerkt inmitten des Strudels wurde ein Häftling von einem Polizisten an einer Kette durch den Hof geführt. Unter den Bögen der Vorhallen des Hauptgebäudes im unteren und oberen Stockwerk standen Menschen herum, in weite Gewänder gehüllt, wie sie im Punjab üblich sind.

Kleine, ramponierte Räume: kleine Gerichtssäle vielleicht, einige mit ein paar Leuten darin, andere fast menschenleer. Ich war nicht sicher, was ich vor mir hatte; Rana redete nicht viel. Dann aber betraten wir die Haupthalle, und Rana wurde feierlich. Er fand einen Stuhl für mich, auf den ich mich setzen musste; er blieb hinter mir stehen, in der Nähe der Tür. Die Decke war hoch und wurde von Stichbalken getragen; den Fußboden bedeckte Marmor. Bücher lagen in Ablagekästen oder Körben auf dem Boden; in den Büchern steckten Papierstreifen. Anwälte im schwarzen Jackett standen an Pulten vor den Gerichtsschranken; Gerichtsdiener brachten fortwährend Ablagekörbe und Akten herein. Zwei Richter saßen unter einem mit Troddeln gesäumten Baldachin aus braunem Stoff, quasi einem Sinnbild ihrer Majestät. »Welche Nummer hat die Verordnung?«, fragte einer von ihnen und blätterte in einem großen

Buch. Hinter den Richtern und ihrem Baldachin sah man gotische Fenster mit schweren Vorhängen, über den Saaltüren wölbten sich gotische Bögen. Und während ich die sorgfältig ausgeführten neugotischen Dekorationen des Saales, die Mogulmotive an den Seiteneingängen, die Waagschale der Justitia über dem Kamin (mittlerweile mit eingebauter Elektro- oder Gasheizung) betrachtete, kam mir wie schon andernorts auf dem Subkontinent einmal mehr in den Sinn, wie regelmäßig sich doch die Architekten der britischen Kolonialherrschaft in diesen öffentlichen Gebäuden selbst übertroffen und wie akribisch sie Details ausgearbeitet hatten, die für sich genommen gar nicht auffielen, den Gesamteindruck aber verstärkten. Die Ventilatoren mit ihren großen Blättern hingen nicht von der Decke; sie waren senkrecht an den Wänden befestigt; zu dieser herbstlichen Zeit standen sie still.

Der Richter fing an, sein Urteil zu verlesen. Er las auf Englisch und murmelte so sehr, dass ich Mühe hatte, etwas mitzubekommen. Bestimmte Wörter wiederholte er beim Lesen. Er entschied gegen einen Bezirkskommissar, der angeordnet hatte, Lautsprecher einer Moschee abzuschalten. »… Das ist nicht hinnehmbar. Er verfügt nicht über die Amtsgewalt …«

In dieser herrlichen Halle mit den Richtern unter dem Baldachin und den schwarz gekleideten Anwälten an ihren Pulten und der Förmlichkeit der Debatten und Urteile und den in vielen dicken Büchern niedergelegten Gesetzen – in dieser Halle begriff man, wie Rana ungeachtet all der Fehlentwicklungen im Land zu der Überzeugung von der Reinheit des Gesetzes hatte gelangen können (dass er sie hegte, hatte ich unseren Gesprächen entnehmen können).

Einige Jahre lang hatte er Polizist werden wollen. Motiviert war das durch sein Bedürfnis nach Sicherheit, seinen Wunsch, sich zu schützen, zu Hause im Punjab, wo die Polizei so viel Macht über die einfachen Leute hatte. Er war zehn oder elf, als ihm diese Macht der Polizei deutlich wurde. Er war mit dem Rad auf einer Straße gefahren und hatte durch Unachtsamkeit einen

Unfall zwischen einer Rikscha und einem Auto verschuldet. Die Polizei hatte ihn zu Hause abgeholt und aufs Polizeirevier gebracht. Das geschah in der Kleinstadt, in der seine Familie lebte, bevor sie nach Lahore zog. Vater und Mutter waren nicht daheim; sie weilten zu Besuch im Heimatdorf des Vaters, wo ein Verwandter sehr krank oder gestorben war. Rana musste sich also an einen Onkel wenden. Der Onkel versprach, gleich zu kommen. Rana sagte das dem Wachtmeister, und der gebot ihm barsch: »Geh da rüber und setz dich hin.« Ein wenig später – der Onkel war immer noch nicht eingetroffen – sagte der Wachtmeister zu Rana: »Geh und wasch Teller und Löffel für mich ab.« Ohne an die Folgen zu denken, erklärte Rana: »Nein. Ich bin ein Radschput.«

Es war der ganze Stolz seiner Familie und seiner Sippe, dass sie zu den Radschputen gehörten, dass sie von der hinduistischen Kriegerkaste abstammten. Von der Abstammung kündete sein Name Rana; den Stolz darauf hatten ihm Besuche im Dorf des Vaters vermittelt. Er fuhr oft mit seinem Vater dorthin. Sein Vater besaß damals noch sein Land, und überall, wo Rana und sein Vater auftauchten, begegnete man ihnen mit Respekt. »Rana Sahib«, hieß es, »wie freundlich von Ihnen, uns hier zu besuchen.« Die Leute, die das sagten, waren Bauern, die auf dem Land von Ranas Vater arbeiteten. Rana war von ihrer Ehrerbietung gerührt; er fand mehr und mehr Gefallen daran; auf diese Weise hatte er erfahren, was es hieß, ein Radschput zu sein.

Damals, als der Wachtmeister auf dem Polizeirevier in der Stadt Rana aufforderte, Teller und Löffel für ihn abzuwaschen, vermochte er dem Wachtmeister die Stirn zu bieten und zu entgegnen: »So eine Arbeit mag ich nicht. So etwas mache ich nicht.«

Der Wachtmeister tat ihm nichts. Er hätte gekonnt; er hätte ihn misshandeln können. Vielleicht hielt ihn Ranas Auftreten davon ab, vielleicht auch der Umstand, dass Ranas Onkel erwartet wurde. Als er dann kam, musste er blechen: Der Wachtmeister bekam fünfhundert Rupien dafür, dass er die Sache vertuschte, und weitere fünfhundert gingen an den Rikschabesitzer.

Als sie das Revier verließen, sagte der Wachtmeister zu Ranas Onkel: »Einen Augenblick noch.« Er erzählte ihm von den Tellern und dem Löffel und sagte: »Der Junge ist erst zehn, aber schon ein Goonda.« Ein Schurke. Der Onkel fand zwar richtig, wie sich Rana verhalten hatte, sagte aber zu ihm, als sie draußen waren: »Das ist die Art, wie die Polizei sich benimmt. Nimm dich in Zukunft in Acht.«

Das war der Vorfall, der in Rana den Wunsch geweckt hatte, Polizist zu werden. Nicht lange danach führte die Polizei im Haus eines Nachbarn eine Razzia durch. Das verstärkte in Rana den Wunsch, Polizist zu werden. Als Polizist wäre er geschützt; seine Familie wäre geschützt; außerdem war er dann natürlich im Staatsdienst. Der Staatsdienst bot einem Menschen Sicherheit. Mit dreizehn oder vierzehn sah er sich schon allen Ernstes als künftigen Polizeioffizier. Er spürte den Machtinstinkt in sich. Eines Tages änderte sich das.

Er hatte einen Vetter, der war Polizist, war SUI, stellvertretender Unterinspektor, in einem kleinen Dorf etwa sechzig Kilometer von Lahore entfernt. Ein SUI stellte keinen hohen Rang dar, Rana aber war immer stolz auf seinen Vetter gewesen, hatte ihn als erfolgreichen Mann betrachtet. Geradeso, wie er im Dorf seines Vaters gelernt hatte, sich etwas darauf einzubilden, dass er ein Radschput und der Sohn eines Landbesitzers war, hatte ihm auch die Tatsache, dass er einen SUI-Vetter besaß, sobald er zu würdigen wusste, was das hieß, ein Gefühl der »Überlegenheit« vermittelt. Er war etwa sechzehn oder siebzehn, als ihm eines Tages in den Sinn kam, seinem Vetter einen Besuch abzustatten. Er hatte keinen besonderen Anlass dazu; er wollte einfach nur diesem Erfolgsmenschen Guten Tag sagen, wollte seine Gegenwart genießen. Auf dem Polizeirevier seines Vetters sah er Männer in Handschellen, Männer in Ketten. Er sah, dass die Polizei darin geschult war, normale Menschen wie Verbrecher zu behandeln. Er erinnerte sich, dass sein Vetter zwar sehr nett zu seinen Freunden war, mit seiner Familie aber äußerst barsch umsprang. Was Rana sah, gefiel ihm nicht; er beschloss, dass er diese Art von Macht nicht haben wollte. Er gab den Traum, Polizist zu werden, auf. Er hatte den Traum lange Zeit gehegt, es gab nichts, was er an seine Stelle hätte setzen können.

Wenig später verkaufte Ranas Vater das Land, das er im Dorf besaß, um ins Geschäftsleben einzusteigen. Er machte im Handumdrehen Bankrott; sein ganzes Geld war verloren. Und Rana entdeckte, dass auch die Achtung, die er im Dorf als Sohn seines Vaters genossen hatte, verschwunden war; selbst die engere Familie entfremdete sich ihnen. Er mied die Menschen. Ihm ging die Falschheit seines Traumes auf, Macht über andere auszuüben.

Sein Vater entriss ihn der Schwermut; er bestand darauf, dass Rana einen höheren Bildungsgang absolvierte. Ranas Vater glaubte seit jeher daran, dass Bildung einen Wert an sich darstelle. Als Rana noch ein Kind war, pflegte der Vater zu ihm zu sagen: »Ich bringe dich um oder werfe dich aus dem Haus, wenn du nicht zur Schule gehst.« Er sagte auch: »Unbildung ist Tod. Bildung ist Leben.«

Jetzt schlug er Rana vor, eine Rechtsakademie zu besuchen. Aus den Resten seines Vermögens brachte er fünfhundert Rupien monatlich für die Schulgebühren auf. Nach und nach fand Rana im Studium der Jurisprudenz eine Art von philosophischem Trost. Das Studium machte ihn mit einer anderen Vorstellung von Macht bekannt.

Er sprach davon, als er einige Tage nach unserem Besuch im Gerichtsgebäude mit einem Freund zu mir kam. Er sagte: »Je mehr ich über das Recht lernte, umso stärker empfand ich, dass doch nicht alle Macht in den Händen des Polizisten liegt. Jeder, der über Mittel verfügt, gebildet ist und ein Bewusstsein seiner Rechte hat, kann Standfestigkeit beweisen und allen möglichen Konsequenzen ruhig entgegensehen.«

Sein Jurastudium dauerte drei Jahre. Gegen Ende dieser Zeit knüpfte er Beziehungen zu einem Mädchen an; nach dem Examen fand er es an der Zeit, sich mal ein bisschen in der Welt umzusehen. Er fuhr nach Islamabad und in die Gebirgsstädte, nach Murree, Kagan, Naran. Das Mädchen heiratete ihn nicht. Sie nahm jemanden mit Geld. Er warf ihr das nicht vor; es erfüllte ihn nach wie vor mit Stolz, dass sie ihn gemocht hatte. Und wieder war es sein Vater, der ihn seiner Schwermut entriss. Er spürte Rana in einem Gebirgsort auf und sagte: »Jetzt reicht es. Du kommst jetzt mit zurück und stellst deinen Antrag auf eine Anwaltslizenz.«

Und nun, nachdem er Jura gelernt hatte, lernte Rana das Leben der Juristen kennen. So, wie er sich sah, hatte er sich zu einem gebildeten, feinfühligen Menschen entwickelt; von den anderen erwartete er, dass sie ihn deshalb achteten, seine Gefühle respektierten. Als er seine sechsmonatige Probezeit antrat, musste er feststellen, dass man ihm nicht den mindesten Respekt entgegenbrachte. Seine Vorgesetzten behandelten ihn wie einen Büroangestellten oder Laufburschen, wie einen Kuli. Er wechselte die Firma. Der Chef in der neuen Firma sagte: »Zuerst zahle ich Ihnen fünfzehnhundert Rupien. Nach einem halben Monat bekommen Sie zweitausend. Und nach vier bis sechs Monaten wird Geld keine Rolle mehr spielen.« Rana bekam nicht einmal die fünfzehnhundert Rupien Anfangslohn zu sehen. Nicht, dass der Chef Rana nicht mochte; er mochte ihn sogar sehr; er fand es nur einfach nicht nötig, ihn zu bezahlen.

»Das Geld spielte tatsächlich keine Rolle, nur eben anders als gedacht«, sagte Rana.

Sohail, der Freund, der Rana begleitete, meinte: »Das Problem mit Rana ist, dass er kein Jasager ist.«

»Inzwischen lebe ich wie ein Jasager«, erklärte Rana. »Zu achtzig Prozent bin ich mittlerweile Jasager.« Dabei lächelte er. Er war nicht im Dienst, steckte nicht in seinem schwarzen Anwaltsanzug; er wirkte lockerer. Er war imstande, kleine Scherze zu machen.

Die Vorgesetzten waren das eine. Das andere waren die Gerichtsangestellten, denen man kleine Geldgeschenke machen musste, ehe sie taten, was sie nach dem Gesetz zu tun verpflichtet waren. »Das ist Teil unseres Berufs«, meinte Ranas Chef. Rana war anderer Meinung. Und dann waren da die Mandanten. Sie wollten Anwälte mit Erfahrung oder einem guten Ruf. Die gehobeneren Mandanten wollten Anwälte, die besser Englisch sprachen, als Rana das konnte; in Pakistan wird alles, was mit dem Rechtswesen zu tun hat, auf Englisch abgehandelt. Und dann gab es zu guter Letzt noch die Richter. Rana hatte nicht den Eindruck, dass sie Gesetzestexte und ihre Bedeutung gebührend ernst nahmen; sie nahmen nur Leute mit Einfluss ernst.

Als Rana das erste Mal selbständig vor Gericht auftrat, ging es um einen Kautionsantrag. Das Gesetz sah nach Ranas Verständnis vor, dass in Fällen, in denen keine lebensbedrohlichen oder anderweitig ernsthaften Verletzungen zugefügt worden waren, eine Freilassung auf Kaution gewährt werden musste. Er trug sein Plädoyer vor. Der Richter sagte: »Junger Mann, sind Sie fertig?« »Ja, Sir«, antwortete Rana. Der Richter sagte: »Ich werde meine Entscheidung in ein paar Minuten bekannt geben.« Rana drehte sich um und stand im Begriff, vom Pult herunterzusteigen. »Hören Sie her«, sagte der Richter in scharfem Ton. Rana wandte sich um und sah den Richter an. »Ich habe Ihren Antrag verworfen«, sagte der Richter.

Rana kehrte in düsterer Stimmung in die Kanzlei zurück. Freunden gegenüber sprach er davon, diese Sparte seines Berufs aufzugeben. Seine gedrückte Stimmung besserte sich auch dadurch nicht, dass am nächsten Tag einer der älteren Anwälte aus der Kanzlei vor demselben Richter erschien und die Freilassung auf Kaution erwirkte.

Wenn er als Junge an Macht dachte, so sah er sich in der Position dessen, der sie ausübte. Jetzt bekam er sie von der anderen Seite zu sehen, nämlich von unten. Eines Tages hielt er sich im Bezirksgericht auf. Zwei Jungen im Alter von zehn und zwölf waren zusammen mit ihrer Mutter angeklagt, mit Drogen gehandelt zu haben. Die Mutter weinte. Rana ging zu ihr und sprach mit ihr. Sie erzählte ihm, dass der Polizist, der die Klage gegen sie und ihre Söhne angestrengt hatte, sie bedrängt hätte, mit ihm ins Bett zu gehen. Rana glaubte ihr.

Sohail sagte: »Es gibt zwei Sorten von Leuten, denen es in Pakistan gut geht. Leute mit Namen und Leute mit Geld. Alle anderen sind wie Insekten, Würmer. Sie haben keine Macht. Keine Verbindungen. Die Macht ist in den Händen einer beschränkten Gruppe von Leuten und das Geld ebenfalls.«

Der Tag kam, als Rana dachte, er könne es nicht mehr ertragen. Er wollte Pakistan verlassen, wollte weg. Ohne merkwürdigerweise an die britischen Einwanderungsgesetze einen Gedanken zu verschwenden, überlegte er sich, nach England zu gehen, dort eine Stelle anzunehmen, sein Englisch zu verbessern und sich in Jura fortzubilden. Als er zum britischen Konsulat kam, um sich ein Visum zu besorgen, ließ ihn der Mann hinter dem Schalter gar nicht ausreden. Er schleuderte ihm seinen Pass wieder zu. Rana erinnerte sich an die Kränkung; während er erzählte, was passiert war, ahmte er die Schleuderbewegung des Beamten nach. Aber er konnte nichts machen. Er musste bleiben, wo er war, und sich mit seinem Beruf abfinden.

Ab und an äußerte er gegenüber seinem Vater, er gebe sich noch ein Jahr; dann werde er entscheiden, ob er den Beruf quittiere. Sein Vater antwortete in solchen Fällen: »Du hast viel Zeit auf die Juristerei verwendet. Bleib lieber dabei, dann verdienst du wenigstens etwas.«

Er lebte nun in ständiger nervlicher Anspannung. Zu den beruflichen Belastungen kamen noch die Probleme des Alltags hinzu.

Früher hatte Lahore einen regen öffentlichen Verkehr, erzählte Sohail. Es gab bequeme Volvobusse. Dann stahlen sie – die unbekannten »sie«, die für so vieles verantwortlich waren – die Klimaanlagen, die Auslegeware und die Sitzpolster. Danach fingen sie an, Motorteile zu stehlen. Jetzt stand das Depot voller nutzloser Busse. Und auf den Straßen sah man nur noch Minibusse. Diese Busse hatten gerade einmal fünfzehn Sitzplätze, während an den Haltestellen zwanzig oder dreißig Leute warteten.

»Manchmal warte ich eine Stunde lang«, sagte Rana. »Wie kann man da den Leuten einen Vorwurf machen, wenn sie Lust kriegen, das Gesetz selber in die Hand zu nehmen? Wenn sie nach der Kalaschnikow greifen? Es gibt einige Dinge, die für das Leben grundlegend sind – die Leute müssen imstande sein, sich ihre Nahrungsmittel zu beschaffen, müssen ohne große Mühe reisen können, müssen Chancen bekommen.«

»Die Menschen kennen ihre Rechte nicht«, sagte Sohail.

Rana schloss die Augen und nickte. Seine Familie umfasste zehn Personen. Er war der älteste Sohn. Einst hatte er, um selber Sicherheit zu genießen und seiner Familie Schutz bieten zu können, davon geträumt, über Menschen Macht auszuüben. Jetzt sprach er von ihren Rechten.

Ich fragte nach seiner Mutter.

»Sie ist eine einfache Frau. Aus dem Dorf.« Die Ehe der Eltern war arrangiert worden, eine Vereinbarung im Rahmen der Radschputen-Kaste. »Sie sagt mir immer nur, ich soll Geduld haben. Ewig Geduld haben.«

Ein Anwalt – er gehörte zu den bedeutendsten seines Standes in Lahore – schlug mir vor, Hira Mandi, den Diamantenmarkt, das Viertel der Sing- und Tanzmädchen, das Rotlichtmilieu, zu besuchen. Im Büro des Anwalts herrschte eine ähnliche Förmlichkeit wie in den Sälen der hohen Gerichte. Sobald der Anwalt den Vorraum des Büros betrat, standen alle Angestellten und Anwaltsgehilfen auf und hielten die Augen auf ihn gerichtet. Diese Hochachtung, die man in der Rechtssphäre gesellschaftlichem Rang und persönlichem Ansehen entgegenbrachte, war für Rana unerwartet gekommen und setzte ihm zu; bei mir bewirkte sie das Gegenteil. Die ganze Umgebung des Anwalts und der Blick der Leute machten mir auf Anhieb klar, dass ich es bei diesem Mann mit einer gewichtigen Persönlichkeit zu tun hatte. Er hatte für mich einen sehr guten Führer zum Diamantenmarkt zur Hand. Einer seiner Mandanten, sagte er, kenne die Gegend gut. Und der Mandant war anwesend, wartete drinnen im Büro: ein korpulenter Mann in einem losen pfirsichfarbenen Hemd mit langen Schößen.

Mit dem Tanzen und Singen wurde spät begonnen. Mein

Führer sollte mich um elf Uhr abends im Hotel abholen. Er kam fünfzehn Minuten später. Er war dicker, als er gewirkt hatte, während er im Büro des Anwalts saß. Er hatte einen muskelbepackten Mann bei sich, und als wir zu dem Kastenwagen in der Hotelauffahrt kamen, saßen drinnen noch zwei Männer, ein dunkler, pockennarbiger Mann mit einer Baseballmütze und ein anderes Muskelpaket mit modischen Bartstoppeln in rotblau gestreiftem Pullover.

Der Diamantenmarkt lag in der alten, ummauerten Stadt, ein gutes Stück über das Ende der Mall hinaus, auf der Rückseite der Schah-Dschahan-Moschee. Es war seltsam, nach nur kurzer Fahrt mit dem Auto, die Mädchen in den erleuchteten Räumen zu sehen, während die Männer in den dunklen Straßen ständig vorbeizogen – und überall Schutt und Staub, Lebensmittelgeschäfte und Süßigkeitenläden.

Mein Führer in seinem Hemd mit den langen Schößen strahlte Autorität aus. Die Leute kannten ihn; er war hier in seinem Element. Der Anwalt hatte Recht gehabt. »Er ist Terrorist von diesem Viertel«, erklärte der Mann in dem rot-blauen Pullover. Als mein Führer in seinem pfirsichfarbenen langen Hemd einen anderen begrüßte, sagte der Mann in dem Pullover mit Blick auf den Begrüßten: »Er ist kleiner Terrorist.«

So ging es weiter, vorbei an den erleuchteten Räumen, die Musikanten auf dem Fußboden sitzend und die Mädchen in Gruppen oder allein, die Mienen verhalten, besorgt, ausdruckslos. Über den erleuchteten Räumen befanden sich stets Balkone, manchmal besetzt mit Mädchen, manchmal mit jungen Männern. »Ihre Agenten«, sagte der Führer. Er bot mir alles an, was zu haben war: Süßigkeiten, Essen, die Mädchen. Gleichzeitig ständig flüchtige Blicke auf Obdachlose, Leprakranke, Männer, die nur noch der Schatten ihrer selbst waren.

Sie wollten, dass ich eine Süßspeise aus Milch probierte. Sie nahmen, was sie haben wollten, von einer Auslage, die vor einem der Geschäfte stand; kein Protest, nur Fügsamkeit und Lächeln. Nervös kostete ich mit ihnen davon. Und dann kam eine Mahlzeit in einem berühmten Restaurant oder Speisehaus.

Es war ein ziemlich großes Lokal. Draußen köchelten in Töpfen Gerichte aus Huhn und Ziege auf dem Feuer. In einem Raum drinnen wurden für uns Tisch und Stühle abgewischt. Wie im antiken Rom –, wo ein berühmtes Fußbodenmosaik aus weggeworfenen Essensresten bestand –, schmissen sie die Knochen auf die Erde, wenn sie abgenagt waren. Der massige Mann in dem langen Hemd tunkte mit Stücken *naan*-Brot die Soße vom Huhn- und Ziegeneintopf auf. Wie um seine Macht zu demonstrieren, ging er hinaus und holte sich aus den Töpfen einen Nachschlag.

Als er zurückkam, fragte ich: »Wie viele Terroristen in diesem Viertel?« Sein Freund in dem gestreiften Pullover blinzelte mir zu und sagte: »Nur einer.« Der dicke Mann erzählte von seiner Zeit in London, in Whitechapel. Er habe dort zwei afrikanische oder schwarze Terroristen kennen gelernt, sagte er.

Schließlich wuschen sie sich an einem Wasserhahn über einem Spülbecken die Hände und wischten an einem Handtuch die Finger trocken. Der dicke Mann wies auf das Foto eines Mädchens auf dem Kalender neben dem Spülbecken. »Gefällt sie Ihnen? Möchten Sie die f——?« Das Essen hatte ihn gesprächig gemacht. »Geht auf mich. Sie f——. Ich zahle.« Er klopfte sich auf den Oberschenkel.

Wir zogen wieder los, vorbei an den hypnotisierenden erleuchteten Räumen. Angesichts all der Geschichten von gekidnappten und misshandelten Frauen und Mädchen fiel es schwer, ruhig zu bleiben und sich nicht zu fürchten.

Zum ersten Mal in dieser Nacht tauchte ein Polizeijeep auf und fuhr vorsichtig durch die schmale Gasse.

»Die Polizei ist Schrott«, sagte der dicke Mann.

Allgemeine Zustimmung.

Der dicke Mann sagte: »Sie kommen um 12 Uhr 30, wenn alles zumacht.«

Er hatte Ärger mit der Polizei. Er stand unter Mordanklage und hatte ein Jahr im Gefängnis verbracht, ehe er auf Kaution herauskam. Das war auch der Grund, warum ich ihn am Morgen in der Anwaltskanzlei angetroffen hatte.

Er sagte: »Gerechtigkeit ist Schrott. Gesetze sind Schrott. Gesetze sind nur für die Armen, nicht für die Reichen.«

Wir stiegen die Stufen zur Vorhalle eines Filmtheaters hinauf. Die Vorhalle war leer; das Kino wirkte geschlossen. Der dicke Mann zeigte auf die Standfotos in den Schaukästen, und sein Freund im Pullover sagte: »Die Mädchen sind alle Nutten.« Wieder hatte ich den Eindruck, dass sie mir angeboten wurden. Das versetze mich in Verlegenheit, erklärte ich. In einem plötzlichen, unerwarteten Anflug von kameradschaftlichem Verbundenheitsgefühl erklärte der Freund: »Ich weiß genau, was Sie meinen.«

Wir gingen zurück zum Kastenwagen. Ein absolutes Wrack von Mensch hatte ihn bewacht. Er trat aus dem Dunkel, verschrumpelt, nur Haut und Knochen, kaum ein Mensch, und bat um Geld, das ihm die Männer gaben, wortlos, aber auch ohne einen Ausdruck von Geringschätzung.

»Letzte Runde«, sagte der dicke Mann.

Wir fuhren wieder in langsamem Tempo die schmalen Gassen auf und ab. Reiche Männer kämen und nähmen die Mädchen mit, sagten sie. Ganz am Ende unserer letzten Runde deutete der dicke Mann auf einen dunklen dürren Mann in einem dunklen *shalwar-kameez*, der aussah, als wäre er mit Drogen voll gepumpt, und an einer Zigarette sog: »Ein Makler. Die drei da.« Er meinte die Mädchen in dem erleuchteten Raum. Der dunkle Mann stand in der dunklen Straße unmittelbar vor dem Raum.

Der dicke Mann sagte: »Also, wo möchten Sie hin?« »Zurück ins Hotel«, sagte ich. Allgemeine Enttäuschung.

In früheren Zeiten wäre mir an so einem Ort vor Aufregung schwindlig geworden. Bis Mitte dreißig fühlte ich mich von Prostituierten angezogen und suchte sie auf. Meine Erinnerungen an die Zeit waren allerdings nicht eigentlich lustvoll; woran ich mich eher erinnerte, war die Erschöpfung, die eintrat, nachdem der Schwindel vorüber war. Mag sein, dass die Männer in dem Kastenwagen meinten, ich täuschte ihnen nur etwas vor – Prostituierte in Pakistan hatten im Leben der Männer aus der unteren Mittelschicht und der Oberschicht ihren festen Platz: ich hätte mir also nichts vergeben –, aber es trieb mich nichts mehr ins Bordell. Meine Vorstellungen von sexueller Befriedigung hatten sich gewandelt.

Der dicke Mann griff nach einer flaschenförmigen Ausschneidepuppe, die gegen die Windschutzscheibe gelehnt stand. Sie stellte Nawaz Sharif dar, den Oppositionsführer, dickbäuchig im langen Hemd und mit aufgeknöpfter Weste. »Mein Führer«, sagte der dicke Mann. Tatsächlich war die Ausschneidepuppe der Führer aller im Auto Versammelten. Überrascht stellte ich fest, dass ich mich quasi in politischen Kreisen bewegte.

Politik, sexuelle Unterdrückung, Grausamkeit, gefangengehaltene Frauen, Musik, Dreck, dahinsiechende Leprakranke und Auslagen mit Essen: viele Vorstellungen und Eindrücke lagen in diesem Rotlichtmilieu im Streit miteinander. Überall war Misstrauen angebracht; eins strafte das andere Lügen.

Der dicke Mann log nicht, wie ich später herausfand. Er war so gewichtig, wie er behauptete. Er hatte Dinge getan, wie sie gewichtige Männer in solch einem Milieu tun, und man wollte ihm an den Kragen. Wenn in der Nacht damals aus einem der oberen, dunklen Fenster auf uns gefeuert worden wäre, hätte das niemand verwunderlich finden müssen.

3

Rana in seinem Dorf

Am Freitag, dem wöchentlichen Feiertag – dazu war er erst 1977 erklärt worden, im Rahmen eines mit islamischen Versprechungen ausgetragenen Wettstreits zwischen dem Premierminister und seinen Herausforderern, aus dem der Premierminister als Sieger und Verlierer zugleich hervorgegangen war: man hatte ihn kurz danach abgesetzt, vor Gericht gestellt und gehängt, aber der Freitag war Feiertag geblieben –, am Freitag also konnte Rana seinen schwarzen Anwaltsanzug nebst schwarzem Schlips im Schrank lassen und mit mir in sein väterliches Heimatdorf fahren.

Sein Vater besaß dort kein Land mehr. Aber im Dorf wimmelte es von Verwandten, und Rana hatte uns bei einem seiner Onkel angemeldet. Fünf von Ranas Onkeln gehörte nach wie vor sämtliches Land. Sie hatten denselben Großvater, waren Brüder oder Vettern. Nach Ranas Auskunft umfasste das Dorf vier- oder fünfhundert Häuser. In jedem der Häuser wohnten zwischen acht und zehn Personen; einst hatten die meisten dieser Leute das Land für die Landbesitzer bestellt. Mittlerweile waren ein paar ins Ausland gegangen, nach Saudi-Arabien, Kuwait und anderswohin; ein paar hatten eigene Betriebe aufgemacht, kleine Geflügelhöfe, kleine Läden, eine Eisfabrik. Das Leben dort verlief nach wie vor in den alten Bahnen. Jedermann stand vor Sonnenaufgang auf, ohne Rücksicht auf Jahreszeit und Wetter. Bis Mittag wurde gearbeitet. Die Feldarbeiter nahmen ihr Essen mit aufs Feld; sie kamen erst nach dem Ende des Arbeitstages nach Hause.

Diese alte, schöne Lebensweise wollte mir Rana vorführen. Das Auto organisierte er selbst. Es war das Auto eines Freundes, und der Freund kutschierte uns. Er war kleiner und gedrungener als Rana. Er war ebenso jung wie Rana, aber für ihn lief bereits alles bestens. Er besaß in einer Kleinstadt ein eigenes Unternehmen. Er fertigte und exportierte Textilien, zwar noch in bescheidenem Umfang, aber er hatte Pläne. Sie machten ihn gesprächig, bis die Straßen sich verschlechterten und die Fahrt zur Tortur wurde.

Der Weg hinaus führte einige Zeit an einem baumgesäumten Kanal entlang, und dann hatten wir die Ebene des Punjab erreicht, die platt wie ein Brett war. Dies sei die Gegend von Raiwind, sagte Rana; jeden Sommer kamen hier Korangelehrte zusammen. Sie waren mehr als Gelehrte, waren Missionare. Ich erinnerte mich an die Zusammenkunft von 1979: Das Ganze glich einem riesigen Jahrmarkt in der flachen Ebene; die Straßen und die glitzernden Autos, die man schon von weitem sah und die in der Ferne entschwanden; die verstreuten Zelte auf ihren kleinen Hügeln; das wassergetränkte Erdreich, das nachgiebig war wie eine Matratze und bei jedem Schritt winzige Risse bekam, die wieder verklebten, kaum dass man den Fuß hob; und dann der Innenraum der Zelte, die eindrucksvolle Fluchtperspektive der Zeltpfosten, die sich bald hierhin, bald dorthin neigten und kleiner und kleiner wurden; eine riesige, ruhelose Menge, die in dem vom Wasserdunst gedämpften Licht saß; und droben die sich verschiebenden schneeweißen Spalten, wo die Zeltplanen leicht auseinander klafften und der Himmel durchschien.

Das Raiwind-Treffen damals fiel in die Zeit, als das Land unter General Ziaul Haq seine erste Bekanntschaft mit religiösem Terror machte. Der General hatte Herrn Bhutto, den Erfinder des feiertäglichen Freitags, aufgeknüpft; anschließend hatte er eine Pilgerfahrt nach Mekka unternommen; es war zwar nur die kleine, abgekürzte, nicht die große, vollständige, dennoch war er mit hundert Millionen Dollar saudi-arabischen Geldes zurückgekehrt. Die staatlichen Ämter in Pakistan wurden angewiesen, für alle vorgeschriebenen Gebete den Dienst zu unterbrechen, islamische Prügelkolonnen wurden durch das Land geschickt, um den Gottlosen heimzuleuchten. Die Menschen waren eingeschüchtert. Manche meinten, sich gar nicht genug ins Zeug legen zu können; sie fühlten sich getrieben, immer mehr zu tun; überall im Umkreis von Raiwind sah man – selbst nach den ekstatischen Veranstaltungen in den Missionszelten – Menschen am Straßenrand ein Gebet ums andere sprechen.

An diesem Freitagmorgen, als wir zu Ranas Dorf fuhren, war die Gegend so flach und die Luft so klar, dass man Leute in weiter Ferne sehen konnte, zwei oder drei Dörfer auf einmal: winzige Figürchen, von denen manche an diesem feiertäglichen Morgen Kricket spielten, während andere rannten oder spazieren gingen; die Winzigkeit der Figuren und die Detailschärfe, in der sie sich darboten, machten den Anblick zur Augenweide. Die Häuser bestanden aus Lehmziegeln und hatten die Farbe der Erde. Von Zeit zu Zeit tauchten die dicken, spitz zulaufenden Schornsteine von Ziegeleien auf, umringt von unordentlich aufgeschichteten oder halb abgetragenen Ziegelhaufen.

Es gebe eine Abkürzung, sagte Rana. Wenn wir herausfänden, wo sie verlief, könnten wir binnen einer Stunde das Dorf erreichen. Er hatte vergessen, wo sie war, und wusste nicht, in welchem Zustand sie sich nach den Überschwemmungen befand. Wir fingen an, uns zu erkundigen. Rana hatte Recht. Es gab eine Abkürzung, und zwei, drei Leute versicherten uns, die Überschwemmungen hätten sie nicht allzu sehr demoliert. Als wir sie indes erreichten, zeigte sich, dass die Abkürzung nichts von einer normalen Straße hatte. Sie war voller Spurrillen und ausgedehnter Pfützen; in jedem Dorf wurden wir durch einen Stau aufgehalten. Die Geschäfte an den dörflichen Kreuzungen standen auf ihren Grundstücken weit zurückgesetzt; auf dem zertrampelten, schlammigen Platz vor den Geschäften lagen Waren ausgebreitet. Die Illusion, dass hier zusätzlicher freier Raum sei, ermutigte die Leute zu Überholmanövern, die das Durcheinander noch vergrößerten. Einmal standen wir ungefähr zehn Minuten lang still, weil sich die von Pferden gezogenen zweirädrigen Tongas, die Karren, Autos, Fahrräder und Busse derart ineinander verheddert hatten.

Viele der Karren wurden von blutjungen Burschen gefahren, die auf dem Rand ihrer Gefährte saßen, wie erwachsene Männer rauchten, sich ein bisschen theatralischer als nötig durchrütteln ließen und mit einer Art von Bravour die Zügel führten: Die Arbeit war für sie noch neu und aufregend, Ausweis ihrer Mannhaftigkeit. Auf einem schrecklichen Stück steiniger, halbfertiger Straße sahen wir einen etwa zehnjährigen Jungen mit schmalem Rücken, der hinter dem Pferdekarren seines Vaters mühsam einen kleinen Handkarren herschob. Er schaffte es kaum, kippte den Karren bald nach der einen, bald nach der anderen Seite und manövrierte ihn die steinübersäte Straße entlang.

»Wie wird es diesem Jungen ergehen?«, wollte ich von Rana wissen.

»Seine Zukunft ist schon verspielt«, sagte Rana.

Nach zwei Stunden Fahrt auf der Abkürzungsstrecke – von einem Dorf zum andern, von einem Stau zum nächsten – verkündete Rana, für die Heimfahrt würden wir die andere Route benutzen.

Schließlich erreichten wir die Kleinstadt, die dem Dorf als Verwaltungs- und Einkaufszentrum diente. Und ein Weilchen später dann das Dorf selbst. Von Ziegelmauern umgebene Grundstücke; Rinnsteine beiderseits der Straße, viele Abfallgruben. Rana wies auf ein Gebäude und sagte, das sei die Mädchenschule, aber wir hielten nicht an. Wir fuhren weiter zum Haus des Onkels.

Er erwartete uns, und als wir in den äußeren Hof traten, in dem er Gäste empfing, erblickten wir ihn. Er war ein Mann mit fein geschnittenem Gesicht, schlank und ganz in Weiß gekleidet, bis auf die schwarzen Schuhe – weißer Turban, weißes *dho-*

ti und *koortah*: ländliche Kleidung. Dazu trug er einen sorgfältig gestutzten weißen Bart.

Das kleine Haus lag am Ende des Hofs: eine Veranda mit ungepflastertem Boden und mit Ziegelsäulen, die das Dach stützten, und ein geräumiges Inneres mit Wänden aus Beton und Holztüren, dessen Fußboden ebenfalls aus nackter Erde bestand. Den Erdboden der Veranda bedeckte eine Schilfmatte; im Raum drinnen befand sich ein Spannbett. Von der Holzdecke des Raumes hing ein Ventilator herab; die Querbalken, auf denen die Decke aufruhte, sahen aus wie Eisenträger. Ein neuer Bettrahmen, noch ohne Bespannung, lehnte senkrecht an einer Wand. In der Wand große Nägel für Kleider; zwei Wandnischen, übereinander angeordnet.

Plötzlich tauchten Männer auf und brachten zwei weitere Spannbetten für uns herein. Ein Vetter in *dhoti* und Trikothemd, mit einem Handtuch über den nackten Schultern, kam herein und servierte gesalzene *lassi*, Buttermilch. Dieser dienstbare Vetter war viel kleinwüchsiger als Rana oder der Onkel in Weiß.

Ein Junge, adrett gekleidet in ein khakifarbenes *shalwar-kameez* und schwarze Sandalen, schaltete den Ventilator ein. Für Ventilation war es zu kühl, deshalb schalteten wir das Gerät wieder ab. Der Junge, der den Ventilator angeschaltet hatte, war gleichfalls ein Vetter. Er war geistig zurückgeblieben. Wie Rana erzählte, hatte ein anderer Vetter versehentlich einen Eisblock auf ihn fallen lassen, als er einen Monat alt war; seitdem zeigte er diese Geistesschwäche. Und der Eisblock, wer weiß, stammte vielleicht aus der Eisfabrik, die Rana erwähnt hatte.

Der Junge sprach mit einer dröhnenden Stimme, die er nicht in seiner Gewalt hatte. Er wandte kein Auge von den Besuchern, und als er mit seiner dröhnenden Stimme etwas zu sagen versuchte, wandte sich ihm die Aufmerksamkeit aller zu: Rana sah ihn zärtlich an, während der Onkel ihn einfach fixierte.

Andere Menschen kamen herein, um Rana ihre Aufwartung zu machen. Der *patwari*, der das Grundbuch des Dorfes führte, kam auf seinem Motorrad. Er hatte Dienstkleidung angelegt, trug ein olivgraues *shalwar-kameez*-Gewand. Auf seine

Weise war er ein wichtiger Beamter; die Festlegung seiner Stellung und seiner Pflichten stammte noch aus Mogulzeiten. Über die Steuern, die ein Landbesitzer zu zahlen hatte, entschied die Buchführung des *patwari*. Er wurde allerdings nicht förmlich vorgestellt und sagte kein einziges Wort; er hielt sich einfach nur im Raum auf.

Eine hohe Ziegelmauer trennte den äußeren Hof, in dem Gäste empfangen werden konnten, vom inneren Hof der Familienbehausung, zu dem Gäste keinen Zutritt hatten. Ein kleines Mädchen in einem geblümten, langen, grünen Gewand lugte um die Ecke der Mauer, als wollte sie sehen, ob die Gäste, von denen sie wohl gehört hatte, tatsächlich eingetroffen waren. Als sie uns sah, fuhr sie wie von plötzlicher Furcht gepackt zurück. Auf der anderen Seite der Mauer wuchs ein Niembaum, und von einem Feuer im inneren Hof stieg Rauch auf.

Eine Lautsprecherstimme kam auf der Hauptstraße des Dorfes immer näher. Der Lautsprecher war auf einem Lieferwagen montiert, der Decken für den Winter feilbot.

Unser Fahrer, der Kleiderfabrikant, lag ausgestreckt auf einem der Spannbetten; nach der aufreibenden Fahrt wirkte er jetzt absolut gelöst. Man hatte den Eindruck, dass ihm das Dorf, Ranas Onkel, das Haus, ja, sogar das Bett, vertraut waren. Er sprach mit Rana über sein Kleidergeschäft und dass er davon träumte, Textilien zu exportieren. Dann sprach er durch Rana zu mir: Er meinte, ich könne ihm behilflich sein, könne ihn im Ausland bekannt machen. Versprengt in seinem Urdu tauchten unerwartete englische Wörter auf: »Entwürfe«, »neueste Entwürfe«, »Modezeichnung«, »Gesamtentwurf«, »Modelle«. Man konnte hören, wie der Lautsprecher zurückkam. Jetzt wurde nicht gesprochen, nur Filmmusik ertönte.

Eine Huka wurde hereingebracht. Die getriebene Messingschale, die einen völlig abgeflachten Boden hatte, ruhte auf kleinen Füßen.

Unter all diesen Vettern, die begierig danach waren, uns aufzuwarten und uns zu bedienen, machte Rana in der Tat den Eindruck eines fürstlichen Besuchers. Er führte seine Verwandten aber nicht vor. Er benahm sich tadellos. Er stand ein oder zwei Stufen über ihnen, vielleicht sogar vier oder fünf.

Ein Vetter kam mit Gewehr und Patronen herein und fragte, ob wir schießen wollten. Rana erläuterte, was der Vetter im Sinn hatte. Es gab in der Nähe einen »Dschungel«, wobei mit »Dschungel« wie auch sonst auf dem Subkontinent kein dichter tropischer Urwald, sondern eine schlichtere Art von Wildnis gemeint war. In dem kahlen Raum mit seinem Fußboden aus nackter Erde stellten das Gewehr und die Patronen geradezu Kostbarkeiten dar; wie die Huka kündeten sie von Luxus und waren etwas, das man Gästen vorführte. Mit ihnen wurde aber auch Ranas Onkel gehuldigt. Er bewirtschaftete 80 Hektar Land, baute auf der ganzen Fläche Zuckerrohr an und beschäftigte vierhundert Leute. Damit war gemeint, so Rana, dass die Leute ihm zur Verfügung standen; er konnte sie einsetzen, wie er sie gerade brauchte.

Draußen fingen Hähne an zu krähen, obwohl der Tag schon vorgerückt war; man hörte Kinder plappern. Ein kleiner Junge in einem eingestaubten schwarzen Anzug kam und blieb in der Tür stehen.

Unser Mittagsmahl war jetzt fertig. Das mittlere Spannbett wurde gepackt und senkrecht gegen die Wand gelehnt. Aus den Räumen des inneren Hofes brachte man buntfarbene Kissen, zwei richtige Stühle und einen niedrigen Tisch mit gemusterter Resopalplatte. Als der junge Mann den Tisch in den Raum hereintrug, sah man unter der hübschen Resopalplatte den schlichten Holzrahmen des Tisches und einige neue große Nägel, die man kurzerhand durch Resopalplatte und hölzernen Rahmen getrieben hatte. Plötzlich waren da jede Menge Helfer, Massen von Leuten, dir irgendeinen Handgriff verrichteten. Ein Tischtuch oder eine Decke – gelbe Blütenzweige auf dunkelrotem Grund – wurde über die Platte gelegt; sie versuchten, das Tuch zu glätten, aber die Wülste, Vertiefungen und Falten blieben. »Handgestickt«, sagte Rana. Und als das Porzellangeschirr und das Tablett herausgebracht wurden und nach Bedarf immer mehr helfende Hände auftauchten, sagte er:

»Diese Sachen werden für uns herausgebracht.« Als wollte er verhindern, dass unbemerkt blieb oder für eine Selbstverständlichkeit gehalten wurde, wie gastfreundlich sich seine Familie zeigte.

Ganze gebratene Eier, jedes in einer eigenen Porzellanschale; ein Teller mit Mango-Pickles; ein Korb mit Weizen-*parathas*, in Tuch gehüllt, um sie warm zu halten; milchiger, gezuckerter Tee in einer Porzellankanne. Die *parathas* waren in *ghee*, geklärter Butter, ausgebacken, die aus dem Dorf stammte; der Weizen kam von den Feldern um das Dorf, auch wenn er anderswo gemahlen worden war.

»Sie wollen vielleicht Ihre Hände waschen«, sagte Rana.

Das taten wir draußen, nahe der Ziegelmauer. Ein Vetter goss für uns Wasser aus einem Krug. Nur die Besucher aßen. Die anderen saßen dabei oder bedienten uns. Die wichtigeren unter unseren Gastgebern durften sitzen. Ein Mann stand einfach nur mit dem Wasserkrug in der Hand herum.

Das Essen schmeckte so gut, wie es aussah. Wir wuschen uns erneut die Hände. Und dann war es Zeit, hinaus ins Gelände zu ziehen und die Schießerei zu veranstalten, die man uns versprochen hatte. Ein zweites Gewehr tauchte auf, das ebenso sorgfältig gepflegt war wie das erste.

Das benachbarte Ziegelsteinhaus mit kahlen Mauern und einer Tür, die direkt von der Gasse hineinführte, gehörte einem Verwandten Ranas. Gegenüber lag das kleinere Lehmhaus von Landarbeitern. Es war offener; zwei oder drei Personen lagen auf Spannbetten im Schatten. Früher wären diese Leute Knechte des Grundbesitzers gewesen; jetzt waren sie selbständige Arbeiter.

In der Gasse lag dicker Staub. In den Rinnsteinen auf beiden Seiten der Gasse stand der grüne Abfluss aus den Pferchen für die Büffel oder Kühe. In einem der Höfe reinigte eine Frau mit den Händen eine Abflussrinne; bis zu den Armen waren ihre Hände mit einer dicken, grünen Kotschicht bedeckt.

Unmittelbar außerhalb des Dorfs begannen die Felder. Von Zeit zu Zeit sahen wir in weiter Ferne kleine Gruppen von Frauen, drei oder vier in einer Gruppe, die von den Feldern zum Dorf zurückkehrten. Aus dieser Entfernung sahen sie festlich aus, als gehörten sie zu einem Hochzeitszug. Sie trugen rote und gelbe Kleider, und über die Körbe auf ihren Köpfen waren hellrote Tücher gebreitet: es hätten Körbe mit Blumen oder Opfergaben sein können. Kam man ihnen näher, stellten sich die Frauen als klein, dürr und sonnenverbrannt heraus: zwischen ihnen und den Farben, die sie trugen, bestand offenbar kein Zusammenhang. Manchmal versteckten sie die untere Gesichtshälfte hinter ihrem Kopftuch. Von wegen Hochzeitszug – sie waren nur Landarbeiterinnen, die von den Feldern heimkehrten. Helle Kleider würden von unverheirateten Frauen getragen, erklärte Rana; verheiratete Frauen trügen gedämpftere Farben.

Ein Stückchen vor uns sahen wir mitten in den Feldern ein neues Haus aus Ziegelsteinen. Das war eine Schule. Einer von Ranas Onkeln hatte das Grundstück zur Verfügung gestellt. Es gab aber keinen Lehrer für diese Schule oder für die drei anderen Schulen im Dorf, und auch nicht für die Mädchenschule, auf die mich Rana bei unserer Ankunft hingewiesen hatte. Wegen der »Umgebung« wolle kein männlicher Lehrer ins Dorf ziehen, erklärte Rana. Das dörfliche Leben bereite nur Leuten Vergnügen, die hier zu Hause seien; Fremden habe es nichts zu bieten. Und Frauen wollten nicht ins Dorf kommen und hier unterrichten, weil sie Angst hätten, von den großen Landbesitzern entführt zu werden; obwohl ich ja gesehen hätte, meinte Rana, dass die Landbesitzer dieses Dorfes, seine Verwandten, gute, freundliche Menschen seien. Und das Schulhaus erwies sich aus der Nähe als ein Gerippe, das man nicht einmal als Rohbau bezeichnen konnte. Es hatte weder ein Dach noch eine Rückwand.

Wir gingen auf den *band* genannten niedrigen Wällen zwischen den tiefer gelegenen Feldern. Ab und an sprangen wir über kleine Gräben. Es war Anfang November, kühl, eine leichte Brise wehte. Die Felder waren verschiedenartig bepflanzt: nahezu reifes Zuckerrohr, hoch, aber noch nicht so weit, dass es geschnitten werden konnte; Felder mit jungem Mais. Die Weizenfelder waren abgeerntet. Die Baumwollfelder sahen aus einiger Entfernung aus, als wären sie mit weißen und rosafarbenen Rosen bepflanzt, rosa die Baumwollblüten und weiß die Baumwolle. Auf einigen Feldern standen noch die Stoppeln; andere waren gepflügt und geflutet. Wie lange würden sie unter Wasser stehen? Rana fragte jemanden aus der Gruppe und erhielt die Antwort, das Feld werde drei oder vier Tage lang bewässert und dann werde der Bewässerungskanal wieder abgesperrt. »Wie funktioniert die Bewässerung in England?«, wollte Rana wissen. Wer nichts weiter kannte als diesen flachen Teil des Punjab, dem musste es schwer fallen, sich ein Land vorzustellen, in dem die ganze Bewässerung nur von Regenfällen abhing.

Wir waren jetzt weit weg vom Dorf. Dennoch lagen die Felder nie völlig verlassen da. Da waren Landarbeiter, die heimwärts gingen. Winzige Esel, halb verborgen unter ihren großen ausladenden Graslasten, bewegten sich trittsicher auf den festgetrampelten, ausgetrockneten *bands*. Köter standen manchmal ein oder zwei Felder entfernt und beobachteten uns. Sie waren auf der Hut; die Pfiffe aus unserer Gruppe machten sie nervös. Sie fürchteten die Grausamkeiten, die mit solchen Pfiffen einhergingen; sie hielten Abstand.

Einmal kamen wir an etwas vorbei, das wie ein kleines Dorf aussah: eine Anhäufung von Lehm- oder Ziegelgebäuden mit Kuhfladen an den Wänden. Das sei kein Dorf, sagte Rana. Es handele sich um das Haus, die Nebengebäude und die Ställe eines Zweigs der Familie. Sie hatten sich mit dem Hauptstrang der Familie zerstritten; sie zogen es seitdem vor, nicht mehr zu »reden«, und lebten hier für sich. Ein Zweitaktmotor ratterte auf der Veranda: eine Maschine, die Gras für das Vieh häckselte. Rana sagte: »Die moderne Welt.« Und trotz des Familienstreits winkte er dem Mann und dem Jungen zu, die nach der Häckselmaschine sahen.

Ich hatte angenommen, wir seien unterwegs zum »Dschungel«, um dort zu schießen. Aber irgendwann schickte Rana zwei von unserer Gruppe auf ein Zuckerrohrfeld, und sie fingen an, Zuckerrohr zu schneiden. Wir überließen sie ihrer Arbeit und gingen weiter. Rana wies auf ein Haus, das in einiger Entfernung unter Bäumen stand, und sagte, dorthin wollten wir gehen. Dort sei eine Mühle. Wir würden das Zuckerrohr mahlen und frischen Zuckersaft trinken.

Wir gingen immer weiter und sahen ständig Leute. Einmal sahen wir eine ganze Familie, fünf oder sechs Personen, die in einem Feld hockten und hohes Gras schnitten. Unter ihnen befand sich ein kleiner Junge mit nacktem Rücken; er war ungefähr fünf und stand in kindlicher Neugier auf, um über das hohe Gras hinweg besser sehen zu können. Die restliche Familie hielt die Köpfe gesenkt und fuhr mit Sicheln fort.

»Müssen sie den kleinen Jungen wirklich mitarbeiten lassen?«, wollte ich von Rana wissen.

»Gras mähen ist schwere Arbeit«, sagte Rana.

Wir befanden uns nun nahe dem Haus mit den Bäumen, auf das Rana gewiesen hatte. Wir verließen den *band* und gingen quer über ein kahles Feld, das in den Mulden nass war, aber an anderen Stellen verkrustet und rissig. Die Hunde am Haus fingen an zu bellen. Sie zeigten sich allerdings nicht, und es dauerte einige Zeit, bis ich sie unter den Büffeln entdeckte.

Die Presse für das Zuckerrohr lag auf einer kleinen Anhöhe nahe einem Schatten spendenden Baum. Ein kleiner Haufen gebleichter, in der Sonne getrockneter Zuckerrohrhülsen verriet, dass etwa eine Woche zuvor schon jemand dort gewesen war. Das Wasser für die Bewässerung der Felder bildete einen Teich und trennte uns vom Haus mit den Büffeln, den Hunden und den schattigen Bäumen; oben auf der äußeren Lehmmauer trockneten Kuhfladen.

Die beiden Zuckerrohrschnitter kamen herauf; der Oberschnitter hielt das Messer in der Hand, sein Gehilfe trug das Rohr auf der Schulter. Vom Haus wurde ein Spannbett herübergebracht. Wir, die Gäste, mussten im schütteren, spärlichen Schatten des Baumes darauf Platz nehmen und den anderen zusehen, wie sie die Presse in Gang setzten. Einer der Männer mit den Gewehren erspähte einen grauen, gelb gesprenkelten Vogel auf einem Baum ungefähr fünfzehn oder zwanzig Meter weit weg. Der Vogel saß am äußersten Ende eines Zweiges, als wollte er sehen, was wir trieben. Der Mann zielte auf ihn, ein grässlicher Knall, aber der Vogel flog unversehrt davon; es blieb bei dem einen Schuss. Die Flinten waren vergessen. Alle Energie richtete sich jetzt auf die Zubereitung des Zuckerrohrsaftes.

Die Presse wurde mit Wasser aus dem Teich gesäubert. Der lange, entrindete Ast, mit dem sie bewegt wurde, fand sich an. Dieser Ast hätte im Joch eines Ochsengespanns stecken können, das dann im Kreis herumgegangen wäre, um die Presse in Gang zu halten. Aber hier mussten einige Männer aus der Gruppe die Maschine bewegen, während zwei andere an der Presse sitzen und das geschnittene Rohr einspeisen mussten. Jemand vom Haus kam herüber, um zu helfen, und die Entsaftung begann. Die Gruppe amüsierte sich bestens: die drei Männer, die das Joch bewegten, als wären sie Ochsen, und die zwei Männer, die das Rohr hineingaben und sich jedes Mal, wenn der Ast im Kreis zurückkam, ducken mussten, obwohl sie bereits am Boden hockten.

Schließlich stand ein ganzer Krug mit Saft bereit. Er war grau, warm, hatte keinen ausgeprägten Geschmack; vielleicht verstärkte sich der Geschmack, wenn der Saft ein wenig gestanden hatte. Rana trank einen Becher davon: Ein Vetter stand mit dem Krug voll Zuckerrohrsaft genauso da, wie er während des Mittagessens dagestanden hatte, als derselbe Krug mit Wasser gefüllt war. Der Kleiderfabrikant bekam zu trinken. Danach tranken die anderen.

Die Lustbarkeit war zu Ende. Geschossen wurde nicht. Wir machten uns auf den Rückweg. In den Großstädten des Subkontinents bekam man Zuckerrohrsaft an Buden, die mit einfachen Handpressen ausgerüstet waren. Um dieses ganz gewöhnliche Vergnügen zu zelebrieren, um frischen Zuckerrohrsaft in den Feldern zu trinken, hatte sich ein ganzer Tross von Leuten Rana zur Verfügung gestellt; und vielleicht lag ein

Teil des Vergnügens im Zeremoniell selbst, darin, dass sich Menschen versammelten und der guten alten Zeiten gedachten. Ich fragte Rana, ob er mit seinem Vater auf die Jagd gegangen sei, wenn sie in seiner Kindheit das Dorf besuchten. Er verneinte; er sei zu jung gewesen. Die Unterhaltung, die ihm das Dorf damals bot, habe im Schauen gelegen. Er sei allein in die Felder gegangen und habe um sich geblickt.

Er trug die weiße *jama* oder weite Hose und eine braungoldene lange Jacke. Sein Auftreten hatte etwas Fürstliches an sich. Zumal draußen in den Feldern. In meinen Augen hatte er an Eleganz und Anmut gewonnen. Er besaß zwar kein Land mehr, aber die Menschen dienten ihm immer noch bereitwillig. Dienste wie diese waren ihm viele Jahre hindurch geleistet worden; sie hatten ihm das stolze Bewusstsein vermittelt, ein Radschput zu sein.

Was er über seine gespaltene Persönlichkeit im großstädtischen Milieu gesagt hatte, wurde hier verständlich. Der Anwalt in Lahore in seinem schwarzen Anzug und mit seinem schwarzen Schlips empfand das Juristendasein als tägliche Demütigung; was er sich von seinem hehren Stand erwartet hatte, war eine höhere Form der dörflichen Achtungsbeweise. Der Mann, der auf diese Weise gespalten war, ärgerte sich über alles, was in seinem Land nicht funktionierte. Er sagte stets »in meinem Land«; nie sagte er »in Pakistan«. Mit seiner Verstimmung nahm er teil an einer tiefen unterschwelligen Wut, die nur erst von wenigen Politikern wahrgenommen wurde.

Aus weiter Ferne konnten wir die Lautsprecher im Dorf hören. Diesmal wurden keine Decken verkauft. Es waren die Lautsprecher der Moschee, und der Prediger, sagte Rana, rede über die Tugenden, deren Menschen teilhaftig werden könnten, die wie die Leute im Dorf ein einfaches Leben führten; auch wenn für die Kinder, wie Rana hätte hinzufügen können, die Zukunft bereits verspielt war.

Als wir ins Dorf kamen, bewarf ein Junge in ockerfarbenen Kleidern einen angebundenen Esel mit Erde; das bedrängte Tier keilte aus.

Rana ging in den inneren Hof, um den Frauen der Familie des Onkels Lebewohl zu sagen. Wir hatten nichts von ihnen gesehen, nur das kleine Mädchen in dem grünen Kleid, das ganz zu Anfang aus sicherer Entfernung um die Ecke gelugt hatte und dann vor den Fremden davongeflitzt war.

Dann ging es wieder nach Lahore und zurück zu Ranas Doppelexistenz. Wir nahmen jetzt die andere Straße, nicht die Abkürzung. An dieser Straße gab es genauso viele Dörfer wie an der Abkürzung. Aber die Strecke war asphaltiert. Sie war nur für ein Fahrzeug breit genug, und das bedeutete Aufenthalte. Aber sie war leichter zu befahren. Rana hatte gemeint, wir würden anderthalb Stunden brauchen. Es wurden zwei daraus.

4

Guerilla

Am Ende des Krieges, 1945, als Shahbaz' Vater aus der britisch-indischen Armee entlassen wurde, dachte er daran, sich in England niederzulassen. So etwas hatten vor dem Krieg eine Reihe von indischen Fürsten getan; ihr Geld und ihre Titel verliehen ihnen eine Art von exotischem Rang, auch wenn Indien eine Kolonie war. Vielleicht stellte sich Shahbaz' Vater vor, dass die bevorstehende Unabhängigkeit Indiens und Pakistans einem muslimischen Zuwanderer in England einen vergleichbaren Rang verlieh. Auch andere Muslime vom Subkontinent dachten so; sie misstrauten aus verschiedenen Gründen der Unabhängigkeit und erblickten in einer Übersiedlung nach England, einem Land, in dem Recht und Gesetz herrschten, einen Ausweg.

Obwohl Shahbaz erst im Jahr nach der Unabhängigkeit zur Welt kam, war er deshalb nicht frei von kolonialistischen und rassistischen Anfeindungen aufgewachsen. Er besuchte sowohl die Grundschule als auch anschließend eine private Oberschule in England und musste besonders auf der Privatschule viel einstecken. Er war dort der einzige Asiat, der einzige Muslim, der Einzige, der kein Schweinefleisch aß und nicht in die Kirche ging. Dass sein Vater Bankrott machte, war auch nicht sehr hilfreich. Drei Semester lang konnte er die Schulgebühren für Shahbaz nicht bezahlen; zwischendurch sah es so aus, als müsste der Junge von der Schule abgehen. Das geschah zwar nicht, aber Shahbaz fühlte sich von seinen Freunden durch eine Kluft getrennt.

Shahbaz' Vater gab die Absicht auf, sich dauerhaft in England niederzulassen. Er fing an, seine Rückkehr nach Pakistan vorzubereiten. Er startete im Punjab ein Geschäftsunternehmen. Mit zwölf oder dreizehn fuhr Shahbaz in den Schulferien dorthin, um sich das Geschäft seines Vaters anzusehen. Sie besuchten bestimmte Feudalfamilien in der Gegend. Diese »Feudalen« waren Großgrundbesitzer, denen ganze Dörfer gehörten. Die Söhne einiger der Familien waren auf englische Universitäten geschickt worden, und die Eltern von Shahbaz hatten sich um sie gekümmert. Shahbaz konnte jetzt feststellen, dass sich die Söhne dieser Feudalen nicht betrugen wie Hochschulabsolventen aus Oxford oder Cambridge. Sie behandelten ihre Knechte und Bauern wie Leibeigene. Um dem Landbesitzer zu huldigen und ihn zu begrüßen, berührten die Bauern seine Füße; es war mehr eine Geste der Unterwerfung als der Begrüßung, und der Herr forderte den Bauern nicht auf, sich zu erheben. Shahbaz, gerade erst aus England eingetroffen, hätte heulen mögen.

Seine letzten drei Privatschuljahre in England waren sehr glücklich. Er war sich selbst überlassen. Die Zeit zwischen den Semestern und in den Ferien verbrachte er bei Freunden oder als Pensionsgast. Einmal lebte er als Gast bei einem Pfarrer in Oxfordshire und schwärmte die Pfarrerstochter an. Das Leben gefiel ihm; und obwohl er jetzt mehr Engländer war als Pakistani oder Muslim und Pakistan kaum kannte, drehte sich die Dichtung, die er zu schreiben begann, um nichts als um Armut, Bettler, Krüppel und Obdachlose.

Nach Beendigung der Schule ging er zurück nach Pakistan, um in Lahore zu studieren. Er fing an, sich für die dortige Politik zu interessieren; er war gegen die Herrschaft der Generäle, war ein Linker. Aber sein wirkliches politisches Leben begann, als er nach England zurückging. Er besuchte eine namhafte Universität in der Provinz, um englische Literatur zu studieren. Der Ort war völlig politisiert. Man schrieb das Jahr 1968; es war die Zeit der Bewegung gegen den Vietnamkrieg, alles war »hochemotional«, wie er sich siebenundzwanzig Jahre später erinnerte. Jedermann erklärte, das System sei »verkommen« und müsse geändert werden. Auch er sagte das, knackige junge Lateinamerikanerinnen sagten es. Es wurde »reichlich geknutscht«. Das Studentenleben war »wie ein ständiger Karneval«.

An der Universität hatte Shahbaz enge pakistanische Freunde. Viele von ihnen studierten wie er englische Literatur. Das Fach gehörte zu den leichteren Disziplinen, war vielleicht am einfachsten zu studieren und damals ebenso stark politisiert wie im Forschungsinteresse eng beschränkt. Gefördert wurde die Beschäftigung mit Marxismus und Revolution, nicht mit Literatur im weiteren Sinne. Shahbaz und seine pakistanischen Freunde lasen also in ihrer marxistischen Arbeitsgemeinschaft die damals obligaten (angenehm kurzen) Revolutionstexte: Frantz Fanon, Che Guevara. Während sie bestimmte kanonisierte russische Autoren lasen, blieben ihnen Turgenjews Romane *Väter und Söhne* (1862) und *Neuland* (1877) unbekannt, die sich mit Verhältnissen ähnlich denen im feudalen Pakistan beschäftigten, aber den naiven Revolutionsglauben in Frage stellten.

Als ich Shahbaz nach Turgenjew fragte, antwortete er: »Romane spielten in meiner politischen Entwicklung keine Rolle.« Als wären seine Gedanken zu Marxismus und Revolution in all ihrer Stereotypie sein persönlicher Besitz, Teil seiner Entwicklung.

An anderen Universitäten in England gab es ähnliche pakistanische Arbeitsgruppen. Sie trafen sich und kamen danach vierzehntägig in Cambridge oder London zusammen. In London verbanden sie sich mit Gruppen der indischen Linken. Earl's Court in London war die Gegend der linken Szene; die Bars und Restaurants dort hatten einen linken Anstrich. Linke aus aller Welt trafen sich hier, und in dieser Atmosphäre diskutierte man und feierte auf Partys die Nacht durch. Es war »herrlich«.

Eine Cousine von Shahbaz gehörte der größeren Londoner Arbeitsgruppe an. Sie hatte Kuba besucht und dort sechs Wochen lang Zuckerrohr geschnitten und war »Fidel« begegnet. Shahbaz war in diese Cousine halbwegs verliebt. Sie sah gut aus, und ihre Geschichten von der Gleichheit in Kuba und der medizinischen Versorgung dort vergrößerten noch seine Begeisterung für das Kollektiv. Er sehnte sich nach der Revolution. Dann aber, nach der Universität, trat die schöne Cousine den Rückzug an. Nicht nur ließ sie sich ihr Zuckerrohr im Punjab wieder von den Bauern schneiden, sie besann sich auch mit einer Leidenschaft auf den Islam zurück, die eines Mullahs würdig war. »Sie machte eine vollständige Regression durch«, sagte Shahbaz, als stellte er eine ärztliche Diagnose. Um diese Regression komplett zu machen, heiratete sie auch noch einen »fiesen Typen«. Wenn Shahbaz ihr jetzt bei sozialen Anlässen in Lahore über den Weg lief, erkannte sie ihn nicht mehr.

Aber da gab es noch jemanden in Shahbaz' Leben, ein anderes pakistanisches Mädchen, das an seiner eigenen Universität studierte. In dieses Mädchen verliebte er sich bis über beide Ohren, und sie war allem Anschein nach in ihn verliebt. Als rede er vom Schmusen oder vom Kuchenbacken, sagte Shahbaz: »Wir wollten in unser Land zurück und gemeinsam Revolution machen. Es war wundervoll.« An diese Zukunftsvision klammerte sich Shahbaz während seiner ganzen Zeit an der Universität. Als dann endlich der Zeitpunkt gekommen war, die Sachen zu packen, nach Hause zu fahren und in den Guerillakampf zu ziehen, stellte das Mädchen fest, dass es sich Shahbaz nicht anschließen konnte.

»Sie brachte es nicht fertig, mit ihrer Familie politisch zu brechen«, sagte Shahbaz.

Der Gedanke an ihre Liebe tröstete Shahbaz in den zehn langen Guerillajahren, die er in den Wüsten und Bergen Belutschistans und Afghanistans verlebte und in die ihn – er wusste selbst nicht recht, wie – die herrlichen nächtelangen Diskussionen und Partys in Earl's Court, Cambridge und an seiner eigenen Universität hineinbugsiert hatten. Zehn lange, sexuell enthaltsame Jahre, weil ein Mann zwar in Belutschistan für die Belutschen kämpfen durfte, sich von ihren Frauen aber fern halten musste. Ehebruch bei den Nomaden war eine mörderische Angelegenheit. Ein Mann, der Ehebruch begehen wollte, musste eine Frau in ihrem Zelt aufsuchen, sie wecken, ohne ihren Mann aufzuwecken, sie an Verwandten und den Herden der Familie vorbei hinausführen, es draußen mit ihr treiben und sie dann wieder zurückbringen – alles, ohne sich erwischen zu lassen. So eine Verführung komme einem Guerillakampf mitten im Guerillakampf gleich, meinte Shahbaz; auch wenn die erfolgreichsten Verführer sich als die besten Kämpfer profiliert hätten, habe er sich doch damit begnügt, aus der Ferne zuzuschauen. All dies, einschließlich seines langen Zölibats, war aber damals in England noch Zukunftsmusik.

Zu den Themen, über die seine marxistische Arbeitsgruppe zu diskutieren pflegte, zählte das »Nationalitätenproblem« in Pakistan. Der Punjab war die tonangebende Provinz; die Leute in anderen Provinzen fühlten sich ausgeschlossen. Der Dichter Iqbal, der die Idee eines Pakistan aus der Taufe gehoben hatte, glaubte mit der Inbrunst des frisch Bekehrten, der Islam werde für die Menschen in dem neuen Staat hinlänglich identitätsstiftend sein und als gemeinsame Sache genügen, um die historischen Bindungen an Sippe und Kaste (denken wir an Ranas Radschputenstolz) zum Verschwinden zu bringen. Iqbal täuschte sich. Regionalistische Emotionen kochten hoch, besonders im Osten; es dauerte nicht lange, da fiel Bangladesch ab.

Shahbaz' marxistische Gruppe hatte die Überzeugung gewonnen, dass der Marxismus und die Revolution vollbringen würden, woran der Islam gescheitert war. Shahbaz erläuterte diese Überzeugung folgendermaßen: »Eine Revolution von unten war nötig. Aus den einzelnen Nationalitäten heraus. Und der Revolutionsprozess würde die Nationalitäten zusammenkitten.«

Shahbaz hielt die Idee nicht für allzu abstrakt; sie entstammte der marxistischen Literatur, und die Gruppe hatte anderthalb Jahre gebraucht, um sie auszuarbeiten. Sie wussten auch, wo die Revolution anfangen musste. Das musste in Belutschistan geschehen, einer großen, fast menschenleeren Wüstenprovinz im Westen. Die Bevölkerung war klein und rückständig; viele lebten als Nomaden. Seit der Unabhängigkeit hatte es bereits drei Aufstände gegeben; die Menschen waren nach wie vor unzufrieden. Das Gebiet ließ sich nur schwer kontrollieren. Alles in allem handelte es sich um eine Region, wo – um es in der abstrakten, wissenschaftlich klingenden Sprache der Revolution zu sagen – »der Widerspruch zwischen Staat und Volk klar auf der Hand lag«.

Das große Wort in der Gruppe führte inzwischen ein südafrikanischer Inder, dessen Familie nach Karatschi übergesiedelt war und dort ein Geschäft besaß. Er lernte die Gruppe während eines Besuchs in London kennen. Er war sehr jung, neunzehn oder zwanzig, erklärte aber, er sei schon sein ganzes Leben lang Marxist, und er steckte voller Geschichten, die von der Revolution und vom Guerillakampf handelten. Er behauptete, er und seine ganze Familie gehörten dem Afrikanischen Nationalkongress an; er selbst habe in Südafrika im Untergrund gearbeitet. So jung er war, hatte er sogar noch mehr vollbracht: Er konnte auf eine Untergrundtätigkeit in Pakistan selbst, in Belutschistan, zurückblicken. Das verschlug den pakistanischen Marxisten die Sprache. Der Südafrikaner hatte keine schulische Bildung genossen, und sie mochten es, wenn er sie wegen ihrer privilegierten Herkunft beschimpfte.

Shahbaz fand ihn aufregend und »charismatisch« (Originalton Shahbaz). Er sah gut aus, war klein und sehr gedrungen, hatte einen durchdringenden Blick. Für die persönlichen Probleme der Leute hatte er keine Zeit. Für ihn zählte nur die gemeinsame Sache. Auch diese Beziehung sollte für Shahbaz übel enden. Der Südafrikaner machte den Versuch, Shahbaz umzubringen. Der durchbohrende Blick, der Shahbaz faszinierte, stellte sich als der Blick eines Paranoikers heraus. Fünfundzwanzig Jahre später, als all die Guerillakriege für den Südafrikaner vorbei waren und er sich wieder in Afrika, in Simbabwe, befand, beging er Selbstmord, nachdem er versucht hatte, seinen Sohn umzubringen. Aber auch das lag damals noch in ferner Zukunft.

Eines Tages in London – man schrieb das Jahr 1969 – überhäufte der Südafrikaner Shahbaz und seine marxistischen Kommilitonen mit besonders heftigen Beschimpfungen. Das war seine Art, sie auf Vordermann zu bringen. Dann sagte er: »Ihr Typen müsst aufhören zu reden und anfangen zu handeln. Wenn Ihr es ernst meint, müsst ihr alles aufgeben und Belutschistan zur Keimzelle einer Revolution in Pakistan machen.«

Das klang nach der von den einzelnen Nationalitäten ausgehenden Revolution, über die in der Gruppe diskutiert worden war. Als deren Hauptziel hatte gegolten, die Nationalitäten zusammenzukitten. Der Ehrgeiz des Südafrikaners ging viel weiter. Er zielte auf eine totale Revolution und behauptete, damit der Lehre von Lin Piao, Maos Stellvertreter während der Kulturrevolution, zu folgen. Das flache Land, hatte Lin Piao erklärt, könne man nutzen, um die Städte zu überfluten; auf dem Land könne man den Guerillakrieg gegen die großen Städte beginnen, die Sitz des Staates waren.

Die Vision des Südafrikaners raubte ihnen den Atem. Che Guevara in Argentinien, Kuba und Bolivien, Frantz Fanon von den französischen Inseln Westindiens, der Afrikanische Nationalkongress und jetzt Lin Piao: Shahbaz und seine Arbeitsgruppe gewannen den Eindruck, dass sie zwar spät zur Revolution gefunden hatten, dass sich nun aber in ihnen und zu ihren Diensten die großen, erprobten Kräfte der Revolution zu einem unwiderstehlichen Strom verbanden. Sie alle fingen an, von Belutschistan und vom Guerillakampf zu träumen.

Im folgenden Jahr machte Shahbaz Examen. Anschließend teilte er seinen Eltern mit, er wolle eine Filmakademie in Jugoslawien besuchen. Er kam heimlich zurück nach Karatschi, verbrachte dort eine Nacht und fuhr mit Zug und Bus in eine kleine Stadt in Belutschistan. Dort wurden sie von einem Angehörigen eines Belutschenstammes in Empfang genommen. Der brachte sie in ein Trainingslager im Gebirge. Der Südafrikaner war schon dort und jemand aus der Londoner Gruppe.

Belutschistan glich hier dem Iran und bestand aus einer wüsten Hochebene und kahlen Bergen; es gab nur ganz wenig Wasser, kaum Vegetation, und die Temperaturschwankungen waren extrem. Dort sollte Shahbaz zehn Jahre verbringen. Die ersten drei Jahre lang waren er und die anderen damit beschäftigt, die Sprache zu lernen und sich um die Schaffung sozialer Einrichtungen für die Belutschen zu bemühen.

Ich merkte indes, dass die Erzählung hier zu sehr an Tempo gewann. Als ich meine Notizen zu Rate zog, spürte ich, dass gewisse Dinge unter den Tisch gefallen waren. Ich rief Shahbaz an; er machte keine Schwierigkeiten. Ich wollte mehr über diese Anfangszeit in Belutschistan erfahren, wollte mehr darüber hören, wie der allererste Tag dort verlaufen war.

Shahbaz erzählte: »Ich fuhr mit dem Zug von Karatschi los. Am Ziel empfingen mich auf dem Bahnsteig zwei Stammesangehörige. Sie waren kultivierter als die Stammesleute, die ich später kennen lernte. Wir fuhren mit dem Bus eine Strecke von fünfzehn Kilometern. Wir stiegen aus dem Bus und gingen zwei Tage lang zu Fuß. Es war meine erste Wanderung durch die Berge. Extrem zerklüftetes Gelände. Ich hatte ein *shalwarkameez* und Schuhe an und trug einen Turban, den ich nicht gewöhnt war. Auch einen Rucksack zu tragen war mir ungewohnt. Unterwegs buken wir Brot und aßen nichts als das trockene Brot, und ich verbrachte meine erste Nacht im Freien. Es war Sommer. Wir lagen auf der nackten Erde. Der Marsch erschöpfte mich. Ich bekam Blasen. Ich hatte Schmerzen. Der ganze Körper tat mir weh. Als ich im Lager ankam, war ich völlig fertig.

Fünf Tage vorher besuchte ich noch in England die Universität. Jetzt hatte es mich plötzlich in ein Lager mit schwer bewaffneten Stammesleuten verschlagen, deren Sprache ich nicht verstand. Es war wie im Kino. Als begegnete man Marsmenschen. Mental war ich auf den Schock dieser Begegnung nicht vorbereitet. Gleich in der ersten Nacht bekam ich ein Gewehr und musste Wache stehen. Fünf Tage vorher besuchte ich noch in England die Universität. Zur Feier meiner Ankunft schlachteten sie eine Ziege. Wir aßen in dieser Nacht Fleisch mit viel Fett, fetttriefendes Fleisch. Ich verdarb mir daran den Magen. Und in den Busch zu gehen, wenn man aufs Klo musste, war anfangs auch schwierig.«

Die Lektüre Turgenjews hätte ihn zwar nicht auf Belutschistan vorbereitet, immerhin aber hätte sie die Einbildungskraft des Revolutionärs auf diese Begegnung mit Marsmenschen eingestimmt.

Shahbaz war in ein Trainingslager gekommen. Zu dem Zeitpunkt wurde noch kein Krieg geführt; der sollte drei Jahre später, nach seinem Training, ausbrechen. Der Anführer der Belutschen in der Region, Shahbaz' Feldkommandant, war Oberhaupt eines Clans. Bei den Belutschen gab es Stämme und innerhalb der einzelnen Stämme Clans; die zwischen den Clans und Stämmen herrschenden Rivalitäten machten es Shahbaz und den anderen Fremden schwer, einen Überblick über die Vorgänge zu gewinnen. In den Trainingslagern gab es fünf Fremde. Ein paar weitere lebten in den Städten und kümmerten sich dort um den Nachschub und die finanziellen Angelegenheiten.

Die ersten drei Jahre lang waren Shahbaz und die anderen damit beschäftigt, sich zu »integrieren«. (Offenbar gab es für alles, was ein Guerilla tat, einen Fachausdruck. Auf manche Neuankömmlinge, die sich nach ihrer Ankunft hier draußen im Feld, in den Weiten Belutschistans, möglicherweise klein oder gar nutzlos fühlten, mochte das eine beruhigende Wirkung haben.) Sie lernten die Sprache und bauten soziale Einrichtungen für die Stammesbevölkerung auf. Die Belutschen waren Nomaden. Die Teilnahme an ihrem Wanderleben fiel Shahbaz nicht leicht. Er nährte sich von trockenem Brot und schlief auf der Erde, auf einem Schal, den er auf dem Gras ausbreitete. Im

Sommer errichteten sie Schutzhütten und schliefen im Freien. Im Winter lebten sie in Höhlen unter Felsvorsprüngen. Die Fremden nächtigten im Winter in Schlafsäcken. Shahbaz hatte auch ein Radio, eine Schreibmaschine und Bücher. Er und die anderen hatten in Höhlen reichlich Bücher verstaut, aber wenn das Lager verlegt wurde, konnte er nur zwei davon mitnehmen.

Das Leben war hart, dennoch fühlten sich Shahbaz und seine Freunde »unglaublich kreativ«. Sie lebten unter Nomaden. Wenn sie in England über die Revolution sprachen, dann war von Arbeitern und Bauern die Rede. Diese Belutschen waren definitiv keine Arbeiter, und sie glichen auch ganz und gar nicht den Bauern des Punjab, den Bauern, die Shahbaz kannte. Diese Nomaden waren völlig unberührt von der modernen Welt geblieben. Deshalb hatten sie anfangs auf Shahbaz den Eindruck von Marsmenschen gemacht. Er wusste, dass sich solch ein Eindruck für einen Revolutionär nicht gehörte. In dieser Zeit seiner Integration aber hatte er an Maos Äußerung gedacht, dass die Bauern ein weißes Blatt Papier seien und zu dem würden, was man auf das Blatt niederschreibe. Diese Sicht von den Nomaden hatte er sich angewöhnt, obwohl er als intelligenter und rechtdenkender Mensch Bedenken hegte, ob es nicht anmaßend und vielleicht sogar grausam sei, wenn er als Revolutionär meinte, diese Menschen nach Gutdünken formen zu dürfen.

Zwanzig Jahre später führte er zur Entschuldigung an: »Man hatte damals wirklich das Gefühl, an einem Wendepunkt im Leben der Nation zu stehen.«

Shahbaz war ein großherziger Mensch. In Pakistan hieß es, Pakistanis litten an Minderwertigkeitskomplexen und suchten deshalb ihre Landsleute immer herunterzumachen. Von der Art war Shahbaz nicht; er zollte Pakistanis ebenso bereitwillig Bewunderung wie anderen Menschen. Vielleicht hatten ihm die Zeit, die er allein in England verbrachte, und die Jahre in englischen Privatschulen sowohl ein Bedürfnis nach Anerkennung durch andere Menschen als auch einen Hang zur Heldenverehrung mitgegeben. Ebenso wie er sich in London dem Südafrikaner unterworfen hatte, unterwarf er sich jetzt in Belutschistan dem Clanhäuptling, der sein unmittelbarer Kommandeur war.

Der Clanhäuptling war ein Hirte aus einer Nomadenfamilie und konnte weder lesen noch schreiben. Er hatte 1963 am Aufstand der Belutschen gegen das pakistanische Militärregime teilgenommen. Shahbaz war bezaubert von seiner Bescheidenheit, seiner Mäßigung, seiner Ruhe, seiner Sprachgewalt. Der Clanchef besaß den durch keine Bildung verdunkelten Instinkt für die Wesensart und die Stimmungen des Volkes; er wusste in jeder Situation, wie er mit den Leuten sprechen musste. Er war ein geborener Anführer; Shahbaz und die anderen wiegten sich in der Hoffnung, in ihm den Mao oder Ho Chi Minh der belutschistanischen, vielleicht sogar der pakistanischen Revolution vor sich zu haben.

Also fingen sie an, ihm angedeihen zu lassen, was sie für politische Schulung hielten, ihn, wie Shahbaz fünfundzwanzig Jahre später formulierte, in die Weltläufte und in die Politik der Revolution einzuführen. Es war, als hätte er nur darauf gewartet. Seine Reaktion erschien ihnen als ein – diesmal im fernen Belutschistan erbrachter – Beweis für die Richtigkeit und Universalität der marxistischen Revolution. Sie ließ jeden Zweifel an ihrer Mission, den sie gehegt haben mochten, schwinden. Wie Shahbaz fand, reagierte das Clanoberhaupt auf die Schulung wie »der Fisch auf Wasser«. Wäre allerdings Shahbaz nicht so erpicht darauf gewesen, dass ein von ihm bewunderter Mensch sich bewährte, beim entscheidenden Test gut abschnitt, er hätte vielleicht der Möglichkeit ein bisschen mehr Beachtung geschenkt, dass der ungebildete Mann spürte, was von ihm erwartet wurde.

»Wir sahen uns nicht als Führer«, sagte Shahbaz. »Wir glaubten, Führer für das Volk zu formen.«

Shahbaz' Marxismus und sein Verlangen nach der Revolution waren »emotional« begründet. Der Südafrikaner war da anders. Er wollte Macht, so Shahbaz. Vielleicht wollte er (das war eher meine Idee als die von Shahbaz) in Belutschistan sein, was er als Inder in Südafrika nicht sein konnte – ob im Rahmen des Afrikanischen Nationalkongresses oder außerhalb. Auf seine großherzige Art schien Shahbaz das Machtstreben des Südafrikaners für legitim zu halten, weil er »Führungsmaterial« darstellte. Macht, so seine Überlegung, war etwas, das die Welt dem Südafrikaner schuldete.

Es gab noch einen zweiten Fremden, den Shahbaz bewunderte und dem er sich besonders nah fühlte. Das war ein junger Christ aus Karatschi, Sohn eines höheren Luftwaffenoffiziers. Er hatte der Londoner Gruppe angehört und sein Wirtschaftsprüferstudium an den Nagel gehängt, um sich den Revolutionären anzuschließen. Wie Shahbaz war er emotional, dazu intelligent und belesen; wie Shahbaz vergoss er leicht Tränen. Er beweinte die Armut und Ungerechtigkeit um ihn herum. Dieser Junge, der als Christ in Pakistan lebte, hatte einen großen Teil seines Lebens als Außenseiter verbracht; Shahbaz zog den Vergleich zwar nicht, aber möglich, dass er ebenso sehr Außenseiter gewesen war wie Shahbaz viele Jahre lang in England. Der Junge war sehr humorvoll, und Shahbaz erinnerte sich an sein »phantastisches lautes Lachen«. Shahbaz hatte ihn als sehr schmal, sehr dunkelhäutig, sehr bengalisch aussehend in Erinnerung.

Sooft Shahbaz von diesem Jungen sprach, überkam ihn eine elegische Stimmung. Dieser Junge kam nach sechs Jahren Aufenthalt in Belutschistan, im dritten Jahr des Aufstands, um. Er war in eine kleine Stadt gefahren, um sich mit jemandem zu treffen, dem er vertraute, und dieser Jemand verriet ihn an die Armee. Er wurde zusammen mit seinem Stellvertreter, einem Stammeskrieger, gefangen genommen. Die Armee bewahrte Stillschweigen über die Gefangennahme; deshalb erfuhren die Aufständischen nichts davon. Später fanden sie heraus, dass er viele Wochen lang verhört und gefoltert worden war und dass man ihn schließlich aus einem Hubschrauber geworfen hatte. Es quälte sie, dass sie nicht wussten, wann er getötet worden war. Obwohl er voll Schwermut von diesem Jungen sprach, hatte er später nie versucht, seine Familie ausfindig zu machen.

Nach dreijähriger Vorbereitung begann die Revolution mit dutzenden von Erhebungen überall in den Einöden von Belutschistan. Und, oh Wunder (wunderbar war es jedenfalls für jemanden, dem die Idee der Revolution so sehr am Herzen lag) – die Gegend, in der Shahbaz umhergezogen war (und sich dabei so schwer getan hatte), wurde in der Sprache der Guerilla zum befreiten Gebiet. Die Anführer der Revolution waren Clanoberhäupter wie der von Shahbaz bewunderte Häuptling; sie waren nun Befehlshaber einer Guerillabewegung. Die Streuung der Kriegshandlungen entsprach der Zersplitterung in Stämme und Clans. Im Stamm, dem Shahbaz angeschlossen war, gab es fünf oder sechs getrennte Kampfgruppen. Für eine dieser Gruppen organisierte er ein Lager. Das Lager umfasste zwischen fünfzig und zweihundert Kämpfer. Seine Aufgabe bestand nicht im Kämpfen. Er sollte die Menschen in seiner Region schulen, sollte ihnen medizinische Kenntnisse beibringen, bei Streitigkeiten vermitteln und sich (merkwürdig genug für den Absolventen einer britischen Privatschule) um Ackerbau und Viehzucht kümmern.

Der Krieg hatte allerdings zwei Seiten. Bald schon wurde klar, dass nach dem Abfall von Bangladesch die pakistanische Regierung unter Ministerpräsident Bhutto entschlossen war, mit größter Härte gegen die Belutschen und ihre Stammeshäupter vorzugehen. Nach Shahbaz' Ansicht befanden sich irgendwann Truppen in einer Stärke von hunderttausend Mann in Belutschistan. In London hatte sie der Südafrikaner mit Lin Piao und dessen in der chinesischen Kulturrevolution entwickelter Theorie geblendet, dass der Guerillakrieg auf dem flachen Land die großen Städte überfluten werde. Womit sie nicht gerechnet hatten und worauf sie kein marxistisches ABC und kein Lehrbuch der Revolution vorbereitet hatte, war das, womit sie sich konfrontiert sahen: eine gut geschulte Berufsarmee, die mit unwiderstehlicher Macht vordrang und das fragile Sozialgefüge eines nomadischen Volkes platt machte.

An den bösen Ahnungen oder der Verblüffung, die Shahbaz gleich am ersten Tag angesichts der »Marsmenschen« von

Belutschistan angewandelt hatten, war wohl doch etwas dran gewesen, wie sehr er sich in der Folge auch bemüht hatte, sich seine unguten Gefühle mit Hilfe der Gedanken Maos auszureden. Die Nomaden waren nicht die Arbeiter oder Bauern der marxistischen Literatur, waren keine sesshaften Menschen. Die Nomaden waren Wanderer; sie waren beweglich; man konnte sie leicht von der Bildfläche verschwinden lassen.

Dazu führte Shahbaz, während er erzählte, nichts weiter aus. Ich spürte aber, dass es über dieses Von-der-Bildfläche-verschwinden-Lassen mehr zu sagen gab, und als ich ihn einige Tage später besuchte, fragte ich ihn danach.

Er sagte: »Um dich herum starben die Leute. Sie hatten ihren Lebensunterhalt und ihre Familien verloren. Die Ökonomie einer Nomadenfamilie ist so anfällig. Sie steht und fällt mit den Herden. Man braucht nichts weiter zu tun, als die Tiere umzubringen. Genau das taten sie. Sie schossen sie ab, kreisten sie weiträumig ein und trieben sie zusammen, tausende und abertausende von Schafen, Ziegen und so weiter. Hat man das getan, sind die Menschen ohne Existenzgrundlage.«

Die Armee marschierte nicht im Sommer; die Hitze war zu groß. Sie marschierte im Winter, und zum Ende des zweiten Winters war es mit der Revolution in Belutschistan mehr oder minder vorbei. All die Partys und Liebeleien in London, all die Diskussionen mit knackigen jungen Lateinamerikanerinnen über heilige marxistische Texte, all die Vorbereitungen und Schulungsbemühungen in Belutschistan – das alles war im Nu zunichte gemacht.

Shahbaz befand sich eine Zeit lang in einem der wenigen befreiten Gebiete, die standhielten. Als Verwalter war er bald schon auf sich allein gestellt. Nicht lange nach dem Beginn der eigentlichen Kämpfe war der Südafrikaner abgereist. Shahbaz nahm keinen Anstoß daran. Sein Vertrauen in den Südafrikaner war unerschüttert; er wusste, dass dieser nach Europa ging, um wichtige Geschäfte zu erledigen: um Gelder lockerzumachen (in Russland, Deutschland und Indien; die Namen erfuhr ich nicht von Shahbaz) und um in der dortigen linken Presse

Geschichten über Belutschistan unterzubringen. Der Südafrikaner blieb in Kontakt, kehrte aber nie mehr zurück.

Was an Informationen über Belutschistan nach draußen drang, ging aufs Konto des Südafrikaners; es war indes herzlich wenig. Belutschistan schaffte es nie, zu einem der großen internationalen Anliegen der linken Bewegung zu werden. Zum Teil dürfte daran der rasche Zusammenbruch der Revolution schuld gewesen sein; ein weiterer Grund war vermutlich das Stillschweigen, das in Pakistan über den Aufstand und die Militäroperationen gewahrt wurde. Die Regierung schwieg; keine pakistanische Zeitung druckte etwas darüber; pakistanische Journalisten, die über Belutschistan schrieben, wanderten ins Gefängnis. Die Revolutionäre in den Städten gaben zwar ein kleines, heimliches Bulletin heraus, das sie stilvoll *Jabal* nannten (ein Belutschenwort, das »Berg« bedeutet), aber es handelte sich um ein primitives, hektographiertes Mitteilungsblatt, das einmal im Monat erschien und ein bisschen zu sehr nach dem Rufer in der Wüste aussah, der es ja auch war; auf Resonanz stieß seine Botschaft nicht.

Am Ende des zweiten Winters, in dem Belutschistan Schauplatz pakistanischer militärischer Operationen war, beschloss der belutschistanische Clanchef – in dem Shahbaz und die anderen einen möglichen Ho Chi Minh oder Mao der Revolution der Belutschen gesehen hatten –, das Land zu verlassen und einen Teil seiner versprengten und abgerissenen Nomaden auf einer außergewöhnlich langen Wanderung über die Grenze nach Afghanistan zu führen. Irgendwann betrug die Zahl dieser nomadischen Flüchtlinge laut Shahbaz ungefähr fünfundzwanzigtausend; viele von ihnen waren Kinder und Frauen, die keine Männer mehr hatten, um für ihren Lebensunterhalt zu sorgen.

Den Winter darauf wurde der junge Christ aus Karatschi – der mit dem »breiten Lächeln und dem lauten Lachen«, den die Armen zu Tränen rührten und der sich in London zum Wirtschaftsprüfer ausgebildet hatte – gefangen genommen, gefoltert und aus einem Hubschrauber geworfen.

Die Armee erhöhte nun den Druck. »Schrecklich«, sagte Shahbaz, »Massaker, Hunger, Bombardements. Viele der Leute, die man aufgerichtet und geschult hatte, sah man vor seinen Augen sterben.« Zweifel an der Sache aber seien ihm nie gekommen. »Nein. Die Katastrophen machten mich weiser.«

Er musste ständig entscheiden, was er mit dieser oder jener Gruppe von Zivilisten machen sollte, ob er sie ins nördlich gelegene Afghanistan oder in östlicher Richtung nach Sindh schicken oder sie lassen sollte, wo sie waren. Es war wichtig, nicht alle wegzuschicken, weil eine entvölkerte Region am Ende vielleicht aufhörte, eine befreite Region zu sein.

Die Armee überwachte sämtliche Straßen. Shahbaz war in seinem befreiten Gebiet dicht eingekreist. Bemerkenswerterweise mussten – nach all den Planungen für einen Guerillakrieg im ländlichen Milieu – Lebensmittel aus den Städten eingeschmuggelt werden.

Ungeachtet des Scheiterns und der Tragödien um ihn herum war Shahbaz nach wie vor voller Mut und Tatendrang, betrachtete die Revolution immer noch als integrierenden Bestandteil seiner persönlichen Entwicklung. »Es war eine ungeheuer kreative Zeit«, sagte er.

Weizen brauchten sie am dringendsten. Vormals befand sich das Geschäftsleben in Belutschistan in den Händen der Hindus, aber nach der Teilung wurden diese aus allen Städten verjagt. Stammesleute hatten die Geschäfte übernommen, und sie waren mit den Aufständischen enger oder entfernter verwandt. Sie organisierten Kamelkarawanen. Diese Karawanen, die manchmal von Guerillas eskortiert wurden, mussten verschiedene Kontrollpunkte der Armee passieren. Besonders im Winter, in der Zeit der militärischen Offensiven, kam es immer wieder zu Katastrophen. Guerillas wurden von der Armee gefasst, Geschäftsleute wurden gefangen genommen, kostbare Lebensmittel gingen verloren. Es gab Zeiten, da bekamen Shahbaz und seine Leute nur eine Mahlzeit alle zwei Tage. Wenn sie unterwegs waren, hatten sie Brotstücke in ihren Taschen; das hielt sie in Gang.

In einem Winter rückte die Armee in die Berge vor, wo sich Shahbaz und seine Gruppe aufhielten. Sie mussten Hals über Kopf fliehen. Sie marschierten nachts, um nicht von Hubschraubern entdeckt zu werden. Sie führten eine Menge Lebensmittel mit, ihr ganzes Vorratslager. Das durften sie nicht verlieren. Einen ganzen Tag lang versteckten sich Shahbaz und seine Gruppe in einer Nomadensiedlung. Sie bekamen zu essen, und man sorgte für sie; in der Nacht zogen sie weiter. Damals verließ sich die Armee nicht nur auf Hubschrauber; sie setzte auch Fährtensucher ein, Kundschafter aus den eigenen Reihen und belutschistanische Spurensucher aus der Gegend. Diese Spurensucher führten die Soldaten in die Nomadensiedlung. Sie stellten Fragen: »Wer war letzte Nacht hier? Wer hat all die Spuren draußen hinterlassen und ist zu euren Häusern gekommen?« Alle Bewohner der Siedlung wurden umgebracht, sechzehn an der Zahl.

Als Shahbaz das hörte, war er wochenlang außer sich. Die Belutschen, mit denen er zusammen war, zeigten sich stoischer; sie trösteten ihn.

»Weil das Nomadenleben hart ist«, sagte Shahbaz, »besitzen sie eine große Fähigkeit, Katastrophen zu verkraften. Von ihnen habe ich diese Seelenruhe und Geduld gelernt.«

Drei Jahre später – das Räderwerk all der vielen Tragödien und Revanchetragödien in Pakistan war unablässig weitergegangen – wurde Herr Bhutto, der die Armee gegen Belutschistan gehetzt hatte, von einem General abgesetzt, kam vor Gericht und wurde gehängt. Der General verkündete eine Amnestie, und der Krieg in Belutschistan war vorüber.

Shahbaz befand sich nun mit den anderen Flüchtlingen in Afghanistan. Er war über die Berge aus Belutschistan dorthin gewandert. Es gab zwei Lager für die Flüchtlinge im Süden Afghanistans. Der Clanchef, der die Flüchtlinge nach Afghanistan geführt hatte, war immer noch da und immer noch ein einflussreicher Mann. Die revolutionäre Bewegung besaß auch etliche Wohnungen in Kabul. Während der vielen Wochen, die sich Shahbaz in Afghanistan aufhielt, wechselte er zwischen den Flüchtlingslagern und den Wohnungen in Kabul hin und her.

In Kabul traf Shahbaz nach sechs Jahren den Südafrikaner wieder. Die Revolutionäre, die überlebt hatten beziehungsweise nach wie vor der Sache anhingen, trafen sich in Kabul (das dank der russischen Besatzung ein besonders sicherer Ort für sie war), um über die Zukunft der Bewegung zu diskutieren. Shahbaz und einige von den anderen wollten auch mit dem Südafrikaner darüber reden, was er während der sechs Jahre in Europa getan hatte und was aus dem Geld geworden war, das er dort beschafft hatte.

Es kam zu furchtbaren Auseinandersetzungen, »gigantischen Streitereien«. Am Ende sprachen Shahbaz und der Südafrikaner nicht mehr miteinander. Der Südafrikaner fing an, Shahbaz und die anderen für Verräter zu erklären; sie hätten die Revolution verraten und den Tod verdient. Shahbaz war entsetzt. Er war noch entsetzter, als ihn der Clanchef – in dem er einst einen künftigen Mao oder Ho Chi Minh gesehen hatte – zu sich rief und ihm sagte, er könne nicht mehr für seine Sicherheit garantieren: Der Südafrikaner werde fortan versuchen, ihn zu vergiften. Shahbaz überließ es lieber dem Belutschen, sich mit dem Südafrikaner auseinander zu setzen, und ging zurück in die Berge. So schied er von den beiden Männern, die er am meisten bewundert hatte.

Es war das Ende der Bewegung. Die Belutschen wollten mit Fremden nichts mehr zu tun haben. Die Revolution hatte aufgehört, sie zu interessieren; sie waren Separatisten geworden. Der Südafrikaner kehrte schließlich nach London zurück. Dorthin zog es nach einer Weile auch Shahbaz, der aus den Bergen nach Kabul fuhr, um von dort das Flugzeug zu nehmen. Von London aus nahm er Kontakt mit seinen Eltern auf, die sich von ihm im Stich gelassen fühlten und mit denen er sich nun versöhnte.

Er war auf einem Ohr taub – eine Folge des Krieges. Er hatte sämtliche Zähne verloren. Er hatte eine Gelbsucht durchgemacht und durfte keinen Alkohol mehr trinken. Alljährlich suchten ihn Malariaanfälle heim.

»Ich bedaure nichts«, sagte er. »Das war die kreativste, aufregendste Zeit meines Lebens und wird es immer bleiben. Wo ich am meisten unter Spannung stand und wo ich so viel gelernt habe. Das Ergebnis war für mich enttäuschend, aber ich bin nicht verbittert.«

Die Perspektive überraschte mich. Habe er im Rückblick und nach so langer Zeit nicht das Gefühl, dass er – seine Eltern und die Belutschen einmal ganz beiseite gelassen! – seine Vorzugsstellung schlecht genutzt und sich intellektuell selbst betrogen habe?

»Nein. Ich wurde erwachsen, während all das vor sich ging.«

»All das?«

»Die Guerillakriege überall in der Dritten Welt.«

Es war seine Vorstellung von Bildung, die merkwürdig kolonialistisch gefärbte Vorstellung seiner Generation in Pakistan, obwohl diese doch erst nach der Unabhängigkeit zur Welt gekommen war. Bildung war nichts, was man in eigener Regie plante und entwickelte, um persönlichen Bedürfnissen gerecht zu werden. Es war etwas, das man in der Ferne aufsuchen musste – mittlerweile ohne Furcht vor Vorurteilen und Anfeindungen –, und wenn man hinkam, wo man hinwollte, überließ man sich einfach dem Strom.

Als Marxist, meinte er, sei er unkonventionell gewesen. Er habe nicht die Absicht verfolgt, den Belutschen die marxistische Standardausrüstung zu verpassen. Seiner Ansicht nach hatte die Stammeskultur vieles an sich, was gut und positiv und erhaltenswert war, wie etwa das Rechtssystem und den kollektiven Besitz des Weidelandes. Jetzt aber war die ganze Stammesstruktur zerstört. Es gab kein überkommenes Recht mehr; die Gerichte waren unerreichbar fern, und zwischen den führenden Familien tobten zwei- oder dreihundert blutige Fehden. In Belutschistan standen die Dinge also mittlerweile viel schlechter als damals, im Jahr 1970, als er mit der Eisenbahn, dem Bus und zu Fuß als Bannerträger der Revolution von Karatschi dorthin gezogen war.

Das war die Geschichte, die mir Shahbaz im Verlaufe vieler Stunden erzählte. Geschichten, die auf diese Weise erzählt werden, können Lücken und Brüche aufweisen, aber als ich in den folgenden ein oder zwei Tagen meine Notizen durchlas, spürte ich, dass gewisse Dinge fehlten. Obwohl Shahbaz doch zehn Jahre in Belutschistan und Afghanistan verbracht hatte, fehlte jedes Zeitgefühl. Wasser fand keine Erwähnung, die Landschaft tauchte nicht auf. Und die Stammesleute existierten nicht wirklich. Sie waren diejenigen, denen der Marxismus gebracht wurde, waren die Opfer der Verwüstungen; aber sie existierten nicht – nicht einmal als Folklorefiguren. Nur der belutschistanische Stammeschef, der Südafrikaner und der junge Christ mit dem lauten Lachen existierten.

Shahbaz war überrascht, als ich ihm das mit den Stammesleuten sagte. Ihm war das nicht aufgefallen, und er hatte keine Erklärung dafür. Während er über sie sprach, standen ihm die Stammesleute vor Augen. »Ich sehe sie – die Stammesleute – ständig vor mir. Aber vielleicht habe ich sie einseitig geschildert.«

Zu der langen Zeit, die verging, bemerkte er: »Es waren zehn Jahre. Schwer zusammenzufassen. Den Menschen hier fällt es schwer, ein Verhältnis zur vergehenden Zeit zu gewinnen. Für viele Menschen vergeht die Zeit im Schneckentempo, und sie haben Schwierigkeiten, Zeitpunkte genau zu bestimmen. Die Menschen sind nicht gewöhnt an rasche Veränderungen, die sich auf ihr Zeitbewusstsein auswirken. Ihr Leben hat sich verändert – drastisch sogar –, aber es war ein ganz allmählicher, mühsamer Prozess. Ich glaube nicht, dass es am Islam liegt. Die Menschen sind nicht darauf eingerichtet, sich daran zu erinnern, wann die erste Parabolantenne in ihr Dorf kam oder wann sie im MTV ihre erste nackte Frau zu sehen bekamen.«

Was er über das Wasser sagte, überraschte angesichts seines vorherigen Stillschweigens zu dem Thema: »Wasser war das alles beherrschende Problem. Die Suche nach Wasser war das Wichtigste in der Welt. Die Stammesleute wussten, wo es Wasser gab, aber nicht, wie viel davon und wie sauber es war und ob es ausreichte, eine Hundertschaft und die begleitenden Tiere zu tränken. Oder ob es Quellen, Flüsse oder Tümpel gab. Deshalb schickten wir Späher voraus, die das auskundschaften mussten. Manchmal kamen die Kundschafter um fünf Uhr abends zurück und berichteten, dass das Wasser nicht gut genug war oder nicht ausreichte, und dann mussten wir in die Nacht hinein weitermarschieren. Für das Militär war es genauso. Es herrschten extreme Temperaturschwankungen.«

Die Erlebnisse und die Emotionen waren vorhanden, aber in dem früheren Bericht hatte er sie nicht zur Erscheinung kommen lassen. Offenbar hatte er sich in seiner Geschichte von der Revolution um eine Reduktion der Menschen auf ihren marxistischen Kern bemüht. (In ähnlicher Weise verlangte der islamische Eiferer von den Bekehrten, nichts als reiner Glaube zu sein, ohne alle Entstellung durch Geschichte und Tradition.) Die Stammesleute hatte er nicht als Menschen, sondern als Stammesleute, als Menschenmaterial betrachtet; im Clanchef hatte er nur den Anführer, nicht einen Menschen mit Gefühlsregungen und menschlichen Eigenschaften gesehen.

Sich selbst gegenüber hatte er die gleiche Härte bewiesen; viel von dem gewaltigen körperlichen Leid, das er erduldete, hatte er gar nicht erst erwähnt. Sein Trommelfell war gleich zu Anfang bei einer Explosion gerissen; seine Ohren hatten monatelang geblutet. Hepatitis hatte ihn gequält; jeder Schub dauerte zwei Monate und machte die langen Märsche »tödlich«. Die Schuld an der Hepatitis trug das schlechte Wasser; die Stammesleute waren weniger anfällig als er. (Vermutlich hatte er deshalb beim ersten Mal das Thema Wasser so sorgfältig vermieden.) Fruchtsäfte als Mittel gegen die Hepatitis gab es nicht; das Essen bestand in der Hauptsache aus Brot und Fleisch, manchmal kamen Linsen dazu und manchmal schädliche Dinge wie Milch und geklärte Butter.

All dies hatte er als unwesentlich weggelassen, zusammen mit den Gesichtern und Trachten der Stammesbevölkerung, den Zelten, den Kamelen, dem Gepäck und dem Aussehen des Landes.

»Das war ein sehr persönlicher Bericht«, erklärte er. »Ich spreche sehr selten über diese Erlebnisse.« Später sagte er: »Ich habe meine eigenen Leiden nicht erwähnt, weil die Menschen, mit denen ich zusammen war, noch mehr litten.«

Die Leidensperspektive war da, wenn auch unterdrückt. Sie wurde sichtbar, als er von dem sprach, was danach passiert war.

Der von ihm bewunderte Clanchef hatte sich mit dem *sardar*, dem Oberhaupt des Stammes, gestritten. Der *sardar* hatte sich geweigert, »die Bewegung zu fördern«, und der Stamm war nun tief gespalten. Der Clanchef war in sein angestammtes Gebiet zurückgezogen, wo es ihm schlecht ging. Auch seinen Leuten ging es schlecht.

»Vergessen Sie nicht, die Leute waren durch den Verlust ihrer Herden völlig verarmt, und sie sind es geblieben. Tausende von ihnen sind nach Sindh und in den Punjab gegangen, um sich als Tagelöhner zu verdingen. Das Wirtschaftsleben des Stammes wie auch anderer Stämme ist zerstört.« Die *sardars* blockierten jeden Fortschritt. »Sie sind habgierig. Sie wollen Prozente. Ihre eigene Wirtschaftskraft ist zerstört. Der *sardar* hat selbst keine Herden mehr, bekommt von seinen Gefolgsleuten keine Schafe mehr geschenkt. Er hängt deshalb jetzt von staatlichen Almosen ab.«

Unter russischer Besetzung war Afghanistan ein sicherer Ort für Belutschen, die sich während des Aufstandes dorthin flüchteten. Der Krieg in Afghanistan indes erwies sich für das Volk der Belutschen als fatal. Eine Million afghanische Flüchtlinge siedelte man in Belutschistan an. Sie hätten sich wie Heuschrecken verhalten. Sie seien mit ihren eigenen großen Herden gekommen, und es habe den Anschein gehabt, als werde durch sie das Land neu bevölkert. Sie hätten die Bäume gefällt und ließen ihre Herden auf den besten Weideflächen grasen. Die Belutschen könnten nichts dagegen machen. Sie seien in ihrem eigenen Gebiet zur Minorität geworden.

»Die Flüchtlinge dort waren Pathanen. Die Pathanen sind also heute in Belutschistan in einer stärkeren Position als die Belutschen. Die Pathanen haben ihre fundamentalistische Ausrichtung mitgebracht. Madrassen [Koranschulen] und so weiter – der Kultur der Belutschen absolut fremd. Das geschah nach dem Krieg. Immer noch kommen mich Freunde besuchen und erzählen, wie schlimm es geworden ist.«

Doch nach wie vor war er frei von Schuldgefühl. Immer noch hielt er sich für den Bannerträger der Wahrheit.

»Die Ideologie wurde mir von der Achtundsechzigerbewegung geliefert. Aber der Antrieb stammte von hier, das Bedürfnis, etwas für mein Land zu tun, zumal nach dem Verlust von Bangladesch. Heute sind es die Fundamentalisten, die meinen, sie hätten die Antwort.«

5

Büsser

Englischsprachige Leute in Pakistan kannten die Fundamentalisten unter dem Namen »Fundos«. Insoweit waren sie mittlerweile eine Realität. Sie blieben noch im Hintergrund, aber sie drängten unaufhörlich und wollten immer mehr.

Der indische Subkontinent war grausam in Stücke gerissen worden, um den Staat Pakistan zu schaffen. Millionen hatten ihr Leben lassen müssen, und noch viel mehr hatten ihre Heimat verloren – auf beiden Seiten der Grenze. Mehr als hundert Millionen Muslime sahen sich auf der indischen Seite im Stich gelassen, während praktisch alle Hindus und Sikhs aus Pakistan vertrieben wurden, damit dort das absolut muslimische Gemeinwesen aus Iqbals beiläufigem poetischem Traum geschaffen werden konnte.

Damit hätte man sich eigentlich zufrieden geben können. Aber die Fundamentalisten wollten noch mehr. Nicht genug damit, dass dieser große Teil des uralten Landes nach Jahrtausenden aufgehört hatte, Indien zu sein, und – wie der Iran, wie die arabischen Länder – endlich von den älteren Glaubensformen gesäubert war. Jetzt sollten auch noch die Menschen von der Vergangenheit gereinigt und von allem abgelöst werden, was sie in Kleidung, Brauchtum und Kultur mit dem Land ihrer Vorfahren verknüpfte. Nach dem Willen der Fundamentalisten sollten die Menschen gläsern und rein sein, leere Gefäße für den Glauben. Sie verlangten das Unmögliche: menschliche

Wesen konnten niemals solche Blankogeschöpfe sein. Die verschiedenen Fundamentalistengruppen aber sahen sich selbst als Muster an Rechtschaffenheit und Reinheit. Sie sahen sich als die wahren Gläubigen. Sie behaupteten, den ursprünglichen Geboten zu folgen (besonders denen, die sich auf die Frauen bezogen), und wollten nichts weiter, als dass die Menschen waren wie sie und sich an die traditionellen Gebote hielten – wobei der Begriff »traditionell« die Tatsache verdeckte, dass es keinen absoluten Konsens in der Frage gab, worin diese Gebote bestanden.

Die wichtigste unter den fundamentalistischen Gruppen war die Jamaat-i islami, die Islamische Versammlung. Begründet wurde sie von dem religiösen Lehrer und Eiferer Maulana Maududi. Vor der Aufspaltung des Subkontinents hatte er sich aus merkwürdigen Gründen gegen die Idee eines pakistanischen Staats gesperrt. Als der Dichter Iqbal im Jahr 1930 für einen eigenen indisch-muslimischen Staat plädierte, erklärte er, ein solcher Staat werde den indischen Islam von dem »Brandmal befreien, das der arabische Imperialismus ihm gezwungenermaßen aufgedrückt hatte«. Maududis Ehrgeiz zielte genau in die entgegengesetzte Richtung. Seiner Ansicht nach wirkte ein indisch-muslimischer Staat zu beschränkend und vermittelte zu sehr den Eindruck, dass der Islam in Indien sein Werk vollbracht habe. Nach Maududis Willen sollte aber der Islam ganz Indien bekehren und überziehen, sollte die ganze Welt erobern. Als ein wichtiges Argument für die Schaffung Pakistans hatte Iqbal geltend gemacht, der Islam habe sich als »volksstiftende Kraft« in Indien besser als andernorts bewährt. Maududi fand das ganz und gar nicht. Seiner Meinung nach waren die Muslime des Subkontinents und ihre politischen Führer in religiöser Hinsicht nicht gut genug für einen weltumspannenden muslimischen Staat. Sie waren in ihrem Glauben nicht rein genug, waren zu sehr durchdrungen von der indischen Vergangenheit.

Maududi starb im Jahr 1979. Die Jamaat aber hielt unbeirrt an der Ansicht fest, dem pakistanischen Volk und seinen Herrschern fehle es an religiöser Reinheit. Wenn der muslimische

Staat Iqbals seine Katastrophen erlebte, dann war schuld daran nicht der Islam; schuld waren allein die Menschen, die sich Muslime nannten. Der fundamentalistischen Denkweise übersetzte sich diese Art von politischem Scheitern automatisch in das Scheitern eines falschen oder halbherzigen Islam. Und die Jamaat konnte stets – und mit stets ungebrochener Überzeugung – behaupten, seit seiner Frühzeit sei mit dem Islam nie wirklich Ernst gemacht worden, und jetzt sei die Zeit reif dafür. Den Weg werde sie schon weisen.

Der Hauptsitz und das Gemeindezentrum der Jamaat lag auf einem elf Hektar großen Gelände in Mansoura, am Rande von Lahore, an der Straße nach Multan. Zu den Mitgliedern der Gemeinschaft zählten eine Reihe von Bußfertigen, die Sünden unterschiedlicher Schwere abbüßten.

Einer der Büßer war Muhamad Akram Ranjha. Sein Alter betrug achtundfünfzig. So bußfertig und fromm er war – ein Einsiedler war er nicht. Er lebte in Mansoura in einem gemieteten Haus mit seiner ziemlich großen Familie. Er stammte aus einer wenig kultivierten feudalen Sippe. Sein Vater, ein reicher Mann, besaß über zweihundert Hektar Land und verfügte über einigen politischen Einfluss, auch schon zur Zeit der britischen Herrschaft. Eine reguläre Erziehung aber hatte Muhamad Akram als Kind nicht genossen. Das hatte einen Grund. In ganz jungen Jahren erkrankte er an Typhus, und sein Vater legte den Schwur ab, ihn, falls er genese, nicht auf eine weltliche Schule zu schicken, sondern im Koran unterrichten zu lassen. Der Junge überlebte. Während der Vater die eine Hälfte seines Schwurs hielt, vergaß er die andere und ließ den Jungen (auch wenn dieser eine schlichte religiöse Unterweisung durch einen Mullah erhielt) aufwachsen, wie man in einer bäurischen Feudalfamilie aufwuchs: Der Junge brachte seine Zeit mit Pferden, Lanzenreiten und Polo zu, spielte, ging auf die Beizjagd und trieb sich auf lokalen Festen herum.

Im Alter von dreiundzwanzig fand sich Muhamad Akram in einen heftigen Familienstreit verwickelt. Der Streit drehte sich um eine Frau und um Land. Bei der Frau handelte es sich um eine Cousine von Muhamad Akram. Sie war eine gebildete Frau, die erste in der Familie, die ein akademisches Examen ablegte. Beim Tod ihres Vaters erbte sie 243 Hektar Land. Sie war dreiundzwanzig. Ihr Onkel, der Bruder ihres Vaters, ein Traditionalist, wollte sie unter Verschluss halten; außerdem beabsichtigte er, sie mit seinem achtjährigen Sohn zu verheiraten. Sie dachte nicht daran, sich zu fügen. Sie hatte am Queen Mary College in Lahore, einer angesehenen, von Christen geleiteten Schule, studiert und war an ein freies Leben gewöhnt. Außerdem liebte sie Muhamad Akrams Bruder, ihren Vetter. Der war sechsundzwanzig, sah ungewöhnlich gut aus und verstand sich aufs Reden. Er war bereits verheiratet und hatte zwei Söhne. Sie aber rannte mit ihm davon und wurde seine zweite Frau.

Der Onkel (Vater des Achtjährigen) raste vor Zorn. Er drohte, den Familienzweig, dem Muhamad Akram angehörte, auszulöschen. Das entsprach den Gepflogenheiten der dortigen Feudalschicht, und der Onkel war in der Gegend ein mächtiger Mann. Muhamad Akram ging zu dem Onkel und bat ihn um Verzeihung. »Bitte, bring uns nicht um. Ich verspreche, dass ich herausfinden werde, wo mein Bruder und das Mädchen sich aufhalten, und dass ich das Mädchen zu dir zurückbringen werde.«

Muhamad Akram fand das entflohene Paar in Karatschi. Er bat sie, nach Lahore zurückzukehren. Als sie dort waren, entführten er und drei oder vier andere männliche Mitglieder der Familie die Frau mit Waffengewalt. Der Ehemann, Muhamad Akrams Bruder, ließ sich nicht einschüchtern. Er ging zur Polizei und erstattete Anzeige gegen die Entführer. Dieser Beweis von Zivilcourage seitens des Ehemanns, diese Bereitschaft, einen familieninternen Streit der ländlichen Feudalschicht vor Gericht zu bringen, dürfte die Beteiligten überrascht haben. Und in dieser Phase wurde die Frau erschossen – vielleicht um das Problem, bei dem sich Fragen der Ehre mit Landbesitzinteressen verquickten, zu lösen, ehe die Polizei gezwungen war, ihres Amtes zu walten. Wer genau den Mord verübte, fand man nie heraus.

Sämtliche Entführer wurden verhaftet und vor Gericht gestellt. Die Justiz arbeitete schnell – man schrieb das Jahr 1960, General Ayub war an der Macht –, und weniger als zwei Monate nach dem Mord saßen alle fünf Entführer im Gefängnis. Muhamad Akram wurde zu vierzehn Jahren Haft verurteilt – lebenslänglich.

Man brachte ihn in die Strafanstalt der Stadt Multan. Er durfte sich seinen Zellengenossen aussuchen. Er konnte die Zelle mit einem berüchtigten Schläger vom Gujjar-Stamm teilen (wobei er, auch wenn das unausgesprochen blieb, der Gefahr sexueller Übergriffe ausgesetzt war) oder mit dem Generalsekretär der Jamaat-i islami, der als politischer Häftling seine Zeit absaß. Muhamad Akram entschied sich für den Mann der Jamaat.

Die beiden kamen ins Gespräch. Binnen weniger Monate machte Muhamad Akram einen grundlegenden Wandel durch. Er begann die Schriften von Maulana Maududi zu lesen. Er erkannte die Falschheit und Leere seiner feudalen Lebensweise. Die Konversion zum Bekenntnis der Jamaat, die er im Gefängnis vollzog, erlangte Berühmtheit. Nicht lange, da fing er ein Studium an. Er immatrikulierte sich, legte an der Philosophischen Fakultät des erste Examen ab – der junge Feudale kannte kein Halten. Als geläuterter Häftling wurde er legendär. Man setzte sein Urteil von vierzehn auf sechs Jahre herab, und am gleichen Tag, an dem er entlassen wurde, traf mit der Post sein Magisterdiplom in Urdu-Literatur ein.

»Er ging als Feudaler ins Gefängnis und kam als muslimischer Revolutionär heraus«, sagte Muhamad Akrams Sohn, der diese Geschichte von der Bekehrung seines Vaters erzählte (in seiner Schilderung der Ereignisse nahm sie größeren Raum ein als die Tragödie um das Mädchen).

Es dauerte allerdings zwölf Jahre, ehe Muhamad Akram den Schritt tat, sich der Gemeinschaft in Mansoura anzuschließen. Erst einmal schrieb er sich mit Hilfe des angesehenen Anwalts, der ihn bei seinem Prozess im Jahr 1960 verteidigt hatte, in einer juristischen Akademie ein.

Ich lernte diesen Anwalt 1979 in Karatschi kennen. Er war mittlerweile steinreich, religiös übergeschnappt, eitel und begierig nach politischer Macht. Weil damals eine religiöse Stimmung herrschte – Ministerpräsident Bhutto hatte man abgesetzt und gehängt, die Prügelkommandos fuhren durch die Gegend und peitschten die Gottlosen aus (und alle Welt strömte zusammen, um das Schauspiel zu sehen), zur Gebetszeit kam das ganze öffentliche Leben zum Stillstand –, hielt es der Anwalt für angebracht, seine Frömmigkeit möglichst dick aufzutragen. Die ganze Zeit über, während ich bei ihm war, klickte er mit den Gebetsperlen, murmelte seine Gebete, klickte wieder mit den Perlen und erklärte dann, wie um seiner Ekstase noch den letzten Dreh zu geben: »Ich bin trunken von Gott.«

Dieser Mann war Muhamad Akram nicht nur dabei behilflich, die Zulassung zum Jurastudium zu erhalten, er wurde auch zu seinem inoffiziellen geistlichen Ratgeber. Und so kam es, dass sich Muhamad Akram, als er in seiner Heimat, der Region um Sargodha, eine Anwaltspraxis eröffnete, politisch für die Jamaat engagierte. Das war ein Bruch mit der Vergangenheit; die Feudalen in dieser Gegend hatten sich stets auf die Seite der Herrschenden geschlagen.

Die Vergangenheit war indes noch lebendig. Blutfehden fanden niemals ein absolutes Ende. Im Jahr 1975 kam die Abrechnung mit Muhamad Akrams Bruder, der fünfzehn Jahre zuvor einen Prozess gegen die Entführer seiner Frau angestrengt und sie alle ins Gefängnis gebracht hatte. Der gerade Einundvierzigjährige wurde von Unbekannten umgebracht. Vier Jahre danach siedelte Muhamad Akram in die Gemeinschaft der Jamaat in Mansoura über; zwei Jahre später brachte er seinen Sohn dazu, ebenfalls dorthin zu ziehen, und im darauf folgenden Jahr, 1982, schloss sich ihnen die ganze restliche Familie an. Im gleichen Jahr brachte der Sohn von Muhamad Akrams ermordetem Bruder jemanden von der Gegenseite um, und Muhamad Akram gab aus Gründen, über die er nichts verlauten ließ, die Politik auf.

Sicherheit, Frömmigkeit, Bußfertigkeit und die Sache der

Jamaat – für sie alle war dies nun mit dem Namen Mansoura verknüpft. Das Gemeindezentrum war ihre Welt geworden.

Über die Morde wurde in Muhamad Akrams Familie nie gesprochen. Saleem, der einzige Sohn, der im Jahr des ersten Mordes gezeugt und im ersten Jahr, das der Vater als Häftling im Gefängnis von Multan verbrachte, zur Welt gekommen war, sagte: »Wir haben nicht den Mut, den Vater darauf anzusprechen.«

Saleem war mittlerweile vierunddreißig und als Zollbeamter in höherer Position selbst ein Mann von Gewicht. In seinen Augen markierte das Drama – die Konversion und Reue seines Vaters und der Lerneifer, den er im Gefängnis entwickelt hatte – den Beginn der intellektuellen Karriere der Familie. Er kam an einem Samstag nach Dienstschluss (Freitag war nun der Feiertag – der allwöchentliche Tag des Gedenkens an den gehängten Bhutto – und Samstag der erste Arbeitstag der Woche), um mich nach Mansoura zu bringen. Der hochgewachsene Mann trug einen Schlips und ein helles Tweedjackett (in Lahore war Winter); nach bestimmten Bemerkungen zu urteilen, rechnete er wohl mit meiner Verwunderung darüber, dass ein Mann, der in Mansoura lebte, solch »moderne« Kleidung trug. Er kam in einem Dienstwagen, der von einem Chauffeur gesteuert wurde; auf dem Rücksitz lagen *The Economist* und andere seriöse Zeitschriften.

Dass ich sein Angebot ablehnte, die Klimaanlage einzuschalten, war ein Fehler. Der Abend brach herein, und ich hatte Angst, mich zu erkälten. Wir befanden uns aber in der Hauptverkehrszeit. Bis wir Mansoura erreichten, auf einer Hauptstraße, die von Staub und braunen Auspuffdünsten vernebelt war und auf der wir ständig an Verkehrsampeln halten und wieder anfahren mussten, kriegte ich kaum mehr Luft.

Ich hatte viel über Mansoura und seine festungsartige Atmosphäre gehört und erwartete, dass es abseits, mehr im Verborgenen läge. Aber der Gebäudekomplex lag einfach da, erstreckte sich neben der Hauptstraße, gehüllt in Hitze, Dünste und

Staub, und war von Leuchtstoffröhren erhellt; gleich am Eingang zur Linken, so, als wollten sie jedermann zeigen, wer sie waren, sah man die Gläubigen bei ihren Abendgebeten in der Moschee der Jamaat, unter einer Art von Maschendraht oder offenem Rahmen, über den eine Plane gezogen werden mochte, wenn die Sonne zu sehr brannte oder wenn es regnete.

Saleem, der es plötzlich eilig hatte, legte den Schlips ab, warf sein Jackett auf den Autositz und schloss sich den Betenden an, nachdem er noch rasch den Fahrer angewiesen hatte, mit dem Wagen ein bisschen zurückzusetzen, damit ich die Szene besser überschauen konnte. Ein kleiner Junge in einem Miniatur-*shalwar-kameez* legte beim Beten besonderen Eifer an den Tag und federte mit seinen elastischen Gliedern wie ein Prellball auf und ab.

Als die Gebete endeten, war es Nacht. Saleem führte mich nun herum. Es gab eine Tafel mit einem Lageplan der Siedlung. Alle Häuser auf dem Plan waren nummeriert; einer Liste rechts konnte man die Namen der Bewohner entnehmen. So viel Ordnung finde man in Pakistan selten, sagte Saleem; mir erschien sie als ein weiterer Beleg für jenen Modernismus der Jamaat, der nichts Gutes ahnen ließ.

Wir ließen die Lichter der Moschee hinter uns und wanderten holprige Wege entlang. Wir kamen zu dem berühmten Krankenhaus. Es war zur Zeit des afghanischen Krieges gebaut worden. Die Leute sprachen mit heiliger Scheu von der Einrichtung, aber als Saleem in einem dunklen Flur eine Sperrholztür öffnete und mir einen Raum zeigte, der als Wartezimmer, Unfallstation oder Notaufnahme diente, war dieser schwach erleuchtet und leer. Er sah aus, als hätte man ihn im Rohbau belassen, und schien bereits den Charakter eines typisch pakistanischen Provisoriums angenommen zu haben. Das Bibliotheks- und Forschungszentrum mit all seiner modernen Computerausrüstung war geschlossen und machte erst am nächsten Morgen wieder auf. Der Kassettenladen allerdings hatte auf. Er verkaufte gesammelte Reden von Maulana Maududi und eine Reihe von Kassetten über Kaschmir, darunter eine auf Englisch, die den

Titel *Zerschmettert Indien* trug. Wie ein Kunde in einem Spielzeugladen fing Saleem an einzukaufen, vielleicht Mitbringsel für Freunde; er deutete auf die eine und die andere Kassette, und zum Schluss steckte der Verkäufer Saleems Einkäufe in eine kleine weiße, moderne Plastiktüte.

Wir kamen zum Wohnhaus seiner Familie. Es gehörte jemandem von der Jamaat; Muhamad Akram hatte es gemietet. Es war ein schmales, zweistöckiges Haus, und laut Saleem gab es zwei Räume, wo wir uns unterhalten konnten: der Speiseraum oder sein Arbeitszimmer. Sein Arbeitszimmer im oberen Stockwerk war nicht möbliert; es gab dort nur Teppiche und Sitzkissen.

Da ich einen Tisch brauchte, an dem ich sitzen und schreiben konnte, schlug ich vor, uns den Speiseraum anzusehen. Er lag auf der anderen Seite eines offenen Vorraums oder Treppenabsatzes, der sehr eng und gequetscht war. Wir stießen hier auf Säcke mit ungeschältem Reis; einer der Säcke war aufgeplatzt oder geöffnet worden und einige der goldfarbenen Körner lagen auf dem Betonboden verstreut. Der Reis stamme vom »Hof«, sagte Saleem; die Familie bewirtschaftete in Sargodha immer noch Ackerland. Der Essraum war schmal und ohne Tiefe. Seine Möblierung füllte ihn vollständig aus, und das Neonlicht lag wie ein Schraubstock auf meiner Stirn, unmittelbar über den Augen. Es gab insgesamt zwanzig große, gedrechselte Lehnstühle – ein Möbelsatz im bäuerlich-feudalen Stil (in Indonesien auch in bürgerlichen Kreisen beliebt). All diese Stühle standen mit der Lehne zur Wand. Zwölf davon befanden sich im eigentlichen Empfangsbereich und standen sich, getrennt durch niedrige breite Tischplatten, in Sechsergruppen gegenüber, während die übrigen acht so dicht nebeneinander um den Esstisch aufgestellt waren, dass sie sich fast berührten.

Es werde Besuch erwartet, sagte Saleem, vielleicht weil er es der Anordnung der Stühle entnahm. Also stiegen wir an den Reissäcken vorbei die engen Betonstufen zu Salems Arbeits- und Bücherzimmer hinauf – wobei wir jetzt auch einen kurzen Blick auf die Dienerschaft im hinteren Teil des Hauses erhaschten, auf die schmalen, schmuddelig gekleideten Schattenmenschen, die sich in jedem pakistanischen Haushalt finden, selbst hier bei der Jamaat.

Das Zimmer war sehr klein, etwa dreieinhalb Meter im Quadrat und ungefähr zweieinhalb Meter hoch – wenn mich mein Eindruck nicht trog. Die Luft war heiß und staubig, der Raum ohne jede Frischluftzufuhr. Wie Saleem gesagt hatte, war er mit Teppichen und mit Sitzkissen ausgestattet; die Wände bedeckten Bücherregale. Die Hälfte der Wandregale, die der Tür gegenüberlagen, nahmen jene kunstreich gebundenen islamischen Ausgaben ein, die ich in Qom kennen gelernt hatte. Auf anderen Regalen stand weltlichere Literatur. Lange allerdings beschäftigte ich mich nicht mit den Büchern. In der schalen, abgestandenen Luft würgte es mich. Ich merkte, dass mir schlecht wurde. Was wie ein Polster oder Schemel auf dem Fußboden aussah, war ein Luftfilter; er wurde eingeschaltet, aber es würde eine Weile dauern, bis er im Raum etwas bewirkte.

Ich bat, ein Fenster zu öffnen. Saleem rief nach dem Diener, der einen der großen Esszimmerstühle für mich heranschleppte und, verborgen hinter seiner sperrigen Last, die schmale, steile Treppe heraufkam. Nachdem er das Zimmer erreicht und den Stuhl abgesetzt hatte, drückte er gegen das Fenster. Es war eine Metallkonstruktion zum Kippen, die offenbar klemmte. Saleem legte beim Öffnen der Verriegelung mit Hand an oder leistete jedenfalls symbolisch Hilfestellung. Der Diener drückte weiter, und schließlich ging das Fenster auf. Dahinter befand sich ein Drahtgitter; hinaussehen konnte man nicht. Von der Ausfallstraße dröhnte der Verkehrslärm herein. Die Luft von draußen war staubgesättigt und fast so heiß wie die im Zimmer. Der Diener schleppte den Stuhl in die Nähe des offenen Fensters, und dort saß ich eine Weile und sog die Luft ein – wie ein Frommer, der dicht neben dem Gitter eines Heiligengrabes sitzt, um dessen Ausstrahlung auf sich einwirken zu lassen. Vor dem Fenster erstreckte sich ein Teil des mit einem Flachdach versehenen unteren Geschosses; das erklärte, warum es drinnen und draußen so heiß war.

Er sei ein Kricketfan, erklärte Saleem. Er kannte selbst die Namen unbedeutender, längst vergessener indischer Spieler aus Trinidad, die sich darauf verstanden hatten, den Ball mit Effet zu werfen: S. M. Ali, Inshan Ali, Imtiaz Ali, Rafiq Jumadeen. Damit wollte er mir etwas Nettes sagen, gewiss; aber es ging ihm dabei nicht nur um Kricket. Alle Werfer, die er aufzählte, waren Muslime, und er wusste mehr über sie als ich.

Der Diener kam wieder die steile Treppe herauf, diesmal mit Tee und *pakoras*, warmem Schmalzgebäck, und einer Süßspeise aus Milch und Mandeln, kompakt und fest, absolut köstlich und völlig unerwartet, als hätte sich aus der krampfhaft frömmlerischen Atmosphäre dieses Jamaat-Hauses ein Künstler in die Küche geflüchtet und dort ausgetobt.

Dann kam der Vater herauf, der Büßer. Er trug ein blassbraunes *shalwar-kameez* – die Farbe der Bußfertigkeit, wie mir vorkam. Er war untersetzter als sein Sohn und korpulent; die Stufen hatten ihm zu schaffen gemacht. Er war erst achtundfünfzig, aber in seiner Familie – Saleem verwandelte sich augenblicklich in den ehrerbietigen Sohn – spielte er die Rolle des Alten, und er spielte sie gut.

Er saß auf dem Teppich, dicht neben meinem Stuhl, so dass er ihn fast berührte, und blickte merkwürdig vertrauensvoll zu mir auf. Seine braune Haut wirkte rein und glatt; seine runzellose Stirn glänzte, als würde sie seit Jahren eingeölt. Eines seiner hellfarbenen Augen sah angegriffen aus; er war im Jahr zuvor am grauen Star operiert worden. Nicht einmal das tat seinem mildgütigen Gesichtsausdruck Abbruch. Mit seinem Gehör stimmte etwas nicht. Wenn ich sprach, beugte er sich vor und schien mit den leicht geöffneten Lippen, die den Blick auf kleine, gesund wirkende Zähne freigaben, zu lächeln.

Saleem stellte mich vor und erklärte, zu welchem Zweck ich nach Mansoura gekommen war.

Und schon legten sie beide, Vater und Sohn, los und sprachen von dem Glauben, den sie in Mansoura gefunden hatten. Sie wollten einen islamischen Staat. Pakistan sei kein islamischer Staat. Es genüge nicht, dass auf dem Subkontinent ein

Staat für die Muslime geschaffen worden sei. Ein islamischer Staat existiere erst dann, wenn der Rechtschaffenste regiere und, wie in den frühesten Zeiten des Islam, die Gläubigen als Vorbeter anführe.

Das Gleiche hatte ich im Jahr 1979 gehört, als General Ziaul Haq an der Macht war, der sich um eine Islamisierung bemühte, aber wie andere vor ihm nicht wusste, wie man einen persönlichen Glauben in einen Staatsapparat überführen sollte, und sich deshalb mit der Rolle des Despoten beschieden hatte. Er war dann als Scheinheiliger aus dem Amt gejagt worden. Nach alledem aber träumte man hier in Mansoura nach wie vor diesen Traum von einer Wiederherstellung des Goldenen Zeitalters der frühesten Anfänge des Islam, als die lenksame, unverdorbene Gemeinde noch mit sich und dem Herrscher im Einklang stand.

Und nun führten Vater und Sohn eine Art von Duett auf und tauschten ihre Gedanken über jenes Goldene Zeitalter aus. Nach dem Gespräch im Auto, bei dem wir uns darüber unterhalten hatten, wie modern die Jamaat in Kleidungsfragen und in organisatorischen Dingen war, nach dem Tweedjackett und dem Schlips, nach *The Economist* und dem Plausch über Kricket fand ich es merkwürdig, Saleem, den Zollbeamten, dabei zu beobachten, wie er und sein feudaler Vater sich die Stichworte zuwarfen.

Ob mir bekannt sei, wollte Saleems Vater wissen, dass sich einst einer der ersten Kalifen wegen eines aufwendigen Umhangs, den er trug, einen Tadel habe anhören müssen. Dabei blickte der Vater zu mir auf und kam mit seinem Gesicht dem meinen ganz nahe. Saleem, in zwangloserer Haltung halb auf dem Teppich liegend, schlürfte Tee, knabberte an einem *pakora* und setzte die Erzählung fort. Der Kalif habe dem Tadler erklärt, der Umhang verdanke sein Entstehen der Tatsache, dass ein Verwandter ihm seine Tuchration überlassen habe. Man stelle sich das vor, sagte Saleem. Man stelle sich das vor, echote der Vater. Man stelle sich vor, der Herrscher eines Reiches, das sich über die ganze Welt erstreckte; und dennoch, führte

Saleem den Gedanken zu Ende, konnte ihm ein Mitglied des Rates diese Frage stellen. (In dieser Vision vom Goldenen Zeitalter ließen sich also die Perspektiven vermengen; die Schlichtheit der einen, einheitlichen, fügsamen islamischen Gemeinde erschien Seite an Seite mit ihrem Lohn, dem Weltreich.)

Nein, nein, versicherte Saleem, ein muslimischer Staat sei noch lange kein islamischer Staat; viele Leute begingen diesen Irrtum. Nein, nein –

Er wurde von dem Diener unterbrochen, einem der typischen pakistanischen Schatten, der frische *pakoras* brachte, diesmal zusammen mit frischen Kohlrabistücken, paniert in Kichererbsenteig, heiß und knusprig, aber innen weich und köstlich. Hinter dem Diener kam Saleems kleiner Sohn, Muhamad, schmal und daran gewöhnt, dass sich alles um ihn drehte, frühreif, aber auch schüchtern und anlehnungsbedürftig, mit großen dunklen Augen und der für Mansoura charakteristischen Blässe. Sein Vater koste ihn, sein Großvater koste ihn, er bekam *pakoras* angeboten. Aber dableiben wollte er nicht; er zog mit dem Diener wieder ab.

Ich fragte sie nach General Ziaul Haq, nach dem islamischen Terror von 1979. Hatte der General nicht genug getan? Was mehr ließ sich tun?

Noch jede Menge bleibe zu tun, meinte Saleem. Immer noch gebe es hinduistischen Einfluss, von dem man sich befreien müsse, und (vielleicht eine Lesefrucht aus *The Economist*) Überbleibsel des britischen Kolonialismus. Und da sei das Problem mit dem Eherecht, meinte der Vater. Laut Koran könne ein Mann viermal heiraten; jetzt gebe es diese Frauengruppen, die sich am muslimischen Familienrecht vergreifen wollten. Er sprach wie ein Mensch, dem man Kummer bereitet, sein gutes Recht verweigert, sah mit seinem milden Gesichtsausdruck zu mir auf und schien sicher, dass seine Beschwerde bei mir nicht auf taube Ohren stieß und ich willens war, ihm zu helfen. Außerdem gebe es noch das Problem mit dem Wucher; auch da müsse etwas unternommen werden.

Dennoch kämen Pakistan und Iran als Länder dem islamischen Ideal am nächsten; so viel müsse man ihnen lassen. Beim Iran stimmte Saleem zu; falsch am Iran seien nur dessen Streitigkeiten mit den Nachbarländern. Dann sei da auch noch der Sudan; ihn müsse man als ein Land in Betracht ziehen, das an seiner Islamisierung arbeite; sicher war sich Saleem beim Sudan allerdings nicht.

Ich wollte wissen, ob er sich in Pakistan so etwas wünschte wie die Revolutionären Garden des Iran. Gegen die Polster gelehnt, erklärte Saleem im Tone leichter Zurechtweisung, ein religiöser Staat müsse die Guten fördern und die Bösen abschrecken. Alle Länder verfügten zu diesem Zweck über Polizeikräfte. Damit schränke man aber die Freiheit der Menschen ein, gab ich zu bedenken. Im Islam gebe es keinen freien Willen, erklärte Saleem. Und sein glatthäutiger, milder Vater sagte, das Wort »Islam« bedeute ja nichts anderes als Gehorsam, Unterwerfung.

Ich fragte, auf welche Weise der Staat bestimmen werde, was islamisch sei. Das habe General Ziaul Haq doch große Schwierigkeiten bereitet, trotz des Rates für Islamische Ideologie. Darüber werde debattiert werden, erklärte Saleem. Nicht alle müssten übereinstimmen, fügte er überraschenderweise hinzu. Er zum Beispiel sei nicht immer einer Meinung mit seinem Vater. Ebenso überraschend verkündete sein Vater: »Es gibt Freiheit im Islam.« Was sie wollten, sagte der Vater, sei ein Staat, in dem jedermann aus freien Stücken und von ganzem Herzen ja zum Islam sage. Und ich fing an zu verstehen, wie Freiheit und Unterwerfung zusammengehen konnten.

»Mit dem Islam hat man es noch nie wirklich versucht«, sagte Saleem.

Eine solche Äußerung hatte ich halb schon erwartet. »Sind Eitelkeit oder Stolz etwas Unrechtes im Islam?«, fragte ich.

»Ja«, sagte Saleem. Seine Augen fingen an zu schwimmen, wurden so flüssig und schmachtend wie die seines kleinen Sohnes.

»Wie können Sie all die Millionen, die Ihnen vorangegangen sind, so verunglimpfen? Wie können Sie ihnen allen die Gottgefälligkeit absprechen? Wie können Sie das allein für sich in Anspruch nehmen?«

Ich hatte einen wunden Punkt getroffen.

»Wir können nur so gut sein, wie es in unserer Macht steht«, sagte Saleems Vater.

Der kleine Muhamad, Saleems Sohn, kam wieder herein. Er gehe seit kurzem in die Schule, berichtete Saleem.

»Er lernt bereits den Koran«, erklärte Saleems Vater.

Sie forderten ihn auf, die ersten Suren zu rezitieren. Die Bitte schmeichelte dem Jungen, aber er umfing seinen Großvater, schmiegte sich an ihn, und es war noch ein bisschen gutes Zureden nötig, ehe er mit seiner kindlichen Stimme die Worte aufzusagen begann.

Saleem strahlte vor Stolz, und Stolz verriet auch das gesunde Auge des Alten.

»Er wird den ganzen Koran auswendig lernen«, sagte Saleem.

»Den ganzen Koran«, echote der Alte, seinen Part im Duett erfüllend.

»Wie lange wird er dazu brauchen?«, wollte ich wissen.

»Fünf oder sechs Jahre«, meinte Saleem.

Ich musste raus. Ich bekam kaum noch Luft. Drunten die Diener, dürr, dunkelhäutig und schäbig gekleidet hinter den Säcken mit verstreuten goldfarbenen Reiskörnern. Draußen die Auspuffgase und der Grus auf der Straße nach Multan. Saleems Fahrer brachte mich zurück ins Hotel. Saleem kam nicht mit.

Am Freitag, dem Tag, an dem der arme Bhutto seine letzte Ruhe gefunden hatte, fuhr ich erneut nach Mansoura. Diesmal kam ich bei Tag hin und sah das Anwesen, an dessen Eingang sich eine Art Parkplatzschranke befand und in dem sich bärtige männliche Müßiggänger in Sonntagsgewändern tummelten; das Gelände war größer, als ich gedacht hatte, so etwas wie ein kleiner Campus. Und es war noch viel staubiger. Die Ausfallstraße draußen übersät von Schlaglöchern, ungeteert; über ihr hing eine Wolke aus Staub und braunen Auspuffgasen.

Saleems Wohnhaus sah bei Tageslicht gemütlicher aus, ein anspruchsloses dörfliches Gebäude, mit einer Hütte oder Garage auf der einen Seite und mehreren kleinen Anbauten. Viele Diener, dürr, ärmlich und abrufbereit, markant verschieden von den bärtigen Exhibitionisten im ordentlichen Sonntagsstaat am Eingang des Geländes, standen draußen und drinnen herum. Mir war rätselhaft, wo sie alle schliefen.

Ein gut aussehender Mann mit gepflegtem welligem Haar begegnete mir so freundlich und ungezwungen, dass ich auf den Gedanken kam, er könne ein Verwandter von Saleem sein. Er war einer der Hausdiener und deshalb so entgegenkommend, weil er mich bei meinem letzten Besuch vor sechs Tagen gesehen hatte. Er teilte mir mit, dass Saleem und seine Frau noch beim Beten wären, und führte mich die schmalen Betonstufen hinauf zu Saleems Arbeitszimmer – auf dem Treppenabsatz standen immer noch die Reissäcke vom »Hof«, von denen der eine aufgerissen war.

Aus irgendeinem Grund war das Fenster mit einem Laken oder Tuch verhängt, und der Luftreiniger lief auf vollen Touren. Ich bat den freundlichen Diener, die Klimaanlage einzuschalten, und das tat er.

Als Saleem hereinkam, steckte er in einem weißen *koortah-shalwar*, einem losen Baumwollgewand, wie es ein Mann in seiner Freizeit trug. Wir gingen den Entführungsfall durch, der seinen Vater ins Gefängnis gebracht hatte. Der Fall ließ Saleem nicht los; er hatte sein Leben geprägt. Als Kind, während seiner ersten sechs Lebensjahre, besuchte er ein- oder zweimal im Jahr seinen Vater im Gefängnis von Multan. Nach der Entlassung des Vaters lebte die ganze Familie gemeinsam in Sargodha, ehe der Vater nach Mansoura umzog. Saleem war zweiundzwanzig Jahre, als er sich der Gemeinschaft anschloss. Gerade einmal drei Jahre seines Erwachsenenlebens hatte er als selbständiger Mensch verbracht. Von der Gemeinschaft sagte er: »Sie üben keinen Druck auf dich aus. Wir haben eine Schüssel.« Eine Satellitenschüssel; sie ist bei der Gemeinschaft verpönt. »Manchmal ›treffen‹ sich unsere Damen.« Damit wollte er sagen, dass sie mit fremden Menschen zusammenkamen; der strenge Islam verbot dergleichen.

Seine Frau Tahira kam herein. Tags zuvor im Hotel, als sie mich zusammen mit Saleem besucht hatte, machte sie einen heiteren Eindruck. Jetzt wirkte ihr Gesicht irgendwie erloschen. Vielleicht war das fehlende Make-up schuld daran; die Jamaat wollte von Make-up nichts wissen. Sie sah hübsch aus ohne Bemalung, und sie hatte den starken Unterleib, den Frauen ihrer Schicht im Zuge der Mutterschaft bekamen, weil sie nach jeder Geburt so viele Tage im Wochenbett verbringen mussten und besonders reichhaltig zu essen bekamen.

Sie sprach von den Bedenken, die sie gehabt hatte, als sie herkam. Sie hätte sich ein besseres Haus gewünscht. Die ersten drei, vier Jahre sei sie ein bisschen verstimmt gewesen, ganz und gar nicht zufrieden. Aber jetzt sei alles in bester Ordnung, wenngleich ein eigenes Zimmer für die Kinder nicht schlecht wäre. Am liebsten hätte sie ein Haus wie in Sargodha, mit einem richtigen Salon, einem richtigen Esszimmer und einem richtigen Gästezimmer.

»Hier haben wir viele Diener«, sagte sie. »Vierzehn oder fünfzehn. Viele Gäste. Äußerst störend.«

»Was sie eigentlich wollte, war ein Heim für die Kernfamilie«, sagte Saleem.

»Jetzt ist es gut«, sagte sie. »Ich habe mich daran gewöhnt. Ich will nichts mehr.«

Die Klimaanlage machte rumms, wimmerte und gab den Geist auf. Stromausfall – und plötzlich herrschte in ganz Mansoura tiefe Stille, die Stille eines Bergtals, unmittelbar nachdem Schnee gefallen ist. Unvermutet wurde links von dem verhangenen Fenster eine Tür aufgestoßen, die, wie man sah, auf das Flachdach hinausführte. Im Sommer musste es hier schrecklich, vielleicht sogar unerträglich, heiß sein.

Saleems Schwester trat ein. Besser gesagt, sie trat auf. Eine mächtige Frau in khaki-goldenem *shalwar*, das ganze Gesicht bedeckt von einem lose gewickelten, hellfarbenen, leichten Baumwolltuch, das mit einem kleinformatigen wirren Muster verziert war; man fühlte sich an den bandagierten Claude Rains in dem schönen alten Film *Der Unsichtbare* erinnert – möglich dass auch sie wie Claude Rains sich eingewickelt hatte, um eine Leere zu verbergen.

Sie habe sich für die *purdah*, die Verschleierung, entschieden, sagte Saleem. (Eine richtige *purdah* war das allerdings nicht. Dann hätte sie sich nämlich nicht in Saleems Arbeitszimmer aufhalten dürfen.) Ich könne sie nach Mansoura und der Religion nach Belieben ausfragen, erklärte Saleem; bei ihnen sei das so. Er selbst habe die ersten fünf Jahre hier verbracht, ohne die Gebetsübungen zu verrichten. Mittlerweile verrichte er sie, aber Zwang sei dabei nicht im Spiel gewesen.

Die Schwester war siebenundzwanzig; sie musste also in dem Jahr zur Welt kommen sein, in dem ihr Vater aus dem Gefängnis entlassen wurde. Warum sie sich für die *purdah* entschieden hatte, konnte sie absolut nicht sagen. Sie habe einfach eines Tages das Bedürfnis verspürt, unter die *purdah* zu gehen. Jetzt sei sie viel ruhiger. Das war so ziemlich alles, was sie äußerte; und vielleicht gab es auch nicht mehr zu sagen.

Vielleicht war da gar kein Geheimnis, nichts, was nach Erhellung verlangte; vielleicht boten Orte wie Mansoura durch die Gebete und äußerlichen Formen von Frömmigkeit sowie durch die ständige Wiederholung dieser Formen und die Selbstwahrnehmung, die den Menschen durch ihre bloße Anwesenheit nahe gelegt wurde (in dieser Hinsicht glich Mansoura Oxford: für die Menschen dort war es ein ständiges Unterhaltungsthema) – vielleicht boten solche Orte, während sie jemanden wie Saleems Frau Tahira anödeten, anderen, ganz schlichten Menschen die Möglichkeit zu einem permanenten Selbstdarstellungsspektakel. Man konnte sich vorstellen, was für einen Wirbel es verursacht hatte, als sich Saleems Schwester für die *purdah* entschied. »Hast du schon gehört? Saleems Schwester denkt daran, unter die *purdah* zu gehen.« – »Sie geht unter die *purdah*.« – »Sie ist tatsächlich unter die *purdah* gegangen.«

Muhamad, Saleems älterer Sohn, der dabei war, den ganzen

Koran auswendig zu lernen, kam herein, begleitet von Ahmed, dem jüngeren Sohn.

Auch Gäste waren da, ein junges Paar. Die Frau war sehr hübsch; der Mann war groß und stark und strahlte trotz seiner Jugend Autorität aus. Die junge Frau sagte, sie komme aus einer Politikerfamilie. Ich kannte den Familiennamen aus den Zeitungen; Saleem stammte aus Landbesitzerkreisen und verfügte über gute Beziehungen.

Wie die Frau sagte, war sie zum ersten Mal in Mansoura. Sie hatte nicht herkommen wollen, weil sie sich nicht vorstellen konnte, dass es ihr gefallen würde. Etwas, das ihr die Freiheit nahm, konnte sie nicht gutheißen. Und doch hatte sie, die aus einer angesehenen Familie kam, ihr Studium aufgegeben, als sie heiratete.

Der starke Mann, den sie geheiratet hatte, sagte: »Es verstieß gegen die Konventionen der Gesellschaft.« Und weil das sogar in seinen eigenen Ohren hart klang, fügte er hinzu: »In einer anderen Gesellschaft wäre das nicht so.« Als hätte seine Frau einfach nur Pech gehabt.

Wir sprachen über Pakistan – das ewige Thema.

Auf seine unverblümte Art sagte der Ehemann, der heutige Staat räume wie in der Vergangenheit »regionalen Machthabern« das Feld. Und ebenso unverblümt erklärte er, das sei gut fürs Geschäftemachen. Er sprach sich ohne Bedauern für das Ableben des Zentralstaates aus. Ich konnte sehen, wie für ihn, der aus Stammesverhältnissen kam, der moderne Staat nichts als eine Last darstellte, eine Verschwendung von Energien, eine einzige Ansammlung von Fallstricken.

All die Ideen – von Freiheit und Freiheitsverlust, von Religion und Staat – waren miteinander verschränkt. Dahin hatte der Traum des Konvertiten Iqbal von einem reinen muslimischen Gemeinwesen geführt, immer weiter zurück bis zum Untergang des Staats in der Region, aus der dieser Mann stammte, und bis hierher nach Mansoura.

Mit einiger Verspätung brachten die Diener über die heikle Stiege den Tee herauf. Es gab wieder Strom. Und es dauerte nicht lange, da ging uns der Gesprächsstoff aus. Wir hatten das Thema Mansoura erschöpft. Saleems Schwester, gehüllt in ihre persönliche *purdah*-Version, hatte sich unbemerkt davongestohlen.

6

Verlust

Für die meisten Muslime des Subkontinents kam die Spaltung von 1947 einem großen Triumph gleich; sie war »wie Gott«, um den Ausdruck aufzugreifen, mit dem sie 1979 in Lahore einer meiner Gesprächspartner beschrieb. Jetzt waren die Zeitungen Tag für Tag voll mit Geschichten von Morden, die in der großen Hafenstadt Karatschi begangen wurden. Dort hatten sich nach der Spaltung viele muslimische Zuwanderer aus Indien, Stadtbevölkerung aus den mittleren und unteren Schichten, niedergelassen. Fast ein halbes Jahrhundert später griffen nun die Nachkommen dieser Leute, die sich immer noch als Fremde, als politisch ausgeschlossene, betrogene, machtlose Menschen fühlten, zu den Waffen und führten einen erbarmungslosen Guerillakampf gegen den Staat.

Aus Sicht des Konvertiten, wie sie Iqbal vertrat, hätte der Islam die identitätsstiftende Macht für jedermann sein müssen. Aber die Bevölkerung von Sindh (der Provinz, in der Karatschi lag) sah nicht gern, wie ihr Land von gebildeteren und ehrgeizigeren Fremden überflutet wurde – auch wenn das Land halb unbesiedelt und halb Wüste war. Sindh stellte eine uralte und immer leicht abgesonderte Region dar. Die Menschen dort hatten ihre eigene Geschichte, ihre eigene Sprache und ihre eigenen feudalherrschaftlichen Abhängigkeiten. Gegen die Fremden aus Indien, die *mohajir*, hatten sie politische Barrieren errichtet, manche davon klar erkennbar, manche versteckt und unsichtbar. Eine andere Bleibe in Pakistan stand den *mohajir* nicht offen.

Die Teilung, die einst Anlass zur Freude war, hatte sich für manche dieser *mohajir* in eine Quelle des Schmerzes verwandelt. In manchen war die Erinnerung an die damalige Zeit noch lebendig.

Salman, ein Journalist, war Jahrgang 1952. Die Ereignisse während der vier Tage des Jahres 1947 in der Stadt Jalandhar im heute zu Indien gehörenden Teil des Punjab verfolgten ihn, und er versuchte unaufhörlich, sie zu rekonstruieren. Irgendwann während dieser vier Tage, die vom 14. bis 18. August 1947 dauerten und sowohl für Indien als auch für Pakistan den positiven Beginn ihrer Unabhängigkeit markierten, wurde seine Großmutter mit anderen Angehörigen der Familie in ihrem Haus in Jalandhar ermordet. Am vierzehnten lebte sie noch, beschützt von hinduistischen Nachbarn. Am achtzehnten kehrte der Vater von Salmans Mutter, der sich an anderer Stelle versteckt gehalten hatte, zu dem Haus – einem für den indischen Mittelstand typischen Gebäude mit Innenhof – zurück und fand es leer vor, mit blutbespritzten Wänden, aber ohne die Toten.

Salmans Großvater floh. Er muss damals ungefähr fünfzig gewesen sein. Es gelang ihm, einen Zug zu erwischen, der dorthin fuhr, wo sich mittlerweile Pakistan etabliert hatte – gar nicht weit weg, entlang einer Strecke, die bis vier Tage zuvor noch frei befahrbar und stark frequentiert war. Der Zug wurde unterwegs angegriffen. Unter Leichen begraben, kam der Großvater in Lahore an. Er gehörte zu den wenigen Überlebenden.

Salman erhielt Kenntnis von der Geschichte, als er fünfzehn war. Bis dahin hatte er in der Überzeugung gelebt, dass Hindus und Sikhs das Schlimmste waren, was es auf der Welt gab. Als er indes diese Geschichte hörte, verspürte er keinen Zorn. Sie war zu schrecklich, um Zorn zu erregen. Wer die Morde begangen hatte, spielte keine Rolle.

Das Blut an den Wänden eines Hauses, das er nicht kannte (Salman hatte Jalandhar oder Indien noch nie besucht) und sich nicht vorstellen konnte, die fehlenden Toten, die Details oder vielmehr der Mangel an Details aus einer Zeit, in der er noch nicht auf der Welt war – dies hinterließ bei Salman einen tiefen Eindruck und wurde zur Folie seines Lebens in Pakistan. Wenn die Geschichte ihm in den Sinn kam, konnte er minutenlang darüber nachgrübeln, wie die Bewohner des Hauses eigentlich zu Tode gekommen waren. Hatte man sie in Stücke gehackt? Waren sie – schrecklicher Gedanke – vergewaltigt worden?

Es gab andere Geschichten aus jener Zeit, die ihm ein Onkel erzählte: wie er, der Onkel (und zweifellos auch andere), sich hinter Ölfässern versteckt und die Aufrührer aus den Reihen der Hindus und Sikhs verhöhnt hatten, die nicht zulassen wollten, dass Indien geteilt wurde.

But kay rahé ga Hindustan!
Bun kay rahé ga Pakistan!
Geteilt wird Hindustan!
Gegründet wird Pakistan!

In den sechziger Jahren des letzten Jahrhunderts fingen diese Geschichten an, in Salman zu schwären. »Ich musste daran denken, wie viel wir um dieses Landes willen verloren hatten, und nun, dachte ich, gehen wir so mit ihm um.«

Vorangegangen war allerdings eine lange heitere Periode in dem neuen Land. Die Familie hatte alles in Jalandhar zurückgelassen, aber Salmans Vater, ein Bauingenieur, arbeitete für den Staat – zur Zeit der Unruhen in Jalandhar hielt er sich in Belutschistan auf –, und deshalb hatten sie jeden Monat Geld. 1952, in dem Jahr, in dem Salman zur Welt kam, quittierte der Vater den Staatsdienst, um sich selbständig zu machen. Über zehn Jahre lang florierte sein Unternehmen. Er erzog seine Kinder religiös. Alle Rituale wurden befolgt und Koranrezitationen abgehalten. Als Kind konnte Salman viele Gebete auswendig hersagen. Die Religion war Bestandteil seiner heiteren Kindheit.

Im Jahr 1965, Salman war damals dreizehn, lernte er eine andere Art von Islam kennen. Das war die Zeit des kurzen, ergebnislosen Kriegs mit Indien. »Damals gab es Lieder, in denen die *Mudschahedin* aufgefordert wurden, in den Krieg zu ziehen; dafür war ihnen das Paradies, der Himmel sicher. Massen von Menschen, mit nichts weiter als mit Knüppeln bewaffnet, zogen aus der Stadt Lahore los, um den Heiligen Krieg gegen die ungläubigen Hindus zu führen. Sie mussten zur Umkehr gezwungen werden. Der Mullah hatte sie aufgeputscht. Interessanterweise führte der Mullah die Leute nicht an. Er saß sicher daheim in seiner Moschee.«

Auf diese Weise lernte Salman die Idee des *Dschihad*, des Heiligen Kriegs, kennen. Der *Dschihad* sei eine spezifisch muslimische Idee. Er erläuterte sie folgendermaßen: »Im Christentum ist Christus für alle gestorben. Er stellt sicher, dass sie alle in den Himmel kommen. Im Islam kann Mohammed nur als Fürsprecher für dich eintreten und geltend machen, dass du ihm treu anhängst. Einzig und allein Allah entscheidet letztlich über das Verdienst, das du dir durch gute Taten erworben hast. Was gute Taten betrifft, so geht nichts über den *Dschihad* im Namen Allahs.« *Dschihad* sei nicht bildlich zu verstehen. »Der Koran verwendet das Wort im buchstäblichen Sinne. Es sich als einen bloß allegorischen Ausdruck vorzustellen ist Gotteslästerung. Der Koran legt großes Gewicht auf den *Dschihad*. Einer der Aussprüche Mohammeds – nicht im Koran, sondern in der Hadith genannten Überlieferung – lautet: ›Begegnest du einem unislamischen Brauch, musst du ihn gewaltsam unterbinden. Hast du nicht die Macht, ihn zu unterbinden, musst du ihn mit Worten geißeln. Vermagst du auch dies nicht, musst du ihn in deinem Herzen verdammen.‹ So weit ich zurückdenken kann, kenne ich diesen Ausspruch. Ich glaube, er stellt für die Muslime den Freibrief zu gewaltsamem Vorgehen dar.«

Im Jahr 1965 erlebte er zum ersten Mal, wie diese Idee ihren öffentlichen, von einer Menschenmasse getragenen Ausdruck fand. Auch wenn er sah, was für »törichte Dinge« die Menschen damals taten, verstand er doch zugleich, was sie dabei antrieb:

sowohl ihr Bedürfnis, sich als Anhänger Mohammeds Verdienste zu erwerben, als auch ihre Angst vor der Hölle.

»Feurige Flammen, mit denen man endlos ausgepeitscht wird, und ein unvorstellbares Flammenmeer. Eiter, den man trinken muss. Im Hadith finden sich äußerst plastische Schilderungen davon. Im Koran werden die Höllenfeuer und die endlosen Strafen nur am Rande erwähnt.«

Im Jahr 1968 fand sich Salman als Teil einer solchen Menschenmasse wieder; er war damals sechzehn und absolvierte sein erstes Jahr an der staatlichen Hochschule für Wissenschaft und Technik in Lahore. In *Time* oder *Newsweek* war ein Buch mit dem Titel *The Warrior Prophet* (Der kriegerische Prophet) besprochen worden. Zwei oder drei Exemplare der Zeitschrift mit der Rezension waren in die Hochschule gelangt und machten dort die Runde. Niemand hatte das Buch gesehen, aber die Jungen beschlossen, einen Demonstrationszug zu veranstalten, um dagegen zu protestieren. Es war gerade Pause; die Jungen saßen draußen herum. Einen besonderen Anführer gab es nicht; die Jungen waren alle genauso religiös erzogen wie Salman. Der Gedanke an einen öffentlichen Protest kam ihnen einfach in den Sinn, und sie verwandelten sich in einen Mob. Salman schloss sich ihnen an, obwohl er, wie ihm genau erinnerlich war, in der Rezension keine anstößigen Bemerkungen über den Islam oder den Propheten entdeckt hatte. Es herrschte gutes Wetter, und es war Winter, die beste Jahreszeit in Lahore. Sie brüllten Parolen gegen die USA und brachen ein paar Minibusse auf.

Der Mullah, der 1965 seine Gemeinde aufgehetzt und sie, mit Knüppeln bewaffnet, an die Front geschickt hatte, war im sicheren Schutz seiner Moschee zurückgeblieben. Seine Aufgabe war es nicht zu kämpfen. Seine Aufgabe war es, Leute aufzuputschen, sie so drastisch und leidenschaftlich wie möglich an die Belohnungen des *Dschihad* und die Schrecken der Hölle zu erinnern.

Er glich dem Mullah, von dem mir (durch andere) erzählt

worden war: Ihn hatte man zusammen mit weiteren Mullahs im Jahr 1977 für eine Kampagne gegen den damaligen Ministerpräsidenten Bhutto rekrutiert. Dieser Mullah war klein und dick, alles andere als präsentabel und als unzuverlässig bekannt. Aber das spielte keine Rolle; er war ein hervorragender Prediger mit einer machtvollen Stimme. Damals bestand ein Ausgangsverbot, das aber (wie nicht anders möglich) für die Freitagsgebete gelockert wurde. Die Menschen, die zum Mullah in die Moschee gingen, stellten fest, dass sie mehr zu hören bekamen als nur Gebete. Sie hörten Geschichten aus der islamischen Vergangenheit, Geschichten von Heldentum und Märtyrertum, die der Mullah mit seiner berühmten Stimme in wundervoll deklamatorischem Stil vortrug. Er bat sie, sich der Vergangenheit würdig zu erweisen, den *Dschihad* aufzunehmen und vor den Mächten des Bösen um sie herum nicht die Augen zu verschließen. »Saget dem Feind: ›Erprobe deine Pfeile an uns, und wir bieten deinen Pfeilen unsere Brust.‹« Es klang wie Poesie und flößte deshalb Achtung ein, obwohl niemand etwas damit anfangen konnte. Die Worte selbst waren bedeutungslos, aber sie trieben die Menschen zur Raserei, und am Ende der Freitagsgebete hatte das Ausgangsverbot des armen Bhutto seine Wirkung verloren. Erfüllt von religiösem Hass, zog die Gemeinde los, entschlossen, Bhutto zur Hölle zu schicken und sich so ein weiteres Stückchen Himmel zu verdienen.

Dass der Mullah ein windiger Kerl war und in keiner erkennbaren Hinsicht moralische Integrität besaß, spielte dabei keine Rolle. Er bot sich den Leuten nicht als Führer an. Seine Aufgabe als Mullah bestand darin, die Konvertierten in Trab zu halten und sie, falls erforderlich, aufzuputschen, ihre Gedanken auf Hölle und Himmel zu richten und ihnen klar zu machen, dass Allah allein dereinst über sie Gericht halten werde. Dies war ein Aspekt des religiösen Staats – des für Konvertierte geschaffenen Staats, in dem Religion ein öffentliches Anliegen und nicht nur Sache des persönlichen Gewissens war –, den der Dichter Iqbal nie in Betracht gezogen hatte: dass solch ein Staat stets manipulierbar, leicht auszuhebeln und offen für jede Schurkerei war.

Auch etwas anderes hatte Iqbal zu berücksichtigen versäumt: dass in dem neuen Staat Geschichte eine veränderte Gestalt annehmen würde und dass diese Veränderung des historischen Bewusstseins unausweichlich zu einer Schwächung des geistigen Lebens im Lande führen musste. Die Mullahs würden Menschen stets am Bändel führen, würden ihren Forschungsdrang einschränken. Die ganze lange Vorgeschichte des Landes würde keine Rolle mehr spielen. In den Geschichts- und Sozialkundebüchern der Schulen würde sich die Geschichte Pakistans auf einen Aspekt der Geschichte des Islam reduzieren. Die muslimischen Eindringlinge und vor allem die Araber würden in der Geschichte des Landes die Heldenrolle übernehmen. Die Einheimischen würden in ihrem Land kaum mehr wahrnehmbar sein oder höchstens noch als Nullen figurieren, die von den Verfechtern des Glaubens weggefegt wurden.

Eine fürchterliche Verhunzung der Geschichte! Sie entspringt der Sicht des Konvertiten; mehr lässt sich für sie nicht geltend machen. Geschichte verwandelt sich in eine Art von Neurose. Zu viel wird außer Acht gelassen oder ausgeklammert; die Einbildung nimmt überhand. Diese Einbildung bleibt nicht auf die Bücher beschränkt; sie greift ins Leben der Menschen ein.

Als Salman über diese Neurose sprach, sagte er: »Meinem Gesicht sieht man die Zugehörigkeit zum Islam nicht an. Wir Muslime vom Subkontinent haben uns fast alle arabische Vorfahren zugelegt. Die meisten von uns sind *sayeds*, Abkömmlinge Mohammeds durch seine Tochter Fatima und seinen Vetter und Schwiegersohn Ali. Andere – zu denen meine Familie zählt – haben einen Mann namens Salim al-Rai erfunden. Und wieder andere haben sich einen Mann namens Qutub Shah ausgedacht. Jeder hat sich einen Ahn aus Arabien oder Zentralasien zugelegt. Ich bin überzeugt davon, dass meine Vorfahren Hindus mittlerer oder niederer Kaste waren, und trotz ihrer Konversion dürften sie nicht als vollgültige Muslime angesehen worden sein. Liest man Ibn Battuta und Reisende aus noch früherer Zeit, dann spürt man die herablassende Haltung dieser

Reisenden gegenüber den Konvertiten. Sie nennen jemanden mit arabischem Namen und fügen hinzu: ›Er ist allerdings ein Inder.‹

Diese Erfindung einer arabischen Abstammung war bald schon gängige Praxis. Sämtliche Familien übernahmen sie. Hört man die Leute reden, dann könnte man glauben, dieses große, wunderbare Land habe aus nichts als aus Wildnis und Urwald bestanden, kein menschliches Wesen habe hier gelebt. Zur Zeit der Spaltung verstärkte sich dies alles noch, dieses Gefühl, nicht dem Land zuzugehören, sondern der Religion. Nur ein Volk in Pakistan hegt Achtung für sein Land, nämlich die Sindhis.«

Von alledem war Salmans heitere Kindheit umlagert. Diese Phantasien und Illusionen, die bis zu einem gewissen Grade auch die des Kindes Salman waren, sollten für den Schriftsteller Salman thematisch werden. Es brauchte seine Zeit, bis er sie wahrnahm; um sie zu entdecken, bedurfte es des erwachsenen Auges, der Fähigkeit, ein wenig außerhalb der eigenen Person Position zu beziehen.

Schon als Heranwachsender begann Salman zu ahnen, dass er irgendwie abseits stand. Nur wenige Monate, nachdem er an der Schülerdemonstration wegen *The Warrior Prophet* teilgenommen und (obwohl er die ganze Zeit über das Gefühl eines ungerechtfertigten Tuns nicht losgeworden war) bei jenem kleinen nachmittäglichen *Dschihad* mitgeholfen hatte, ein paar Kleinbusse aufzubrechen, geschah etwas, das ihn beunruhigte.

Es war Ramadan, der Fastenmonat. Er hatte erzählt bekommen und glaubte es auch, dass man von allen Sünden gereinigt werde, wenn man in einer bestimmten Nacht während der letzten zehn Tage des Ramadan wach blieb und die Zeit mit Beten zubrachte; man werde dann ein neuer Mensch. Ihm wurde erzählt, er werde sich leichter fühlen; das wurde ihm wieder und wieder versichert. In dem betreffenden Jahr war die große Nacht die des siebenundzwanzigsten. Er, sein Bruder, seine Schwester und die übrige Familie blieben auf und beteten. Am Morgen fühlte er sich nicht im mindesten anders. Er hatte ein großes Gefühl der Leichtigkeit erwartet. Er war enttäuscht. Er hatte aber nicht den Mut, irgendjemandem in der Familie etwas davon zu sagen.

Seine Enttäuschung und die Besorgnisse, die sich daran knüpften, wären damals vielleicht noch größer gewesen, hätte er gewusst, dass nach anderthalb erfolgreichen Jahrzehnten das Bauunternehmen seines Vaters anfing, in Schwierigkeiten zu geraten. Mit der Arbeit selbst stand alles gut, aber Salmans Vater hatte sich eine Reihe von Fehleinschätzungen in personeller Hinsicht geleistet. Salman ging noch auf die Schule; hätte er Kenntnis von den geschäftlichen Problemen seines Vaters gehabt, sie hätten ihn bekümmert.

Zwei oder drei Jahre später – mit dem väterlichen Geschäft war es die ganze Zeit über bergab gegangen – passierte noch etwas, diesmal am Ende des Ramadan. Eid heißt das große Fest zum Abschluss des Ramadan, und die Eid-Gebetsübungen werden stets in Gemeinschaft absolviert. Salmans Vater war mit dem Auto zu der Moschee gefahren, die er immer aufsuchte, und Salman und sein Bruder sahen sich zu Fuß nach einer Moschee in der Nachbarschaft um. »Was für eine Zeitverschwendung«, sagte Salman zu seinem Bruder.

»Zumal, wenn man gar nicht daran glaubt«, bemerkte der Bruder.

»Was? Du auch nicht?«, sagte Salman.

»Unsere ältere Schwester glaubt ebenso wenig«, erklärte der Bruder. »Weißt du das nicht?«

Salman hegte große Achtung vor den intellektuellen Fähigkeiten seines Bruders. Die Ängste, die ihn wegen des Verlusts seines Glaubens bedrängt hatten, fielen von ihm ab. Das Gefühl, die Menschen zu verraten, die 1947 während der Unruhen in Jalandhar umgekommen waren, hatte er nicht.

Alle drei Kinder der Familie hatten ihre Religion verloren. Salmans Vater hingegen war in dem Maße, wie es mit seinem Unternehmen bergab ging, immer frommer und intoleranter geworden. Zu den Festen, die in Salmans Kindheit von der Familie gefeiert worden waren, zählte das Basant oder Frühlingsfest. Jetzt verdammte es Salmans Vater als unislamisch, als ein Überbleibsel aus der hinduistischen, heidnischen Vergangenheit. Wenn seine Tochter aus Karatschi, wo sie lebte, zu Besuch kam, wurde heftig gestritten. Sie war nicht so still wie Salman und sein Bruder. Sie sagte, was sie dachte, und die Auseinandersetzungen waren manchmal ganz schön hitzig. Eines Tages, der Bruder von Salmans Vater war ebenfalls anwesend, erklärte der Vater: »Lasst sie. Sie ist eine Abtrünnige. Lasst diese Streitereien mit ihr bleiben.« Zornig verließ er den Raum.

Überall in der Familie waren Spannungen spürbar.

Der Vater wollte, dass Salman Ingenieur wurde. Aber Salman war schlecht in Mathematik, und unmittelbar vor seinem zwanzigsten Geburtstag trat er in die Armee ein. Er hatte begonnen, sich für Waffen zu interessieren. Einen religiösen Glauben hatte er nicht mehr, aber er war durch und durch pakistanischer Soldat. Er sehnte sich danach, in den Krieg gegen Indien zu ziehen, obwohl die Niederlage im Zusammenhang mit dem Abfall von Bangladesch erst ein Jahr zurücklag.

»Mich verfolgte die Idee, dass wir – oder ich persönlich – für den Mord an meinen Großeltern und meinen beiden Tanten Vergeltung üben mussten. Der Gedanke begleitete mich ständig, aber er hatte etwas sehr Kaltes an sich. Wie bei einem alternden Mörder, der im Begriff steht, seinen hundertsten Mord zu begehen. Ich war deshalb nicht aufgeregt oder emotional engagiert. Es war einfach etwas, das ich erledigen musste. Über meine Großeltern sprach ich nicht; um so lautstärker setzte ich mich dafür ein, erneut gegen Indien in den Krieg zu ziehen. Das tat ich im Kreis meiner Kameraden. Nicht zu Hause.«

Nach zwei oder drei Jahren verließ ihn der Vergeltungsgedanke. Auch seine Liebe zur Armee verlor sich. Er fand niemanden, mit dem er sich unterhalten konnte, und wenn er über Bücher zu sprechen versuchte, fuhr man ihm über den Mund oder warf ihm vor, Eindruck schinden zu wollen. Drei Jahre später war er imstande, aus der Armee auszuscheiden. Er trat in eine multinationale Firma in Karatschi ein. Den Posten hatte ihm ein Freund aus der Armee verschafft, dessen Onkel an zweithöchster Stelle in der Firma rangierte.

Salman ging also nach Karatschi, in die Stadt der *mohajir*. Das Leben dort war nicht einfach. Anfangs wohnte er als Logiergast bei einer Familie; danach mietete er ein schäbiges kleines Zimmer mit Küche. Allmählich kletterte er die Karriereleiter hinauf. Er hatte einen Freund in der Firma. Eines Tages, als sie sich unterhielten, erwähnte Salman *Reader's Digest*. Der Freund lachte. Salman äußerte den Wunsch, sich zu bilden. Der Freund hörte das gern; er fing an, Salman in die Literatur einzuführen. Im Rückblick betrachtete Salman das als den Anfang seines Bildungsprozesses.

Nach fünf Jahren heiratete er und gab dann wie einst sein Vater die Sicherheit des Angestelltendaseins auf, um sich freiberuflich zu betätigen. Die Zeit dafür war denkbar schlecht. Karatschi war seit der Unabhängigkeit immer weiter gewachsen; die Stadt hatte Zuwanderer aus Indien und aus allen Teilen Pakistans aufgenommen; die Spannungen zwischen Sindhi, Punjabi und *mohajir* waren gerade dabei, in offenen Konflikt umzuschlagen.

Im Januar 1984, nicht einmal vier Jahre nach ihrer Eheschließung, büßten Salman und seine Frau ihr ganzes Geld ein. Ein Freund hatte gemeint, in ihrem Alter müssten sie an die Zukunft denken und Geld anlegen. Sie vertrauten ihr Geld verschiedenen Investmentgesellschaften an, verteilten es, um das Risiko zu vermindern, und hielten sich für besonders umsichtig. Aber eines Tages hatten sich all die Gesellschaften kurzerhand in Luft aufgelöst. Der Freund hatte sie überredet, in eine Gesellschaft zu investieren, die das Werk missionierender Mullahs war. Diese Mullahs waren nicht militant; sie wollten nur aus den Menschen bessere Muslime machen, die Irrenden auf den rechten Weg zurückbringen und dem Glauben neue Anhänger gewinnen. »Ihr mögt nicht gläubig sein«, sagte der Freund zu Salman und seiner Frau, »aber es ist das einzige wirklich vertrauenswürdige Unternehmen.« Dieses Unternehmen verschlang den größten Teil des Geldes, das Salman und seine Frau angelegt hatten.

Die persönliche Tragödie hatte ihre Entsprechung in der Tragödie auf den Straßen. »In Karatschi und Sindh verschlimmerte sich in dieser Zeit die Lage. Zwischen 1987 und 1989 passierten diese schrecklichen Sachen in Karatschi. Einsame Fußgänger wurden nachts durch Motorradfahrer von hinten überfallen und in den Rücken gestochen. Es muss fünfzig oder hundert oder noch mehr solcher Vorfälle gegeben haben. Ungefähr jede Woche kam so etwas vor. Immer wieder irgendwo so ein einzelner Fall. Ich erinnere mich nicht, gelesen zu haben, dass jemals einer der Messerstecher gefasst wurde. Die Sache setzte mir immer mehr zu.

Im Juli 1987 passierte etwas. Ich musste frühmorgens um zwei meine Frau zum Flughafen fahren. Auf dem Rückweg ging mir das Benzin aus. Ich wusste, dass ich nicht genug im Tank hatte, als ich losfuhr, aber ich dachte, ich würde an einer der vielen Tankstellen Benzin kaufen können. Diese Stadt schlief eigentlich nie. Aber sämtliche Tankstellen hatten aus Angst vor bewaffneten Raubüberfällen geschlossen. Ich brachte meine Frau also zum Flughafen. Der Benzinpegel war nun extrem weit unten. Zwei Kilometer von zu Hause entfernt blieb das Auto auf dem Rückweg stehen. Es dürfte kurz nach zwei Uhr morgens gewesen sein. Ich parkte also das Auto und ging zu Fuß weiter.

Ich habe niemals so eine rasende Angst verspürt – sie schwoll in mir an. Ich erinnere mich deutlich, dass ich die Mauern am Straßenrand musterte, um zu sehen, über welche ich leichter hinüberspringen konnte, um mich zu retten, falls ich angegriffen wurde. Und dann hörte ich hinter mir diesen Motorradfahrer, der noch weit weg war und näher kam. *Tuck-tuck-tuck*. Ich war starr vor Schrecken, fürchtete mich entsetzlich. In meinem Kopf ging es drunter und drüber, und das Einzige, woran ich mich erinnere, ist, dass ich fliehen, über die Mauer klettern wollte. Ich weiß nicht, was mich davon abhielt. Und das *tuck-tuck-tuck* kam näher. Ich sah mich um. Es war ein einzelner Fahrer. Die Leute, die Überfälle machten, kamen immer zu zweit. Ich wusste also, dass er keiner von ihnen war. Dennoch war die

Angst da. Ich blieb stehen. Und er tuckerte heran. Er sagte: ›Was machen Sie um diese Zeit auf der Straße? Wissen Sie nicht, wie gefährlich das ist?‹ Ich erklärte es ihm. Er fragte, wo ich hinwollte. Als ich ihm die Adresse nannte, sagte er: ›Steigen Sie auf, ich fahre Sie heim.‹ Er sprach Urdu. Ich lachte und fragte ihn: ›Sie reden von Gefahr. Was machen Sie mitten in der Nacht auf der Straße?‹ ›Ich bin unterwegs zum indischen Konsulat‹, sagte er, ›um bei der Visastelle als Erster dranzukommen.‹ Kurz nach zwei Uhr frühmorgens. Zu so etwas waren die Menschen gezwungen. Er muss Verwandte in Indien gehabt haben. Er wollte sie nur besuchen. Er wollte nicht der Gefahr entfliehen.«

Salman und seine Frau hatten mit dem Gedanken gespielt, Karatschi den Rücken zu kehren und wieder nach Lahore zu ziehen. Dieses Erlebnis brachte die Entscheidung. Später am gleichen Morgen telefonierte er mit seiner Frau und sagte: »Wir müssen unbedingt weg.«

»Es war nicht eigentlich Angst. Angst um mein eigenes Leben. Es war der Kummer, in einer ungerechten, grausamen Gesellschaft zu leben. Alles brach zusammen. Es war, als wären die armen Menschen, die in Jalandhar umgekommen waren, umsonst gestorben. Warum mussten meine Tanten und Großeltern für nichts und wieder nichts mit ihrem Leben bezahlen? Ich spürte keine Verbitterung. Ich empfand nur, wie ungerecht das alles war.«

Ungefähr sechs Monate nach dem Vorfall mit dem Motorrad organisierten Menschen, die in Karatschi so litten wie Salman, eine Friedensdemonstration. An der Demonstration nahmen etwa fünfhundert Personen teil, Menschen, die ihre Hoffnung verloren hatten. Es war Winter, in Karatschi eine sehr schöne, angenehme Jahreszeit. Die Teilnehmer an der Demonstration lächelten und nickten einander zu. Manchen standen die Tränen in den Augen.

»Es herrschte ein ungeheures Gefühl von Kameradschaft, von Zusammengehörigkeit. Slogans gab es nicht. Man ging einfach für Frieden in Karatschi auf die Straße. Und die ganze Zeit über steckte mir dieser Kloß im Hals, und ich meinte, in Tränen ausbrechen zu müssen. Jedermann wusste, dass wir uns in diesen Kummer teilten, diesen Kummer um all das, was mit der Stadt geschah. Jedermann hing emotional an dieser Stadt. Nie ging sie schlafen. Und die Leute – die aus dem Punjab und die Pathanen – empfanden sie als eine warmherzige Stadt, die besonders gut zu ihren ärmeren Bewohnern war.«

In dem gleichen Jahr, in der ersten Septemberwoche, kamen in der Stadt Haiderabad, der zweiten großen Stadt in Sindh, rund dreihundert Menschen bei einem Massaker ums Leben. Bewaffnete, deren Identität unbekannt blieb, eröffneten das Feuer und brachten binnen zehn oder fünfzehn Minuten diese dreihundert um. Das war Teil des Kriegs um die *mohajir*. Das eine Mal mordeten die *mohajir*, und das andere Mal tat das die Armee.

Salman traf an jenem Tag Freunde. Sie sagten zu ihm: »Du siehst schlecht aus. Ist jemand gestorben?« »Nein, nein«, antwortete er, »niemand ist gestorben.« An dem gleichen Tag beschlossen Salman und seine Frau, aus Karatschi wegzuziehen. Sie brauchten drei Monate, um ihre Angelegenheiten zu regeln.

Für Salman war es nicht leicht, sich seinen Lebensunterhalt zu verdienen. Die beschränkten intellektuellen Bedürfnisse des Landes boten ihm als Schriftsteller wenig Entfaltungsmöglichkeiten und waren seiner Entwicklung kaum förderlich. Für seine Arbeit wurde er schlecht entlohnt.

Er war eine Art von Wanderer geworden. Er fand nun Trost in der Einöde. Wilde Gegenden hatte ihm das Land immerhin zu bieten; es gab weite Wüstenflächen und Gebirgsregionen, wo man das Gefühl haben konnte, der erste Mensch zu sein, der sie aufsuchte.

Die alte Bedrängnis ließ ihn nicht los: die ersten vier Tage der Unabhängigkeit, vom 14. bis 18. August des Jahres 1947, und das leere Haus in Jalandhar mit dem verlassenen Innenhof und dem Blut an den Wänden.

Indien hatte er noch nie besucht; er fing an, mit dem Gedanken an eine Reise dorthin zu spielen. Er hatte genaue Vorstellungen von der Fahrt, die er machen wollte. Antreten wollte er sie am 11. August, und den Ausgangspunkt sollte die im Himalaja gelegene Bergstation in Solan bilden. Aus Solan hatte seine Tante (die eine Woche später ermordet wurde) an ihren Mann geschrieben; die Situation in der Stadt werde immer gefährlicher; er solle umgehend kommen und sie zurück nach Jalandhar bringen. Er fuhr hin und brachte sie mit der Eisenbahn zurück. Später (er gehörte zu den Überlebenden) erzählte er, sie hätten den Hass und die Anspannung in dem Waggon förmlich spüren können. Aber sie trafen ohne weitere Probleme am 14. August in dem Haus in Jalandhar ein.

Das war die Route, die Salman im gleichen Zeitraum wie damals irgendwann befahren wollte, vorausgesetzt, er konnte sich ein indisches Visum beschaffen. »Um festzuhalten, wie die Sache angefangen hat.«

7

Aus dem Norden

Rahimullah war ein Pathane aus dem Jusufzai-Clan; als seinen Nachnamen führte er den Clannamen. Ein Clan bei den Pathanen stammte von einem fernen Vorfahren ab; die Jusufzai waren, wie der Name besagte, Söhne des Jusuf. Einige Familien der Jusufzai hatten lange Stammbäume; Rahimullah allerdings konnte seine Herkunft nur drei Generation weit zurückverfolgen. Sein Großvater, meinte er, wisse mehr.

Die Vergangenheit reichte nur so weit zurück wie das Gedächtnis der Menschen; die Vergangenheit zu beurteilen oder festzuhalten, die jenseits der Familienerinnerungen lag, hatten die Leute keine Möglichkeit. Die Zeit hier glich einem Strom, in dem sich nur schwer Fixpunkte ausmachen ließen. Die Menschen wussten nicht immer, wie alt sie waren. Rahimullah gab sein Geburtsjahr mit 1953 an, aber auf seiner Geburtsurkunde stand 1954. Was Rahimullahs jungen Knecht betraf, einen kleinen, dunkelhäutigen, lächelnden Menschen mit wohlgeformten, kräftigen Zähnen und einem überaus dichten Schopf welligen schwarzen Haars – so mochte er achtzehn, neunzehn oder zwanzig sein; niemand wusste es.

Rahimullahs Vater kam 1918 (jedenfalls nach Angabe seines Sohns) in einer armen Bauernfamilie zur Welt. Kurz nach seiner Geburt starben beide Eltern (vielleicht durch eine Epidemie, aber Rahimullah äußerte sich dazu nicht); er war also ein echtes Waisenkind. Sein Leben fristete er als Hirte; er hütete das Vieh anderer Leute. Gleichzeitig erhielt er bis zum Alter von dreizehn oder vierzehn ein gewisses Maß an Schulbildung und brachte es bis zur achten Klasse. Als er volljährig war, trat er als Sepoy in die britisch-indische Armee ein. Er war hochgewachsen, über einen Meter achtzig groß, hellhäutig und blauäugig. Im Zweiten Weltkrieg tat er Dienst in Ägypten und Libyen. Im Jahr 1953 gehörte er der pakistanischen Armeeeinheit an, die an den Feierlichkeiten zur Krönung von Königin Elisabeth II. teilnahm. Bei seinem Ausscheiden aus der pakistanischen Armee hatte er es bis zum *subedar*, einem Offizier unteren Ranges, im Heerestransportwesen gebracht.

Er blickte auf eine lange, gute Karriere zurück. Aber dann plötzlich lief die Sache schief. Er war noch nicht lange wieder zurück in seinem Dorf, als er wegen der Situation in Bangladesch erneut eingezogen wurde. Man schickte ihn als Reserveoffizier in die Hafenstadt Chittagong in Bangladesch. Der Krieg ging verloren, Bangladesch machte sich selbständig, die pakistanische Armee in Bangladesch streckte die Waffen. So fand sich Rahimullahs Vater also ganz am Ende seiner soldatischen Laufbahn, nachdem er bereits abgedankt war, als Kriegsgefangener wieder. Lange Zeit wusste seine Familie nicht, ob er noch am Leben war. Schließlich traf eines Tages ein Brief von ihm aus dem Kriegsgefangenenlager im indischen Rampur ein.

Als Rahimullahs Vater ungefähr zwei Jahre später in sein Dorf zurückkehrte, widmete er sich sozialen Belangen. Er veranlasste Leute, eine Buslinie einzurichten; er setzte sich für die Versorgung des Dorfes mit Elektrizität ein; er baute die erste Getreidemühle; er brachte die Dorfbewohner dazu, Zufahrtswege anzulegen, und er sorgte für Sauberkeit im Ort. Bei den Freitagsgebeten in der Moschee ging er mit seinem Schador durch die Reihen und sammelte Geld für verschiedene Vorhaben. Einige Familienangehörige protestierten. »Du bettelst um Almosen«, sagten sie. »Das ist unter deiner Würde.« »Nein, nein«, sagte er. »Ich tue ein Gotteswerk.« Es wurde ihm aber doch wohl verübelt, denn als er sich bei den Gemeindewahlen bewarb, verlor er; ein anderes Mitglied der Familie gewann.

Rahimullahs Vater hätte seinen Sohn gern als Armeeoffizier gesehen; er tat, was in seinen Kräften stand und was seine bescheidenen Mittel hergaben, um ihm eine geeignete Schulbildung zuteil werden zu lassen: Bis zur sechsten Klasse besuchte Rahimullah das englischsprachige Internat in Peschawar, dann zwei Jahre lang ein katholisches Konvent in Jhelum, dann drei Jahre lang eine von den Briten erbaute Internatsschule des Militärs. Auch wenn am Ende ein Trumm von einem Mann und ein Basketballspieler aus Rahimullah geworden war, beim medizinischen Aufnahmetest fiel er durch: Seine Sehkraft ließ zu wünschen übrig.

Vater und Sohn waren beide sehr enttäuscht. »Da kann man nichts machen«, sagte der Vater. »Es ist Gottes Wille.« Dann meinte er, Rahimullah solle Arzt werden. Über zwei Jahre lang studierte Rahimullah Naturwissenschaften, erst zu Hause und dann an einem von Parsen begründeten Wissenschaftskolleg in Karatschi. Bei den Abschlussprüfungen verfehlte Rahimullah die Bestnote um ein oder zwei Punkte. Das bedeutete, dass er keine Zulassung zur medizinischen Hochschule erhielt.

Um diese Zeit geriet Rahimullahs Vater in Kriegsgefangenschaft. Nur ein Teil seines Gehalts wurde der Familie ausgezahlt (den Rest hob der Staat für ihn auf). Rahimullah musste alle Gedanken an seine eigene Karriere aufgeben, ins Dorf zurückkehren und sich um die Familie kümmern. Für ihn war das ohne Frage ein bitterer Augenblick; ihm musste es so vorkommen, als sei er von aller Welt ausgeschlossen. Aber dann, als sein Vater zurückkam, öffnete sich ihm die Welt langsam wieder, und zwar auf eine ganz unerwartete Weise.

Während seiner Studienzeit in Karatschi – er lebte damals bei einem älteren Vetter – hatte sich Rahimullah als Korrektor bei einer Zeitung durchgeschlagen, wo er von sechs Uhr abends bis zwei Uhr morgens arbeitete. Das brachte ihm monatlich 180 Rupien oder 9 Euro ein und erlaubte ihm, tagsüber die Kurse zu besuchen. In dieser Zeit hatte er eine Neigung zum Zeitungswesen gefasst. Und nun, da er endlich hinaus in die Welt durfte, ihm aber die anerkannten Laufbahnen versperrt waren, sah er sich bei den Zeitungen nach einem Job um. Er wurde Redakteur, schrieb Reportagen. Er wechselte zwischen Lahore und Karatschi hin und her, ging von einer Zeitung zur anderen, arbeitete sich allmählich hinauf.

Der Krieg in Afghanistan und der nachfolgende lange Parteienzwist waren seine große Chance. Als Pathane und Mann aus der Frontregion wusste er, um welche Probleme es dort ging, und er kannte die maßgeblichen Leute. Er war ein gefragter Mann; er arbeitete viel für ausländische Organisationen. Seiner Einschätzung nach hatte er es zu einem der bestbezahlten Journalisten in Pakistan gebracht.

Auch wenn es in Rahimullahs Augen nichts gab, was dem Rang eines Armeeoffiziers gleichkam, hatte er doch das Gefühl, sich rehabilitiert zu haben. Auf einem Grundstück in der Nähe seines Herkunftsdorfs – des Dorfes, das rund zwanzig Jahre zuvor seinen Vater bei den Gemeindewahlen abblitzen ließ – hatten er und sein Bruder für die vielen Angehörigen ihrer beiden Familien ein großes, schickes Haus erbaut. Das Haus stand außerhalb des Ortes, weil es dort zu eng war. Erbaut hatte es Rahimullah vor zwölf Jahren, im Alter von gerade einmal dreißig Jahren. Allen Widrigkeiten zum Trotz hatte er also einen rasanten Aufstieg erlebt.

Die Mauer bestand aus unverputztem Beton und sah dekorativ aus: Sie war bedeckt mit einer Reihe von senkrechten, ovalen Zierrahmen mit erhabenen Kanten, die oben und unten ein Zackenmuster bildeten. Das große, eindrucksvolle Haupttor war grün und gelb gestrichen und oben mit einer Reihe eiserner Dornen besetzt. Die Torpfosten waren marmorverkleidet. Unter den Eisendornen stand in Paschto, der Sprache der Pathanen, das Wort *Zuflucht* ins Tor eingraviert; auf den Pfosten konnte man in Urdu die Namen von Rahimullah und seinem Bruder lesen.

Ein zweites Metalltor schützte den inneren Hof des Hauses mit seinem zweistöckigen Backsteinhaus und dem Wasserturm. Der äußere Hof bildete den allgemeinen Empfangsbereich. Dorthin kamen jeden Freitag Leute aus dem Dorf, die Probleme hatten oder Rahimullah um einen Gefallen bitten wollten. Rahimullah hatte sich nun beruflich in Peschawar etabliert, das zwei Autostunden entfernt lag; er legte Wert darauf, jeden Freitag zu Hause zu sein, um diese Zusammenkünfte abzuhalten. Mit seinem sozialen und politischen Engagement folgte Rahimullah bewusst dem Beispiel seines Vaters und ehrte dessen Andenken.

Die Familie hatte eine gewaltige Wegstrecke in diesem Jahrhundert zurückgelegt, und die Wohnhäuser der Familie wirkten fast wie Stationen auf dieser Wegstrecke. Das Dorf der Vorfahren lag nur drei Kilometer weit weg in den Bergen. Dort befand sich hoch oben (und ohne Wasser) das kleine, ärmliche Haus, in dem Rahimullahs Vater zur Welt gekommen war. Viel weiter unten im Dorf, unmittelbar neben der Moschee, stand das geräumigere Haus, in das Rahimullahs Vater nach seinem Ausscheiden aus der Armee gezogen war. Noch tiefer unten lag das Gebäude mit Innenhof – einst Laden und Wohnhaus eines Hindu; ständig in den Dörfern diese Erinnerungen an die Säuberungen von 1947 –, wo Rahimullahs Vater seinen Kuhstall und seine Lagerräume hatte; später bauten sie dort sechs Läden, die vermietet wurden.

Rahimullahs Vater kannte Libyen, Ägypten, London, Bangladesch; Rahimullah hatte zwischen seinem Dorf, Peschawar, Lahore und Karatschi hin und her gewechselt; Rahimullahs jüngerer Bruder hatte in den Vereinigten Arabischen Emiraten sein Glück gemacht. Sie hatten die Welt draußen gebraucht, hatten sich von ihr genährt; ohne die Außenwelt wären sie hier verkümmert. Aber es war dieser heilige, bis zum Ersticken voll gestopfte Ort, wo die Felder und die Entfernungen klein waren und wo Rahimullah nicht anders als sein Vater wegen Überfüllung das Haus wechseln musste – dieser Ort war es, an den es sie zurückzog und an dem sie die Welt gewissermaßen abschüttelten, um wahrhaft sie selbst zu sein. Und um dort begraben zu werden.

Pathanengruppen in den Großstädten und sogar im Ausland, wohin sie als Migranten gegangen waren, hatten eigene Bestattungsgesellschaften. Die Gräber hier waren geschmückt und weniger schlicht, als der Islam sie haben wollte; die Frauen gaben altem Stammesbrauch nach, durchbrachen die bei den Pathanen übliche strenge *purdah* und gingen auf den Friedhof, um Verse aus dem Koran zu rezitieren und Münzen zurückzulassen, die später die Armen einsammeln konnten, und manchmal auch, um auf den Gräbern besonders geehrter Verstorbener bunte Wimpel, Bilder und Salz niederzulegen.

Sie – Rahimullah und sein Bruder – hatten dieses große neue Haus ungefähr zwei Jahre nach dem Tod ihres Vaters gebaut. Der Vater war also, auch wenn Rahimullah das nicht eigens erwähnte, in dem Bewusstsein verstorben, dass aus seinem ältesten Sohn am Ende doch etwas geworden war. Das Haus lag am Rande eines zwei Hektar großen Grundstücks, das sie gekauft hatten, weil es nahe der Hauptstraße und dem Bewässerungskanal lag. Insgesamt gehörten ihnen zehn Hektar Land. Nicht alles davon war bewässert; bei einem Großteil der Fläche handelte es sich um *barani*-Land, durch Regen bewässertes Land, das nur eine Ernte pro Jahr lieferte.

Der Hof für Fremde lag zur Linken des Haupttores. Das Gästehaus befand sich am Ende des großen ungepflasterten Hofs. Die Veranda oder Loggia bestand aus Ziegelsäulen und Ziegelgewölbe und einem gemusterten Marmorboden. Sie wirkte wie eine viel reichere Version des Gästehofs, in dem ich mich mit Rana, dem jungen, vom Lande stammenden Anwalt, aufhielt, als wir in seinem Heimatdorf in der Nähe von Lahore den Onkel besuchten. Wie so oft auf dem Subkontinent ließen sich im Kleinen die ländlichen Ursprünge architektonischer Ideen erkennen, die man anderswo in fürstlicherer Form wiedertraf. Bestand am bescheideneren Ort der Fußboden des an die Veranda angrenzenden Hauptraumes aus Erde, so hier aus Terrazzo; waren dort die Wände und Nischen mit großen Nägeln versehen, so standen hier hohe Schränke mit Glastüren an den Wänden. Während sich dort das ganze Mobiliar in ein paar Spannbetten erschöpfte, gab es hier zwei richtige Holzbetten mit verziertem Kopfteil und dazu noch einen großen Esstisch mit zehn Stühlen sowie Couchtische mit sechs Lehnsesseln.

Ranas Onkel wirkte in Lebensstil und Auftreten weit weg. Und doch besaß er Land, firmierte auf seine Weise als ein Mann von Einfluss, von dem Leute im Dorf abhängig waren. Rahimullahs Empfangshalle für männliche Gäste vermittelte also eine gewisse Vorstellung von den verschiedenen Patronatsebenen im Land und davon, welch große Wegstrecke er und sein Vater zurückgelegt hatten. Das stille Kommen und Gehen im Hof an diesem Freitagmorgen legte Zeugnis ab von der Stellung, die Rahimullah errungen hatte. Einige standen draußen in der frühwinterlichen Sonne, einige standen in der Loggia, einige saßen entspannt in den Lehnsesseln drinnen im Raum. Es schien eine akzeptierte Stufenordnung der Vertrautheit zu geben. Die Besucher führten keine sehr langen persönlichen Gespräche mit Rahimullah, und die meisten von ihnen mussten das auch gar nicht; Rahimullah wusste bei der Mehrzahl von ihnen auch so, weshalb sie gekommen waren. Womit diese freitagmorgendlichen Besucher aufwarteten, war ihr persönliches Erscheinen.

Rahimullah sprach über Ernteaussichten und über das Wetter. Der Monsun hatte ergiebige Regenfälle gebracht, aber jetzt warteten die Leute mit *barani*-Land auf Regen, damit sie mit der Aussaat des Weizens anfangen konnten. Wenn die Sache schlecht lief, zogen die Menschen barfuß auf die Felder und beteten um Regen. Es gab besondere Gebete, die in den Feldern gesprochen werden mussten und hauptsächlich Regen bringen sollten, manchmal aber auch als Abwehrmittel gegen Krankheiten dienten. Es gab noch andere, ältere Rituale.

»Wenn man jemandem das Gesicht schwärzt, ihn um die Häuser führt und Almosen sammelt, ein Essen kocht und es an die Armen austeilt, dann bringt das möglicherweise Regen. Kann sein, dass sie das schon bald machen. Die Menschen hier sind sehr abergläubisch.«

Rahimullahs jüngerer Bruder und ältester Sohn brachten Tee, Kekse und eine süße Grießspeise herein. Der Bruder hatte rote

Backen und war groß und breitschultrig. »Sind Sie zufrieden?«, fragte er. Das war seine Begrüßungsformel, Bestandteil seiner Umgangsformen. Er sagte nichts weiter, stand ein Weilchen freundlich herum und zog sich dann zurück.

Ein kleiner, dunkelhäutiger Mann mit Schnurrbart kam herein und setzte sich wortlos auf einen der Lehnsessel. Er trug die flache, pfannkuchenförmige Fellmütze der Grenzregionen und der Berge. Er sei der *nai*, der Barbier, erläuterte Rahimullah; er sei gekommen, um zu sehen, ob jemand im Haus einen Haarschnitt oder eine Rasur brauche. Er hieß Qaim Chan. Er kam jeden Freitag und manchmal auch an anderen Tagen; er versorgte bestimmte Familien mit seinen Dienstleistungen. Das erklärte, warum er so zwanglos eingetreten war und Platz genommen hatte, während andere offenbar warten mussten. Er trug ein blassblaues *shalwar-kameez* mit einer Weste aus Rohbaumwolle. Rahimullah, sein Bruder und sein Sohn waren blasspfirsichfarben gekleidet; die Farbe stand für Reinlichkeit und feiertägliche Ruhe. Für den Barbier allerdings war der Feiertag ein arbeitsreicher Werktag; das Blau, das er trug, konnte Flecken und Abnutzung besser kaschieren.

Tatsächlich beschränkte sich der Barbier, wie Rahimullah mir nun erzählte, nicht auf das Haarschneiden. Er erfüllte auch andere Aufgaben und war die ganze Zeit über verfügbar. Bei einer Hochzeit oder einer Beerdigung konnte er als Koch einspringen; er brachte dann seine großen Töpfe, Bottiche und Kochutensilien mit, schuf sich im Hof eine Kochstelle und kochte massenhaft Reis und andere einfache Speisen. Er diente auch als Bote, trug Einladungskarten zu Hochzeiten aus, überbrachte die Nachricht von Todesfällen. Er verstand sich auf Beschneidungen. Außerdem verfügte Qaim Chan auch noch über ein angeborenes Talent. Er konnte singen und auf der Flöte spielen, und manchmal baten ihn die Leute um eine Darbietung. Seine Frau sang ebenfalls. Sie und Qaim Chans Mutter und Schwester waren stets abrufbereit, um den Frauen in den verschiedenen Haushalten bestimmte Dienste zu leisten, Botschaften für sie auszutragen oder sie zu begleiten, wenn sie ausgingen.

In der Gemeinschaft der indischen Einwanderer in Trinidad auf der anderen Seite der Weltkugel erfüllte der Dorfbarbier (dort, wo es indische Dörfer gab) ähnliche rituelle Aufgaben (allerdings galt das nicht für alle von ihnen). Das war auch noch vor fünfzig Jahren, in meiner Jugendzeit, der Fall. Was mir Rahimullah erzählte, war mir also halbwegs vertraut; ich fand es bemerkenswert, dass in einer so stark erschütterten und von Brüchen durchzogenen Auswanderergemeinschaft diese uralte Funktion des Boten, Zwischenträgers und Heiratsvermittlers wieder in Erscheinung trat und dass es in der anderen Welt, in der sich die Gemeinschaft angesiedelt hatte, Menschen gab, die sich zu dieser nicht sonderlich angesehenen Kaste und dem mit ihr verknüpften Gewerbe bekannten.

Der *nai*, den Rahimullah schilderte, ähnelte auch, wie mir schien, dem dörflichen *koum* im konvertierten Java: dem Mann, der sich um die Leichen kümmerte und auch Aufgaben als Koch übernahm, dem Angehörigen einer niederen hinduistischen Kaste, der in die islamisierte Gesellschaft integriert worden war. Man hatte zwar dem *koum* die ehrenvolle Rolle eines Vorbeters in der muslimischen Gemeinde übertragen – als wollte man dadurch die mit der Kaste verknüpften älteren Vorstellungen verdrängen –, aber seine anderen Aufgaben waren nach fünfhundert Jahren immer noch als Elemente der alten hinduistischen Ordnung erkennbar.

Auf ähnliche Weise schien hier in der Grenzregion der *nai*, wie ihn Rahimullah beschrieb, Teil der hinduistischen Vergangenheit, die tausend Jahre nach der Konversion in ihm noch immer lebendig war. (Wenngleich es auch hier hinsichtlich rassischer Ursprünge und geschichtlicher Zusammenhänge genügend Phantasien und neurotische Einstellungen gab.) Während ich in Rahimullahs Gästehaus saß und Rahimullah und den blau gewandeten *nai* betrachtete, der Erstere groß, mit der Aura eines Gelehrten und kultiviert, der Letztere klein und dunkel und mit Ehrerbietung in den Augen, meinte ich, sehen zu können, wie beim Untergang der älteren Religion die gesellschaftliche Ordnung mit kleineren Anpassungen von der neuen Religion übernommen worden war. Die Idee der Kaste schien auf dem Subkontinent unausrottbar zu sein.

Qaim Chan besaß weder Grundbesitz noch ein Haus. Vielen *nais* ging es mittlerweile gut, aber nur wenige von ihnen hatten ihr eigenes Haus. Qaim Chan hätte liebend gern ein bisschen Land gekauft und ein Haus gebaut, aber es fehlte ihm an Geld. Um Geld zu verdienen, hätte er weggehen müssen. In nahe gelegene Städte wie Mardan und Peschawar zu gehen würde ihm nichts ausmachen. Aber weit weg wolle er nicht – ließ er mich durch Rahimullahs Mund wissen. Eigentlich wolle er hier im Dorf leben und arbeiten.

Als ich wissen wollte – Rahimullah dolmetschte für mich –, ob er nicht gerne das Dorf verlassen und seinen eigenen Barbierladen eröffnen würde, richteten sich seine Augen zutraulich und zugleich voll Ehrerbietung auf Rahimullah, als habe dieser selbst die Frage gestellt; und plötzlich sah er sehr klein aus. Ginge er nach Peschawar oder Karatschi, sagte er, und fände dort Anstellung in einem Laden, so würde er äußerstenfalls fünfunddreißig Rupien, gerade einmal anderthalb Euro, verdienen. Bei so wenig Lohn lasse sich nichts sparen. Eine Reihe seiner Freunde und Verwandten seien nach Karatschi gegangen. Auch er selbst sei einmal nach Karatschi gegangen. Er habe für jemanden mit einem Barbiergeschäft gearbeitet, einen reicheren Verwandten aus dem Dorf. Er sei Diener in der Familie dort gewesen und habe monatlich zwölfhundert Rupien, sechzig Euro, verdient. Das habe nicht für ihn gereicht, deshalb sei er zurückgekommen.

Er war bis zum Alter von acht oder neun Jahren zur Schule gegangen und hatte es bis in die dritte Klasse geschafft. Sein einziges Kind, eine Tochter, war ihm gestorben. Mehr hatte er nicht zu erzählen. Es gab nichts mehr zu sagen, und er begnügte sich fortan damit, schweigend und reglos in seinem Lehnsessel zu sitzen.

Rahimullah führte mich in den inneren Hof, den seine Familie bewohnte. Das war eine große Auszeichnung; die *purdah* wurde hier strikt befolgt. Aber zwei Maurer arbeiteten am Haus der Familie; für die angemessenen Vorkehrungen zur Wahrung der *purdah* war wohl schon gesorgt worden. Das Haus, das Raum für insgesamt fünfzehn Personen bot, bestand aus Backstein und umfasste zwei Stockwerke. Im unteren Stock – ich betrachtete das Haus aus einiger Entfernung – lagen hinter einer Veranda mit Marmorboden und Ziegelsäulen vier Zimmer. Den Wasserturm (nebst Fernsehantenne) und das obere Stockwerk erreichte man über eine Freitreppe aus Beton, die zur Linken lag. Die Frauengemächer befanden sich im oberen Stock, und die Veranda lag hinter einer Wand aus perforierten, im Muster angeordneten Betonplatten.

Der Hof war ungepflastert und staubig. Er stand voller Obstbäume, die offenbar planlos gepflanzt worden waren und nicht den Eindruck eines Obsthains machten. Zwischen den Bäumen sah man eine Reihe von Betten und Tischen, von Fässern und Körben und von ausgemusterten Möbelstücken. Es gab eine winzige Hütte, die als Hühnerstall diente. In einer Ecke des Hofes gab es einen Brunnen; er war mit einer Betonplatte abgedeckt und mit einem Elektromotor ausgestattet. In einer anderen Ecke sah man die Küche unter einem flachen Dach, auf dem Holzscheite lagen.

Davon getrennt befand sich auf einem freigeräumten kleinen Platz die für Nordindien typische, aus Lehmmauern erbaute traditionelle Kochstelle, die *chulha*. Auch sie kannte ich aus meiner Kindheit, weil die Inder, die vor hundert Jahren nach Trinidad eingewandert waren, sie mitgebracht hatten. Obwohl die *chulha* hier einen anderen Namen hatte, war es für mich so, als würde ich in Rahimullahs Hof auf ein Stück meiner Vergangenheit stoßen. Sogar die Unordnung – das Bett, das Fass, der Korb – glich der Unordnung, die ich vom Gehöft meiner Großmutter kannte.

Ich fragte Rahimullah, ob die Bauleute, die am Haus arbeiteten, auch den Hof pflastern sollten. Ich fragte das wegen des augenscheinlichen Durcheinanders, das im Hof herrschte. Das Ganze wirkte provisorisch, die Sachen sahen aus, als sollten sie in Kürze wieder weggeschafft werden. Rahimullah indes verneinte; der Zustand des Hofs sei hinlänglich in Ordnung. Und auch wenn ich das in diesem Augenblick seltsam fand, dauerte es nicht lange, und ich begriff: Für die Bewohner des Hauses befand sich alles an seinem gewohnten Ort.

Rahimullahs jüngerer Sohn kam aus dem Haus und feuerte mit einer imaginären Pistole auf mich, während er mir entgegenrannte. »Du! Du! Du bist ein britischer Polizist!«, sagte er auf Englisch zu mir. Vielleicht hatte ihn das Fernsehen inspiriert, oder mein Jackett war schuld; vielleicht hatte ihm auch sein Vater von dem Gast erzählt.

Die Viehställe befanden sich hinter dem Haupthaus. Unmittelbar außerhalb der Mauern des Anwesens lagen Misthaufen und begannen die Felder. Die zwei Hektar bewässertes Land der Familie, die sich hinter dem Anwesen erstreckten, wurden von Farmpächtern bewirtschaftet: Zuckerrohr, Mais, Viehfutter, Gemüse – die Hälfte der Ernte fiel der Familie als Anteil zu.

Wir – Rahimullah, ich und die kleine Gruppe, die sich uns angeschlossen hatte – gingen in Richtung Hauptbewässerungskanal. Wir gingen auf den neuen Betonmauern des Zubringerkanals oder Abflusses, links und rechts Zuckerrohrfelder; Zuckerrohr stellte die gewinnbringendste Feldfrucht dar. Einige Felder weiter sahen wir das ebenfalls mit Zuckerrohr bepflanzte Stück Land einer anderen Familie und ihr niedriges Haus aus Lehm und Ziegelsteinen. Das sei das Haus des Barbiers, sagte man mir. Nicht Qaim Chan; ein anderer Barbier.

»Reiche Familie?«, wollte ich wissen.

Nein, nein, riefen alle im Chor, als sei die Armut dieser Familie mit dem Haus aus Lehm und Ziegeln sprichwörtlich.

Der Hauptkanal war kleiner, als ich erwartet hatte. Aber er sah sauber und gepflegt aus, ein Anflug von Ordentlichkeit; das fließende Gewässer wirkte erfrischend. Es war gesäumt von jungen Bäumen. Der Staat kümmerte sich um den Kanal; er kümmerte sich sogar um die Bäume. Das Wasser und die Bäume im Vordergrund und die gut bestellten, abwechslungsreichen Felder, die im Sonnenlicht dalagen, boten bewegende romantische

Ausblicke. Die Offenheit und Weite der Landschaft kam überraschend nach den vom Feiertagsverkehr überfüllten Straßen, dem Gewimmel der Läden, den vielen Fahrrädern und den Menschen, die auf den Markt strömten. Und doch blieb im Anblick des kostbaren bewässerten und in kleine Parzellen aufgeteilten Landes der Eindruck von Gedränge und Überfüllung erhalten.

Ich fragte, ob Qaim Chan, der Barbier, zum Jusufzai-Clan gehöre. Rahimullah verneinte; Qaim Chan besaß keinen Grundbesitz, und der war wichtig. Nur die reinblütigen Pathanen besaßen Land; den Kauf von Land, mochte es auch teuer sein, zogen sie dem eines Hauses in einer Stadt wie Peschawar vor, wenngleich das Haus in Peschawar die bessere Investition war. Bis noch in die neueste Zeit durften Barbiere und andere Handwerker, Zimmerleute, Schmiede, Goldschmiede, Wäscher, Weber, kein Land erwerben. Jetzt durften sie Grundstücke für den Hausbau kaufen, aber dass sie Ackerland besaßen, hatte immer noch Seltenheitswert. Sie galten nicht als Teil der maßgebenden Schicht, die Rahimullah mit dem Begriff Mainstream bezeichnete; über ihnen standen die Mullahs und darüber, an der Spitze, die reinblütigen Pathanen. Rahimullah führte dazu nichts weiter aus, aber es war interessant, dass in seiner Darstellung der Mullah leicht deklassiert erschien.

»Da der *nai* unter Pathanen lebt und in dieser von Männern beherrschten und sehr harten Gesellschaft überleben muss«, erläuterte Rahimullah, »betrachtet er sich mittlerweile als Teil dieser Gesellschaft und ist bestrebt, nach den gleichen Normen und Prinzipien zu leben. Ein Handwerker behauptet vielleicht: ›Wir sind Pathanen.‹ Außerhalb der Provinz mag er auch als solcher durchgehen. Die reinblütigen Pathanen allerdings werden ihn nicht als solchen akzeptieren. Sie werden ihm nicht ihre Tochter zur Frau geben.«

So unterhielten wir uns, während unsere Gruppe auf den Betonmauern des kleinen Kanals ihren Weg zu Rahimullahs Haus und dem Gästehof zurücklegte. Als wir wieder im Gästehaus mit seinen Liegen und Lehnsesseln angelangt waren, kam er auf den Ehrbegriff der Pathanen zu sprechen. Er hielt große Stücke darauf. Als wir uns zum ersten Mal getroffen hatten, im Hotel in Peschawar, hatte er auch darüber geredet. Er erzählte damals die Geschichte von einem pathanischen Mädchen, das mit einem Diener der Familie durchgebrannt war. Das Paar wurde verfolgt und gestellt – im ganzen Grenzgebiet gab es keinen Ort, wo es sich hätte verstecken können. Man band die beiden an einen Baum und erschoss sie, während die Polizei untätig zusah.

Rahimullah bemühte sich nun um eine systematische Fassung der pathanischen Vorstellung von Ehre. Sprache, Heimat, Gastfreundschaft, Asyl, Rache: Bei alledem spielte Ehre eine Rolle. Auch wenn in einigen Einzelheiten der pathanische Ehrbegriff rein regional bestimmt war, gab es doch eine für den ganzen Subkontinent allgemein verbindliche, zusammenhängende Vorstellung von Ehre, etwas, das ich, der ich in der indischen Gemeinschaft Trinidads aufgewachsen war, seit jeher kannte. Unter anderem war es dies, was der Gemeinschaft in den dreißiger Jahren des zwanzigsten Jahrhunderts den Ruf der Mordlust eintrug. Ich wusste allerdings, dass Mord nicht immer schlicht und einfach Mord war. Wenn Menschen instinktiv wissen, dass Staatsapparate bösartig sind und dass es keine Gesetze oder Einrichtungen gibt, denen sie trauen können, dann gewinnt die Idee der Ehre größte Wichtigkeit. Ohne sie verfallen Menschen, die in der Welt keine Stimme oder politische Vertretung haben, leicht dem Nichts. Besonders die Armen brauchen diese Idee.

»Erst gestern ist jemand umgebracht worden«, berichtete Rahimullah. »Vor vier Jahren wurde ein hiesiger Dichter ermordet, und gestern ist er gerächt worden. Sein Sohn hatte Leute gedungen, die den Mörder umbringen sollten, und jetzt haben sie es getan. Sie haben vier Jahre gewartet. Unter Umständen warten sie zwanzig Jahre.«

Ein runzliger alter Mann, dürr, dunkelhäutig und mit weißer Kappe, saß in einem der Lehnsessel. Er schien zuzuhören, aber wie viel er mitbekam, weiß ich nicht. Nach Rahimullahs Auskunft handelte es sich um einen Vetter; das war aber vielleicht nur eine Ehrenbezeichnung. Ein Sohn des alten Mannes hielt sich in Dubai auf und wollte ins Dorf zurückkehren. Der alte Mann hoffte auf Rahimullahs Hilfe; deshalb war er gekommen.

Ein kleiner dunkler Mann mit welligem Haar, der ein graues *shalwar-kameez* trug, kam herein.

»Wissen Sie, wer der hier ist?«, fragte mich Rahimullah.

Der junge Mann schüttelte mir die Hand. Seine Hand war nass und kalt. Er hieß Kimat Gul. Er war Rahimullahs Knecht, der einzige, den dieser hatte. Er sah nach dem Vieh. Er hatte an dem Spaziergang zum Kanal nicht teilgenommen, weil er zum Zuckerrohrfeld gegangen war, um für die Büffel und Kühe Futter zu holen. Er wohnte im Gästehaus. Er schlief hier und sah hier fern. Der Fernseher stand auf dem großen Esstisch; Rahimullah hatte ihn für den Knecht in Peschawar gekauft.

Kimat Gul war Waise, und niemand kannte sein Geburtsdatum; er konnte achtzehn, neunzehn oder zwanzig sein. Sein Vater hatte sich wieder verheiratet; Kimat Gul war also absolut auf sich gestellt. Bevor er zu Rahimullah kam, hatte er bei Verwandten gelebt; danach hatte er Rahimullah verlassen, um nach Karatschi zu gehen. Jedermann hier ging nach Karatschi. Die Leute liebten das Land und das Dorf; aber das Land konnte sie nicht ernähren. Kimat Gul blieb nicht lange in Karatschi; er war zu Rahimullah zurückgekehrt.

Jemand im Gästehaus sagte auf Englisch: »Er ist Barbier.« Noch ein *nai* also. Er war der Bruder von Qaim Chan, dem Mann in Blau, von dem vorher die Rede war.

»Er will Fahrer werden«, informierte mich Rahimullah. »Er sagt: ›Ich werde Ihren Wagen fahren.‹ Aber zur Zeit habe ich einen anderen Fahrer. Kimat Gul bekommt sechshundert Rupien und dazu Essen, Unterkunft, Kleider und TV. Er ist seit frühester Kindheit bei uns. Wenn er bei uns bleibt, werden wir uns darum kümmern, dass er verheiratet wird, und ihm ein Haus besorgen. Wir haben drei Häuser, zwei hier und eins im Dorf. Als Frau wird er ein Mädchen aus seiner Verwandtschaft bekommen können. Er muss sich an seine Sippe halten. Er kann heiraten, wird aber dafür bezahlen müssen. Kleider und Hausrat.«

In Karatschi hatte Kimat Gul in einem Barbierladen gearbeitet. Es war kein guter Job. Und in Karatschi herrschten die Unruhen. Es war gefährlich, auf der Suche nach einer neuen Anstellung in der Stadt herumzuwandern. Er zog von einem Ort namens Landhi an einen anderen namens Sher Shah: Karatschi bestand für ihn aus diesen beiden Namen und aus der Erinnerung an die Gefahr. Schon der Gang zur Arbeit war gefährlich. Leute wurden umgebracht. Ein Polizist, den er kannte, wurde umgebracht; der Polizist hieß Ayub.

Qaim Chan, Rahimullahs Feiertagsbarbier, der Mann in Blau, kehrte von Gott weiß welchem Geschäft zurück und setzte sich offenen Mundes in einen Lehnsessel. Möglich, dass er gar nicht zuhörte. Die Geschichte musste er bereits auswendig kennen.

Immer wieder habe es Streiks gegeben, sagte Kimat Gul, der noch immer von Karatschi erzählte. Niemand sei in den Barbierladen gekommen. Es habe keine Arbeit gegeben. Also sei er hierher zurückgekehrt.

Er lief barfuß. Sein welliges Haar, das ihm bis zum Nacken herabhing, war schwarz, dicht und glänzend. Er hatte eine tiefe, fast dröhnende Stimme. Am vierten Finger seiner linken Hand trug er einen Ring. Das Tragen eines Ringes schützte die Finger davor zu erkranken. Der dunkelhäutige Mann mit der weißen Kappe und dem Sohn in Dubai trug ebenfalls einen solchen Ring, um den Fingern ihre Gesundheit zu sichern.

»Ich bin der Einzige, der keinen Ring trägt«, sagte Rahimullah.

Ich fragte Kimat Gul: »Sind Sie hier zufrieden?«

Er antwortete mit seiner ungewöhnlichen Stimme (wobei Rahimullah dolmetschte): »Ich bin zufrieden. Aber wo sonst kann ich hin?«

Rundum Gelächter, und auch Kimat Gul lachte und zeigte seine großen Zähne. Den Barbierberuf schätze er nicht, sagte er, auch wenn er sich auf ihn verstehe. Lieber füttere er das Vieh.

Es war Zeit für die Mittagsgebete. Rahimullah stand auf,

schlang seinen sandfarbenen Überwurf, den Schador, um sich und trat hinaus in den sonnenbeschienenen Gästehof; am entgegengesetzten Ende wandte er sich hinter den kleinen Bougainvilleasträuchern und den Bäumchen – vielleicht wurde eines Tages eine richtige Hecke und Abschirmung daraus – in den der Familie vorbehaltenen Hof.

Später kamen die zwei Männer, die am Haus gearbeitet hatten, der Maurer und der Sohn des Ladengehilfen, setzten sich auf das Spannbett auf der Veranda und aßen gemeinsam mit Kimat Gul, dem Viehhirten und Knecht, der hier wohnte und fernsah.

Nach dem Mittagessen – es gab *roti*-Brot aus Vollweizen, verschiedene Gemüse, Huhn, Lammreis, Äpfel und Weintrauben – legten wir zu Fuß die kurze Strecke zu Rahimullahs Herkunftsort Shamozai zurück. Unmittelbar vor Rahimullahs Tor spielte ein junges Mädchen im Staub: das erste Mädchen, das erste weibliche Wesen, das ich seit meiner Ankunft zu Gesicht bekam. Bald schon würde sie die *purdah* ereilen; den Rest ihres Lebens würde sie in jenem Vakuum verbringen, in dem die Zeit alle Bedeutung verlor.

In einer nahe gelegenen, halb geöffneten Hütte stellten ein paar Männer grobkörnigen, braunen Rohrzucker her, und wir machten Halt, um zuzusehen. Das Zuckerrohr wurde in einem einfachen, durch Ochsen in Gang gehaltenen stählernen Mahlwerk zerkleinert. Der Zuckersaft siedete in einem großen, flachen schalenförmigen Eisentopf; das Feuer darunter, das in einer Art Tunnel brannte, speiste man mit Reisig, Holz und getrockneten Stängelhülsen. Draußen schien hell die Sonne, und die Hitze hier drinnen war groß. Ein Mann schöpfte mit einem langstieligen Löffel den cremefarbenen Schaum ab und deponierte den Abhub in Weidenkörben; von Zeit zu Zeit kratzte er mit einem Schaber den oberen Teil der Topfwand ab. Die Zubereitung des krümeligen, aromatischen Zuckers, der auf seine Art köstlich, dem raffinierten Endprodukt aber denkbar unähnlich war, dauerte ungefähr zweieinhalb Stunden.

Rahimullah blieb es überlassen, mich darüber aufzuklären, dass trotz der Armut der lokalen Bevölkerung die Männer, die den Zucker herstellten, von außerhalb kämen. Die Menschen hier mit ihrer eigenen Vorstellung davon, was ihnen zuträglich sei, gäben sich für diese harte, schweißtreibende Arbeit nicht her.

Shamozai bot einen imposanten Anblick. Das Dorf war auf drei Seiten von felsigen, steil abfallenden, gezackten Bergen umgeben, die Teil eines Gebirgszuges waren. Zu Füßen dieses Gebirgszuges lag die Ortschaft und fügte sich aus der Ferne mit ihren flachen Dächern und niedrigen Mauern zu einer Struktur aus Felsen und Mauern, Licht und Schatten, die den Eindruck eines kubistischen Arrangements erweckte. Das Haus, in dem Rahimullahs Vater im Jahr 1918 zur Welt gekommen war, lag hoch oben. Eine schmale Gasse wand sich den Berg hinab; nahe ihrem unteren Ende, unmittelbar neben der Moschee, lag das Haus, das Rahimullahs Vater zu seinem eigenen Wohnsitz erwählt hatte. Nicht weit entfernt davon befand sich das runde, über Steinstufen zugängliche Wasserbecken, in das sich der Quellbach ergoss, der aus den Bergen herabfloss.

Mit den Bergen, der Quelle und dem Bassin stellte der Ort ohne Frage etwas Besonderes dar. Es haftete ihm geradezu etwas Heiliges an, wie den heißen Quellen von Pariyangan in Sumatra, wo das Volk der Minangkabau der Erde entstiegen sein sollte, oder wie der vulkanische Boden am Fuße des Merapi-Berges in Java, den der Dichter Linus als heiligen Ort empfand, als durchdrungen von der Ausstrahlung der hinduistischen und buddhistischen Bauwerke dicht unter der Oberfläche. Shamozai war mit Sicherheit von altersher besiedelt; auch hier mussten unter der Oberfläche Ruinen liegen, die von einer weit, weit in die Vergangenheit zurückreichenden menschlichen Geschichte kündeten.

In der Dorfstraße drängten sich die Leute. Überall wimmelte es von Kindern mit glatten Haaren, verschmierten Gesichtern, staubigen zierlichen Gliedmaßen, als sprenge ihre Schar das Fassungsvermögen der Häuser des Dorfes. Wenn man bedachte, wie verlassen die schroffen Berge aus gar nicht so großer Entfernung wirkten, konnte man beim Anblick dieser von der Außenwelt abgeschlossenen Szenerie fast den Eindruck eines Trugbilds gewinnen. Ein *nai* hatte Mitte vierzig bereits zehn Kinder, ein Bauer acht. Jede Familie, die es sich leisten konnte, zog aus dem Dorf heraus. Dennoch hatte Rahimullah immer noch jede Menge Verwandte im Dorf. Die ganze Zeit über schüttelte er Hände; die schmale Dorfstraße (mit ihren zwölf oder dreizehn Geschäften, die klein, dunkel und niedrig waren und von denen manche nicht einmal einen befestigten Fußboden hatten) glich einem Stelldichein für Sippenangehörige.

Auf dem Rückweg kamen wir am Elternhaus von Rahimullahs Frau vorbei: ein Brunnenrohr am Ende der Gasse, davor eine kahle Ziegelwand mit einem halb offenen Tor, durch das man die Kuhställe auf der Rückseite des Wohnbereichs erspähte. Von Haus aus war die Familie wohlhabender als die von Rahimullah und besaß mehr Land (auch sie hatte ihren Wohnsitz aus dem alten Dorf herausverlegt); aber sie war nicht so gebildet, und Rahimullah und sein Bruder hatten ihnen einige Stücke Land abkaufen können.

Rahimullahs Vater hatte die Ehe ausgehandelt, wenngleich Rahimullah sich die Braut selbst ausgesucht hatte. Sie war eine entfernte Verwandte und besuchte oft seine Familie, wie auch er häufig das Haus ihrer Familie aufsuchte, jenes mit der kahlen Mauer, das wir uns gerade anschauten. Sie lebte unter der *purdah*, da die Familien aber miteinander verkehrten, konnten sie sich sehen, wenn sie sich auch nicht trafen und miteinander sprachen. »Guten Tag« war das Äußerste, was er zu ihr sagte, wenn sie zu Besuch kam. Erst in der dritten Nacht ihrer Hochzeit lernten sie sich wirklich kennen. Sie waren beide sehr schüchtern. Er wusste nicht, was er sagen sollte. »Wie geht es dir? Geht es dir gut? Wie fühlst du dich in deinem neuen Haus?« – mehr brachte er nicht heraus. Sie antwortete nicht. Jetzt wohnte sie nur ein kleines Stück entfernt in dem neuen Haus, das Rahimullah und sein Bruder gebaut hatten; ihr Leben verlief in streng umrissenen Bahnen.

Eine imposante, weiß bekappte Erscheinung erwartete uns im Gästehaus. Das war Mutabar Chan, ein weiterer Vetter von Rahimullah. Er hatte sein ganzes Arbeitsleben außerhalb des Grenzgebiets verbracht und war jetzt endgültig zurückgekehrt, zurück zu den acht Hektar zersplitterten Grundbesitzes, die seiner Familie gehörten. Er war 1930 in Shamozai zur Welt gekommen und hatte mit sechzehn das Dorf verlassen, um nach Karatschi zu gehen. Ein bisschen wie ein Schauspieler, der sich für den letzten Aufzug in Positur wirft, hatte er sich einen großen zweigeteilten gelb-schwarz-grauen Bart zugelegt. Das Leben draußen verdichtete sich zu einer Episode, wenn er davon sprach; es war, als hätte es quasi in Klammern stattgefunden.

So, wie er davon erzählte, reduzierte sich dieses Leben auf die Orte Karatschi und Dubai, auf zwei Arbeitgeber, einen hinduistischen Kornhändler in Karatschi und einen arabischen Obstplantagenbesitzer in Dubai, und auf das Geld, das sie ihm bezahlt hatten. Einzelheiten, Bilder, Hinweise auf zeitliche Dimensionen, auf lebenszeitliche Abläufe gab es nicht. Aber auf den Zeitenfluss achtete man hier nicht; für seine Landsleute war Mutabar Chan ein Mann, der die Welt kannte und heil zurückgekehrt war. Wie er hätten sie selbst gern sein mögen, und die kleine Schar, die jetzt auf den Liegen im Gästehaus saß, lauschte aufmerksam. Der Maurer und sein Kollege waren da, verschmutzt von der Arbeit; sie hatten ihr Tagwerk beendet und saßen aus Höflichkeit und schlichtem Zusammengehörigkeitsgefühl noch ein bisschen herum, ehe sie nach Hause gingen.

Mutabar Chan redete über Karatschi. Er sagte (durch Rahimullahs Mund): »Ich denke noch mit Vergnügen an die Tage in Karatschi zurück. Sogar auf den Gehwegen konnte man sicher schlafen. Ich glaube nicht, dass die Stadt zum Frieden zurückfindet.« Das war es, was er über Karatschi zu sagen hatte.

Er machte sich Sorgen um die Pathanen in der Stadt. Rahimullah hatte mir erzählt, es gebe zwei Millionen dort; Karatschi beherberge mehr Pathanen als Peschawar oder Kabul.

»Ihre Zahl ist so ungeheuer groß. Sie würden eher sterben als heimkehren.«

»Gibt es also hier zu viele Menschen?«, wollte ich von ihm wissen.

»In den Schulen sind heute zu viele Kinder. Sie finden gar nicht alle Platz zum Sitzen. Aber wir glauben, dass Kinder gottgegeben sind und nicht davon abgehalten werden können, ins Leben zu treten. Allah wird für sie sorgen. Wenn ein Kind gezeugt wird, hat Allah bereits beschlossen, dass dieses Kind zur Welt kommen soll.«

8

Alis Fussabdruck

In den ländlichen Gegenden um Peschawar standen jetzt morgens Gestalten, in ihren Schador gehüllt, vor niedrigen Ziegelhäusern mit Brennholz auf den Flachdächern; Rauch von den Kochstellen vermischte sich mit dem Nebel. Auf den planen, frostigen Ackerflächen gab es Flecken mit tropischem Zuckerrohr neben kleinen Obsthainen mit Früchten gemäßigter Zonen. Am Rain einiger Felder wuchsen ein, zwei Reihen spindelförmiger Pyramidenpappeln, die ein bisschen Schatten spendeten. Auch dabei handelte es sich um eine Anbaupflanze; die Pappel konnte nach vier Jahren gefällt und das Holz für Streichhölzer verwendet werden. Sie wurde erst neuerdings hier angepflanzt. Ein bisschen Geschichte verbarg sich auch dahinter: Bis zur Abtrennung im Jahr 1971 hatte Bangladesch die pakistanischen Streichhölzer geliefert.

Ich fuhr mit einem Auto des Hotels nach Rawalpindi. Bei Attock vereinigte sich der schlammige Kabulfluss mit dem blauen Indus; an der Stelle des Zusammenflusses hatte der Strom eine Breite von rund anderthalb Kilometern. Man blickte auf eine der großartigsten Flusslandschaften des Subkontinents. Hier endete die Grenzregion, und der Punjab begann. Ich hätte gern Halt gemacht und mich umgeschaut, aber auf der Brücke durfte man nicht anhalten und herumlaufen. Auf der Weiterfahrt, erst mit dem Auto nach Rawalpindi und dann per Zug nach Lahore, während das Land flacher wurde und es in jeder Szenerie von Menschen wimmelte, erschienen mir die pathanischen Vorstellungen, mit denen mich Rahimullah bekannt gemacht hatte, weit weg. Ehre und Heimat, Zuflucht und Blutrache, das Einsperren der Frauen und die strikte Observanz religiöser Vorschriften: Das waren Ideen und Verhaltensweisen, die ihr eigenes Milieu, ihre eigene, in sich abgeschlossene Welt voraussetzten. Die Pathanen mussten indes die Heimat verlassen, sie waren auf die Außenwelt angewiesen; und dort geriet ihr Ehrbegriff unter Umständen aus dem Lot. Wenige von ihnen waren gebildet oder höher qualifiziert; und der Verhaltenskodex des Clans, der ihnen Schutz bot, konnte auch Raubtiere aus ihnen machen. In der Außenwelt waren sie unter anderem als Räuber verschrien. Das war die Kehrseite des Rufs soldatischer Tapferkeit, den sie genossen.

In der Empfangshalle des Hotels in Peschawar stand auf einer Tafel folgende Mitteilung aufgemalt: HOTELREGLEMENT: *In die Räumlichkeiten des Hotels dürfen keine Waffen gebracht werden. Leibwächter oder Bewaffnete werden gebeten, ihre Waffen beim Sicherheitsdienst des Hotels in Aufbewahrung zu geben. Wir bitten Sie um Ihr Verständnis. Die Hoteldirektion.* Als ich nach Lahore zurückkam, empfing mich dort die Nachricht von einem Entführungsfall in der Grenzregion.

Ich hatte die Bekanntschaft von Ahmed Rashid gemacht. Er war Journalist. Zusammen mit einem Geschäftspartner besaß er auch eine Kohlengrube im Hinterland des Punjab. Er ließ mich wissen, dass drei der Jeeps der Kohlengrube gestohlen und sechs von den Männern entführt worden waren. Der Diebstahl und die Entführung hatten in Etappen stattgefunden. Zuerst wurde in der großen Stadt Sargodha ein Jeep mit beiden Insassen entführt. Nach zehn Tagen kam dann die Forderung nach einem Lösegeld von zwei Lak, zweihunderttausend Rupien, zehntausend Euro. Ahmed schickte zwei Männer in einem Jeep los, die mit den Entführern verhandeln sollten. Geld gab er diesen Männern nicht mit. Das versetzte die Entführer in Wut. Sie brachten die beiden Männer mit dem Jeep in ihre Gewalt. Ahmed, der den Wink verstand, schickte zwei Angestellte in einem dritten Jeep mit dem Lösegeld hin. Die Entführer waren offenbar immer noch wütend. Sie nahmen die zwei Angestellten gefangen, behielten das Lösegeld ein und stellten eine neue Forderung von zwanzig Lak, hunderttausend Euro.

Ahmed, stets durch und durch Journalist, fand die ganze Sache aufregend, diese hübsche, kleine Geschichte, die sich sozusagen direkt vor seiner eigenen Haustür ereignete; aus seiner vom Eigeninteresse abgelösten, journalistischen Perspektive gewann er dem Gang der Ereignisse etwas ab, fand es lustig, wie die Männer aus der Kohlengrube in Zweierpärchen in die Höhle des Löwen irgendwo im Grenzgebiet marschiert waren. Er setzte sich mit der Armee und den Leuten vom Geheimdienst in Verbindung; nur sie konnten ihm helfen. Mittlerweile hatte er den Eindruck, dass die Verhandlungen viele Monate dauern konnten – was für die entführten Männer alles andere als lustig wäre. Es war wichtig, die Verhandlungen in Gang zu halten und auf diese Weise zu verhindern, dass die entführten Männer über die Grenze gebracht wurden. Wenn das passierte, war alles verloren; dann konnte man die Jeeps und die Männer getrost vergessen.

Wo es keine Gesetze gab, keine Einrichtungen, auf die sich die Menschen verlassen konnten, schützten der Ehrenkodex und der Ehrbegriff die Menschen. Aber das Umgekehrte galt ebenso. War der Ehrenkodex stark, dann verhinderte er Recht und Gesetz. Wie Saleem Ranjhas pathanischer Gast in Mansoura gesagt hatte, gab der Zentralstaat den Geist auf; er war überflüssig. Die Menschen fingen wieder an, sich am Clan und an regionalen Machthabern zu orientieren. Und das war gut fürs Geschäft.

Rund vierhundertfünfzig Kilometer in südlicher Richtung, wo Punjab und Sindh in der Wüste aneinander grenzten, lag das alte Fürstentum von Bahawalpur. In dem Gebiet gab es in britischer Zeit mehr als fünfhundert halbautonome Staaten. Ungefähr siebzig von ihnen waren wichtig genug, um ihren Herrschern den Titel Hoheit zu sichern; zu ihnen zählte Bahawalpur.

Es war einer der kleinen Staaten oder regionalen Fürstentümer, die Mitte des achtzehnten Jahrhunderts als Zufallsprodukte aus dem Zusammenbruch der muslimischen Herrschaft auf dem Subkontinent hervorgingen. Im Westen und Norden wurde es auf einer Strecke von 450 Kilometern durch den Indus und dessen Zufluss Sutlej begrenzt. Diese beiden großen Ströme auf der einen Seite – der Sutlej mit einem viele Kilometer breiten zerklüfteten, mäandernden Wasserlauf – und die Wüste auf der anderen Seite schützten das Gebiet von Bahawalpur vor den Sikhs aus dem Norden und den hinduistischen Mahrattas aus dem Süden. Im Jahr 1838 erklärten die Briten Bahawalpur zum Protektorat, und da endlich lernten die Nawabs von Bahawalpur die Segnungen imperialer Sicherheit kennen. Sie herrschten bis 1954, als das Fürstentum in Pakistan aufging.

Als die Briten im Jahr 1947 den Subkontinent räumten, hatte der Nawab auf Unabhängigkeit für seinen Staat gehofft. Das war Spinnerei. Bahawalpur hatte 1941 eine Bevölkerung von weniger als anderthalb Millionen, und die meisten dieser Menschen waren bäuerliche Leibeigene. Nach einem sorglosen Jahrhundert unter britischem Schutz hatte der Nawab aber eine etwas haltlose Vorstellung von seiner Machtfülle entwickelt. Als er seinen Staat verlor, war es unmöglich für ihn, als Privatmann dort weiterzuleben. Nach seinem Verständnis vom Staat durfte es wahrscheinlich bürgerliche Privatleute gar nicht geben; es existierte nur ein Herrscher mit seinen Untertanen. Er verließ Bahawalpur und ging nach England, wobei er einen Großteil seines Vermögens mitnahm. Er kaufte ein Haus in Surrey und lebte dort bis zu seinem Tod im Jahr 1966.

In Bahawalpur hinterließ er viele Kinder, anerkannte und nicht anerkannte, drei Paläste, einen zum Nichtstun verurteilten, desorientierten Harem, einige Schulen und Colleges sowie das ehrgeizige Sutlej-Flusstal-Projekt. Dieses Projekt, das von britischen Ingenieuren mit einer Anleihe der britisch-indischen Regierung in die Tat umgesetzt wurde, erschloss große Flächen neuen Ackerlandes durch die Bewässerung von Wüstengebieten. Das Land wurde fast kostenlos Leuten angeboten, die bereit waren, es zu bestellen. Die lokale Bevölkerung war zu demoralisiert, um sich auf so ein riskantes Unternehmen in der Wüste einzulassen; aus dem Punjab kamen Siedler, die mehr Elan mitbrachten. Der Erfolg des Projekts verdreifachte die Staatseinnahmen und machte den Nawab zum steinreichen Mann. Zweifellos war es unter anderem dieser Reichtum, der ihn dazu ermutigte, mit dem Gedanken an ein unabhängiges Staatswesen zu liebäugeln.

Dank verschiedener geographischer und historischer Wechselfälle hatte die Dynastie von Bahawalpur am Ende zwei Jahrhunderte überdauert. Großartig oder (abgesehen vom Sutlej-Flusstal-Projekt) schöpferisch war sie nie; dennoch rankten sich mit der Zeit romantische Geschichten um sie. Es hieß, sie stamme von den Abbasiden ab, die bis zum Mongolensturm des dreizehnten Jahrhunderts in Bagdad ruhmreich geherrscht hatten. Eine Linie des Herrscherhauses sei nach Sindh geflohen, das damals Teil des abbasidischen Reiches war; und dort – so die Mär – hätten sie sich fünf Jahrhunderte lang die Zeit vertrieben, ehe sie den großen Wüstenstreifen ergatterten, aus dem Bahawalpur wurde.

Die kürzlich auf den neuesten Stand gebrachte *Encylopaedia of Islam* verwirft diese Geschichte: Ihr zufolge hat der Abbas von Bahawalpur mit dem Abbas der Abbasiden nichts zu tun. Aber in gewisser Weise ist es egal, ob die Geschichte stimmt oder nicht; entscheidend ist, was man vor Ort glaubt und in welchem Licht dadurch die regionale Geschichte erscheint. Das alte hinduistische Königreich von Sindh war das erste Gebiet auf dem Subkontinent, das muslimisch wurde. Die Araber eroberten es im achten Jahrhundert. Die Eroberung, die hauptsächlich dem Beutemachen diente, war ein ebenso methodisch durchgeführtes wie gezieltes Unternehmen. Die erste Expedition fand 634 statt, gerade einmal zwei Jahre nach dem Tod des Propheten und drei Jahre vor der Eroberung Persiens. Vor der endgültigen Eroberung im Jahr 710 wurde Sindh noch acht weitere Male attackiert. Den letzten, erfolgreichen Angriff steuerte der Kalif höchstpersönlich von Syrien aus. Der Text aus dem dreizehnten Jahrhundert, der diese Eroberung feiert, das *Schahnameh*, mag zwar in manchen Teilen phantasieentsprungen und erdichtet sein; dessen ungeachtet enthält es ebenso grauenvolle Schilderungen von Blutvergießen, Plünderung und Versklavung wie Cäsars *Gallischer Krieg*. Die Eroberung Sindhs bietet indes Raum für mehr als nur eine Sichtweise, und der Anspruch des Nawab von Bahawalpur auf Abstammung von den Abbasiden stellte zugleich eine Verbindung zur Geburtsstunde der arabischen und muslimischen Herrschaft auf dem Subkontinent her. Dieser Anspruch war so etwas wie die Primärneurose des Konvertierten.

Mochte die Abbasidengeschichte noch so unglaubwürdig sein – und mochte im zwanzigsten Jahrhundert andernorts in der Welt noch so viel passieren –, der letzte Nawab von Bahawalpur hielt an dem Stammbaum, den er beanspruchte, eisern fest. In Bahawalpur, in Pakistan und auf dem Subkontinent war er ein abbasidischer Araber und Eroberer, ein Mann, der nicht zu dem Land gehörte, aus dem er seinen Reichtum schöpfte. Um das deutlich zu machen, trug er einen Fes und ließ auch seinen Hofstaat diese Kopfbedeckung tragen, damit sie sich bewusst blieben, wo sie hingehörten (solange man den Trick nicht heraushatte, war es nicht leicht, den blumentopfähnlichen Hut auf dem Kopf zu behalten). Als der Nawab eines Tages ausfuhr, erblickte er in weiter Ferne einen seiner Höflinge, der ohne Fes auf der Straße ging. Der Höfling sah ihn und begann zu rennen. Der Nawab jagte im Auto hinter ihm her. Der arme Höfling hatte in diesem Augenblick vor nichts so viel Angst wie vor dem Nawab und seinem berüchtigten Stock; daher vergaß er alle seine Würde und rannte von der Straße in ein Zuckerrohrfeld, um sich zwischen den Gräsern, die scharfkantig wie Rasiermesser waren, zu verstecken.

Arabischer Glaube, arabische Sprache, arabische Namen, der Fes – zwölfhundert Jahre nach der Eroberung von Sindh diese Bekräftigung der Besonderheit, einer imperialen, rassischen und religiösen Überlegenheit: Der Imperialismus des Islam und der Araber ist wahrscheinlich beispiellos. Nach fünfhundert Jahren römischer Herrschaft konnten die Gallier ihre alten Götter und kultischen Verpflichtungen wiederbeleben; jene Glaubensvorstellungen waren nicht tot, sie hatten dicht unter der römischen Oberfläche geschlummert. Das Credo des Islam dagegen zielt auf Auslöschung der Vergangenheit; am Ende geben die Gläubigen einzig und allein Arabien die Ehre; sie haben nichts mehr, worauf sie zurückgreifen könnten.

Der Nawab selbst betrachtete sich als Araber und als Eroberer. Ein anderer Teil von ihm erkannte allerdings auch, wo wirkliche Macht lag. Wie er seinen Hofstaat dazu brachte, sich vor ihm zu verneigen, so war er selbst bereit, sich der überlegenen britischen Macht zu unterwerfen. Am Hof gab es einen Vertreter Großbritanniens, der aufpasste, dass alles seine Ordnung hatte. Darüber hinaus besetzte der Nawab wichtige Ämter mit britischen Bürgern.

Außerdem war der auffällig dunkelhäutige Nawab (in der Schule trug er den Spitznamen »Brownie«, ist mir jedenfalls erzählt worden) fasziniert von weißen Frauen. Während er mit einer Facette seiner Persönlichkeit fanatisch auf seine Abstammung pochte, sehnte er sich mit einem anderen Teil seines Wesens nach der Aufhebung seiner Rassenzugehörigkeit. Er wünschte sich leidenschaftlich weiße beziehungsweise gemischtrassige Kinder. Drei seiner Frauen waren Engländerinnen (und eine vierte Angloinderin). In diesem Punkt kreierte er eine Mode; viele Männer fuhren ins Ausland und kehrten mit weißen Ehefrauen zurück. Der letzten Frau des Nawab gab man am Hof den Spitznamen Lady O, weil die britischen Beamten und die gute Gesellschaft von Bahawalpur sie ordinär fanden.

Der Nawab schickte alle Söhne, die er anerkannte, auf das Aitchison College, die von Briten gegründete Schule für Fürstensöhne in Lahore (wo man ihm in seiner eigenen Schulzeit den Spitznamen »Brownie« gegeben hatte). Jeder wusste, dass seine gemischtrassigen Kinder für ihn etwas Besonderes waren, einen speziellen Zauber hatten. Es kursiert eine Geschichte, dass er zwei seiner Söhne, die ihm einheimische Konkubinen geboren hatten, zu einem Heiligtum irgendwo in der Wüste brachte und sie dort als Grabwächter aufziehen ließ. Niemand konnte ihn daran hindern; in seinem Staat übte er absolute Macht aus. Aber die Geschichte könnte auch erfunden sein. Der Nawab hatte viele Frauen, viele Konkubinen, viele Kinder; ihre Eifersucht und ihr Leid mögen den Nährboden für vielerlei Geschichten abgegeben haben.

Ein Journalist aus Bahawalpur, der eine der Frauen aus dem Harem des Nawab kennen gelernt hatte, erzählte mir: »Im Palast gab es ein eigenes Gebäude für die englischen Frauen und ihre Kinder. Die indischen Frauen wussten Bescheid über die englischen Frauen, aber die hatten keine Ahnung von den indischen Frauen. Wenn er den Harem aufsuchen wollte, pflegte er zu erklären, er müsse eine Rundreise unternehmen. Manchmal verreiste er für drei Tage, manchmal für eine Woche. Er zog mit dem üblichen Tross los: Da waren die Wachen, der Rolls-Royce und das Kamelkorps, seine Leibwache. Dann tat er nichts weiter, als um den Palast herumzufahren, der enorm groß war und einer Festung glich, und auf der Rückseite, wo sich der Harem befand, in den Palast zurückzukehren.«

Er hatte über dreihundertneunzig Frauen. Die meisten von ihnen hatten nur ein einziges Mal mit ihm geschlafen; danach aber durften sie mit keinem anderen Mann mehr zusammen sein. Einige dieser Frauen entwickelten hysterische Symptome; andere wurden Lesbierinnen. Im Harem hatte er stets sechzehn oder achtzehn Frauen, die er rufen konnte.

»Wenn er den Harem betrat, kam er mit einem Stock. Die Frauen stürzten sich auf ihn und zogen an ihm, und er hielt sie mit seinem Stock zurück, bis er diejenige sah, die er haben wollte; dann sagte er dem Eunuchen Bescheid. Nach seinen Reisen ins Ausland kam er mit metallenen Schrankkoffern in den Harem, und die Frauen drehten durch. Sie hatten ihn gebeten, Unterkleider, Chiffonkleider und Federboas mitzubringen, und um diese Sachen entbrannte jetzt ein erbitterter Kampf. Für seine englischen Frauen kaufte er bei Tiffany's, Cartier und Garrard ein. Wenn er sich in England aufhielt, kamen die Juweliere zu ihm und zeigten ihm ihre Kollektionen. Für sich selbst kaufte er Bilder mit englischen Genreszenen, und jedes Mal ließ er Porträtmaler kommen, die ihn malen mussten.«

Eines Tages verriet ein Brief auf einem silbernen Tablett – das Detail deutet auf Palastintrigen und heftige Klatschsucht – der englischen Lieblingsfrau, dass der Nawab einen indischen Harem besaß. Als der arme Mann diese Frau besuchen kam, traf er sie in Gesellschaft des gesamten Harems beim Nachmittagstee an.

»Die Armee fand bei der Einnahme des *durbar*, des Palastes, eine ganze Sammlung von Dildos, etwa sechshundert Stück. Manche bestanden aus Ton, manche waren in England gekauft und batteriebetrieben. Die Armee hob ein Loch aus und vergrub die Dildos. Auch fanden sich jede Menge Pornozeitschriften. Er brauchte sie, um die Dildos benutzen zu können. Er wurde früh schon impotent. Sein Trieb war gestillt. Jemand, der eines Tages zur falschen Zeit in den Harem kam, sah, wie der Nawab eine kreischende Frau mit einem Dildo traktierte.«

Der Hauptpalast stand seit elf Jahren unter Verschluss und verfiel zusehends. Wie auch anderes fürstliches Eigentum auf dem Subkontinent war er Gegenstand von Prozessen und wurde amtlich versiegelt; die zahlreichen Erben des Nawab stritten sich um ihn. Die Palastfassade sah immer noch gut aus, aber an seinem Inneren taten sich die Termiten gütlich; ihr Kothaufen hatte im Laufe der Jahre die Eingangstür einen Spalt weit aufgedrückt und in dieser Stellung verklemmt. Angeblich standen in der Garage sechzehn Automodelle aus der Vorkriegszeit; bei fünfen handelte es sich um spezialangefertigte Rolls-Royce aus den dreißiger Jahren; allen hatte der Rost zugesetzt, und sie standen aufgebockt auf Ziegelsteinen.

Als ich die Auffahrt verließ und anfing, um den Palast herum nach hinten zu wandern, brüllten mich die Wachen an. Der Grund dafür war unschwer zu erkennen. Auf der Rückseite des Gebäudes im oberen Stockwerk war die Scheibe eines Schlafzimmerfensters zerbrochen und das Fliegengitter weggezogen: Langfinger, Plünderer hatten sich dort betätigt – auf dem Subkontinent ein ständiges Thema. Die Gärten waren von Wildwuchs überwuchert: Dornsträucher aus der Wüste, hohes Elefantengras, Dattelpalmen, die aus Rohren und Abflüssen sprossen, wie eine eigens für den verfallenden Palast entworfene surrealistische Gartenanlage, während die Auffahrt ein nicht minder surrealistisches Bild von Sauberkeit und Adrettheit bot.

Weit draußen in der Wüste lag das – von Grabwächterfamilien gepflegte – umzäunte Areal mit den wuchtigen, schwülstigen Grabmälern der vierzehn Herrscher von Bahawalpur und ihrer Frauen. Die Lieblingsfrauen hatten Marmorgräber, die wie Aussichtstürme wirkten, mit einem marmornen Gitterwerk im Stil der Mogulzeit, verziert mit Intarsien und Blumenmusterreliefs. Zwei der englischen Frauen des Nawab lagen in solchen Marmorgräbern.

Der Enkel einer dieser beiden Frauen brachte mich zu den Gräbern. Der Nawab habe seine Großmutter angebetet, erzählte Azhar Abbasi; sie habe ihm auch bei bestimmten Staatsgeschäften geholfen. Später zeigte er mir eine kleine verblichene Fotografie; wegen der *purdah*-Vorschriften gab es fast keine Bilder von seiner Großmutter. Das Foto, das vielleicht vor ihrer Ehe mit dem Nawab von einem Berufsfotografen (oder in einem Studio) aufgenommen worden war, zeigte eine schlanke Frau in einem halblangem Kleid, das der Mode der zwanziger oder dreißiger Jahre entsprach; sie saß in seitlicher Stellung mit übereinander geschlagenen Beinen da. Sie hatte ein schön geschnittenes Gesicht, wirkte ruhig und selbstbewusst. Sie war die Tochter eines britischen Armeeoffiziers in Indien. Merkwürdig, sich vorzustellen, wofür sie sich entschieden, welch eigentümlichen Handel sie, wenn man so sagen darf, mit dem Leben abgeschlossen hatte – einen Handel, der für sie bedeutete, dass sie quasi verschwand und schließlich nichts von ihr blieb als das Grabmal in der Wüste. Vielleicht war sie vergiftet worden, Opfer höfischer Eifersucht; vielleicht war sie nach einer Operation gestorben, die man mit Rücksicht auf die *purdah*-Besorgnisse des Nawab nicht im Operationssaal eines Krankenhauses, sondern auf dem Speisetisch des Palastes durchgeführt hatte. Auch hier herrschte an Geschichten kein Mangel.

Zehn seiner Söhne hatte der Nawab anerkannt. Azhar Abbasi, der mir die Gräber zeigte, war der Sohn des dritten Sohnes, der seinerseits vier Frauen hatte. Die familiären Eigentumsprobleme, die sich daraus ergaben, lasteten schwer auf Azhar. Diese muslimischen Vielehen, so lächerlich sie Außenstehenden vorkommen mochten, bescherten vielen der Betroffenen unsägliches Leid, das sich von Generation zu Generation forterbte, weil die Menschen offenbar unter dem Zwang standen, die Misshandlungen – die Eifersucht, die Quälereien, die Vernachlässigung –, die sie hatten erdulden müssen, weiterzugeben.

Azhar war noch Muslim, obwohl er Generationen von Mischehen entstammte, die ihn praktisch zu einem Weißen hatten werden lassen, und obwohl er die australische Staatsbürgerschaft besaß. Ich wollte von ihm wissen, wie er seine Herkunft – von der er rassisch mittlerweile so weit entfernt war – sah.

Er wolle nach Kanada oder Australien auswandern, sagte er. »Mein Großvater war ein indischer Fürst. Das ist vorbei. Ein indischer Fürst: Was ist das schon?«

Alles baute auf Knechtschaft auf. Die Fruchtbarmachung der Wüste, der Harem, die kostspieligeren englischen Frauen, die Juwelen aus London, das Haus in Surrey, die Rolls-Royce, die in der Garage vor sich hin rosteten, die Bilder mit englischen Genreszenen – das alles entsprang dem Tribut, den die Ärmsten der Armen Pfennig um Pfennig entrichtet, den sie zusammengetragen hatten wie die Termiten ihre Kothaufen. Die Menschen in den Dörfern gehörten ihrem Gutsherrn, und seine Macht über sie war fast so unbeschränkt wie die des Nawab über seine Untertanen. Er konnte sie nach Lust und Laune auspeitschen lassen, konnte ihre Töchter und Frauen nach Lust und Laune missbrauchen. Der Leibeigene wusste, dass er seinem Herrn nicht den Rücken zukehren durfte. Er entfernte sich von ihm im Rückwärtsgang oder stahl sich seitwärts davon. Generationenlange Knechtschaft steckte in diesem instinktiven Krebsgang, der den fremden Besucher anfangs so irritierte.

Bahawalpur hatten die Briten nur als Protektorat beherrscht; sie zwangen dem Land nie ihre Gesetze auf. Die Scharia blieb hier immer in Kraft; und eine archaische Grausamkeit, die sich unter den Lumpen und in den Hütten der Landbevölkerung versteckte und den Anschein bloßer Armut erweckte, hatte das Jahrhundert britischer Anwesenheit überlebt. Die Geschichten ähnelten unter Umständen den Geschichten von karibischen Plantagen aus dem ausgehenden achtzehnten Jahrhundert oder von russischen Gütern zu Anfang des neunzehnten Jahrhunderts. Noch zur Zeit des Nawab – und der Nawab hatte auf diese Art von Misshandlungen ein wachsames Auge – war ein zwölfjähriger Junge von der Frau eines seiner Beamten zu Tode geprügelt worden.

Hier eine allseits bekannte Geschichte:

»Die Frau war Belutschin. Sie war von Haus aus Leibeigene, und der betreffende Feudalherr hatte sie gekauft, als sie zehn war. Sie war seine Geliebte, die Geliebte seines Sohns und brannte schließlich, als auch noch der Enkel sie besitzen wollte, mit ihrem Geliebten durch. Sie suchte Zuflucht auf unserem Gut. Wir waren ebenfalls Feudale. Sie flüchtete von einem Feudalen zum anderen. Es wurde viel Druck auf uns ausgeübt, damit wir sie auslieferten. Ich wusste, dass man sie auf bestialische Weise bestrafen würde, wenn wir sie auslieferten. Der Feudale, dem sie entlaufen war, vergewaltigte leibeigene Frauen, demütigte sie, wenn sie ihm nicht zu Willen waren, brachte sie manchmal um und vernichtete den Leichnam. Er erniedrigte sie, indem er sie wie Tiere in Ställen einpferchte, sie von hinten besteigen ließ und sie zwang, Kot zu essen. Er war in den Sechzigern.

Ich wusste, dass er dieser Frau die Nase abschneiden und die Knieflechsen zertrennen lassen würde, wenn wir sie ihm auslieferten. Und sie wusste das auch. Sie flehte uns an, sie nicht zurückzuschicken. Während der Verhandlungen mit dem Gutsherrn, der große politische Macht hatte und ironischerweise der

Liberalen Partei angehörte, verlangten sie von ihr, dass sie ihren sechsjährigen Sohn aufgab. ›Das ist für uns eine Frage der Ehre‹, sagten sie. ›Wenn Sie uns die Frau nicht geben, dann wenigstens den Jungen.‹

Ich musste die Frau überreden, den Jungen zurückzuschicken. Sie brach in Tränen aus. Sie umfing meine Füße und sagte: ›Sie sind mächtig. Sie können ihn zurückholen.‹ Ich sagte ihr, dass ich das nicht vermochte.

Sie gab den Jungen weg. Es war unvorstellbar, wie sie diesen kleinen Jungen herausputzte. Zwei völlig Fremde kamen ihn holen. Sie zog ihm seine besten Kleider an und sagte ihm, er solle mit den Männern gehen, sie werde nachkommen, und er brauche keine Angst zu haben. Sooft er weinte, versicherte sie, sie werde nachkommen, sie komme bestimmt. Sie schob ihn zu den Männern. Sie waren Hünen, mit ihren *lungis* und mit ihren großen Schnauzbärten. ›Geh mit ihnen‹, sagte sie. ›Ich komme gleich nach. Du besuchst die Familie deines Vaters.‹ Der Junge fürchtete sich. Er blickte immer wieder zurück. Sie zeigte keine Gefühlsregung. Keine Tränen. ›Geh nur‹, sagte sie. ›Ich komme auch.‹ ›Ich komme auch‹, wiederholte sie, bis der Junge verschwunden war. Danach fing sie an, laut zu schreien. Sie hatten nicht vor, den Jungen umzubringen. Er sollte auf dem Gut aufwachsen. Sollte als ein weiterer Leibeigener groß werden.«

Das geschah sechs Jahre zuvor. Zufällig wurde, vier Tage bevor ich in Bahawalpur eintraf, eine Art von Gerechtigkeit geübt. Der Landbesitzer, der Vergewaltiger seiner weiblichen Leibeigenen, wurde erschossen. Nicht von einem Leibeigenen, nicht von jemandem, der die lebenslangen Grausamkeiten des Mannes rächen wollte, sondern von einer sektiererischen Miliz, einer religiösen Bande, die sich in dem Gebiet etablieren, eine neue Regionalherrschaft begründen wollte, im Rahmen der bürgerkriegsähnlichen Zustände in diesem Gebiet des südlichen Punjab und des Sindh, der Auseinandersetzungen zwischen der militanten Sekte, den Sindhi-Extremisten, den *mohajir* und den alteingesessenen Feudalen – *Dschihad* auf *Dschihad*, ein Heiliger Krieg nach dem anderen.

Die sektiererische Miliz hatte angefangen, das Territorium des Landbesitzers zu infiltrieren. Er wollte sie seines Gebiets verweisen. Als sie mit ihm zusammentrafen, feuerten sie mit den Gewehren in die Luft, um zu demonstrieren, wie wenig sie ihn fürchteten und wie stark sie sich fühlten. Um sich zu rächen, ließ er später einen von ihnen ermorden. Und jetzt hatten sie zur Vergeltung ihn selbst ermordet. Sie hatten ihn mit so vielen Kugeln durchsiebt – mit ihren unvermeidlichen Kalaschnikows, versteht sich –, dass »mehr Löcher als Mann übrig blieben«.

Diese Formulierung gebrauchte die alte Frau, die mir die Geschichte erzählte. Ihr eigenes Leben hatten die sexuellen Exzesse am Hof des Nawab zugrunde gerichtet. Ihr Mann zählte zu den alten Hofbeamten; wie einige andere hielt auch er sich seine Knaben. Symptome einstiger Hysterie zeichneten das Gesicht der alten Frau. Sie bewohnte ein schönes Haus; sie konnte sich nicht daran freuen. Und nun, da sie von dem ermordeten Feudalen erzählte, dem Mann, der zu dem Bösen gehört hatte, von dem sie sich umringt fühlte, lachte sie über die Formulierung, die sie gebraucht hatte – »mehr Löcher als Mann« –, und bleckte die Zähne.

Ibn Battuta, der Forschungsreisende des vierzehnten Jahrhunderts, der den Ehrgeiz hatte, alle Gebiete der Welt aufzusuchen, in denen Muslime lebten, verbrachte seit 1335 ungefähr sieben Jahre im muslimischen Teil Indiens. Zu Beginn seines indischen Aufenthalts kam er durch diese Gegend (die damals zur Provinz Sindh gehörte).

Als Reisender war Ibn Battuta auf die Freigebigkeit der verschiedenen Despoten angewiesen, deren Länder er besuchte. Er war mit der Etikette vertraut; er wusste, wie man sich mitgebrachte Geschenke durch größere Gegengaben vergelten ließ. (Dem Statthalter von Sindh überreichte er einen weißen Sklaven, ein Pferd und ein paar Rosinen und Mandeln.) Die Herrscher ehrten ihn als Schriftgelehrten. Und als guter Mullah, der seinen Platz kannte, sah er in ihnen ausschließlich Vorkämpfer und Verteidiger des Glaubens. Mehr wollte er nicht sehen, obwohl die Grausamkeiten von Delhi – die täglichen Hinrichtungen und Foltern, von denen die Audienzen des Herrschers begleitet waren – sogar ihm über die Hutschnur gingen; zumal als ihm vier Sklaven vom Hof als ständige Begleiter zugeteilt wurden und er, der mit den Bräuchen bei Hof vertraut war, darin ein Zeichen seiner bevorstehenden eigenen Hinrichtung sah.

In Indien redet er ständig von Sklaven und Sklavenmädchen; an einem Ort erklärt er, nicht ohne sie reisen zu können. Sklaven gehören zur Szenerie. (In Aden hat er Sklaven gesehen, die als Zugvieh benutzt wurden; er vermerkt es nur, weil es für ihn etwas Neues ist.) Aber durch fast beiläufige Sätze bekommen wir eine Vorstellung davon, wie es auf dem flachen Land zugeht, und von der Fronwirtschaft, auf der die ruhmreiche Herrschaft des Sultans in Delhi und seiner Statthalter vor Ort basiert. Ein paar Monate lang bekam Ibn Battuta von einem Statthalter im Gebiet von Bahawalpur, der den Gast damit ehren wollte, die Steuern eines Dorfes überlassen. Er nahm in dieser Zeit fünftausend Dinare ein. Das Geld fiel nicht vom Himmel; es stammte von den Feldern und den Leibeigenen, die dort arbeiteten. Das sind die Menschen, die Ibn Battuta nie erwähnt, die aber stets präsent sind. (»Wir trafen Vorbereitungen für die Reise in die Hauptstadt, die vierzig Tagesmärsche von Multan entfernt liegt und durch Gegenden führt, die durchgängig besiedelt sind.«) Später, in Delhi, als er sich an dem mörderischen Hof aufhielt, überließ man ihm die Steuern von fünf Dörfern. Ernten tauchen in seinem Buch immer wieder als Recheneinheit auf; so werden zum Beispiel die Kosten für die Stiftung eines Mausoleums in Ernten angegeben.

In Bahawalpur und den benachbarten Regionen, dort, wo der Zeitenfluss, der über das Gedächtnis der Menschen hinausreicht, ebenso unermesslich wie ungemessen ist und wo die fronwirtschaftlichen Strukturen, die in britischen Zeiten unangetastet blieben, nach der Unabhängigkeit und der Errichtung des abgedichteten muslimischen Gemeinwesens aus Iqbals

Traum nur eine Bekräftigung erfahren haben – dort also, in Bahawalpur, sind wir dem vierzehnten Jahrhundert und vielleicht sogar dem achten, dem Beginn der muslimischen Herrschaft, außerordentlich nahe. Schließlich waren es ebenjene Erträge, die sich aus der Fronwirtschaft ziehen ließen, derentwegen das Land erobert wurde.

Ibn Battuta kannte die Stadt Uch. Sie war um das Heiligtum eines alten Fruchtbarkeitskults erbaut, das nach wie vor Gläubige anzog. Ich fuhr eines Morgens dorthin. Die Ausfallstraße, auf der ich die Stadt Bahawalpur verließ, lag kilometerweit im Schatten von *schischam* (Rosenholzbäumen) und wilden Akazien und führte durch fruchtbares, bewässertes Land: Baumwolle, Zuckerrohr, Senf; eine Zuckermühle; Entkörnungsfabriken für Baumwolle. Vor der Anlage von Bewässerungssystemen hatte es hier nur Wüste gegeben; zwischen den flachen grünen Feldern ab und an graubraune Sandbuckel, die zeigten, wie das Land ohne Bewässerung ausgesehen hätte. Lastwagen, die nach dem siebenhundertfünfzig Kilometer entfernten Karatschi unterwegs waren, quälten sich aus Angst vor den *dacoits*, den Banditen, die die große Wüste von Sindh unsicher machten, Stoßstange an Stoßstange in langsamen Kolonnen voran.

Uch war eine von Lehmmauern umgebene Stadt auf einem Hügel neben einem toten Fluss. Der Hügel deutete auf das hohe Alter der Stadt hin: Der Abfall von Jahrhunderten war dort aufgehäuft, die Überreste vieler früherer Uchs. Die Straßen gingen rauf und runter. Ibn Battuta hatte dort im Jahr 1335 »schöne Basare und Bauwerke« angetroffen; aber er hatte seine eigene Sichtweise, sein besonderes Orientierungssystem, und vielleicht hatte er auch nur eine Spielart dessen gesehen, was vor meinen Augen lag: Palmen, Esel, die auf und ab führenden Straßen, Kinder, Müll, nasse offene Abwasserkanäle und die heiligen Grabmäler.

Das erste dieser Heiligtümer heilte Rückenleiden, und der untere Teil der Außenmauer, die aus Ziegeln bestand, war durch Zigtausende, die ihre kranken Rücken daran gerieben hatten, blank poliert. Drinnen glichen die Holzsäulen, die das Dach stützten, den Säulen in hinduistischen Tempeln: vielleicht ein Zufall, vielleicht aber auch ein Stil, den man mittlerweile mit der uralten Zauberkraft oder Wirksamkeit dieser heiligen Stätte im Zusammenhang sah. Der wichtigste muslimische Heilige hatte einen großen grün überdeckten Grabhügel. Die weniger bedeutenden Heiligen, die ihm nachgefolgt waren, hatten kleinere weiße Grabplatten.

Das zweite und wichtigere Heiligtum besuchten Frauen, die sich Kinder wünschten. Das zentrale Kultobjekt bestand hier in einem Fußabdruck Alis. Man stelle sich vor: Ali, der Schwiegersohn und Vetter des Propheten: der Abdruck seines Fußes als Vertiefung in einer schwarzen Granitsäule. Diese Säule war aus Bagdad, dem Mittelpunkt der Welt, hergebracht worden, von einem muslimischen Heiligen, der mit Hilfe von *Dschinn*, mächtigen Geistern, auf einer Mauer hierher nach Uch geflogen war. Bei dem Grab in diesem ummauerten Raum handelte es sich um die letzte Ruhestätte der Frau des besagten Heiligen. Der Raum war düster und hatte einen dunklen Boden; es roch intensiv nach altem Öl. Ein Teil wirkte mittlerweile wie eine finstere Grotte, weil er nach den jahrhundertelangen Darbringungen verkrustet war von den Ölresten aus den kleinen Öllämpchen, den kleinen Tongefäßen mit ihren Baumwolldochten, die von den Gläubigen dort hingestellt wurden. Frauen, die hier gebetet und danach Kinder bekommen hatten, waren wiedergekommen und hatten Wiegen aufgehängt oder ihre Namen hingeschrieben. Frauen mit Zwillingen hängten Spielzeugleitern auf. An diesem Morgen hing eine da, aus frischem, weißem Holz.

Jeder, der den Subkontinent bereist und sich alte hinduistische Tempel angeschaut hatte, konnte in der Granitsäule mit der Vertiefung unschwer das *lingam*, das phallische Emblem Schiwas, erkennen. Bei den Geschichten über die *Dschinn* und Alis Fußabdruck und den Heiligen, der auf der Mauer aus Bagdad geflogen kam, hatte man das Gefühl, in die Gegenwart eines historischen Augenblicks versetzt zu sein und den Wechsel von der alten zur neuen Religion zu erleben.

Eine kleine Moschee unter einem riesigen Baum – ein dicker Stamm und viele knorrige Äste – gehörte zum Areal des Heiligtums. Die Wächter der heiligen Anlage, die sich mit Wundergeschichten nicht schwer taten, erzählten, die Moschee sei von Muhamad Bin Qasim erbaut worden, der Sindh im Jahr 710 erobert hatte; der Baum stamme ebenfalls aus dieser Zeit; Muhamad Bin Qasim habe ihn schon gekannt.

Ein so hohes Alter mochte der Baum nicht haben, und die Moschee stammte mit Sicherheit aus viel jüngerer Zeit. Aber die Moschee wurde mit Muhamad Bin Qasim in Verbindung gebracht, um an die Unterwerfung des Landes zu erinnern – die Gläubigen betrachteten sich nicht mehr als Unterworfene – und auch um die uralte Stätte für den neuen Glauben zu vereinnahmen. Ganz ebenso konnte in Java sechs oder sieben Jahrhunderte später der neue Glaube die abstrakte hinduistisch-buddhistisch-dschainistische Figur des großen Mittlers, des *tirthankara*, des »Flussüberquerers«, eine Figur, die den Übergang in einen höheren Bewusstseinszustand symbolisierte, für sich beanspruchen und eine weniger symbolbefrachtete Geschichte für sie ersinnen. Aus dem Flussüberquerer wurde Kali Jaga, der »Wächter des Flusses«, der dem Befehl eines großen religiösen Lehrers gehorchte und mit unerschütterlicher Glaubenstreue am Flussufer saß und wartete, bis er von Weinranken umwuchert war und bis der Lehrer ihn schließlich erlöste und ihn hieß, aufzustehen und die Botschaft des Islam zu verkünden.

Der *pir* von Uch, der Erbe des Heiligenstatus und der heiligen Stätte, war ein Abkömmling des Heiligen, der die *Dschinn* veranlasst hatte, die Mauer von Bagdad herzubringen, und der das eroberte Land islamisiert hatte. Der derzeitige *pir* verfügte über Einfluss. Er hatte eine große religiöse Anhängerschaft, und seine Schwester war mit dem größten feudalen Landbesitzer der Region verheiratet. So sah die Praxis der Feudalen aus: Sie schlossen Bündnisse mit Industriellen und mit religiösen Dynastien wie der des *pir*: Religion, Geld und Grundbesitz zu Herrschaftszwecken verbunden.

Der *pir* war an diesem Tag nach Sindh gefahren. Seine *murid* oder Anhänger hatten ihn gerufen, weil er in einem Mordfall schlichten sollte. Formell galt auch in Sindh das staatliche Gesetz, aber die Leute hatten wenig Vertrauen in den Staatsapparat, und die Anhänger des *pir* gaben seinem Urteilsspruch den Vorzug.

Die Frauen, die an diesem Tag gekommen waren, um den *pir* aufzusuchen, mussten sich also gedulden; sie hockten in seinem Hof wie Hühner in der Sonne. Es waren Bauersfrauen, Leibeigene, bewegliches Eigentum ihrer Grundherren und ihrer Ehemänner, ungeschützt durch Gesetz, Brauch oder Religion. Sie lebten mit der Grausamkeit, und ihr Geist war halbwegs verwirrt. Der einzige Lichtstrahl für sie war der *pir*; sie suchten ihn auf, weil sie von Dämonen besessen waren. Der *pir* stand im Ruf, Dämonen austreiben zu können. Dämonen hatten die Macht, in diese Frauen zu fahren und eine Zeit lang Schreckenswesen aus ihnen zu machen, die mit den Augen und dem Kopf rollten und mit unnatürlicher Stimme schlimme Wörter sagten. Der *pir* wusste, wie man den Dämonen beikam, wie man die Leiber bestrafte, in die sie gefahren waren, und wie man sie dadurch austrieb.

Ein Journalist aus Bahawalpur erzählte mir von einer besonderen Zeremonie, die jedes Jahr im Frühling im Hof des *pir* stattfand. Die Anhänger des *pir*, die hauptsächlich aus Sindh stammten, veranstalteten eine Art Wallfahrt zu seinem Wohnsitz. Wenn es so weit war, legten sie sich in seinem Hof auf den Boden, und er ging oder humpelte über sie weg. Er hatte einen Klumpfuß, bei dem es sich um einen erblichen Defekt der *pir* von Uch handelte; mit jedem seiner schweren Schritte heilte er Leidende.

In dem großen Wohnzimmer des Hauses, wo ich von weiblichen Bediensteten umsorgt wurde, die sich ihrer privilegierten Stellung unverkennbar bewusst waren, bot sich mir ein Anblick, der in der heruntergekommenen Wüstenstadt überraschend war: ein großer Kronleuchter englischer Fabrikation. Es waren Fotos von den Vorfahren des *pir* zu sehen und Fotos vom derzeitigen *pir*, die ihn mit dem pakistanischen Präsidenten, mit ausländischen Botschaftern und mit dem letzten Nawab von Bahawalpur zeigten – der Nawab durch ein Keilkissen gestützt, dunkelhäutig, mit respektvoller Miene, aber steinernem Blick, und auf dem Kopf sein großer Fes.

9

Krieg

Die Lastwagen, die auf der großen Nord-Süd-Achse, der wichtigsten Überlandstraße, in Richtung Karatschi unterwegs waren, durchquerten die Wüste von Sindh im Konvoi. Das taten sie wegen der *dacoit*, der Banditen. Und tatsächlich, nur ein paar Tage nachdem ich sie dicht hintereinander langsam durch Bahawalpur hatte kriechen sehen, ereignete sich in den Außenbezirken von Karatschi ein Vorfall, der es in die Abendzeitungen von Karatschi schaffte: Dacoitentum auf der Autobahn – Banditen hatten einen Lastwagen gestoppt und die beiden Insassen angeschossen und verwundet.

Aber hinter den Banditen steckte häufig mehr. Ein Polizeioffizier, den ich kennen lernte, fand sich zu Beginn seiner Laufbahn in einem Banditengebiet stationiert. Es war eine wilde Gegend. Auf der einen Seite der Überlandstraße befand sich sumpfiger Wald, den die jährlichen Überschwemmungen unter Wasser setzten; auf der andere Seite lagen Berge, Felsen und Wüste. Allgemein herrschte große Armut: Hütten aus Lehm und Stroh auf dem flachen Land und kleine, aus zwei Räumen bestehende Ziegelhäuser in den Städten, mit zehn oder zwölf Bewohnern pro Haus, von denen viele in dieser trostlosen Gegend nichts zu tun fanden und einfach nur die Jahre hinbrachten.

Die Banditen waren fast so übel dran wie ihre Opfer. Und dann entdeckte der junge Offizier, damals Chef einer Unterabteilung, dass hinter den Banditen in Wahrheit die Landbesitzer steckten.

Sie deckten die Banditen, die ihnen dafür als kostenlose Leibwächter dienten. Der Sold für einen Leibwächter betrug etwa fünfzehnhundert Rupien, fünfundvierzig Euro; zwei oder drei von ihnen kostenlos zu haben war ein gutes Geschäft. Hinzu kam eine Beteiligung an der Beute der Banditen, soweit sie ins Gewicht fiel. Den Banditen wurden im Zweifelsfall von der Polizei ernsthafte Verbrechen zur Last gelegt, vielleicht standen sie sogar unter Mordanklage; der Feudalherr konnte sie jederzeit der Polizei ausliefern. Die Armee – »in Sindh ewig mit dem angeblichen Kampf gegen die *dacoit* beschäftigt«, wie der Polizeioffizier sagte – stand immer bereit, den Banditen niederzumachen, den der Feudalherr »verpfiff«.

Das Spiel hatte seine Rituale. Der Feudalherr rückte unter Umständen in seinem Nissan mit Vierradantrieb – Symbol feudaler Macht – morgens in der Polizeistation an; er trug sein gestärktes *shalwar-kameez* und kam in Begleitung seiner Leibwächter, die unter ihren Schadors Waffen mitführten. Er kam, um sich zusammen mit einer Abordnung Ortsansässiger über die *dacoit* zu beschweren. Ein andermal tauchte derselbe Feudalherr auf, um klarzustellen, dass die Polizei den falschen Mann als Banditen verhaftet habe. Ein Polizeioffizier, der sich zu unnachgiebig zeigte oder aggressiv wurde, riskierte, »versetzt« zu werden.

Der Offizier, der mir von seinen Erfahrungen mit den *dacoit* erzählte, kam damals frisch von einer achtzehnmonatigen Ausbildung im Verwaltungsdienst und auf Polizeiakademien. »Ein Überbleibsel der britischen Kolonialzeit: ein bisschen Reiten, ein bisschen Schießen, ein bisschen akademische Arbeit, ein höchst theoretischer Ausblick auf die Welt da draußen. Dabei wusste jeder, dass nur der Offizier, der bereit war, viele Kuhhändel und Kompromisse zu schließen und mit den Wölfen zu heulen, Aussicht auf eine erfolgreiche Karriere hatte.«

Ein vergleichbar böses Erwachen hatte es für die *mohajir*, die muslimischen Einwanderer aus Indien, gegeben, die sich nach der Unabhängigkeit in großer Zahl in dem feudalherrschaftlichen Gebiet von Sindh niedergelassen hatten. Mehr als jeder andere hatten sie sich für einen eigenständigen muslimischen Staat stark gemacht, und als sie nach Pakistan und Sindh kamen, betrachteten sie das Land als ihres. Sie stellten fest, dass es anderen gehörte; und die Menschen, denen es gehörte, wollten es nicht freigeben. So wurden die *mohajir* zur fünften Volksgruppe in Pakistan, nach den Belutschen, den Pathanen, den Punjabis und den Sindhis. Sie waren eine Volksgruppe ohne eigenes Territorium. Und genau hieran entzündete sich ein, zwei Generationen später der Krieg von Karatschi: am Wunsch der *mohajir* nach einem eigenen Territorium. Sie wollten, dass Karatschi ihnen gehörte; sie stellten in der Stadt die Mehrheit. Ihr Verlangen, ihr Gefühl der Benachteiligung hatte einen religiösen Zug; es war, als wiederholten sie das inbrünstige Engagement, das ihre Väter und Großväter fünfzig Jahre zuvor für Pakistan bewiesen hatten.

Der Krieg dauerte bereits mehr als zehn Jahre; den *mohajir* zufolge hatte er zwanzigtausend Menschen das Leben gekostet. Er hatte keine klaren Konturen, war kein simpler Kampf zwischen *mohajir* und Staat. Die Stadt war zu groß und zu vielgestaltig. Die jeweiligen Regierungen hatten sich die Ressentiments der verschiedenen Gruppen zunutze zu machen gesucht. Der Krieg in Afghanistan hatte jedermann mit Waffen versorgt. Und nun gab es zwei *mohajir*-Fraktionen, die sich feindselig gegenüberstanden; unter den Sindhis gab es Nationalisten und Feudale; es gab sunnitische und schiitische Sekten, von denen weder die einen noch die anderen vor Mord zurückschreckten; es gab die Geheimdienste; es gab Drogenbanden, Verbrechergangs und Grundbesitzercliquen. Die vielschichtige Einwandererstadt führte Krieg mit sich selbst. Nicht einmal die Armee war der Situation gewachsen. Sie hatte dort neunundzwanzig Monate lang Präsenz bewiesen, hatte wenig erreicht und war durch die Ranger, eine paramilitärische Grenzschutztruppe, ersetzt worden.

Als sich der Dichter Iqbal im Jahr 1930 für ein rein muslimisches Pakistan stark machte, erklärte er: »Das religiöse Ideal des Islam ist organisch mit der Gesellschaftsordnung verknüpft, die es hervorgebracht hat. Die Ablehnung des einen zieht am Ende die des anderen nach sich.« So sah es der Konvertit: Der Glaube sorgte für ausreichend Identität und für ausreichend Staat. Genau das war auch die Vorstellung, mit der die *mohajir* nach Pakistan kamen. In Iqbals romantischem Bild fand sich keine Spur der Gemetzel, Plündereien und Trennungsqualen oder der Tatsache, dass in Indien mehr als hundert Millionen im Stich gelassen wurden, und auch keine Andeutung des Krieges, der vierzig Jahre später in Karatschi losbrechen sollte. Und von Titelseiten wie dieser: *Geschäfte geschlossen; Beschuss aus der Luft wegen gestriger Morde* – LAGE IN GULBAHAR, L'ABAD, KORANGI ANGESPANNT.

Gulbahar, Liaqatabad und Korangi waren riesige Elendsviertel, bewohnt von *mohajir*. Der Krieg, der mit Protesten der mittelständischen *mohajir* begonnen hatte, war ganz unten, beim Bodensatz, angelangt.

Der Chefredakteur einer Zeitung, die in Urdu erschien – ich traf ihn zufällig im Presseklub –, berichtete: »Gestern ist der Bruder des hiesigen Regierungschefs ermordet worden. Heute hat die Polizei in einer bestimmten Gegend dreitausend junge Männer festgenommen. Man wird sie foltern, etliche von ihnen. Ihre Familien müssen fünfundzwanzigtausend Rupien zahlen, um sie freizubekommen.« Tausendzweihundertfünfzig Euro. »Terror und Armut herrschen. Sie sollten die Stadt nachts sehen. In der Nacht verwandelt sich die Stadt. Sie gleicht dann einer besetzten Stadt. Gehen Sie raus und schauen Sie sich die Polizei in Aktion an, wie sie Leute anhält und durchsucht. Aber Mut brauchen Sie dafür.«

Der Redakteur war ein kleiner unaufdringlicher zweiundvierzigjähriger Mann. Er sympathisierte mit dem Kampf der *mohajir*, auch wenn er selbst kein *mohajir* war. Er gehörte zu den Memonen, einer Gemeinschaft, die Gujarati sprach und im Geschäftsleben aktiv war. Der Redakteur fand, dass ihm und seiner Familie als Außenseitern in Sindh übel mitgespielt worden war. Die Unternehmen seiner Familie, Versicherungs- und

Arzneimittelfirmen, hatte man verstaatlicht; die Verstaatlichung war benutzt worden, um Nicht-Sindhis geschäftlich zu schädigen. Und wegen des nationalistischen »Terrors«, den die Sindhis an seiner Universität veranstalteten, hatte er sein Studium nicht mit dem Magisterexamen abschließen können.

Der Redakteur hatte vier Mal seine Wohnung gewechselt. Das hatte er nicht nur getan, um sich den Nachstellungen der Polizei zu entziehen, sondern auch, um sich gegen die militante *mohajir*-Bewegung, die MQM, zu schützen. Die MQM, die in der gesamten *mohajir*-Gemeinschaft Anhänger fand, beim Mittelstand allerdings einiges von ihrem Einfluss eingebüßt hatte, war mittlerweile ebenso brutal wie ihre Gegner. Wie andere erfolgreiche Bewegungen unterdrückter Volksgruppen hatte auch sie eine autoritäre Entwicklung genommen. Mittlerweile wurde sie von einem Mann geführt, der unbedingte Gefolgschaft forderte. Auch wenn der memonitische Redakteur mit dem Programm der MQM sympathisierte, kam es doch vor, dass er Dinge druckte, die beim Führer der MQM Anstoß erregten. Einmal setzte dieser die Zeitung zwei Wochen lang »auf den Index«. Der Redakteur musste damals einen persönlichen Brief an ihn schreiben und »um Vergebung bitten«; danach musste er an drei aufeinander folgenden Tagen eine Entschuldigung drucken.

Dennoch machte der Redakteur weiter. Er hatte Mut.

»Verstehen Sie«, sagte Abdul, »wenn ich morgens aus dem Haus gehe, bin ich nicht sicher, ob ich auch wieder heimkommen werde.«

Er war sechsunddreißig, ein Mann mit Familie und auch ein Mitglied der *mohajir*-Bewegung. Er war kein aggressiver Mensch. Er sprach mit tonloser Stimme und war in blütenweiße Hosen und ein weißes Hemd gekleidet; es sah aus, als trüge er Trauer. Er wirkte zurückgenommen, ausdruckslos, die Augen ohne Leben; er war wie jemand, den der lange Krieg betäubt und um alles Gefühl gebracht hatte. Hätte Nusrat, ein gemeinsamer Freund, uns nicht miteinander bekannt gemacht, ich glaube nicht, dass er bereit gewesen wäre, mit mir über Karatschi oder den Krieg zu reden.

Sein Vater und Großvater stammten aus Simla; sie hatten dort als Lebensmittellieferanten für die britische Armee gearbeitet. Seine Mutter kam aus Simla. Sie waren im Jahr 1947 übergesiedelt, und sein Vater hatte eine Reparaturwerkstatt für Radios und Fernseher aufgemacht. Das Geschäft ging gut. Die Einzelheiten musste ich ihm aus der Nase ziehen; eine Sicht vom Leben oder von der Vergangenheit als zusammenhängendem Ganzen hatte er nicht.

»Wie ist jetzt die Lage in Karatschi?« wollte ich wissen.

»Sehr gut.«

»Warum?«

»Die Regierung macht es.«

»Macht was? Begeht die Morde?«

»Ja.«

»Warum ist das gut?«

»Im Wesentlichen sind es Urdu sprechende Leute, die sterben, und das ist das Opfer. Wenn man etwas haben will, muss man etwas geben. Zwanzig Laks sind gestorben, damit Pakistan geschaffen wurde.« Zwanzig Laks, zwei Millionen. »Wir müssen für unsere Rechte Opfer bringen.«

»Er spricht von einer *mohajir*-Nation«, sagte Nusrat. »Mittlerweile reden sie von Separatismus.«

Was ihn zu dieser Haltung gebracht hatte, konnte er nicht sagen. Vor zehn Jahren hatte es ihm gedämmert, dass die Verhältnisse nicht in Ordnung waren. Er hatte Probleme mit einem Verkehrspolizisten, der Punjabi war, und musste ihn mit fünfzig Rupien bestechen; gleichzeitig kam ein anderer Fahrer, der Punjabi war und sich mit dem Polizisten auf Punjabi verständigen konnte, ungeschoren davon.

War das nicht eine Lappalie?

Er antwortete nicht direkt. Er sagte: »Schauen Sie, was die Polizei macht, wenn sie Razzien in Häusern von *mohajir* in Golimar durchführt. Sie schlagen die Türen ein. Sie bringen die Männer weg und misshandeln die Frauen. Vor zwei Monaten sah ich eine Leiche in einem Jutesack, und ich war außer mir.«

»Ist gang und gäbe«, sagte Nusrat. Geradezu ein Runninggag. Sieht man einen Jutesack auf der Straße, kann man sicher sein, dass sich eine Leiche oder Leichenteile darin befinden.«

»Woraus schöpfen die Menschen heute Mut?«, fragte ich Abdul.

»Sie kämpfen für ihre Rechte und sind zu allem entschlossen.«

»Gibt die Religion ihnen Kraft?«

»Was hat das mit Religion zu tun? Was hat der Islam damit zu tun? Sie sind ebenfalls Muslime.«

»Ist Gott auf eurer Seite?«, fragte Nusrat.

»Gott ist auf der Seite der Wahrheit und Gerechtigkeit.«

Die Mullahs in seiner Gegend allerdings rührten nicht an diese Themen, obwohl sie auch *mohajirs* seien.

»Aus Vorsicht?«, wollte ich wissen.

»Nein, das ist es nicht. Sie reden einfach nicht über aktuelle Dinge.«

»Wie kommunizieren Sie mit der Bewegung?«

»Wir besuchen uns abends.«

»Und die Polizei?«

»Sie haben ein Spitzelnetz aufgebaut«, sagte Abdul. Straßenhändler, die Puffmais und Süßigkeiten und Eis verkaufen. Viele neue Gesichter in den Straßen des Viertels. Manche *mohajir*, manche nicht.«

Er hatte vier Brüder und vier Schwestern. Die Schwestern waren alle verheiratet. Ein Schwager war tot, einer arbeitslos, einer war technischer Zeichner, und einer arbeitete in einer Anstreicherfirma; die Jobs hätten besser sein können.

»Ich habe das Gefühl, Sie sind kein zufriedener Mensch.«

»Nein, als unzufrieden können Sie mich nicht bezeichnen.«

»Er ist in großer Geldnot«, sagte Nusrat. »Seine Frau kam bei der Geburt ihres siebten Kindes fast um. Er hatte fünf Söhne, wollte aber ein Mädchen.«

»Was auch immer Allah für mich tut, ist gut für mich«, sagte Abdul.

Ich fragte: »Worüber sprechen Sie mit ihren Freunden? Reden Sie über Politik?«

»Wir unterhalten uns heutzutage nicht mehr viel.«

»Das stimmt«, sagte Nusrat. »Es ist zu gefährlich.«

»Worüber unterhalten Sie sich also?«, hakte ich nach.

»Wir sorgen uns darum, wie viele an diesem Tag wieder umgekommen sind. Wo die Polizei Razzien durchgeführt hat. Wie viele verhaftet wurden.«

»Die Menschen haben aufgehört, sich an diesen Orten zu besuchen«, sagte Nusrat. Er meinte die unruhigen Gegenden der Stadt. »Soll man riskieren, nach 11 Uhr nachts noch unterwegs zu sein? Autodiebstahl, *dacoit*, Polizeikontrollen, dazu die Armee, Leute in Uniformen, die nicht echt sind. Alles Mögliche. Jedes Mal fünfhundert Rupien. Besser, man bezahlt und geht heim. Oft weiß man nicht einmal, dass die Uniform ein Schwindel war. Sie können dir eine Pistole ins Auto legen und behaupten, sie hätten sie dort gefunden. Wir führen ein eingeschränktes Leben. Gestern fand eine Hochzeit statt, die um sechs Uhr abends statt um elf Uhr morgens begann. Selbst wenn man eine Todesanzeige in die Zeitung setzt, hat man Bedenken, Telefonnummer und Adresse mitzuteilen. Weil sich unter die Kondolenzbesucher Schwindler mischen könnten, die in Wirklichkeit kommen, um das Haus auszuspionieren. Sie brechen dann später ein.«

Ich fragte: »Wie, meinen Sie, wird das enden?«

Nusrat sagte: »Es wird einen großen Zusammenbruch geben, eine große Konfrontation, und daraus wird etwas hervorgehen.«

»Warum verlassen Sie Karatschi nicht?«, wollte ich von Abdul wissen.

»Nein. Meine Familie ist hier, meine Kinder gehen hier in die Schule, und wir müssen in der Stunde der Not, die Karatschi erlebt, in der Stadt ausharren.« Karatschi ist nun in seinen Augen die Stadt der *mohajir*, seine Stadt.

»Was meinen Sie – werden Sie überleben, oder werden Sie umkommen?«

»Heute Morgen wurde geschossen. Ich riskiere täglich mein Leben.«

»Wer hat geschossen?«

»Irgendjemand. Unbekannt.«

»Oft wissen wir es, wenn wir unbekannt sagen«, erklärte Nusrat.

»Spricht Ihr Vater über die alten Zeiten in Simla?«, fragte ich Abdul.

»Mein Vater sagte immer, die Briten waren besser als diese Regierungen. Es gab keine Ungerechtigkeit dieser Art. Mein Vater sagte immer, dass es zur Zeit der Briten kleine Kerosinlampen in den Straßen gab. Heutzutage haben wir keine Straßenbeleuchtung.«

Nur Lebensmittel- und Zeitungsläden, kleine Geschäfte, hatten geöffnet. Die größeren Geschäfte hatten zugemacht, die grauen Stahlrollos waren heruntergelassen. Ein Park diente als Müllhalde; in einer anderen Straße war der Müll nicht eingesammelt worden. An den Mauern Parolen.

Dies war der unruhigste Teil der Stadt, und Mushtaq, Lehrer für englische Literatur, lebte hier in einem zweistöckigen Haus mit seinen Schwiegereltern. Die Schwiegereltern bewohnten das Haus seit fünfundzwanzig Jahren. Die »Siedlung« (ein Wort, das vom Subkontinent stammte) zählte zu den ersten, die nach der Unabhängigkeit und der großen Auswanderungswelle aus Indien entstanden. Damals, zwischen 1949 und 1950, galt das Viertel als gutbürgerlich und kultiviert; für die Mittel und den Lebensstil von Mushtaqs Familie wäre es zu vornehm gewesen.

Mushtaq kam 1949 nach Karatschi. Er war damals acht. Die Familie stammte aus Banaras. Mushtaqs Vater war dort ein kleiner Kleiderhändler mit einem eigenen Laden, den Mushtaq mit seinen drei mal vier Metern Grundfläche als »ziemlich geräumig« in Erinnerung hatte. Mushtaqs älterer Bruder war Staatsangestellter in Delhi; er entschied sich für Pakistan, und die ganze Familie übersiedelte zusammen mit ihm. Sie brachten sehr wenig mit; Wertsachen und Geld durften sie nicht ausführen, und den Kleiderladen verkauften sie nicht, sondern überließen ihn Nachbarn und Bekannten. Um diese Zeit konnten sich die Einwanderer nicht mehr frei entscheiden, wo sie sich niederlassen wollten; sie brauchten Visa und Genehmigungen. Ein Visum für Lahore konnte die Familie nicht bekommen. Also ging sie nach Karatschi; sie kam mit dem Zug dorthin, auf einer Bahnstrecke, die mittlerweile aus strategischen Gründen stillgelegt ist.

»Damals waren wir entzückt und begeistert darüber, dass wir ein befreites Volk waren und uns in unserem eigenen Land, in Pakistan, befanden«, erklärte Mushtaq.

»Warum erschien es Ihnen als Ihr eigenes Land?«, wollte ich wissen.

»Weil meine Familie für Pakistan gestimmt und sich eingesetzt hatte. Ich weiß nicht, ob unsere Eltern wussten, welchen Sinn Pakistan hatte, oder ob sie die Theorie von den zwei Nationen kannten.« Die Theorie, dass Hindus und Moslems zwei eigenständige Nationen seien. »Aber gefühlsmäßig hingen sie an der Idee eines pakistanischen Staats.«

Die finanzielle Stütze der Familie war Mushtaqs älterer Bruder. Er hatte bei einer ausländischen Firma eine Anstellung als Verkäufer gefunden. Die Familie mietete sich in einem kleinen Haus mit zwei Zimmern in der Nähe des Zentralgefängnisses ein. Das einstöckige Backsteinhaus hatte ein Betondach. Küche und Badezimmer befanden sich auf der Veranda. Alle anderen Häuser in der Umgebung sahen ebenso aus.

Die Grundstücke waren winzig. Einige hatten siebzig Quadratmeter Fläche, andere achtzig; keines hatte mehr als hundert. Man lebte dichter aufeinander als in Banaras, und ständig trafen neue Leute ein. Aber in dem kleinen Haus waren sie sehr glücklich. Sie glaubten, einer frohen Zukunft entgegenzugehen.

Was Mushtaq nun erzählte, erinnerte an die Geschichten von den Einwanderern, denen nach entbehrungsreichen Jahren der Erfolg winkte. Sein Bruder, der etliche Jahre lang für die Familie gesorgt hatte, hörte auf, Mushtaq zu unterstützen, als dieser dreizehn Jahre alt war. Aber Mushtaq war jetzt imstande, für sich selbst aufzukommen. Er fing an, Teilzeitarbeiten an der Schreibmaschine und im Büro zu übernehmen. Die Jobs suchte er sich durch Zeitungsannoncen und beim Arbeitsamt. Es stellte sich heraus, dass er auf diese Weise achtzig Rupien, ungefähr vier Euro, monatlich verdienen konnte. Das war mehr als genug. Er schrieb sich in einer Privatschule, dem Sindh Muslim College, ein. Die Schulgebühren betrugen monatlich vierzehn Rupien, etwas mehr als anderthalb Euro; die Busfahrt zum College kostete ein Anna, knapp einen Cent. Nach diesen Ausgaben und nachdem er seine Bücher gekauft und sich die eine oder andere Kleinigkeit gegönnt hatte, konnte er, wie sich zeigte, seinem Vater, der sich zur Ruhe gesetzt hatte und nichts verdiente, immer noch fünfzig oder sechzig Rupien übergeben.

Dass er um den Lebensunterhalt kämpfen musste, machte ihm nichts aus. Karatschi hatte ein angenehmes Klima und war eine Stadt voller Chancen. Die *mohajir* nutzten die händlerischen Fähigkeiten, die sie mitbrachten, und etablierten sich Jahr für Jahr besser. Auch Mushtaq kam allen Widrigkeiten zum Trotz voran, wenn auch in dem ihm gemäßen Tempo. Mit zwanzig trat er in ein College zur Lehrerausbildung ein. Drei Jahre später machte er sein Lehramtsexamen; während er an einer Realschule Unterricht gab, immatrikulierte er sich als Gaststudent an der Universität Karatschi. Im Alter von siebenundzwanzig legte er sein Magisterexamen in Englischer Literatur ab.

Schnell war es nicht gegangen, aber er hatte es geschafft. Allerdings musste er einen speziellen Preis dafür zahlen. Er war unverheiratet. Der Grund sei, meinte er, dass niemand in seiner Familie ihm geholfen habe. Für Menschen wie Mushtaq war das ein echtes Problem. In der traditionellen *mohajir*-Kultur wurden Ehen normalerweise durch die Familien verabredet. In dem neuen Land, dem neuen Milieu, war niemand da, der eine Frau für ihn ausfindig machen konnte; und als ein stark der Tradition verhafteter junger Mann wusste er weder, wie er es hätte anstellen sollen, sich selbst eine zu suchen, noch verfügte er über die dazu nötige Kühnheit.

Unglücklich war er indes nicht. Er war mittlerweile aus dem Haus seines Bruders ausgezogen (seine Eltern waren gestorben) und lebte in gemieteten Räumen im Zentrum der Stadt. (In dieser Gegend führten wir auch unsere Gespräche.) Er hatte es zum Dozenten an einer Fachhochschule für Handel und Wirtschaft gebracht. Er verdiente zwischen fünf- und sechshundert Rupien, fünfundzwanzig bis dreißig Euro, pro Monat, und nur ein Drittel davon ging für die Miete drauf. Er hatte also Geld zum Ausgeben und war höchst zufrieden. Er ging gerne in Kaffeehäuser und unterhielt sich mit *mohajir* und Bengalen, die ein Faible für Kaffeehäuser hatten.

Dann begann es, schief zu laufen. In den sechziger Jahren wurde der Regierungssitz etappenweise aus Karatschi in die Neugründung Islamabad verlegt. Das bedeutete, dass mehr staatliche Posten an Leute im Norden gingen. Mushtaq fand, dass die Menschen im Norden, die Bewohner des Punjab und die Pathanen, sozial und kulturell anders waren als die *mohajir*; sie waren »fremdartig«. Und dann spaltete sich im Jahr 1971 Bangladesch ab. Das traf Mushtaq ins Herz; das Pakistan von 1947, für das seine Familie Indien aufgegeben hatte, existierte nicht länger.

»Viele der bengalischen Freunde, die immer in den Kaffeehäusern gesessen und sich mit uns unterhalten hatten, verließen das Land. Ein großer Teil unserer Kultur war dahin. Die Bengalen spielten in der Freiheitsbewegung eine führende Rolle, und man gewinnt das Gefühl, verraten und verkauft zu sein.«

Im letzten Satz hatte er das Tempus gewechselt, und die Wortwahl klang seltsam, als spräche ein anderer Mensch. Es war wie ein Bruch in seiner Erzählung. Das erfolgreiche Leben, von dem er scheinbar berichtete, hatte plötzlich ein anderes Gesicht bekommen.

»Das heißt also, Ihre Vorstellung bei der Übersiedlung nach Pakistan, dass Sie in ihr eigenes Land kämen, war zu sehr vom Gefühl diktiert«, sagte ich.

»Das dämmerte mir jetzt«, sagte er.

Die Worte öffneten die Schleusen, und sein ganzer Kummer

entlud sich. Die Muslime, die in Indien geblieben waren, seien mittlerweile besser dran, meinte er; sie hätten Gesetze und Vertreter im Parlament und stellten Minister. Ganz so sei es nicht, wandte ich ein. Nachdem sich der Ruf nach einem eigenständigen Pakistan erst erhoben habe, sei die Spaltung unvermeidlich gewesen, erklärte ich; wäre es nicht zur Spaltung gekommen, hätte der Staat seine ganze Energie dafür aufwenden müssen, das Land zusammenzuhalten. (Und wäre es zu keiner Spaltung gekommen, dachte ich, sagte es aber nicht, dann glichen heute alle Städte des Subkontinents Karatschi.) Er hörte nicht zu; hinter seinem ausdruckslosen und jetzt verzagten Gesicht war er in sein eigenes Leben und Unglück vertieft.

Ich sagte: »Sie haben hier Karriere gemacht. Die hätten sie an dem anderen Ort nicht machen können.«

Nachdem er zuvor seine Karriere quasi aus offizieller Sicht, als eine Reihe von aufwärts führenden Stufen, geschildert hatte, fing er nun an, von den Schrecken zu erzählen, mit denen er in seinem Lehrerberuf hatte leben müssen.

»Auf die MQM wurde ich erstmals 1982 aufmerksam. Durch ihre Parolen auf den Mauern des Colleges und der Schulen und anderen Gebäude. Es ging immer weiter – Parolen und Gegenparolen. Es gab zwei Gruppierungen am College. Anführer dieser Gruppen kamen zu mir und forderten mich auf, Kurse ausfallen zu lassen, so dass die Studenten losziehen und an Versammlungen und Demonstrationen teilnehmen konnten. Sie benutzten drohende, beleidigende Worte, sprachen Urdu. Sie kamen aus dem unteren Mittelstand. Sie protestierten gegen die zu hohen Studiengebühren oder veranstalteten einen Sympathiestreik für einen Studenten, der im Punjab umgebracht worden war. Ich war entsetzt. Ich fühlte mich verunsichert. Ich ging zum Rektor. Er war ein Mann von fünfundvierzig oder fünfzig Jahren. Ein hochgewachsener Mann, ein Naturwissenschaftler. Ein *mohajir*. Er war ratlos. ›Beschweren wir uns bei der nächsthöheren Instanz‹, sagte er.

Im Jahr 1985 suchte eine lokale Parteigröße, ein Mann von

ungefähr dreißig oder fünfunddreißig, den Rektor in seinem Amtszimmer auf. Er war gut gekleidet, gebildet, vielleicht ein Mann mit akademischem Examen. Ich saß gerade im Amtszimmer. Ich hatte ein kurzes Gespräch mit diesem Herrn. Es begann damit, dass er mich um Unterstützung für seine Organisation bat. ›Was wollen Sie von mir?‹, fragte ich ihn. ›Ich möchte, dass Sie bei der Durchführung der Examen behilflich sind‹, sagte er. Ich verstand, was er von mir erwartete. Er wollte, dass ich im Prüfungszimmer ein Auge zudrückte und die Jungen tun ließ, was ihnen gefiel. Er wollte, dass ich den Jungen freie Hand ließ, abzuschreiben und zu mogeln. Ich sagte: ›Nein, ich werde meine Pflicht tun.‹ Der Rektor hörte einfach nur zu. Die Begegnung dauerte fünfzehn Minuten. Zwei oder drei Tage später erhielt ich eine Art Drohung. Auf der Veranda sagte ein Junge zu mir: ›Sie haben sich nicht gut verhalten. Das kann schlimme Folgen für Sie haben.‹«

Ich erkundigte mich nach dem Jungen.

»Kommt aus dem unteren Mittelstand. Neunzehn. Familie lebt in Orangi.« Ein *mohajir*-Elendsviertel mit einer Einwohnerzahl von ungefähr eineinviertel Millionen. ›Ich stelle mich den Folgen‹, antwortete ich ihm.«

Nusrat, der die ganze Zeit über dabei gewesen war und, wenn nötig, eingegriffen hatte, erklärte in seiner ganz eigenen, unabsichtlich-brutalen Manier: »Er ist naiv. Er unterrichtet Studenten, die dafür nicht empfänglich sind und es nicht verdienen, in Literatur, und er weiß nicht, was in seinem Leben schief gelaufen ist. So kann man leiden, ohne die mindeste Ahnung zu haben, weswegen man leidet.«

Mushtaq hatte während der letzten Jahre an seiner Schule massiv gelitten. Ironischerweise waren das seine Ehejahre. Mit dreiundvierzig hatte er eine Frau gefunden.

»Ich gehe bedrückt aus dem Haus«, sagte er, »bin ebenso bedrückt, während ich mich im College aufhalte, und kehre bedrückt nach Hause zurück.«

»Passiert auf dem Heimweg etwas? Warten die Studenten auf Sie?«

»Manchmal begegne ich in den Straßen studentischen Unruhestiftern.«

»Was für Unruhe stiften sie?«

»Busse anzünden, Busse entführen. Von 1987 bis 1988 verübte die MQM solche Schandtaten. Gruppen von fünfzig oder hundert Leuten.«

»Haben sie das Interesse am Unterricht verloren?«

»Ohne Frage.«

»Kränkt Sie das?«

»Als Lehrer behandelt man mich nicht –« Er ließ den Satz in der Luft hängen. »Sie betragen sich ungebührlich, schwänzen meinen Kurs. Das demütigt mich als Lehrer. Vor zwei Wochen kamen zwei Studenten ins College, um ihre Prüfungen abzulegen. Sie wurden von den Studenten einer gegnerischen Gruppe tüchtig verprügelt. Mit Stöcken. Die galten gar nicht als Waffe. Der Anblick jagte mir einen Schrecken ein.«

»Was würden Sie jetzt gerne tun?«, fragte ich.

»Ich würde sie gerne unterrichten.«

Ich reagierte verblüfft. »Sie haben doch gerade gesagt, es sind Schlägertypen.«

Mushtaq wollte damit nur ausdrücken, dass er sich wünschte, in einer Welt zu leben, in der er seine Studenten wirklich unterrichten konnte. Als ich noch einmal fragte, was er in der Welt, so wie sie gegenwärtig war, gern tun würde, sagte er: »Wie mir jetzt zumute ist, würde ich meinen Beruf gern aufgeben. Ich bin siebenundfünfzig Jahre alt.« Meiner Berechnung nach war er vierundfünfzig. »Ich bin seit neunundzwanzig Jahren in dem Beruf. Das ist die tragische Seite meines Lebens.«

»Umsonst gelebt?«

»So kann man es ausdrücken, weil ich nichts erreicht habe.«

Der einzige klare Punkt in seinem Leben war immer noch sein Glaube. Er hatte die Pilgerfahrt nach Mekka absolviert, trug den Bart des Hadschi. Er war mit einem *shalwar-kameez* bekleidet, das im Verein mit seinem weißen Bart wie ein religiöses Opfergewand wirkte.

Nusrat hatte schon früher schwere Zeiten durchgemacht. Ich lernte ihn 1979 kennen, zur Zeit des Islamisierungsterrors von General Ziaul Haq. Nusrat, der ein gläubiger Mensch war, versuchte den Fanatikern auf halbem Wege entgegenzukommen, stieß aber dabei auf kleine Stolpersteine. Und eines Tages war er unachtsam und brachte sich in ernsthafte Schwierigkeiten. Er arbeitete für die *Morning News*. Es war gerade Moharram, der schiitische Trauermonat. Nusrat hielt es für einen guten Einfall, ein Feature aus den *Arab News* zu bringen, das von der Enkelin Alis, des Kultheroen der Schia, handelte. Der Beitrag pries das Aussehen und die künstlerischen Fertigkeiten der Frau. Die Schiiten indes waren außer sich; in ihren Augen war es bereits eine Beleidigung und Lästerung, Alis Enkelin als gut aussehend zu beschreiben. Es gab Pläne, vierzigtausend auf die Straße zu bringen und die *Morning News* in Schutt und Asche zu legen. Drei Tage lang durfte das Blatt nicht erscheinen. Nusrat befand sich persönlich in Gefahr; er musste jederzeit damit rechnen, überfallen zu werden. Einige Monate nach diesem Vorfall kam ich wieder durch Karatschi. Nusrat war ergraut.

Als wir uns verabschiedeten, sagte er: »Können Sie es nicht einrichten, dass ich an einen Ort komme, wo ich fünf Jahre lang in Ruhe lesen, schreiben und studieren kann? Denn wenn wir uns in fünf Jahren wiedersehen, verkaufe ich vielleicht Zement oder exportiere Konfektionskleider.«

Diese Äußerung, in schwerer Zeit getan, sagte viel aus über diesen Mann. Und tatsächlich war er Pressesprecher einer Ölgesellschaft geworden und befand sich dort in einer guten Position. Das Ölbohrgeschäft blieb von den Unruhen unbehelligt. Allerdings hatte das Leben in der Stadt tägliche Ängste mit sich gebracht und Nusrat ein Herzleiden beschert. Sein graues Haar war mittlerweile weiß, kurz und schütter; er hatte noch nicht einmal die fünfzig erreicht. Er liebte den Winter in Karatschi und pflegte früher während dieser Zeit ein Tweedjackett zu tragen. Jetzt steckte er in einem weiten Baumwollgewand, in dem er zerbrechlich aussah.

»Lassen Sie mich Ihnen erzählen, wie mich die Machtkämpfe

zwischen den Ethnien mitnahmen, als ich im Juni 1990 im Krankenhaus lag und fast gestorben wäre. Ich lag auf der KPS, der Koronarpflegestation. Dort kommen Notfälle hin; dort geht es um Leben oder Sterben.

In Karatschi tobten blutige Kämpfe. Die MQM hatte in den Stadtwerken von Karatschi das Sagen. In der KPS funktionierte die Klimaanlage nicht, und es war Mitte Juni. Arzneimittel waren knapp. Die Telefonzentrale wurde eines Nachts in die Luft gejagt, und es kam zu einem Zusammenstoß zwischen den Ärzten und Fremden, vermutlich Angehörigen einer politischen Partei, der PPP oder der MQM, die einen Generalstreik erzwingen wollten. Und ich befand mich in meinem Zustand in der KPS. Mein fünfter Tag dort.

Ich lag ganz nahe am Fenster auf einer Pritsche. Soll ich Ihnen was von der Pritsche erzählen? Sie hatte eine Schaumstoffmatratze, und weil die Klimaanlage nicht funktionierte und es keine Luftzufuhr gab, bat ich sie darum, die Matratze wegzunehmen. Natürlich wollten sie nicht, aber schließlich nahmen sie die Matratze weg. Sie sagten, die Pritsche sei aus hartem Stahl, aber ich erklärte, das sei mir egal. Am nächsten Morgen hörte ich vom Doktor, der Leiter des Instituts komme zu einer überraschenden Visite und werde sicher nicht begeistert sein, die Schaumstoffmatratze von der Pritsche entfernt und im Alkoven deponiert zu sehen. Ich war wütend. Ich sagte: ›Wie mir bekannt, ist der Kontostand des Direktors in Ordnung, und er hat keine gesundheitlichen Probleme. Wenn er kommt, möchte ich ihn sehen und ein Wörtchen mit ihm reden.‹

Wir baten das Krankenpersonal, das Fenster aufzumachen. Weil wir im ersten Stock lagen, malten sie die Gefahr an die Wand, eine Kugel könne sich ins Zimmer verirren und uns treffen. ›Das Glas ist doch nicht kugelsicher, oder?‹ Im Juni ist es erstickend heiß.

Eines Tages hörte man draußen Schüsse. Ich stieg mit allen Geräten, an die sie mich angeschlossen hatten, aus dem Bett und schlich die paar Schritte zum Fenster, um zu sehen, was unten los war. Später ging mir auf, in welche Gefahr ich mich begeben hatte, nicht nur was die Kugeln betraf, sondern auch weil ich so plötzlich aufgestanden war, was ich nicht tun sollte.

Eines Tages sah ich um elf Uhr abends in einem Alkoven einige vom Krankenpersonal in Tränen. Ich wusste bereits, dass auf dieser Station Leute starben und dass etliche von den Leuten, die ich gesehen hatte, weggebracht worden waren. In diesem Fall standen Pflegepersonal und Familienangehörige, insgesamt drei Personen, vor dem Problem, dass sie den Leichnam vom Krankenhaus nach Orangi bringen mussten, wo seit Tagen Unruhen herrschten und erbitterte Kämpfe ausgetragen wurden. Nachts wurde das Gebiet von den örtlichen Behörden abgeriegelt. Der Ambulanz war die Fahrt zu gefährlich.

Orangi lag etwa fünfundzwanzig Kilometer weit weg. Die Familie war unterer Mittelstand und auf öffentliche Verkehrsmittel angewiesen. Einige junge Männer in der Station meldeten sich freiwillig. Zu dem Personal, das sich um den Verstorbenen kümmerte, zählte auch ein junges Mädchen. Ich war empört und wütend, nicht nur über den Zustand der Stadt und die ständigen Abriegelungen, sondern ich machte mir auch Sorgen wegen des jungen Mädchens: Was konnte ihm zu dieser nachtschlafenen Zeit nicht alles passieren? Ich wusste sehr wohl, dass damals Entführungen, um Lösegeld zu erpressen, ebenso wie Entführungen ohne erkennbares Motiv gang und gäbe waren.

Ich bestürmte mein Pflegepersonal, das mich beruhigen und zum Einschlafen bewegen wollte, doch etwas für die Sicherheit des jungen Mädchens zu tun. ›Warum wird der Leichnam nicht am Morgen hingebracht?‹, fragte ich. Jemand wies mich darauf hin, dass in der Junihitze Leichen schneller verwesten. Ich konnte also kaum etwas tun.

Ich weiß nicht, wie die Sache ausging. Ich muss eingeschlafen sein. Ich kann es nicht erklären, aber trotz alledem war ich glücklich in dem Krankenhaus, weil ich dort Freunde gewann und weil der Mann, der mich behandelte, ein alter Schulfreund war.«

Ehsan gehörte Mitte der achtziger Jahre des letzten Jahrhunderts der *mohajir*-Bewegung an. Das war damals eine vom Mittelstand getragene, intellektuelle Bewegung – sie hatte sich aus einer früheren Studentenbewegung entwickelt –, und Ehsan kannte drei oder vier der »Ideologen«, um seinen Begriff zu gebrauchen. Er hielt sie für hochintelligent. Sie führten intensive Diskussionen im privaten Kreis und steigerten sich fast in religiöse Ekstase, wenn sie auf die Ungerechtigkeiten zu sprechen kamen, die der *mohajir*-Gemeinschaft und ihrer Stadt Karatschi zugefügt wurden. Nein, wie die Erregung beim Freitagsgebet sei es nicht gewesen, sagte Ehsan, als ich diesen Vergleich nahe legte; eher habe es dem Kampf der Schia für ihre Rechte geähnelt.

Die Bewegung musste als Erstes die religiösen Parteien in den Universitäten aus dem Feld schlagen. Universitätspolitik war in Pakistan wichtig, weil sich wegen der Militärherrschaften häufig nur dort ein politisches Leben abspielen durfte. Und der Sieg der *mohajir*-Bewegung über die religiösen Gruppierungen hatte seine eigene Ironie; schließlich war es die Religion, die ursprünglich die *mohajir* nach Pakistan getrieben hatte, und schließlich waren es jene religiösen Gruppen, in denen sich die erste Generation von *mohajir* am meisten zu Hause gefühlt hatte. Aber das war längst Vergangenheit; die späteren Generationen hatten Dinge kennen gelernt, die jenseits der Religion lagen.

Der Krieg gegen die religiösen Gruppierungen wurde mit Schusswaffen geführt; beide Seiten waren zu verschiedenen Zeiten und aus unterschiedlichen Gründen vom Staat gefördert und mit Waffen versorgt worden. In Ehsans College gab es vier oder fünf anerkannte Kämpfer der *mohajir*; wenn nötig, kamen Leute aus anderen Colleges zu ihrer Verstärkung. Mit zweien von den Kämpfern verstand sich Ehsan sehr gut. Sie stammten beide aus gebildeten Familien, und als das Wichtigste bei den beiden erschien Ehsan die Tatsache, dass sie »extrem entfremdet« waren. Sie nahmen die ideologische Schulung sehr ernst und waren bereit, für die Sache ihr Leben hinzugeben.

Ehsan studierte mit einem der Kämpfer Naturwissenschaften, und jeden Tag nach dem Unterricht pflegten sie zu dem Freund nach Hause zu gehen. Der Freund, der Kämpfer, war etwa 1,73 Meter groß und korpulent, sehr körperlich, wie Ehsan sich ausdrückte, mit großen, dicken Händen, die Ehsan als die Hände eines aggressiven Menschen erschienen.

Der Vater des Freundes war ein hochrangiger Staatsbeamter, und die Familie wohnte in einem großen Haus, das dem Staat gehörte und 836 Quadratmeter groß war. (Als Mushtaqs Familie im Jahr 1949 nach Pakistan kam, lebte sie in einem Haus mit 67 Quadratmetern Wohnraum.) Der Vater hatte für seine fünf Kinder ein riesiges Arbeitszimmer eingerichtet; es gab dort Enzyklopädien und religiöse Bücher und wissenschaftliche Literatur. Sie waren eine mittelständische Familie, die an Bildung glaubte, und es ging ihnen weit besser als den meisten anderen, die in der Bewegung engagiert waren. Ehsans Freund lernte nicht so gut wie seine Brüder; aber alle vier Jungen waren in der MQM aktiv.

Ehsan befand sich eines Tages um die Zeit des Sonnenuntergangs mit dem Freund und einem seiner Brüder in deren Haus, als von draußen heftiges Gewehrfeuer aus russischen Sturmgewehren des Typs AK-47 und allen möglichen anderen Waffentypen zu hören war. Ehsan hatte sich mittlerweile an Gewehrfeuer gewöhnt, aber das hier übertraf alles Gewohnte. Überrascht war er allerdings, als die Mutter der Brüder ein AK-47 herausholte und sie ihrem kampfesmutigen Sohn, Ehsans Freund, in die Hand drückte. Der stieg aufs Dach des einstöckigen Hauses, bezog Stellung und erwiderte das Feuer. Der Kampf hielt fünf oder zehn Minuten an; Ehsan kam es viel länger vor. Ehsan hatte seinen Freund im College mit Waffen hantieren sehen; dieser hatte ihn im Spaß einen Angsthasen genannt. Aber dass die Mutter so engagiert an der Bewegung teilnahm, davon hatte Ehsan keine Ahnung. Sie war eine große, korpulente Dame im *shalwar-kameez*, nicht hübsch, aber sehr liebevoll und immer bemüht, die Freunde ihres Sohnes mit Essen voll zu stopfen. Schusswaffen verband er nicht mit ihr;

er hatte nicht einmal gewusst, dass sich im Haus ein Gewehr befand.

Ehsan sah die Gewalt im Vormarsch. Er sah für seinen Freund Probleme voraus. Seine Haltung gegenüber der Bewegung veränderte sich allmählich. Und dann forderte man sie eines Tages bei einem Treffen im Haus eines seiner Ideologenfreunde alle auf, einen Eid auf den Koran abzulegen und zu schwören, dass sie der Bewegung und dem Anführer treu bleiben würden. Bedingt durch die große Not und Bedrängnis, spielte der Anführer mittlerweile eine gigantische öffentliche Rolle; er veranstaltete sechsstündige Versammlungen, die erst um Mitternacht endeten und zu der laut Ehsan Millionen strömten.

Dennoch behagte Ehsan der Gedanke an das Treuegelübde nicht; es blieb ihm allerdings erspart, nein zu sagen. Er konnte etwa um diese Zeit Pakistan verlassen und hielt sich fünf Jahre im Ausland auf. Als er zurückkam, beherrschte die MQM nicht mehr die Stadt. Die Armee war auf der Bildfläche erschienen, und die MQM hatte sich in eine Untergrundorganisation verwandelt. Sie folgte nach wie vor ihrem Anführer, der sich jetzt weit weg, in London, befand, was aber seinen Nimbus nur vergrößerte. Ehsans Freund zählte zu denen, die in den Untergrund gegangen waren. Später am Telefon erzählte er Ehsan, dass er fälschlich beschuldigt werde, einen anderen Mann von der MQM ermordet zu haben, und sich vor der Polizei verstecken müsse. Als sie sich trafen – merkwürdigerweise im Haus der Familie –, brachen alle in Tränen aus, Ehsan, sein Freund und die Mutter des Freundes.

Die dicken Hände waren dem Freund geblieben, aber er hatte abgenommen. Er erklärte sich bereit, auf den Koran zu schwören, dass er keinen Mord begangen habe. Die Sache sei passiert, als die Polizei hinter ihm her war. Er habe während dieser Zeit ständig die Unterkunft wechseln müssen. Dann sei es ihm irgendwie gelungen, einen Job auf einem Handelsschiff zu finden. Sie hätten wohl etwas von seiner Notlage geahnt, denn er habe die Toiletten reinigen und das Deck schrubben müssen; und er sei gezwungen gewesen, sich zu fügen. Mit jeder

Faser des Kastenbewusstseins, das er als *mohajir* mitbrachte, empfand er das Erniedrigende des Jobs; sogar noch als er Ehsan davon erzählte, beklagte er sich bitter. Er sagte, er wolle nach London und ein neues Leben anfangen. Er stand mittlerweile der MQM kritisch gegenüber und wusste, dass ihm die Verhaftung oder der Tod drohte, wenn er in Pakistan blieb. Er bat Ehsan, ihm einen Anwalt in London zu suchen, damit er dort politisches Asyl beantragen konnte.

Die Mutter, die Scharfmacherin mit dem AK-47, hatte sich verändert. Sie meinte, Armee, Polizei und Staat seien darauf aus, ihren Sohn zu vernichten. »Bitte unternimm etwas, um ihm zu helfen«, sagte sie zu Ehsan. Ihre Ansichten und Empfindungen waren nicht mehr die von damals. Sie stand nun sogar der MQM leicht kritisch gegenüber, weil diese ihrer Meinung nach nicht genug tat, um den Familien von jungen Männern zu helfen, die umgebracht worden oder wie ihr Sohn in den Untergrund gegangen waren.

Am Ende aber ging für sie alles noch gut aus. Ihre anderen Söhne etablierten sich, allen Widrigkeiten zum Trotz, in vernünftigen Berufen, und der Kämpfersohn schaffte es schließlich nach London, wo er sich in Sicherheit befand.

Der Punkt war, dass sich die Bewegung, die anfangs von Familien wie der ihren unterstützt wurde, in den fünf Jahren gewandelt hatte. Sie war keine vom Mittelstand getragene Bewegung mehr. Sie hatte die untersten Schichten erfasst, und dort war aus der Verbitterung regelrechtes Aufbegehren geworden. Die Kämpfer und Organisatoren kamen jetzt aus der Armenbevölkerung von Orangi und Korangi, die wenig oder nichts zu verlieren hatte. Auf dieser Ebene ließen sich die Flammen – egal, was mit der Familie von Ehsans Freund passierte – nicht mehr ersticken.

Die Armee hielt Karatschi fast zweieinhalb Jahre lang besetzt. In dieser Zeit wurde die MQM zur Terrororganisation erklärt, während man ihre Führer als Terroristen steckbrieflich suchte. Die Kontrolle der Stadt durch die Armee vergrößerte die Erbitterung der *mohajir* weiter, und diese Erbitterung wurde noch größer, als die paramilitärische Grenztruppe der Ranger an die Stelle der Armee trat. Ganze Viertel wurden immer wieder abgeriegelt und durchsucht. Dann sorgte der Geheimdienst dafür, dass sich die MQM spaltete, und zum Terror kam die Anarchie. Niemand wusste mehr mit Sicherheit, wer wen umbrachte.

Hasan Jafri, ein Journalist, der selbst von *mohajir* abstammte, berichtete zu dieser Zeit über die Wirren. »Was ich und andere Reporter zu sehen bekamen«, sagte er, »waren eine Menge Leichen. Fast täglich.«

Die ersten Informationen lieferte die Ambulanz. Dann fragten die Reporter bei der MQM nach, ob die Toten zur Organisation gehörten. War das der Fall, dann erklärte die MQM, die Betreffenden seien von der Polizei zu Tode gefoltert worden. Die Polizei behauptete, sie seien bei »Zusammenstößen« umgekommen.

»In diesem Jahr sind achtzehnhundert Leute umgebracht worden. Jeden Tag findet man also Leichen auf der Straße. Eine und zwei, zwei und zwei, drei und drei. Anfangs war ich empört. In der Leichenhalle eines Krankenhauses sah man achtlos hingeworfene Leichen. Vor ungefähr fünf Monaten gab es eine Schießerei in Korangi. Es passierte morgens. Ich glaube, fünf Leute kamen um. Sie lagen in der Leichenhalle des Jinnah-Krankenhauses auf diesen Platten aus Beton. Sie waren allesamt nackt, und die Körper stanken schon. Bei einem der Männer war die Region zwischen Herz und Schulter vollständig weggeschossen. Bei einem anderen war die Hand getroffen, und der Hauptknochen stak heraus. Einer hatte den versteinerten Ausdruck des Entsetzens im Gesicht – die Augen weit aufgerissen und ebenso der Mund. Weil die Leichen ziemlich spät ins Krankenhaus gebracht worden waren, ungefähr sechs Stunden nach dem Vorfall, wirkten sie alle wie versteinert, wie eine Momentaufnahme des Augenblicks ihres Todes.«

Er sei selbst in die Leichenhalle gegangen, sagte Hasan Jafri, um die Zahl der Leichen zu ermitteln und zu sehen, in welchem Zustand sie sich befanden. »Bis zu einem gewissen Grade« sei er gegen Anblicke wie diesen abgehärtet. Er finde aber, dass er als Reporter persönlich hingehen und die Sache in Augenschein nehmen müsse, weil es wichtig sei, »das Antlitz der Gewalt« zu kennen.

»Ein weiterer Mord, an den ich mich erinnere, ist der an Inspektor Bahadur Ali. Er geriet in einen Hinterhalt und kam zusammen mit sechs anderen Polizisten, die sich in dem Fahrzeug befanden, um. In Bahadur Alis Körper steckten annähernd zwei Dutzend Kugeln. Sein wuchtiger Körper war völlig zerfetzt.

Die Ideen und das Gerede – mit alledem hat es nichts zu tun. Was am Ende daliegt, ist ein Leichnam. Jemandes Sohn, jemandes Bruder, jemandes Mann.«

Angst sei das alles Beherrschende, womit die Menschen nun lebten, sagte Hasan Jafri. Die Leute von der MQM lebten in Angst; jederzeit könne die Polizei vor der Tür stehen. Die Polizei habe Angst; sie wisse, dass sie Zielscheibe sei. Die Taxifahrer hätten Angst.

Die Polizisten seien überarbeitet. Sie seien brutal, weil sie Angst hätten. Die meisten aus den unteren Rängen kämen aus dem Punjab und dem Landesinneren von Sindh; sie seien weit weg von ihren Familien. Sie riskierten täglich ihr Leben und bekämen nur wenig Gehalt, 2600 Rupien im Monat, hundertdreißig Euro.

Hasan Jafri machte häufig die abendlichen Patrouillen der Polizei in ihren gepanzerten Mannschaftswagen mit. In der Gegend von Liaquatabad, einer Hochburg der MQM, äußerte eines Abends ein Unteroffizier, der aus dem Punjab stammte, ein etwa dreißigjähriger hagerer und offenbar diensterfahrener Mann, gegenüber Hasan Jafri: »Im Zentralbezirk Dienst zu tun ist schlimmer, als in der Hölle zu schmoren.« Und später wurde es noch schlimmer. Die Terroristen begannen, Raketenwerfer einzusetzen. Als sie damit anfingen, hörte Hasan Jafri auf, die Abendpatrouillen zu begleiten.

Der Krieg hatte nun auf die unteren Schichten übergegriffen, und sooft ein Kämpfer der MQM umkam, trat ein anderer an seine Stelle. Den Behörden zufolge gab es nur zweitausend Kämpfer; Hasan Jafri erklärte das für albern. Die Namen der neuen Kämpfer tauchten plötzlich in den Polizeiberichten auf; die Männer blieben namen- und gesichtslos, bis sie verhaftet oder getötet wurden; und schon war ein neuer Name da. Die Leute wurden erst für ganz kleine Aufgaben rekrutiert; dann wurden die Aufgaben größer, und schließlich verschlang die Organisation die Betreffenden. Hasan Jafri kannte einen jungen Mann von einundzwanzig Jahren, der sich bereits als Todgeweihten sah. Er hatte so viele Autos gestohlen, so viele Menschen umgebracht, so viele Geschäfte ausgeraubt, dass ein normales Leben für ihn gar nicht mehr denkbar war.

»Er kam aus einer gebildeten Familie. Der unpassendste Terrorist, den man sich nur vorstellen konnte. Sehen Sie, das ist ein endloser Zyklus. Geburt und Neugeburt, einer nach dem anderen. Meine größte Angst ist mittlerweile, als Invalide zu enden. Es gibt mittlerweile viele Menschen wie mich, gebildete, sensible Leute, die sich nicht scheuen, zu Pakistan auf Distanz zu gehen. Aber ich will nicht als *mohajir* in einem anderen Land enden. Meine Eltern wurden in dem einen Land geboren, ich in einem anderen; ich möchte nicht, dass meine Kinder in einem dritten zur Welt kommen.«

Diese Worte waren ein schöner Kommentar zu der Rede, mit der einige Generationen zuvor, im Jahr 1930, Mohammed Iqbal die Gründung von Pakistan in Vorschlag gebracht hatte: Dichter haben nicht die Aufgabe, ihr Volk in die Hölle zu führen.

Iqbal liegt auf dem Gelände der Schah-Dschahan-Moschee in Lahore begraben; sein Grab wird von Soldaten bewacht. Rhetorische oder sentimentale Gesten dieser Art sind stets besorgniserregend; sie kaschieren etwas. Und das Grabmal mit seinen der Mogulzeit entlehnten Motiven wäre eine Art künstlerisches Sakrileg, wenn nicht die direkt gegenüber gelegene große Mogulfestung von Lahore (das dortige Fenster des Mogulherrschers findet man auf einigen der herrlichsten Bilder der Mogulzeit) dabei wäre, zu Staub zu zerfallen – und wenn nicht in eben diesem Lahore der Schalimargarten und die Gräber des Mogulherrschers Dschahangir und seiner Gemahlin völligem Verfall preisgegeben wären – und wenn nicht die vier Jahrhunderte älteren, aus dem dreizehnten Jahrhundert stammenden gekachelten Türme der Gräber von Uch in Bahawalpur mit ihrer herrlichen Farbgebung, eine der großartigsten islamischen Hinterlassenschaften auf dem Subkontinent, von Wind und Wetter halb zerstört wären – und wenn nicht, um noch weiter zurückzugehen, das Gebiet im unmittelbaren Umkreis der buddhistischen Stadt Taxila, das auch Alexander der Große kannte und das einst sagenhafte Denkmäler besaß, buchstäblich zum Steinbruch degradiert worden wäre – und wenn nicht Pakistan, das unverändert seinen imperialistisch-islamischen Phantasien frönt, die Schuld an der endgültigen Plünderung der buddhistischen Kunstschätze Afghanistans auf sich geladen hätte.

In seinem kurzen Leben hat der religiöse Staat Iqbals, nach wie vor halb befangen in Leibeigenschaft, nach wie vor zutiefst unkultiviert und damit befasst, die Geschichte bis in die Schulbücher hinein zu verhunzen und das Gemeinwesen zu demolieren, dem er doch dienen sollte, nichts anderes im Sinn gehabt, als hier und jetzt eine kulturelle Wüstenei zu schaffen und Glanz und Gloria jeglicher Art anderswo zu gewahren.

IV

Malaysisches Postskriptum

Die Kokosnussschale und wie man sie anhebt

1

Alte Kleider

Als ich Kuala Lumpur im Jahr 1979 besuchte, wechselte ich anfangs mehrfach das Hotel, bevor ich nach einigen Tagen im Holiday Inn Unterkunft fand. Es war der ruhigste Ort, den ich ausfindig machen konnte, und mir gefiel die Umgebung. Linker Hand lag die Pferderennbahn, und in der Ferne sah man auf die Hügel von Kuala Lumpur. Die Rennbahn war umrahmt vom satten Grün des feuchten Tropenwaldes und auch gegenüber dem Hotel bot sich das gleiche Bild: Bananenstauden, Jasminbäume und der große, ausladend verzweigte Saman oder Regenbaum aus Mittelamerika, insgesamt jene Mischvegetation, wie sie in Asien, dem pazifischen Raum und im tropischen Amerika verbreitet ist und gleichermaßen an die großen Entdeckungsfahrten der Europäer wie an die Kolonien und ihre Plantagen erinnert. Es war genau die Art von Vegetation, die ich auf der anderen Seite des Globus, in Trinidad, kennengelernt hatte.

Und was mir bis dahin so vertraut erschienen war, das wurde mir mit einem Mal fremd. Gleich um die Ecke des Holiday Inn war ein kleiner gelber Kasten in eine Mauer oder Hecke eingelassen. Man sagte mir, das sei ein chinesischer Schrein. In ihm lagen Opfergaben, die vielleicht von den chinesischen Taxifahrern stammten, die für das Hotel arbeiteten.

Die Pferderennbahn war keine wirkliche Pferderennbahn. Gelegentlich sah ich frühmorgens, noch vor Sonnenaufgang, wie dort Pferde trainiert wurden, aber nie sah ich ein Rennen. An Samstag- und Sonntagnachmittagen kamen (in der Mehrzahl) Chinesen in ihren Autos vorgefahren und füllten die Tribüne. Der Rennplatz selbst, grün und sonnenüberflutet, mit reglosen, schwarzen Schatten, blieb leer. Alle halbe Stunde war die Lautsprecherübertragung eines Rennens zu hören, und dann geriet die Menge auf der Tribüne in wilde Erregung, als fände wirklich ein Rennen statt. Die Rennen fanden zwar statt, aber anderswo. Die Menschen auf der Tribüne starrten lediglich auf Fernsehmonitore; und nur darum waren sie, in sonderbarer Nachäffung einer nachmittäglichen Rennveranstaltung, zur Pferderennbahn gekommen, weil hier der einzige Ort in ganz Kuala Lumpur war, wo dem Glücksspiel gefrönt werden durfte. Malaysia war rassisch zweigeteilt, in Malaien und Chinesen. Die Regierung gab sich betont malaiisch und islamisch. Glücksspiele waren unislamisch, und so waren diese Pseudo-Rennveranstaltungen an den Wochenendnachmittagen nichts als eine menschliche Geste gegenüber den Chinesen. Denn die wetteten für ihr Leben gern.

Damals hatte ich die Bekanntschaft von Shafi gemacht, einem zweiunddreißigjährigen Malaien, der aus einem Dorf im nach wie vor ländlichen und armen Nordosten des Landes stammte. Wenngleich man hätte sagen können, er habe es richtig gemacht, denn er sei in einer Weise gesellschaftlich aufgestiegen, die weder sein Vater noch gar sein Großvater sich je hätten träumen lassen, war er als Malaie doch voller Zorn. Er und andere Malaien hatten das Gefühl, dass ihnen ihr Land kaum mehr gehöre. Sie waren der Überzeugung, die Malaien in ihren Dörfern hätten die Zeit verschlafen. In der warmen, fruchtbaren Erde gedieh ja alles so mühelos; es war einfach zu üppig und zu satt, das von alters her gewohnte Leben an den Flüssen und in den Wäldern. Man brauchte nur ein Korn auf den Boden zu werfen, sagte Shafi eines Tages, und es würde wachsen; es reichte, einen Haken ohne Köder ins Wasser zu hängen, und schon finge man einen Fisch. Weil die Bevölkerung in den Dörfern aber immer noch diese antiquierte Vorstellung von ihrem Land habe, sei ihr entgangen oder sie habe nicht begriffen, in welchem Ausmaß sie im Laufe der letzten hundert Jahre von Chinesen und anderen verdrängt worden sei. Erst jetzt, gegen Ende des 20. Jahrhunderts, sei sie erwacht und müsse nun feststellen, dass die Malaien nur noch die Hälfte der Einwohner ausmachten und sich um sie herum eine ganz neue Lebensweise entwickelt habe, auf die sie nicht vorbereitet sei.

Ein Malaie wie Shafi, der der alten Lebensweise zur Hälfte verhaftet, zur Hälfte entwachsen war, musste daher alle möglichen Ängste und Enttäuschungen empfinden. Zu viele letztlich, als dass ein Mann allein sie hätte aushalten können, und so kam 1979 der Islam gerade recht, diese allgemeine Zornesstimmung aufzufangen. Die Malaien der Generation Shafis waren eifrige Anhänger des Glaubens geworden, und dieser Glaube wurde von islamischen Missionaren noch zugespitzt. Sie waren zu jener Zeit, nach der Revolution im Iran und dem Terror der Islamisierung durch General Zia in Pakistan, besonders rührig. Sie verbreiteten Geschichten über den Sieg des Islam in diesen Ländern und versprachen den Menschen anderswo gleiche Triumphe, wenn sie nur glaubten. Die Welt der islamischen Missionare war ein selbst gezimmertes Luftschloss; ihr Hauptziel war die Verbreitung des Glaubens. Würde der Glaube erst einmal herrschen, dann waren die Lebensbedingungen der Gläubigen zweitrangig – ganz wie es im 14. Jahrhundert schon Ibn Battuta, der Weltreisende im Glauben, verkündet hatte.

Shafi hatte mich im Holiday Inn regelmäßig besucht. Er war kein leichter Gast. Er sagte, er möge Orte wie das Holiday Inn nicht, und er verhehlte auch seine Abneigung gegen das Essen dort nicht: Es hätte ja von Nichtmuslimen, von Chinesen oder Indern, zubereitet sein können. Aber auch andere Dinge missfielen ihm: die schlichte, kleine Bar, wo des Abends die so genannten »Old Timers« (städtische Malaien, dazu ein oder zwei Inder) Schlager trällerten; die Modenschau, die jeden Freitag, dem muslimischen Ruhetag, zur Mittagszeit veranstaltet wurde und zu der jeder kam, der den indischen oder chinesischen Mädchen zusehen wollte, wie sie, in dieser ziemlich abgestandenen und stickigen Luft des Hotelrestaurants, mit den Schultern hin und her wippten und in ihrer typischen Gangart durch den Raum schritten; und ebenso der winzige Swimmingpool des Hotels unterhalb des Fensters der Cafeteria, wo weiße Frauen sich im Badeanzug zeigten.

Aber Shafi hatte längst aufgehört zu sehen, was er ablehnte – vielleicht hatte er es nie gesehen. Er konnte zum Beispiel nicht einmal sagen, wie ich eines Tages auf meine Frage hin feststellte, ob die sich am Beckenrand sonnenden Frauen attraktiv waren. Als er in seiner Schülerzeit das erste Mal nach Kuala Lumpur kam, war er aufgeregt gewesen; er hatte sich fremd gefühlt. Jetzt wollte er mit alldem nichts mehr zu tun haben und er war auftrumpfend in seiner Selbstgerechtigkeit. Seine Ansichten waren manchmal verworren; seinem Islam war schlicht zu viel aufgebürdet. In seinem Dorf bei Kota Bharu zum Beispiel hatte Reinlichkeit geherrscht, das Leben, das er dort gekannt und nun verloren hatte, war rein gewesen. Gleichwohl wollte er ein Strafgericht für diese Dörfer sein, sie ganz und gar bekehren, sie von den Überbleibseln des alten Hindubrauchtums reinigen. Das war Teil seiner Mission geworden. Jener missionarische Islam, von dem er fortan zehrte, hatte ihm den unmöglichen Traum einer islamischen Reinheit eingegeben. Aus dieser Reinheit würde die Macht erwachsen, und dann würden Rechnungen mit der Welt beglichen werden.

Sechzehn Jahre später war das Holiday Inn von Beton- und Stahltürmen umgeben. Boden war mittlerweile kostbar. Die Pferderennbahn, auf die ich hinausgeblickt hatte, hätte nicht einmal mehr wiederaufgebaut werden können. Sie war schon halb zum Mythos geworden, gleich den Hügeln Roms, bevor die Stadt erbaut wurde. Und in Kuala Lumpur hatte es mit dem Bauen noch längst kein Ende. Auf der Rückseite des Hotels, in dem ich wohnte, wurde quer über die Straße ein riesiges Loch ausgehoben. Es hatte die Ausmaße eines größeren Häusergevierts und ließ Menschen wie Maschinen winzig erscheinen. Fahrrampen führten von einer Ebene zur nächsten, von roter Erde hinunter zu bleicher Erde. Das vielfarbige tropische Grün der kolonialen Vergangenheit war jetzt zugestellt von internationaler Architektur aus Stahl und Glas, Stein und Beton; sogar das Klima schien ein anderes geworden zu sein. Die Klimaanlagen hielten das Innere der Hochhäuser kühl, so dass das Wetter draußen immer eine kleine Überraschung war. Den Besuchern der Stadt gefiel es, mit diesen Temperaturunterschieden zu spielen. 1979 war Malaysia ein reiches Land, jetzt war es ein superreiches Land.

Ich fragte mich, welche Wirkung dies alles wohl auf Shafi gehabt haben mochte. Ich wusste, dass er vor seiner Ganztagstätigkeit bei der muslimischen Jugendbewegung Geschäftsführer eines malaiischen Bauunternehmens gewesen war. Für diesen Job war er recht jung, aber seinerzeit hatte es nicht viele geschäftstüchtige Malaien gegeben. Das Unternehmen hatte sich nicht durchsetzen können; in Malaysias Baubranche waren mächtige Interessen im Spiel. Shafi hatte sich daraufhin selbständig gemacht, war aber Pleite gegangen. Er hatte das darauf geschoben, dass er von seinen chinesischen Arbeitern und überhaupt von fast jedem im Stich gelassen worden sei. Der berufliche Misserfolg hatte ihn sehr bedrückt, wie er mir sagte, und in diese Stimmung hatten sich religiöse Vorstellungen gemischt. Ich fragte mich, ob es ihn womöglich gereizt haben könnte, angesichts des neuen Reichtums im Lande und der Förderungsmaßnahmen von Seiten der Regierung, die die Malaien ermunterte, unternehmerisch aktiv zu werden, es noch einmal im Baugeschäft zu versuchen. Er war jetzt 48 Jahre alt, im besten Mannesalter. Seine Karriere, in welchem Beruf auch immer, wäre mehr oder weniger vorgezeichnet gewesen.

Aber ich konnte über Shafi nichts in Erfahrung bringen. Alle, die früher mit ihm zu tun gehabt hatten, hatten seither jeden Kontakt zu ihm verloren. Er sei Prediger, hieß es, immer auf Achse, es sei nicht leicht, an ihn heranzukommen.

Eines Morgens brachte man mich zu einer muslimischen Gemeinschaft am Stadtrand von Kuala Lumpur, wo ich einen Mann treffen sollte, der behauptete, Shafi zu sein und sich an mich zu erinnern. Die Gemeinschaft lebte in einer festen Siedlung aus zweistöckigen Betonbauten. Die Häuser waren gestrichen und die Straßen asphaltiert; Autos waren zu sehen, und es gab Gärten. Was immer die Menschen, die in dieser Siedlung wohnten, womöglich über das entsagungsvolle Leben ihrer Gemeinschaft zu sagen wussten, sie gehörten zum reichen Kuala Lumpur.

Wir mussten nach dem Haus des Mannes suchen, bei dem es sich um Shafi handeln sollte. Als wir es schließlich gefunden hatten, stellte ich fest, dass ich den Mann nicht kannte. Für eine kurze, aber wirklich nur kurze Zeit und auch nur halbherzig bestand er darauf, dass er sich an mich erinnere.

Er war ein Mann in den Vierzigern und machte den Eindruck eines zufriedenen und beschäftigungslosen Menschen, dem das Leben in seiner Gemeinschaft bekam. Im Erdgeschoss seines zweistöckigen Hauses befand sich ein großer, offener und gut eingerichteter Empfangsraum. In dem saß er, mitten am Tag, in geradezu ländlicher Heiterkeit und spielte mit einem schlaftrunkenen kleinen Kind, das wackelig auf seinen Beinen stand. Es war eine Art Demonstration: In dieser Gemeinschaft konnten die einfachsten Dinge als religiöse oder tugendhafte Handlungen präsentiert werden, die dem Gläubigen zur Belohnung ein besonderes Vergnügen bereiteten.

Mit tonloser Stimme sagte er, dass die von der Regierung gebaute große Autobahn schlecht sei, sie habe das Land der Sünde geöffnet. Außerdem, so meinte er, sollte Arabisch die Amtssprache des Landes sein, Englisch sei nicht die Sprache der Muslime. Dies hatte er aber schon so viele Male geäußert, dass es mittlerweile – er saß auf dem Fußboden und versuchte, das Kind dazu zu bringen, sich mit einer seiner vielen Spielsachen zu beschäftigen – wie aufgesagt klang, ohne jeden Nachdruck.

Mir kam es so vor, als habe er aus reiner Bequemlichkeit gesagt, er sei Shafi. Er wollte nur ein bisschen Aufmerksamkeit auf sich lenken. Denn welchen Sinn hatte es, Fundamentalist zu sein, ein gefährlicher Mann dazu, und dann auch noch in einer Kommune zu leben, wenn ihn niemand zur Kenntnis nahm?

Und so war denn auch Shafi, den ich letztlich nicht zu Gesicht bekommen sollte – weil von seinen früheren Glaubensgenossen niemand eigentlich wollte, dass ich ihn träfe –, in ihren Augen wie dieser untätige Mensch geworden. Früher gehörte er zur organisatorischen Kerngruppe der muslimischen Jugendbewegung in Malaysia, die mit dem Islam die Malaien wachrütteln wollte. Er kannte nichts anderes als diese Aufgabe. Mochte er seinen damaligen Überzeugungen auch treu geblieben sein, jetzt war er damit ein Außenseiter. Seine Bekannten berührte es peinlich, an ihn erinnert zu werden: Er war ein Mann, der seine Vorstellungen von einem gottesfürchtigen Leben ins Extrem getrieben hatte.

Außerdem hatten sich noch andere Dinge geändert. 1979 hatte Shafi dem Dorf seiner Jugend nachgetrauert, er hatte die Malaien als Menschen gesehen, die ein idyllisches Leben im Tropenwald führten. Er hatte sie einmal »zeitlos« genannt, meinte damit aber nur, dass sie wenig Zeitgefühl hatten. Sie hätten wenig Sinn fürs Kaufmännische, und es fehle ihnen die Tatkraft der Chinesen, die aus einem Land mit »vier Jahreszeiten« kämen. Diese Überlegungen – eigenartigerweise waren sie durch und durch kolonialistisch – hatte er in seine Gesamtauffassung von Religion eingebaut. Doch solche Gedanken schätzten die Malaien mittlerweile überhaupt nicht mehr.

Ein junger Rechtsanwalt meinte dazu: »Das hat man abgelegt. Nahezu zum Verschwinden gebracht. Stattdessen herrscht jetzt die Vorstellung, dass die Malaien Handel und Gewerbe pflegen und ein innovatives Volk sind. Mit diesen Begriffen hätte man die Malaien früher nicht in Verbindung gebracht.«

Die Regierung hatte nichts unversucht gelassen, den Malaien den Zugang zu Industrie und Handel zu ebnen, und im Verlauf der letzten beiden Generationen war ihr dies auch gelungen. Die Rassenspannungen der letzten sechzehn Jahre waren durch den riesigen Reichtum in jüngster Zeit zugedeckt worden, und in beiden sozialen Gruppen waren neue Männer auf den Plan getreten. Diese Botschaft ging von den vielen Bauten aus Stahl, Beton und Glas aus, die um das Holiday Inn entstanden waren, und die durch den Urwald gelegte Autobahn hatte Dörfer zugänglich gemacht und neues Land erschlossen. Eine Reise ins Innere, für die man früher auf ausgefahrenen Straßen, vorbei an unzähligen Kolonialstädtchen und Siedlungen, sechs bis acht Stunden gebraucht hatte, war jetzt in zweieinhalb Stunden zu schaffen, ohne dass man viel von der Vergangenheit zu Gesicht bekam.

Der Rechtsanwalt meinte: »Nach meiner Ansicht hat das die Zeit verdichtet.«

1979 waren alle Mitglieder der islamischen Jugendbewegung relativ jung gewesen. Ihr Anführer Anwar Ibrahim, an dem sich alle orientiert hatten und der ihnen Selbstvertrauen gab, war damals erst zweiunddreißig Jahre alt, im gleichen Alter wie Shafi. Nasar, mit dem mich Shafi bekannt gemacht hatte, war sogar erst fünfundzwanzig. Er war der bei weitem Jüngste, und körperlich war er noch schmaler als Shafi. Er war damals gerade aus England zurückgekehrt, wo er in Bradford ein Examen in Politischen Wissenschaften abgelegt hatte. Dem in England üblichen freien und leichten Umgang der Geschlechter miteinander hatte er nichts abgewinnen können und dementsprechend wollte er nicht, dass derartige Sitten auf die dort lebende malaiische Jugend übergriffen.

Einer seiner Vorfahren war in Mekka ein malaiischer Scheich gewesen. Ein Scheich war ein geistiger Führer, und als solcher hatte dieser Vorfahr malaiischen Landsleuten gedient, die sich auf Pilgerfahrt nach Mekka begeben hatten. Derartige Führer dürften wohl erst ab den dreißiger Jahren des 19. Jahrhunderts mit ihrer Tätigkeit auch Geld verdient haben, als nämlich die Dampfer an die Stelle der Segelschiffe traten und die Überfahrt von Malaysia aus nicht mehr so lange dauerte und sicherer wurde. Es ist also durchaus möglich, dass Nasars Vorfahr in der zweiten Hälfte des 19. Jahrhunderts eine derartige Tätigkeit unter malaiischen Pilgern ausgeübt hat.

Gegen Ende des Jahrhunderts (wie ich mir ausgerechnet habe) kehrte dieser Vorfahr nach Malaysia zurück und ließ sich in einem schäbigen, vornehmlich von Chinesen bewohnten Städtchen nieder, ungefähr zwanzig Kilometer nördlich von Kuala Lumpur. Der Sohn dieses Mannes war Nasars Urgroßvater. Dieser heiratete mit zwölf Jahren. 1934 gründete er, schon hochbetagt, eine Zeitung in malaiischer Sprache, die den Malaien Selbsthilfe predigte. Er war eine Stimme in der Wildnis. Nach ihm verkümmerte die Familie regelrecht; die Tradition des Lernens wurde aufgegeben. Mit dem Lehrberuf war kein Geld zu verdienen, die Landwirtschaft war einträglicher.

Und so wurde Nasars Großvater, der eigentlich zum Religionslehrer bestimmt war, ein Reisbauer, mit sieben Morgen Land. Nasars Vater arbeitete als Förster für das Forstministerium. Er hatte nur die normale Grundschulbildung bis zur sechsten Klasse, allerdings las er jeden Morgen die Zeitung, bevor er zur Arbeit ging. Das Zeitunglesen war eine wichtige Angelegenheit, als Kind bedeutete es für Nasar die stärkste geistige Anregung. Nasar war einer von sieben Söhnen und das viertälteste von acht Kindern. Mit acht Jahren begann er selbst, die Zeitung zu lesen, wie sein Vater. Für malaiische Kinder war er damit ein Frühentwickler.

Als die Zeit reif war, konnte Nasar, der Sohn des Försters, zum Studium der Politikwissenschaft nach Bradford gehen und dort Examen machen. Sechzehn Jahre später, er war mittlerweile einundvierzig, leitete er ein Holdingunternehmen, das die Geschäfte von acht Firmen kontrollierte.

Sein Unternehmen belegte eine Flucht von Büroräumen in einem Wolkenkratzer, dessen Schatten quer über die Straße auf einen grün verglasten anderen Wolkenkratzer auf der gegenüberliegenden Seite fiel. Dadurch schien die Straße schmaler, und das Licht des Tropennachmittags, das im offenen Gelände und in unbebauten Straßen normalerweise grell und blendend war, wurde in diesem engen und geschützten Raum milder, so dass Licht und Klima von Kuala Lumpur einen perfekten Einklang zu ergeben schienen.

Nasar trug mittlerweile eine Brille und sah weniger zerbrechlich aus als 1979; gekleidet war er mit der Sorgfalt eines leitenden Managers: die Hose von einem Gürtel gehalten, hellbraune Schuhe, dazu passende Strümpfe, eine modische breite Krawatte, eine große runde Armbanduhr am schmalen Handgelenk. Sein persönlicher Assistent war ein hochgewachsener und freundlicher junger Sikh. Im großen Empfangsraum ebenso wie in den Vorzimmern einiger Büros waren, Spielzeug gleich, weiße Flugzeugmodelle auf silbrigen Stäben aufgestellt worden. Nasars Holding war an Luftverkehrsgesellschaften beteiligt, die im regelmäßigen Inlandsflugverkehr tätig waren.

Eine außerordentliche Veränderung hatte sich an ihm vollzogen, er selbst aber war überaus freundlich und entgegenkommend geblieben, die Hilfsbereitschaft in Person. Es war, als ob die freundlichen Umgangsformen vom Lande auf ein Wirtschaftsunternehmen ausgedehnt worden wären. Schon 1979 war ich angetan von der Offenheit der jungen Männer aus der islamischen Jugendorganisation gewesen; auch was sie selbst betraf, hatten sie mit nichts hinterm Berg gehalten oder dick aufgetragen. Nasar schien immer noch diese Art von Offenheit zu haben. Er erinnerte sich, was er 1979 gewesen war, und er beschönigte daran nichts. Ohne Aufforderung sprach er über seine damaligen Ängste und inneren Dämonen – seine Phobien und sein mangelndes Selbstbewusstsein –, denen er als kleinstädtischer Malaie erst einmal beikommen musste, bevor er der werden konnte, den ich nun vor mir sah.

Was sie damals, 1979, von der Religion für sich erwarteten, das hatten sie später durch bloße Macht und Autorität erreicht.

Nasars Wandlung begann, als er Anwar Ibrahim, den Führer der muslimischen Jugendbewegung, kennen lernte. 1979 war längst klar, dass Anwar zu Höherem bestimmt war. Als die Zeit von Anwars politischem Aufstieg gekommen war, nahm er Nasar mit sich.

Ende 1981 entschied Anwar, dass er nun genug Arbeit für die Jugendbewegung getan habe – Vorträge, politische Aufklärung und Protestaktionen – und dass es an der Zeit sei, etwas anderes zu machen. Er trat der herrschenden malaiischen Partei bei.

Bei den Wahlen von 1982 war er einer der Kandidaten der Partei; er wandte sich an Nasar – dieser hatte das Magisterexamen der Universität Bradford in der Tasche – und bat ihn, den Wahlkampf für ihn zu organisieren. Nasar entsprach der Bitte, und Anwar gewann die Wahl. Er wurde stellvertretender Minister im Ressort des Premierministers und sagte zu Nasar: »Komm zu mir. Du kannst mein Privatsekretär werden.« Nasar war überwältigt. Er war achtundzwanzig Jahre alt und hatte die Autorität bislang immer nur »auf der anderen Seite der Barriere« erlebt. Nie hätte er sich träumen lassen, einmal die Ehre zu haben, einem Minister aus der Regierung dienen zu dürfen.

Sieben Jahre war er Anwars Privatsekretär. In diesen sieben Jahren verlor er seine Phobien und Zweifel. Er lernte alle möglichen Leute kennen und bekam aus nächster Nähe mit, wie die Regierungsmaschinerie funktionierte. Anwar sah in ihm nach wie vor einen Freund, der sein Vertrauen verdiente.

»Ich werde das nie vergessen«, sagte Nasar, während wir uns beim Mittagessen in seinem Sitzungszimmer unterhielten.

Nach diesen sieben Jahren quittierte er seinen Dienst als Anwars Sekretär und ging noch einmal für ein zweijähriges Jurastudium nach England. Nach seiner Rückkehr wurde er stellvertretender Direktor eines chinesischen Mischkonzerns, eine Stelle, die er seiner Tätigkeit bei der Regierung zu verdanken hatte. Dort blieb er zwei Jahre, in denen er die »Wirklichkeit des Wirtschaftslebens« kennen lernte. Danach machte er sich selbständig.

Ich wollte wissen, was aus den Ideen geworden sei, denen sie 1979 angehangen hatten, zum Beispiel Shafis Vorstellungen von der tugendhaften Lebensweise im Kampong, ihrer beider Vorstellungen zur Religion.

Wie jemand, der sich seine Argumente bereits zurecht gelegt hat, sagte Nasar: »Shafi war früher Unternehmer. Das ging aber schief. Deswegen hatte er diese romantische Vorstellung vom Kampong. Damals haben wir bloß theoretisch über Religion geredet. Heute jedoch geht es um den Islam als praktische Lebensform. Heute habe ich es mit der Realität zu tun, mit der

Welt, wie sie ist. Mein Wissen von früher hilft mir dabei – ich weiß, was ich kann, ich kenne die Grenzen meiner Freiheit und ich weiß, bis zu welchem Grad ich einer ausschließlich kapitalistischen Linie folgen darf. Ich habe Verträge mit der Regierung und mache Geschäfte außerhalb der Regierung. Es gibt eine bestimmte Verhaltensweise, die für mich unverzeihlich ist. Bestechung, Schmiergelder unterm Ladentisch, Leute freihalten, ihnen Frauen verschaffen, sich zu unmoralischen Handlungen verleiten lassen, um Aufträge zu bekommen. Man wird dadurch auf die Probe gestellt. Für einen Muslim kommt diese Prüfung, wenn er sich mit der Realität auseinander setzen muss und vor einer Entscheidung steht. Bis dahin ist jeder Muslim immer im Recht. Ein Wolkenkuckucksheim.«

Vielleicht dachte er dabei an Shafi. Ich stellte ihm daher die Suggestivfrage: »Stiften sie also womöglich Unruhe, weil sie denken, sie seien immer im Recht?«

»Das können sie schon tun. In der Wirtschaft stehe ich immer vor Entscheidungen und habe es mit Problemen und Menschen zu tun, nie hätte ich mir das träumen lassen. Manche verlangen einen Anteil am Unternehmen als Gegenleistung für irgendein Projekt. In der Wirtschaft kennt der Wettbewerb keinerlei Schranken. Wenn man erst mal an dem Punkt ist, dann gerät man in Widerspruch zu den Wertvorstellungen, die wir in der Gesellschaft verwirklichen möchten.«

Nasar war seine Erziehung durch die muslimische Jugendbewegung stets präsent und er blieb ihr auch weiter verpflichtet. Gesellschaftliche Position und Autorität mochten in ihm schlummernde Qualitäten ans Licht gebracht und ihn zu dem gemacht haben, was er jetzt war; man musste aber auch einräumen, dass die Religion ihm den ersten Anstoß gegeben hatte.

Er meinte: »Wir Malaien haben keinen Minderwertigkeitskomplex mehr. Wir sind nicht mehr wie die Frösche unter der Kokosnussschale.« Er spielte damit auf ein malaiisches Sprichwort an: Für den Frosch ist der Himmel die Unterseite einer Kokosnussschale.

Eines Sonnabends fuhr ich über die neue Autobahn nach Kuala Kangsar. Hier befindet sich das berühmte *Malay College*, das die Briten für die Söhne einheimischer Potentaten nach dem Muster vergleichbarer Anstalten auf dem indischen Subkontinent gegründet hatten. Jetzt besuchten Jungen aus allen sozialen Schichten das College, an dem viele berühmte Karrieren ihren Anfang genommen haben. Anwar Ibrahim etwa, dessen Großvater noch eine Dorfgaststätte in Penang betrieben hatte und dessen Vater Krankenpfleger gewesen war, hatte diese Anstalt besucht. Er musste eine Zulassungsprüfung machen; Jungen aus königlicher Familie brauchten das damals nicht.

Kuala Kangsar war zudem der Sitz des Königsgeschlechts von Perak. Es gab da einen großen neuen Palast, weiß, reich geschmückt und schwülstig, mit klimatisiertem Thronsaal. Daneben gab es einen alten Palast aus Holz, ein echtes traditionelles Langhaus auf Pfeilern, eng und dunkel, mit reichlich Gitterwerk als Verzierung, dicken Bodenplanken und einer erfrischenden Brise, die das Haus durchwehte. Mittlerweile war es so etwas wie ein Museum. Aber man konnte sich das Gebäude in der Phantasie leicht ohne die gerahmten Fotos und die Schautafeln vorstellen, und dann konnte es – dunkel, kühl und abgeschirmt, wie es im Innern war, außen von Gebüsch umgeben und im blendenden Sonnenlicht liegend – längst abgelegte Kindervorstellungen von häuslicher Geborgenheit wieder lebendig machen.

Auf einem Hügel mit Blick über den Perak-Fluss, nahe dem Eingang zur königlichen Enklave, befand sich das Haus von Radscha Shariman. Er war Bildhauer und zugleich Prinz und damit ein entfernter Verwandter der Königsfamilie. Er bewohnte ein luftdurchwehtes Haus aus den späten Vierzigern, ausstaffiert im malaiischen Stil, mit Rattan-Stühlen, leuchtend bunten Stoffen und Seidenblumen.

Der Bildhauer war klein, ungefähr ein Meter und sechzig, und sehr dünn, auf diese ausgezehrte malaiische Art. Auf seinem Gesicht war kaum eine Regung zu entdecken; worin seine Arbeit bestand, zeigte sich dort nicht. Er arbeitete mit Gusseisen; im Hof auf der Rückseite seines Hauses befand sich eine

Schmiede. Er schuf Kriegerfiguren von großer Wildheit, zwischen sechzig und neunzig Zentimeter hoch und mit klaren, fließenden Linien. Die Wirkung dieser schmiedeeisernen Figuren in einem Haus, das so friedliche und ruhige Ausblicke bot, war verstörend.

Der Bildhauer lebte eigentlich in einer Welt der Geister. Er verfertigte auch Krise, jene malaiischen Dolche. Diese Arbeit machte einen Teil der Faszination aus, die Metall auf ihn ausübte. Krise fänden zu ihrem wahren Besitzer, erklärte er; sie entzögen sich Menschen, die nicht wirklich von ihnen Besitz ergriffen hätten. Er hatte einen geistlichen Berater und hätte es gern gesehen, wenn ich mit ihm zusammenträfe; aber dafür war nicht genug Zeit. Der indonesische Animismus war wieder ganz nahe. In mehr als einer Hinsicht waren wir hier dem Anfang der Dinge nahe, vor dem Übergang zu den Offenbarungsreligionen.

Der Bildhauer hatte eine chinesische Zugehfrau mittleren Alters, die als Kind von ihren Eltern aus dem Haus gegeben worden sein soll, weil sich damals chinesische Familien auf diese Weise der Mädchen entledigten, die sie nicht haben wollten. Die Malaien adoptierten diese Mädchen in der Regel. Die Zugehfrau des Bildhauers war an jenem Tag schon die zweite von Malaien als Kind adoptierte Chinesin, die ich zu Gesicht bekam. Das veränderte meine Einstellung hinsichtlich der Beziehung zwischen den beiden ethnischen Gemeinschaften und ließ mich die Chinesen in einem anderen Licht sehen.

1979 hatte ich mich hauptsächlich für den Islam interessiert und die Chinesen in Malaysia nur von außen wahrgenommen, als tatkräftige Einwanderer, auf die die Malaien irgendwie reagiert hatten. Beim Anblick dieser beiden anmutigen Frauen und ihrer märchenhaften Aufnahme in eine andere Kultur wurde mir allmählich klar, wie schutzlos die Chinesen im 19. und zu Beginn des 20. Jahrhunderts gewesen waren, als ihr Imperium in Bürgerkriegen zerfiel und sie außer Landes auf eine Mauer der Ablehnung stießen; wie sie sich überallhin verstreuten und Zutritt zu finden versuchten, wo immer man sie ließ; wie sie immer die Ausländer blieben, durch ihre Sprache und Kultur von den anderen isoliert, und wie sie nur durch ihre unbeirrte Tatkraft überlebten. Mit wachsendem Selbstbewusstsein und schwindender Verbohrtheit würden sie genau wie die Malaien philosophischer oder religiöser Gewissheiten bedürfen.

Für den Besucher war Kuala Lumpur das reine Märchen: so reich, neu und prächtig, so voller neuer öffentlicher Gebäude und glänzender Innenräume, so voller Dynamik. In eins der neuen Gebäude war eine neue Bank eingezogen, gegründet von zwei chinesischen Brüdern, die gerade erst in den Vierzigern waren. Ihre Anfänge waren relativ einfach gewesen. Der eine war, soweit man das beurteilen konnte, ein flotter Kerl und ein bisschen redselig; wenn er redete, lief sein Gesicht rot an. Der andere Bruder war gesetzter, trug eine Brille und war eher der Zuhörer; seine Manieren erinnerten an die eines Arztes. Ich hatte allerdings die Vermutung, dass der Ruhigere von beiden zu gegebener Zeit der Wagemutigere sein würde. Sie verstanden es, weit ausgreifende Projekte sehr einfach aussehen zu lassen, als eine bloße Sache der Logik. Für beide war Geld nicht mehr nur einfach Geld; Geschäfte zu machen, darin drückte sich für sie eher so etwas wie Tatkraft aus und galt ihnen daher als Beweis für Vitalität.

Es war Philip, der mich mit den beiden Brüdern bekannt gemacht hatte. Er war Sekretär in ihrem Unternehmen. Auch er war chinesischer Abstammung und so jung wie die Männer, für die er arbeitete. Er war umgänglich, witzig, behände und ausnehmend attraktiv. An ihm schien etwas Unergründliches zu sein, und ich sollte später herausfinden, dass er sich seine Abgeklärtheit, die einen Teil seiner Attraktivität ausmachte, hatte erarbeiten müssen. Sie überlagerte eine tiefe Traurigkeit während seiner Kindheit.

Philips Vater hatte zwei Familien, und Philip gehörte zur zweiten; nach seinem Gefühl war seine Mutter schlecht behandelt worden. Was er als Kind hatte mit ansehen müssen, hatte ihm missfallen. Er wollte die Dinge für seine Mutter in Ordnung bringen, aber gefühlsmäßig ließ er sich treiben, bis er mit fünfzehn Jahren zum Christentum konvertierte.

Das passierte auf der Schule, einer Missionsschule, die von den Plymouth-Brüdern betrieben wurde, die bereits seit über neunzig Jahren in Malaysia tätig waren. Eines Tages war er an einem moralischen Tiefpunkt angelangt, als es ihn, eher zufällig, in einen Gottesdienst verschlug. Er war wie betäubt von der Lehre, dass Gott ein liebender Vater sei. Er spürte, dass ihm damit ein Platz in der Welt gegeben war.

»Es entbehrt nicht der Ironie«, meinte Philip, »weil ich angenommen hatte, dass ich gegen diese Form der Religion aufbegehren würde, da ich doch aus einer kaputten Familie komme und seit meinem achten Lebensjahr ohne Vater bin. Und dann die zu Herzen gehende Lehre von der Gnade – in der Parabel vom verlorenen Sohn, wo der Vater wartet und den heimkehrenden Sohn umarmt und küsst. Gnade, unverdiente Liebe und Wohlwollen, die einem Unwürdigen erwiesen werden: Das war etwas sehr Ergreifendes.

Ich schulde dem Glauben viel. Er gab mir Sicherheit und das Wissen, wohin ich gehöre, meine Identität. Ich war doch ganz durcheinander. Fragte mich ständig: Wer bin ich? Chinese und doch kein Chinese. In der chinesischen Kultur wäre ich vollkommen aufgeschmissen. Engländer und auch wieder kein Engländer. Ich war noch nie in England. Den ursprünglichen Anstoß zu meiner Liebe und Leidenschaft für das Lesen, die bis heute andauern, verdanke ich der Bibel.«

Damals, in den Jahren 1966 und 1967, war der Islam noch nicht von jenem Bekehrungseifer, den man heutzutage an ihm kennt. Er war lediglich eine Religion unter anderen. Als Philip zum Christentum übertrat, machte er sich noch mehr Gedanken über seine Zukunft. Sein sehnlichster Wunsch war, Rechtsanwalt zu werden, ein Experte.

»Ich erinnere mich, wie meine Mutter zu mir sagte: ›Bei Rechtsanwälten weiß man nie, woran man ist.‹ Da dachte ich, eines Tages werde ich Rechtsanwalt und widme meinen Klienten die nötige Zeit. Ich wollte einen Ausgleich schaffen für die Unzulänglichkeiten, unter denen die Familie zu leiden hatte. In der ersten Familie meines Vaters gab es viele Ärzte, während die Familie, zu der ich gehörte, nichts dergleichen zustande gebracht hatte. Darum wollte ich die Scharte auswetzen und meiner Mutter ihr Gesicht zurückgeben.«

Seine Mutter hatte chinesische Götterfiguren angebetet. Wie viele andere Chinesen war sie mittlerweile zu einer neuen Form des japanischen Buddhismus übergegangen.

»Es ist inzwischen recht verbreitet, dass chinesische Familien ihre Götter ablegen und sich diesem neuen Buddhismus der Japaner anschließen, der auf streng humanistischen Traditionen beruht. Ich bin froh, dass sie sich von ihren Küchengöttern frei gemacht haben.«

Alle, die seine Glaubenseinstellung und seine intellektuellen Neigungen kannten, wunderten sich, wie er in einer Bank arbeiten konnte. Darauf gab er stets zur Antwort: »Ich verstehe das Christentum so, dass der Christ der Welt nicht entsagt. Wir sind in der Welt, aber nicht von dieser Welt.«

Dass seine Mutter Küchengötter anbetete, war hauptsächlich eine Sache der Gewohnheit. Sie hätte ihnen auch Räucherstäbchen angezündet und Gaben dargebracht, wenn das Teil ihrer Alltagsroutine gewesen wäre.

»Schon als ich Kind war, hatte das keine Bedeutung für mich. Als es so weit war, sich davon zu trennen, haben wir es einfach abgeworfen wie alte Kleider. Wir waren ganz unbesorgt, dass etwa die Götter kommen und uns bestrafen würden. Mit vierzehn oder fünfzehn spürte ich dann einen Mangel. Ein Vakuum, eine Leere. Ich kann es gar nicht ausdrücken. Für mich war es ein unverhoffter Glücksfall, dass ich zufällig auf einen Gottesdienst stieß. Die zweite Generation der Chinesen musste sich mit der Frage herumschlagen: Wer oder was bin ich, außer meiner häuslichen Geborgenheit, meinen Examina und meinem sozialen Status? Für die zweite Generation waren solche Fragen drängender. Die erste Generation war viel zu sehr mit dem Überleben beschäftigt. Ein Chinese betrachtet den Reichtum als ebenso ererbt wie die Lebensumstände, aber auch die Frage: Bin ich nur der Sohn meines Vaters?«

2

Ein neues Modell

Nadeshas Vater wurde um 1940 in einem *Kampong*, dem typisch malaiischen Dorf, geboren. Sie hatte sich niemals für das Dorf ihres Vaters oder seinen familiären Hintergrund interessiert. Die Familie soll sehr gewöhnlich gewesen sein, und daher fühlte sich Nadesha nicht bemüßigt, weitere Nachforschungen anzustellen. Sie nahm an, es sei »eine Bauernfamilie oder so etwas Ähnliches« gewesen. Sie war der festen Überzeugung, dass die Familie in einem Holzhaus inmitten eines Reisfelds gewohnt habe, mit Hühnern im Hinterhof. Bücher wird es in dem Haus wohl nicht gegeben haben.

Als Nadeshas Vater ein Kind war, war Bildung für ihn jedoch enorm wichtig. Vielleicht hatte es ihm irgendein älterer Verwandter gesagt, den er bewunderte, oder er hatte es bei einer Unterhaltung aufgeschnappt, jedenfalls wusste er, dass es für einen Jungen wie ihn nur einen Ausweg gab, nämlich eine ordentliche Schulbildung. Er war ein aufgeweckter Knabe, der unentwegt lernte und schließlich ein Stipendium am berühmten Malay College in Kuala Kangsar erhielt.

In Kuala Kangsar lernte er das Mädchen kennen, das Nadeshas Mutter werden sollte. Er hatte sie eines Tages auf einem Spaziergang in Begleitung einer Anstandsdame gesehen und war sofort von ihr angetan. Er bekam schnell heraus, wer sie war und wo sie wohnte; die Schüler des Colleges wussten Bescheid über die Mädchen von Kuala Kangsar. Nadeshas Vater fing an, mit dem Mädchen Briefe zu wechseln. Sie korrespondierte auch mit anderen Jungen vom College, denn das war die Form einer Beziehung zwischen den Geschlechtern, wie sie in Kuala Kangsar geduldet wurde. Ansonsten durften Jungen und Mädchen sich nicht unbeaufsichtigt treffen.

In Kuala Kangsar lebte das Mädchen bei ihrer Großmutter. Ihr Vater war in Kuala Lumpur bei der Polizei. Sie stammten aus einer alten, aber sozial abgestiegenen Familie. Irgendwann in der Vergangenheit hatten sie einmal viel Land besessen, aber sie hatten nichts Rechtes damit anzufangen gewusst, und so hatten sie es Stück um Stück verloren. Der Rest ging beim Kartenspiel drauf. Spielen lag ihnen im Blut. Nach dem Fastenmonat kam die ganze Familie zusammen, manchmal mit Freunden, und spielte zwei Tage und zwei Nächte lang Poker. Nadesha wuchs mit dem Gedanken auf, dass das üblich sei, dass die Leute überall im Anschluss an den Fastenmonat ihre Zeit mit Kartenspiel hinbrächten.

»Sie waren dekadent,« meinte sie. »Sie dachten, es würde ewig so weitergehen. Sie hatten keine Schulbildung. Das war das Kernproblem. Zu meiner Zeit gingen die Reichen nicht zur Schule.«

Was Nadesha damit meinte, brachte bei mir eine Saite zum Klingen, denn was sie da über Malaysia sagte, das galt bis in die vierziger Jahre ebenso sehr für Trinidad, wo ich groß geworden bin. Damals kümmerten sich die Reichen und Weißen nicht um Schulbildung; eine solche Einstellung gehörte zu ihren Privilegien: Sie hatten Bildung einfach nicht nötig. Die Agrargesellschaft in den Kolonien kam mit wenig Kenntnissen aus. Den Leuten wurde nicht abverlangt, besonders tüchtig, strebsam oder gescheit zu sein.

Nadesha meinte: »Wenn ich an die Kolonialzeit denke, dann stelle ich mir sie immer so vor, dass die Malaien bloß rumrannten, ihr Geld verspielten und ansonsten nichts Konstruktives taten. Geld wurde derweil von anderen verdient, von den chinesischen Arbeitern in den Zinnminen und auf den Kautschukplantagen, die zumeist den Engländern gehörten. Ich denke, so sah das damals aus. Die Chinesen und die englischen Kolonialherren. Die Malaien ließen ihre Finger von jeglicher Wirtschaftstätigkeit. Daher standen ihnen nur noch der öffentliche Dienst und die Universität offen. Das aber erforderte hartes Arbeiten. So entschieden sie sich für den leichteren Weg. Was anderes kannten sie nicht. Sie lebten unter einer Kokosnussschale.«

Nadeshas Vater musste, wollte er da heraus, die Anforderungen des Malay College sehr ernst nehmen. Das Mädchen, das später Nadeshas Mutter wurde, hatte das nicht nötig. Mädchen ihrer Herkunft mussten nicht zur Schule gehen, wenn sie nicht wollten. Also ging Nadeshas Mutter kaum zur Schule. Sie konnte lesen und schreiben, und das reichte. Sie sah sich allerdings nicht als ungebildet an, hatte sie doch von ihrer Familie eine andere, vornehmere Art von Erziehung erhalten. Ihr wurde Treue beigebracht und jene Tugenden, die Nadesha altmodisch nannte. Sie lernte, wie man sich in der Öffentlichkeit benahm, dass man sich nicht aufspielte und seine Gefühle nicht zeigte. Schließlich war sie eine vollendete Person; in Nadeshas Augen war ihre Mutter altmodisch und herrschsüchtig.

Zu jener Zeit, als sie mit Nadeshas Vater korrespondierte, war das meiste Geld der Familie bereits verschwunden. Als Land und Geld dahinschmolzen, gab es nichts mehr, was die ehemals Reichen in Kuala Kangsar gehalten hätte; sie zogen in die Städte, ein bisschen wie die Menschen aus dem Kampong. Und so zog sie 1958 – sie war achtzehn Jahre alt – bei ihrer Großmutter und zwei Tanten in Kuala Kangsar aus und ging in die Hauptstadt, um bei ihrem Vater, dem höheren Polizeioffizier, zu leben.

In der Hauptstadt gab es größere Freiheiten, und zum ersten Mal konnten sie und Nadeshas Vater sich normal treffen. Sie müssen zu einem Einvernehmen gekommen sein, denn Nadeshas Vater ging zum Studium nach Europa, und als er von dort zurückkam, hatte sie auf ihn gewartet. Sie beschlossen zu heiraten. Die Familie des Mädchens gab ihre Zustimmung, obwohl dort keiner begeistert war. Sie besaßen zwar kein Geld mehr, aber die Familie hatte immer noch einen Namen, und mittlerweile bekleidete der Vater einen sehr hohen Polizeirang.

Trotz seiner Ausbildung am Malay College und trotz seines ausländischen Diploms war Nadeshas Vater für die Familie des Mädchens nach wie vor ein Junge aus dem Kampong.

Während Nadesha heranwuchs, war ihr stets bewusst, dass ihr Vater ein Junge aus dem Kampong, ihre Mutter aber etwas Besseres war. Es war eine ungleiche Beziehung, allerdings meinte Nadesha, dass sie schließlich einen Ausgleich gefunden hätten. Ihr Vater war ein ruhiger Mann, und das habe sehr zur Entspannung beigetragen. Trotzdem erinnerte sich Nadesha an einen Streit ihrer Eltern, bei dem ihr Vater sich bei der Mutter beklagte, dass ihre Eltern immer gemeint hätten, er sei nicht gut genug für sie. Hätte sie aber den Mann geheiratet, den sie hätte heiraten sollen, so schimpfte er, dann wäre sie nie aus Perak herausgekommen.

Nadesha meinte: »Das ist wahrscheinlich richtig.«

Besonders eigenartig war indessen, auch für Nadesha selbst, dass sie, als es so weit war, ans Heiraten zu denken, genau dasselbe tat wie ihre Mutter. Auch sie heiratete einen ehrgeizigen jungen Mann aus dem Kampong.

Ihre Mutter sagte mit warnendem Unterton: »Du machst ja genau das Gleiche wie ich!«

Nadesha war damals bei einem Börsenmakler in Kuala Lumpur – Malaysia erlebte gerade seinen wirtschaftlichen Aufschwung –, und der junge Mann arbeitete in dem gleichen Büro wie sie. Es war kein gut aussehender Mann, aber Nadesha mochte ohnehin keine Männer, die gut aussahen. Auch ihr Vater war kein schöner Mann, und sie nahm an, dass sie das unbewusst beeinflusst habe. Bei einer Frau war Schönheit durchaus angebracht, bei einem Mann dagegen nicht.

Was sie an dem jungen Mann anzog, war sein Ehrgeiz, den er nicht als Traumvorstellung, sondern eher in praktischer und wohl durchdachter Absicht hegte. So äußerte er zum Beispiel: »Nächstes Jahr geht der und der. Damit habe ich gute Aussichten, die Stelle zu übernehmen.« Er wusste genau, wen er zum Konkurrenten hatte, und konnte daher seine Schritte lange im Voraus planen. Das tat er recht nüchtern und überlegt.

Nadesha sagte über sich: »Ich war ziellos und hoffte, er würde die Dinge in die Hand nehmen, so dass ich schließlich irgendetwas würde tun können.«

Ich fragte sie: »War da noch etwas, das Sie anziehend an ihm fanden?«

»Er mochte hübsche Kleider.«

Seine Herkunft aus dem Kampong störte sie nicht weiter. Sie nahm an, er sei in dieser Hinsicht mit sich im Reinen. Was sie nicht mochte, das waren seine politischen Ansichten. Er war für die Regierung und die sie bildende malaiische Partei, weil sie seiner Meinung nach viel für Leute wie ihn getan hatte. Andererseits waren damals die Richter von Seiten der Regierung unter Beschuss, und für Nadesha war das ein Anlass zur Besorgnis.

Er meinte dazu nur: »Darum kümmere ich mich nicht. Für die Menschen zählt sowieso nur Geld, dass sie etwas zu essen im Bauch und ein Haus haben und dass man sie beschützt.«

Diese Art von Argumentation ging Nadesha gegen den Strich, aber sie dachte, dass sie eine sorglose Kindheit gehabt hatte, er aber nicht, und so sei es falsch, wenn sie ihn wegen seiner Ansichten kritisierte. Außerdem sah sie ein, dass ihn theoretische Auseinandersetzungen nicht interessierten, er hielt sich mehr an das, was man anfassen konnte. Später sollte sie mit diesem Standpunkt ihre Schwierigkeiten haben, damals jedoch beschloss sie, ihn trotz unguter Vorahnungen zu heiraten, weil er so direkt war. Sie sah in ihm den neuen malaiischen Mann, ein neues Menschenbild. Und so verlobten sie sich.

»Ich glaube, im Grunde wollte ich gar nicht heiraten. Aber ich sah, wie alle meine Freundinnen um mich herum heirateten, und ich dachte, das sei normal. Ich war eben jetzt mit Heiraten dran. Das gehörte einfach zum Leben dazu.«

Eines Tages sagte ihr Verlobter so nebenbei, dass er sie zu seinem Kampong mitnehmen wolle, um dort seine Großmutter zu besuchen. Seine Eltern würden am Wochenende auch dorthin fahren, sagte er. Nadesha hatte seine Eltern schon viele Male zuvor in Kuala Lumpur gesehen. Es waren keine unangenehmen Leute, aber sie mochte sie nicht besonders. Sie hatten Schulbildung und lebten seit dreißig Jahren in Kuala Lumpur, aber ihre Gespräche waren ziemlich gewöhnlich, nichts als leeres Geschwätz. Sie waren nicht gerade die Schwiegereltern, die Nadesha sich ausgesucht hätte. Damals war allerdings ihr dringlichster Wunsch, endlich zu heiraten. Sie glaubte, dass sie das als Frau tun müsse. Dass sie als Frau nur eine Zukunft hätte, wenn ihr ein Mann zur Seite stünde. Später, nach ihrer Scheidung, dachte sie anders darüber.

Das Kampong befand sich in der Provinz Negri Sembilan. Zuerst fuhr man auf einer Autobahn, dann ging's weiter auf einer Straße, die immer mehr zur Überlandstraße wurde, zunehmend übersät von Schlammlöchern. Nadesha hatte den Eindruck, dass sie ins tiefste Landesinnere fuhr. Es war weitaus dunstiger als in Kuala Lumpur und viel feuchter. Die Häuser, die man sah, wurden immer einfacher. Sie hatte all das vor Augen und wusste auch, was es bedeutete, aber es erschreckte sie nicht derart, dass sie gleich kehrtmachte. Zudem war es ihr irgendwie auch vertraut, es hatte Ähnlichkeit mit dem, was sie sich immer unter der Gegend vorgestellt hatte, aus der ihr Vater stammte. Genauso war es ihr schon in ihrer Beziehung zum Vater gegangen, ein Teil ihrer selbst nahm dies alles wahr und fühlte, und ein anderer Teil handelte und sprach.

Das Haus gehörte zu einer ganz normalen Dorfanlage. Es gab keine Auffahrt. Die Eltern ihres Verlobten waren schon da. Auch sie waren mit dem Wagen von Kuala Lumpur hergefahren. Die Reifen hatten Spuren im Gras hinterlassen, ganz matschige Spuren. Es war, wie gesagt, eine normale Kampong-Anlage, das Haus selbst aber, auch wenn es teilweise – in der herkömmlichen Bauweise der Kampong-Häuser – auf Stelzen stand, war kein traditionelles Kampong-Haus: Es war bereits modernisiert und ausgebaut worden, und die Wände waren nicht aus Flechtbambus. Nadesha bemerkte ein paar Hühner vor dem Haus und dann weitere, die unter dem älteren Teil des Hauses herumliefen. Die Hühner fielen ihr auf, weil sie in Kuala Lumpur normalerweise keine Hühner um die Häuser herumlaufen sah.

Sie machte ihren Verlobten darauf aufmerksam: »Sieh mal, sie hält Hühner!« »Sie«, das war die Großmutter.

Er erwiderte: »Sie mag frisch gelegte Eier, die schmecken besser.«

Seinen Worten war ein Unterton zu entnehmen, der entschuldigend klang. Sie dachte: »Das war ein Wort zu viel: Es gab überhaupt keinen Grund, über den Geschmack von Eiern zu sprechen.« Es war das erste Mal, dass sie ihn verlegen erlebte. Der Moment ging vorüber, sie schob diesen Eindruck beiseite und sperrte ihn in den hintersten Winkel ihres Kopfes.

Am Mittagessen nahmen zehn Personen teil, zwei unverheiratete Tanten, die wie Bedienstete behandelt wurden, trugen auf. Ihre Aufgabe war es, sich um die alte Großmutter zu kümmern. Die Großmutter ist so hässlich wie ihr Enkel, dachte Nadesha. Ihr Gesicht war allerdings derart runzelig, dass man gar nicht richtig sehen konnte, wie hässlich sie eigentlich war. Während des Essens sprach sie nicht viel, das wurde aber auch nicht erwartet. Sie war die Matriarchin, jeder erwies ihr Respekt. Nadesha erklärte sich das mit den Umgangsformen von Negri Sembilan: Die Menschen hier waren aus Padang auf Sumatra eingewandert und hatten ihre matriarchalen Stammesbräuche mitgebracht. Von Nadesha selbst als Verlobter wurde gar nicht erst verlangt, dass sie viel redete, sie sollte nur auf ihrem Stuhl sitzen und schüchtern aussehen. So ging das eigentliche Essen für sie ohne Mühe vorüber. An den Wänden hingen Unmengen kleiner Fotos, die die Kinder der Familie in verschiedenen Alterstufen zeigten.

Zu den Gästen gehörte auch ein Onkel, der Mitglied der regierenden malaiischen Partei war und in der Lokalpolitik mitmischte. Einen Großteil der politischen Gespräche bei Tisch bestritt er; es ging dabei um Verwaltungsprobleme im Bezirk. Nadesha bekam auf diese Weise eine andere Vorstellung von der politischen Bewegung der Malaien. Sie hatte das immer als gegeben angesehen; jetzt begann sie zu verstehen, wie ihr Verlobter die Dinge sah. Sie begriff – wenn man alles zusammen sah: das Haus, die Modernisierungen, die unaufgeregten politischen Gespräche, das allgemein verbreitete Selbstvertrauen –, dass sie hier bei Menschen war, für die sich die Welt auf sehr konkrete Weise geändert hatte. Sie hatten miterlebt, wie sich in ihrem Dorf, ihrem Haus und im eigenen Leben die Dinge zum Guten wendeten. Sie fühlten sich aufgewertet.

»Wenn man früher nach Kuala Lumpur kam,« meinte sie, »dann sah man den Klub und die Geschäfte, und die einzigen Malaien, die in dieser Welt lebten, gehörten zur königlichen Familie, zum Adel. Wir übrigen hatten das Gefühl: Dies ist unser Land, und sie haben es sich angeeignet.« »Sie«, das waren die Chinesen. »Im Haus der Familie meines Verlobten habe ich begriffen, warum die Politik im Leben der Malaien eine so große Rolle spielte. Bei unseren Debatten im Büro sprach ich immer von Plänen; er dagegen sprach von Konkretem, von Dingen, die vorgefallen waren.«

Was aber vor allem bei ihr ankam, das war der Optimismus dieser Menschen, die da um den Tisch versammelt waren. Ein solcher Optimismus in einer Familie war neu für sie. Außerdem verstand sie, dass ihr Verlobter für diese Familie den Erfolg verkörperte, ihren Erfolg, den Erfolg der Malaien.

»Hat die Familie Sie als Teil seines Erfolgs angesehen?«, fragte ich Nadesha.

»So habe ich das nicht gesehen.«

»Haben Sie ihn denn dann ein bisschen geliebt?«

»Nein.«

»Sie haben sich also etwas vorgemacht?«

»Vielleicht habe ich gedacht, ich hätte irgendwie mit der Zukunft zu tun, von der sie geredet haben. Vielleicht.«

Nach dem Essen geschah etwas, was sie zwar bemerkte, aber verdrängte, wie sie ihre Vorahnungen wegen der Hühner im Hof oder die Äußerung über den Geschmack frischer Eier verdrängt hatte.

»Wir begaben uns ins Wohnzimmer. Das Esszimmer lag im alten Teil des Hauses, der auf Pfählen stand. Das Wohnzimmer befand sich im neuen Teil. Drei Schritte nach unten – das war Ausweis ihres Aufstiegs. Die Großmutter winkte meinen Verlobten zu sich. Ich nahm an, er würde sich auf einen Stuhl neben sie setzen. Aber er setzte sich ihr zu Füßen auf den Boden. Dort lag ein Teppich. Alles war neu; im Essraum lag noch eine Schilf- oder Bambusmatte, was genau, weiß ich nicht mehr. Mir fiel halt nur auf, dass er auf dem Fußboden saß. Ich nahm aber an, es gehöre zu den Bräuchen von Negri Sembilan. Sie sind bekannt dafür, dass sie sehr an ihren Sitten und Gebräuchen hängen. Ich wollte es aber gar nicht erst erwähnen, damit er nicht dachte, ich wäre irgendwie verärgert. Das war ich aber nicht. Außerdem dachte ich, dass er selbstbewusst genug war, um mit alldem fertig zu werden. Im Grunde ist das alles nicht so wichtig, wenn man es nicht so ernst nimmt.«

Der Besuch dauerte ungefähr vier Stunden, etwa von zwölf Uhr mittags bis kurz vor vier. Die Heirat fand zwei Monate später statt.

Nadeshas Mutter hatte ihre Zweifel. Sie sagte zu ihr: »Du tust genau das Gleiche wie ich.« Sie hatte keine persönlichen Vorbehalte gegen ihren Schwiegersohn; sie sah nur nicht, wie Nadesha da hineinpassen würde. Sie mochte die Eltern des Mannes nicht. Sie glaubten, Nadesha und ihre Familie wären voller Dünkel. Sie hatten das Gefühl, sie müssten sich zur Wehr setzen, und kurz vor der Hochzeit kam so etwas wie ein Streit zwischen den Familien auf.

Die Heiratsbräuche der Malaien leiten sich von alten Hindu-Bräuchen her. In einem frühen Stadium der Verhandlungen werden zwischen den Familien Geschenke ausgetauscht. Hat die Familie der Braut fünf Geschenke geschickt, dann muss die Familie des Bräutigams mit sieben Geschenken nachziehen; es muss immer ein Unterschied von zwei Geschenken sein. Geschenkt werden symbolische Dinge: Süßigkeiten, Geld. Nadeshas Mutter wünschte, dass ein Teil der Geschenke von Seiten der Familie des Bräutigams in Goldmünzen und nicht in Geldscheinen ausgehändigt werden sollte. Und zwar aus ästhetischen Gründen: Goldmünzen sähen einfach schöner aus. Die Mutter des Bräutigams sagte nein; sie hatte nicht die Zeit, bei einer Bank die Scheine gegen Münzen einzutauschen.

Nadesha sagte dazu: »Eigentlich ist das ziemlich unverschämt. Denn man sollte schon tun, was von der Seite der Braut gewünscht wird, und umgekehrt. Jeder hat zuvorkommend zu sein. Man möchte die Gefühle der anderen nicht verletzen, wenn man heiratet. Die Sitte verlangt es so, und bei den Malaien heißt das: Man gibt nach, und man muss zuvorkommend sein.«

Nadesha wusste freilich von ihren Freundinnen, dass es bei der Heirat fast immer Schwierigkeiten mit der Schwiegerfamilie gab. Der Streit entsteht aus der Rivalität der jeweiligen Familien, und Nadesha sah die Peinlichkeit, die wegen der Goldmünzen aufgekommen war, im Zusammenhang mit dieser Rivalität. Ihre Mutter war allerdings barscher im Ton. Für sie waren das schlechte Manieren und ein Zeichen mangelnder Erziehung.

Nach der Heirat besuchte Nadesha noch sechs oder sieben Mal das Kampong ihres Mannes. Sie konnte sich nie richtig dafür erwärmen. Das Leben im Kampong war alles andere als einfach oder idyllisch, wie manche Leute behaupteten. Es ging auf in Konkurrenzverhalten. Bei ihrem zweiten oder dritten Besuch wurde von nichts anderem geredet als vom neuen Auto oder dem Geländewagen des Nachbarn, von den Kosten, die so ein Auto mit sich bringt, von der Farbe, die nicht schön war, und davon, dass man wetten könne, er habe es nicht mit eigenem Geld gekauft. Die beiden unverheirateten Tanten, die sich um die Großmutter kümmerten, mochten einander nicht. Es gab nur noch wenige Männer im Kampong, und die Tanten hatten kaum noch Aussicht, unter die Haube zu kommen. Eine hatte schon resigniert: Nadesha mochte sie. Die andere war bösartig und verbittert, weil sie zu kurz gekommen war.

Es fehlte an kulturell Interessantem im Kampong. Das Leben verlief ohne Anreiz. Es gab nur die Religion, und die war enorm wichtig. Fünf Gebete täglich zeigten an, wie ein Tag nach dem anderen verging. Die Moschee war das Einzige, was eine Art gesellschaftliches Zentrum darstellte.

Nadesha war der Meinung, dass ihr Mann so ehrgeizig war, weil im Dorf jeder nur klagte und murrte und sich mit den anderen verglich; er hatte ausbrechen wollen. Es war ihr ein Rätsel, warum ihr Mann diese Engstirnigkeit nicht ebenso bemerkte wie sie. Er gab sich nicht dazu her, er stimmte nicht mit ein in den Klatsch, aber er nahm ihn hin. Der Klatsch gehörte zu seinem Kampong, und der war ein Teil von ihm. Aber schließlich steckte ja die ganze geschäftliche Seite seines Lebens (wenn das Nadesha auch nicht aussprach) in seiner Börsenmaklerfirma in Kuala Lumpur.

Nach der Heirat lebten sie bei Nadeshas Eltern. Nadesha selbst hielt das später für einen Fehler. Ihr Mann, der ehrgeizig war und von seiner Familie ziemlich ausgenommen wurde, fühlte sich unterdrückt, ohne Einfluss auf das eigene Leben. Bei beiden brach sich schon sehr bald aller Ärger Bahn. Nadeshas Mutter kritisierte ihren Schwiegersohn niemals direkt, und er kritisierte nie direkt Nadeshas Eltern. Er missbilligte immer nur ihren Lebensstil, das, was sie taten, die Leute, mit denen sie verkehrten. Es missfiel ihm, dass Nadesha *Vogue* las. Er sagte dann immer: »Warum liest du diesen Quatsch?« Er selbst, der sich als Malaie neuen Schlages fühlte, las finanzwirtschaftliche Bücher: *Geldgeschäfte*, *Fondsmanagement*, alles, was mit der Börse zusammenhing.

»Eines Tages war er mit Kunden essen gegangen. Er hatte getrunken. Ich kann mich auch hier nicht mehr genau an den Streit erinnern. Jedenfalls kamen wir zu der Zeit nicht mehr miteinander zurecht. Er schlug mich. Ich schlug zurück. Ich sagte ihm, er solle das Haus verlassen. Das tat er auch. Danach sprachen wir über Scheidung. Das wurde alles über Anwälte abgewickelt. Er kam nie wieder zurück.«

Nadesha war gerade schwanger. Sie konnten also nicht einfach so geschieden werden. Im Islam ist Scheidung nicht erlaubt, wenn die Frau schwanger ist, weil ein Kind ehelich geboren werden muss. Sie kamen trotzdem zu einer Art Arrangement; aber drei Wochen später wollte er davon nichts mehr wissen und sagte, er würde sich nicht von Nadesha scheiden lassen. Sie nahm an, er sei von seiner Familie in diesem Sinne beeinflusst worden. Sie hatten ihren Stolz, Nadesha wusste das, und sie wollten Nadesha vielleicht das Leben so schwer wie möglich machen. Und das taten sie dann auch. Drei Jahre lang lebte Nadesha in einem Zwischenzustand, weder verheiratet noch geschieden. Und sie hatte Mühe, das Sorgerecht für ihr Kind zu bekommen.

Nach alldem glaubte sie mittlerweile doch, sie habe zu viel von der Ehe erwartet. Mehr als ihr bewusst war, hatte sie auf einen Ersatz für das gehofft, was sie verloren hatte. Die Familie ihrer Mutter hatte aus Spielern bestanden. Als der Vater ihrer Mutter starb, ging das restliche Geld der Familie drauf. Mit einem Mal löste sich eine ganze Lebensform auf, alles, was sie für selbstverständlich genommen hatte. Sie hatte dies anfangs halb wie einen Scherz erzählt, aber für sie war es wirklich eine Katastrophe. Und die Schicksalsschläge hörten nicht auf. Ihr jüngerer Bruder starb; das Geschäft ihres Vaters ging in die Brüche; ihre Eltern hatten Eheprobleme.

Sie, die Tochter einer unnachgiebigen Mutter aus gutem Hause, fühlte mit kaum zwanzig Jahren eine große Leere in sich. Als sie später nach London ging, traf sie dort andere malaiische Mädchen, die sich in der gleichen Situation befanden wie sie. Einige Mädchen, die sie dort kennen lernte und von denen sie annahm, dass es ihnen gut ginge und sie glücklich wären, hatten sich einer Sekte angeschlossen. Sie alle empfanden ein großes, inneres Bedürfnis. Der Sektenführer brachte sie dazu, ihm Geld zu spenden. Die Mädchen sahen in ihm eine gottgleiche Person mit besonderen Kräften.

Nadesha erklärte das so: »Die Malaien mögen solche Menschen mit besonderen Kräften, weil sie glauben, dass alles, was geschieht, nicht durch eigenes Handeln geschieht. Sie meinen, wenn sie einen Bomoh oder Schamanen bemühen, dann würde sich schon alles richten. Alle, die ich kenne, sind religiös. Sie haben einen starken Glauben. Sie glauben, dass sie als geborene Muslime geschützt sind. Wenn man ohne Religion geboren wird, dann stellt man sein Leben und die Rolle, die man spielt, in Frage. Als Muslim dagegen wird einem von Anfang an gesagt, dass man einer großen Gruppe angehört. In Schulen, an denen

Religionsunterricht gegeben wird, gehen die malaiischen Mädchen in diesen Unterricht, während die chinesischen Mädchen Zeit für sich oder zum Spielen haben. In dieser Hinsicht kann man die Menschen schon voneinander unterscheiden.

Der Freund meines Vaters hat seine Firma in Gang gebracht. Sie stellen Kunststoffartikel her. Zuerst haben sie Kunststoffverpackungen gemacht. Jetzt fertigen sie Plastikstühle, und mit einem Mal sind sie sehr reich. Zuerst waren sie bloß wohlhabend, jetzt sind sie unglaublich reich. Und jedes Jahr machen sie in jedem Fall die *umra*« – die kleine Pilgerfahrt –, »um Gott zu danken. Sie sagen sich: ›Es muss ein Glücksumstand sein. Ich bin doch nicht anders als die anderen. Gott muss mir seine Hand gereicht haben.‹ Ich bin sicher, ihm ist bewusst, dass er nichts Großartiges macht. Darum kann er sein Glück gar nicht fassen. In den letzten zehn Jahren ist vieles aus dem Nichts aufgebaut worden.«

Es war dieses Bedürfnis, das sie mit in ihre Ehe hinübernahm; es war ihr Glaube an die Tatkraft und den Ehrgeiz ihres Mannes, der für sie den neuen Menschen in Malaysia verkörperte. Dennoch sprach sie mit ihrem Mann nie über Religion. Er hatte für spirituelle Dinge nicht viel übrig. Er verrichtete die Riten, mehr aber auch nicht.

Sie war ungerecht mit ihm gewesen, das war ihr mittlerweile klar. Sie hatte Entschlossenheit von ihm erwartet und hatte entdecken müssen, dass er auf eine ihm eigene Weise unsicher war. Sie sagte: »Das war erschreckend für mich. Ich betone vor allem die Unsicherheit, denn wenn er nicht unsicher gewesen wäre, dann wäre er nicht in allem und jedem von seiner Familie abhängig gewesen.« Über seinen Beruf sprach er mit seiner Mutter, nicht mit Nadesha. Auch über seine finanziellen Schwierigkeiten sprach er nicht mit ihr. Mittlerweile ging es ihm wieder gut. Er hatte Erfolg als Geschäftsführer einer Börsenmaklerfirma, und er hatte eine Frau aus seiner Heimatprovinz Negri Sembilan geheiratet. Er hatte sich ein neues Leben aufgebaut, und Nadesha war der Meinung, dass er womöglich immer noch seinen Ausflug in ihm unbekannte Gefilde bedauerte.

»Es muss ein Alptraum für ihn gewesen sein,« meinte sie, »er steckt immer noch unter der Kokosnussschale. Er hat seine gewohnte Umgebung verlassen, und was er dann sah, hat ihm nicht gefallen.«

Ähnliches hätten beide sagen können.

3

Der Sohn des Bomohs

Der Bomoh – Medizinmann, Schamane oder Zauberer – war, als ich ihn kennen lernte, gerade ein Jahr älter als das Jahrhundert. Er war gemischt chinesisch-indonesischer Abstammung. Sein Vater war gegen Ende des 19. Jahrhunderts aus China weggegangen, einer von den zahllosen Armen und Schutzlosen, die das zusammenbrechende Reich der Mitte ausspie. Er war auf einer der Inseln des indonesischen Archipels hängen geblieben, der seinerzeit von den Holländern verwaltet wurde. Dort hatte er in gewissem Sinne eine Bleibe gefunden und eine Indonesierin geheiratet (oder so gut wie geheiratet). Sie hatten zusammen neun Söhne.

Ihre Armut war riesengroß. Irgendwann zogen sie in einen Staat im Norden des damals britisch verwalteten Malaya. Der achte Sohn hatte fast keine Kindheit, er war noch recht jung, als er schon arbeiten gehen musste. Mit dreizehn oder vierzehn fuhr er einen Lastwagen. Das Leben war nicht leicht für ihn. Etwa zu dieser Zeit machte sich die mystische, indonesische Seite des Jungen bemerkbar. Er wurde seiner inneren Kräfte gewahr und begann sich als Bomoh auszubilden. Es hätte da wohl einen Lehrer oder Förderer in dieser Richtung gegeben, aber er hatte sich nicht nach dem Lehrer erkundigt, und niemand sagte ihm etwas darüber.

Diese Ausbildung als Bomoh muss in den Jahren 1914/1915 begonnen haben (während im fernen Europa der große Krieg tobte, der mittelbar auch die Kolonialreiche der Briten und Niederländer in Asien schwächte; nicht ganz so weit entfernt, schickte sich Gandhi nach zwanzig Jahren in Südafrika gerade an, mit sehr eigenwilligen politisch-sozial-religiösen Vorstellungen nach Indien zurückzukehren.) Der Knabe oder mittlerweile junge Mann lernte sehr schnell. Mit siebzehn war er bereits ein fertiger Bomoh und übte diese Tätigkeit fast siebzig Jahre lang aus. Er hatte eine große Nachkommenschaft, und er hatte Schüler. Manches konnte er später nicht mehr machen, als er gebrechlich wurde, aber seine Kräfte als Bomoh verließen ihn nie.

Er war zweimal verheiratet, mit zwei malaiisch-chinesischen Schwestern; zwischen den beiden Ehen lagen fünf Jahre. Insgesamt hatte er siebzehn Kinder, die alle im gleichen Haus lebten.

Rashid wurde als achter Sohn des Bomohs 1955 geboren. Von Anfang an wurde er auf ordentliche Schulen am Ort geschickt. Mit achtzehn Jahren kehrte sich Rashid – bei aller Sensibilität für die Gefühle seines Vaters und bei aller Achtung für seine Kräfte als Bomoh – von den magischen Praktiken des Vaters und den Ritualen des Hauses ab. Mit seiner Bildung und seinem Selbstbewusstsein war in ihm das gleiche philosophische und geistige Bedürfnis entstanden, das auch Philip, jener zum Christentum konvertierte Chinese, empfunden hatte, und so führte sich auch Rashid, weil er aufnahm und wiederholte, was er von einigen Schulfreunden gehört hatte, eine Zeit lang wie ein Christ auf, sogar zu Hause.

Dann entdeckte er den Islam und den Koran, und dabei blieb er. Nach seinem eigenen Empfinden wurde er Muslim, ohne offiziell übergetreten zu sein, und nahm den arabischen Namen Rashid an. Seitdem hatte er mehrere Berufe angefangen und wieder fallen lassen. Zur Zeit war er Justitiar eines Unternehmens, mit einer Position in unmittelbarer Nähe zu den Mächtigen. Dabei war er erst vierzig. Er hatte, wie das Land, eine weite und schnelle Reise hinter sich. Er hatte in mehreren geistigen Welten gelebt oder zumindest Zugang zu ihnen gehabt.

Die Leute seien mit allen möglichen Problemen zu seinem Vater gekommen, erzählte Rashid. Die Bezahlung erfolgte in Naturalien, vier oder fünf Hühner, Obst; es war jedenfalls nicht so, wie man eine Rechnung begleicht. Nachdem mit der Bezahlung einmal begonnen worden war, wurde sie als regelmäßige und freiwillige Abgabe beibehalten.

Die Leute kamen einfach, um gesegnet oder von Schmerzen geheilt zu werden oder um Amulette segnen zu lassen. Einmal, so erinnert sich Rashid, sei ein berühmter Lokalmatador im Kampfsport, ein schon älterer Mann und Vertreter des Ju-Jutsu, zu seinem Vater gekommen, habe vor ihm gekniet und um innere Stärke gebeten. Der Bomoh war für seine große Körperstärke bekannt. Er war klein, etwas über ein Meter sechzig, aber kräftig gebaut. Er konnte sechs Zoll lange Nägel mit Daumen und Zeigefinger biegen, ohne dass er dazu in Trance verfallen musste, was er normalerweise machen musste, wenn er sich mit den Problemen der Leute befasste.

Wenn er in Trance war, knieten die Personen, die gesegnet werden wollten, vor ihm und er berührte sie an Stirn, Schultern und Solarplexus. Dann hieß er sie sich umdrehen und berührte sie an Hinterkopf und Schultern. Wer Schmerzen hatte, den berührte er an der schmerzenden Stelle.

In jedem Jahr veranstalteten die Anhänger des Bomohs eine besondere Wallfahrt zu dessen Haus und brachten Amulette mit, die gesegnet werden sollten. Die Anhänger waren ein buntes Gemisch aus allen ethnischen Gruppen und allen sozialen Klassen, Reichen und Armen, Gebildeten und Ungebildeten. Rashid erinnerte sich, dass er als Achtjähriger bei einer dieser Wallfahrten viele Sprachen gehört habe: Englisch, Malaiisch, Hokkien-Chinesisch, Baba oder chinesisches Malaiisch.

Der Bomoh verfiel in Trance und zog sich dann das Hemd vom Leib. Er begann zu zittern, weil er sich in ebendiesem Moment in seiner Trance auf die Schneegottheit konzentrierte, die eine der drei Gottheiten war, von denen er seine Kräfte bezog. Seine Helfer gaben ihm ein Bündel brennender Räucherstäbchen, deren Flamme er brauchte, um sich zu wärmen, und mit der er den Umriss seines Körpers nachzuzeichnen schien. Dafür brauchte er ungefähr eine Minute. Nachdem er erwärmt genug war, gab er die Stäbchen seinen Helfern zurück. Sie zogen ihm sein besonderes Hemd an und hüllten ihn in seinen Umhang. Das Hemd war wichtig; nur der Bomoh durfte es tragen. Er hatte es auf dem Altar des Schreins gesegnet.

Danach setzte er sich, und einer seiner Helfer gab ihm ein Glas Wasser. Er sprach einige Beschwörungsformeln, blies auf das Wasser, trank es und spie es wieder aus. Dann wurde ihm sein Schwert gereicht. Es war ein echtes Schwert, ein Meter fünfzig lang und zweischneidig. Er streckte seine Zunge heraus und machte mit dem Schwert einen Schnitt hinein, bis das Blut floss. Die gelben Papierstreifen für die Amulette lagen bereit. Die Helfer gaben ihm nacheinander die einzelnen Streifen und träufelten Blutstropfen darauf. Er segnete in einem fort die Streifen auf diese Weise, wobei er ständig Blut verlor, bis Rashids Mutter schließlich sagte: »Es ist gut.« Bis dahin mochte er an die hundert Papierstreifen gesegnet haben.

Nachdem sein Schwert beiseite gelegt war, wurde er vollständig zugedeckt, und dann begann er, immer noch in Trance, mit seiner Sprechstunde. Frauen wollten wissen, ob sie einen Ehemann, Männer, ob sie eine Ehefrau bekämen. Frauen, die von ihren Männern schlecht behandelt wurden, wollten wissen, wie sie sich verhalten sollten. Mütter oder Väter erkundigten sich wegen jener Kinder, die auf Abwege geraten waren.

Der Bomoh redete in einer Sprache, die Rashid nicht verstand. Es war ein besonderes Javanisch, das der Bomoh von der indonesischen Insel mitgebracht hatte, auf der er geboren worden war. Außerdem sprach er Mandarin-Chinesisch. Das tat er nur bei diesen Gelegenheiten und wenn er in Trance war.

Das Schwert war ein besonderes, und es gehörte dem Bomoh. Eines Tages verfiel ein Helfer in Trance und versuchte, mit dem Schwert in seine Zunge zu schneiden, aber das Schwert war stumpf. Allerdings gestattete der Bomoh im Alter, dass einer seiner Helfer mit dem Schwert in seine Zunge schnitt. (Rashid drückte sich allerdings an dieser Stelle undeutlich aus. Als ich etwas später meine Notizen durchsah, war ich mir nicht sicher, ob die Helfer in ihre eigene Zunge schnitten oder ob sie das Schwert benutzten, um in die Zunge des Bomohs zu schneiden.)

Die Helfer waren Schüler des Bomohs. Sie wohnten nicht bei ihm im Haus, aber sie gehorchten ihm auf den leisesten Wink. Sie kamen jeden Tag ins Haus, und sie hatten zu arbeiten. Eine ihrer Tätigkeiten war die Reinhaltung des Altars. Sie bekamen dafür kein Geld. Sie waren auch keineswegs bei ihm angestellt. Vielmehr mussten sie ihm Gaben darbringen. Manchmal gaben sie sogar Geld, das der Bomoh zurückwies.

Auf dem Altar standen keine Kultfiguren. Nur ein gelbes Stück Tuch lag darauf, auf dem die drei Gottheiten des Bomohs in einem Dreieck dargestellt waren: der Schneegebirgsgott im Scheitelpunkt, die Gottheiten von Feuer und Schwert auf der Grundlinie. Schnee, Feuer, Schwert: Das Ritual des Bomohs vollzog sich in dieser Reihenfolge. Seinen Kindern sagte er bei vielen Gelegenheiten, dass er diesen oder jenen Meister habe. Einen Meister in China, einen anderen in Indonesien; und so wie seine Anhänger einmal im Jahr auf Wallfahrt zu ihm kamen, so machte er regelmäßig seine private Wallfahrt zu jenen Meistern. Und das tat er, indem er durch den Weltraum reiste. Rashid hatte nicht den geringsten Zweifel an dem, was sein Vater sagte. Er hatte keine andere Erklärung für die offenkundigen inneren Kräfte seines Vaters.

Die Frauen des Bomohs – Rashids Mutter und seine Tante – waren Baba-Nonya, Chinesinnen von jenseits der Malakkastraße, Frauen chinesischer Abstammung, die die malaiische Kultur und Sprache angenommen hatten. Das Essen, das im Haus gekocht wurde, waren Baba-Speisen, malaiisch-chinesische Gerichte, die stark gewürzt waren. Sie aßen mit den Fingern, nicht mit Essstäbchen.

Obwohl Rashids Mutter Chinesin war, verehrte sie einen malaiischen Ahnen, den Datuk. Viele andere Baba taten das auch. Die Opfer für diesen Datuk brachte Rashids Mutter auf dem Altar dar. Sie bestanden aus malaiischen Speisen: *rendang ayam*, Curryhuhn, *rendang daging*, Curryrind, klebriger Reis. Speisen, die mit den Fingern gegessen werden mussten.

Einmal im Monat durchbohrte der Bomoh jedem, der im Haus wohnte, die Wangen mit einer Stahlnadel. Diese Prozedur wurde als eine Form der Läuterung betrachtet. Für jeden gab es eine spezielle Nadel; je älter das Kind war, desto länger und dicker die Nadel. Das Kind, dessen Wangen zuerst durchbohrt wurden, hatte am längsten auszuhalten: die Nadel blieb drin, bis auch das letzte Kind versorgt war. Bei bestimmten Gelegenheiten wurden Familienfotos gemacht: siebzehn Kinder mit ihren Müttern, alle mit einer Nadel in der Wange.

Bis zum Ende des Zweiten Weltkriegs lebten der Bomoh und seine Familie in einem *Kampong* und bewohnten dort ein *kampong*-typisches Haus. Später zogen sie in eine Neubausiedlung um, in ein zweigeschossiges Haus mit Flachdach. In diesem Haus war Rashid aufgewachsen. Es gab drei Schlafzimmer im ersten Stock und ein weiteres Schlafzimmer im Parterre. Rashids Mutter sowie eine oder zwei seiner Schwestern hatten das Schlafzimmer zu ebener Erde. Rashids Großmutter bewohnte mit den übrigen Mädchen einen Raum im ersten Stock. Ein Onkel bewohnte mit seiner gesamten Familie einen weiteren Raum. Die Jungen schliefen allesamt auf dem Treppenabsatz. Ständig lebten mithin zwanzig Menschen in diesem winzigen Haus. Überdies übte der Bomoh im Parterre, im Wohnzimmer, das auch als Tempel diente, seinen Beruf aus.

Die magischen Kräfte des Bomohs hatten sich in der Nachbarschaft herumgesprochen, und man war bestrebt, der Familie nicht in die Quere zu kommen. Ein Ausdruck seines Erfolgs war, dass der Bomoh über ein gewisses gesellschaftliches Ansehen innerhalb der Gemeinde verfügte, und er achtete darauf, einen entsprechenden Lebenswandel zu führen. Er war besonders eigen mit seiner Kleidung, wenn er, um von seiner Arbeit als Bomoh auszuspannen, einen der chinesischen Klubs in der Stadt aufsuchte, wie er es gelegentlich tat. Dann kleidete er sich nach Kolonialmanier, mit Anzug und Fliege. Hier und da beteiligte er sich am Kartenspiel und leistete sich auch schon mal eine Opiumpfeife. Einer seiner Brüder war opiumsüchtig und an dieser Sucht gestorben. Der Bomoh war aber nicht süchtig.

Der Bomoh hatte nie die Schule besucht. Nur er allein wusste, wie sehr er in jener lange zurückliegenden Zeit, damals vor und während des Ersten Weltkriegs, als Kind und junger Mann unter diesem Manko gelitten hatte. Jetzt aber, in einer völlig veränderten Welt, wollte er, dass alle seine Kinder, Mädchen wie Jungen, eine ordentliche Ausbildung bekämen. Und dafür tat er, was in seinen Kräften stand.

Rashid wurde auf eine Grundschule am Ort und später auf eine der angesehensten Sekundarschulen der Kolonialverwaltung in ihrem Bezirk geschickt. Rashid sprach nicht darüber, aber er wird wohl gewusst haben, dass er mit dem Übergang auf die Oberschule eine andere Welt betrat. Zu Hause war Rashid stolz auf die magischen Kräfte seines Vaters und hörte es gern, wenn man in der Nachbarschaft darüber sprach. Auf der Oberschule dagegen verlor er nie ein einziges Wort darüber. Keine Sekunde dachte er daran, sich mit seinem Vater vor seinen Kameraden »aufzuspielen« – er selbst benutzte diesen Schülerausdruck.

Auf dieser Schule lernte Rashid auch andere Religionen kennen. Ein netter tamilischer Junge hatte ihn eines Tages in eine »sehr ernste Grundsatzdiskussion« über wichtige Themen verwickelt. »Sieh dir Hitler an«, hatte er gesagt, »sieh dir all diese grausamen Dinge an. Glaubst du, dass diese Leute ungeschoren davonkommen, wenn sie gestorben sind? Und wer wird sie bestrafen? Gott wird sie bestrafen! Glaubst du denn, dass wir ohne Sinn und Zweck auf der Welt sind?«

Der junge Tamile war Christ. Er setzte Rashid mit seinem Glauben nicht allzu sehr zu, sondern war nur sehr freundlich. Seinetwegen besuchte Rashid an der Schule den Bibelunterricht. Gleichzeitig begann er mit dem Lesen der King-James-Bibel. Er mochte die Sprache, in der die Geschichten erzählt wurden, ihren Rhythmus und ihre Bewegung. Auch andere chinesische Jungen gingen in diesen Unterricht. Sie waren Buddhisten wie Rashid und verlangten mehr von der Religion, als ihnen der Buddhismus ihrer Eltern geben konnte.

Das kleine Reihenhaus, in dem Rashid lebte, war voller Rituale: im Erdgeschoss der Tempel des Vaters, die Feste, die jährliche Wallfahrt und der malaiische Datuk, dem seine Mutter jeden Tag huldigte. Aber diese Rituale boten keine Antwort auf die großen Fragen, die sich Rashid mittlerweile stellte. Die drei Gottheiten des Vaters konnten nicht mit so etwas wie der »ökumenischen Liebe« (das waren Rashids Worte) aufwarten, die er im Christentum entdeckt hatte. »Ökumenische Liebe«, das war wie die Vorstellung von der Gnade, von der Philip, der zum Christentum übergetretene Chinese, überwältigt worden war. Die Götter des Schnees, des Feuers und des Schwerts boten, so wenig wie die Tempelrituale, kein vergleichbares Gedankengebäude, keine »Weltanschauung«. Was im Tempel seines Vaters vor sich ging, war rein privat. Die Leute kamen tagtäglich mit nichts anderem als ihren praktischen Problemen zu ihm.

Außerdem konnte Rashid seinen Vater nicht zu dem befragen, was er da machte. Es war zum Beispiel unvorstellbar, dass er seinen Vater fragte, ob Gott existiere. Sein Vater war ein Bomoh, er hatte mystische Kräfte. Ihn zur Religion zu befragen, Zweifel zu äußern, das hätte geheißen, ihm die Ehrerbietung zu verweigern, und das war das Letzte, was Rashid wollte.

Einer von Rashids Brüdern war nahe daran, zum Christentum überzutreten. Er ging bereits regelmäßig in die Kirche. Und Rashid besuchte den Bibelunterricht der Schule. Manchmal sangen sie abends im Wohnzimmer des elterlichen Reihenhauses, wo sich Tempel und Altar befanden, zusammen Kirchenlieder. Der Bomoh entspannte sich vielleicht gerade oder sah fern. Das Singen von Kirchenliedern in seinem Tempel störte ihn nicht, er hörte einfach nicht hin.

Auf der Schule unterhielten sich Rashid und sein tamilischer Freund immer wieder über Jesus und die Dreieinigkeit. Rashid war nicht wirklich übergetreten, aber wohin er auch ging, fragte er die Leute: »Warum lesen Sie nicht die Bibel?« Er redete genauso auf sie ein, wie der tamilische Schulfreund auf ihn eingeredet hatte, und sprach mit ihnen über den Sinn des Lebens.

Darüber sprach er auch mit einem der klügsten Mädchen der Schule. Sie war eine Pathanin, und Rashid fühlte sich zu ihr hingezogen. »Hast du je den Koran gelesen?«, fragte sie ihn eines Tages.

Er hatte zu jener Zeit Vorbehalte gegenüber dem Islam, den er für eine rückständige Religion hielt. Der Islam verband sich für ihn mit den Malaien, und die waren in seinen Augen zurückgeblieben. Aber er brauchte einen Gesprächsstoff, wenn er sich mit dem Mädchen unterhalten wollte. Also begann er mit der Lektüre des Korans, den er in der englischen Fassung von Marmaduke Pickthall las. Er war fasziniert von der Einleitung in das Anfangskapitel und sah darin ein Gegenstück zum Vaterunser der Bibel. Ebenso gefiel ihm die ständige Anrufung Gottes als des Allergütigsten und Allerbarmherzigsten. Das widersprach der Vorstellung, die er vom Islam und dem Schwert hatte.

Aber er hatte Zweifel. Ihm gefiel am Islam weder die Polygamie noch das, was er im Koran über die Stellung der Frau gelesen hatte. Warum der Prophet mehr als vier Frauen geheiratet habe, fragte er das pathanische Mädchen, und sie wusste darauf keine Antwort. Trotzdem fuhr er in seiner Lektüre fort, und nach und nach wurde sein Innerstes angesprochen. Er fühlte, wie Demut ihn erfüllte, und ihm sagten die wiederholten Hinweise auf Gottes Führung zu und wie sehr der Mensch darauf angewiesen sei. »Führe uns den geraden Weg«, diese fünfte Zeile des Eingangskapitels drang bis in sein Herz.

Fortan verstand er sich als Muslim. Muslim zu sein, das hieß Zeugnis geben, dass kein Gott außer Gott sei und der Prophet sein Abgesandter. Das hätte ihm eigentlich Schwierigkeiten bereiten müssen, sobald er an seinen Vater und dessen Praktiken als Bomoh dachte, aber nichts dergleichen trat ein. Zu keinem Zeitpunkt brachte Rashid die Handlungen seines Vaters in Zusammenhang mit Religion.

Er traf sich nach wie vor mit dem pathanischen Mädchen. Sie war für ihn eine leibhaftige Muslime, ein Musterbeispiel, und so fing er an, ihre Essgewohnheiten zu übernehmen. Mittlerweile konnte er auch Koranverse rezitieren, meinte aber, dass das nicht ausreiche. Er war schon der Ansicht, dass er den Koran korrekt lesen sollte, das heißt auf Arabisch. Er machte sich also daran, die malaiische Ausgabe des arabischen Textes zu lesen, und brauchte zwei Jahre, um vom Blatt zu übersetzen.

In dieser Zeit gab es seinetwegen Verdruss im elterlichen Haus. Rashids Eltern missfiel, dass er kein Schweinefleisch anrührte, dass er sich weigerte, die Räucherstäbchen zu halten und die Rituale am Altar zu verrichten. Er lehnte es ab, gekochte Nahrung und sogar Obst zu essen, die auf dem Altar dargebracht worden waren. Um dem Ärger aus dem Weg zu gehen, machte er sich rar, sobald mit den Ritualen begonnen wurde. Seinen Eltern war mittlerweile klar, dass er eines Tages einen muslimischen Namen annehmen würde. Das verärgerte sie erheblich. Sie waren taoistische Buddhisten, und Rashids Vater hatte eine Stellung innerhalb ihrer Gemeinschaft. Rashid war, so gut es ihm gelang, um Ausgleich bemüht, er wollte die Gefühle seiner Eltern um keinen Preis verletzen.

All dies geschah im Jahr 1973. Rashid war in seinem achtzehnten Lebensjahr.

Als ich seine Geschichte hörte, fiel mir ein, dass es vier Jahre zuvor, im Jahr 1969, in Malaysia zu schrecklichen Rassenunruhen zwischen Malaien und Chinesen gekommen war. Ich fragte Rashid nach dieser Zeit.

»Wir waren alle irgendwie betroffen«, sagte er. »Ich war in der zweiten Oberschulklasse. Die Unruhen begannen am 13. Mai. Ich war damals etwas mehr als dreizehn Jahre alt. Dreizehn Jahre und sechs Monate. Ich erinnere mich, dass ich mit dem Rad zur Schule fuhr und dort niemanden antraf. Auch die Straßen waren leer. Auf einmal sahen wir einige Leute in unserer Richtung zurücklaufen, die mir zuriefen: ›Sieh zu, dass du wegkommst! Hau ab!‹ Das war sehr früh am Morgen, und um acht oder neun Uhr wusste jeder, was los war.«

Für einige Monate musste die Familie mit dem zurechtkommen, was sie an Vorräten zu Hause hatte. Reis, gesalzener Fisch, gesalzene schwarze Bohnen. Frische Lebensmittel gab es nicht. Rashids Vater hatte keine Ersparnisse. Wegen der Ausgangssperre konnte niemand zu ihm kommen. Folglich hatte er kein Einkommen und erhielt keine Zuwendungen. Es war eine Zeit großer Not für die Familie. Nach einigen Wochen wurde die Ausgangssperre zwar aufgehoben, aber die Angst der Menschen war so groß, dass sie ein Vierteljahr lang nicht aus dem Haus gingen. Es kursierten Geschichten über Malaien, die Chinesen festnahmen, sie auf Lkws luden, umbrachten und ihre Leichen irgendwo versenkten. Andere Gerüchte besagten, dass Malaien von chinesischen Gangstern erschlagen worden seien.

Nach und nach beruhigte sich die Lage, und die Schule nahm den Unterricht wieder auf. Der Bomoh war als Sohn eines chinesischen Vaters und einer malaiischen Mutter im vorletzten Jahrhundert auf einer indonesischen Insel geboren worden und wusste daher um den Hass der Malaien, um ihren Rassismus. Gleichwohl war er der Ansicht – vielleicht aufgrund seiner Arbeit, die ihm Sieche und Bittsteller aus allen Schichten ins Haus brachte –, dass sie alle nur Menschen seien. Er weigerte sich zu glauben, dass Menschen aufhören könnten, Menschen zu sein. Er weigerte sich, die Geschichten zu glauben, die ihm zugetragen wurden, dass malaiische Soldaten durchs Land zögen und Chinesen erschössen. Nie war er rachsüchtig oder verbittert.

Aber es dürfte für ihn nicht leicht gewesen sein zu sehen, dass sein Sohn vier Jahre nach diesem Terror ein Muslim wurde, den Namen Rashid annahm und den überkommenen Ritualen seines Hauses fernblieb. Er hatte nichts dagegen gehabt, dass seine beiden Söhne in seinem Tempel Loblieder auf Jesus sangen, aber ein Muslim zu werden war etwas ganz anderes. Das erschien wie eine Abkehr von der Familie. Über die Unruhen hatte der Bomoh Gelassenheit bewahren können; aber die Feindschaft zwischen Malaien und Chinesen saß tief und konnte nicht weggewünscht werden. In Malaysia galt von Amts wegen jeder Malaie als Muslim.

Rashid drückte das zwar nicht so aus, aber es waren die Rassenunruhen von 1969, die der politischen Bewegung der Malaien sowie dem neuen Islam unter der Jugend Auftrieb gegeben hatten.

Im elterlichen Haus lebten zwanzig Leute zusammen, und so konnte Rashid, als er in die höheren Klassen der Oberschule gekommen war, sich erst um Mitternacht an seine Hausaufgaben setzen, nachdem der Fernseher abgestellt und alle schlafen gegangen waren. Er saß dann im Wohnzimmer auf dem Bomoh-Stuhl des Vaters, den dieser benutzte, wenn er, manchmal auch in Trance, Besuch empfing und seine Sprechstunde abhielt; drei oder vier Stunden pflegte Rashid dort zu sitzen, lernte, las oder schrieb. Dort, unter den Augen der Götter des Schnees, des Feuers und des Schwertes, las er Shakespeare, Jane Austen und Dickens, schrieb seine Aufsätze und paukte für die Prüfungen. Nicht im Traum dachte er, dass diese Situation für ihn eine besondere Erschwernis bedeuten könnte; dieser Gedanke kam ihm erst sehr viel später, als das Leben für ihn leichter geworden war.

Seine Zeit im Elternhaus war gekommen, als er die Oberschule abschloss und an die Universität in Kuala Lumpur ging. Er belegte Englisch. Die Entscheidung war wenig fundiert, aber nach seiner Darstellung ging er an die Universität, um wirklich frei zu sein. Er war in der Lage, auf eigenen Füßen zu stehen. Die Studiengebühren waren gering, und während der langen Semesterferien konnte er mit verschiedenen kleinen Jobs genug verdienen, um die Unterbringung im Studentenwohnheim zu bezahlen. Er gab Nachhilfeunterricht und arbeitete gelegentlich für Zeitungen und in der Werbung.

Er nahm sein Studium nicht sehr ernst. Er besuchte die Vorlesungen so selten, dass ihm die Universitätsleitung am Ende des zweiten Studienjahrs eine Frist setzte. Ein väterlicher indischer Tutor half ihm, sich auf Vordermann zu bringen, und am

Ende bekam er noch einen annehmbaren Abschluss. In den insgesamt drei Universitätsjahren war er nur einmal im Haus seiner Eltern, für eine Woche. Das war im zweiten Jahr. Nach seinem Abschluss, am Ende des dritten Studienjahrs, fing er sofort mit einer Ganztagstätigkeit in Kuala Lumpur an, und es blieb ihm keine Zeit, an einen Besuch zu Hause zu denken.

Das Diplom in Englisch war zu unbedeutend, als dass er damit einen anständigen Job bekommen konnte, daher machte er nun ganztags, was er schon während der Semesterferien gemacht hatte. Das, was anfangs noch aufregend gewesen war und Teil seiner Freiheit, wurde alsbald öde. Zwar verdiente er seinen Lebensunterhalt, aber sein Leben war richtungslos und ungeordnet. Ohne den Islam – der immer wichtiger wurde und ihm sogar während der Universitätszeit wichtig gewesen war – wäre sein Leben ohne Sinn und Ziel geblieben.

Eines Tages fuhr er zur Arbeit, als ihn ein Verkehrspolizist aufforderte anzuhalten. Er drehte die Scheibe runter und fragte: »Stimmt was nicht?« In Rashids Tonfall war etwas, das den Polizisten aufbrachte. »Was meinen Sie mit ›Stimmt was nicht?‹? Das heißt ›Stimmt was nicht, *Sir*?‹« Und er stellte einen Strafzettel aus.

Der Polizist war Inder. In Kuala Lumpur war allgemein bekannt – jedenfalls meinte das Rashid –, dass die Inder, wenn sie erst einmal mit Autorität ausgestattet waren, eine arrogante Haltung an den Tag legten. Und dieser Polizist mochte, obwohl Rashid das nicht sagte, besonders barsch gegen ihn gewesen sein, weil er Chinese war. In seinem Inneren sagte sich Rashid: »Dir werd' ich's geben. Mit dir werd' ich abrechnen. Warte mal ab.«

In diesem Augenblick beschloss Rashid, zur Polizei zu gehen, »sich Autorität zuzulegen«. Es war ein spontaner Entschluss, den er aber schon einige Zeit im Kopf gehabt hatte. Eine Zeit lang hatte er davon geträumt, eine Polizeiuniform zu tragen, den Respekt anderer zu erlangen und sich selbst gegen Leute wie diesen indischen Polizisten oder gegen Sicherheitsbeamte schützen zu können, wenn sie ihn von Parkplätzen vertrieben, die Würdenträgern vorbehalten waren.

Nun stellte sich aber heraus, dass Rashids ältester Bruder bei der Polizei einen hohen Rang bekleidete. Dieser Bruder war gut zwanzig Jahre älter als Rashid, und Rashid dürfte ihn nicht oft zu Gesicht bekommen haben. Er war bei der Polizei zunächst Wachtmeister gewesen und hatte sich dann – ebenfalls ein Sohn des Bomohs mit dessen Tatkraft und Betriebsamkeit – zum Kommissar und belobigten Offizier hochgedient. Rashid bewahrte von diesem Bruder die Kindheitserinnerung, wie er einmal in der Uniform des Kommissars in das elterliche Haus gekommen war. Irgendwann hatte man vom lokalen Polizeirevier aus Verbindung mit dem Kommissar aufnehmen müssen, und da es im Haus des Bomohs damals kein Telefon gab, rückte ein Hauptwachtmeister an und salutierte vor dem Kommissar in Anwesenheit der ganzen Familie. Das beeindruckte die Kinder sehr. Rashid erinnerte sich zudem an die Handfeuerwaffe des Kommissars.

»Schon die Vorstellung, solch eine Uniform mit den drei Sternen auf der Schulter zu tragen«, meinte Rashid, »gibt einem einen Adrenalinstoß. Das scheint verrückt, wenn man sich's genau überlegt, aber damals war das wirklich so. Hatte man erst einmal Autorität,« – und Rashid erzählte mir die Geschichte vom späteren Standpunkt eines Lebens in gesicherten Verhältnissen und mit gesellschaftlichem Einfluss aus –, »dann war alles ganz anders.«

Außerdem hatte Rashid das Gefühl, dass er nach seiner allzu ungebundenen Zeit an der Universität und seiner orientierungslosen, freischaffenden Tätigkeit im Anschluss an die Uni in seinem Leben nun wieder Ordnung und Disziplin, ja sogar Reglementierung brauchte. Er dachte, der Polizeidienst würde das für ihn erledigen. Und obwohl seine Unsicherheit, seine Aggressivität und sein Streben nach Macht (wie er meinte) damals ganz real waren, hatte er doch noch genug Einsicht zu erkennen, dass diese Einstellung seiner ganzen Erziehung widersprach.

»Mein Vater und mein Bruder«, betonte er, »haben eine völlig unterschiedliche Art von Macht. Mein Bruder hat Autorität.

Mein Vater hat sich den Respekt aufgrund seiner Fähigkeiten erworben, aber auch weil er ein sehr großzügiger Mensch ist. Deswegen hatten wir nach den Unruhen eine sehr schwere Zeit. Wir hatten keine Ersparnisse. Mein Vater kaufte dem Brotlieferanten immer vier oder fünf Brote ab, weil er nicht das Herz hatte, ihm nichts abzukaufen – dabei war es egal, wie viele Brote wir hatten. Ich tue das auch heute noch, wenn der Brotlieferant vorbeikommt. Außerdem war es Sitte, mehr zu geben, als das Brot kostete. Er ließ sich niemals Wechselgeld zurückgeben. Er sagte dann: ›Man darf bei diesen Menschen nicht auf den eigenen Vorteil sehen.‹«

Das war in dem Jahr, bevor Rashid bei der Polizei angenommen wurde. Fünfhundert Bewerbungen wurden bearbeitet; ein Mehrfaches an Anträgen hatte vorgelegen. Nach Prüfung ihrer körperlichen und geistigen Eignung kamen 250 Bewerber in die engere Wahl, von denen einhundert zu offiziellen Einstellungsgesprächen geladen wurden, die sich einige Monate hinzogen. In schriftlichen Prüfungen und Intelligenztests wurde noch einmal die Hälfte ausgesiebt. Am Ende wurden zwanzig genommen und auf die Polizeischule geschickt. Unter ihnen war auch Rashid.

Bevor Rashid an die Polizeischule kam, hatte er sich einen neuen Haarschnitt verpassen lassen. Dort aber wurden er und seine Kameraden erst einmal zum Friseur geschickt, der ihnen die Köpfe schor. Rashid war der Machtposition wegen zur Polizei gegangen. Seine erste Erfahrung als Polizeianwärter war diese rituelle Erniedrigung.

Die kommenden beiden Monate waren er und seine Kameraden der Gnade von Hauptwachtmeistern und Wachtmeistern ausgeliefert. Das Ausbildungsreglement bei der Polizei hatte sich seit der britischen Kolonialzeit nicht geändert. Kleinste Vergehen wie das Reden beim Aufmarsch wurden aufs Schwerste geahndet, etwa mit einer Stunde Marschieren im Eiltempo und in voller Montur bei großer Hitze, wobei das M-16-Gewehr in einer Position zu halten war, die nach kurzer Zeit ganz und gar unerträgliche Schmerzen in Oberarm und Ellbogen hervorrief.

Nach diesen beiden Monaten hatte Rashid Disziplin gelernt. Das Streben nach Macht, jener ständige kleine Anreiz, zu gegebener Zeit mit den Ober- und Unterwachtmeistern abzurechnen, die ihm das Leben schwer machten, war wie weggebrannt. Er fühlte sogar so etwas wie Hochachtung für seine Ausbilder.

Nach der Abschlussprüfung und nach seiner Ernennung zum Polizeioffizier besuchte er seinen Vater, den er seit Jahren nicht mehr gesehen hatte. Rashid wusste inzwischen, dass der Bomoh stolz auf ihn sein würde, und der Bomoh war tatsächlich sehr stolz auf seinen Sohn.

»Er war sehr glücklich, mich bei sich zu haben«, sagte Rashid, »für ihn hatte sich sein Sohn verändert. Mein Übertritt zum Islam kam nicht mehr zur Sprache. Ich hatte ihm ein Foto von mir in Uniform geschickt, mit meiner Namensplakette, mit meinem muslimischen Namen darauf, RASHID. Und er hat das Foto an die Wand des Wohnzimmers gehängt.«

Ein Polizeioffizier zu sein, das hieß nicht bloß, eine Uniform zu tragen und Ehrenbezeigungen entgegenzunehmen. Vielmehr hieß es, in dem rauen Gelände, in das man ihn gestellt hatte, ständig mit Toten, verstümmelten Leichen und Grausamkeiten konfrontiert zu sein. Schon bald hielt es Rashid nicht mehr aus. Er wechselte zum Geheimdienst. Der war zwar in seinen Machtphantasien nicht vorgekommen, aber er hatte inzwischen begriffen, dass innerhalb des Polizeiapparats hier die wirkliche Macht lag. Es gefiel ihm allerdings nicht. Er hatte die Lust an der Polizeiarbeit verloren.

Ihm schwebte eine juristische Laufbahn vor. Einer seiner Ausbilder bei der Polizei hatte ihm gesagt, er argumentiere wie ein guter Rechtsanwalt. Das war in seinem Kopf hängengeblieben. Nach knapp vier Jahren Polizeidienst nahm er seinen Abschied, übernahm eine Zeit lang des Geldes wegen einen Job in der Wirtschaft und schrieb sich dann an der juristischen Fakultät ein. Er war dafür wie geboren. Die Juristerei mobilisierte alle seine Fähigkeiten, und von Anfang an hatte er Erfolg. Dank des Wirtschaftsbooms in Malaysia hatte er seine Lebenspläne mehrfach ändern können; in früheren Zeiten hätte er besonnener sein müssen, er hätte sich mit dem abfinden müssen, was sich ihm gerade bot.

»Obwohl ich jetzt Zugang habe zu den Zentren der Macht«, meinte Rashid, »spüre ich längst nicht mehr jene Erregung, die mich seinerzeit aufgezehrt hat. Wenn ich zurückblicke, dann sehe ich, dass alle Stadien, durch die ich hindurchmusste, notwendig waren. Die einzelnen Stadien meiner Kindheit, die Umstände, unter denen ich aufgewachsen bin, die Gelegenheiten, die sich mir boten, das alles half mir, mich selbst zu behaupten.«

Durch seine Herkunft war er zu einem sehr positiv eingestellten Menschen geworden. Nie stöhnte oder klagte er. Er glaubte nicht, dass diese Einstellung damit zusammenhing, dass er Chinese war, denn er hatte chinesische Freunde, die durchaus ständig murrten und klagten. Er meinte vielmehr, dass ihm diese Haltung von seinem Vater mit auf den Weg gegeben worden sei. Er konnte sich nicht erinnern, dass sein Vater sich je über sein Schicksal beschwert hatte. Er hatte sehr unter einem Leistenbruch gelitten, aber zu niemandem darüber gesprochen. Er hatte Probleme mit seiner Wirbelsäule gehabt, die ihm ständig Schmerzen verursachte.

Rashid besuchte ihn, ein paar Monate bevor er starb. Er war achtundachtzig Jahre alt und bettlägerig. Sein Körper war verfallen, er hatte zwischen dreißig und vierzig Pfund abgenommen. Er wirkte eingefallen.

»Vater, du bist so dünn geworden«, sagte Rashid zu ihm.

Darauf erwiderte der Bomoh: »Es ist alles in Ordnung. Ich fühle mich wohl.« Aber ihm standen Tränen in den Augen.

Als Rashid seinen Vater dem Tode so nahe sah, dachte er an die harte Kindheit, die er gehabt, und an all das, was er in seinem Leben geleistet hatte. Alle seine Kinder, von denen so viele in unsichere Zeiten hineingeboren wurden, hatten es zu etwas gebracht.

»Während ich mich Machtphantasien hingab, sogar noch ehe ich Polizist war, übte er wirkliche Macht aus.« Nämlich als Bomoh. »Im Vergleich zu ihm war ich all die Jahre ein Kind. Kritik an ihm werde ich nicht dulden, nicht einmal von Seiten anderer Familienmitglieder. Was er gemacht hat, haben wir mit unseren eigenen Augen sehen können. Er musste seine Macht nicht eigens erklären. Vielleicht habe ich ja eine Gemeinsamkeit mit ihm. Er war der achte Sohn, und ich war der achte Sohn. Meine Mutter sagte mir, dass ich genau wie mein Vater aussehe. Meine Mutter hat Schwierigkeiten, sich auszudrücken. Sie geht nicht rum und schmeichelt den Leuten.«

Rashids Vater wollte nicht, dass irgendjemand aus der Familie ihm in seinem Beruf als Bomoh nachfolge oder sich seinem Glauben anschließe. Er wollte nur, dass seine Kinder die Rituale mitmachten. Das konnte Rashid nicht, als er Muslim geworden war. Aber es gefiel ihm, dass seine Mutter die Rituale verrichtete, und als sie starb, übernahmen andere Familienmitglieder ihren Kult um den malaiischen Datuk-Geist in der Küche und verrichteten die Rituale am Hausaltar.

4

Die andere Welt

An dem Bühnenautor Syed Alwi war das malaysische Wirtschaftswunder vorübergegangen. Verfasser von malaiischen Theaterstücken zählen nicht gerade zu den Großverdienern, und ebendieses Genre der Schriftstellerei war für Syed Alwi zur Berufung geworden. Gleichwohl war es ihm gelungen, mit Hilfe hier und da eingeheimster Honorare einen kleinen Betrag beiseite zu legen. Als er knapp über sechzig war, dachte er daran, sich ein kleines Häuschen zu bauen, das ihm seinen Lebensabend angenehm machen sollte.

Durch Geburt und Lebenseinstellung war er ein Kind vom Lande. Wie alle Malaien liebte er Bäume und Flüsse. Er fand ein Grundstück in einem Erschließungsgebiet eines *Kampong* weit außerhalb von Kuala Lumpur. Mit seinem tuckernden kleinen roten Auto brauchte er von Kuala Lumpur eine halbe Stunde dorthin, sogar wenn er die schnellen neuen Autobahnen benutzte, die durch die unbebaute, wegsam gemachte Hügellandschaft führten. Nach Verlassen der Autobahn fuhr man eine Zeit lang auf einer sich dahinschlängelnden Landstraße durch liebliche, sonnendurchflutete Waldgebiete, bis man bei dem fruchtbaren, grünen *Kampong* anlangte. An einem Ende von Syed Alwis kleinem Grundstück befand sich ein schmales Flüsschen, gerade mal einen Meter breit und kaum zehn Zentimeter tief.

Seine malaiische Prägung, die ihn gerade dieses Grundstück hatte aussuchen lassen, bewog ihn, den Bau seines Hauses einem jungen Mann, einem Verwandten, anzuvertrauen, der sich gerade als Bauunternehmer niedergelassen hatte. Es wurde eine Katastrophe. Das Geld war am Ende aufgebraucht, das Haus nicht fertig geworden, und der Bauunternehmer hatte das Weite gesucht. Syed Alwi hatte den kühnen Traum gehegt, in seinem Haus ein kleines Studio einzurichten, als Probebühne für seine Stücke. Der größere Teil dessen, was immerhin fertig geworden war, war nichts weiter als eine unsichere Fassade, ohne Innenwände, ohne Fußboden (er hatte den ehrgeizigen Wunsch gehabt, das Haus teilweise über den Fluss hinausragen zu lassen), ein schiefes, durchlässiges Gerippe aus schrägen und abgesenkten Balken, die zu schwach waren, irgendein Gewicht zu tragen.

Syed Alwi beschwerte sich, ganz gegen seine malaiische Art, beim Vater des jungen Bauunternehmers. Und seine eigentliche malaiische Einstellung trog ihn nicht. Der Vater war aufgebraust und hatte gemeint, er sei in keiner Weise verantwortlich für den Sachverstand oder sonstige Belange seines Sohnes. Dies müsste Syed Alwi, mochte er auch eine andere Auffassung von Familiensolidarität oder Solidarität unter Malaien haben, mit sich selbst abmachen.

Da saßen sie nun, Syed Alwi und seine Frau, und mussten in einer Ecke dieser eigenartigen Bauruine (ohne Telefon) leben, Leute empfangen, an den Theaterstücken arbeiten und schauen, wie sie zurechtkamen. Das Hügelland oberhalb des Flüsschens war zugunsten des Gebäudes teilweise abgetragen und planiert worden. Schlangen, vom Flüsschen angelockt, hatten große Löcher in den trockenen Erdwall gegraben, der sich an einer Seite des Bauwerks befand. Syed Alwi und seine Frau hatten die Schlangen manchmal gesehen, aber sich nichts daraus gemacht. Ihnen gefiel an diesem Ort all das, was trotz alledem schön war: der Fluss, die Bäume und das Grün.

Etwas Ähnliches war Syed Alwis Vater bereits 1930 widerfahren. Er war entfernt verwandt mit der Königsfamilie von Perak. Aus irgendeinem Grund erwies sich dies allerdings nicht als eine glückliche Verwandtschaftsbeziehung, und er hatte als Kind darunter gelitten. Er war dann gleichwohl, obschon immer noch sehr jung, ein in seinem Beruf erfolgreicher Beamter geworden. Vielleicht aber waren die sozialen, akademischen und kolonialen Zwänge zu groß, jedenfalls wurde er mit zweiundzwanzig schizophren. In der anderen Welt beziehungsweise in seiner anderen Persönlichkeit hatte er religiöse Zwangsvorstellungen und konnte gewalttätig werden. Er hatte aber auch hellsichtige Phasen. 1930, im achten Jahr seiner Schizophrenie, begann er in einer dieser hellsichtigen Phasen, im Kampong ein zweistöckiges Haus für seine Familie zu bauen. Er wollte zu viel. Er bekam nur seine Beamtenpension und hatte daher nicht genug Geld, den Bau fertig zu stellen. Das Haus blieb infolgedessen ohne das zweite Geschoss.

Syed Alwi wurde ungefähr in dieser Zeit geboren, vielleicht sogar in dem unfertigen Haus. Jedenfalls wuchs er darin auf. Die Familie überstand in diesem Haus die Entbehrungen und Schrecken der japanischen Besatzung von Anfang 1942 bis 1945. In diesem Haus starb dann auch Syed Alwis Vater, wenige Tage nach dem Ende des Krieges im Pazifik.

Eine unvorstellbare Erfahrung, die vermutlich aus Syed Alwi einen Stückeschreiber gemacht hatte. Aber es ist nicht immer leicht für einen Schriftsteller, seinen Stoff zu erkennen, wenn er seine ersten Schritte macht. Manchmal ist Distanz erforderlich, und manchmal ist eine Erfahrung so schrecklich, dass sie gar nicht unmittelbar beschrieben werden kann. Syeds Alwis erste Auseinandersetzung mit dem, was er durchgemacht hatte, war eher indirekt, symbolisch. Das ist eine Möglichkeit für die schöpferische Phantasie, sich mit außerordentlichem Schmerz zu befassen. Sein erstes Stück entstand ganz allmählich, in über vier Jahren.

Ausgangspunkt war etwas, was er geschrieben hatte, als er zwanzig war und Schüler an der Clifford School in Kuala Kangsar – wegen des Krieges hatte er vier Schuljahre versäumt. Damals lebte eine stadtbekannte religiöse Autorität namens Sheikh Tahir in Kuala Kangsar. Der Sheikh war ein gebildeter und viel gereister Mann, mit ausreichend astronomischen

Kenntnissen, um selbständig und nur auf sich gestellt den Beginn des Fastenmonats errechnen zu können. In der Gegend war er eine Legende. Er kam immer mit dem Fahrrad in die Stadt, und die Menschen hielten ihn an und sprachen mit ihm. Syed Alwi war voller Bewunderung für Sheikh Tahir, wollte sein wie er. Er schrieb ein Stück über ihn für die Schulzeitung der Clifford School, das einen merkwürdigen Blickwinkel hatte: Er schrieb über ein imaginäres Zusammentreffen während einer Bahnfahrt zwischen dem Sheikh und einem Jungen, wie er selbst einer war. Der Junge plustert sich auf und macht große Worte, während der alte Mann kaum einen Satz über die Lippen bekommt. Später wird dem Jungen schmerzlich und voller Scham bewusst, dass er mit einem großen Mann gereist war, ohne ihn wirklich wahrzunehmen.

Diese Idee eines Zusammentreffens während einer Zugreise behielt Syed Alwi in seinem Gedächtnis. Er erweiterte sie, indem er den Jungen zu einem Studenten machte; aus der Vaterfigur des Sheikh wurde ein Geist, den man sehen konnte und der doch nicht da war. Die Hintergrundgeschichte wurde ausgebaut: Es herrschte Ausnahmezustand, eine Zeit des Zusammenbruchs, des allgemeinen Verfalls und plötzlichen Todes in vertrauter Umgebung.

Vier Jahr später kam Syed Alwi mit einem Fulbright-Stipendium nach Minnesota, um an der dortigen Universität Journalismus zu studieren. Nach einer langen Zeit der Untätigkeit machte er sich eines Tages ans Schreiben, und das Stück, sein allererstes, war in weniger als zwei Wochen fertig.

Darin enthalten ist das Zusammentreffen im Zug. Der Student hält den alten Mann für einen Bauern, liegt ihm mit philosophischen Ausführungen in den Ohren und möchte sich mit seiner Bildung über ihn lustig machen. Zuletzt stellt ihm der alte Mann eine Frage: »Wenn du weißt, dass jemand bald stirbt, was würdest du ihm sagen?« Zunächst stammelt der Student ein paar Sätze; ihm ist klar geworden, dass er es nicht mit einem Bauern zu tun hat. Er weiß keine Antwort. Wie um den Studenten zu beruhigen, sagt der alte Mann: »Ich habe dieses Problem. Meine Tochter liegt im Sterben.« Und dann ist er auf einmal nicht mehr da. Er ist ein Geist. Vielleicht hat er auch nur in der Einbildung des Studenten existiert. Der Zug läuft in den Bahnhof ein – es ist die Zeit der Kommunistenrevolten nach dem Krieg, als Bahnhöfe angegriffen wurden –, und dort kommt es zu einem unwahrscheinlichen, zufälligen Todesfall, durch den der junge Mann und der Geist, den er gesehen hat, in einen Zusammenhang gebracht werden.

Das Stück mag in Minnesota wirklichkeitsfremd erschienen sein, aber jedes Detail darin – der Tod des Kindes, der allgemeine Verfall, sogar der religiöse Geist – bezog sich auf etwas aus Syed Alwis bisheriger Lebenserfahrung. Noch das früheste Werk künstlerischer Einbildungskraft, wie unvollendet oder künstlich es sich auch darbietet, enthält, manchmal in verschlüsselter Form, jene Eingebungen und Emotionen des Schriftstellers, die ihn auf immer bestimmen werden.

»Legenden sind realer als Geschichte«, meinte Syed Alwi, als er mir von seiner Herkunft erzählte. Die in seiner Familie kursierende Legende besagte, dass der Vater seines Vaters ein »Syed« gewesen sei, ein Abkomme des Propheten. Das bedeutete in einem Land wie Malaysia, dass ein Vorfahr ein arabischer oder indischer Kaufmann gewesen sein musste; Alwi war zudem der Name eines arabischen Clans. Allerdings sah Syed Alwi, ungeachtet seiner malaiischen Wesenszüge und Gefühlsausbrüche, eher wie ein Europäer und nicht wie ein Araber oder Malaie aus. Die Ärzte hätten ihm gesagt, so erklärte er mir, dass die Hautentzündung an seiner Nasenspitze ein europäisches und kein arabisches Leiden sei. Das Ganze sei also ein Geheimnis, meinte er.

Aber die Legende war die Legende. Ein Syed war ein Syed und ein Alwi ein Alwi. Zu der Legende gehörte, dass Syed Alwis Großvater, der in einem Verwandtschaftsverhältnis zur Königsfamilie von Perak stand, irgendwie rebelliert, das Leben im königlichen Bezirk aufgegeben, den Fluss überquert und am anderen Ufer eine Frau aus dem gemeinen Volk geheiratet hatte. Die Legende war an keinerlei Zeitangabe geknüpft, aber die Auflehnung gegen seine Familie mochte in den achtziger Jahren des 19. Jahrhunderts stattgefunden haben. Damals waren die Menschen eingeschlossen in Rituale und Clan-Rücksichten, und man musste gute Gründe haben – immerhin war Syed Alwis Großvater ein Mann ohne Schulbildung –, wenn man so etwas Verzweifeltes vorhatte wie eine Auflehnung oder einen Ausbruch aus dem Gehege der Clan-Konventionen. Jenseits der überlieferten Legende hatte Syed Alwi kein einziges Faktum ausfindig machen können.

Syed Alwis Vater, der Sohn des Rebellen, war zum Leiden bestimmt. Seine Geburt fiel in das Jahr 1900. Er wurde von der königlichen Sippe adoptiert und an das Malay College in Kuala Lumpur geschickt, der Schule für die Söhne aus den Herrscherfamilien. Das war eine Pflicht, die die Familie nach außen hin hatte, schließlich war der Junge königlichen Geblüts. Im Privaten jedoch wurde er von der königlichen Familie übel behandelt. Sie gestatteten ihm nicht, an ihrem Tisch zu essen; er musste Hausarbeiten verrichten und wurde wie ein Diener behandelt.

Trotz dieser widrigen Umstände schlug sich der Junge am College gut. Mit sechzehn Jahren bekam er beim Katasteramt eine Stelle als Ansiedlungsbeamter. In seine Zuständigkeit fiel die Unterstützung der Kampong-Bewohner bei ihren Anträgen auf Landzuteilung in neuen Siedlungsgebieten. Er hatte für das Katasteramt entsprechende Empfehlungen auszuarbeiten. Das dürfte im kolonialen Kontext des Jahres 1916 für einen Malaien ein relativ hochrangiger Posten gewesen sein, bemerkenswert zudem für einen so jungen Mann.

Dem Ansiedlungsbeamten wurde sodann von der königlichen Sippe eine Braut ausgesucht. Es heißt, sie wäre eine *Sharifa*, eine weibliche Syed gewesen, und reich dazu. Das war alles, was die Legende dazu sagte, und die Legende muss eine ganze Menge weggelassen haben. Weil der Junge oder junge Mann nicht mit dem Mädchen verheiratet werden wollte, das man ihm zugedacht hatte, nahm er – wie sein Vater vor ihm – am Vorabend seiner Hochzeit Reißaus. Das dürfte eine Menge

Leute verärgert haben, die sich in ihrer Ehre verletzt fühlten. Der junge Mann wusste, dass man ihn verfolgen würde. Also musste er Schutz suchen.

Er war als Ansiedlungsbeamter im Norden von Perak tätig gewesen, und so beschloss er, dorthin zu gehen. Er begab sich in ein Kampong, das er sehr gut kannte. »Finde eine Frau für mich«, bat er den dortigen Dorfvorsteher. Das war gängiger malaiischer Brauch. Normalerweise bat man einen Verwandten um diese Gefälligkeit; man konnte sich aber auch, in Ausweitung dieses Verfahrens, an den Dorfvorsteher wenden.

Im Kampong lebten *Radschas*, Menschen königlicher Abstammung, mithin entsprechend seinem Heiratswunsch geeignete Familien. Der Dorfvorsteher suchte zwei Mädchen aus; das erste war keine *Radscha* und geschieden. Als geschiedene Frau hatte sie das Vorrecht, den Antrag abzulehnen. Also wies sie den siebzehnjährigen Ansiedlungsbeamten ab. Das zweite Mädchen musste den Antrag annehmen.

Sie war eine *Radscha*. Ihre Vorfahren hatten das Kampong gegründet; sie stammten vom Volk der Bugis ab und waren von Sulawesi (dem Celebes der Kolonialzeit) herübergekommen; zu einem nicht näher bekannten Zeitpunkt waren sie in den nordmalaysischen Staat Kedah ausgewandert. Zwischen ihnen und den einheimischen Malaien hatte es Heiratsverbindungen gegeben, und mit der Zeit hatten sie den Rang von *Radschas* eingenommen. Die malaiische Inselwelt war im 19. Jahrhundert Schauplatz vieler solcher Wanderbewegungen; Europäer und Chinesen waren nicht die Einzigen, die in den Lebensraum anderer Völker eindrangen. Irgendwann griffen die benachbarten Siamesen Kedah an und die dort ansässigen *Radschas* flohen südwärts in den Staat von Perak. Sie siedelten sich auf einem Vorgebirge an einer Flussbiegung an und bebauten das Land; der Ort entwickelte sich zu einem Kampong, den sie Pondoktanjung nannten, die »Hütte auf dem Vorgebirge«.

Die *Radscha*-Braut aus Pondoktanjung war dreizehn Jahre alt, vier Jahre jünger als ihr Ehemann. Es war die Pflicht der Frau, ihrem Ehemann zu folgen; eben darauf bereiteten sich die Mädchen vor. Das Leben gerade dieses Mädchens aber sollte sich stärker ändern, als irgendjemand im Dorf ahnen konnte. Was sie erwartete, das waren Opfer, Schmerz und Phasen völliger Dunkelheit.

Anfangs jedoch, vielleicht vier Jahre lang, ging alles gut. Ein Jahr nach ihrer Heirat bekam die junge Frau ihr erstes Kind, einen Jungen: Es war die erste von fünfzehn Geburten. In den folgenden vier Jahren, die für beide gute Jahre waren, bekam sie zwei weitere Kinder. In dieser Zeit machte ihr Mann im Staatsdienst eine rasche Karriere. Die Leute von Pondoktanjung akzeptierten ihn allmählich als einen der Ihren, damit war er nicht länger ein Mann ohne Clan.

1921, mit einundzwanzig Jahren, wurde er Verwaltungschef. Um in diese Stellung zu gelangen, muss er über Rechtskenntnisse verfügt haben. Sein Lernpensum muss enorm gewesen sein; und er musste es sich neben seinen Dienstreisen und seiner sonstigen Arbeit als Ansiedlungsbeamter aneignen. Sein damaliges Leben muss sich ihm als Fortsetzung seiner Schulzeit am Malay College dargestellt haben: am Tage Unterricht und abends die Hausaufgaben. Mit dem Lernen stellte sich zunehmend eine gewisse Ruhelosigkeit des Geistes ein. Doch während er in der Welt immer mehr an Sicherheit gewann, wandte er sich von ihr ab. Neuerdings faszinierten ihn Philosophie, Religion und die Frage nach dem Wesen Gottes.

Diese Dinge erörterte er in der Regel mit einem Freund, einem Lehrer aus der Lehrerbildung. Es hieß, sie träfen sich jeden Abend. Niemand sonst wusste von der Wirrnis im Kopf des jungen Verwaltungsbeamten. Für die Menschen im Kampong und auch für die Familie seiner Frau lebte er einfach nach Muslimart, wie alle anderen, und verrichtete die Rituale. Er war darauf bedacht, so will es scheinen, die Menschen nicht zu verärgern oder zu verletzen. Er behielt seine Unruhe für sich. Er sprach auch nicht mit den britischen Beamten, es wäre schrecklich für ihn gewesen. Er sprach nicht gern Englisch und legte auch keinen Wert darauf, ein Leben im Kolonialstil zu führen. Mithin stand er ziemlich allein da.

Im Jahr 1922, er war jetzt zweiundzwanzig, erlebte er einen Zusammenbruch. Das schien ein eher körperlicher Vorgang gewesen zu sein und passierte zu einem bestimmten Zeitpunkt. Er war gerade in Perak unterwegs, in einer Stadt namens Tapah, als es geschah. Irgendwie war er noch in der Lage, nach Hause zu fahren, vielleicht wurde er auch nach Pondoktanjung zurückgebracht. Er erholte sich nie mehr davon. In den verbleibenden dreiundzwanzig Lebensjahren wanderte er zwischen seinen beiden Welten hin und her. Seine Frau war bei seinem Zusammenbruch achtzehn Jahre alt. Bis zum Ende blieb sie ihm in jeder Hinsicht Ehefrau.

Er wurde aus medizinischen Gründen aus dem Staatsdienst entlassen und erhielt eine Pension von monatlich fünfundsiebzig Malay-Dollars, was nach heutigem Wert ungefähr achtzehn englischen Pfund entspricht, 1922 allerdings ein recht ansehnlicher Betrag war. Die Pension wurde ihm bis zur Besetzung durch die Japaner ausbezahlt. Danach kam nichts mehr.

Er lebte zwei verschiedene Leben, eines in dieser Welt, ein anderes in seiner Privatwelt.

Im normalen Leben (wenn das überhaupt die richtigen Worte sind) sprach er nicht gern Englisch; er sprach es nur, wenn er musste. In seinem zweiten Leben sprach er nichts als Englisch. In seinem normalen Leben hatte er nicht viel Sinn für das Schreiben; in seinem anderen Leben schrieb er die meiste Zeit. Seine Familie kaufte ihm Unmengen von Schulheften und Bleistiften, und er schrieb und schrieb. Sobald er aus dieser Welt heraustrat, wurde alles, was er geschrieben hatte, verbrannt. Syed Alwi war sich nicht sicher, ob er im Normalzustand gewollt hätte, dass alles verbrannt wird, oder ob die Familie es wollte.

In der normalen Welt rührte er keine Zigarette an. In der anderen Welt rauchte er vier oder fünf Zigaretten gleichzeitig, wobei er sie alle zwischen seinen Fingern hielt.

In der normalen Welt konnte er es nicht mit ansehen, wenn jemand körperlichen Schmerz erdulden musste. Sobald seine Frau eines der Kinder schlug, rannte er aus dem Haus. Er konnte dann Wochen wegbleiben; manchmal konnte die Familie ihn nirgendwo ausfindig machen. In der anderen Welt dagegen war er gewalttätig. Obgleich er hier seine Familie nicht als seine Familie erkannte, war er gegen sie jedoch nie gewalttätig. Die Gewalt richtete er gegen andere. Wenn zum Beispiel der Bruder seiner Frau ihn begleitete, wenn er seine Pension abholen ging, und ihnen unterwegs irgendjemand über den Weg lief, dann konnte es durchaus passieren, dass er den Betreffenden ohrfeigte. Es gab eine Zeit, da war er so gewalttätig, dass man ihm im Haus einen Käfig bauen musste. Im achten Jahr nach seinem Zusammenbruch ließ seine Gewalttätigkeit nach. Als Syed Alwi 1930 geboren wurde, war es praktisch vorbei damit.

Im normalen Leben hatte er Freude am Kochen und Essen. In der anderen Welt war ihm das Essen gleichgültig. Er hatte nur zwei Leidenschaften: Schreiben und Reden.

Es war ein außerordentlicher Zufall, dass Syed Alwi 1953 dem Freund seines Vaters begegnete, dem Lehrer am Lehrerseminar, mit dem der Vater, einunddreißig Jahre zuvor, bis zu seinem Zusammenbruch nächtelang diskutiert hatte.

Syed Alwi war auf dem Weg in die Vereinigten Staaten, nach Minnesota, wo er sein Fulbright-Stipendium antreten wollte. Der Freund des Vaters stieg zufällig in Manila mit ins Flugzeug, für den Streckenabschnitt Manila–Hawaii. Und ein weiterer Zufall wollte, dass er den Sitz neben Syed Alwi bekam oder sich einfach nahm. Während des mehrstündigen Fluges teilte er Syed Alwi die Erinnerungen mit, die er noch an die geistige Ruhelosigkeit des Vaters und an dessen Zusammenbruch hatte. Zum ersten Mal begriff Syed Alwi, dass sein Vater, während er seiner Verwaltungsarbeit als stellvertretender Bezirksdirektor im Katasteramt nachging und damit viel zu tun hatte, geistigen Schreckensvorstellungen ausgeliefert war. Sie richteten seine Welt zugrunde. Er konnte den Gott des Islam nicht anerkennen. Seine Kenntnis Gottes sollte persönlicher, vertrauter sein. Auf der Suche nach einem Gott, den er anerkennen konnte, las er Bücher über andere Religionen.

Syed Alwi hatte sich die Vorstellung zurechtgelegt, dass sein Vater zu einem bestimmten Zeitpunkt zu Kompromissen genötigt gewesen sein könne oder vielleicht habe akzeptieren müssen, dass er den Gott, den er suchte, nicht finden konnte. Aber das war nur eine Vermutung, eine für Syed Alwi schmerzliche Vermutung. An seinen Erklärungen merkte ich, dass er fünfzig Jahre nach dem Tod seines Vaters – aus Kummer, aus Liebe und weil er an dem Schmerz teilhaben wollte – immer noch darauf aus war, einen Einblick in das Seelenleben seines Vaters zu bekommen, immer noch die andere Welt seines Vaters verstehen wollte. Jene Welt war verloren und ebendeswegen ein ständiger Grund zur Trauer. Er hatte nichts als spärliche Hinweise, an denen er festhalten und denen er nachgehen konnte, etwa die Erinnerungen des vertrauten Freundes von 1921.

(Dieses Zusammentreffen mit dem Freund des Vaters gerade in dem Augenblick, als er in Gedanken schon bei den Vereinigten Staaten und beim Schreiben war, mag einer jener Umschlagspunkte in Syed Alwis eigener Berufslaufbahn gewesen sein. Es mag ihn einige Monate später zu jenem kreativen Ausbruch angetrieben haben, dank dessen er sein erstes Stück schrieb, das die verschlüsselten Anspielungen auf das Geheimnis um seinen Vater enthielt.)

»Für mich war er nicht eigentlich auf der Suche nach Gott«, meinte Syed Alwi über seinen Vater, »vielmehr suchte er nach dem Sinn des Lebens. Das übersetzte er in die Suche nach Gott, weil er im Islam aufgewachsen war, wo Allah das Höchste ist. Die Suche nach Allah oder Gott war die Konstante in seinen beiden Welten und vielleicht das Einzige, was es für ihn in beiden Welten geben konnte. Obgleich das auch nicht erklärt, warum er so gewalttätig war oder ein so diametral gegensätzliches Verhalten an den Tag legte. Ich habe mich oft gefragt: Welches war seine wirkliche Welt? Die Welt, die für ihn geschaffen war, oder die Welt, die er sich selbst geschaffen hatte?«

Und es war durchaus möglich, wie Syed Alwi vermutete, dass die Welt, die sein Vater aufgetan hatte, zu viel für ihn gewesen war. In dem, was Syed Alwi über das Verhalten seines Vaters in seiner anderen Welt gesagt hatte, waren Spuren und Echos von Qualen aus dieser Welt enthalten. Er hatte gelitten und war als Kind vielleicht sogar misshandelt worden. Sein normales Ich konnte Schmerz nicht mit ansehen; in seiner anderen Welt fügte er Schmerz zu; er ohrfeigte Menschen ohne Grund. Als Kind eines gesellschaftlich Verfemten hatte er es vermutlich nötig, sich am Malay College zu beweisen; und in der Welt des Kolonialismus musste er sich wohl als Malaie beweisen. Mithin verfiel er in seiner anderen Welt auf eine Parodie von Schule und Staatsdienst und schrieb in einem fort, dazu noch in Englisch, und in Kolonialmanier rauchte er Zigaretten (die beste Sorte), vier oder fünf gleichzeitig.

»Die Malaien standen unter dem Druck, sich selbst zu beweisen«, meinte Syed Alwi. »Eines nämlich gestand man den Malaien überhaupt nicht zu, denkende Menschen zu sein. Man sah in ihnen Gewohnheitstiere beziehungsweise Untertanen der Sultane oder der Briten. Sie brauchten andere, die für sie dachten und sie führten, dann würden sie loyal sein – gegenüber den Sultanen wie gegenüber den Briten, die sie im Gegenzug durch Gesetze schützten, denen zufolge Nichtmalaien sich nicht in ihre Sitten und Gebräuche einmischen durften.«

Nachdem der Familie klar geworden war, dass irgendetwas mit ihrem Schwiegersohn ganz und gar nicht in Ordnung war, steckten sie ihn in ein Sanatorium. Es war kaum mehr als eine Irrenanstalt, und die Verantwortlichen sahen nicht danach aus, als könnten sie irgendjemanden heilen. Sie hatten ein paar probate Testverfahren fürs Verrücktsein ihrer Patienten. Das eine bestand darin, dass man den Betreffenden aus einem Feuerwehrschlauch mit Wasser bespritzte; bei dem anderen wurde ihm Reis mit Sand gemischt vorgesetzt. Beschwerte sich der Patient weder über die kalte Dusche noch über den Reis, dann war er verrückt. Syed Alwis Vater war so behandelt worden; andere seien noch schlimmer dran gewesen, wusste Syed Alwi zu berichten.

Dann schleifte ihn die Familie zu Bomohs, von einem zum anderen. Wieder gab es Tests und Behandlungen. Der Bomoh schaute in eine Schüssel mit Wasser und sah dort, warum der Mann, der vor ihm saß, in diese Verfassung geraten war. Was er da sah, nannte er Vererbung, Einfluss von Geistern oder Folgen der Erziehung.

Einmal saßen Syed Alwis Vater und Onkel nebeneinander vor einem Bomoh. Weihrauchschwaden vernebelten den Raum – die Geschichte hatte Syed Alwi so von seinem Onkel erzählt bekommen –, und schließlich erklärte der Bomoh, dass jemand Syed Alwis Vater zu vernichten suche. Diese tückische Person habe böse Dinge um das Haus herum vergraben, und damit Syed Alwis Vater den Bann brechen könne, müssten diese Dinge beseitigt werden. Der Bomoh erklärte, dass er genau dies nun tun werde, eben jetzt und genau hier, in diesem Raum. Er verrichtete das ganze Bomoh-Ritual, machte inmitten der Weihrauchschwaden große, mystische Gesten, redete dabei die ganze Zeit und erklärte seine Verrichtungen. Allerdings waren die Weihrauchwolken nicht dick genug. So konnte Syed Alwis Onkel sehen, wie der Bomoh ein kleines Päckchen unter seinem Knie hervorholte, das in gelbes Tuch eingeschlagen war, und es auf eine Seite warf. Darauf sagte der Bomoh: »Der Mann ist jetzt geheilt.« Zwar hatte der Onkel gesehen, was er gesehen hatte, aber Geld wurde trotzdem gezahlt.

Es gab noch eine Reihe weiterer Heilungen wie diese. Jahrelang suchte die Familie immer wieder Bomohs auf. Dann gaben sie die Hoffnung auf Heilung auf und überließen den Kranken sich selbst.

Einmal rannte er erneut von zu Hause weg. Wieder konnte man kein genaues Datum nennen. Über diese Episode wollte man nicht gern sprechen. Irgendwie gelangte er in den Staat Kelantan, und dort hatte er einen Zusammenbruch im Zusammenbruch. Als die Familie ihn zurückholte, stellte man fest, dass er den Koran übersetzt hatte, vom Englischen ins Malaiische. Man verbrannte das Geschriebene.

»Diese Übersetzung ist wichtig«, meinte Syed Alwi, »weil sie zeigt, dass er sogar in der anderen Welt immer noch Gott finden wollte. Mir ist allerdings nicht klar, ob er die Übersetzung in der anderen Welt, in dieser Welt oder in beiden geschrieben hat. Dass sie verbrannt wurde, nahm er als den natürlichen Gang der Dinge hin, weil es ihrem Glauben entsprach. Wie er die Lebensweise im Kampong hinnahm.«

Damit war alles Schriftliche seines Vaters aus der Zeit vor seiner Geburt für Syed Alwi verloren. Viele Jahre später bekam er einige Schulhefte seines Vaters zu Gesicht.

»Die Handschrift war miserabel. Ich konnte sie nicht gut lesen. Fast überhaupt nicht. Aber praktisch am Ende jedes zweiten Satzes stand das Wort ›immer‹«.

Für Syed Alwi dürfte es ein quälendes Wort gewesen sein.

Es gab allerdings auch Abschnitte, in denen er geistig klar war. In einer solchen Phase – kurz vor dem Jahr 1930 – begann er mit dem Bau eines neuen Hauses im Kampong, aber das Geld ging aus, und er konnte das Obergeschoss nicht fertig stellen. Während er mir diese Geschichte in seinem eigenen, unfertigen Haus zwischen den Schlangenlöchern im Abstich des Abhangs auf der einen Seite und dem Flüsschen auf der anderen erzählte, sagte Syed Alwi: »Als mir dies hier in meinem eigenen Haus passierte, erschien prompt das Bild vom unfertigen Haus meines Vaters vor meinem geistigen Auge.«

Beim ersten Zusammenbruch des Vaters im Jahr 1922 waren bereits drei Kinder auf der Welt. Danach wurden sechs weitere Kinder geboren, und es gab sechs Fehlgeburten. Von den sechs geborenen Kindern waren zwei Totgeburten.

»Alles in allem hatte meine Mutter fünfzehn Schwangerschaften«, sagte Syed Alwi.

Davon zwölf nach dem Zusammenbruch.

»Das klingt ja mörderisch«, sagte ich. Das Wort rutschte mir so heraus.

Er sah sehr unglücklich aus. Dann sagte er voller Wehmut: »Ich weiß nicht recht.« Tränen stiegen in seine Augen.

Sein Vater wünschte, dass seine Kinder eine Ausbildung bekämen. Er hatte zwar nur seine Pension, aber es gab im Kampong eine Inderin, die aushalf. Sie schätzte die Familie sehr und mochte die Kinder. Sie hatte etwas Schmuck aus massivem Gold, und jedes Mal, wenn für die Schulbildung der Kinder oder für ihre Schulbücher Geld gebraucht wurde, lieh sie Syed Alwis Vater ihren gesamten Schmuck, damit er ihn verpfänden konnte. Sie verlieh ihren Schmuck immer nur für die Ausbildung der Kinder. Als einmal einer der Söhne in der Schuluniform des Raffles College, eines berühmten College der Kolonialzeit, aus Singapur zurückkam, war sie so stolz auf ihn, als wäre er ihr eigener Sohn. Der eigene Sohn – sie hatte nur einen – war Streckenarbeiter bei der Bahn.

Sie war eine Tamilin. Reich war sie nicht; abgesehen von ihrem Schmuck besaß sie nichts. Sie verdiente sich ihren Lebensunterhalt mit Imbisshappen und Vorspeisen, die sie für den regierungseigenen Getränkeladen im Kampong zubereitete. Ihr Vater soll aus Südindien gekommen sein, um als Saisonarbeiter bei Großgrundbesitzern zu arbeiten. Ihr Mann soll ebenfalls Saisonarbeiter auf einer großen Plantage gewesen sein. Als er starb, sagte sie dem Landarbeiterleben ade und ging ihre eigenen Wege. Sie kam ins Kampong und baute ein Haus nicht weit von dem der Alwis.

Diese Frau wurde zu Syed Alwis guter Fee, als er 1936 auf die malaiische Grundschule kam. In seiner Erinnerung war die Frau Ende dreißig, zäh, etwas unleidlich, aber nicht hässlich. Jeden Morgen, wenn er zur Schule ging, hielt er vor ihrem Haus an. Sie hatte stets einen Krug mit heißer Milch, der auf ihrer irdenen Feuerstelle auf ihn wartete. Im Haus der Alwis wurde Milch nur selten getrunken. Malaien tranken keine Milch; für den Kaffee nahmen sie Kondensmilch, mehr nicht. Die Milch, die man für Kuchen, Curry- und Fleischgerichte verwendete, war immer Kokosmilch, die aus dem weißen Fleisch der reifen Nuss gemacht wurde.

1940, nach vier Jahren Grundschule, an der sie vor allem Erdkunde und Literatur gelernt hatten, kamen Syed Alwi und ein älterer Bruder an die King-Edward-VII.-Oberschule in der Stadt Taiping. Der Vater mietete – ein großes Opfer für ihn – dort für seine Söhne ein Haus, wieder mit der Hilfe der Inderin. Später begriff Syed Alwi, dass ihm sein Vater, trotz aller Umnachtung, eine Ausbildung als höherer Beamter zugedacht hatte, das Gleiche, was er selbst auch gewesen war.

Alle im Kampong wussten um den Zustand des Vaters, und an der Schule von Taiping wusste man auch Bescheid. Aber das galt nicht als Schande. Eher flößte es eine gewisse Scheu ein. Die Malaien waren der Ansicht, dass ein großer Geist einen Knacks bekommt, wenn er sich übernimmt, und Syed Alwis Vater, von dem man wusste, dass er als kleiner Junge ein brillanter Kopf gewesen war, galt als so ein großer Geist. Im Malaiischen gab es ein Wort für diesen geistigen Zerfall: *gila-isin*, durch Überanstrengung, zu eifriges Lernen oder zu intensives Glauben verrückt werden.

»Mein Vater wurde für *gila-isin* gehalten«, meinte Syed Alwi, »weil er Gott nacheiferte oder etwas in der Art. Obwohl nur ein paar Verwandte von dieser Vorstellung der Gottsuche wussten. Es wurde nicht weitererzählt, außer wenn irgendwelche Leute es hätten falsch deuten können und etwa angenommen hätten, *gila-isin* sei eine Art Strafe.«

Syed Alwis Bruder lief 1941 von der Schule fort und trat der Royal Navy in Singapur bei. Er war ein Junge aus dem Kampong; ihm gefiel das Leben im Kampong und ihm gefiel die Kameradschaft im Kampong. Er liebte die Arbeit in den Reisfeldern gemeinsam mit Verwandten. Er hatte das Schulleben in Taiping satt; die Schule, das war die Idee seines Vaters. Mit der Hilfe von Leuten aus dem Kampong – es gab da so etwas wie eine Kampong-Verschwörung – verschwand er nach Singapur, gab dort ein falsches Alter an und trat der Royal Navy bei. Abgesehen davon, dass Syed Alwis Vater seinen Sohn mit Oberschulabschluss zu sehen wünschte, war er Pazifist. Die Vorstellung von Schmerz und Töten war ihm verhasst. Er suchte den britischen Gouverneur in Perak auf und musste schließlich, nach etlichen Scherereien, fünfundsiebzig Dollar, eine volle Monatspension, bezahlen, um seinen Son von der britischen Marine freizukaufen. Genau zu diesem Zeitpunkt brach der Krieg aus. Die Japaner bombardierten am 7. Dezember 1941 den Marinestützpunkt in Singapur, und so erfuhr niemand von der Familie je, was mit diesem Bruder geschehen war.

»Die Japaner kamen Ende Dezember 1941 ins Land«, erzählte Syed Alwi. »Im Januar hatte ich vor, wieder zur Schule zu gehen. Aber dann sagte man mir, es gäbe keine englische Schule mehr.«

Es gab auch Gerüchte, dass die Japaner alle bestrafen würden, die englische Bücher im Haus hätten. Im Haus der Alwis standen viele englische Bücher, die die beiden Jungen, die Schüler am Raffles College in Singapur gewesen waren, mitgebracht hatten. Fast alle diese Bücher wurden vernichtet. Einige wurden vergraben, andere verbrannt, so wie das von Syed Alwis Vater Geschriebene verbrannt worden war. Das einzige wichtige Buch, das man im Haus behielt, war ein Wörterbuch. Syed Alwi hoffte immer noch, das, was sein Vater aufgeschrieben hatte, eines Tages lesen zu können, und glaubte, das Wörterbuch könne ihm für das Verständnis der wichtigen Wörter hilfreich sein. Der Tag kam tatsächlich, aber er konnte die Schrift seines Vaters in den Schulheften nicht entziffern. Nur das Wort »immer« erkannte er.

Die Briten hatten außerhalb des Kampongs eine Straßenbrücke in die Luft gesprengt, und die Japaner brauchten einige Wochen, um eine neue Brücke zu bauen. Währenddessen zogen japanische Soldaten marodierend durchs Land. Eines Nachmittags kam ein japanischer Soldat mit gezogenem Schwert ins Haus der Alwis. Die Kinder rannten weg. Der Vater blieb, und nach einer halben Stunde rief er sie laut schimpfend zurück. Als sie das Haus wieder betraten, sahen sie, wie der japanische Soldat mit einem Hühnchen und einer Ananas abzog. Niemand erfuhr, was zwischen den beiden Männern vorgefallen war, und der Vater sprach sich auch nie darüber aus.

»Er war nicht ängstlich«, meinte Syed Alwi. »Er war kein tapferer Mann, aber er war nicht ängstlich.«

Die Japaner blieben drei Jahre und acht Monate in Malaysia. Vor ihrem Einmarsch hatte Syed Alwi keinen gewaltsamen Todesfall miterlebt. Jetzt aber konnte er in der Nähe des Marktes von Taiping, wo sich seine alte Englischschule befand, aufgespießte Köpfe sehen. Es hieß, es seien die Köpfe von Chinesen.

»Nach dem ersten Jahr verschlechterten sich die Dinge«, erinnerte sich Syed Alwi. »Nahrungsmittel wurden äußerst knapp, Grundnahrungsmittel wie Reis und Zucker. Das Leben im Kampong wurde wirklich schlimm, als Krankheiten sich breit machten. Wir hatten nicht viel zu essen. Infolgedessen bekam man Geschwüre und Hautkrankheiten. Außerdem war uns die Kenntnis unserer Heilkräuter abhanden gekommen. Wir waren mit Krankenhäusern und westlicher Medizin aufgewachsen. Auf den Zusammenbruch der Gesellschaft wussten wir keine Antwort.

Im Übrigen hatten die Japaner versprochen, dass sich alles zum Guten wenden und bald alles im Überfluss vorhanden sein werde. Insbesondere würden Unmengen von Reis ins Land gebracht, sagten sie, weil in Japan reichlich Reis wachse. Wenn sie uns etwas wegnahmen, sagten sie immer, sie würden es uns um ein Mehrfaches zurückbezahlen. Sie sagten etwa: ›Ich nehme jetzt dein Fahrrad. Ich werde es mit fünf Fahrrädern und mehr zurückzahlen.‹ Dann setzten sie noch hinzu: ›Nicht nur mit Fahrrädern, auch mit anderen Dingen.‹ Sie sprachen zum Beispiel von Seide. Die Dorfgemeinschaft wartete brav Monat um Monat. Die Japaner hielten die Bevölkerung auch damit hin, dass sie Gerüchte in die Welt setzten, es seien Schiffsladungen mit Reis eingetroffen, der bereits an die Bewohner bestimmter Kampongs verteilt worden sei.

Als gerade die Wochenschau aufgekommen war, die es in fahrbaren Kinos und Theatern zu sehen gab, sagten sie auf Japanisch, Malaiisch und Englisch: ›Dank Gottes Hilfe ist Asien den Asiaten zurückgegeben worden.‹ Dann folgten Bilder von der Größe Japans: Seidenballen über Seidenballen und andere Luxusgüter. Das tat seine Wirkung. Beim ersten Hari Raya, dem Fest nach dem Fastenmonat, sprachen alle nur davon, dass sie in japanische Seide gekleidet herumlaufen würden.«

Die Situation wurde indessen von Tag zu Tag schlimmer. Ungefähr um diese Zeit starb Syed Alwis Onkel. Es war der

Onkel, der in vielen Erzählungen Syed Alwis über seinen Vater eine Rolle gespielt hatte. Er war es gewesen, der in der Regel mit dem Vater die Pension abholen ging; er hatte mit ihm bei den Bomohs gesessen, solange sie die Bomohs aufgesucht hatten. Syed Alwi war zutiefst betrübt. Eines Tages war er mit seinem Vater zum Holzeinschlag in den Wald gegangen. Bei allem Kummer war es doch ein kostbarer Augenblick des Zusammenseins; er blieb Syed Alwi im Gedächtnis. Er sprach über seinen Onkel, und der Vater sagte: »Dein Onkel ist nicht gestorben.«

»Wie meinst du das?«, erwiderte Syed Alwi.

»Das wirst du noch verstehen«, sagte sein Vater darauf.

Seine Worte beeindruckten Syed Alwi. Er nahm sich vor, mit seinem Vater noch einmal über das zu sprechen, was er gesagt hatte. Aber er tat es nicht. Die Gelegenheit kam nicht wieder, jener Augenblick des Zusammenseins von Vater und Sohn kam nicht zurück. Denn sein Vater betrat bald darauf seine andere Welt und schloss sich darin für fast drei Jahre, bis Kriegsende, ein. Er verließ diese andere Welt nur noch, um zu sterben.

Syed Alwi hatte die Vorstellung, dass dieses Hinübergehen in die andere Welt jedes Mal einem absichtlichen oder willentlichen Entschluss entsprochen habe, einer Form der Absonderung. Doch in der normalen oder äußeren Welt war nun alles zusammengebrochen.

»Ab da bildete sich ein neues Lebensgefühl, ein verwahrlostes Lebensgefühl aus«, meinte Syed Alwi. »Richtig und falsch entschied sich nicht mehr nach irgendwelchen moralischen, religiösen oder geistigen Kriterien, sondern unter dem Gesichtspunkt: Was ist gut für mich und mein Überleben. Wer nur nach moralischen Werten handelte, konnte nicht überleben. Worin bestand denn das normale Leben? In Schmerz und Leiden, in Hunger und Entbehrung. Wenn dies das normale Leben ausmachte, wie konnte dann die Moral der entscheidende Faktor sein? Von Wert war nur, was den Schmerz lindern konnte. Oder das, was einem ein bisschen Selbstachtung bewahrte. Zur Normalität gehörte, dass man miterleben musste, wie japanische

Soldaten die Leute krankenhausreif schlugen. Man bekam mit, dass die Menschen unter allen denkbaren Umständen aus dem Verkehr gezogen wurden. Man sah, wie Menschen durch die Folter zerstört wurden oder wie sie der Folter oder Schlimmerem entkamen, indem sie in den Fluss sprangen.«

Junge Männer – aus allen ethnischen Gruppen, Malaien, Chinesen, Inder – vergingen sich an jungen Mädchen und hatten dabei nicht das Gefühl, sich unnormal zu verhalten.

»Ich muss immer noch an diese hübsche Inderin denken, sie war vielleicht Ende zwanzig, Anfang dreißig. Sie lebte auf einer anderen Plantage, wo ihr Mann Kautschukzapfer war. Er war verschwunden, und sie suchte nach ihm, wobei sie von Plantage zu Plantage zog. So kam sie auch durch mein Kampong. Im Dorf lungerte eine Gruppe Jugendlicher herum; sie waren mehr oder weniger untätig, standen bloß da, und als sie diese Frau sahen, tauschten sie rasche Blicke aus, und ich begriff – denn ich stand bei ihnen –, dass sie sich einen Spaß mit ihr machen würden.

Sie folgten ihr ein Stück weit bis jenseits der Einkaufszone, und dann vergewaltigten sie sie. Als ich eigentlich an die Reihe kommen sollte, sagten sie nein – ich war noch nicht alt genug. Ich war damals ungefähr zwölf. Immerhin war da noch so etwas wie Moral. Zwei von uns wurden für zu jung erklärt. Wäre das nicht gewesen, irgendein Rest von Moral, ich wäre einer der Vergewaltiger geworden.

Dann ließen sie von ihr ab, und sie ging weiter. Wir sahen sie noch einmal, als sie, auf dem Weg zu einem anderen Kampong, wieder durch die Dorfmitte kam. Sie wirkte nicht einmal sehr mitgenommen. Vielleicht war sie früher schon einmal vergewaltigt worden. So was passierte nun mal. Das hinderte sie nicht, weiter nach ihrem Mann zu suchen. Für die jungen Männer war es bloß ein Zeitvertreib unter anderen. Sie sprachen nie wieder von dem Mädchen. Doch. Sie erwähnten, wie hübsch sie war.«

In dieser Zeit wurde Syed Alwi – er selbst sah es so – zum Mann. Er fing an zu arbeiten und war schließlich in der Lage, den Unterhalt der Familie mit zu bestreiten.

Die Japaner bauten eine Holzkohlenanlage. Sie kamen in das Kampong und verkündeten, dass sie Leute bräuchten. Syed Alwi, damals vierzehn Jahre alt, wurde einer ihrer Arbeiter. Die kleine Fabrik lag zweieinhalb Meilen vom Dorf entfernt, und so musste er morgens und nachmittags einen relativ langen Fußmarsch durch eine Kautschukplantage und den Dschungel auf sich nehmen. Er bekam acht Dollar und eine Büchse Reis pro Tag; was die Sache attraktiv machte, war der Reis. Später wurden auch Zigaretten zugeteilt. Die Arbeit war leicht; er musste darauf achten, dass Risse im Meiler geflickt wurden. Das machte er ungefähr ein Jahr lang.

Für schwere Arbeit gab es doppelten Lohn: die Meilertür aufbrechen, wenn die Holzkohle fertig war, und diese dann herausziehen. Syed Alwi versuchte das nur einmal. Die Hitze war kaum zu ertragen, und der heiße Holzkohlenstaub kam in seine Lunge. Als er sich waschen ging, hustete er schwarzen Schleim. Auch später hatte er noch schwarzen Auswurf, was ihm einen derartigen Schrecken versetzte, dass er nie wieder solche Arbeit verrichtete.

Gegen Ende 1944 wurde er zweiter Holzfäller in der Holzkohlenanlage. Der Lohn war höher: zwanzig Dollar pro Tag, eine größere Büchse Reis, Zigaretten. In der Regel waren es heimische Zigaretten von ziemlich miesem Geschmack; manchmal gab es aber auch japanische Zigaretten – der Name der Marke war ihm immer noch in Erinnerung: »Koa« –, und die schmeckten sehr viel besser.

Zigaretten waren wichtig, denn in der anderen Welt, in der sein Vater jetzt lebte, war er ja Raucher. Verbreitet war eine einheimische Marke, für die man das Blatt der Nipah-Palme als Deckblatt verwendete. Aber solche wollte Syed Alwis Vater nicht. Er wollte »richtige Zigaretten«, und wenn sie ihm keine verschaffen konnten, dann wurde er wütend und gewalttätig; er schlug zwar niemanden, aber er warf mit Gegenständen um sich.

Er baute jetzt doch sehr ab. Es gab nur noch wenig Nahrung, die man ihm geben konnte; und er war bettlägerig. Er schien allmählich zu begreifen, dass draußen irgendeine Katastrophe passiert war und dass es deswegen kaum noch Zigaretten gab. Ohnehin war er schwach und hätte höchstens noch eine Zigarette pro Tag schaffen können. Schulhefte waren reichlich vorhanden, aber er schrieb immer weniger. In den letzten sechs Lebensmonaten schrieb er kaum noch. Allerdings – und das war wie ein Überbleibsel seiner Schreibpassion – wurde er sehr eigen mit seinen Bleistiften. Er hatte sie bis auf einen kleinen Stumpf heruntergeschrieben, aber er warf sie nicht weg, und er wollte auch nicht, dass irgendjemand sie anrührte.

Eines Tages, als Syed Alwi und die Holzfällertruppe in den Dschungel gegangen waren, um Holz für die Holzkohlenanlage zu schlagen, stießen sie – ungefähr anderthalb Meilen abseits der Straße – auf eine unerwartete Lichtung: ein Reisfeld, fünf oder sechs Morgen groß.

Auf diese Weise bekam Syed Alwi Kenntnis von den Kommunisten – hauptsächlich Chinesen – der Malaiischen Antijapanischen Volksarmee, der MPAJA. Das Reisfeld gehörte ihnen; in gewisser Hinsicht unterstand das Kampong schon längst ihrer Verwaltung.

Die Männer wollten die gefällten Stämme nicht durch das Feld schleifen. Aber der Anführer der Truppe – er war kein Japaner, da es keine japanischen Anführer im Dorf gab – hatte seine Aufgabe zu erledigen. Syed Alwi erinnerte sich noch, wie er sagte: »Los Männer, zieht die Stämme durch den Reis.« Einige wandten ein: »Aber es ist Sünde, Reis zu vernichten.« Und Syed Alwi begriff sofort, dass einige Holzfäller die Leute aus dem Kampong kennen mussten, die sich um das Reisfeld kümmerten.

Jetzt, da er ein Mann war, der Geld verdiente und in Kontakt mit der Wirklichkeit kam, fielen ihm Dinge im Kampong auf, die ihm bis dahin verborgen geblieben waren. Er hatte nun sogar eine Erklärung für die aufgespießten Chinesenköpfe in der Nähe des Marktes von Taiping.

Die Arbeit war schwer; er hatte wenig zu essen; und es gab keine Medizin. Er hatte vierzehn Geschwüre. Und dann fiel ihm eines Tages auch noch ein Baumstamm auf den Fuß. Die Schramme heilte nicht und entwickelte sich zu einem großen

Geschwür, das ihm Tag und Nacht wehtat. Er konnte kaum schlafen. Er schüttelte sein Bein, um den Schmerz abzutöten, dann hatte er vielleicht für eine Stunde wieder Ruhe und konnte schlafen. Ab und zu drainierte er das Geschwür, dabei kam immer gut eine halbe Tasse Eiter zusammen. Innen faulte das Fleisch weg. Nachdem er das Geschwür drainiert hatte, war seine Wade schlaff. Er ging oder besser humpelte auf einem Bein.

Andere Bewohner des Kampong waren noch schlimmer dran. Eine ungefähr vierzigjährige Frau hatte am ganzen Körper Geschwüre. Die Geschwüre breiteten sich aus, und schließlich war ihr Körper ein einziges großes Geschwür. Würmer, Maden und Fliegen ließen es sich in ihrem Fleisch wohl sein. Der Gestank – auch noch in einiger Entfernung und sogar außerhalb ihres Hauses – war unerträglich. In den letzten Wochen ihres Lebens war sie nur noch ein einziger Klumpen verfaulenden Blutes. Sie wimmerte und kreischte. Es gab kein Schmerzmittel mehr. Niemand wollte in ihrer Nähe sein. Sie wurde allein gelassen. Das steigerte ihre Schmerzen und gab ihrem Schreien eine besondere Intensität.

Ein paar Tage nach der Kapitulation der Japaner – von außerhalb waren schon wieder einige wenige Nahrungsmittel in den *Kampong* gelangt – trat Syed Alwis Vater aus seiner anderen Welt heraus. Fast drei Jahre war er darin geblieben. In der Familie merkte man, dass er diese andere Welt verlassen hatte, weil er nicht mehr mit sich selbst sprach und keine Zigaretten mehr verlangte. Lange Zeit war er bettlägerig gewesen. Jetzt war er stark unterernährt, schwach und krank.

Er wollte nach draußen sehen. Syed Alwi und seine Mutter halfen ihm gemeinsam auf und führten ihn zu einem Fenster. Ein paar Minuten lang blickte er hinaus, sagte aber nichts. Dann brachten sie ihn zurück in sein Bett, wobei sich Syed Alwi humpelnd auf sein gesundes Bein stützte.

Die Welt, auf die der Vater einen flüchtigen Blick geworfen hatte, war inzwischen dem Ruin noch ein wenig näher gerückt als zur Zeit der japanischen Besetzung. In den vierzehn Tagen zwischen der japanischen Kapitulation und dem Einzug der britischen Truppen hatte die kommunistische MPAJA das Heft in der Hand. Sie hatten viele Rechnungen zu begleichen, und so zogen sie herum und bestraften die Leute, die Verräter, Deserteure und Kollaborateure.

Die wirkliche Welt war zugrunde gegangen, aber Syed Alwi und seine Mutter waren froh, dass der Vater seine andere Welt verlassen hatte. Nie zuvor hatte er sich so lange darin aufgehalten, und Syed Alwi und seine Mutter hatten das Gefühl, dass er vielleicht genug davon hatte und nicht mehr dahin zurückkehren wollte und dass er vielleicht jetzt, mit ausreichend Nahrung und Medizin, wieder ganz gesund würde. Syed Alwi hoffte zudem, dass er – jetzt, wo er erwachsen war – mit seinem Vater über das würde reden können, was dieser geschrieben hatte; dass er ihn nach der Bedeutung des Satzes würde fragen können, den er drei Jahre zuvor, als sie zusammen Holz geschlagen hatten, aus seinem Munde vernommen hatte, dass es so etwas wie den Tod nicht gebe, und dass er etwas über jene Welt würde erfahren können, die sein Vater immer aufgesucht hatte.

Aber das alles sollte nicht sein. Ungefähr eine Woche nachdem sie ihn ans Fenster geführt hatten, starb der Vater. Es war, als ob er, nun, da eigentlich alles vorbei war, den Wunsch gehabt hatte, nicht für sich allein in der anderen Welt zu sterben.

Von seiner Mutter, die einst als dreizehnjähriges Mädchen den siebzehnjährigen Ansiedlungsbeamten geheiratet hatte, sprach Syed Alwi voller Hochachtung. »Sein Leben in der Gemeinschaft, das war sie für ihn. Durch ihre malaiische, ihre islamische Erziehung vermochte sie, ihm die Unterstützung zu geben, die er brauchte, um in seinen beiden Welten leben zu können. Ohne sie wäre er in die Irrenanstalt gesteckt worden« – wo der Feuerwehrschlauch und die Schüssel mit dem Gemisch aus Reis und Sand auf ihn warteten – »und das hätte er nicht einmal zwei Jahre überstanden. So aber hat er dreiundzwanzig Jahre in seinen beiden Welten gelebt.«

Juli 1995–Mai 1997

Dank

In Indonesien: John H. McGlynn; Navrekha Sharma; Eugene Galbraith
In Pakistan: Ahmed Rashid
In Malaysia: Karim Raslan